ZWISCHEN HABSBURG UND BURGUND

OBERRHEINISCHE STUDIEN

Herausgegeben von der
Arbeitsgemeinschaft für geschichtliche
Landeskunde am Oberrhein e.V.

Band 21

JAN THORBECKE VERLAG
2003

ZWISCHEN HABSBURG UND BURGUND

Der Oberrhein als europäische Landschaft
im 15. Jahrhundert

Herausgegeben von
Konrad Krimm und Rainer Brüning

JAN THORBECKE VERLAG
2003

Gedruckt mit freundlicher Unterstützung
des Landes Baden-Württemberg
der Stadt Breisach
der Stadt Freiburg
der Stadt Karlsruhe
des Gewinnsparvereins Baden e. V., Karlsruhe

Bibliografische Information Der Deutschen Bibliothek
Die Deutsche Bibliothek verzeichnet diese Publikation in der Deutschen Nationalbibliografie; detaillierte bibliografische Daten sind im Internet über http://dnb.ddb.de abrufbar.

www.thorbecke.de · info@thorbecke.de

© 2003 by Jan Thorbecke Verlag GmbH, Ostfildern

Alle Rechte vorbehalten. Ohne schriftliche Genehmigung des Verlages ist es nicht gestattet, das Werk unter Verwendung mechanischer, elektronischer und anderer Systeme in irgendeiner Weise zu verarbeiten und zu verbreiten. Insbesondere vorbehalten sind die Rechte der Vervielfältigung – auch von Teilen des Werkes – auf photomechanischem oder ähnlichem Wege, der tontechnischen Wiedergabe, des Vortrags, der Funk- und Fernsehsendung, der Speicherung in Datenverarbeitungsanlagen, der Übersetzung und der literarischen oder anderweitigen Bearbeitung.

Dieses Buch ist aus alterungsbeständigem Papier nach DIN-ISO 9706 hergestellt.

Satz: Schwabenverlag mediagmbh, Ostfildern
Druck und Buchbinderei: Druckhaus »Thomas Müntzer« GmbH, Bad Langensalza
Printed in Germany · ISBN 3-7995-7821-8

Inhalt

Einführung 7

Burgund als neuer Partner

Werner Paravicini
    Hagenbachs Hochzeit. Ritterlich-höfische Kultur zwischen Burgund
    und dem Reich im 15. Jahrhundert 13

Lieselotte E. Saurma-Jeltsch
    Burgund als Quelle höfischen Prestiges und Hort avantgardistischer
    Kunstfertigkeit. Zur Entfaltung der »ars nova« am Oberrhein 61

Claudius Sieber-Lehmann
    Burgund und die Eidgenossenschaft – zwei politische Aufsteiger 95

Raphaël de Smedt
    Der Orden vom Goldenen Vlies im Lichte der
    burgundisch-habsburgischen Politik 113

Habsburg und Westeuropa

Rainer Babel
    Frankreich und der Oberrhein zur Zeit König Karls VII. 139

Wilhelm Baum
    Vom Oberrhein bis zu den *kalikutischen Leut* in Indien. Verschiebungen
    im Aktionsradius der Habsburger in der 2. Hälfte des 15. Jahrhunderts . . 153

Rainer Brüning
    Wie ich mich in diesen dingen halten solle?
    Die Reaktion der Reichsstände am Bodensee auf die Belagerung von Neuss
    durch den Herzog von Burgund 1474/75 177

Dieter Speck
  Teutsch und *Welsch*. Vorderösterreichischer Adel, Regiment und Universität
  in ihren Beziehungen zu Frankreich und Burgund 193

Handelswege

Tom Scott
  Das Elsaß als wirtschaftliche Brückenlandschaft
  im 15. und 16. Jahrhundert 215

Franz Irsigler
  Jahrmärkte und Messen im oberrheinischen Raum
  vom 14. bis 16. Jahrhundert 229

Entgrenzung der geistigen Welt

Jürgen Miethke
  Die Konzilien im 15. Jahrhundert als Drehscheibe internationaler
  Beziehungen 257

Dieter Mertens
  Die oberrheinischen Universitäten zwischen Habsburg und Burgund . . 275

Register 289

Abbildungsnachweis 302

Mitarbeiterverzeichnis 303

Einführung

VON KONRAD KRIMM

Der Eintritt des Hauses Habsburg in die burgundische Herrschaft gilt als Epoche im Wortsinn: als Ereignis, das verändert. Mit dem burgundischen Erbe geht auch der Konflikt mit Frankreich auf Österreich über. Das bestimmt die europäischen Konstellationen für lange Zeit, und Frankreich, für das die Reichsstände bis dahin eher phasenweise in Erscheinung treten (so die Analyse von Rainer BABEL in diesem Band), tritt als potentieller Partner der jeweils Widerständigen in die Reichspolitik ein.

Die Hochzeit Maximilians I. und der burgundischen Erbin Maria von 1477 steht ihrerseits am Ende einer Zeit der langsamen Annäherung, des politischen Werbens und der militärischen Kontroverse, des Mißtrauens und des Paktierens. Gegenseitige Verflechtung setzt gegenseitige Wahrnehmung voraus. Auch in der burgundischen Welt spielen Kaiser und Reich lange kaum eine Rolle, für die Reichsstände bleibt *min herr von Bourgogne* seinerseits eine vielleicht bewunderte, aber doch wenig bekannte und oft falsch eingeschätzte Größe. Als Kurfürst Friedrich von der Pfalz auf der Suche nach einem starken Partner gegen den Kaiser Herzog Karl den Kühnen 1467 in Brüssel aufsucht, kommentiert Philippe de Commynes diese Begegnung zwischen Fremden mit seinen berühmten Worten über die Unbildung der Deutschen und deren Unverständnis gegenüber dem burgundischen Hofstil. Attraktionen bietet gleichwohl jede Seite. Der burgundische Hof zieht den hohen und niederen Adel gerade auch aus dem Südwesten des Reiches an, umgekehrt ist die höchste, legitime Herrschaft nur unter den Symbolen des Kaisertums denkbar. Besser als die schwierige Deutung der Politik Karls des Kühnen gegenüber Friedrich III. verrät eine zeitgenössische Miniatur der Sammlung Wildenstein im Pariser Musée Marmotan den ideellen Wert des doch so schwachen Kaisertums: Über dem Zelt des Weltherrschers Caesar zeigt die Fahne den Doppeladler.

Der Oberrhein bildet in dieser Periode burgundischer Expansion und habsburgischer Westpolitik (mit ihren Variablen und Konstanten befaßt sich Wilhelm BAUM) einen Brückenraum. Vor allem beim Konflikt mit den Eidgenossen verbinden sich Habsburg und Burgund in territorialem und finanziellem Interesse und adelsständischer Abwehr des Gemeinen Mannes. Als freilich die burgundische Präsenz am Oberrhein ebenso spürbar wird wie die eidgenössische und sich damit das Selbstbewußtsein zweier – von Claudius SIEBER-LEHMANN provozierend sogenannter – Aufsteiger manifestiert, erhält das noch immer begrenzte Geschehen eine neue Dimension. An die Stelle der Niederen Vereinigung am Oberrhein gegen die burgundische Pfandherrschaft tritt das Reichsaufgebot gegen Karl den Kühnen, und in die sprachliche Differenzierung zwischen *Deutsch und Welsch* mischt sich erste nationale Polemik. Daß diese neue Topik im Alltag der zur

Militärhilfe genötigten Reichsstände eine eher geringe Rolle spielt, zeigt Rainer BRÜNING. Begriffspaare wie *Deutsch und Welsch,* die ihre eigene Wirkungsgeschichte entwickeln, verlangen gleichwohl sorgfältig interpretierenden Umgang. Werner PARAVICINI spielt dies am Prozeß gegen Peter von Hagenbach durch, wenn er die ebenso grundlegende wie zeitgebundene Darstellung von Hermann Heimpel an der zeitgenössischen Wahrnehmung des Fremden überprüft.

Politische Konflikte wie der Prozeß gegen Hagenbach oder der Reichskrieg gegen den burgundischen Herzog dürfen nicht verdecken, daß die gleichzeitige Bereitschaft zur Übernahme burgundisch-niederländischer Vorbilder groß ist. Die Verlagerung des mitteleuropäischen Fernhandels an den Rhein schon im 14. Jahrhundert mag dafür eine Voraussetzung sein; gerade der Oberrhein profitiert durch den Ausbau von bedeutenden Verteilermärkten davon (Franz IRSIGLER). Ihm gegenüber bleibt die Begrenzung des Nahhandels auf den Oberrhein mit der Ausnahme von Spezialmärkten allerdings nach wie vor gültig, wobei Tom SCOTT eindringlich auf die jeweiligen Perspektivenwechsel in der deutschen und französischen Forschung hinweist. Die kulturelle und geistige Entgrenzung der mittelalterlichen Erfahrungswelt im 15. Jahrhundert wird dafür umso deutlicher. Auf den Konzilien von Konstanz und Basel findet ein Wissensaustausch bis dahin ungekannter Art statt (Heinz MIETHKE), zugleich kündigen sich bei der Auseinandersetzung um Glaubenseinheit und Kirchenreform die europäischen Themen des folgenden Jahrhunderts an. Der Besuch westlicher Universitäten etwa durch Freiburger Studenten (Dieter MERTENS) vermittelt ebenso zum französischen Sprachraum wie es die Kenntnis der fremden Sprache im Bedarf für Gesandtschaften und Verhandlungen zwischen den Höfen verlangt (Dieter SPECK).

Unübersehbar ist nicht zuletzt der künstlerische Import. Bei den Standards der fürstlichen Hofhaltungen kommt es in der Begegnung mit der burgundischen Welt zu einem regelrechten Qualitätssprung. Die habsburgische Klientel, die im Gefolge Maximilians in die Niederlande zieht, erlebt hier offenbar Formen der Repräsentation, die am Oberrhein bis dahin undenkbar sind. Der Kontrast zwischen den hausmütterlichen Ratschlägen, die Markgräfin Katharina von Baden ihrem Sohn Christoph nach Flandern mitgibt, und dem künftigen Bedarf an Pretiosen in der Hofhaltung und beim fürstlichen Auftritt dieser nächsten Generation ist groß; die Kritik am neuen Stil – er wird die frühneuzeitliche Herrschaft bestimmen – prägt als laudatio temporis acti noch die Zimmerische Chronik. Wie problemlos Maximilian dabei das burgundische Zeremoniell adaptiert, zeigt die Kontinuität beim Orden vom Goldenen Vlies (Raphael de SMEDT); seine Regelwelt der adligen Selbstdarstellung öffnet sich jetzt der habsburgischen Klientel. Auch die konkurrierenden Höfe eignen sich die neuen Standards an. Am eindrucksvollsten führen dies wohl die pfälzischen Kurfürsten Friedrich I. und Philipp in ihrer Heidelberger Residenz vor mit einem wie bei Karl dem Kühnen königsgleichen Aufwand an Auftritt, adliger Entourage und gelehrter Panegyrik.

Die Beiträge dieses Bandes gehen in der Mehrzahl auf eine Breisacher Tagung der Arbeitsgemeinschaft für geschichtliche Landeskunde am Oberrhein und des Alemannischen Instituts im Jahr 2000 zurück. In Breisach – vorderösterreichische Stadt und Schauplatz eines Festes und des Prozesses von Peter von Hagenbach – verdichtet sich gleichsam die Begegnung der habsburgischen und der burgundischen Welt. In Breisach vergegenständlicht sich die Erfahrung der burgundischen Kultur aber auch: Mit dem noch in seinem zerstörten Zustand überwältigenden Jüngsten Gericht von Martin Schongauer bewahrt das Breisacher Münster eines der eindrucksvollsten Zeugnisse der Rezeption burgundischer Kunst am Oberrhein; Lieselotte SAURMA-JELTSCH stellt das Werk in den Kontext des Schongauerschen Schaffens und der burgundischen Rezeption vor allem in Basel. Von Martin Schongauer stammt auch der Entwurf für ein Allianzwappen, den der Umschlag unseres Bandes zeigt. Ohne das Motiv überfrachten zu wollen, lässt sich das Wappen doch auch als Schlüssel zum Thema lesen: Die Begegnung von Habsburg und Burgund am Oberrhein geschieht keineswegs spannungslos, sie vollzieht sich über heftige Krisen, bevor sie in eine Allianz einmündet. Will man im sinnenden bäuerlichen Wappenhalter so etwas wie das Publikum am Oberrhein sehen, dann darf auch dies eine Interpretationshilfe sein. An einer Epochengrenze bildet der Oberrhein eine Landschaft, in der mehr reagiert als agiert wird, die historisch gesehen nicht Motor, wohl aber Seismograph ist.

BURGUND ALS NEUER PARTNER

Hagenbachs Hochzeit
Ritterlich-höfische Kultur zwischen Burgund und dem Reich im 15. Jahrhundert

VON WERNER PARAVICINI

Josef Fleckenstein zum 80. Geburtstag

I

Hochzeit und Fasnacht[1]

Unter dem Datum des 19. Januar 1474 erhielt die Reichsstadt Mülhausen im Elsaß folgenden Brief[2]:

Liebe Freunde, nachdem ich eine Frau zur Ehe genommen habe, bin ich willens, sie am nächsten Sonntag [23. Januar] nach Hause zu führen und am Montag Morgen zu Thann in die Kirche zu gehen. Da ich dazu wenig Leute gerufen und geladen habe, nämlich nur die, mit denen ich in guten Beziehungen stehe, so bitte ich auch Euch, Ihr wolltet mir zu Liebe Eure ehrsame Ratsbotschaft zum nächsten Sonntag nach Thann schicken, um bei mir auf der Hochzeit zu erscheinen [...].
Peter von Hagenbach, Ritter, Landvogt und Hofmeister.

---

1 Bei dem folgenden Text handelt es sich ursprünglich um einen Vortrag, der zu Ehren von Josef Fleckenstein aus Anlaß seines 80. Geburtstags am 18. Februar 1999 in der alten Aula zu Göttingen gehalten worden ist; eine Kurzform erscheint in der entsprechenden Gratulationsschrift. – Mein Dank gilt mancherlei helfenden Händen: Michel Parisse (Paris) stellte sein lange Jahre aufbewahrtes Liebesbriefdossier Hagenbachs großzügig verzichtend zur Verfügung. Thomas Zotz (Freiburg) sandte zahlreiche Kopien schwer erreichbarer Texte. David Fiala (Tours/Paris) gab Auskunft und Kopien über den burgundischen Hoftanz. Holger Kruse (Norderstedt/Kiel) übersandte freigebig Notizen über die Karriere des Landvogts. Im Deutschen Historischen Institut Paris sahen Hanno Brand und Anke Greve Datenbanken und Mikrofilme für mich durch und besorgte Martina Kinzler (Freiburg i. Br.), in Paris ausschwärmend, Reproduktionen und bibliographische Informationen.
2 W. PARAVICINI, Invitations au mariage. Pratique sociale, abus de pouvoir et intérêt de l'État à la cour des ducs de Bourgogne au XVe siècle, 1397–1478. Documents introduits, édités et commentés (Instrumenta 6), Stuttgart 2001, Nr. 114, Mulhouse (a), nach X. MOSSMANN (Hg.), Cartulaire de Mulhouse, Bd. 4, Straßburg/Colmar 1886, S. 154–155, Nr. 1733 (nach dem mit grünem Wachs besiegelten Or. Pap. im Stadtarchiv Mülhausen).

Wenig später traf in der Stadt, unter dem Datum des 8. Februar, eine weitere Einladung ein, diesmal zur Fasnacht[3]:

Liebe Freunde, ich habe mit anderen Herren, Rittern und Edelknechten vor, den Frauen zu Gefallen und um guter Gesellschaft willen, zwei oder drei Tage lang Fasnacht zu Breisach zu halten. Es ist mitgeteilt, daß man am Samstagabend, 19. Februar, eintreffen solle. Da ihr nun zu solchen Dingen in freundlicher Meinung und als gute Nachbarn entschlossen seid, so habe ich es nicht versäumen wollen, Euch davon zu unterrichten, damit Ihr Eure Botschaft von Leuten, die gerne gute Gesellen sein wollen, auch dahin schickt [...].

Diese Feste haben stattgefunden, die Stadt Mülhausen hat geschickt und das Ganze wäre nicht weiter auffällig, wenn Peter von Hagenbach zu dieser Zeit nicht der bestgehaßte Mann in Mülhausen gewesen wäre. Denn er hatte unablässig in jeder erdenklichen Weise versucht, der Stadt ihr Heiligstes zu nehmen, nämlich ihre Selbständigkeit und Reichsstandschaft, und sie der burgundischen Herrschaft zu unterwerfen[4]. Ist hier schon ein gerüttelt Maß an Verstellung zur spüren und kaum verdeckter Gewaltsamkeit[5], auch an schlichter Unhöflichkeit, die in der Kürze der Frist zum Ausdruck kommt[6], so treten weitere Merkwürdigkeiten zutage, wenn man liest, was sonst über diese Feste zu erfahren ist.

Die Hochzeit zu Thann

Der Basler Domkaplan Johannes Knebel, begierig alle Nachrichten und Gerüchte in seinem Tagebuch aufzeichnend, beschreibt diese Hochzeit in lateinischer Sprache in folgender Weise:

---

3 MOSSMANN (wie Anm. 2), S. 165f., Nr. 1740 (nach dem mit grünem Wachs besiegelten Or. Pap. im Stadtarchiv Mülhausen).
4 Vgl. Ch. NERLINGER, Pierre de Hagenbach et la domination bourguignonne en Alsace, 1469–1474, Nancy 1890 [auch in: Annales de l'Est 3–5 (1890, 1891)], S. 47–64, 88–92; H. BRAUER-GRAMM, Der Landvogt Peter von Hagenbach. Die burgundische Herrschaft am Oberrhein (Göttinger Bausteine zur Geschichtswissenschaft 27), Göttingen 1957, S. 207ff.; Ph. MIEG, Les difficultés de Mulhouse à l'époque de son alliance avec Berne et Soleure. V: Les tentatives d'annexion de Pierre de Hagenbach 1469–1474, in: Bulletin du Musée historique de Mulhouse 76 (1968), S. 47–154; K. BITTMANN, Ludwig XI. und Karl der Kühne, Bd. 2,1 (Veröffentlichungen des Max-Planck-Instituts für Geschichte 9,2,1), Göttingen 1970, S. 526–545; R. VAUGHAN, Charles the Bold. The last Valois duke of Burgundy, London 1973 [ND mit bibl. Nachtrag von W. PARAVICINI, Woodbridge 2002], S. 95f., 264f. Damit hängt vielleicht auch zusammen, daß die Briefe aufbewahrt wurden; doch ist das Mülhauser Archiv überhaupt reich an Briefen aller Art.
5 »L'invitation adressée aux Mulhousiens confine à l'insulte«, G. BISCHOFF, Noblesse, pouvoirs et société. Les Pays antérieurs de l'Autriche (milieu XIVe – milieu XVIe siècle), Thèse de Doctorat d'État (masch.), 4 Bde., Univ. Straßburg 1997, Bd. 1, S. 31.
6 Fristverringerung konnte aber auch Aufwandsverringerung ankündigen (vgl. K.-H. SPIESS, Familie und Verwandtschaft im deutschen Hochadel des Spätmittelalters, Stuttgart 1993, S. 123 mit Anm. 406) – doch ging es in diesem Falle gerade darum nicht.

[Am 23. Januar] *heiratete Peter von Hagenbach die Herrin Gräfin von Tengen und ließ sein Hochzeitsfest in Thann im Oberelsaß bereiten und schrieb allen Städten und Flecken, dem Bischof und den Prälaten von Basel und Konstanz, daß sie mit geziemenden Geschenken zum Hochzeitsfeste kämen*[7].

Das klingt noch einigermaßen neutral, war aber nicht so gemeint. An anderer Stelle wird Knebel deutlicher:

Zu diesem Hochzeitsfeste lud er alle Herren, Bischöfe von Straßburg und Basel, Prälaten, Grafen, Freiherren, Ritter und Rittersgenossen jenes Landes ein, nicht damit sie kämen, sondern damit sie ihm Geschenke überreichten, diesen vorschreibend, daß sie Stiere, anderen aber daß sie Kälber, noch anderen daß sie Hühner mitbrächten, jenen daß sie Hafer und Weizen und Wein mit sich trügen, und so veranstaltete er ein großes Mahl, doch nicht aus eigenen Mitteln, sondern aus fremden[8].

Der städtische Schreiber von Basel schrieb eine ganz ähnliche Beobachtung auf:

Item der [Landvogt] hat sin hochzit angesehen uff ietzt montag den 24. jenner nechstkünftig ze halten, darzuo vil herren und stett ingeladen, und besonders alle der landschafft verwandte von stetten, emtern und gemeinden gebetten, dasz sy by siner hochzit sin und im schengken mueszen[9].

Auch die spätere Thanner Überlieferung des 17. Jahrhunderts wußte davon:

1474. Haltet der famose Peter von Hagenbach, dessen Hoch- und Wol-Adeliche Familien unlängst ausgestorben, allhier zu Thann bey 8. Tag lang eine gar dolle Hochzeit mit einer Gräfin von Thengen, und will haben, daß ihm als Stadthalter oder Landvogt [...] alle Stände im Land Geist- und Weltliche mit Präsenten dabey erscheinen sollen[10].

Schlägt man in den archivalischen Quellen der Region nach, in Rechnungen vor allem, dann stellt sich heraus, daß die Geschichtsschreiber durchaus die Wahrheit gesagt haben. Zwar sind nicht alle Dokumente erhalten, und es sind auch nicht alle bekannt. Aber wir erfahren immerhin, daß der Bischof von Basel durch drei Mann eine kostbare Spange im

---

7 W. VISCHER (Hg.), Johannis Knebel capellani ecclesia Basiliensis diarium, Bd. 1 (Basler Chroniken 2), Leipzig 1880, S. 53 = PARAVICINI (wie Anm. 2), Nr. 114 (a).
8 KNEBEL (wie Anm. 7), S. 58 = PARAVICINI (wie Anm. 2), Nr. 114 (b).
9 A. BERNOULLI (Hg.), Gerhard Megkynchs Bericht über Herzog Karls von Burgund Besuch im Elsaß, in: Basler Chroniken, Bd. 7, Leipzig 1915, S. 92 = PARAVICINI (wie Anm. 2), Nr. 114 (c). Megkynch war Schreiber der Stadt Basel, der Bericht datiert wenige Tage vor der fraglichen Hochzeit, ist also strikt zeitgenössisch.
10 PARAVICINI (wie Anm. 2), Nr. 114 (d). Die Kleine Thanner-Chronik (hg. von einem P. Franziskaner, Mulhouse 1855), fährt S. 31 indes unrichtig fort: *bekomt aber dergleichen Gäst gar wenig [...]*; dazu unten.

Wert von 14 £ überreichen ließ[11], daß die Stadt Basel ein Geschenk im Wert von 46 Gulden gab, daß die Stadt Colmar 20 Gulden sandte und Belfort 6. Mülhausen ordnete, um *friedliche Nachbarschaft zue erhalten*, eine stattliche Gesandtschaft von Bürgermeister und Stadtschreiber ab, die dann sicherlich ebenfalls nicht mit leeren Händen vor dem Landvogt stand[12].

Hagenbach lud ein, ja vor, als handele es sich nicht nur um eine Ständeversammlung seines Amtsbezirks, sondern um einen Tag aller Herrschaftsträger am Oberrhein[13]. Ansonsten wissen wir erstaunlich wenig von dieser Hochzeit: Bekannt ist zwar, daß Heimholung (und Beilager) am 23.[14] dem Kirchgang am 24. vorangingen[15]. Auch den Heiratsvermittler kennen wir, Graf Hans von Lupfen, den Herzog Sigmund von Tirol am 29. Mai 1473 beim benachbarten Grafen von Tengen in dieser Angelegenheit beglaubigte, auf Bitten des damals in Innsbruck anwesenden Landvogts[16]. Nicht bekannt sind uns hin-

11 Mit Bischof Johann von Venningen kam es genau in dieser Zeit fast zum Kriege, weil Hagenbach bischöfliche Gebiete der Weinsteuer unterwerfen wollte, vgl. H. WITTE, Der Zusammenbruch der burgundischen Herrschaft am Oberrhein, in: ZGO 41 (1887), S. 1–58, 201–235, hier S. 46f.
12 Die Belege bei PARAVICINI (wie Anm. 2), Nr. 114. Die Stadt Thann, Ort der Hochzeit, wird notgedrungen ebenfalls geschenkt haben, obwohl sie dem Landvogt gerade 300 fl. bei Gelegenheit des Besuches Karls des Kühnen ausgereicht hatte, vgl. F. J. MONE (Hg.), Quellensammlung der badischen Landesgeschichte, Bd. 3, Karlsruhe 1863, S. 196b. – Daß die Reichsabtei Murbach ebenfalls eingeladen worden sei (was wahrscheinlich ist) und in der Aufforderung, materiell zur Hochzeit beizutragen, eine Besteuerung und somit Beeinträchtigung ihrer Souveränität gesehen und dagegen heftig protestiert habe, wird vom einzigen Quellentext bei J. D. SCHÖPFLIN, Alsatia illustrata, Bd. 2, Colmar 1761, S. 409 (vgl. S. 598), dem undatierten geheimen notariellen Protest des Abtes Bartholomäus von Andlau gegen Hagenbachs Übergriffe, nicht gedeckt, vgl. E. v. RODT, Die Feldzüge Karls des Kühnen, Herzogs von Burgund und seiner Erben. Mit besonderem Bezug auf die Theilnahme der Schweizer an denselben, Bd. 1, Schaffhausen 1843, S. 154 mit Anm. 3; B. HERTZOG, Chronicon Alsatiae, Straßburg 1592, S. 123; NERLINGER (wie Anm. 4), S. 144f. Anm. 4; C. Chr. BERNOULLI, Der Landvogt Peter von Hagenbach [bis 1472], in: Beiträge zur vaterländischen Geschichte, hg. von der Historischen und antiquarischen Gesellschaft zu Basel NF 3 (1890), S. 315–380, hier S. 358 mit Anm. 1; A. GATRIO, Die Abtei Murbach in Elsaß, Bd. 2, Straßburg 1895, S. 64f.
13 Solche vorderösterreichischen Ständeversammlungen gab es und Hagenbach hat sie regelmäßig einberufen, vgl. C. SIEBER-LEHMANN, Spätmittelalterlicher Nationalismus. Die Burgunderkriege am Oberrhein und in der Eidgenossenschaft (Veröffentlichungen des Max-Planck-Instituts für Geschichte 116), Göttingen 1995, S. 55f.; D. SPECK, Die vorderösterreichischen Landstände. Entstehung, Entwicklung und Ausbildung bis 1595/1602 (Veröffentlichungen aus dem Archiv der Stadt Freiburg i. Br. 29), Freiburg i. Br./Würzburg 1994, Bd. 1, S. 99–105, 112–123 (Matrikel); Bd. 2, S. 719–723 (Tagungsverzeichnis). – Die Tatsache ist bemerkt bei G. BISCHOFF, Gouvernés et gouvernants en Haute-Alsace à l'époque autrichienne. Les États des pays antérieurs des origines au milieu du XVIe siècle, Straßburg 1982, S. 67.
14 Vgl. unten S. 19. Zur Sache SPIESS (wie Anm. 6), S. 129f. mit Anm. 433.
15 Zum Problem der oftmals unklaren Reihenfolge vgl. SPIESS ebda., S. 128.
16 H. WITTE, Zur Geschichte der Entstehung der Burgunderkriege. Herzog Sigmunds von Oestreich Beziehungen zu den Eidgenossen und zu Karl dem Kühnen von Burgund 1469–1474, Hagenau 1885, S. 35, Anm. 4, nach Innsbruck, Tiroler Landesarchiv [TLA], Cod. 123, Nr. 1772, erwähnt bei BRAUER-GRAMM (wie Anm. 4), S. 277f. mit Anm. 1328. Der Graf von Lupfen zog 1470 mit Hagenbach vor Ortenberg (s. unten Anm. 253) und rückte im Frühjahr 1474 vorübergehend mit seinen Söldnern in Breisach ein, stand also weiter mit Hagenbach in Verbindung (SIEBER-LEHMANN, wie Anm. 13, S. 84 mit Anm. 76). Allgemein zu ihm: P.-J. HEINIG, Kaiser Friedrich III. (1440–1493). Hof, Regierung und Politik, Bd. 2, Köln/Weimar/Wien 1997, S. 944; D. SCHWENNICKE (Hg.), Europäische Stammtafeln, NF Bd. 12: Schwaben, Marburg 1992, Taf. 94.

gegen der Ehevertrag und die Mitgift[17], und wir wissen auch nicht, wer von den beteiligten Familien überhaupt anwesend war[18] und wie das Fest verlief[19].

Fasnacht zu Breisach

Was auf der Breisacher Fasnacht geschah, erregte indes noch mehr Aufsehen[20]. Nicht nur, daß erneut wie zu einem Stände- oder Regionaltag eingeladen wurde, und zwar zu einem »Hof«, einer *curia*, wie Knebel vermerkt[21]. Diesmal können wir den Hergang aus einer zeitgenössischen Breisacher Reimchronik recht genau rekonstruieren, wenn auch die zeitliche Aufeinanderfolge nicht immer sicher ist[22]. Folgende Etappen sind erkennbar:

(1) Zunächst die Mitteilung Hagenbachs aus Thann an den Rat von Breisach, daß er dort Fasnacht mit Rittern und Knechten feiern wolle. Er bringe seine Hausfrau mit, die auch sie kennenlernen sollten[23]. Insofern war die Breisacher Fasnacht eine Fortsetzung der Thanner Hochzeit.

(2) Dann die briefliche Einladung an andere Städte und Stände, die wir schon kennengelernt haben, und zwar gut zehn Tage vor dem Fest, d. h. wiederum recht knapp.

(3) Ein von Hagenbach angeführter Fest- und Reiterzug näherte sich *gar fröliches mu(o)tz* der Stadt Breisach, Frauen und Männer in weißen Überkleidern, am Hut ein Tannreis, am linken Ärmel eine Bilddevise Hagenbachs (*ein hübsche liberi*), drei Würfel mit sechs, fünf und fünf Augen, dabei geschrieben seine Wortdevise *ich pasß*,

---

17 Es mögen um die 1000 fl. gewesen sein, vgl. M. BITTMANN, Kreditwirtschaft und Finanzierungsmethoden. Studien zu den wirtschaftlichen Verhältnissen des Adels im westlichen Bodenseeraum 1300–1500, Stuttgart 1991, S. 80.
18 Auffälligerweise hat sich kein Exemplar des doch mit Sicherheit anzunehmenden Vertrags in seinem Nachlaß im Innsbrucker Archiv erhalten. Vgl. zum Usus im deutschen Hochadel der Grafen SPIESS (wie Anm. 6), S. 113–130. – Da Hagenbach schreibt, er habe eine Frau genommen und wolle diese *nach Hause führen*, könnte es sich auch um eine Heimführung und nicht um die eigentliche Eheschließung handeln, die dann vorher und anderswo (beim Brautvater?) stattgefunden hätte. Die Bezeichnungen in den anderen Quellen stützen diese Interpretation jedoch nicht.
19 Die Breisacher Reimchronik über Peter von Hagenbach, Kap. 14, Z. 18ff. berichtet von der Hochzeit des Neuenburger adligen Bürgermeisters Ludwig Sigelmann zu Lohr (bei Zabern/Saverne im Elsaß, oder Lahr, im Breisgau), bei der Hagenbach anwesend war, doch ohne nähere Umstände mitzuteilen, vgl. F. J. MONE (Hg.), Quellen zur Badischen Landesgeschichte, Bd. 3, Karlsruhe 1863, S. 214.
20 NERLINGER (wie Anm. 4), S. 153 argumentiert mit der Annahme der zweiten Einladung gegen die Wahrscheinlichkeit von Exzessen auf der Hochzeit; überhaupt: »[…] on s'explique difficilement […] comment ces mêmes personnage se soient empressés de répondre à une nouvelle invitation du grand-bailli pour célébrer le carnaval à Brisac.« Indes wissen wir gar nicht, wie die Hochzeit gefeiert wurde, und die Exzesse beziehen sich alle auf die Fasnacht.
21 KNEBEL: *[…] omnibus dominis scripsis, ut ad Brisacum veniant pro celebracione carnisprivii, ubi multi cum suis uxoribus convenerunt. […] indixisset omnibus illius patrie prelatis, nobilibus et communitatibus ac villis curiam suam celebrandum*, (wie Anm. 7, S. 59). Zum »Hof« vgl. Th. ZOTZ, Die Stadtgesellschaft und ihre Feste, in: D. ALTENBURG u. a. (Hgg.), Feste und Feiern im Mittelalter, Sigmaringen 1991, S. 201–213, hier S. 206f.; A. RANFT, Adelsgesellschaften. Gruppenbildung und Genossenschaft im spätmittelalterlichen Reich (Kieler Historische Studien 38), Sigmaringen 1994, S. 96f., 102–107, 168–170.
22 Reimchronik (wie Anm. 91), Kap. 71–86, S. 320–329.
23 Ebda. Kap. 71, Z. 1–9: *Hagenbach, der wunderlich man/ reit von Brisach widder gon Than / und geschickt widerumb getrot /gon Brisach zu dem rot: / das sy in solten laden, / er wolt fastnacht by in haben, / und wolt bringen sein hußfrawen, / die musten sie auch schowen, / und mit im ritter und knecht.*

ich pasß! [...] *als ob er wolt alle weilt vertriben*, fügt die Reimchronik hinzu[24]. Er hatte seine Gesellschaft also mit allerhand Zeichen ausgerüstet. Allerdings wissen wir nicht genau, was sie aussagen sollten[25].

(4) Vor der Stadt wird er von seinen dort in Garnison liegenden Söldnern unter lautem Klang am Rheintor eingeholt, auch von den Edlen und den Bürgern, als wäre er ein Fürst, der er doch nicht war, fügt der Reimchronist grämlich hinzu[26].

(5) Die Quartiere werden zugewiesen. Wer sein Freund sei, solle eine Tanne vor seinem Haus aufstellen – eine entsprechende Wagenladung war gleich mitgekommen[27]. Im Winter war eine Maienbegrünung nicht möglich, so mußte Tannengrün dafür herhalten, um die eingeforderte Loyalität zu bekunden.

(6) Der Rat empfängt mit einem Ehrenwein Hagenbach, seine Frau und die anderen Frauen und Edelleute[28].

(7) Dann wird die Zeche vorausbezahlt (*einen irten er do macht*): Jeder Ritter erlegt vier Gulden, jeder Edelknecht und Bürger zwei[29] – angekündigt war dies nicht, jedenfalls nicht bei der Stadt Mülhausen, mag aber üblich und erwartet gewesen sein.

(8) Zur Nacht hat ein vornehmer Bürger die Gesellschaft zum Essen geladen. Hagenbach wirft im Verlauf des Abends den mit Trank und Speisen und kostbarem Geschirr besetzten Tisch um, so daß die Frauen ganz naß werden und ihre schönen Kleider verderben. Was dann geschah, ist in dreifacher Erzählung überliefert, zweimal bei Knebel, und einmal hier, in der Breisacher Reimchronik[30]. Welche Version die richtige ist, muß offenbleiben:

(a)
Der Basler Kleriker notierte schaudernd ungeheure Vorkommnisse: *Als alle dort, Männer wie Frauen zugleich versammelt waren, gab er* [Hagenbach] *pro curtisia*

---

24 Ebda. Kap. 71, Z. 11–36. H. HEIMPEL, Peter von Hagenbach und die Herrschaft Burgunds am Oberrhein, 1469–1474, in: Jahrbuch der Stadt Freiburg 5 (1942), S. 139–154, hier S. 252 interpretiert: »als wollten sie Fortuna fordern«. Andere Ansätze bei SIEBER-LEHMANN (wie Anm. 13), S. 53f. mit Anm. 35: Bild- und Wortdevise »verweisen vielleicht auf den Versuch Karls des Kühnen, den Königstitel zu erwerben«. WITTE (wie Anm. 12), S. 48 meint, »Hagenbach wollte der ganzen Welt zeigen, daß er sich wohl bewußt war, ein gefährliches Spiel zu treiben, daß er aber auch sicher war, den höchsten Wurf zu thun« – was die Augenzahl aber gerade nicht belegt.
25 Vgl. Anm. 24 und MONE (wie Anm. 12), S. 320 zum Tannenreis. Daß Hagenbach ein Spieler, dazu noch ein Falschspieler gewesen wäre (BISCHOFF, wie Anm. 5, Bd. 1, S. 31f.), kann man aus seiner Devise nicht ableiten; interessant ist aber die von Bischoff erwogene Parallele zur Devise Karls des Kühnen (*Je l'ay emprins* – Ich habs unternommen), und der Hinweis auf die zeitgenössische Bedeutungskritik der Devise (vgl. Ch. WURSTISEN, Baßler Chronik, Basel 1580, S. 439). NERLINGER (wie Anm. 4), S. 98 übersetzt mit *J'épie*. Vgl. unten Anm. 132.
26 Reimchronik (wie Anm. 91), Kap. 71, Z. 45–68. Vgl. zum »fürstlichen« Charakter der Fasnacht SIEBER-LEHMANN (wie Anm. 13), S. 65 mit Anm. 95. Auch Nicolas Gerung schreibt (bei MONE, Auszüge aus lateinischen Chroniken, in: DERS., wie Anm. 12, Bd. 2, Karlsruhe 1854, S. 149): *magnifice et crudeliter rexit, tenens statum principis, equitans ut frequenter cum 30 aut 40 aut 50 armatis*, zit. bei BISCHOFF (wie Anm. 5), Bd. 1, S. 27, Anm. 27.
27 Reimchronik (wie Anm. 91), Kap. 71, Z. 69–80.
28 Ebda., Kap. 72.
29 Ebda., Kap. 73.
30 Ebda., Kap. 74.

(d. h. eigentlich aus Höfischkeit, hier aber aus Unzucht)[31], die er vielleicht in einem Bordell oder Hurenhaus gelernt hatte (*denn er war allen Übels voll*, schreibt unser Geistlicher) *seiner Frau und drei anderen adligen Frauen* – und nun fahre ich in lateinischer Sprache fort – *pudibunda denudans crines vulvarum evolvens coco suo terendeos, conculcandos, pulveres hujusmodi crinium super escas piperatos de mandato suo spargens* – und dieses so gewürzte Gericht gab er den zum Gastmahl geladenen Frauen zu Essen. Der Untat rühmte er sich später, indem er sie am Ende der Mahlzeit nach dem Dankesgebet öffentlich bekannt gab[32].

(b)
In sichtlich empörter geistlicher Runde zu Basel vernahm Johannes Knebel[33] von Walther Bomgarter, dem Unterschreiber dieser Stadt, noch eine andere Version: Auf seiner Hochzeit und auf der Fasnacht zu Breisach (richtiger wohl nur auf der Fasnacht) habe der betrunkene Landvogt, ohne sich dieser Schändlichkeit zu schämen, seiner adligen Frau Gräfin von Tengen befohlen, sie solle auf einen Schemel steigen (und nun lateinisch weiter:) *et vulvam detegeret, ut omnes astantes ejus verenda viderent*, und habe sie gezwungen, zu sagen, wie oft er sie in der ersten Nacht, die sie beieinander lagen, erkannt habe[34].

(c)
Die Version der Breisacher Reimchronik ist nun derart explizit und zudem gänzlich in deutscher Sprache geschrieben, daß ich sie lieber doch nicht zitieren möchte. Die Grundsituation ist allerdings dieselbe[35].

---

31 Vgl. J. FLECKENSTEIN (Hg.), Curialitas. Studien zu Grundfragen der höfisch-ritterlichen Kultur, Göttingen 1990, hier die Beiträge von P. G. SCHMIDT (Curia und curialitas. Wort und Bedeutung im Spiegel der lateinischen Quellen, S. 15–26, hier S. 19f.) und P. GANZ (»hövesch«/»hövescheit« im Mittelhochdeutschen, S. 39–54, hier S. 40); O. EHRISMANN, Ehre und Mut, Aventiure und Minne. Höfische Wortgeschichten aus dem Mittelalter, München 1995, S. 103–114. Diese Wortbedeutung ist SIEBER-LEHMANN (wie Anm. 13), S. 64 mit Anm. 89 nicht entgangen, doch finde ich von dort keinen Weg zur »höfischen Gepflogenheit« zurück, wie er es tut.
32 KNEBEL (wie Anm. 7), Bd. 2, S. 59; die Frau Hagenbachs wird hier unrichtig eine Gräfin von Montfort genannt; diese Verwechslung ändert nichts an der relativen Glaubwürdigkeit der Erzählung.
33 Er nennt die Namen (wie Anm. 7, Bd. 1, S. 61, Z. 12ff.): die Herren (= Priester) Peter von Andlau, Propst zu Lautenbach [es ist der bekannte Jurist, vgl. R.A. MÜLLER (Hg.), Peter von Andlau, Kaiser und Reich. Libellus de cesarea monarchia (Bibliothek des deutschen Staatsdenkens 8), Frankfurt a.M./Leipzig 1998], Dietrich Bomgarter und Ludwig Gutzweiler von Hagental, Basler Domkapläne.
34 KNEBEL (wie Anm. 7), Bd. 2, S. 61. – Eine anonyme Straßburger Fortsetzung der Chronik des Twinger von Königshofen bei MONE (wie Anm. 12), Bd. 1, S. 278, weiß Verwandtes zu berichten: Hagenbach *hielt sich so unsteteclich, das in menglich hassen wart. Er besließf ouch manigem biderman sin eliche hußfrouw, und wo ein hubsche junckfrouw was, die nam er ouch und treib sin unkuschheit mir ir wider vatter und mu(o)tter willen. und wan er in ein statt kam, so schickte er zu(o) den burgerßfrauwen, die im aller bast gefiellen, und treib mit in vil boßheit. Sie mu(o)sten sich ouch die nackent uß ziehen und mu(o)stent also vor im tantzen.*
35 Reimchronik (wie Anm. 91), Kap. 74, Z. 26–31: *Hagenbach mit seiner handt / seiner frawen zwischen die bein viel / und raufft ir haar uß von dem undergiel* [= dem unteren Mund] */ und ließ die frawen schmacken doran, / sprach: »das sollen ir zu letze han, / dißen edlen geschmag«*. Dazu die Kapitelüberschrift: *Wie [...] Peter von Hagenbach [...] seiner frawen das haar von der mutzen raufft*. Eine Zeichnung stellte offensichtlich die Szene dar.

(9) Des Nachts fand dann ein Schwankturnier auf der Herrenstube zum Juden statt: auf hölzernen, seidenverkleideten Rössern wurden Lebkuchenschilde im Stechen in Stücke gebrochen[36].

(10) Es schloß sich ein Tanz an (am Fasnachtsmontag, 21. Februar), immer noch (oder erneut) in weißen Kitteln und mit Tannenreisern geschmückt. Hagenbach führt ihn als Vortänzer mit seiner Dame an[37], konnte ihn besonders gut, kam sich unvergleichlich vor. Bemerkenswert ist, daß dabei niemand einen Laut von sich geben durfte: *und swigen alle stille / das was Hagenbachs wille*, so jedenfalls beim ersten Tanz[38]. Es folgte, immer weiter unter der gnadenlos ermüdenden Führung Hagenbachs, eine ganze Folge von Tanzvariationen in verschiedenen Haltungen: über die Bänke, mit einer Hand an der Seite, mit beiden Händen an der Seite, mit einer Hand unter dem Gürtel, mit einer Hand vor einem Auge, mit winkender Hand, mit dem Tannenreis im Munde, mit einer drohenden Hand, schließlich und zehntens mit berußtem Antlitz[39] – wenn es nicht ausdrücklich hieße, die Tänze hätten am Fasnachts-Montag stattgefunden, würde man meinen, der Aschermittwoch sei darüber angebrochen.

(11) Tatsächlich berichtet die Reimchronik danach nur noch von einer Veranstaltung am Aschermittwoch, 23. Februar 1474: die eingerußten Frauen konnten zusehen, wie der Adel in einem nicht ganz unblutigem Schaukampf das Ritterhaus der Burg Breisach gegen Söldner und Bürger erfolgreich verteidigte[40].

---

36 Ebda., Kap. 75.
37 Abb. bei MONE (wie Anm. 12), Taf. 15 (beschrieben S. 324) und 16 (S. 327); Nr. 15 nach Mone auch bei G. HASELIER, Geschichte der Stadt Breisach am Rhein, Bd. 1, Breisach 1969, Taf. 48.
38 Reimchronik (wie Anm. 19), Kap. 76. – Auch auf dem Zug nach Breisach hatte Hagenbach für verbale Disziplin gesorgt, vgl. Kap. 71, Z. 29–32: *Hagenbach sah in alle ort, / wo man redt ein wort, / das must man im sagen, / oder er wolt die lüt erschlagen.* Zum Schweigen am Hofe Karls des Kühnen s. unten Anm. 140.
39 Ebda., Kap. 77–85.
40 Ebda., Kap. 86.

II

Hagenbachs Aufstieg und Ende

Diese verschiedenen Aussagen über das Verhalten Peter von Hagenbachs können nicht einfach geglaubt oder einfach abgelehnt werden. Zunächst müssen wir mehr über diesen Mann wissen und über die Quellen, die von ihm sprechen. Dann mag die Frage neu gestellt werden.

Peter von Hagenbach gehörte zu einer nach Hagenbach bei Altkirch benannten Familie des niederen Adels im Sundgau, die bislang nicht viel von sich hatte reden machen[41]. Vom Krautjunker bis zum Landvogt ging er einen weiten Weg; jetzt war er ein reifer Mann, in den Fünfzigern stehend[42]. Für uns ist wichtig, daß er von Herkunft und Besitz auf beiden Seiten der Sprachgrenze zu Hause war, sowohl im Oberelsaß als auch in der Franche-Comté, und daß er Französisch wie Deutsch sprach und schrieb[43], was so selten nicht war: Es ist unlängst beobachtet worden, daß es im elsässischen 15. Jahrhundert »chic« wurde, (auch) Französisch zu sprechen, zumal im Adel[44].

Als sundgauischer Edelmann hatte Hagenbach sich im Jahre 1443 lokal verheiratet, mit einer frankophonen Dame, Marguerite d'Accolans[45], und war der regionalen Adelsgesellschaft von St. Georg zu Rougemont in der Franche-Comté beigetreten[46]. In den Jahren

---

41 Zu erwähnen ist, daß Diepold (Thiébaut) von Hagenbach, Peters Onkel (Brauer-Gramm, wie Anm. 4, S. 12), in den Jahren 1407 im Dienst des Herzogs von Orléans stand (A. de Circourt/N. van Werveke, Documents luxembourgeois à Paris concernant le gouvernement du duc Louis d'Orléans (Publications de la Section historique de l'Institut Grand-Ducal de Luxembourg 40), Luxemburg 1888/1889, S. 115, Nr. 233) und 1407–1408 dem Herzog von Lothringen im Vier-Herren-Krieg gegen Metz diente (Paris, Bibl. Nat., Coll. de Lorraine, Bd. 5, Nr. 101f., mit Siegel).
42 Zu seiner Biographie vor 1469 vgl. Brauer-Gramm (wie Anm. 4), S. 14–22, 39f. (Emporkömmling). Geboren wurde er im Jahr 1423.
43 Sieber-Lehmann (wie Anm. 13), S. 61 mit Anm. 76; ein französischer Brief an seinen Bruder Stephan bei Mossmann (wie Anm. 2), S. 120, Nr. 1687 (13. Aug. 1473).
44 Bischoff (wie Anm. 5), Bd. 2, S. 380ff.; Ders., La »Langue de Bourgogne«. Esquisse d'une histoire politique du francais et de l'allemand dans les pays de l'Entre-Deux, in: Publications du Centre Européen d'Etudes Bourguignonnes 42 (2002), S. 101–118. Vgl. Sieber-Lehmann (wie Anm. 13), S. 283f. mit Anm. 165f. Hagenbach schreibt schon 1449 in einer Ehrensache an einen deutschsprachigen Empfänger französisch, s. unten Anm. 47.
45 Tochter von Henri, Ritter, Herr von Beveuges, Brauer-Gramm (wie Anm. 4), S. 14; mit ihr hatte er mehrere Kinder; vgl. auch Mone (wie Anm. 12), S. 188b und 192f., und Knebel (wie Anm. 7), S. 81, Anm. 1, beide nach L. Gollut, Mémoires historiques de la république Séquanoise et des princes de la Franche-Comté de Bourgogne [1592], hg. von M. Ch. Duvernoy/E. Bousson de Mairet, Arbois 1846, Sp. 1173. Sie lebte noch am 7. April 1468 (n. St.), s. U. Robert (Hg.), Les testaments de l'Officialité de Besancon, Bd. 2: 1401–1500, Paris 1907, *sub dato* (Testament von Alix de Molans, frdl. Hinweis von Jacques Debry, Nancy/Châtel-sur-Moselle).
46 Gollut ebda., Sp. 1457; danach Mone (wie Anm. 12), S. 188b; Brauer-Gramm (wie Anm. 4), S. 14 mit Anm. 24; W. Meyer, Die Löwenburg im Berner Jura. Geschichte der Burg, der Herrschaft und ihrer Bewohner (Basler Beiträge zur Geschichtswissenschaft 113), Basel/Stuttgart 1968, S. 234. Lit. zum Orden bei G. Saffroy, Bibliographie généalogique, héraldique et nobiliaire de la France, Bd. 1, Paris 1968, Nr. 5109–5129a. – Wenn Hagenbach bei der Entritterung als *indignus societatis milicie sancti Jeorgii* bezeichnet wird (Knebel, wie Anm. 7, S. 90, Z. 29), kann jene Gesellschaft gemeint sein, denn der Gesellschaft mit St. Jörgenschild in Schwaben scheint er nicht angehört zu haben, vgl. H. Kruse/W. Paravicini/A. Ranft (Hgg.), Ritterorden und Adelsgesellschaften im spätmittelalterlichen Deutschland (Kieler Werkstücke D 1), Frankfurt a. M. 1991, Nr. 46, S. 213f.

1448 und 1449 erwähnen die Quellen ihn, weil er als Schnapphahn auftritt und in Ehrenhändel verwickelt ist⁴⁷. Aber es gibt noch keine direkten Beziehung zum burgundischen Hof⁴⁸. Sie ist erstmals im Mai 1452 nachweisbar. Damals überbrachte er einen eigenhändigen Brief Herzog Philipps des Guten von Burgund höchst privaten Inhalts an den Herzog von Kleve⁴⁹. Ob Herzog von Kleve oder Pfalzgraf⁵⁰, die Kinder von Württemberg-Mömpel-

Ludwig von Eyb d.J. schreibt in seiner 1507 abgeschlossenen Lebensbeschreibung des Wilwolt von Schaumburg (hg. von A. von KELLER, Stuttgart 1859) S. 30 von der Vorbereitung zur Hinrichtung: *im alda seine ehre und ritterlichen orden, die geselschaft vom hals, das schwert von der seiten, die sporn von den füeßen abgerechtet.* Aber hier wurden die Dinge wohl eher beschrieben, wie sie zu sein hatten, nicht wie sie tatsächlich waren.; vgl. unten Anm. 125 und 126.

47 Reimchronik (wie Anm. 91), Kap. 2 (S. 259–260); BRAUER-GRAMM (wie Anm. 4), S. 14f.: 1448 versuchte er dem Basler Ritter Marquard von Baldegg, Vogt von Thann, ein Lösegeld abzupressen (vgl. zu ihm unten Anm. 117). 1449 beschuldigte ihn Thüring von Hallwil, Vogt von Landser, verräterischer Handlung, wogegen sich Hagenbach in einem französischen Brief verwahrte und den Verleumder zum Duell herausforderte (nach C. Chr. BERNOULLI, wie Anm. 12, S. 317f.). Sein Standesgenosse Hans Erhard von Reinach weiß (in seinen nachträglichen Aufzeichnungen über die Zeit 1468–1474) von alten Vergehen, zit. bei BISCHOFF (wie Anm. 7), S. 31, Anm. 43, ohne Quellenangabe bereits bei BISCHOFF (wie Anm. 13), S. 74, Anm. 103; dieselbe Quelle (Colmar, Arch. dép., J 13 Nr. 3) benutzt auch SPECK (wie Anm. 13), Bd. 1, S. 100 mit Anm. 464 und 466; hier S. 101 Anm. 470 das vollständige Zitat (auch im Beitrag von Speck in diesem Band, S. 202): [...] *her peter von Hagenbach, der da von siner boesen taetten und geschichten halb in siner jugend diese land miden must, bepholen ward, dise land ze regieren alß ein lantvogt, der nun sin vorbegangen handell mitt grossen sinem ubermuott, gittikeit, untreuw, unkusch unn ungerechtigkeitt mitt schwerem ungewalt und verachtung guoter geborner lutt befestigett, regiertt nach sinem gevallen wider gutt sitten, vorab in verachtung der gottlichen gebott wider cristenlichen glouben, daß ouch durch die gerechten hand des allmechtigen gottes mitt grossen wunderzeichen gestraft ward und der allmechtig got nit gestaten wolt.*

48 Bei der Eroberung von Luxemburg 1454 könnte er dabeigewesen sein, doch läßt es sich nicht nachweisen, vgl. BERNOULLI (wie Anm. 12), S. 319; BRAUER-GRAMM (wie Anm. 4), S. 14.

49 A. GRUNZWEIG, Quatre lettres autographes de Philippe de Bon, in: Revue Belge de Philologie et d'Histoire 4 (1925), S. 431–437, der Brief datiert vom 11. Mai 1452. Matthieu d'ESCOUCHY (Chronique, hg. von G. du FRESNE DE BEAUCOURT, Bd. 2, Paris 1863, S. 251) bezeichnet Hagenbach zum Jahre 1454 als Kammerherrn des Herzogs von Kleve (vgl. unten Anm. 56). – In Jan HUIZINGAS Hauptwerk (Herbst des Mittelalters. Studien über Lebens- und Geistesformen des 14. Jahrhunderts in Frankreich und in den Niederlanden [niederl. 1919], hg. und übers. von K. KÖSTER, Stuttgart ⁸1961) kommt Hagenbach nur einmal vor, im Zusammenhang mit der Schur des Haupthaars, das Hagenbach auf Befehl des Herzogs zur verpflichtenden Mode macht (S. 13f., nach O. de la MARCHE, Mémoires, hg. von H. BEAUNE/J. d'ARBAUMONT, Bd. 2, Paris 1883, S. 422); H. Heimpel und H. Brauer-Gramm lassen sich die Episode gleichfalls nicht entgehen. – Nach wie vor gilt, wenn nun auch weniger, was SIEBER-LEHMANN (wie Anm. 13), S. 62 festgestellt hat: »Von den Jahren Hagenbachs am burgundischen Hof ist [...] kaum etwas bekannt.«

50 Unten Anm. 61; W. PARAVICINI, Deutscher Adel und westeuropäische Kultur im späteren Mittelalter. Eine Spurensuche am Beispiel der Wittelsbacher, in: J. EHLERS (Hg.), Deutschland und der Westen Europas im Mittelalter (Vorträge und Forschungen 56), Stuttgart 2002, S. 457–506; P. EHM, Burgund und das Reich. Spätmittelalterliche Außenpolitik am Beispiel der Regierung Karls des Kühnen (1465–1477) (Pariser Historische Studien, 61), München 2002, S. 105f.: Hagenbach begleitet Pfalzgraf Friedrich I. Nov.–Febr. 1466/67 auf seiner Reise in die Niederlande. – Eine Erklärung des Pfalzgrafen vom 15. Juni 1465 betr. seinen Freundschaftsvertrag mit dem Grafen von Charolais beweist, daß Hagenbach diesen zusammen mit Ferry de Clugny in Heidelberg ausgehandelt hatte, vgl. Lille, Archives départementales du Nord [ADN], Inv. sommaire, Série B, Bd, I 1, Lille 1899, S. 237 (B 327). Zu diesen Verhandlungen gehört auch eine Urkunde Karls vom 29. Dez. 1465, München, HStA, XII c 40 (Abschrift). Vgl. BRAUER-GRAMM (wie Anm. 4), S. 21 mit Anm. 72.

gard[51] oder, später, Sigmund von Tirol[52] und der Kaiser[53]: Von nun an ist Hagenbach einer der Verbindungsleute des Herzogs zu deutschsprachigen Fremden bei Hofe und im Reich[54] – eine Position, die es für die verschiedenen Sprachen in der einen oder anderen Form an jedem Hofe gab und die einmal grundsätzlich erforscht werden sollte; denn sie ist von beträchtlicher kulturgeschichtlicher Bedeutung[55].

Hagenbach begegnet wieder auf dem berühmten Fasanenfest zu Lille in Flandern vom Februar 1454, wo er wie viele andere Höflinge das Gelübde ablegt, mit dem Herzog auf den Kreuzzug zu ziehen, hier erschwert durch das Versprechen, auf der Reise ein Jahr lang Montags zu fasten, und durch den Vorsatz, einen Kampf zu dritt gegen drei Türken auszukämpfen[56] – der Zug kam bekanntlich nie zustande[57]. Edelknecht, der er immer noch und noch lange war, diente Hagenbach seit dem 7. Juni 1457 als einer der zahlreichen *écuyers d'écurie* im Stallamt, zuerst mit der kleineren Gage von 12, dann mit der größeren

---

51 Siehe den Exkurs im Anhang.
52 Gesandtschaft zu Herzog Sigmund zusammen mit Ritter Berhard von Ramstein-Gilgenberg und Maître Liénard des Potots, herzoglicher. Rat und Maître des Reqêtes, erwähnt nach der Rechnung des Jean de l'Escaghe, endend am 30. Sept. 1472, fol. 500, bei [Dom G. AUBRÉE], Mémoires pour servir à l'histoire de France et de Bourgogne, Paris 1729, Tl. 2, S. 260 Anm. b und S. 274 Anm. d.
53 Am 28. Juli 1473 quittierte der herzogliche Rat (Dr.) Johannes von Espach dem herzoglichen Argentier Auslagen für eine geheime Mission zusammen mit Hagenbach zu Kaiser Friedrich III., Lille, ADN, B 2097 Nr. 67 292. Siehe auch die Quittung über 36 £, die Jean (de) Montjustin, écuyer, ausdrücklich als Neffe Hagenbachs bezeichnet, am 31. Mai 1473 dem Argentier ausstellte: Sein Onkel hatte ihn auf Gesandtschaft zu Kaiser Friedrich III. gesandt, Lille, ADN, B 2096 Nr. 66 158. Beide Gesandtschaften gehören in das Vorfeld des Treffens von Trier im Okt.–Nov. 1473, auf dem er anwesend war.
54 Im Nov. 1458 sekundiert er einem anderen Deutschen, Heinrich Sasse (von Kannewerf) auf Anordnung des Herzogs bei einem Zweikampf mit Jean de Rebreuviette, vgl. Georges CHASTELLAIN, Chroniques. Les fragments du Livre IV révélés par l'*Additional Manuscript* 54156 de la *British Library*, hg. von J.-C. DELCLOS, Genf 1991, S. 139: *ung aultre escuier de Bourgoingne [!] nommé Pierre de Hacquembac*. Hierzu: W. PARAVICINI, Georg von Ehingens Reise vollendet, in: FS Philippe Contamine, Paris 2000, S. 547–588, hier S. 557–562.
55 Vgl. W. PARAVICINI/B. SCHNERB (Hgg.), Les Étrangers à la cour de Bourgogne = Revue du Nord 84 (2002), Heft 345–346, bes. den Beitrag von M. Kintzinger.
56 BRAUER-GRAMM (wie Anm. 4), S. 15 mit Anm. 43., nach O. de la MARCHE (wie Anm. 49), Bd. 2, S. 340 und 381ff.; BERNOULLI (wie Anm. 12), S. 319ff.; GOLLUT (wie Anm. 45), S. 1170, 1175. Der Eid wurde lt. ESCOUCHY (wie Anm. 49), Bd. 2, S. 211, und CARON (wie Anm. 145), S. 147 zusammen mit dem herzoglichen *Panetier* Jacques de Montmartin und dem Mundschenken Guillaume de Saulx abgelegt, beide aus Burgund, was auf bestehende »Vernetzung« am Hof hinweist; hierbei wird Hagenbach als Kammerherr (*chambelan*) des Herzogs von Kleve bezeichnet (der aber selbst am burgundischen Hof weilte). Zum Fasanenfest s. unten Anm. 145. – Am 23. März 1454 (n. St.) weist Hz. Philipp *Pierre de Haguebac, escuier,* ein Geschenk von 100 £ an, *pour aucunes consideracions a ce le mouvans*, möglicherweise, damit er sich für den Kreuzzug ausrüsten könne, Lille, ADN, B 2017, fol. 209r. Dies ist das erste Mal, daß er in der *Recette générale de toutes les finances* (RGF) genannt wird.
57 Vgl. W. PARAVICINI, Philippe le Bon en Allemagne (1454), in: Revue Belge de Philologie et d'Histoire 75 (1997), S. 967–1018; zu den burgundischen Kreuzzugsplänen jetzt die noch ungedruckte Habilitationsschrift von J. PAVIOT, Les ducs de Bourgogne, la croisade et l'Orient (fin XIVᵉ–XVᵉ siècle), Paris-Sorbonne 2000.

von 18 sous, d. h. mit drei, dann mit vier Pferden bzw. Personen, doch stets in überzähliger Position: Eine richtige Planstelle hat er am Hof Philipps des Guten nie erhalten[58].

Hagenbachs schneller Aufstieg nach dessen Tod am 15. Juni 1467 beruht auf seiner Parteinahme für den Grafen von Charolais, wie der junge Karl der Kühne genannt wurde; und die belastete wiederum sein Verhältnis zu Herzog Philipp[59]. Frühe Briefe, die Hagenbach zeitlebens aufgehoben hat, bezeugen das besondere Vertrauensverhältnis[60]. Unter Herzog Karl rückte er dann im Jahre 1467 sofort zum Rat[61] und ordentlichen Hofmeister

---

58 Im Jahre 1454 nennt der Herzog ihn noch nicht in diesem Amt, s.o. Anm. 56. – In der herzoglichen Hofordnung vom 9. April 1449 ist Hagenbach erstmals aufgeführt, aber außerordentlich und keinem Dienstquartal zugeteilt: Gent, Rijksarchief, Conseil de Flandre, sér. F, Nr. 45, fol. 64r, Nachtrag: *Le vij^e jour de juing m cccc lvij, mondit seigneur retint Pierre de Haquembac son escuier d'escuierye, lui iiij^e et iij chevaulx, et ordonna que deslors en avant il feust compté a gaiges toutes les fois qu'il seroit pardevers lui, et ce par maniere d'extraordinaire.* – Die Hofordnung vom 31. Dez. 1458 hat ihn noch in derselben »außerplanmäßigen« Stellung, Lille, ADN, B 3376, Nr. 113 545, fol. 16r: *Item, vuelt et ordonne mondit seigneur que Pierre de Hacquembac soit compté a dixhuit solz par jour comme son escuier d'escuierie toutesfoiz qu'il sera devers lui, et ne sera son lieu impetrable comme dessus.* In der RGF wird er in der Eigenschaft als Stalljunker mit der Randbemerkung *Novus hic* erstmals 1458 geführt, s. Lille, ADN, B 2030, fol. 150v–151r: *A Pierre de Hacquembach, escuier d'escuierie de mondit seingeur, la somme de deux cens ving livres quatorze solz de xl gros dicte monnoye la livre qui deue lui estoient de reste a cause de xvij s. [...] que mondit seigneur par ses lettres patentes sur ces faictes et données le vij^{me} jour de juing l'an mil iiij^c lvij lui a ordonné prandre et avoir de lui de gaiges par jour, lui estans par devers lui et en son service pour le servir oudit estat et office d'escuier d'escuierie, et ce pour iiij^c xviij jour entiers commançans le xij^e jour d'avril et finissans le derr. jour d'avril ens. l'an iiij^C lviij, lesd. jours incluz, pendant lquel temps il a continuellement esté devers et service de mondit seigneur servant en sondit estat et office, excepté environ lviij jours, commançans le xxij^{me} jour d'octobre oud. an iiij^c lvij et finissans continuellement ensuivans, qu'il vacqua en deux voyages qu'il a faiz par l'ordonnance de mondit seigneur de la ville de Brouxelles en ambaxade de par lui* nach Utrecht und Brügge in Sachen des Utrechter Bistumsstreits; er hatte 70 £ Anzahlung erhalten; dann neuer Posten: 220 £ Gagen für 245 Tage 1. Mai 1458 bis 31. Dez. 1458, Quittung: 1. März 1459 n.St. – In den täglichen Gagenabrechnungen (*escroes*) begegnet er erstmals mit dem Gage von 18 s. am 26. Jan 1459, Lille, ADN, B 3423, Nr. 117 149. – Am 12. April 1462 quittierte der RGF dem Rentmeister von St-Omer 72 £ für die Gagen Hagenbachs, vgl. Lille, ADN, B 2042 Nr. 63 086.

59 *de Pierre de Hacquembac ne fut jamais content depuis, au moins de longue piece*, notiert Georges CHASTELLAIN (Œuvres, hg. v. J. B. M. C. KERVYN DE LETTENHOVE, 8 Bde., Brüssel 1863–1866, hier Bd. 4, S. 257), nachdem er Hagenbachs Rolle beim Sturz des Günstlings Jean Coustain geschildert hatte (S. 243–257, vgl. auch J. du CLERCQ, Mémoires, hg. v. F. de Reiffenberg, Bd. 3, Brüssel ²1836, S. 213, und hierzu W. PARAVICINI, *Acquérir sa grâce pour le temps advenir. Les hommes de Charles le Téméraire, prince héritier (1433–1467)*, in: A. MARCHANDISSE/J.-L. KUPPER (Hgg.), À l'ombre du pouvoir. Les entourages princiers au Moyen Âge, Genf 2003, S. 361–383, hier S. 377; für Chastellain war Hagenbach *honneste homme et de beau recueil entre cent autres* (S. 243).

60 Reimchronik (wie Anm. 19), Kap. 3 (S. 260f.), 1462, vgl. BRAUER-GRAMM (wie Anm. 4), S. 17f., 372; BERNOULLI (wie Anm. 12), S. 322 Anm. 1.

61 Die erste RGF Karls als Herzog, Lille, ADN, B 2064, enthält fol. 60v eine Zahlung *A Pierre de Hacquembacq, escuier, conseillier et maistre d'ostel de mondit seigneur* von 169 £ 12 s. *pour ung voyaige qu'il a fait au commandement et ordonnance de mondit seigneur de la ville de Gand es pays d'Alemaigne pardevers monseigneur le conte palatin du Rin, ouquel voyage, faisant, alant et seiournant, et mesment pour avoir accompaignié, conduit et amené ledit conte jusques pardevers mondit seigneur en la ville de Brouxelles et d'ilec es villes de Gand, Bruges et l'Escluse*, er 106 Tage, vom 15. Nov. 1466 bis zum letzten Tag des Februar 1467 beschäftigt war, zum (hohen) Tagessatz von 32 sous. Vgl. o. Anm. 50.

auf (von denen es immer mehrere gab)[62], nachdem er zuvor des Thronfolgers außerordentlicher Hof- und Jägermeister gewesen war[63]. Das Hofmeisteramt mit der Gage von 27 sous pro Tag war eine typische Aufsteigerposition, die gerne mit Leuten niederer Herkunft und hoher Organisationsgabe besetzt wurde. Hofmeister nannte er sich ausdrücklich auch selbst in seinen Briefen an Mülhausen[64].

Außer dem Faktotum[65], Informanten und Diplomaten war schon vor 1467 der tüchtige Soldat sichtbar geworden. Im Jahre 1458 hatte ihn Herzog Philipp zum Stellvertreter des Feldzeugmeisters ernannt[66]. Im Dienst des Grafen von Charolais erstieg er 1465 heimlich mit wenigen Leuten die Mauern von Péronne an der Somme und brachte so die strategisch wichtige Stadt zu Fall; das trug ihm Ansehen, Ämter und Einkünfte ein[67] – wenn

62 BRAUER-GRAMM (wie Anm. 4), S. 16 mit Anm. 46 und 48 erwähnt ihn als außerordentlichen Hofmeister schon zum Jahre 1462, nach O. de la MARCHE (wie Anm. 49), Bd. 2, S. 421f. (er ist einer, der die neue Haartracht überwachen soll, vgl. o. Anm. 49), und verweist auf Innsbruck, TLA, Parteibriefe Nr. 2468 (vgl. S. 372) für eine Nennung in diesem Amt schon am 8. Nov. 1465; dies ist jedoch eine Urkunde Karls (des Kühnen) Grafen von Charolais, bezieht sich also auf dessen Hof; er heißt denn auch am 29. Dez. 1465 im Vertrag von St. Truiden *Hofmeister des Grafen von Charolais* (MONE, wie Anm. 12, Bd. 3, S. 192a). – Im herzoglichen Amt ist er lt. Sachausgabenabrechnung erst und sogleich am 17. Juni 1467 bezeugt, d. h. zwei Tage nach Karls Regierungsantritt (Lille, ADN, B 3427, Nr. 117 740); weitere Belege: Lille, ADN, B 2068, fol. 225r), vgl. auch W. PARAVICINI, Guy de Brimeu. Der burgundische Staat und seine adlige Führungsschicht unter Karl dem Kühnen (Pariser Historische Studien 12), Bonn 1975, S. 299 mit Anm. 217 (16. Jan. 1468). Richtig wiedergegeben ist die von BRAUER-GRAMM (wie Anm. 4), S. 20 mit Anm. 66, S. 41 mit Anm. 177 und S. 372 (vgl. H. WITTE, Zur Geschichte des burgundischen Landvogts Peter von Hagenbach, in: ZGO 47, 1893, S. 46–657, hier S. 649f.) erwähnte Urkunde vom 25. März 1467 (Eid am 9. April), mit der Charolais Hagenbach zu *seinem* ordentlichen Hofmeister ernannt, mit dem Gehalt von nunmehr 27 sous.
63 Ernannt zu *Chasteler*, 8. Nov. 1465, vgl. BRAUER-GRAMM (wie Anm. 4), S. 20 mit Anm. 65, und S. 372; WITTE (wie Anm. 62), S. 650 (irrtümlich als Jägermeister Herzog Philipps angesehen). – Bis Mai 1469 hat Hagenbach noch *certain nombre de chiens servans a la venerie et pour le deduit de mondit seigneur* unterhalten, wofür er damals 160 ₤ Entschädigung erhielt, Brüssel, Archives générales du royaume [AGR], CC 1924, fol. 199v–200r.
64 Dieser Titel hat also nichts mit besonderer »Höfischkeit« zu tun, wie SIEBER-LEHMANN (wie Anm. 13), S. 65 Anm. 93 andeutet, zumal Hagenbach auch andere Briefe so unterzeichnete, z. B. MOSSMAN (wie Anm. 2), Bd. 4, S. 1, Nr. 1557 (1. Jan. 1471). – Nach seinem Tode am 9. Mai 1474 wurde er schon am 17. Mai in seinem Amt durch Drieux de Humières ersetzt, vgl. NERLINGER (wie Anm. 4), S. 134, Anm. 1, nach der Hofordnung von 1474 (Paris, BN, ms. fr. 3867), fol. 12v; erwähnt bei Ph. de COMMYNES, Mémoires, hg. von E. DUPONT, Bd. 1, Paris 1840, S. 323, Anm.
65 Siehe die schon mehrfach erwähnte Haarschneideaffäre, o. Anm. 49.
66 Le Quesnoy, am 3. Okt. 1458, Eidesleistung am 21. Okt. zu Mons (ebenfalls im Hennegau) in die Hände des Marschalls von Burgund: Lille, ADN, B 2032 Nr. 62 272 (cop. mb. coaev. coll., beschädigt), zit. kurz von NERLINGER (wie Anm. 4), S. 26 Anm. 3, ausführlich von A. BOSSUAT, Perrinet Gressart et François de Surienne, agents de l'Angleterre. Contribution à l'étude des relations de l'Angleterre et de la Bourgogne avec la France, sous le règne de Charles VII, Paris 1936, S. 366f. mit Anm. 5: Das Dokument erwähnt, daß Hagenbach (*écuyer d'écurie*) sich in mehreren Kriegen um die Artillerie verdient gemacht habe, *en quoy il s'est bien deuement, songneusement et diligemment emploié*. Feldzeugmeister = *maître de l'artillerie* war derzeit François de Surienne. Vgl. auch die Reimchronik (wie Anm. 19), Kap. 4, S. 261f. – Da in den Rechnungen der RGF Hagenbach (tatsächlich) in dieser Funktion erwähnt wird und es auch sonst kein Zeugnis seiner Amtsausübung gebe, vermutet Bossuat, daß seine Ernennung mit dem geplanten und nicht zustandekommenden Kreuzzug zusammenhing.
67 Brauer-Gramm (wie Anm. 4), S. 18f., 20 und 372; vgl. auch J. de WAVRIN, Recueil des croniques, hg. von W. HARDY, Bd. 5, London 1891, S. 502f. Hagenbach als Kapitän von Péronne auch bei V. de BEAUVILLÉ, Recueil des documents inédits concernants la Picardie, publiés d'après les titres origin-

auch keine offizielle Hofcharge[68]. Vor der lüttichschen Stadt Dinant im Jahr danach führte er die schweren Bombarden, das erste Pferde selbst am Zügel haltend, im Feuerschutz kleinerer Stücke so nahe vor das Tor, daß die Stadt sich ergab (und dann zerstört wurde)[69], Hagenbach wurde herzoglicher Feldzeugmeister[70] und erhielt weitere Gunstbeweise[71]. Im Lütticher Krieg besetzte er die Burg Bouillon[72] und war auch an der letzten Eroberung und wohl auch an der Zerstörung Lüttichs Ende 1468 beteiligt; indes stellte ihm das Lütticher Kloster, bei dem er einquartiert war, ein Zeugnis über tadelloses Führung aus[73].

Als der von den Eidgenossen und seinen Schulden so hart bedrängte Herzog Sigmund von Habsburg-Tirol am 9. Mai 1469 zu Saint-Omer die meisten seiner Herrschaften und Städte im Elsaß, im Breisgau, auf dem Schwarzwald und am Hochrhein an Burgund verpfändete[74], war Hagenbachs Stunde gekommen. Er stammte daher, er hatte bei den Verhandlungen geraten[75], er war Mitglied der reisenden Huldigungskommission[76], ihn ernannte Herzog Karl am 20. September 1469 zu seinem Statthalter oder Landvogt in diesen Pfandlanden. Er wurde sein *bailli de Ferrate et d'Auxay*, sein Landvogt von Elsaß und

aux conservés dans son cabinet, 5 Bde., Paris 1860–1882, hier Bd. 3, S. 234 (3. Okt. 1465, 10. April 1466: Die Dokumente der Slg. Beauvillé wurden im I. Weltkrieg vernichtet). Ernannt wurde er am 1. Okt. 1465: H. STEIN, Catalogue des Actes de Charles le Téméraire, hg. von S. DÜNNEBEIL (Instrumenta 3), Sigmaringen 1999, Nr. 2792.
68 Die täglichen Gagenabrechnungen des Thronfolgers erwähnen Hagenbach nicht, vgl. H. KRUSE, Hof, Amt und Gagen. Die täglichen Gagenlisten des burgundischen Hofes (1430–1467) und der erste Hofstaat Karls des Kühnen (1456) (Pariser Historische Studien 44), Bonn 1996, S. 318 und im Index. Erst unter dem Herzog Karl wird er am 21. Juli 1467 erstmals in den *Ecroes* genannt, s. oben Anm. 61 und 62.
69 O. de la MARCHE (wie Anm. 49), Bd. 3, S. 44f. Vgl. ADN, Inv. sommaire, Série B, Bd. 8, Lille 1895, S. 249 (Aug./Sept. 1466). BRAUER-GRAMM (wie Anm. 4), S. 19f.
70 BRAUER-GRAMM (wie Anm. 4), S. 20 mit Anm. 64, nach O. de la MARCHE (wie Anm. 49), Bd. 3 (nicht 2), S. 44f. Zum Amt vgl. O. de la MARCHE Bd. 4, S. 89–91.
71 Die Ernennung zum ordentlichen Hofmeister s. o. Anm. 62.
72 Am 15. Dez. 1467 mit 30 Leuten. Er erhielt danach das Amt von deren Gouverneur, Kapitän und Prévôt, vgl. PARAVICINI, (wie Anm. 62), S. 299f., BRAUER GRAMM (wie Anm. 4), S. 20 mit Anm. 67 und S. 372; STEIN (wie Anm. 67), Nr. 235 (26. Jan. 1468). Die Teilnahme am Krieg bezeugt auch J. de HAYNIN (Mémoires. 1465–1477, hg. von D. BROUWERS, Bd. 1, Liège 1906, S. 239): *Monsieur Pierre de Haquembac fu envoyet dedens Tongre* (Nov. 1467).
73 PARAVICINI (wie Anm. 62), S. 207f. mit Anm. 462 (Guy de Brimeu, herzoglicher Statthalter in Lüttich, erhielt ein ähnliches Zeugnis ausgestellt, ebenfalls von der Abtei Beaurepart); BRAUER-GRAMM (wie Anm. 4), S. 21 und 372; BERNOULLI (wie Anm. 12), S. 329 mit Anm. 1. – Dem Lütticher Krieg zuzuordnen sind auch die Dokumente Lille, ADN, B 2066 Nr. 64 932: Gagenquittung eines herzoglichen Boten, der Briefe an Hagenbach und den Seneschall von Limburg gebracht hatte, vom 8. Sept. 1467. Vgl. auch Theodoricus PAULI, Historia de cladibus Leodinensium, in: P. F. X. RAM (Hg.), Documents relatifs aux troubles du pays de Liège ..., Brüssel 1844, S. 213, 217 (BERNOULLI, wie Anm. 12, S. 327 mit Anm. 1, 328 mit Anm. 2): 1468.
74 BRAUER-GRAMM (wie Anm. 4), S. 58f.; STEIN (wie Anm. 67), Nr. 602–605.
75 BRAUER-GRAMM (wie Anm. 4), S. 58.
76 NERLINGER (wie Anm. 4), S. 10; BRAUER-GRAMM (wie Anm. 4), S. 81. VAUGHAN (wie Anm. 4), S. 89–91. – Bezahlung für die Zeit vom 22. Mai bis 10. Sept. 1469, vgl. Lille, ADN, B 2064, fol. 266r-v, sowie Brüssel, AGR, CC 1924, fol. 122v–123v und 141v.

von Pfirt, wie man jenes Konglomerat verschiedenster Rechte zu resümieren suchte[77], aus denen nun eine echte Landesherrschaft entstehen sollte.

Das burgundische Regiment dauerte auf den Tag genau fünf Jahre. Absichtlich am 9. Mai 1474[78] wurde Hagenbach wegen seiner Vergehen als Landvogt vor Breisach mit dem Schwert gerichtet[79], doch nicht im Auftrage des Herzogs von Burgund, sondern von einem Gericht, das Sigmund von Tirol, getrieben und getragen von den Städten, eingesetzt und mit Städtern besetzt hatte. Schon als Hagenbach Hochzeit feierte, standen die Zeichen auf Sturm. Denn in Thann hatte er vor einem halben Jahr eine Steuerrevolte blutig unterdrückt, 30 Bürger hatten sich auf Leben und Tod stellen müssen, ihrer vier hatte er hinrichten lassen; das wurde ihm jetzt vorgeworfen[80]. In Breisach hatte der Landvogt

---

77 BRAUER-GRAMM (wie Anm. 4), S. 81 und 373, die Bezeichnung S. 63, Anm. 263. Das Original der im Haag ausgestellten Ernennungsurkunde: Innsbruck, TLA, Schatzarchiv, Lade 116, danach BERNOULLI (wie Anm. 12), S. 335 mit Anm. 1; eine Kopie: Lille, ADN, B 2075, Nr. 9, hiernach ein (schlechter) Text bei NERLINGER (wie Anm. 4), S. 25f. Anm. 2 (Eidesleistung am 27. Sept.). Vgl. STEIN (wie Anm. 67), Nr. 692. – Hagenbach wurde nicht sofort Statthalter, sondern erst, nachdem am 12. Juni 1469 der in den Vorlanden einflußreiche Ritter Peter von Mörsberg [Morimont, vgl. HEINIG (wie Anm. 16), Bd. 1, 1997, S. 204–206], *bailli commis de par mondit seigneur par maniere de provision* durch Rudolf von Baden-Hochberg, Markgraf von Rötteln, eingesetzt worden war, der bis zum 11. Nov. 1469 amtierte. Hagenbach, *son grant bailli de sa viconté d'Auxois, conté de Ferrettes, villes de Brisac, de la Noire Montaigne et autres terres de mondit seigneur,* erhielt ab dem 12. Nov. 1469 monatlich 50 £ *gaiges ou pencion* für dieses Amt (wovon er auch Kriegsknechte halten mußte), ausgezahlt zunächst für vier Monate = 200 £, dann für 50 Tage, vom 12. März bis 30. April 1470 = 83 £ t. 6 s.: Brüssel, AGR, CC 1925, fol. 66v–67r. Gagenquittungen: Lille, ADN, B 2076 Nr. 65 531 (11. April 1470, gezeichnet, erw. bei NERLINGER, wie Anm. 4, S. 140, Anm. 2), B 2083 Nr. 65 991 (8. April 1470, gez.). – Ausgaben von April 1470 für seine Polizeiaktionen und seine Polizeitruppe: Brüssel, AGR, CC 1925, fol. 399r–400v; betr. die Überführung von Artillerie im Okt. 1470: Lille, ADN, B 2081 Nr. 65 793. Herzogliches Mandat (cop. ch. coaev.) über Auszahlung von jährl. 840 £ durch den Schatzmeister von Vesoul für Gagen und Truppen, Lille, 10. April 1470: Innsbruck, TLA, Schatzarchiv, Lade 116 (STEIN, Nr. 835; BRAUER-GRAMM, S. 373; NERLINGER, S. 140, Anm. 2; BERNOULLI, S. 356f. Anm. 2). AUBRÉE (wie Anm. 52), Tl. 2, S. 273f. Anm. d, zitiert die verlorene Rechnung des Kriegsschatzmeisters für das Herzogtum Burgund, Barthélemy Trotin, wonach Hagenbach am 2. April 1471 (n. St.) für eine Truppe von 1130 Leuten aus den Pfandlanden zu je 3 fr. pro Monat bezahlt wurde; die Leute sollten die zur Verteidigung von Mâcon aufgestellte Armée verstärken.
78 *recte illa die fuerunt quinque anni transacti,* KNEBEL (wie Anm. 7), S. 91, Z. 22.
79 Eine Vergünstigung zur Rettung seiner Ehre, vgl. H. HEIMPEL, Das Verfahren gegen Peter von Hagenbach zu Breisach (1474), in: ZGO 94 (1942), S. 321–357, hier S. 335–337. – Hagenbachs Testament vom 8. Mai 1474 ist bislang nicht aufgefunden worden, ebensowenig wie der am 10. April 1474 durch Jean II de Neufchâtel Herr von Montaigu überbrachte Brief Karls des Kühnen; vielleicht wurden sie beide vernichtet, vgl. MONE (wie Anm. 12), 1863, S. 184a, 196b–197a; S. 384 mit Anm. *** = W. PARAVICINI (Hg.), Der Briefwechsel Karls des Kühnen (1433–1477). Inventar (Kieler Werkstücke D 4), Bd. 2, Frankfurt a. Main/Bern 1995, Nr. 2553. – Zum Prozeß vgl. HEIMPEL ebda. und DERS., Mittelalter und Nürnberger Prozeß, in: FS E. E. Stengel, Münster/Köln 1952, S. 443–452, erneut in: DERS., Aspekte. Alte und neue Texte, hg. von S. KRÜGER, Göttingen 1995, S. 42–51 (eine Mischung aus traditionellem Rechtstag und modernem Inquisitionsprozeß, also aus altem und neuem Recht); BRAUER-GRAMM (wie Anm. 4), S. 308–315; Cl. SIEBER LEHMANN, Eine bislang ungekannte Beschreibung des Prozesses gegen Peter von Hagenbach, in: Basler Zeitschrift für Geschichte und Altertumskunde 93 (1993), S. 141–154 und DERS. (wie Anm. 13), S. 89–94: Anklage auf Hochverrat = Majestätsverbrechen, S. 390–398 betont er besonders die allgemeine Verratsfurcht der Städte.
80 NERLINGER (wie Anm. 4), S. 72; BRAUER-GRAMM (wie Anm. 4), S. 235–237; SPECK (wie Anm. 13), Bd. 1, S. 104; Reimchronik (wie Anm. 19), Kap. 31: 3. Juli 1473.

sämtliche Freiheiten kassiert, einen ihm genehmen adligen Stadtrat eingesetzt, deutsche und, noch schlimmer, pikardische Söldner (*Walhen*) einquartiert[81]. Er konnte sich zwar auf den Stadtadel und die Fischer und Schiffsleute stützen[82], aber die Stimmung war sehr gespannt, wenn auch der als Fremdenprogrom beginnende Aufstand schließlich alle überraschte[83]. Dieselben Gegner, die über ihn zu Gericht saßen, Bern voran, haben schließlich auch Karl den Kühnen in den drei großen Schlachten der Burgunderkriege von Grandson, Murten und Nancy zu Fall und am 5. Januar 1477 zu Tode gebracht.

So erscheint Hagenbach, »dieser Schatten Karls des Kühnen«[84], der sich vergeblich darauf berief, nur auf Befehl gehandelt zu haben[85], als Unhold, Wüstling, Tyrann, als »Geßler am Oberrhein« (so Hermann Heimpel)[86] und als Kinderschreck, noch im 20. Jahrhundert[87].

81   Vgl. SIEBER-LEHMANN (wie Anm. 13), S. 69f. – Die Verfassungsänderung setzte er unmittelbar nach der unten zu beschreibenden Fasnacht durch, gestützt auf seine pikardischen und deutschen Soldtruppen; unter den neuen adligen Ratsherren war auch sein eigener Bruder, Stephan von Hagenbach, vgl. Reimchronik (wie Anm. 19), Kap. 87ff., BRAUER-GRAMM (wie Anm. 4), S. 280–282, SIEBER-LEHMANN S. 77 Anm. 40; zu diesem MONE (wie Anm. 12), S. 186; die Familie ist im 18. Jh. ausgestorben (ebda., Anm. **). – Der Haß gegen die pikardischen und vor allem die italienischen Söldner war so groß, daß die *Lombarden* nach der Niederlage von Héricourt als Ketzer bzw. Homosexuelle verbrannt wurden, vgl. SIEBER-LEHMANN S. 83–87 (S. 86 mit Anm. 86f.: auch die Breisacher Pikarden wurden der Homosexualität beschuldigt), S. 139f. und besonders S. 143–149 sowie S. 295–300. Vgl. zur Praxis am mailändischen Hof G. LUBKIN, A Renaissance Court. Milan under Galeazzo Maria Sforza, Berkeley u. a. 1994, S. 201f.
82   Vgl. SIEBER-LEHMANN (wie Anm. 13), S. 77f.
83   HEIMPEL, Verfahren (wie Anm. 79), S. 152 dramatisiert, wenn er schreibt: »Man fragt sich, ob er die rohen Feste, die er den Breisachern zumutete, veranstaltete, weil er mit Blindheit geschlagen war, oder weil ihm der nahe Untergang schon im Auge lag.« Zum Verlauf der Krise in Breisach, die zugleich eine Auseinandersetzung zwischen Stadtadel und Gemeinde war, vgl. BRAUER-GRAMM (wie Anm. 4), S. 278–308; BITTMANN (wie Anm. 4), S. 617–621; und vor allem SIEBER-LEHMANN (wie Anm. 13), S. 68–89. Zum Problem von Bürgertum und Rittertum in der nahen Stadt Freiburg i. Br. vgl. J. FLECKENSTEIN, Bürgertum und Rittertum in der Geschichte des mittelalterlichen Freiburg [1970], in: DERS., Vom Rittertum im Mittelalter. Perspektiven und Probleme [Gesammelte Abhandlungen] (Bibliotheca Eruditorum 19), Goldbach 1997, S. 147*–165* und (Nachtrag) 169*.
84   HEIMPEL im Vorwort zu BRAUER-GRAMM (wie Anm. 4).
85   Vgl. HEIMPEL, Mittelalter (wie Anm. 79).
86   HEIMPEL, Verfahren (wie Anm. 79), S. 139; DERS. (wie Anm. 24), S. 139; DERS., Burgund am Rhein und auf dem Schwarzwald (aus der Geschichte Karls des Kühnen), in: Genius 2 (1948), S. 19–44, hier S. 37; auf derselben Seite nennt er ihn auch einen »rohen Renaissancemenschen des Nordens«. – Zum zeitgenössischen Bild der oberrheinischen Propaganda (Tyrann, Teufelssohn etc., doch kein Vergleich mit dem *Türk*) vgl. SIEBER-LEHMANN (wie Anm. 13), S. 279f.; zu seiner »légende noire« ausführlich BISCHOFF (wie Anm. 5), Bd. 1, S. 26–38, hier Hagenbach als Prototyp Geßlers S. 36 (bzw. Wilhelm Tells, der erstmals 1474 [!] genannt wird) und das Fazit auf S. 39: »La figure caricaturale de Pierre de Hagenbach a servi à noircir l'image de la noblesse et, partant, à étayer la thèse d'un moyen âge d'injustice et d'oppression dont seuls les soubresauts révolutionnaires de 1525 et, plus encore, de la Révolution française ont fini par effacer l'empreinte.« – Ehrenrettungen Hagenbachs sind versucht worden u. a. von H. SCHREIBER, Peter von Hagenbach und das Gericht der Geschworenen zu Breisach, in: Taschenbuch für Geschichte und Alterthum in Südteutschland, Freiburg i. Br. 1840, S. 1–66; J. F. KIRK, Histoire de Charles le Téméraire, duc de Bourgogne, traduction de l'anglais par Ch. FLOR O'SQUARR, Bd. 3, Paris 1866, S. 314 (zit. bei NERLINGER, wie Anm. 4, S. 156f.); BISCHOFF (wie Anm. 13), S. 65 (»En réalité, la tyrannie de Hagenbach ne correspond qu'aux derniers mois de la présence bourguignonne sur le Rhin supérieur«) und DERS., (wie Anm. 5), Bd. 1, S. 26–39; Bd. 2, S. 535–537, 564; Bd. 3, S. 613f. (»La fascination bourguignonne«); auch DERS., Pierre de Hagenbach, in: Nouveau dictionnaire de biographie alsacienne, Bd. 14, Strasbourg 1989, S. 1378–1381, sowie SIEBER LEHMANN (wie Anm. 13).
87   SIEBER-LEHMANN (wie Anm. 13), S. 63; dort Anm. 81 zu »seinem« Kopf in Colmar. Vgl. BISCHOFF (wie Anm. 5), Bd. 1, S. 33f. Von der Popularität des Themas zeugt auch das Theaterstück

III

Quellen über Peter von Hagenbach

Gegen Betroffenheiten und moralische Urteile muß der Historiker eine berufsmäßige Abneigung entwickeln. Denn sie drohen ihn blind zu machen. Selten ist das Recht ganz auf einer Seite. Was so eindeutig verwerflich zu sein scheint, wird oftmals als eine unterschiedliche, oft phasenverschobene Rechtsauffassung verständlich. Ganz unumgänglich ist aber, daß der Historiker sich über die Quellen, ihre Entstehungszeit und ihre Entstehungsbedingungen Rechenschaft ablegt.

Tut er das in diesem Falle, dann wird er schnell erkennen, daß er eigentlich nur die laute Stimme des Siegers hört[88], die sich sogleich mit dem Breisacher Ereignis erhebt und mit dem Tode Karls, den die städtische oberrheinische Propaganda als den *Türk im Okzident* bezeichnet[89], alles andere übertönt: Da ist der Basler Münsterkaplan und Notar Johannes Knebel, ein Ohrenzeuge[90], weiter der Autor der überaus anschaulichen und detailreichen Breisacher Reimchronik, ein Augenzeuge[91]. Dazu treten die Werke, Lieder und Sprüche von Judensint, Pfettisheim und Rüsch, Schilling, Tüsch und Wimpfeling, die Verfasser von vielerlei Sprüchen und »Zeitungen« und anderer Publizistik, alles städtische, auch geistliche Autoren. Mit Ausnahme des Breisacher Reimchronisten stammen sie gar nicht aus den Pfandlanden[92]. So wie wir im Falle Lüttichs nur die burgundische Stimme verneh-

---

von A. GILG, Peter von Hagenbach. Ein dramatisches Gedicht aus der Vergangenheit des Oberrheins, Straßburg 1901.
88 Vgl. SIEBER-LEHMANN (wie Anm. 13), S. 46: »Wir verfügen über keine einzige Quelle, die für Hagenbach spricht [...]«.
89 D. h. als den gefürchteten Sultan Mehmed II., vgl. SIEBER-LEHMANN (wie Anm. 13), S. 251ff.; DERS., Der türkische Sultan Mehmed II. und Karl der Kühne, der »Türk im Occident«, in: Zeitschrift für historische Forschung, Beiheft 20, Berlin 1997, S. 13–38.
90 1413/1415–1481. Vgl. zu ihm und seinem Werk SIEBER-LEHMANN (wie Anm. 13), S. 30–33.
91 Die zunächst bis zum Tode Hagenbachs, dann bis zum Tode Karls im Jahr 1477 und schließlich bis 1480 reichende, im ersten Teil also wohl noch 1474 verfaßte anonyme Chronik wurde von MONE 1863 herausgegeben (wie Anm. 12 und 19). Die Vorlage, eine Breisacher Abschrift des verschollenen Originals mit der Nachzeichnung der zahlreichen (199) Federzeichnungen von 1555 (also modernisiert), ist 1870 mit der Universitätsbibliothek Straßburg verbrannt; vgl. MONE S. 249–251, der alle Zeichnungen beschreibt, aber nur eine Auswahl abbildet. Einige Abb. nach Mone auch bei HASELIER (wie Anm. 37), Taf. 46–50; BISCHOFF (wie Anm. 5), S. 68f.; K. HANNEMANN, Breisacher Reimchronik, in: Verfasserlexikon Bd. 1, Berlin/New York 1978, Sp. 1013f.; SIEBER-LEHMANN (wie Anm. 13), S. 41f. (kein Edelmann, kein Kleriker; Sieber-Lehmann setzt die Abfassungszeit des gesamten Werkes erst um das Jahr 1480). – Johannes KNEBEL nennt mehrfach (wie Anm. 7, S. 76, Z. 21f. und S. 78., Z. 33f.) Dr. Johannes von Durlach, *prothonotarius Brisacensis*, also Stadtschreiber von Breisach, als seine Quelle für Nachrichten über die Ereignisse in dieser Stadt: Er könnte der Autor der Reimchronik gewesen sein; andere Namen (der bürgerliche Bürgermeister von Breisach, Berthold Stehelin, oder, weniger überzeugend, Hans Vernan zu Ensisheim) erwägt MONE S. 253–256. – Beide Werke waren nicht für den Druck bestimmt und sind in ihrer Zeit auch nicht veröffentlicht worden, im Unterschied zu den meisten der unten genannten Texte.
92 Vgl. zu den oberrheinischen Chroniken und Burgunderflugschriften der Jahre 1477ff. die Stichworte im Verfasserlexikon »Die deutsche Literatur des Mittelalters« (auch: »Burgundische Legende«); H.-P. TREUSCHEL im Katalog Die Burgunderbeute, Bern 1969, S. 55–75; SIEBER-LEHMANN (wie Anm. 13), S. 27 (Rüsch), S. 34–37 (historiographische Drucke), S. 37–44 (historiographische Hss.); G. HIMMELSBACH, Die Renaissance des Krieges. Kriegsmonographien und das Bild des Krieges in

men, so hier nur die städtische. Und die wollte und konnte dem Landvogt nicht gerecht werden.

Allerdings hat man sich bislang auch kaum Mühe gegeben, die so viel leisere burgundische Stimme zu hören. Hildburg Brauer-Gramm, die Biographin Peters von Hagenbach, hat ihr beeindruckendes Werk im Kriege begonnen, wurde 1950 mit ihm promoviert und hat es als Pfarrfrau in Meran nach dem Kriege druckfertig gemacht; im Jahre 1957 ist es dann in Göttingen erschienen[93]. Die burgundisch herzoglichen Archive in Lille[94], Brüssel und vor allem Dijon[95] und die Sammlungen der Pariser Nationalbibliothek hat sie nie gesehen[96]: Die Geschichte Hagenbachs könnte und müßte auf deren Grundlage neu geschrieben werden[97].

Gesehen und bislang als einzige insgesamt ausgewertet hat sie dagegen Hagenbachs Archiv, das, wie all sein konfisziertes Gut[98] nach seiner Hinrichtung in habsburgische

---

der spätmittelalterlichen Chronistik am Beispiel der Burgunderkriege, Zürich 1999. – Daß die Gegner Hagenbachs wesentlich gar nicht aus dem Pfandgebiet, sondern aus dem umliegenden Reichsstädten stammten, betont SIEBER-LEHMANN a.a.O., S. 58 u.ö.
93   Vgl. ihr Nachwort, BRAUER-GRAMM (wie Anm. 4), S. 340.
94   Einige Dokumente sind erwähnt bei NERLINGER (wie Anm. 4): B 2022 (S. 26 Anm. 3), 2080 (S. 32 Anm. 4, S. 37 Anm. 1), 2087 (S. 67 Anm. 1), 16 180 (S. 30 Anm. 1), 16 241: S. 34 Anm. 4 »classement provisoire«, vgl. zusammenfassend S. 164.
95   NERLINGER, ebda., hat Stücke aus diesem Archiv benutzt, u. a. B 1047, 1049, 1050, 1051, 1767, 1776, 1770bis, 1773, 11 814, 11 933; desgleichen einiges aus den AD Doubs, B 106; vgl. zusammenfassend S. 164. Mehrere Urbare und Enqueten wurden von L. STOUFF veröffentlicht (Les origines de l'annexion de la Haute-Alsace à la Bourgogne en 1469. Étude sur les terres engagés par l'Autriche en Alsace depuis le XIVe siècle, spécialement la seigneurie de Florimont, 2 Bde, Paris 1901, 1904).
96   Wenngleich ihr Henny Grüneisen auch ihre damalige Sammlung zum 23. Band der Reichstagsakten (Karl der Kühne und das Reich) zugänglich machte (vgl. zu Grüneisen PARAVICINI, wie Anm. 79, Bd. 1, 1995, S. 22) und Karl Bittmann ihr Manuskript durchgesehen hat (Nachwort). Für Hagenbachs Frühzeit ist sie über MONE (wie Anm. 12), S. 189–192 und 682 nicht wesentlich hinausgekommen. Einiges steht schon bei NERLINGER (wie Anm. 4, vgl. S. 165) aus der Slg. Legrand (Paris, BNF, ms. fr. 6961, 6977), aus der Coll. de Bourgogne, Bd. 99, 100 und 104 (S. 67 Anm. 1, S. 86 Anm. 4, S. 141 Anm. 2), aus ms. allemands 77 (Straßburger Chronik, S. 153 Anm. 1: nicht zeitgenössische Quelle für die Erkennungsszene der nackten Frauen durch ihre Männer, danach P. de BARANTE und J. MICHELET, Histoire de France, Bd. 8, Paris o.J., S. 165), 83 (Fortsetzung des Twinger von Königshofen, S. 76 Anm. 2, S. 148f. Anm. 3f., S. 154 Anm. 2, S. 164) und 88 (S. 164). – In der vorliegenden Abhandlung sind bis auf die Ausnahmen lediglich die RGF/Argentier 1468–1469 und die über die hs. Inventare ermittelten Rechnungsbelege in Lille ausgewertet.
97   Allg. Lit. zu Hagenbach und der burgundischen Herrschaft am Oberrhein: VAUGHAN (wie Anm. 4), S. 84–100, 261–286; J. LANGE u. a., Neuss, Burgund und das Reich, Neuss 1975; BISCHOFF (wie Anm. 13), S. 61–69 und (Anm.) 73–76; SPECK (wie Anm. 13), Bd. 1, S. 99–108; BISCHOFF (wie Anm. 5), Bd. 1; EHM (wie Anm. 50). – Zum Oberrhein und Vorderösterreich insgesamt: Vorderösterreich *nur die Schwanzfeder des Kaiseradlers?* Die Habsburger im deutschen Südwesten, hg. vom Württembergischen Landesmuseum Stuttgart, Stuttgart 1999; Spätmittelalter am Oberrhein, 3 Bde. (Maler und Werkstätten 1450–1525, hg. von der Staatlichen Kunsthalle Karlsruhe; Alltag, Handwerk und Handel 1350–1525, Katalogband, hg. vom Badischen Landesmuseum Karlsruhe; dass., Aufsatzband, hg. von S. LORENZ/Th. ZOTZ), Stuttgart 2001, und die Beiträge im vorliegenden Band.
98   HEIMPEL, Verfahren (wie Anm. 79), S. 338 mit Anm. 2. Vgl. Reimchronik (wie Anm. 19), Kap. 137, Z. 623ff. mit Anm. *, in der Mone nur die Konfiskation der Fahrhabe, nicht der Liegenschaften erkennen möchte. Jedenfalls wurden einige genannten Stiftungen von Bargeld und Fahrhabe an das Breisacher Münster ausgenommen. NERLINGER (wie Anm. 4), S. 132f. Anm. 3.

Hände und schließlich nach Innsbruck kam, wo es nach schlimmer älterer Übung über verschiedene Bestände verteilt wurde[99]. Dieses Archiv[100], das nicht nur die üblichen Urkunden umfaßt, sondern auch die eingehende Korrespondenz, darunter viele Briefe Karls des Kühnen[101], daneben Prozeßakten, Sachakten und Instruktionen, Öffentliches und ganz Privates, ist eine ausgesprochene Rarität: Ich kenne kein anderes derart erhaltenes Geschäftsarchiv eines burgundischen Amtsträgers[102]. Nur müßte auch diese Überlieferung erneut und gründlicher erfaßt werden, untersucht, als Einheit gesehen und möglichst in ihren wichtigsten Teilen im Wortlaut veröffentlicht[103]. Auch für uns bietet Hagenbachs Archiv einige Überraschungen, wie sich zeigen wird.

Schließlich muß Hagenbachs Verhalten näher mit der zeitgenössischen Praxis verglichen werden, derjenigen der deutschen Adelsgesellschaft, aber auch und vor allem mit derjenigen der burgundischen Hofgesellschaft, was gar kein so leichtes Unterfangen ist. Denn die großen burgundischen Feste: die Hochzeit von 1430, das Fasanenfest von 1454, die Hochzeit von 1468, die Kapitelsitzungen des Ordens vom Goldenen Vließ und die zahlreichen Einzüge haben die alltägliche Festpraxis so verdunkelt, daß sie bislang unerforscht geblieben ist. Ich kann deshalb nur skizzieren.

---

99 Lt. Nachwort hat sie mehrere Wochen im Innsbrucker Archiv gearbeitet und zahlreiche ausgeliehene Stücke im Stadtarchiv Leipzig auswerten können. – Brauer-Gramm zitiert nicht den von J.-B. GOETSTOUWERS veröffentlichten Ablaßbrief des päpstlichen Legaten Lucas de Tolentis für Hagenbach, d.d. Brüssel, 20. März 1472 (Notes sur les papiers d'affaires de Pierre de Hagenbach et spécialement une lettre d'indulgence accordée en 1472 par le nonce Lucas de Tollentis, in: Analectes d'histoire écclésiastique 3ᵉ sér. 7 = 37 (1911), S. 222–227), was bedeutet, daß in Innsbruck nach weiteren Stücken des Nachlasses gesucht werden kann und gesucht werden muß. Zum vorderösterreichischen Archivwesen insgesamt vgl. B. THEIL, Archivalisches und Archivisches. Geschichte, Schicksal und Behandlung des vorderösterreichischen Verwaltungsschriftguts, in: Vorderösterreich (wie Anm. 97), S. 72–79, 425–426.
100 Vgl. schon MONE (wie Anm. 12), S. 184 mit Anm. ** (wo die ältere Literatur genannt ist). Summarisches Verzeichnis bei BRAUER-GRAMM (wie Anm. 4), S. 372–379 (unvollständig, vgl. die vorangehende Anm.); vgl. H. GRÜNEISEN, Herzog Sigmund von Tirol, der Kaiser und die Ächtung der Eidgenossen, 1469, in: Aus Reichstagen des 15. und 16. Jahrhunderts, Göttingen 1958, S. 154–212, hier S. 178f. Anm. 99. Einige Stücke sind verzeichnet bei STEIN (wie Anm. 67). BERNOULLI (wie Anm. 12) hat das Archiv benutzt (dazu einige Hagenbach-Urkunden im StA Basel), seine Arbeit aber nur bis zum Jahre 1472 veröffentlichen können. NERLINGER (wie Anm. 4, vgl. S. 144, Anm. 2, S. 164) kennt es nur nach Bernoulli. WITTE (wie Anm. 62), S. 647–650 druckt das damals angefertigte (Teil-)Inventar der hagenbachischen Literalien: *Burgundisch brief inventary hern Petern von Hagenbach betreffen* = Innsbruck, TLA, Pestarchiv II, 518. Man fragt sich indes, wie der nicht ausgefertigte Revers Hagenbachs für das Schultheißenamt von Mülhausen, d.d. Ulm, 19. Juni 1473 (Druck: MONE, wie Anm. 12, Bd. 3, S. 428, Nr. 23), in das Stadtarchiv von Straßburg kommen konnte.
101 Vgl. PARAVICINI (wie Anm. 79), Bd. 2, S. 551 (Archivalienverzeichnis, Innsbruck).
102 Vom burgundischen Statthalter in Luxemburg, Claude de Neufchâtel, Herrn du Fay, ist eine Sammlung der 1474–1477 eingegangenen Briefe in späterer Abschrift erhalten, der sog. »Recueil du Fay«, (neu) hg. von P. EHM/H. von SEGGERN (Der »Recueil du Fay«, im Druck); die Chalon-Argueil haben umfangreiche Archivalien hinterlassen, die aber weitgehend unzugänglich sind; bleibt zum Vergleich das reiche (Staats-)Archiv der Grafen von Neuenburg am See (Neuchâtel); alle drei Familien gehören aber dem Hochadel an.
103 Einzelstücke sind gedruckt, z. B. ein Mandat Hagenbachs vom 7. Juli 1472, bei SIEBER-LEHMANN (wie Anm. 13), S. 58 Anm. 62, oder bei GOETSTOUWERS (wie Anm. 99).

IV

Hochzeitseinladungen

Beginnen wir mit Hagenbachs »politischer« Hochzeitseinladung. Daß sie im Reich befremdet, nimmt nicht Wunder. Denn Edelleute dort luden Verwandte und Freunde ein, wohl auch Untertanen und Nachbarn[104], aber sie dachten nicht daran, die gesamte politische Führungsschicht einer Region, Fürsten, Adel, Städte zu versammeln, es sei denn, sie wären fürstlichen Ranges[105].

Hören wir dagegen, was der hennegauische Edelmann Jean de Haynin über die Hochzeit eines der einflußreichsten Räte am Hof Karls von Burgund notierte:

Am 4. Tag des Monats Februar 1472 war der Tag des Hochzeitsfestes von Meister Jean Gros, an einem Dienstag in der Stadt Brügge. Er war erster Sekretär, Audiencier des Siegels und Kontrolleur der Domänen und Finanzen meines Herrn des Herzogs von Burgund. [Er heiratete] Demoiselle Guie de Messey, Nichte [von Guillaume Hugonet,] des Herren von Saillant, Ritter und Kanzler meines besagten Herr des Herzogs. Zu diesem Hochzeitsfest ersuchte man von seiten meines Herrn des Herzogs und bat man von seiten des genannten Rats und Audienciers alle Prälaten, Äbte, Kanoniker, Dekane, Karthäuser, Bettelorden, Freiherren, Ritter, gute Städte, notable Bürger aller Länder und Herrschaften meines Herrn des Herzogs dorthin zu kommen oder [durch Vertreter] alle Ehre, Gunst und Hilfe zu erweisen, die man billigerweise erweisen könnte. Infolgedessen kamen mehrere und in großer Zahl oder sandten dorthin. Die Einnahmen schätzte man auf 100 000 Schilde, was in hennegauischer Währung 250 000 Pfund macht[106].

Die Angaben des Zeitgenossen lassen sich, wenn nicht in der Summe, so doch in der Tendenz verifizieren. Zahlreiche Schreiben des Herzogs, des Kanzlers, von Jean Gros haben sich bei den Empfängern erhalten. Es kamen tatsächlich Gesandte und Geschenke nicht nur aus Brügge und ganz Flandern, sondern auch aus Holland, dem Artois, der Pikardie und aus Dijon in Burgund; sogar der Herzog von Kleve war eingeladen.

Das Dossier Jean Gros[107] ist zwar das umfangreichste, das ich kenne, aber beileibe nicht das einzige seiner Art. Guillaume (de) Bische, Karls Günstling niedriger Herkunft, verfuhr schon im Jahre 1466 ebenso, und der jüngere Guillaume de Clugny, einer der

---

104 Vgl. SPIESS (wie Anm. 6), S. 119ff.
105 Zu den Fürstenhochzeiten der Zeit vgl. SPIESS ebda., S. 119–130; DERS., Höfische Feste im Europa des 15. Jahrhunderts, in: M. BORGOLTE (Hg.), Das europäische Mittelalter im Spannungsbogen des Vergleichs (Europa im Mittelalter 1), Berlin 2001, S. 339–357; W. PARAVICINI, Die zwölf »Magnificences« Karls des Kühnen, in: G. ALTHOFF (Hg.), Formen und Funktionen öffentlicher Kommunikation im Mittelalter (Vorträge und Forschungen 51), Stuttgart 2001, S. 319–395. Zu städtischen Festmählern: G. FOUQUET, Das Festmahl in den oberdeutschen Städten des Spätmittelalters. Zu Form, Funktion und Bedeutung öffentlichen Konsums, in: Archiv für Kulturgeschichte 74 (1992), S. 83–123.
106 PARAVICINI (wie Anm. 2), S. 139.
107 Ebda., S. 128–145, Nr. 109, mit Karte.

großen Familien der burgundischen Verwaltungselite angehörig, wird 1476 die andere Nichte des Kanzlers Hugonet unter gleichem Aufwand heiraten[108].
Diese Praxis wird in den Städten Flanderns Ende des 14. Jahrhunderts erstmals greifbar, wo man sie zu regulieren sucht[109]. Dessen ungeachtet hat sie sich unter Karl dem Kühnen, und nur unter ihm, auf den gesamten burgundischen Staat ausgebreitet, und zwar derart, daß es sich nicht um Duldung handeln kann, sondern nur um herzogliche Absicht: um den spezifisch burgundischen Versuch, staatliche Integration durch das Fest zu erreichen. Im zeitgenössischen Frankreich ist nichts Vergleichbares nachweisbar. Man kann die gesamte elfbändigen Edition der Briefe Ludwigs XI. durchsuchen, ohne ein einziges Schreiben dieser Art zu finden.

Zwei Dinge sind daran allerdings auffällig: Dieses Verfahren wurde nicht vom alten Adel praktiziert, sondern nur vom frischen Amtsadel der gelehrten Räte und Finanziers. Und das Verfahren galt logischerweise als illegal, wenn nicht (auch) der Herzog einlud.

Niemand hat bislang gemerkt, daß Hagenbach für seine Hochzeit zu Thann nichts anderes tat, als ein seinerzeit allgemein praktiziertes burgundisches Modell an den Oberrhein zu verpflanzen[110]. Allerdings ohne Intervention des Herzogs (soweit wir wissen)[111] und ungeachtet der Tatsache, daß er altadlig, wenn auch nicht hochadlig war. Es könnte sein, daß er eine Fürstenhochzeit im Kopfe hatte (von der wir aus Burgund indes keine vergleichbaren Einladungsaktionen kennen); seine (dritte) Frau, Barbara von Tengen im Hegau, war hochadlig und gräflichen Ranges[112], er heiratet also weit über seinem Stand[113].

108 Ebda., Nr. 94 und 122, mit Karten.
109 Ebda., S. 26–28, Nr. 1, 5, 39.
110 BRAUER-GRAMM (wie Anm. 4) schreibt zwar richtig S. 277, daß Hagenbach »die Stände« zur Feier seiner Hochzeit einlud, geht der Sache aber nicht nach.
111 Kurz zuvor, vom 22. Dez. bis 11. Jan., war Herzog Karl in den Pfandlanden, in Thann und Breisach gewesen, vgl. H. VAN DER LINDEN, Itinéraires de Charles, duc de Bourgogne […], Brüssel 1936, S. 57f. Es steht zu vermuten, daß Hagenbach ihn gerne zum Hochzeitsgast gewonnen hätte. Die geplanten Modalitäten hat der Herzog sicher gekannt und begrüßt.
112 Zur hegauischen Familie BITTMANN (wie Anm. 17), hier bes. S. 80 mit Anm. 228. Vgl. Stammtafeln (wie Anm. 16), Taf. 90. Es handelt sich um die älteste Tochter des Grafen Johann von Tengen und Nellenburg († 1484) und der Gräfin Berchta von Kirchberg († 1482). – Als es am Oberrhein unruhig wurde, brachte sie der Landvogt *in Lothringen* in Sicherheit, KNEBEL (wie Anm. 7), S. 66, Z. 28f.; BRAUER-GRAMM (wie Anm. 4), S. 294. Nach Hagenbachs Tod (Kinder sind nicht bekannt) heiratete sie nunmehr standesgemäß (1) 1475 Graf Ulrich zu Öttingen († 1477) und (2) 1477 Graf Heinrich II. von Zweibrücken-Bitsch; sie starb 1484.
113 Vgl. BISCHOFF (wie Anm. 13), S. 63, der beobachtet, daß noch nie ein Mitglied des Niederadels zum hohen Amt des Landvogts erhoben worden war (vgl. oben Anm. 77 Peter von Mörsberg, und R. KÖHN, Der Landvogt in den spätmittelalterlichen Vorlanden: Kreatur des Herzogs und Tyrann der Untertanen? in: F. QUARTHAL/G. FAIX (Hgg.), Die Habsburger im deutschen Südwesten. Neue Forschungen zur Geschichte Vorderösterreichs, Stuttgart 2000, S. 153–198); im Bericht der burgundischen Beamten (L. STOUFF, Les possessions bourguignonnes dans la vallée du Rhin sous Charles le Téméraire d'après l'information de Poinsot et de Pillet, commissaires du duc de Bourgogne (1471), in: Annales de l'Est 18 (1904), S. 1–86, hier S. 83, danach SPECK (wie Anm. 13), Bd. 1, S. 101, Anm. 473) heißt es sogar ausdrücklich: der Landvogt sei bisher immer gewesen *homme d'estat et d'autorité, conte ou baron.* Bischoff meint aber auch, daß dies anfangs ohne jedes Murren akzeptiert wurde, was SPECK (S. 100f.) anders sieht: »Der Adel dürfte die Ernennung des Peter von Hagenbach zum Landvogt als einen ersten Affront aufgefaßt haben«; »Die Besetzung des Landvogtamtes mit Hagenbach widersprach diametral den Vorstellungen des landständischen Adels«). Jedenfalls scheint

Wie so oft bei Aufsteigern hatte er seine erste Frau aus einer gleichrangigen Familie genommen[114], seine zweite aus einer höherrangigen[115] und seine dritte aus einer tatsächlich hochfreien und hochrangigen, wenngleich die Tengen ihren Höhepunkt bereits überschritten hatte und die titelgebende Landgrafschaft Nellenburg 1465 an Herzog Sigmund von Tirol hatten verkaufen müssen[116]. Immerhin trat Hagenbach damit in Verwandtschaftsverbindungen mit einigen der einflußreichsten Familien am Oberrhein ein[117].

Was schon mehrfach vermutet worden ist, nämlich daß Hagenbach burgundische Verhaltensweisen praktizierte, die am Oberrhein fremd waren und befremden mußten, erweist sich bei seiner Hochzeit in unerwarteter Weise als zutreffend. Denn lange noch, selbst bei hochadeligen Hochzeiten gräflicher Familien, herrschte im Reich eine Schlichtheit des Stils, die dem Zwang zur Sparsamkeit entsprang[118]. Daß man seinen Verzehr jedoch gleichsam mitgebracht hätte, ist mir bislang nirgendwo begegnet.

V

Ritterlich-Höfische Kultur

Zum anderen war den oberrheinischen Zeitgenossen und ist uns mancherlei auffällig an der Weise, wie Hagenbach in Thann und Breisach auftrat. Einiges davon wird man unter der Bezeichnung »ritterlich-höfische Kultur« zusammenfassen können. Und sich fragen müssen, woher Hagenbach die Vorbilder für diese Formen bezog und ob er sein Verhalten danach ausrichtete; denn, wie Josef Fleckenstein im Jahre 1981 formulierte, »hat sich inzwischen die Einsicht durchgesetzt, daß das Ideal zwar nicht mit der Wirklichkeit iden-

---

man seine belastete Vergangenheit (dazu oben Anm. 47) erst nach seinem Fall entdeckt zu haben. SPECK beobachtet auch richtig (S. 102f.), daß sein Eidgenossenhaß Hagenbach Unterstützung eines Teils des Adels zugetragen habe. Aber: »Da Burgund langfristig keinen Platz für selbständige Kriegsunternehmer hatte, wie sie im oberrheinischen Raum üblich waren, und im Bedarfsfall französische und burgundische Soldaten an den Oberrhein führte, zog sich ein weiterer Teil des Adels von Burgund zurück.« Vgl. allg. zu Habsburg und den Eidgenossen A. NIEDERSTÄTTER, Habsburg und die Eidgenossenschaft im Spätmittelalter. Zum Forschungsstand über eine »Erbfeindschaft«, in: Schriften des Vereins für Geschichte des Bodensees 116 (1998), S. 1–22; B. BRAUN, Die Habsburger und die Eidgenossen im späten Mittelalter, in: Vorderösterreich (wie Anm. 97), S. 128–145, 431–433; Cl. SIEBER-LEHMANN, Schwierige Nachbarn. Basel, Vorderösterreich und die Eidgenossen im ausgehenden 15. Jahrhundert, in: QUARTHAL/ FAIX S. 273–286.
114 Marie d'Accolans, s. oben Anm. 45.
115 Siehe unten Anm. 206.
116 1469–1472 hatte Graf Johann von Tengen indes die Vogtei in der Grafschaft Nellenburg inne, zur Deckung von Schulden des Landesherrn bei ihm, vgl. BRAUER-GRAMM (wie Anm. 4), S. 278 mit Anm. 1329; A. KULENKAMPFF, Die kaiserliche Politik in Schwaben 1464–1488, in: Mitteilungen des Instituts für Österreichische Geschichtsforschung 106 (1998), S. 51–68, hier S. 53–57.
117 Zur Familie BITTMANN (wie Anm. 17), F. LAMBRECHT/M. KÖNIG, Eglisau. Geschichte der Brückenstadt am Rhein, Eglisau 1992, S. 26, Stammtafel, wo allerdings diese Ehe nicht nachgewiesen ist. Zu Marquard von Baldegg (Stadtvogt von Thann, Mann einer Tante Annas von Tengen) vgl. auch MONE (wie Anm. 12), S. 188f.; obwohl mit Hagenbach befreundet (vgl. aber o. Anm. 47), nimmt er ihn gleichwohl gefangen.
118 SPIESS (wie Anm. 6), S. 121–124. Vgl. H. DECKER-HAUFF (Hg.), Chronik der Grafen von Zimmern, Bd. 3, Sigmaringen 1972, S. 287ff.

tisch war, daß es aber andererseits nicht ohne Auswirkung auf die Wirklichkeit geblieben ist«[119]. Wo sind hier die Auswirkungen?

Rittertum

Hagenbach war Ritter. Er ist es relativ spät geworden. Nicht schon 1453 im Genter Krieg, wie so viele andere Angehörige des burgundischen Hofs[120]. Erst in der Schlacht bei Brustem gegen die Lütticher, am 28. Oktober 1467, also bei der ersten Gelegenheit, die sich ihm unter dem neuen Herzog bot, scheint er den Ritterschlag erhalten zu haben[121]. Seither führte er den Titel, auch in seinen Briefen an Mülhausen. Schon seit 1443, dem Jahre seiner ersten Heirat, war er Mitglied der Adelsgesellschaft von Saint-Georg in der Freigrafschaft 1443 gewesen[122], ohne daß dies in den Quellen irgend sichtbar geworden wäre. Bei St. Jörg fluchte er, ebenso wie sein Herr[123]. Wie ernst er die Würde der ritterlichen Ehre nahm, wissen wir nicht; wie ernst sie seine Gegner nahmen, zeigt sich daran, daß das Breisacher Gericht es für notwendig hielt, ihn vor seiner Hinrichtung auf Geheiß der anwesenden (aber nicht richtenden)[124] sechzehn Ritter durch den Herold *Österreich* in aller Form entrittern zu lassen: Da dieser kein Gold als Zeichen des Ritterwürde[125] an ihm fand, gab es nichts abzunehmen, und der Herold mußte sich mit Worten begnügen[126]. Jenes dialekti-

---

119 J. FLECKENSTEIN, Über Ritter und Rittertum: Zur Erforschung einer mittelalterlichen Lebensform [1981], in: DERS. (wie Anm. 83), S. 1*–11*, hier S. 10*. Vgl. DERS., Rittertum und höfische Kultur. Entstehung – Bedeutung – Nachwirkung [1976], in: DERS., Ordnungen und formende Kräfte des Mittelalters. Ausgewählte Beiträge, Göttingen 1989, S. 421–436, hier S. 426f.: »die Besonderheit des Phänomens Rittertum, die gerade darin liegt, daß es aus seinem Ideal lebt und daß dieses Ideal – in welcher Form oder Ferne auch immer – ein Teil seiner Wirklichkeit ist«; und S. 434: »Während das Rittertum sich als Stand verengt, löst sich die ritterliche Idee von ihm und verwandelt sich in ein allgemeines Ideal.«
120 Siehe ihre Liste bei W. PARAVICINI, Soziale Schichtung 1977/1978, S. 162–167.
121 MONE (wie Anm. 12), S. 191, ohne präzise Quellenangabe. Nichts darüber bei BRAUER GRAMM (wie Anm. 4). Die Rechnung des herzoglichen Argentier des Jahres 1468 nennt ihn im Jan. bereits *messire* und *chevalier*, s. A. GREVE u. a. (Hgg.), Comptes de l'Argentier de Charles le Téméraire duc de Bourgogne, Bd. 1: Année 1468, Paris 2001, Nr. 345.
122 Siehe oben Anm. 46.
123 Reimchronik (wie Anm. 19), Kap. 88, Z. 14, die Parallele bemerkt von MONE (wie Anm. 12), S. 197b. Zur Georgsverehrung Karls vgl. außer SIEBER-LEHMANN (wie Anm. 13), S. 132, Anm. 181, jetzt H. VAN DER VELDEN, The Donor's Image. Gerard Loyet and the votive portraits of Charles the Bold, Turnhout 2000 (anläßlich des von Karl gestifteten Lütticher Georgsreliquiars). – HEIMPEL (wie Anm. 24), S. 140, und DERS. (wie Anm. 86), S. 26; DERS., Burgund – Macht und Kultur, in: Geschichte in Wissenschaft und Unterricht 4 (1953), S. 257–272, hier S. 259, vermerkt, daß man am burgundischen Hof das Fluchen als adliges Vorrecht gegenüber dem *vilain* beanspruchte – leider gibt er keine Quelle an. Siehe jetzt C. LEVELEUX, La parole interdite. Le blasphème dans la France médiévale (XIIIe–XVIe siècles): du péché au crime. Paris 2001.
124 BISCHOFF (wie Anm. 5), Bd. 1, S. 28–30 fragt sich, ob nicht dem Adel an sich durch die Städter der Prozeß gemacht worden sei, was mit Sicherheit zu weit geht.
125 Dazu künftig W. PARAVICINI, Gold und Silber (in Vorbereitung).
126 Entritterung: KNEBEL (wie Anm. 7), S. 84, Z.1ff.: *deliberatum, quia miles erat, propter honorem militarem non deberet judicari ad mortem, nisi prius fuisset degradatus militaribus honoribus, et fuit statuta dies lune 9. mensis maji, ut soli milites sedere ad judicandum deberent* (die Ritter sitzen aber nicht zu Gericht, vgl. S. 85 Anm. 4, in fine); Herold: S. 90 Z. 9ff.: *juxta commissionem michi a sedecim strennuis militibus factam* (keine ritterlichen Zeichen vorhanden; die Gegenwart von

sche Verhältnis von Ideal und Wirklichkeit der ritterlich-höfischen Kultur lieferte nurmehr Formenreste, aber kaum noch Inhalte.

Zeichen

Daß Hagenbach sein angestammtes Wappen führte, quadriert mit dem mütterlichen Erbteil[127], ist kaum auffällig, das gehörte sich für einen Edelmann[128], auch daß er, der ehemalige Jägermeister Karls, gelegentlich auf Jagd ging[129]. Bemerkenswerter ist schon, daß er, ein einfacher Ritter, Farben, Bild- und Wortdevise führte neben, ja anstelle seines Wappens, seine Bewaffneten damit ausstattete bzw. uniformisierte[130], von anderen verlangte, daß sie Tannenreis, Würfel und seine persönliche Wortdevise zeigten – und nicht etwa diejenige des Herzogs[131]. Diese neue Paraheraldik war im Westen seit knapp drei Generationen

---

sechzehn Rittern auch bei SIEBER-LEHMANN, wie Anm. 79, S. 147f., DERS., wie Anm. 13, S. 92 Anm. 113). – Straßburger Bericht an städtische Gesandte beim Kaiser vom 11. Mai 1474: *voran durch einen herolt sinder ritterschafft, eren und gezierden entsetzet* (SIEBER-LEHMANN, wie Anm. 13, S. 94 Anm. 126). – Reimchronik (wie Anm. 91) Kap. 138, S. 385 mit Anm. *: *Wie der partzival* [= Persevant] *Caspar Hurder Peter von Hagenbach sein ritterschaft abnimpt von geheiß der ritter und er sucht, ob er üt goldes an im hab.* Vgl. HEIMPEL, Verfahren (wie Anm. 79), S. 336 mit Anm. 3, S. 342 Anm. 4. – Auch der elsässische Edelmann Richhard Puller von Hohenburg wurde 1484 vom Herold des Herzogs von Österreich entrittert, bevor man ihn als Sodomiten verbrennen konnte, vgl. C. REINLE, Konflikte und Konfliktstrategien eines elsässischen Adligen. Der Fall des Richard Puller von Hohenburg († 1482), in: K. ANDERMANN (Hg.), »Raubritter« oder »Rechtschaffene vom Adel«? Aspekte von Politik, Friede und Recht im späten Mittelalter (Oberrheinische Studien 14), Sigmaringen 1997, S. 89–113, hier S. 97, Anm. 39. Vgl. BISCHOFF (wie Anm. 5), S. 29f. Dieser Ritus sollte einmal eigens behandelt werden. Zum Vergleich bietet sich die Degradation von Klerikern an, dazu B. SCHIMMELPFENNIG, Die Degradation von Klerikern im späten Mitelalter, in: Zeitschrift für Religions- und Geistesgeschichte 34 (1982), S. 305–323.
127 Er wurde Herr von Belmont genannt, z. B. in der Ernennungsurkunde zum Landvogt, o. Anm. 113. Belmont, heute Bermont, dép. Doubs, arr. Montbéliard, cant. Clerval, com. Anteuil, unweit Tournedoz (frdl. Hinweis von Jacques Debry, Nancy/Châtel-sur-Moselle).
128 Wappen: MONE (wie Anm. 12) S. 185a: »ein rothes aufrechtstehendes bis an den Rand reichendes Kreuz in Silber«, mit Anm. *: Das Hagenbachsche Wappen ist bei WURSTISEN (wie Anm. 25), S. 433 abgebildet. MONE S. 193 Anm.: Brief Hagenbachs an Straßburg, o. O., 14. Jan. 1472, vgl ebda. S. 425f. Anhang Nr. 13, geviert: 1 und 4 »das Hagenbachische Kreuz«, 2 und 3 vier Querbalken = Belmont? Auf einer Ahnenprobe des 18. Jahrhunderts (ebda. S. 193 Anm.: »griechisches bis an den Schildrand reichendes aufrechtstehendes rothes Kreuz, dessen Herzquadrat Silber ist, in silbernem Felde«. Die Quadrierung, in Frankreich weitverbreitet, beschränkt sich im Reich im Wesentlichen auf die Rheinlande.
129 Jagd, um Breisach zu überfallen: Reimchronik (wie Anm. 91), Kap. 36
130 Uniformen, Farben und Zeichen kannten auch die oberrheinischen Städte, vgl. SIEBER-LEHMANN (wie Anm. 13), S. 131–137, 383.
131 Vgl. o. S. 17f.; SIEBER-LEHMANN ebda., S. 52f. Kap. 71: Tannenreiser (vgl. Anm. * S. 320), weiße Joppe, auf dem linken Ärmel die drei Würfel als Bilddevise (*liberi*) mit 6:5:5 Augen, dazu die Wortdevise *ich paßß, ich pasß!* (vgl. Anm. und S. 320f.), *als ob er wolt alle welt vertriben.* – KNEBEL (wie Anm. 7), S. 56f., Z. 1ff. zum 11. Dez. 1473: *ut eciam usque ad diem veneris proxime futuram tunicas sue divisionis facerent, videlicet medias griseas per medium ad longum, aliam vero mediam partem mediam sangwineam seu fuscam et albam.* Vgl. S. 36 Z. 3ff., S. 3 Z. 5. – KNEBEL S. 62 mit Anm. 1 (weitere Nachweise, Interpretation): Söldner in Breisach *qui singuli habent suam liberiam, Brisach zwilichmas, et in sinistro brachio in brachiali depictam unam pinum et subtus tres tasseres cum 6, 3, 2, qui simul collecti faciunt 11, et subscripta* »*ich passe*«. Bildlich S. 74 Z. 31–33; S. 68, Z. 16: *vestivit se griseis tunicis* (26. März).

üblich, im Osten seit gut einer Generation, aber auf ganz anderem sozialen Niveau: unter Fürsten, Grafen, Herren. Genau untersucht ist die geographische und soziale Chronologie allerdings noch nicht[132]. Die Herzöge von Burgund hatten sich schon um 1400 rege am »Krieg der Zeichen« beteiligt, wie unlängst Simona Slanicka dargelegt hat[133]. Und sie haben wie andere Fürsten auch ihre eigene, im Wortsinne anspruchsvolle Emblematik entwickelt. Hagenbach führte in einer Welt, die den genossenschaftlichen Gebrauch solcher Zeichen durchaus kannte[134], die Farben und Devisen als Herrschafts- und Parteiabzeichen ein. Weniger daß er sie führte und führen ließ, als daß sein Gebrauch persönlicher Zeichen ständisch unangemessen war und herrscherliche Intentionen erkennen ließ, erregte offensichtlich Anstoß. Er führte aber nicht nur demonstrativ seine eigenen Zeichen: Das im Burgund übliche Anschlagen des herzoglichen Wappens und das Hissen des burgundischen Banners bei jedem Rechtsanspruch hat auch er praktiziert; seine Gegner am Oberrhein registrierten dies irritiert[135].

Höfisches

Hagenbach, der sich offensichtlich auch einen Narren oder Pagen hielt[136], hat so etwas wie einen Hof zu schaffen versucht. Den Ausdruck *curia* verwendet Knebel ja auch für das Breisacher Fest, wobei hier das höfische Fest gemeint ist. Hagenbach hat deutlich gesehen, daß sich der burgundischen und damit seiner Herrschaft in der so königs- und hoffernen Region des Oberrheins eine zusätzliche Chance bot, wenn sich um den Landvogt ein Hof bildete, der die regionale Herrschaft und Ritterschaft anzog und einband[137]. Wir wissen

---

132 Vgl. W. PARAVICINI, Gruppe und Person. Repräsentation durch Wappen im späteren Mittelalter, in: O. G. OEXLE/A. von HÜLSEN-ESCH (Hgg.), Die Repräsentation der Gruppen. Texte – Bilder – Objekte (Veröffentlichungen des Max-Planck-Instituts für Geschichte 141), Göttingen 1998, S. 327–389, hier S. 366–388. SIEBER-LEHMANN (wie Anm. 13), S. 53 mit Anm. 33. Siehe künftig L. HABLOT, La devise, mise en signe du prince, mise en scène du pouvoir. Les devises et l'emblématique des princes en France et en Europe à la fin du moyen âge, Thèse Univ. Poitiers 2001.
133 So der Titel der bahnbrechenden Basler Diss. von S. SLANICKA, Krieg der Zeichen. Die visuelle Politik Johanns ohne Furcht und der armagnakisch-burgundische Bürgerkrieg (Veröffentlichungen des Max-Planck-Instituts für Geschichte 182), Göttingen 2002; allerdings betrifft sie nur den zweiten der vier Herzöge; zu Johann ohne Furcht auch DIES., »Der Knotenstock ist abgehobelt!«. Der Hobel als Sinnbild der »Réformation« bei Johann ohne Furcht, Herzog von Burgund, in: Zeitschrift für Historische Forschung, Beiheft 24, Berlin 2000, S. 165–198. Die Studie sollte fortgesetzt werden, zumal das Ausgreifen auf das Reich und die Burgunderbeute überaus viel Material bieten.
134 Auch durch die Städte, vgl. die Beispiele zu Freiburg i.Ü. und Bern bei SIEBER-LEHMANN (wie Anm. 13), S. 280f.
135 SIEBER-LEHMANN ebda., S. 49f., auch S. 380f. mit Anm. 96 zur Rolle des burgundischen Wappens im Kölner Stiftsstreit. Vgl. auch STEIN (wie Anm. 67), Nr. 1101.
136 Eine derartige, kleinwüchsige, aber nicht verwachsene Figur begleitet ihn auf zahlreichen Abbildungen der Breisacher Reimchronik (wie Anm. 19). Schriftliche Quellen dazu sind mir nicht bekannt. Vgl. SIEBER-LEHMANN ebda., S. 65 mit Anm. 94. NERLINGER (wie Anm. 4), S. 99, erkennt darin einen Pagen, was aber auch ein Zeugnis höfischer Formen wäre.
137 Vgl. SIEBER-LEHMANN edba., S. 65. Vgl. zum Komplex »Land ohne Landesfürst«, »Hof und Hofsubstitut« SPECK (wie Anm. 13), Bd. 1, S. 545–572.

aus der Breisacher Reimchronik, daß er in glücklicheren Tagen ein Haus mit Garten vor Thann besessen hat und dort solches höfisches Leben organisierte[138].

Indes bemerkt Herrmann Heimpel richtig: »So lebte man in Burgund doch mehr höfisch als ritterlich. Und weniger Ritterlichkeit als Staatlichkeit bestimmt die Art des neuen Burgund«[139]. Hagenbach hat weder im Auftreten, noch in der Sprache jene höfische Zucht eingehalten, die seinem Herrn, dem Herzog, an seinen Untergebenen so überaus wichtig war[140]. Schnell wurde Hagenbach zornig: einen *toberich* nennt ihn wiederholt die Reimchronik[141]. Er konnte oft und gern unflätig schimpfen und sein Gegenüber vor den Kopf stoßen[142], etwa wenn er den höchsten Vertreter der Reichsstadt Straßburg, den Ammeisters Peter Schott anredet mit: *ich enweiß nit wer du bist, bistu ein brotbecker oder bistu ein metziger?*[143] Hart und ungerecht mit seinen Leuten konnte allerdings auch Karl der Kühne sein. Seine Ordensbrüder haben es ihm auf den Kapitelssitzungen des Goldenen Vlieses vorgehalten[144] und sein Umgangston mit den Vertretern der Städte und Ständen läßt viel von Verachtung und Gewaltsamkeit erkennen. Wir erkennen hier einen Zeitstil, der aber verschiedenen sozialen Ebenen angehörte, jedenfalls nicht derjenigen Peters von Hagenbach.

---

138 Reimchronik (wie Anm. 91), Kap. 23 (1472). Vgl. NERLINGER (wie Anm. 4), S. 65f. Anm. 1; SIEBER-LEHMANN ebda., S. 65. Siehe auch Nr. VIII der bald zu erwähnenden Liebesbriefe: *Ilz nous ait fait relacion du biaulz jerdin que ly avez monstrés.*
139 HEIMPEL (wie Anm. 123), S. 262. Ähnlich DERS., Verfahren (wie Anm. 79), S. 357, Anm. 1: »bei aller Verflechtung mit adeligen Interessen und Gefühlen vertritt Karl der Kühne die Idee des Staates, nicht des Rittertums«. DERS., Karl der Kühne und Deutschland (mit besonderer Rücksicht auf die Trierer Verhandlungen im Herbst des Jahres 1473), in: Elsaß-Lothringisches Jahrbuch 21 (1943), S. 1–54, hier S. 45: »[...] nicht die Kulturgeschichte des burgundischen Rittertums, sondern die Verwaltungsgeschichte des burgundischen Staates gibt den Schlüssel zum burgundisch-deutschen Verhältnisse.« – DERS. (wie Anm. 86), S. 29: Karl der Kühne hatte »ritterliche Ideale und war doch kein Ritter mehr, kein ›letzter Ritter‹ wie Maximilian. Auch er wie seine Vorgänger wollte das ritterliche Ziel staatlich erreichen. Aber man wird sagen können, und die Art seines Zusammenstoßes mit den Deutschen sollte es beweisen, daß in ihm die Staatlichkeit doch die Ritterlichkeit überwog.«
140 W. PARAVICINI, Ordre et règle. Charles le Téméraire en ses ordonnances de l'hôtel, in: Comptes rendus des séances [de l']Académie des Inscriptions et Belles-Lettres 1999, Paris 2000, S. 311–359. Vgl. MICHELET (wie Anm. 96), S. 202: »Hagenbach, en arrivant en Alsace, dans un pays mal réglé, plein de choses flottantes, quil fallait peu à peu ordonner, trouva le vrai moyen de désespérer tout le monde; ce fut de mettre partout et tout d'abord ce qu'il appelait l'ordre, la règle et le droit.«
141 Reimchronik (wie Anm. 91), u. a. Kap. 29 Z. 41.
142 *Ihr Bauern von Eidgenossen*: Reimchronik Kap. 16, Z. 23. – Eindringen in die Basler Ratsstube: Kap. 17. – Beleidigung des Straßburger Ammeisters (s. Anm. 143). – Stößt die Butzenscheiben im Haus des Bürgermeisters von Breisach heraus: Kap. 27. – Musik und Messe am Karfreitag zu Breisach, 8. April 1474: Kap. 122.
143 Reimchronik (wie Anm. 91), Kap. 18, vgl. Anm., Anm. * und NERLINGER (wie Anm. 4), S. 37f. Zur entsprechenden Haltung Straßburgs G. SIGNORI, Ritual und Ereignis. Die Straßburger Bittgänge zur Zeit der Burgunderkriege (1474–1477), in: HZ 264 (1997), S. 281–328 und die dort genannte Literatur.
144 VAUGHAN (wie Anm. 4), S. 171–178 (englische Übers.). Vgl. den Wortlaut bei S. DÜNNEBEIL (Hg.), Die Protokollbücher des Ordens vom Goldenen Vlies, Bd. 2: Herzog Karl der Kühne 1468 (Instrumenta), Stuttgart 2003 (im Druck), Bd. 3: Herzog Karl der Kühne 1473 (in Vorbereitung).

VI

Fasnachtsbräuche

Fragen wir weiter, woher die Formen von Hagenbachs so stark beachteter Breisacher Fasnacht kamen. *Den frowen zu(o)geuallen vnd vmb gu(o)ter gesellschaft willenn*, also ausdrücklich höfisch, war eingeladen worden. Tatsächlich ging es dann aber, wie wir wissen, recht wüst zu.

Fasnacht

Was den burgundischen Hof betrifft, kann ich im Augenblick (da Untersuchungen fehlen[145]) nur soviel sagen, daß höfische Fasnachtsfeste mit Stechen, Bankett, Tanz und Mummereien unter Herzog Philipp dem Guten, als Hagenbach an den burgundischen Hof kam, sicherlich die Regel waren, daß sie aber unter Karl dem Kühnen, Hagenbachs Vorbild und Herren, in dieser Exuberanz völlig undenkbar sind. Karl hat z. B. das Narrenfest der Hofkleriker am 6. Januar in einer Hofordnung ausdrücklich verboten, gerade weil es seiner Auffassung nach die gottgebene Ordnung auf den Kopf stellte und verhöhnte[146].

Die Form der Breisacher Fasnacht scheint mir darum kein Import zu sein, sondern eher oberrheinischer Tradition zu entsprechen, die ja z. T. bis in unsere Tage fortdauert, in recht unterschiedlicher Ausprägung, bis hin zur einheitlichen Kostümierung[147] und zum Beschmieren der Gesichter mit Ruß[148]. Dies gilt insbesondere für die Organisation: Sie wird als kollektive Veranstaltung des Adels inszeniert[149], auf eine gemeinsame Kasse

---

145 Die »alltägliche« Festkultur des burgundischen Hofes harrt noch der Darstellung, vgl. A. CHEVALIER-DE GOTTAL, Les Fêtes et les Arts a la Cour de Brabant à l'aube du XVe siècle (Kieler Werkstücke D 7), Frankfurt a. M. 1996, zum burgundo-brabantischen Hof (die Autorin arbeitet an einem erweiterten Projekt). Vgl. O. CARTELLIERI, Am Hofe der Herzöge von Burgund. Kulturhistorische Bilder, Basel 1926, Kap. »Feste« (S. 143–178: 1454, 1468 und Musik); M.-Th. CARON/D. CLAUZEL (Hgg.), Le Banquet du Faisan, Arras 1997; M.-Th. CARON (Hg.), Les vœux du faisan, noblesse en fête, esprit de croisade. Le manuscrit francais 11594 de la Bibliothèque nationale de France (Burgundica 6), Turnhout 2003: Fasanenfest 1454; PARAVICINI (wie Anm. 105): 1468). Zu den Ordensfesten vom Goldenen Vlies nach den Rechnungen F. de GRUBEN, Les chapitres de la Toison d'Or à l'époque bourguignonne (1430–1477), Leuven 1997. Allg.: B. FRANKE, Feste, Turniere und städtische Einzüge, in: DERS./B. WELZEL (Hgg.), Die Kunst der burgundischen Niederlande. Eine Einführung, Berlin 1997, S. 65–84, hier S. 65ff.
146 PARAVICINI (wie Anm. 140), S. 343f. Papst Pius II. Piccolomini unterstützte 1466 dagegen den römischen Karnaval, wie denn die Kirche mehr auf Einrahmung denn auf Bekämpfung setzte, vgl. H. KÜHNEL, Die städtische Fastnacht im 15. Jahrhundert. Das disziplinierte und öffentlich finanzierte Volksfest, in: P. DINZELBACHER/H.-D. MÜCK (Hgg.), Volkskultur des europäischen Mittelalters (Böblinger Forum 1), Böblingen 1987, S. 123f.
147 Vgl. für die Stadt KÜHNEL ebda., S. 119; für den Adel vgl. künftig die Habilitationsschrift von St. SELZER (Halle) über Farben und Farbengebrauch.
148 Vgl. SIEBER-LEHMANN (wie Anm. 13), S. 65 Anm. 96 (nach BRAUER-GRAMM, wie Anm. 4, S. 348f.).
149 Veranstalter sind *ich vnd ander herren, ritter vnd knecht* (wie oben Anm. 3), und nicht nur die Ritter (SIEBER-LEHMANN ebda., S. 63 mit Anm. 86).

gegründet und in einer Stadt veranstaltet[150]. Das sind Formen, wie wir sie bei den zeitgenössischen Adelsgesellschaften allenthalben finden[151]. Auch zur fürstlichen Fasnacht in Offenburg 1483 lud der Pfalzgraf *zu(o) diennst der schönen frawen* ein[152]. Hagenbach mag die Praxis auch durch seine Mitgliedschaft in der St. Georgsgesellschaft der Freigrafschaft Burgund kennengelernt haben[153]. Er war auch nicht von französisch-burgundischen Räten umgeben, sondern eben von Adel aus der Gegend.

Tanz

Die Tanzgeschichte, erst in unseren Tage wieder zu Ehren gekommen[154], hat unsere präzise Beschreibung einer Tanzfolge noch gar nicht zur Kenntnis genommen: Sie scheint ein Unikum zu sein, zudem ein illustriertes, denn die Reimchronik ist mit Federzeichnungen geschmückt, von denen zwei diesen Tanz darstellen. Wo die Vorbilder liegen, ob es sich um burgundischen Hoftanz oder um allgemeine oder regionale Formen, hohe oder niedrige handelt, weiß ich derweil noch nicht mit Bestimmtheit zu sagen. So ganz gewöhnlich kann diese Folge von 10 Tänzen zu Pfeife und Trommel[155], stets mit Hagenbach als Vortänzer, nicht gewesen sein, und das Hasten und das Tanzen über Tisch und Bänke schon gar nicht. Am burgundischen Hof sind dergleichen öffentliche Formverletzungen nicht denkbar. Dort herrschte die »einfache, streng-zeremonienhafte Bassedanse« vor, also der

---

150 Zum Thema Stadt und Adel vgl. Th. ZOTZ, Adel, Bürgertum und Turnier in deutschen Städten vom 13. bis 15. Jahrhundert, in: J. FLECKENSTEIN (Hg.), Das ritterliche Turnier im Mittelalter. Beiträge zu einer vergleichenden Formen- und Verhaltensgeschichte des Rittertums (Veröffentlichungen des Max-Planck-Instituts für Geschichte 80), Göttingen 1985, S. 450–499; DERS. (wie Anm. 21); DERS., Le jouteur dans la ville. Un aspect des rapports entre noblesse, ville et bourgoisie en Allemagne au bas moyen âge, in: Le Combattant au moyen âge (XVIIIᵉ Congrès de la S.H.M.E.S.), Paris 1991, S. 161–170 ; besonders DERS., Adel in der Stadt des deutschen Spätmittelalters. Erscheinungsformen und Verhaltensweisen, in: ZGO 141 (1993), S. 22–50, hier S. 39–41; RANFT (wie Anm. 21), S. 232–249 (die Stadt als »Bühne adligen Lebens«).
151 Vgl. RANFT ebda.
152 *daz ein merklich zal andrer fürsten, herren und ritterschafft und vil schoner frawen und junckfrawen uff dis nechstkomennd vastnocht gen Offenburg kommen, allda ritterspil mit der stangen und anderer kurtzweyl zu(o) diennst der schönen frawen pflegen werden – zu(o) diennst der hocherpornen schönen und edlen frawen:* E. HILLENBRAND, »Die große vaßnacht zu Offenburg« im Jahre 1483, in: ZGO 131 (1983), S. 271–288, hier S. 272 und 280, nach: S. von RIEZLER (Hg.), Fürstenbergisches Urkundenbuch, Bd. 4, Tübingen 1879, S. 18f., Nr. 28 (7. Jan. 1483); DERS., Geschichte des Hauses Fürstenberg und seiner Ahnen bis zum Jahre 1509, Tübingen 1883, S. 367f.
153 Vgl. o. Anm. 46
154 Vgl. A. NITSCHKE, Tänze im Hochmittelalter und in der Renaissance. Methodische Überlegungen zur Rekonstruktion von Tänzen, in: K. SCHREINER/N. SCHNITZLER (Hgg.), Gepeinigt, begehrt, vergessen: Symbolik und Sozialbezug des Körpers im spätern Mittelalter und in der frühen Neuzeit, München 1992, S. 263–284. Ähnliche Entdeckung der Musikgeschichte durch die allgemeine Historie: L. WILKER, Die Musik des Mittelalters als Gegenstand einer Kulturwissenschaft, in: Das Mittelalter 5 (2000) H. 1, S. 101–121.
155 So die Reimchronik (wie Anm. 91); die Abb. zeigt hingegen zwei Blasinstrumente, Portativ und Laute.

paarweise Schreitetanz[156], mit dem offensichtlich auch in Breisach begonnen worden war, bei dem es aber dann nicht blieb. Möglicherweise handelt es sich um jüngere italienische Formen der Bassedanse, *alla fila*[157], die sich zum *Saltarello* oder *Hupfauff* mit gemessenen Sprüngen[158] und zum *Ballo* entfalteten[159]. Keinesfalls handelt es sich um *Morisken*, die in grotesken Verrenkungen um eine umworbene, einen Preis verteilende Dame von Männern und oft von professionellen Tänzern getanzt wurden; sie sind ebenfalls am burgundischen Hof belegt[160]. Ob es sich bei Hagenbachs Variationen damit um einen »welschen« Tanz handelt, wie er am Ende des 15. Jahrhunderts am Oberrhein kritisiert wurde, läßt sich indes nicht sagen[161]. Eine an sich geordnete Veranstaltung waren sie allemal, und nicht einfach ein wildes Tanzen und Springen, wie es sonst in der Fasnacht begegnet[162].

Schwankturniere

Schwank- oder Narrenturniere zur Fasnachtszeit sind weitverbreitet, vor allem in ihrer großen, tatsächlich gerittenen Form unter freiem Himmel, wie denn die Fasnachtszeit überhaupt die große Zeit der Turniere war, in den Niederlanden wie am Oberrhein[163]. Die

---

156   Er setzte sich aus nur fünf verschiedenen Schritten zusammen (»sie gleiten alle flach über den Boden hin«), im Unterschied zu allen hohen (springenden) Tanzformen, s. I. BRAINARD, Die Choreographie der Hoftänze in Burgund, Frankreich und Italien im 15. Jahrhundert, Diss. phil. (masch.) Göttingen 1956, S. 78; zur Tanzpraxis S. 38ff.; vgl. S. 75: »Das burgundische Repertoire kennt im Grunde nur einen einzigen Tanztyp: die Bassedanse« (was nicht ganz zutrifft, vgl. unten zur Moriske). Grundlage dieser Beobachtungen ist die berühmte Hs. Brüssel, Bibl. Roy., Ms. 9085, *Le Manuscrit dit des Basses Danses de la Bibliothèque de Bourgogne*. Vgl. auch D. HEARTZ, The Basse Dance. Its evolution circa 1450 to 1550, in: Annales musicologiques 6 (1958–1963), S. 287–340, und BRAINARD. Die Koelhoffsche Chronik von 1499 (Die cronica van der hilliger stat van Coellen 1499, hg. von H. CARDAUNS, 2. Bd., Leipzig 1877, S. 827), beschreibt den Tanz auf dem Gürzenich zu Köln aus Anlaß des Besuches von Kaiser Friedrich III. und Maximilian, am 2. Jan. 1474: Maximilian *hadde den eirste dantz mit einre junferen* aus dem Hause der Edelherren v. Vinstingen, *ind hadde vur eme dantzen nae furstelicher wise zwen edelinge van sinem hove. Ind dairnae voegde der buschof van Metz ind der buschof van Treire, dat sich die vrauwen ind jonferen mit henden namen mit paren, wail zo 36 parcn zo, ind dantzden also sunder man vur dem keiser up ind neder.*
157   BRAINARD ebda., S. 79.
158   BRAINARD ebda., S. 173–176; die *Quadernaria* (Viertakter, S. 176–178) trägt auch den Namen *Saltarello todesco*, denn *questa in dançare è più usata da' Todeschi* (S. 176). *Hupfauff*: S. 194 Anm. 2. Zu den Sprüngen (»hebt sich kaum«) S. 280–284.
159   BRAINARD ebda., S. 80, zum *Ballo* ausführlich S. 185–197.
160   D. QUÉRUEL, Des gestes à la danse: l'exemple de la »morisque« à la fin du moyen âge, in: Le geste et les gestes au moyen âge (Sénéfiance 41), Aix-en-Provence 1998, S. 501–517.
161   Erwogen von SIEBER-LEHMANN (wie Anm. 13), S. 66, unter Hinweis auf GRIMM, Wörterbuch, Bd. 13, Sp. 1344, Art. »wälsch, welsch«.
162   Vgl. KÜHNEL (wie Anm. 146), S. 121.
163   Niederlande: CHEVALIER-DE GOTTAL (wie Anm. 145), S. 105–112, mit brabantischer Turnierliste 1408–1430. Für den burgundischen Hof gibt es solche Listen bislang nur für den flandrisch-nordfranzösischen Teil, vgl. É. van den NESTE, Tournois, joutes, pas d'armes dans les villes de Flandre à la fin du moyen âge (1300–1486) (Mémoires et documents de l'Ecole des chartes 47), Paris 1996. – Reich/Oberrhein: FLECKENSTEIN (wie Anm. 150); KÜHNEL (wie Anm. 146), S. 117f.; HILLENBRAND (wie Anm. 152): Beispiel Offenburg 1483; vor allem H. H. PÖSCHKO, Turniere in Mittel- und Süddeutschland von 1400–1550. Katalog der Kampfspiele und der Teilnehmer, Diss. phil. Stuttgart 1987 (Mikrofiche).

kleine Ausgabe im Saal begegnet weniger oft, ist aber nicht eigentlich auffällig[164]. Das vorgebliche Berennen einer Burg gehört ebenfalls zum Formenarsenal, könnte sogar in einer Scheinbelagerung zu Trier anläßlich von Karls Treffen mit Kaiser Friedrich III. am 16. November 1473 ein Vorbild gehabt haben, wo man sich im Kampf um die Burg auf dem Misthaufen mit Dreck und Kot beworfen hatte[165]. Hagenbach war damals in Trier dabei gewesen – nur daß hier der Unterschied zwischen Adel und Nicht-Adel fehlte: Es schlugen sich dort Köche und andere Domestiken und die Herrschaften schauten zu[166].

Sexuelle Transgression

Hatte Hermann Heimpel erstmals in seinen Studien wenigstens die aussprechlichen Obszönitäten Hagenbachs beim Namen genannt[167], schweigt seine Schülerin in ihrer Biographie fast ganz von ihnen[168], so als ob die Geschichte an der Gürtellinie aufhörte und Transgression nicht ebenso zur Kultur gehörte wie Konvention. Dabei ist die Erotik ein wesentlicher Bestandteil der ritterlich-höfischen Kultur, die ja gerade dadurch so attraktiv wurde, daß sie jenem Grundtrieb des Menschen einen geordneten Platz zuwies. Claudius Sieber-Lehmann macht diesen Fehler nicht mehr (wenngleich das Krudeste bei ihm nur in den Anmerkungen zitiert wird)[169]. Halten wir gleichwohl fest, daß es sich in Breisach nicht um eine Orgie handelt. Doch weshalb dieses Schamweisen[170], Protzen, Würzen und Unter-die-Nase-halten[171]? Alles nur Topik? Man kann die von einander unabhängigen

---

164 *Stechen auf der Stube* in Frankfurt a. M. 1466, vgl. KÜHNEL ebda., S. 119f. (nach den Aufzeichnungen des Patriziers Bernhard Rorbach).
165 Vgl. den Straßburger Bericht bei HEIMPEL (wie Anm. 139), S. 51; BRAUER-GRAMM (wie Anm. 4), S. 252; SIEBER-LEHMANN (wie Anm. 13), S. 66 mit Anm. 98.
166 Die fürstliche Fastnacht müßte noch eigens untersucht werden. – Zur städtischen (der Adel feierte in der Regel in der Stadt) KÜHNEL (wie Anm. 146); ZOTZ (wie Anm. 21), S. 207–212; S. WENZEL, Das Spiel der verkehrten Welt: Städtische Fastnacht im Spätmittelalter, in: Spätmittelalter am Oberrhein, Aufsatzband, Stuttgart/Karlsruhe 2001, S. 423–427.
167 HEIMPEL (wie Anm. 24), S. 144f.: »Er war freilich schamlos, und daß er bei Tische seine junge Frau, Barbara von Thengen, aufforderte, den Gästen unter deutlichsten Demonstrationen zu berichten, wie oft er ihr in der Nacht seine Kraft bewiesen habe, war eine seiner harmloseren Geschichten.«
168 BRAUER-GRAMM (wie Anm. 4), S. 279: »überschüttete seine junge Frau mit widerlichen Reden, so daß die Damen in Tränen ausbrachen«. – Auch WITTE (wie Anm. 12), S. 49f., nennt die Dinge nicht beim Namen und entschließt sich (im Obertext), »uns ungläubig zu verhalten, obwohl zwei ernste Männer, die unabhängig von einander schreiben, uns dasselbe berichten. In der Art, wollen wir zur Ehre der beteiligten Frauen annehmen, kann es nicht gewesen sein; das Gerücht wird die wilde Roheit es Landvogts übertrieben haben«. Desgleichen NERLINGER (wie Anm. 4), S. 95: »Les faits qu'ils [les chroniqueurs] sont d'une immoralité tellement révoltante qu'il et bien difficile d'en admettre la véracité.«
169 SIEBER-LEHMANN (wie Anm. 13), S. 63f.
170 Es handelt sich nicht um die magische Geste, vgl. E. KISLINGER, Anasyrma. Notizen zur Geste des Schamweisens, in: FS Harry Kühnel zum 65. Geburtstag, Graz 1992, S. 377–394.
171 Der allgemeine Hinweis auf Haarzauber als Sonderfall eines vielleicht »welschen« Liebeszaubers hilft nur begrenzt weiter. SIEBER-LEHMANN (wie Anm. 13), S. 64 Anm. 91 weist hin auf GIFFORD, Liebeszauber, S. 21, S. 115f., wo die wichtige Rolle Frankreichs vermerkt ist; allerdings notiert Sieber-Lehmann selbst einen Basler Gerichtsfall mit ähnlichem Liebeszauber im 15. Jahrhundert.

Quellenaussagen[172] nicht als Phantasien von reichsstädtischen Geistlichen abtun, die eben in Hagenbach einen Tyrannen sehen und das dazugehörige Bild des sexuellen Despotismus auf ihn übertragen[173].

Unzucht

Zweifellos hat Hagenbach vor, aber auch nach seiner Hochzeit vom Januar 1474 sich sexuell ausgelebt und holte sich, was er zu brauchen meinte. Knebel und die Reimchronik erzählen aus der Breisacher Zeit, und eigentlich nur aus dieser, empörende Geschichten von Menschenverachtung, tyrannischem Zwang, Vergewaltigung und ketzerischer Irreligiosität[174], und dies nicht etwa im Verborgenen, sondern öffentlich, was selbstverständlich alles nur noch schlimmer machte[175]. In seinem Prozeß ist Hagenbach Unzucht als vierter und letzter Anklagepunkte eigens vorgehalten worden[176]. Sein Fürsprech hat darauf trocken geantwortet: *Es stünden wohl mehrere hier in der Runde, die Ähnliches getan hätten und dennoch nicht an Leib und Leben dafür gestraft würden. Er habe [den Frauen] sein Geld gegeben und sie hätten zugestimmt und es erlaubt*[177]. Der Punkt wurde darauf-

172 Vgl. WITTE (wie Anm. 62). Zwischen Knebel und der Breisacher Reimchronik könnte es das Bindeglied des Breisacher Stadtschreibers geben (s. oben Anm. 91); doch stimmen die Nachrichten nicht gänzlich überein und es existieren weitere, von diesen unabhängige Berichte, wie z. B. der o. Anm. 9 erwähnte Brief aus Basel.
173 So auch SIEBER-LEHMANN (wie Anm. 13), S. 64.
174 Geschichte von Kaplan und Nonne (Reimchronik Kap. 44, S. 296f.), vgl. MONE (wie Anm. 12), S. 254a: Es handelt sich vielleicht um das Dominikanerinnenkloster in Gebweiler. – Holt mit Gewalt eine Bürgerstochter aus dem Haus in Breisach gegen den Willen der Mutter, die er mit gezogenem Schwert bedroht und beschimpft (*ein dreck uf deine naßen*), Kap. 93. – Will eine Frau des Nachts gegen den Willen des Mannes holen, der sich erfolglos wehrt, Kap. 94. – Geschichte mit der jungen Nonne zu Breisach: KNEBEL (wie Anm. 7), S. 69f. (*hoc retulit mihi dominus Tripolitanus*). – Geschichte mit dem Mädchen und dem Altar (im Münster zu Breisach?), der Messe und dem öffentlichen Kuß in Breisach: KNEBEL, S. 70. Vgl. MONE, Bd. 3, S. 197b–198a, der aber Knebel nicht kennt; spätere Verschärfung: dreimaliger Kuß bei der Transsubstantation mit dem dreimaligen Schellenklang. – Das Mädchen aus der Pfarrkirche zu Breisach: KNEBEL S. 78f. (Bericht des Johannes von Durlach). – Bericht vom 17. April 1474 (aus Breisach?) an Straßburg (bei SIEBER-LEHMANN ebda., S. 414f.): *Uff den heiligen karfritag und uff den osterobent, do ginge er* [Hagenbach] *und nam zwe jungfro(e)wen und gesmehete sie mit gewalt vor allen den von Breisach.*
175 Vgl. R. BRANDT, *... his stupris incumbere non pertimescit publice*. Heimlichkeit zum Schutz sozialer Konformität im Mittelalter, in: A. und J. ASSMANN (Hgg.), Geheimnis und Öffentlichkeit, München 1998, S. 71–88.
176 KNEBEL (wie Anm. 7), S. 86f. § 4: *multas eciam in civitate Brisacensi mulieres maritatas, virgines, eciam moniales vi oppressisset et contra ipsarum voluntatem, et similia non solum ibi, verum eciam in multis aliis opidis et villis fecisset contra deum, justiciam et omnem honestatum ... peciit ... stupratorum declarari.* Vgl. HEIMPEL, Verfahren (wie Anm. 79), S. 327ff.; BISCHOFF (wie Anm. 5), Bd. 1, S. 27 mit Anm. 29, S. 29 mit Anm. 35 (Quellen).
177 Antwort KNEBEL (wie Anm. 7), S. 87 § 4: *quod autem cum pluribus mulieribus concubuisset et virginibus,* [Johannes Irmi, Fürsprech] *respondit, quod forte plures ibidem in circulo starent, qui similia fecissent et tamen per hoc non punirentur in corpore et vita. Nichilominus eis suam peccuniam tradidisset et ipsis consencientibus et permittentibus.*

hin nicht mehr verhandelt. Hagenbachs Verhalten dürfte dem üblichen Verhalten des Adels in seiner Zeit entsprochen haben[178].

Burgundische Parallelen

Was die Herzöge von Burgund betrifft, so wissen wir, daß Herzog Philipp, den Damen überaus zugetan, sich überall Mätressen hielt, mit entsprechend zahlreicher Nachkommenschaft ganz öffentlich bei Hofe[179]. Aber es gibt einen Unterschied. Im Nachruf des Bischofs von Tournai auf Herzog Philipp heißt es etwas gequält: *Von der Schwäche des Fleisches will ich ihn nicht allzusehr entschuldigen, denn man hielte mich sonst für einen Schmeichler. [...] Aber, Gott sei Dank, wurde niemals für ihn oder durch ihn eine Entführung oder eine Vergewaltigung verbrochen noch sonst etwas getan, das einen Skandal ausgelöst hätte*[180]. Also Diskretion und gute Bezahlung, gleich welcher Art. Was die Herzöge von Kleve und Burgund sich zu diesem Thema zu sagen hatten, kann man in vier einzigartigen Privatbriefen nachlesen, die im Klever Archiv überliefert sind bzw. waren, nicht im burgundischen, wo man dergleichen offensichtlich vernichtet hat[181]. Hagenbach hatte als Postbote fungiert[182]. Es ist ganz stimmig, daß gerade an Philipps Hof der 50er Jahre die *Cent nouvelles nouvelles* entstanden sind, jener burgundische Dekameron, dessen vorgebliche Erzähler alle historische Personen des Hofes sind, mit dem Herzog angefangen; Hagenbach ist allerdings nicht darunter. Man darf die Sinnenfreude dieser Geschichten jedoch nicht als reinen Spiegel der Wirklichkeit ansehen: Nur bei festen Standards kann herzlich gelacht werden[183]. Doch der Ton war im 15. Jahrhundert freier als er wohl heute ist: »All die Scherze, die zur Hochzeit oder zum Liebesleben im allgemeinen

---

178 Was nicht heißt, daß es das Herren*recht* der ersten Nacht wirklich gegeben habe, vgl. dazu J. WETTLAUFER, Das Herrenrecht der ersten Nacht. Hochzeit, Herrschaft und Heiratszins im Mittelalter und der frühen Neuzeit, Frankfurt a. M. 1999. – Vgl. NERLINGER (wie Anm. 4), S. 157f.
179 Vgl. CARTELLIERI (wie Anm. 145), S. 58f., 93f. und (Nachweise) S. 271, 279.
180 *De la fragilité de la cha[i]r ne le voeil je trop excuser, car on me tendroit pour flateur.[...] Mais Dieu mercy, par lui ne fut oncques commis rapt ne violence ne chose faicte dont esclandre soit advenu*, M. PRIETZEL (Hg.), Guillaume Fillastre d.J.: Über Herzog Philipp den Guten von Burgund. Text und Kommentar, in: Francia 25/1 (1997), S. 83–121, hier S. 115, § 216–217. Angaben über alle seine Bastarde bei P. van KERREBROUCK, Nouvelle histoire généalogique de l'auguste maison de France, Bd. 3: Les Valois, Villeneuve d'Ascq 1990, S. 609ff. Über uneheliche Kinder in den burgundischen Niederlanden allg., aber auch über die herzoglichen im besonderen vgl. M. CARLIER, Onwettige kinderen in de Bourgondische Nederlanden. Determinanten van hun plaats binnen de familie en binnen de maatschappij, Diss. (masch.) Gent, 2 Bde., 1998–1999; DIES., Kinderen van de minne? Bastarden in het vijftiende-eeuwse Vlaanderen, Brüssel 2001. Eine umfassende Untersuchung ist von Simone Slanicka (Bielefeld) zu erwarten.
181 Veröffentlicht von A. GRUNZWEIG, Quatre lettres autographes de Philippe le Bon, in: Revue Belge de Philologie et d'Histoire 4 (1925), S. 431–437.
182 Siehe oben Anm. 49.
183 Hg. von P. CHAMPION, Paris 1928 (mit ausführlichem Kommentar); hg. von F. P. SWEETSER, Gent 1966. Vgl. G. DOUTREPONT, La littérature française à la cour des ducs de Bourgogne, Paris 1909, S. 333ff.; CARTELLIERI (wie Anm. 145), S. 123: »Hatte man allzuviel im Ideal der edelsten höfischen Minne geschwelgt, so brachte man sich durch eine derbe Zote in den nüchternen Alltag zurück.«

gehörten, wurden auch für die Damengesellschaft passend erachtet«, stellt Johan Huizinga fest[184], und er wird durch manche Korrespondenz bestätigt[185].

Karl der Kühne war da von ganz anderer Art. Persönlich so keusch, daß Homosexualitätsverdacht aufkam[186], dürfte er so lockere Reden nicht geduldet haben. Er verfolgte sexuelle Übergriffe in ganz ungewöhnlich strenger Weise[187]. Hier wie anderswo galt ihm *ordre et règle* als höchster Wert[188]. Auf ihn konnte sich Hagenbach keineswegs berufen, und auf Herzog Philipp kaum. »Bis nach Breisach reichte die Kandare der burgundischen Hofetikette nicht«, sagt Hermann Heimpel treffend[189]. Es ist Hagenbach selbst, der uns hier begegnet.

Deutsche Parallelen

Oder doch nicht? Schon Franz-Josef Mone, der hochverdiente badische Landeshistoriker[190], schrieb vor 130 Jahren: »Die übeln Handlungen Peters von Hagenbach gegen Bürgers-Frauen und -Töchter in Breisach, gegen seine eigene Frau, gegen Geistliche u.s.w. galten schon für etwas alltägliches, daher auch das Gericht diese Beschuldigungen Hagenbachs gänzlich fallen ließ, denn solche Fälle von Unsittlichkeit kamen auch in andern Reichstädten am Oberrhein vor«[191].

Daß dies zumal für die Fasnachtszeit gilt[192], ist auch uns heutigen verständlich. Damals trat auch Deutschland ins Zeitalter der öffentlich geduldeten, ja anerkannten Mätressen ein. Herzog Sigmund von Tirol hinterließ zahlreiche Bastarde, Bischof Ruprecht von Straßburg hinkte, seitdem er beim Einsteigen bei einer verheirateten Frau ein Bein gebro-

---

184 HUIZINGA (wie Anm. 49), S. 151; vgl. bei ihm das ganze Kap. VIII: »Die Stilisierung der Liebe.« – Über das freizügige Verhalten und die »Sexualspäße« Herzog Galeazzo Maria Sforzas von Mailand, zumal in der Karnavalszeit, vgl. LUBKIN (wie Anm. 81), S. 113–115, 196–201.
185 Vgl. C. NOLTE, »Ir seyt ein frembs weib, das solt ir pleiben, diewiel ihr lebt«. Beziehungsgeflechte in fürstlichen Familien des Spätmittelalters, in: D. RUHE (Hg.), Geschlechterdifferenz im interdisziplinären Gespräch, Greifswald 1999, S. 11–41, hier S. 30–32, mit der richtigen Bemerkung: »Ob damit allgemein auch größere Freizügigkeit im Verhalten einherging, ist wohl weniger die entscheidende Frage als die, wem womöglich solche Freizügigkeit im Gegensatz zu anderen erlaubt war.« Siehe auch Anm. 194.
186 Vgl. CARTELLIERI (wie Anm. 145), S. 59 und 85 und (Nachweise) 271 und 278; HUIZINGA (wie Anm. 49), S. 150 mit Anm. 3 (Th. BASIN, Histoire de Louis XI, hg. v. Ch. SAMARAN, Bd. 2, Paris 1966, S. 224). – Auf anderer Grundlage begegnet der Vorwurf auch in der oberrheinischen Propaganda, vgl. SIEBER-LEHMANN (wie Anm. 13), S. 272f.
187 So ging jedenfalls die Sage, vgl. R. WALSH, Charles the Bold and the ›monstrous ransom‹ story, in: Bulletin of the Society for Renaissance Studies 5 (1987–1988), p. 1–13.
188 PARAVICINI (wie Anm. 140).
189 HEIMPEL (wie Anm. 24), S. 144.
190 1796–1871. Zu ihm, einer durchaus farbigen Figur, H. SCHWARZMAIER, Franz Joseph Mone, in: Neue Deutsche Biographie, Bd. 18, Berlin 1997, S. 32f; künftig DERS., Die Anfänge der kritischen Geschichtswissenschaft am Oberrhein: Franz Joseph Mone und Carl Georg Dümgé, in: Das Mittelalterbild des 19. Jahrhunderts am Oberrhein (Oberrheinische Studien 22), im Druck. Mones Nachlaß befindet sich im Generallandesarchiv Karlsruhe, das er 1835–1868 geleitet hatte.
191 MONE (wie Anm. 12), S. 199; in Anm. * verweist er auf Königshovener Chronik (hg. von Johann SCHILTER, Straßburg 1698) S. 818 ff.
192 Vgl. W. MEZGER, Narrenidee und Fastnachtsbrauch. Studien zum Fortleben des Mittelalters in der europäischen Festkultur (Konstanzer Bibliothek 15), Konstanz 1991; DERS., Die vorderösterreichische Fastnacht. Traditionen und Nachklänge, in: Vorderösterreich (wie Anm. 97), S. 314–321.

chen hatte, und ließ viel Geld im Bordell[193]. Was die Fürsten taten (Peter Moraw hielt unlängst einen Vortrag über den Harem des Kurfürsten Albrecht Achilles)[194], das tat auch der hohe Adel etwa der Hanau[195] und Lichtenberg[196]. Handelt es sich hier noch um »geordnete« Verhältnisse, so gibt es doch genug Belege für Übergriffe jedweder Art und für eine Tradition adligen Verhaltens, das bürgerliche Dezenz zumal gegenüber Nicht-Adligen für unstandesgemäß hielt[197]. Auch im bürgerlichen und erst recht im unterbürgerlichen Milieu sind gerade zur Fasnachtszeit so zahlreiche Verstöße in Wort und Tat gegen den Anstand bezeugt[198], die sich in den saftigen Fasnachtsspielen spiegeln[199], daß mir die Breisacher Ereignisse eher wie die Regel denn als die Ausnahme vorkommen. Die Fasnacht ist in ihrem Wesen ja nichts anderes als Transgression, und die städtische Fasnacht ist eben »das disziplinierte und öffentlich finanzierte Volksfest«[200], in dem, unter strenger Kontrolle, für begrenzte Zeit, die verkehrte Welt Wirklichkeit werden durfte. Trotz allen »Spielregeln« der öffentlichen Kommunikation[201] bleibt es dabei, daß Emotionen zu jener Zeit unverhüllter zur Schau getragen wurden, die Schwelle des Zulässigen noch niedriger lag[202]. Bleibt

---

193   BRAUER-GRAMM (wie Anm. 4), S. 344, das Straßburger Beispiel nach J. CHMEL, Actenstücke und Briefe zur Geschichte des Hauses Habsburg im Zeitalter Maximilians I., Bd. 1 (Monumenta Habsburgica I 1), Wien 1858, S. L, Anm. 3.
194   P. MORAW, Der Harem des Kurfürsten Albrecht Achilles von Brandenburg-Ansbach († 1486), in: J. HIRSCHBIEGEL/W. PARAVICINI (Hgg.), Das Frauenzimmer. Die Frau bei Hofe in Spätmittelalter und früher Neuzeit (Residenzenforschung 11), Stuttgart 2000, S. 439–448. Dazu kritisch: C. NOLTE, Verbalerotische Kommunikation, *gut schwenck* oder: Worüber lachte man bei Hofe? Einige Thesen zum Briefwechsel des Kurfürstenpaares Albrecht und Anna von Brandenburg-Ansbach 1474/75, ebda., S. 449–461.
195   Graf Philipp d. J. von Hanau und Margarethe Weißkircher, vgl. A. SCHUTTWOLF (Hg.), Jahreszeiten der Gefühle. Das Gothaer Liebespaar und die Minne im Spätmittelalter, Gotha 1998, bes. S. 40 (K.-H. SPIESS).
196   Jakob von Lichtenberg († 1471) und Bärbel von Ottenheim = Prophet und Sibylle, Büsten der alten Kanzel des Straßburger Münsters von Lucas van Leyden (1463), vgl. ebda. (und die F.A.Z. vom 13. Jan. 1999) und J. G. LEHMANN, Urkundliche Geschichte der Grafschaft Hanau-Lichtenberg, Bd. 2, Mannheim 1863, S. 336ff., 409ff.
197   Vgl. die Ereignisse der *Bösen Fasnacht* vom 26. Febr. 1376 in Basel, KÜHNEL (wie Anm. 146), S. 110.
198   ebda., S. 116f.; MEZGER, Narrenidee (wie Anm. 192), S. 133ff.
199   Siehe besonders das Nürnberger Beispiel, R. KROHN, Der unanständige Bürger. Untersuchungen zum Obszönen in den Nürnberer Fastnachtspielen des 15. Jahrhunderts, Kronberg/Taunus 1974; E. SIMON, Carnival obscenities in German towns, in: J. M. ZIOLKOWSKI (Hg.), Obscenity. Social control and artistic creation in the European Middle Ages, Leiden 1998, S. 193–213.
200   So der Titel des Aufsatzes von KÜHNEL (wie Anm. 146).
201   G. ALTHOFF, Spielregeln der Politik im Mittelalter. Kommunikation in Frieden und Fehde, Darmstadt 1997. DERS., Die Macht der Rituale. Symbolik und Herrschaft im Mittelalter, Darmstadt 2003/2004 (im Druck).
202   HUIZINGA (wie Anm. 49), Kap. 1: »Die Spannung des Lebens«; N. ELIAS, Über den Prozeß der Zivilisation, Bd. 1, Bern 1969, S. 276f; KÜHNEL (wie Anm. 146), S. 111. – Dagegen: H. P. DUERR, Der Mythos vom Zivilisationsprozeß, Bd. 1: Nacktheit und Scham, Frankfurt a. M. 1988 (frz.: Nudité et pudeur, Paris 1998), Bd. 2: Intimität, 1990, Bd. 3: Obszönität und Gewalt, 1993, Bd. 4: Der erotische Leib, 1997. Auch ALTHOFF (wie Anm. 201) hat geltendgemacht, daß Tränen u. dgl. durchaus verabredete Sprache sein konnten. Das ändert nichts an der heute verpönten Sichtbarkeit des Gefühls.

also der Unterschied adligen und stadtbürgerlichen Verhaltens[203], dem wir hier begegnen: Unsere kritischen Quellen sind alle bürgerlichen Ursprungs.

Liebesbriefe

Um so mehr muß interessieren, daß im Archiv des »Wüterichs« ein kleines Paket von Liebesbriefen gefunden wurde[204], manche von ihnen kleingefaltet auf Fingersbreite. Es sind nicht Hagenbachs Briefe; diese sind allesamt verloren[205]. Es sind Briefe einer Frau, die sich nicht nennt, die wir aber doch mit einiger Wahrscheinlichkeit benennen können: Marguerite de Vaudrey aus der Freigrafschaft Burgund, Stiftsdame im lothringischen Adelskloster Remiremont auf der anderen Seite der Vogesen[206]. Diese unterhalb der fürstlichen Ebene äußerst seltenen Briefe in französischer Sprache sind zwar nicht unbekannt, aber doch unveröffentlicht. Ich hoffe, sie einmal ganz ans Licht zu bringen. Aber sie zu edieren fällt schwer, weil alle Verhältnisse in tiefes Geheimnis getaucht sind und so eilig und ungeübt geschrieben wurde, daß man beim Lesen schier verzweifeln möchte. Kaum zwei Jahre hält der Briefwechsel an, von Ende 1470 bis September 1472[207]. Es handelt sich um verbotene Liebe, um ein geheimes Eheversprechen, vielleicht sogar um eine Ehe: Die Stadt Basel sandte in der fraglichen Zeit ein Hochzeitsgeschenk an den Landvogt[208]. Aber der

203 Vgl. H. WENZEL zur Frage der älteren Gewaltbereitschaft (mit dem Schwert, im Geschlechterverhältnis), die beim Adel als Tugend nicht gänzlich aufgehoben war (Tisch und Bett. Zur Verfeinerung der Affekte am mittelalterlichen Hof, in: D. RUHE/K.-H. SPIESS (Hgg.), Prozesse der Normbildung und Normveränderung im mittelaltelichen Europa, Stuttgart 2000, S. 314–332).
204 Es ist wohl H. Brauer-Gramm, die sie fand, vgl. HEIMPEL (wie Anm. 86), S. 37: »der Nachlaß Hagenbachs im Innsbrucker Archiv, das uns erst kürzlich ein Paket von Hagenbachs Liebesbriefen geschenkt hat«. Vorher werden diese Stücke in der Literatur nicht erwähnt.
205 »Die erhaltenen Liebesbriefe, die er an eine adlige Dame in galantem Stil schrieb« (SIEBER-LEHMANN, wie Anm. 13, S. 65), gibt es somit nicht.
206 Die Identität ist umstritten. Ich folge einstweilen der Hypothese von Michel Parisse, der seinerseits auf den Forschungen der Archivarin Lucie Roux (Colmar) beruht, vgl. den Katalog Écriture et enluminure en Lorraine au moyen âge, Nancy 1984, S. 190f. Siehe künftig: W. PARAVICINI, Parler d'amour au XVe siècle: Hagenbach und la dame de Remiremont, in: Comptes-rendus de l'Académie des Inscriptions et Belles-Lettres, Jg. 2003.
207 Hagenbach war auch als Landvogt nicht ununterbrochen am Oberrhein, sondern begab sich mehrfach im Auftrag des Herzogs in die Niederlande. Im Sept. 1471 war er auf eigenen Wunsch zum *Conductier* von 100 Lanzen der neuen Ordonnanzkompanien ernannt worden (BERNOULLI, wie Anm. 12, S. 376 mit Anm. 2); von da an ist seine Kompanie, durchaus nicht immer unter seiner Führung, nachweisbar. Vom 24. Mai 1472 datiert eine Revue in der Nähe von Soignies im Hennegau, Lille, ADN, B 2091 Nr. 66 739. Lit.: SIEBER-LEHMANN (wie Anm. 13), S. 51 Anm. 27. Am 2. Mai 1474 zu Luxemburg beauftragte Herzog Karl Claude de Neufchâtel, Herrn du Fay (seinen Statthalter in Luxemburg), damit, die Kompanien Hagenbachs (der damals schon in Breisach gefangensaß) und des Troylo da (Monte-)Rossano [vgl. zu diesem B. SCHNERB, Troylo de Rossano et les Italiens au service de Charles le Téméraire, in: Francia 26/1 (1999), S. 103–128] Revue zu passieren, vgl. STEIN (wie Anm. 67), Nr. 1878 (nach der Erwähnung Paris, BNF, Coll. de Bourgogne, Bd. 29, fol. 334). Siehe zu dieser Kompanie J. de la CHAUVELAYS, Les armées de Charles le Téméraire dans les deux Bourgognes, Paris 1879 (= Memoires de l'Académie des sciences, arts et belles-lettres de Dijon 3e s. 5, 1879, S. 139–369), S. 105ff., nach den Musterungsrollen im Departementalarchiv zu Dijon, B 11814, und J. ROBERT DE CHEVANNE, Les guerres en Bourgogne de 1470 à 1475, Paris 1934, im Index.
208 PARAVICINI (wie Anm. 2), Nr. 107. Vgl. V. GROEBNER, Gefährliche Geschenke. Ritual, Politik und die Sprache der Korruption in der Eidgenossenschaft im späten Mittelalter und am Beginn der

Vater ist dagegen. Vielleicht war er es, der im September 1471 einen herzoglichen Haftbefehl gegen Hagenbach ausstellen ließ, was indes zu keiner oder nur kurzer Haft führte: Der Herzog deckte seinen Landvogt[209]. Stets fürchtet die junge Frau Verrat und Entehrung. Es kam nicht zur offizellen Ehe. Starb die Braut, ließ sich der Vater nicht erweichen? Hat Hagenbach es mit ihr verdorben? Im Mai 1473 schon ließ er um die Gräfin von Tengen werben.

Diese so selten vernommene weibliche Stimme, die gleichwohl diktiert (nur gelegentlich ist mit ungelenker Schrift einen Satz von eigener Hand hinzufügt), sie rührt noch heute, in den Kosenamen, die sie Hagenbach gibt, im Ausdruck des Trennungsschmerzes und der Angst um ihn, in den stets neuen Beteuerungen ihrer Liebe:

Ich verspreche Euch bei meinem Glauben, sollte ich erfahren, daß ich eure Gnade nicht mehr habe, ich gläube ich stürbe vor Trauer. Denn ihr könnt es wohl wissen, mein Freund, daß ich nichts auf der Welt begehre als Euch, denn Ihr seid meine Freude, meine Fröhlichkeit und alles was ich auf der Welt liebe.

Einmal schickt sie ihm eine Mütze, die er aus Liebe zu ihr nun tragen möge, die habe sie mit seinen Farben versehen, aber unter anderen (so daß es nicht auffällt), zum Zeichen, daß sie ihr ganzes Leben ihm treu sein werde. Er möge sie tragen, wenn er ihr Treue halten

Neuzeit, Konstanz 2000, S. 121, dazu S. 63 mit Anm. 44: weitere Geschenke aus anderem Anlaß (23 fl. 1472, dazu schon 1469/70, wohl anläßlich des Amtsantritts, 121 fl.)
209   Haftbefehl, d.d. Abbeville, 26. Sept. 1471, an den Bailli von Amont (Antoine de Ray, in der Franche-Comté), Innsbruck, TLA, Schatzarchiv, Urk. I, Nr. 8202 (or. mand. pat., abhäng. Siegel abgerissen); dt. Regest ebda., Burgundisches Briefinventar, Lit. F (WITTE, wie Anm. 62, S. 649f.); Druck: GOETSTOUWERS (wie Anm. 99), S. 223, Anm. 4. Das Stück ist zwar ausgefertigt und vom herzoglichen Sekretär Jean de Longueville gegengezeichnet, doch blieb eine Lücke von anderthalb Zeilen: *incontinant cestes veues vous prenez [...] au corps messire Pierre de Hacquembacq nostre maistre d'ostel et grant bailli de Ferrate* [Lücke], *et iceulx prins et apprehendez constituez les prisonniers en l'une de noz prisons de nostre conté de Bourgoingne ou dudit Ferrate* [...]: Es waren also noch weitere Personen zur Verhaftung vorgesehen, deren Namen nicht (mehr) eingetragen wurden; auch fällt auf, daß dieses Mandat in Hagenbachs Archiv überliefert ist, vielleicht also nie den Empfänger erreicht hat. Vom selben Tag datiert ein langer Brief des Herzogs an Hagenbach, in dem er ihn gegen Ende versichert, daß er die Gefangennahme so vorsehe, daß Hagenbach nicht die geringsten Unannehmlichkeiten davon haben werde, Innsbruck, TLA, Sigmundiana IVa 9, fol. 7 (or. ch. lit. cl.): *touchant vostre prinse, nous y pourverrons de telle heure que vous n'en aurez aucun inconvenient, et ce ne faictes aucune doubte*. Beide Stücke sind bei BRAUER-GRAMM (wie Anm. 4), S. 351 und 375, erwähnt; die Autorin stellt keine Vermutungen über die Gründe dieser widersprüchlichen Maßnahme an. Es ist allerdings nicht ausgeschlossen, daß sie mit Hagenbachs Übergriffen gegen den Abt von Lure zu tun hatten, dazu M. GRIVEAUD, Un conflit entre Charles le Téméraire et l'abbé de Lure au sujet des mines d'argent de Plancher-les-Mines (1470–1472), in: Bulletin philologique et historique (jusqu'à 1715) du Comté des travaux historiques et scientifiques, Jg. 1932 und 1933, Paris 1934, S. 143–165 (Texte = STEIN, wie Anm. 67, Nr. 904, 1009, 1269); vgl. NERLINGER (wie Anm. 4), S. 149 Anm. 2; BERNOULLI (wie Anm. 12), S. 361 mit Anm. 2; BRAUER-GRAMM (wie Anm. 4), S. 86–88; VAUGHAN (wie Anm. 4), S. 97–99. – Herzog Karl hat Hagenbach nie desavouiert. Er ließ ihm z. B. auf seinem Weg nach Breisach ein Geschenk von 109 £ ausreichen, das Hagenbach am 20. Dez. 1473 (also auf dem Weg von Lunéville über Baccarat nach Moyenmoutier, vgl. vander LINDEN, wie Anm. 111, S. 57) dem herzoglichen Argentier quittierte (Lille, ADN, B 2096 Nr. 66 159, gezeichnet). Zur Werbung s. o. Anm. 16.

wolle, und nicht, wenn nicht. Dies ist gelebte Minnekultur der geheimen Zeichen und Bedeutungen, der Unterpfänder und *emprisen*, die der liebesentbrannte Ritter immer trägt und besonders bei Gefahr. Hat Hagenbach dieses Liebesunterpfand getragen? Wir wissen es nicht.

Der letzte dieser Briefe ist förmlicher, sachbezogener, kündigt vielleicht das Ende der Beziehung an. Vorausging ein Brief der empörten Unschuld: Hagenbach muß seiner Freundin Untreue vorgeworfen haben, und zwar mit groben Worten. Hier die Antwort:

Ach, Freund meines Herzens, ihr wißt, daß ich mich euch gegeben habe, bei meinem Glauben. Ich werde mich für Euch aufbewahren. Weist den schlechten Gedanken von Euch zu sagen, ich liebte einen Priester. Bei Gott, ich wollte lieber tot sein, als mich solchen Leuten hinzugeben.

Und sie beschwört ihn, niemandem ihre Briefe zu zeigen. Wir wissen zu wenig von den Personen und Hintergründen dieser Liebesgeschichte. Man möchte erkennen, daß Hagenbach ein falsches Spiel treibt, grob wird, vielleicht gar mit diesen Briefen renommiert hat. Aber die Quellen erlauben ein solches Urteil bislang nicht. Bleibt zu bedenken, daß Hagenbach diese Schreiben aufgehoben hat und mit sich geführt, auch nach seiner letzten Hochzeit und bis an sein Ende.

Herrschen durch das Fest

Hagenbach meinte, durch das Fest zu herrschen, in Hochzeit und Fasnacht jedem seinen Platz zuweisen zu können, sich selbst aber den ersten. Auch das ist in besonderem Maße burgundische Praxis[210], obschon »Herrschen durch das Fest« ein allgemeiner Grundzug des öffentlichen Umgangs miteinander im Mittelalters gewesen ist. Es fällt auf, wie die bürgerlichen Beobachter und Feinde aufzeichnen und kritisieren, daß Hagenbach alle Initiative an sich reiße, daß alles unter seinem Vorsitz und Vorschritt geschehe, wie gleichsam alles nach seiner Pfeife tanzen soll. Ob die deutschen Fürsten von Burgund gelernt haben, dessen große Hochzeiten von 1430 und 1468 modellbildend gewirkt haben könnten, das steht noch keineswegs fest. Immerhin fanden die großen Hochzeiten von Amberg und Landshut nach 1468 statt[211].

Wie sehr Hagenbachs Hochzeit und Fasnacht als Machtdemonstrationen gedacht waren, ist daran erkennbar, daß Hagenbach zu Breisach am Tag nach Aschermittwoch den städtischen Verfassungsumsturz durchführte und den Adel dort zum Herren machte, in Wirklichkeit aber sich selbst[212]. Insofern waren auch alle seine Feste, so gelungen sie auch scheinen mochten, schließlich mißlungene Feste, weil sie Herrschaft zu erzwingen suchten, anstatt Konsens und Selbstverpflichtung her- und darzustellen[213]. Mehr als ein Zug

---

210 Vgl. FRANKE (wie Anm. 145).
211 Zum fundamentalen Unterschied zwischen dem burgundischen (monarchischen) und dem deutschen (genossenschaftlichen) Festtyp vgl. SPIESS (wie Anm. 105).
212 Reimchronik (wie Anm. 91), Kap. 87ff.
213 Vgl. ALTHOFF (wie Anm. 201), *passim*.

verbindet die Breisacher Fasnacht mit dem ebenfalls blutig endenden *Carnaval de Romans*[214].

VII

Deutsch und welsch, germanisch und romanisch

Wir fragen weiter, was eigentlich damals am Oberrhein aufeinanderstieß und sich schließlich in einem Aufstand und Krieg gegen Burgund entlud. War es wirklich nur der ungeschickte Hagenbach, der, ein »Vollender und Verderber« wie sein Herr[215], alle gegen sich aufbrachte, weil er sie alle reizte? Haßte man zwar den Landvogt, nicht aber die burgundische Herrschaft[216]? Auch hier hat schon im Jahr 1863 Mone dem seither vorherrschenden Verständnis die Richtung gewiesen: »Weder die Plackereien dieses Landvogtes und seiner Edelleute, noch der Mißmuth des elsäßischen Adels über den Frieden mit der Schweiz von 1468, verursachten den Krieg zwischen der Schweiz und Burgund, sondern der große Gegensatz zwischen romanischem und teutschen Staatsleben«[217].

Diese Auffassung kann sich sogar auf eine Selbstaussage Hagenbachs stützen, so wie sie in der Reimchronik wiedergegeben ist. In der Haft zu Breisach sagt er einem Stadtknecht:

Es ist gewonheit im Welschlandt
welcher herr hat ein statt,
do machet er di burger matt,
als was mir auch für geben,
mit uch also ze leben.
[...]
es ist nit der Teütschen art,
das sy in keinen dingen,
das sy sich laßen zwingen,
als ich hett ein won [...][218].

Hermann Heimpel hat sich diese Sicht zu eigen gemacht. Schon in Leipzig, nicht erst in Straßburg, hat er sich mit Peter von Hagenbach beschäftigt: Dort, im Sommersemester des Jahres 1941 vergab er die Biographie Hagenbachs als Dissertationsthema[219]. Im Jahr

214 E. Le Roy Ladurie, Le carnaval de Romans, Paris 1979.
215 Heimpel (wie Anm. 86), S. 19.
216 »Allerdings war nur der Landvogt unbeliebt, die Beziehungen zu Burgund blieben intakt«, Sieber-Lehmann (wie Anm. 13), S. 60.
217 Mone (wie Anm. 12), S. 210b.
218 Reimchronik (wie Anm. 91), S. 372f. = Kap. 134, Z. 78ff. Auch zit. bei Heimpel, Verfahren (wie Anm. 79), S. 355 (dort auch Reimchronik S. 383ff.).
219 Brauer-Gramm (wie Anm. 4), S. 360 (Nachwort). An der »Reichsuniversität« Straßburg lehrte Heimpel ab dem Wintersemester 1941/1942, die Entscheidung, dorthin zu gehen, fiel jedoch schon am 27. Nov. 1940, vgl. P. Racine, Hermann Heimpel à Strasbourg, in: W. Schulze/O. G. Oexle (Hgg.), Deutsche Historiker im Nationalsozialismus, Frankfurt a. M. 1999, S. 142–156, hier S. 145 (S. 146 heißt es irrtümlich, Heimpel habe sich erst ab 1943 für den burgundischen Staat interessiert).

darauf erschienen die Studien »Peter von Hagenbach und die Herrschaft Burgunds am Oberrhein«, ohne wissenschaftlichen Apparat im Jahrbuch der Stadt Freiburg, einer wenig unschuldigen Parteischrift, die im Kriege Ansprüche auf diesen Raum begründen sollte; und die große rechtsgeschichtliche Studie »Das Verfahren gegen Peter von Hagenbach zu Breisach«, ausführlich belegt in der Zeitschrift für Geschichte des Oberrheins. Es folgte 1943 der Aufsatz »Karl der Kühne und Deutschland« im Elsaß-Lothringischen Jahrbuch. Nach dem Kriege hat Hermann Heimpel noch zweimal von Hagenbach geschrieben: 1948 in einem Aufsatz »Burgund am Rhein und auf dem Schwarzwald (aus der Geschichte Karls des Kühnen)«, für ein größeres Publikum bestimmt, und 1952 in der Studie »Mittelalter und Nürnberger Prozeß« in der Festschrift Edmund E. Stengel, daneben auch allgemein über Karl den Kühnen.

Heute liest man seine Studien aus den Kriegsjahren über Hagenbach und Karl den Kühnen gegen den Strich und sucht die willige Linientreue eines Mannes zu erkennen, der sich zeitweilig mit dem Nationalsozialismus eingelassen hat. Man wird auch fündig. Da ist von Karls »fremden welschen Zwecken« die Rede[220], wie denn das heute nahezu verschwundene Wort »welsch« mit einer ganzen Reihe von Untertönen gern benutzt wird[221]. Hagenbach ist der »Knecht einer welschen Macht«[222]. Was an ihm widerlich war, war undeutsch: »Anderes, Gemeineres, Raffinierteres zeigte Züge eines doch wohl nicht deutschen Zynismus. Auf seinem Gesicht lag das kalte Lächeln des Romanen, das biedere deutsche Bürger zur Verzweiflung trieb.« »Er war vielleicht nicht viel unbeherrschter als andere, seine Laster waren die Laster der Zeit«; aber: »Deutsche Grobheit machte er durch welsche Kälte unerträglich«[223]. »Daß hier Deutschland gegen französisches Wesen verteidigt wurde, war der Zeit freilich noch undeutlich bewusst«[224] – aber jetzt wußte man es, in Straßburg, im Jahre 1942. Es wurde verteidigt »deutsche Freiheit gegen einen fremden Staat«. An anderer Stelle faßt Hermann Heimpel es milder zusammen: »Es begegneten sich das gute alte Recht und die neue Fürstenpolitik, eine altertümliche und eine modernere Auffassung vom staatlichen Leben, bis zu einem gewissen Grade auch die deutsche und welsche Meinung vom Verhältnis von Recht und Politik«[225]. Schließlich zweifelt Hermann Heimpel nicht daran, »daß die burgundische Herrschaft am Oberrhein einen völkischen Widerstand hervorrief«; gegen Hagenbach erhob sich »das mühsam zur Tat zusammengefaßte gleiche Gefühl des deutschen Breisgaues, der deutschen Schweiz, des deutschen Elsaß«. Damit schloß die Abhandlung[226].

220 HEIMPEL (wie Anm. 24), S. 139.
221 Auch die Bezeichnung »Nanzig« anstatt Nancy begegnet – das aber dürfte redaktioneller Eingriff sein, denn im zeitgleichen Aufsatz von HEIMPEL, Verfahren (wie Anm. 79) heißt es richtig »Nancy«. In HEIMPEL (wie Anm. 86), S. 19 ist von »der deutschen Grafschaft ›Burgund‹« zu lesen, womit die Franche-Comté gemeint ist: Heimpel setzte (immer noch) deutsch mit zum Reich gehörig gleich.
222 DERS., Verfahren (wie Anm. 79), S. 321.
223 DERS. (wie Anm. 24), S. 145. Zitiert auch bei SIEBER-LEHMANN (wie Anm. 13), S. 66.
224 HEIMPEL (wie Anm. 24), S. 146.
225 DERS., Verfahren (wie Anm. 79), S. 354.
226 DERS. (wie Anm. 24), S. 154. – Vgl. DERS., Die Erforschung des deutschen Mittelalters im deutschen Elsaß, in: Straßburger Monatshefte 5 (1941), S. 738–743, zit. bei P. SCHÖTTLER, Die historische »Westforschung« zwischen »Abwehrkampf« und territorialer Offensive, in: DERS. (Hg.), Geschichtsschreibung als Legitimationswissenschaft, 1918–1945 (Suhrkamp-Taschenbuch Wissenschaft 1333), Frankfurt a. M. 1997, S. 204–261, hier S. 204 und 234 Anm. 4.

Ein Jahr später war wieder vieles nicht nur »welsch«[227] und »völkisch«[228], sondern das »Reich« und das »Deutsche« regten sich nun auch in den Niederlanden, nach dem Tod Herzog Karls: »Endlich aber, da der Herrscher Burgunds nicht mehr Karl von Valois, sondern Maximilian von Habsburg war, beriefen sich nun auch die burgundischen Niederlande wie einst das deutsche Straßburg auf das Reich, damals, als die germanischen Flandrer, die Untertanen des deutschgesinnten Maximilian, des habsburgischen Erben Burgunds, sich gegen Frankreich zu wehren hatten wie einst in der Schlacht der goldenen Sporen. [Gesperrt:] Ein Deutscher war Herr Burgunds«[229].

Es war vergessen, was Jan Huizinga ausgerechnet im Schicksalsjahr 1933 in der Historischen Zeitschrift geschrieben hatte: »Der moderne Beobachter mit seiner stark ethnischnationalen Einstellung möchte wohl erwarten, daß dort im lebenstrotzenden Flandern und Brabant des 15. Jahrhunderts, wo sich die Burgunderherzöge wie im gelobten Lande niedergelassen hatten, germanisches und romanisches Wesen wie gleichwertige Kräfte gerungen hätten: einheimische deutsche Art gegen welschen Kulturimport. Das trifft aber gar nicht zu. Man kann ruhig sagen, daß weder die Herzöge noch die Bewohner der Niederlande sich eines nationalen Gegensatzes dieser Art bewußt gewesen sind.« »Sprachgrenzen spielten damals in der Politik noch keine Rolle und Fragen von nationalen Minderheiten gab es nicht. Und doch war ein scharfer Gegensatz von deutschem und welschem Wesen seit Jahrhunderten lebendig [...] Es waren spontane Regungen des Gefühls, sie wirkten unter der Oberfläche, als wichtige soziale und politische Faktoren hatte man sie noch nicht erkannt und trug ihnen keine Rechnung«[230].

Auch nach dem Kriege blieb Heimpel bei denselben Begriffen, so 1948, wo es heißt, daß die Deutschen Hagenbach haßten: »Nicht aus ursprünglicher Abwehr der Welschen durch ein deutsches völkisches Gefühl – dieses rankte sich erst an den Burgunderkriegen hoch und strahlte dann auf die Hagenbach-Episode zurück –, sondern in der Verteidigung der ständischen Freiheit«[231].

---

227 Vgl. zu Vorläufern und Nachfolgern SIEBER-LEHMANN (wie Anm. 13), S. 66f.; zum zeitgenössischen Gebrauch ebda. S. 281ff. und HIMMELSBACH (wie Anm. 92), S. 153–162. Zur Wortgeschichte GRIMM, Wörterbuch, Art. »wälsch, welsch«, Bd. 13, Sp. 1327–1353, und SPECK in diesem Band, mit Lit. in Anm. 3l. Zu dem »Welschen« als Inbegriff des Bösen vgl. U. SCHNEIDER, Die Erfindung des Bösen: Der Welsche, in: Veröffentlichungen des Max-Planck-Instituts für Geschichte 162, Göttingen 2000, S. 35–51.
228 HEIMPEL (wie Anm. 139), S. 44f.: »Gewiß waren die Burgunderkriege ein deutscher Kampf gegen einen welschen Feind. Der völkische Gegensatz und das völkische Gefühl der Kämpfer ist uns teuer für die Geschichte des deutschen Behauptungswillens im Westen des Reichs.« So noch öfter. Daß »völkisch« damals auch einfach »ethnisch« oder »national« habe heißen können, wie H. BOOCKMANN, Der Historiker Hermann Heimpel (Kleine Vandenhoeck-Reihe 1553), Göttingen 1990, S. 23 zu bedenken gibt, schwächt seine eigene Argumentation.
229 HEIMPEL ebda., S. 50.
230 J. HUIZINGA, Burgund, eine Krise des romanisch-germanischen Verhältnisses, in: HZ 148 (1933), S. 1–28; erneut in: DERS., Im Banne der Geschichte, Basel 1942, S. 303–339; gesondert (Libelli 4), Tübingen 1952, Darmstadt ²1967 (hiernach zitiert), hier S. 16 und 25.
231 HEIMPEL (wie Anm. 86), S. 40 und öfter, auch in DERS., Mittelalter (wie Anm. 79), S. 448: »Auch wußten sich die Eidgenossen gegen die ›welschen‹ Burgunder mit ihren nördlichen Nachbarn als ›Deutsche‹ einig.« – Heimpels Schülerin hat am Ende Ihres Buches (BRAUER-GRAMM, wie Anm. 4, S. 347), das recht genau die Grundauffassung des Meisters spiegelt, Abstand zu gewinnen gesucht. Ganz im Sinne Huizingas schreibt sie 1957: »Für Hagenbachs Zeit läßt sich ohne weiteres

Wie wenig unschuldig alle diese Begriffe waren[232], hat unlängst Peter Schöttler nachgewiesen, in seinem zornig-nachdenklichen Band über die Geschichtsschreibung als Legitimationswissenschaft in eben dieser Zeit[233]. Das Wort Burgund, zunächst der Name jenes seit dem 11. Jahrhundert zum Reich gehörigen Königreichs, dann des Herzogtums und der Freigrafschaft, wohin die Südtiroler umgesiedelt werden sollten – es ist davon ganz vergiftet[234]. Im Unterschied zu Schöttler geht es mir aber nicht darum, Vorwürfe zu

sagen: wenn etwas keine oder nur ganz untergeordnete Rolle spielte, so der ›völkische‹ Gegensatz [...] Das Fremde wurde gespürt, aber man gab ihm noch nicht diesen Namen.« – Nach Brauer-Gramm HASELIER (wie Anm. 37), S. 222–239, wo Hagenbach S. 227 immer noch »ein verwelschter sundgauischer Ritter« heißt. – Heimpel hat nach 1945 seine burgundischen Studien noch eine zeitlang fortgesetzt, auch noch burgundische Dissertationen (Schmidt-Sinns, U. v. Dietze, U. Schwarzkopf, I. Brainard) betreut, dann aber das Projekt einer Biographie aufgegeben (weshalb er auch dem Verf. der vorliegenden Studie im Sommer 1963 kein Thema aus diesem Bereich zur Bearbeitung übergeben wollte). Der Grund für diesen Verzicht ist nicht bekannt, liegt aber vielleicht in den Quellenmassen, die hätten verarbeitet werden müssen – oder doch auch in der Erinnerung an 1933, Straßburg und alles was folgte (so eher H. MÜLLER, »Von welschem Zwang und welschen Ketten des Reiches Westmark zu erretten«. Burgund und der Neusser Krieg 1474/75 im Spiegel der deutschen Geschichtsschreibung von der Weimarer Zeit bis in die der frühen Bundesrepublik (Publikationen der Gesellschaft für Rheinische Geschichtskunde, Vorträge 33), Düsseldorf 2003 (hier S. 48) = Sonderdruck aus: Griff nach dem Westen. Die ›Westforschung‹ der völkisch-nationalen Wissenschaften zum nordwesteuropäischen Raum 1919–1960 (Studien zur Geschichte und Kultur Nordwesteuropas 6), Münster 2003, S. 127–184. BOOCKMANN (wie Anm. 228), skizziert S. 22–24 Heimpels Burgundforschung und erwähnt S. 57 Anm. 64 das erhaltene Ms. seiner in Straßburg und Göttingen (zuletzt im WS 1962/63) gehaltenen Burgund-Vorlesung.
232 Aber auch wie naiv, sagt Heimpel doch in einem Vortrag vom 14. Juli 1439 über »Frankreich und das Reich«, gedruckt nach Kriegsausbruch und vor allem nach dem Einmarsch in Frankreich, in: HZ 161 (1940), S. 229–243 (erneut in DERS., Deutsches Mittelalter, Leipzig 1941, S. 160–175 und 217f.), »Der Führer des Dritten Reiches erklärte Frankreich mehrmals feierlich, daß Deutschland nach der Lösung der Saarfrage an Frankreich keine territorialen Forderungen mehr habe, daß also der Pendelschlag der Revanche stillstehe: so gebe es zwischen Frankreich und Deutschland keinen Kriegsgrund mehr«. Da der ganze Vortrag in dieser Perspektive geschrieben ist, muß eine (ohnehin nicht anzunehmende) Ironie ausgeschlossen werden. – Zur »völkischen« Interpretation des Hagenbachschen Regiments und der Burgunderkriege vgl. SIEBER-LEHMANN (wie Anm. 13), S. 15f. Anm. 26, S. 21–23, bes. Anm. 60 und 64, S. 47 mit Anm. 5, S. 171ff. (auch zum spätmittelalterlichen Volksbegriff), und H. MÜLLER (wie Anm. 231).
233 Jede Behauptung des deutschen Charakters einer Region bedeutete in letzter Konsequenz unter den damaligen Verhältnissen Flucht, Unterdrückung, Deportation des anderssprachigen Bevölkerungsteils. Siehe auch P. SCHÖTTLER, Von der rheinischen Landesgeschichte zur nazistischen Volksgeschichte oder Die »unhörbare Stimme des Blutes«, in: DERS., Deutsche Historiker (wie Anm. 226), S. 89–113.
234 DERS. (wie Anm. 226): »Burgund« S. 252 Anm. 113 (M. H. Boehm), »Bozen« S. 252 Anm. 115. S. 243 Anm. 68 ist ein Aufsatz des Verf. über die Historiker der Reichsuniversität Straßburg angekündigt. S. 221 mit Anm. 112 heißt es, Heimpel habe »über den Kampf der burgundischen Herzöge gegen die ›Welschen‹ publiziert« – was so nicht gemeint sein kann. – Es fehlt bislang der Nachweis, daß H. Heimpel sich in der organisierten »Westforschung« engagiert hätte, auch wenn RACINE (wie Anm. 219), S. 153 Anm. 26 unter Hinweis auf SCHÖTTLER (wie Anm. 226), S. 221 dieses Wissen vermuten läßt: Dort wird nur mentale Nähe, nicht organisatorische nachgewiesen. Neues zur »Westforschung«, der neben Schöttler vor allem B. DIETZ nachgeht (Die interdisziplinäre »Westforschung« der Weimarer Republik und NS-Zeit als Gegenstand der Wissenschafts- und Zeitgeschichte. Überlegungen zu Forschungsstand und Forschungsperspektiven, in: Geschichte im Westen 14 (1999), S. 189–209), im Band Griff nach dem Westen (o. Anm. 231); H. MÜLLERs darin enthaltener Aufsatz zum Neusser Krieg behandelt zwar ausführlich Heimpels Burgundforschung, bestätigt aber nur das soeben Gesagte.

erheben[235]. Auch Gerhard Ritter hat damals einen gerührten Blick von der Breisacher Münsterterrasse über das endlich wieder deutsch gewordene Elsaß geworfen[236]. Wer solchen und schlimmeren Versuchungen nie ausgesetzt war, sollte bescheiden bleiben. Wer von Hermann Heimpels Reue und Gewissensqualen weiß[237], sollte sich nicht zum Richter aufwerfen. Und wer dieses Mannes überragende Qualität erlebt hat, hoch über dem Gewühl alltäglicher Forschung, der wird sich scheuen, über einen Größeren zu Gericht zu sitzen[238].

Ich frage mich vielmehr, ob all diese Begriffspaare wie welsch und deutsch, romanisch und germanisch, Frankreich und Reich, altes Recht und neuer Staat das geeignete Instrumentarium bieten, um zu verstehen, was sich 1474 am Oberrhein abgespielt hat, wird uns doch zunehmend bewußt, daß Romania und Germania als Begriffe und dann als Wirk-

235 Aber ich stimme ganz mit SCHÖTTLER (wie Anm. 226) überein, wenn er S. 251 Anm. 112 schreibt: »Heimpels Biographie und sein Verhalten im Dritten Reich bedürfen dringend einer kritischen Aufarbeitung.« Elemente hierzu, außer RACINE (wie Anm. 219): E. SCHULIN, Hermann Heimpel und die deutsche Nationalgeschichtsschreibung (Schriften der phil.-hist. Klasse der Heidelberger Akademie der Wissenschaften 9), Heidelberg ²1999; M. MATTHIESEN, Verlorene Identität. Der Historiker Arnold Berney und seine Freiburger Kollegen 1923–1938, Göttingen 1998.
236 Im Jahre 1941, zit. bei SCHÖTTLER (wie Anm. 226), S. 230f. Zu Ritter vgl. die bei SCHÖTTLER, S. 25 Anm. 25, S. 261 Anm. 176 zit. Lit.: Er wurde nach dem 20. Juli 1944 verhaftet. Friedrich Meinecke forderte 1919 eine Volksabstimmung im Elsaß und begrüßte begeistert 1940 »Straßburgs Wiedergewinnung« (SCHÖTTLER S. 239 Anm. 30, S. 243 Anm. 70). – Als Kind führte mich ein entfernter älterer Verwandter auf die Breisacher Münsterterrasse, und sagte, mir das Elsaß zeigend: »Junge, das müßt ihr uns einmal wiederholen.« Im Jahre 1969 eröffnet der Bürgermeister von Breisach sein Vorwort zur neuen Stadtgeschichte: »Wer von der Empore des Breisacher Münsterberges in die oberrheinische Tiefebene schaut [...] verspürt nicht nur den Zauber dieser gottgesegneten Landschaft, sondern ist sich zumindest auch dessen bewußt, daß hier der Rhein die Staatsgrenze zwischen Frankreich und der Bundesrepublik Deutschland bildet« (HASELIER, wie Anm. 37, S. III).
237 Vgl. A. ESCH, Über Hermann Heimpel, in: SCHÖTTLER (wie Anm. 226), S. 159–160: »einem Geständigen kann das nichts mehr anhaben«. Allerdings gab es nie eine öffentiche Selbstkritik oder explizite schriftliche Auseinandersetzung. Siehe auch die verschiedenen Beiträge in J. FLECKENSTEIN (Hg.), In memoriam Hermann Heimpel (Göttinger Universitätsreden 87), Göttingen 1989, besonders von DEMS., S. 29: »Die Schuldfrage hat ihn so tief berührt, daß sie uns noch weiterhin beschäftigen muß«; S. 35 spricht F. richtig von einem »sacrificium intellectus« im Jahre 1933, aber auch von der schrittweisen Überwindung dieser Versuchung noch in der Nazizeit. Sodann L. PERLITTS Predigt auf S. 47–60, wo, besonders auf S. 59f., aus privaten Dokumenten zitiert ist, die zeigen, daß es Heimpel am Lebensende in quälender Weise nur noch um Schuld und Vergebung ging. Der emeritierte Rechtshistoriker Marcel Thomann, der Heimpel in Straßburg erlebt hatte, ließ mich am 6. Jan. 1997 in Straßburg wissen, daß Heimpel dort schließlich ein offener Nazi-Gegner gewesen sei; er habe daran geglaubt, jetzt nicht mehr; aber er bleibe auf seinem Posten, wo so viele im Felde stünden.
238 Angeregt von dem, was ich in Göttingen über Hagenbach und Heimpel gesagt habe, hat der Göttinger Philosoph Günther Patzig, dem ich für seine Briefe sehr danke, die hier zum Ausdruck kommenden Kontextualisierung uns heute verwerflich erscheinender Entscheidungen in Frage gestellt und Wertnormen anstatt Wertrelativismus gefordert, wenigstens dazu aufgefordert, zwischen persönlicher Schuldfrage und moralischem Charakter einer Handlung zu trennen, vgl. G. PATZIG, Veritas filia temporis? Ein Vorschlag zur Differenzierung, in: XVIII. Kongreß der Allgemeinen Gesellschaft für Philosophie, Konstanz, 4.–8. 10. 1999, Vorträge und Kolloquien, hg. von Jürgen MITTELSTRASS, Berlin 2000, S. 60–73. Dies wäre ein Weg, um dem Erkenntnisrelativismus nicht auch noch einen Wertrelativismus folgen zu lassen, der uns gegenüber künftigen Versuchungen vollends wehrlos machen müßte.

lichkeiten Schöpfungen des 19. Jahrhunderts sind[239]. Seit wann spricht man eigentlich von der »Reichsromania«[240]? Um den Blick frei zu machen, ist auch hier eine Problemgeschichte zu schreiben[241].

Welche wäre dann die neue Fragestellung an die Geschichte Hagenbachs? Natürlich ist nicht alles falsch an den alten Fragen. Altes Recht und neues Recht im sich wandelnden Bezugsrahmen von Interesse und Legitimation, dies bleibt ein großes Thema[242]. Nur muß man sich bewußt bleiben, daß das vorgeblich alte Recht immer das verteidigte Recht einer bestimmten Gruppe gegen eine andere war, zumindest des Ergebnis eines oft unsymmetrisch ausgehandelten Vertrages[243].

Weiter sollte man anstatt nach welsch und deutsch, romanisch und germanisch (im Blick auf die Gegenwart) nach dem Eigenen, dem Anderen und dem Fremden (in der Vergangenheit) fragen, also die Nationalisierung vermeiden und die vorübergehenden Bedürfnisse von Gruppen und »vorgestellten Gemeinschaften« zu erkennen suchen, wie es z. B. Claudius Sieber-Lehmann getan hat[244]. Anderseit ist nach parallelen Beispielen des Dienstes bei fremden Herrschern suchen, um das anscheinend singuläre Verhalten des Landvogts besser einordnen zu können. Deutsche im Dienst der Herzöge von Burgund gibt es viele; untersucht hat ihr Schicksal noch niemand. Aber es gibt nicht nur Deutsche, und nicht nur beim Herzog von Burgund[245]. Schließlich wäre das Zivilisationsgefälle zwischen Burgund und dem Reich genauer untersuchen, ohne es sogleich vorauszusetzen[246].

239 Vgl. dazu künftig M. WERNER in W. PARAVICINI/M. WERNER (Hgg.), Deutsch-Französische Geschichte (in Vorbereitung).
240 Hierzu wären (mit der gebührenden Vorsicht) die Arbeiten von M. NERLICH heranzuziehen.
241 Vgl. O. G. OEXLE (Hg.), Das Problem der Problemgeschichte 1880–1932 (Göttinger Gespräche zur Geschichtswissenschaft 12), Göttingen 2001.
242 Vgl. D. WILLOWEIT, Vom guten alten Recht. Normensuche zwischen Erfahrungswissen und Ursprungslegenden, in: Jahrbuch des Historischen Kollegs 1997, München 1998, S. 23–52. Daß diese Fragestellung bereits vor Heimpel und Brauer-Gramm zurückreicht, auf R. SINGER (Zur Kulturgeschichte der oberrheinischen Lande im 15. Jahrhundert, mit besonderer Berücksichtigung ihrer Stellung als deutsches Grenzgebiet, Diss. phil. Leipzig 1931), ja in die Zeit der Ereignisse selbst, weist SIEBER LEHMANN (wie Anm. 13), S. 47 mit Anm. 6 nach. Auch in Wimphelings Zeitgen. Gedicht (E. Chr. W. WATTENBACH, Jakob Wimphelings poetischer Dialog über Peter Hagenbach's Tod, in: ZGO 22 (1869), S. 390–397) ist S. 394 von den *jura vetusta* die Rede, die Hagenbach mißachtet habe. Heimpels Interpretation nimmt auf A. ESCH, Alltag der Entscheidung. Berns Weg in den Burgunderkrieg, in: Berner Zeitschrift für Geschichte und Heimatkunde 50 (1988), S. 3–64; überarbeitet in: DERS., Alltag der Entscheidung. Beiträge zur Geschichte der Schweiz an der Wende vom Mittelalter zur Neuzeit, Bern 1995, S. 9–86 (hiernach zit.), hier S. 65f.
243 Vgl. SIEBER-LEHMANN (wie Anm. 13), S. 48; WILLOWEIT (wie Anm. 242), S. 45f.
244 SIEBER-LEHMANN (wie Anm. 13), S. 13f. – Damit ist nicht geleugnet, daß der Gegensatz welsch/deutsch schon in der Zeit vehement formuliert wurde, aber erst nach Hagenbachs Tod und infolge der Burgunderkriege, vgl. SIEBER-LEHMANN S. 11, 281ff. (S. 289: vom »Nachbarn als Anderer« zum »Fremden an sich«), und 406f. Vgl. zum Begriff oben Anm. 227.
245 Zu den Fremden am burgundischen Hof PARAVICINI/SCHNERB (wie Anm. 55). Über die Deutschen (eine Monographie fehlt) EHM (wie Anm. 50).
246 Zum Zivilisationsgefälle vgl. meine Aufsätze Moers, Croy, Burgund. Eine Studie über den Niedergang des Hauses Moers in der zweiten Hälfte des 15. Jahrhunderts, in: Annalen des Historischen Vereins für den Niederrhein 179 (1977), S. 7–113, erneut in: PARAVICINI, Menschen am Hof der Herzöge von Burgund, Stuttgart 2002, S. 237–340; Kleve, Geldern und Burgund im Sommer 1473. Briefe aus einer verlorenene Korrespondenz, in: Francia 23/1 (1996), S. 53–93, erneut in: PARAVICINI,

VIII

Der Fall Hagenbach

Hagenbach, »widerwärtiger Kerl der er wirklich war« (so Arnold Esch)[247], verhält sich sichtlich wie ein typischer Aufsteiger, stellenweise wie eine Karikatur eines Herren bzw. seines Herrn: Von der stellvertretenden Macht im Namen eines mächtigen Fürsten ging stets eine große Versuchung zu verhärtenden Übertreibung aus.

Aber wie traten anderen Statthalter anderswo auf, zur selben Zeit, mit welchen Zielen und Mitteln? Daß einer aus dem Lande nach langer Abwesenheit in der Fremde zu Hause den Herrscher vertrat, war weise Übung und sogar gefordertes Privileg der Stände. Auch wird zunehmend deutlich, daß die burgundische Herrschaft am Oberrhein nicht das schlichtweg Andere, sondern »eher eine Etappe innerhalb des fortschreitenden Ausbaus der österreichischen Territorialherrschaft« war[248]. Hagenbachs Fall und Ende stellt sich ganz anders dar, wenn wir bedenken, daß im burgundischen Staat selbst, nach dem Tod Karls des Kühnen, seine Stellvertreter und Kommissare Anfang 1477 verhaftet, gefoltert, hingerichtet wurden, ebenfalls nach dem Urteil von außerordentlichen Gerichten und von anderen, im Grunde aber von denselben Städten und Ständen, die Herzog Karl hatte entmachten wollen[249]. Dasselbe wiederholt sich 1488 im flämischen Aufstand gegen König Maximilian[250]. Außerdem wird die Perspektive unseres Fragens verfälscht, wenn wir die Elsässer, die Oberrheiner, die Schweizer lediglich als verfolgte Unschuld betrachten, während es doch die dortigen Städte waren, die unter Führung des agressiv expandierenden Bern fest entschlossen zum Kriege trieben[251].

Aus all dem ergibt sich ein Bild Hagenbachs, das sich von demjenigen Herzog Karls zwar in einigem unterscheidet, etwa im Sexualverhalten, oder in einem stärkeren, persön-

---

Menschen, S. 621–669; Philippe le Bon (wie Anm. 57), Wittelsbach (wie Anm. 50), wo es regelmäßig geringer erscheint als zunächst angenommen.
247 ESCH (wie Anm. 242), S. 66, fortfahrend: »der bei jeder Gelegenheit mit höhnischen Worten die Eidgenossen zur Weißglut brachte«.
248 SIEBER-LEHMANN (wie Anm. 13), S. 56: »weder ‚Fremdherrschaft' noch [...] Ausnahmesituation«.
249 Vgl. PARAVICINI (wie Anm. 62), S. 462ff.; W. P. BLOCKMANS (Hg.), 1477. Le privilège général de Marie de Bourgogne pour les Pays Bas (Anciens Pays et Assemblées d'États 30), Kortrijk 1985; M. BOONE, Destroying and reconstructing the City. The inculcation and arrogation of princely power in the Burgundian-Habsburg Netherlands, in: M. GOSMAN u. a. (Hgg.), The propagation of power in the Medieval West, Groningen 1998, p.1–33. – Vgl. BISCHOFF (wie Anm. 5), Bd. 1, S. 30: »L'ère des procès politiques commence avec Pierre de Hagenbach.«
250 Zum Schicksal von Pieter Lanchals vgl. M. BOONE, Pieter Lanchals, in: Nationaal Biografisch Woordenboek 13, Brüssel 1990, Sp. 471–480; DERS., Biografie en prosopografie, een tegenstelling? Een stand van zaken in het biografisch oderzoek over Pieter Lanchals (ca. 1430/1440–1488): een Bruggeling in dienst van de Bourgondische staat, in: Millennium 7 (1993), S. 4–13, und seine demnächst erscheinende Biographie.
251 SIEBER-LEHMANN (wie Anm. 13), S. 18–21; ESCH (wie Anm. 242), aus den Berner Ratsmanualen, bes. S. 57 (d[a]z Hagenbach über ein nit haruß kom), S. 59f. (vergiß Hagenbachs nit), vor allem aber S. 62: *das nitt gefridet werd* (zwischen Frankreich und Burgund): Man wollte den Krieg.

lichen Haß gegen die Eidgenossen[252]. In der Grundstimmung aber ist es identisch: Herrschaft statt Genossenschaft, Polizei statt Rechtsverfahren, Furcht eher als Liebe[253]. Man denke nur an Karls Einrichtung einer überall befugten Militärpolizei zu Anfang seiner Regierung[254] oder an seine manische Regelsucht und Ordnungsliebe[255], bis hin zum eingeforderten achtungsvollen Schweigen[256], dem wir ebenfalls – zunächst – bei der Breisacher Fasnacht begegnet waren[257]. Auch für Hagenbach waren Städte und Stände lästige Konkurrenten, mit denen man am besten kurzen Prozeß machen sollte: Was dem einen Gent, Dinant, Lüttich[258] und Köln waren, waren dem anderen Mülhausen, Thann und Breisach. Auch das Parvenühafte findet sich auf anderer Ebene wieder: nicht so sehr der Aufstieg durch ständisch höhere Heirat, sondern die Liebe zur Schaustellung, auch wenn die Formen z. T. aus der Region selbst stammen mochten. Daß ein Bürgermädchen weniger Rücksicht erwarten konnte als eine von Stand, das war gängige Münze und wurde vom Adel insgesamt praktiziert.

Bereits Philippe de Commynes hat im Rückblick weniger Jahre das Problem Hagenbachs deutlich umrissen:

Ein Fürst muß schon genau hinschauen, welche Statthalter er in ein Land setzt, das er gerade seiner Herrschaft eingegliedert hat; denn, anstatt den Leuten mit großer Milde und guter Rechtsprechung zu begegnen und es besser zu machen als in der Zeit zuvor, machte dieser es gerade umgekehrt, denn er behandelte sie mit großer Gewaltsamkeit und raubte sie in großen Stile aus.

---

252 Vgl. VAUGHAN (wie Anm. 4), S. 84–100, 261–286. Zur Haltung des sundgauischen Adels zu den Eidgenossen vgl. BISCHOFF (wie Anm. 13), S. 62; SIEBER-LEHMANN (wie Anm. 13), S. 45 mit Anm. 1; zu persönlichen Gründen Hagenbachs, dessen Stammschloß 1466 von den Eidgenossen zerstört worden war, ebda. S. 60 mit Anm. 72; zum Feldzug BISCHOFF (wie Anm. 5), Bd. 3, S. 610f.
253 Vgl. R. WALSH, Une citation inexacte de Lucain par Charles le Téméraire et Louis XI, in: Le Moyen Age 86 (1980), S. 439–451. NERLINGER (wie Anm. 4), S. 90 Anm. 1, S. 95 (*Oderint dum metuant*). Die Eidgenossen hatten Herzog Karl sagen hören, *er wolte nit, das Herr Peter von Hagenbach seinen nachburen, umbsessen noch lantschaft lieb noch willen tett, sondern wo(e)ll im selb ein lantvogt haben, der im tüg, das im gevellig und lieb sie*, Eidgenössische Abschiede, Bd. 2, Nr. 650, zit. bei ESCH (wie Anm. 242), S. 65. – Zur Eroberung der Ortenberg vgl. BISCHOFF (wie Anm. 5), Bd. 2, S. 535–537; NERLINGER (wie Anm. 4), S. 344–348; WITTE (wie Anm. 62), S. 651f.; BRAUER-GRAMM (wie Anm. 4), S. 154ff.; F. RAPP, L'Ortenberg au XVe siècle, une repaire de chevaliers brigands, in: Annuaire des Amis de la bibliothèque humaniste de Sélestat 1979, S. 29–42 und DERS., Le Val de Villé pendant la domination de Pierre de Hagenbach et les Guerres de Bourgogne (1470–1477), in: Annuaire de la Société d'histoire de Val de Villé 1983, S. 79–90; BISCHOFF, Bd. 3, S. 613f.
254 Darauf wies schon SIEBER-LEHMANN (wie Anm. 13), S. 52 Anm. 31 hin. Vgl. allg. PARAVICINI (wie Anm. 140); zur Militärjustiz B. SCHNERB, L'honneur de la Maréchaussée. Maréchalat et maréchaux en Bourgogne des origines à la fin du XVe siècle (Burgundica 4), Turnhout 2000, S. 155ff.
255 PARAVICINI, ebda.
256 PARAVICINI, ebda. S. 338f., vgl. P. COCKSHAW, Parole, discours, cris et silence à la cour de Bourgogne, in: Académie royale de Belgique. Bulletin de la Classe des lettres et des sciences morales et politiques 6e sér. 10 (1999), S. 171–180.
257 Oben Anm. 38.
258 Das Schicksal dieser drei Städte war am Oberrhein bekannt, vgl. SIEBER-LEHMANN (wie Anm. 13), S. 277 Anm. 125.

An seinem Schicksal, das den Herzog mitriß, sei Hagenbach selber schuld gewesen[259].
Daß Hagenbach »raubte«, d. h. Abgaben und Steuern erpreßte, bei denen, wie üblich, er sich selber nicht vergaß[260], hängt auch damit zusammen, daß er vom Herzog nie die Mittel erhielt, die er für eine gesicherte Herrschaft brauchte[261]: Was ihn in Breisach zu Fall brachte, war zunächst einmal der fehlende Sold für die Truppen. Auf den toten Hagenbach konzentrierte sich sogleich der ganze Adels- und Fürstenhaß der Reichsstädte jener Region, eine zu Recht von Angst verheerte Haltung,[262] die auch der Adel in seiner Furcht vor der »Verschweizerung« gleichsam spiegelbildlich teilte[263]. Hier hatten die Städte einmal einen eklatanten kleinen Sieg (gegen Hagenbach) und einen großen Triumph (gegen Karl den Kühnen) errungen.

Das gleißende Licht, in das die Sieger die Ereignisse tauchten, blendet noch heute den Historiker. Er muß versuchen, die unbeleuchtete Seite zu sehen, die deshalb nicht auch eine Schattenseite sein muß. Was wir nun von Hagenbachs Hochzeit wissen, könnte ihm dabei helfen.

Exkurs

Peter von Hagenbach und die württembergischen Kinder

In der Literatur ist immer wieder erwähnt und zurückgewiesen worden, daß Peter von Hagenbach als Erzieher der beiden am burgundischen Hof weilenden Söhne Graf Ulrichs

---

259 COMMYNES (wie Anm. 64), Bd. 2, S. 100f. Vgl. das Urteil des Th. BASIN (wie Anm. 186), Bd. 2 (SAMARAN), S. 188 bzw., Bd. 2 (QUICHERAT), S. 329: *homo stolidus, ferus atque nimium insolens, in tantum tumorem superbie atque arrogancie evectus erat, ut, non modo subditis ejusdem comitatus,* [sondern auch den Straßburger und Baslern und den anderen Nachbarn, besonders den Schweizern] *valde redderetur exosus.[...] Hiis atque aliis multis, que vel in ipsius moribus vel eciam in verbis nimium aspera et fastuosa videbantur, provocati* [überwinden sie ihre Furcht vor dem Herzog und verbinden sich gegen ihn]. S. 192: *omnis populus partium illarum, tam nobilium et militarium quam plebeyorum, ingenti prosequebantur odio.* NERLINGER (wie Anm. 4), S. 154 Anm. 3 zit. die ersten Worte dieses Urteils und will es damit entkräften, daß Basin Franzose sei: Er war zwar Normanne, aber ein Gegner Ludwigs XI. und schrieb derzeit im Exil zu Utrecht. Vgl. zu ihm M. SPENCER, Thomas Basin (1412–1490). The History of Charles VII and Louis XI., Nieuwkoop 1997.
260 Vgl. die Basler Aufstellung bei KNEBEL, hg. v. VISCHER, Bd. 2, S. 380.
261 Vgl. NERLINGER (wie Anm. 4), S. 160; VAUGHAN (wie Anm. 4), S. 283. Eine Untersuchung über die Finanzen der burgundischen Herrschaft am Oberrhein gibt es noch nicht. Es ist allerdings auch nicht sicher, daß sie möglich ist.
262 Vgl. K. GRAF, Feindbild und Vorbild. Bemerkungen zur städtischen Wahrnehmung des Adels, in: ZGO 141 (1993), S. 121–154, besonders S. 129–133. DERS., »Der adel dem purger tregt Hass«. Feindbilder und Konflikte zwischen städtischem Bürgertum und landsässigem Adel im späten Mittelalter, in: Adelige und bürgerliche Erinnerungskultur des Spätmittelalters und der Frühen Neuzeit (Formen der Erinnerung 8), Göttingen 2000, S. 191–204. – NERLINGER (wie Anm. 4), S. 95: »Tous les chroniqueurs sont du parti adverse; ils haïssent Hagenbach autant qu'on peut haïr un homme et ils l'ont trop chargé.« Die Berner über Hagenbach dagegen: »brave homme«, s. DERS., ebda., S. 93, Anm. 1. Hagenbach gehörte schon früh der städtefeindlichen Partei am burgundischen Hofe an, s. EHM (wie Anm. 50), S. 93f.
263 GRAF, Feindbild, S. 130. Vgl. Th. A. BRADY, Turning Swiss. Cities and Empire 1450–1550, Cambridge 1985, wo S. 50f. auch von Hagenbach die Rede ist.

von Württemberg gedient habe und, da man sich über ihn beklagte, durch Georg von Ehingen abgelöst worden sei. Die bislang unbekannte Hauptquelle hierzu ist des Nikodemus Frischlin Familienchronik der Herren von Ehingen aus dem Jahre 1579 (vgl. W. PARAVICINI, Georg von Ehingens Reise vollendet, in: FS Philippe Contamine, Paris 2000, S. 547–588, hier S. 550f. Anm. 19), Buch III, dieser Passus hg. von O. SCHÖNHUTH (Leben des Ritters Georg von Ehingen. Anhang zu seiner Selbstbiographie, verfaßt von Nik. Frischlin, in: Gutenbergs-Archiv oder Sammlung für Kunde deutscher Vorzeit in allen Beziehungen 3, 1840, S. 1–12), hier S. 1f. (chronologisch zwischen 1460 und 1462 eingeordnet):

> Nun hatte Graff Ulrich auch zwen Söhn, mit Namen Graff Eberhardt und Graff Heinrich, die warendt bei Herzog Carln [Philipp, Karl folgte ihm erst 1467 nach] zu Burgundt im Hoff. Ir Hoffmeister war Peter von Hagenbach Ritter, welcher hernachher gemeltes Herzogen Landtvogt in Elsas worden, und von seiner Tyranney wegenn zu Breysach gefangen, und von Herzog Sigmundt von Oesterreich und denen von Basell zum Dot verurtheilet und mit dem Schwerdt gerichtet wordenn. Dieweil nuhn Peter ein selzu unordenlich wesen füret, und die Jungen Herren irem Vatter deßhalben clag fürbracht, fertigt Graff Ulrich Herrn Jörgenn von Ehingen ab mit brieffenn an Herzog Carlin und seinen Schweher Her Graff Jacoben Herren zu Altena zu Montavis und zu Tranadankh einen Sopheiischen Herrn. Diese batt Graff Ulrich, sie wolten den Hagenbacher von seinen Sönen abschaffen, und den strengen Hern Jörgenn vonn Ehingen Rittern an seiner statt auffnemmen, und in in getreuwen befelch halten. Kurz hernachher als Graff Ulrich mit Pfalzgraff Friderichen inn einer Vehd stundt berufft er seine Sön widerum aus Burgundt zu sich gen Nürtingen.

Dem folgte M. CRUSIUS, Annales Suevici, Bd. 1, Frankfurt a.M 1595, S. 439 (der die Schriften Frischlins kannte); den meisten Autoren war nur dieses schwache Echo bekannt:

> De adolescentia quoque huius Henrici, haec alicubi legi. Eum cum fratre suo Eberhardo, vixisse in aula Burgundionis Caroli et eorum Magistrum curiae fuisse Petrum ab Hagenbach, equitem priusquam à Carolo, provincie à Sigismundo oppigneratae praepositus fuisset. Verum cum adolescentes de malis moribus Petri, ad Patrem Vlricum scripsissent: pro Petro eius suffectum esse rectorem equitem Georgium de Ehingen: de quo multa in praecedentibus diximus: et eis quaedam posthac addemus. Brevi post, Vlricus lites habens cum Palatino, ut scriptum est, filios Nyrtingam revocasse fertur: Ehigenumque illum, Eberhardo consiliarum praebuisse.

K. KRAUSS, Georg I. von Ehingen 1428–1508. Leben und Taten, Familie und Besitz, Stifter und Schlichter, Kilchberg (Privatdruck) 1998, S. 41 verweist zur Datierung auf die württembergische Kriegserklärung an den Pfalzgrafen vom 26. (29.) Febr. 1460. BRAUER-GRAMM (wie Anm. 4), S. 16 und 27f. (die Crusius zitiert und Ch.-L.-E. DUVERNOY, Éphémérides du Comté de Montbéliard, Besançon 1832, S. 342, bei dem es ohne Quellenangabe lediglich heißt, die beiden Junggrafen seien »sous la direction de Pierre de Hagenbach« am Hof Karls des Kühnen erzogen worden) hat keine Zweifel an diesem Bericht, der zum ersten Mal bei von RODT (wie Anm. 12), Bd. 1, S. 108 verwertet wird. Die meisten

Autoren lehnen ihn jedoch ab: G. EHRMANN (Hg.), Georg von Ehingen. Reisen nach der Ritterschaft, Bd. 2, Göppingen 1979, S. 100 schließt sich C. HOLZHERR, Geschichte der Reichsfreiherren von Ehingen bei Rottenburg am Neckar. Ein Beitrag zur Geschichte Schwabens und seines Adels, Stuttgart 1884, S. 42 an, der, auf MONE (wie Anm. 12), S. 191 verweisend, diese Nachricht für unzutreffend hält. P. PÉGEOT, Bourgogne et Wurtemberg, 1397–1477, esquisse de leur relations, in: Cinq-centième anniversaire de la bataille de Nancy (1477), Actes du colloque de Nancy, 22–24 septembre 1977, Nancy 1979, S. 339–359, hier S. 345 mit Anm. 21 und zuletzt Th. FRITZ, Ulrich der Vielgeliebte (1441–1480). Ein Württemberger im Herbst des Mittelalters, Leinfelden-Echterdingen 1999, S. 373 Anm. 3 sehen es nicht anders.

Nun sind die Nachrichten bei Frischlin aber viel zu detailliert, um gegenstandslos zu sein. Der von ihm benannte Herr am burgundischen Hof ist niemand anderer als Graf Jakob II. von Horn, Herr von Altena, Montigny und Cranendonk, verheiratet mit Philippine, Tochter Graf Ulrichs V. von Württemberg und der Margarete von Savoyen, Tochter Amadeus VIII., vgl. FRITZ S. 273; J. FISCHER u. a. (Hgg.), Württemberg im Spätmittelalter. Ausstellung des Hauptstaatsarchivs Stuttgart und der Württembergischen Landesbibliothek [Katalog], Stuttgart 1995, S. 47 Nr. 37, und zu den genealogischen Verhältnissen die Europäischen Stammtafeln (wie Anm. 16), NF Bd. 6, Taf. 63.

Es hat also unzweifelhaft eine (echte oder vorgeschobene) Klage über Hagenbach gegeben, und ein württembergisches Empfehlungsschreiben an Herzog Philipp und den Grafen von Horn für Georg von Ehingen. Frischlin kannte den Text dieser beiden Schreiben noch, sonst hätte er nicht einen so umständlichen Namen zitieren (und verunstalten) können. Heute sind sie verschollen. Daß Hagenbach tatsächlich im Dienst bei Eberhard von Württemberg stand, bezeugen die unerschöpflichen burgundischedn Rechnungen, hier der Recette générale de toutes les finances, zum Jahre 1461 s. Lille, ADN, B 2045, fol. 40v: dort ist die Zahlung von 187 ₤ 12 s. mit »décharge« vom 28. Aug. 1462 verzeichnet an *Pierre de Hacquembacq, escuier d'escuierie de mondit seigneur, tant a cause de ses gages comme pour vaccacions par lui faictes pardevers monseigneur de Wirtemberch.* Die Rechnung B 2048, fol. 142v notiert außerdem die Ausgabe von 33 ₤ 6 s. für 37 Tage 22. Okt.–27. Nov. 1461 *qu'il a vacqué par le commandement et ordonnance de mondit seigneur [des Herzogs] ou service de messire Evrard de Wirtemberch, sans avoir esté [...] comptéz a gaiges par les escroes de la despense de l'hostel de mondit seigneur;* der Satz von 18 s. pro Tag entspricht seinen üblichen Gagen als écuyer d'écurie.

Georg von Ehingen ist also tatsächlich an den burgundischen Hof gekommen, um sich dort anstelle von Peter von Hagenbach um die württembergischen Kinder zu kümmern. Es war nicht sein erster Besuch: Auf der Rückreise von seiner Ritterfahrt war er bereits in Gent und Valenciennes gewesen und stand dort in bester Erinnerung, vgl. PARAVICINI wie oben, S. 555–562 und S. 568 mit Anm. 114.

Burgund als Quelle höfischen Prestiges und Hort avantgardistischer Kunstfertigkeit
Zur Entfaltung der »ars nova« am Oberrhein

VON LIESELOTTE E. SAURMA-JELTSCH

1. Einleitung

Wie man weiß, haben Künstler ebenso wie Auftraggeber im Laufe des 15. Jahrhunderts die burgundische Kunst zunehmend schätzen gelernt, nicht zuletzt auch als Ausdruck einer neuen Weltsicht. Im Rahmen eines Aufsatzes kann es bei der Abklärung der Bedeutung Burgunds für die Entwicklung einer regional geprägten Kunst wie der oberrheinischen nur darum gehen, anhand einzelner Aspekte ein Bild der Komplexität des Austausches regionaler und überregionaler Strömungen zu skizzieren[1]. Da der vorliegende Beitrag sich auf die Malerei beschränkt, kann den Schwierigkeiten ausgewichen werden, die sich aus einer nach Gattungen getrennten Darstellung ergeben. Eine solche hat Walter Paatz 1967 in seiner Untersuchung der Einflüsse des Westens auf die Spätgotik in Westdeutschland vorgelegt[2]. Eine gattungsspezifische Betrachtung ist in diesem Falle notwendig, da sich beispielsweise in der Architektur[3] die Beziehungen ganz anders gestalten als in der Malerei oder Skulptur.

Eine weitere Schwierigkeit stellt die kunstpolitische und geographische Eingrenzung dar. Ist mit Burgund entweder nur der alte Kern des Herzogtums Burgund gemeint, wie ihn vor allem Georg Troescher[4] in seinem Werk zur burgundischen Malerei herausgear-

---

1 Anregenden Gesprächen mit Herrn Dr. Claudius Sieber und meiner Assistentin Frau Anja Eisenbeiß M. A. verdanke ich manchen Hinweis. Frau Eisenbeiß sei besonders gedankt für ihre hilfreichen Präzisierungen von Literaturangaben. Die Resultate der im Sommer und Herbst 2001 in Colmar und Karlsruhe stattfindenden Ausstellungen zur Kunst im Spätmittelalter am Oberrhein konnten nicht mehr berücksichtigt werden.
2 W. Paatz, Verflechtungen in der Kunst der Spätgotik zwischen 1360 und 1530. Einwirkungen aus den westlichen Nachbarländern auf Westdeutschland längs der Rheinlinie und deutsch-rheinische Einwirkungen auf diese Länder (Abhandlungen der Heidelberger Akademie der Wissenschaften. Philosophisch-historische Klasse 1967/1), Heidelberg 1967, bes. S. 11.
3 M. Hörsch, Anmerkungen zur Architektur der südlichen Niederlande in der Zeit der Burgunderherzöge, in: B. Franke/B. Welzel (Hgg.), Die Kunst der burgundischen Niederlande. Eine Einführung, Berlin 1997, S. 45–63, bes. 45.
4 G. Troescher, Burgundische Malerei. Maler und Malwerke um 1400 in Burgund, dem Berry mit der Auvergne und in Savoyen mit ihren Quellen und Ausstrahlungen, 2 Bde., Berlin 1966, bes. Bd. 1, S. 15ff.

beitet hat, oder bezieht sich die Bezeichnung eher auf das riesige Territorium, das Philipp der Kühne seit 1384 mit Flandern und Brabant zu verwalten hatte, oder ist damit gar der noch größere und vielfältigere Verband angesprochen, über den Philipp der Gute seit 1433 mit dem Zugewinn des Hennegaus, Hollands und Seelands verfügte[5]? Paatz hatte diese Klippe ebenfalls umgangen, indem er die Einflußgebiete nach Epochen untersuchte und eine Abfolge von Stilen postulierte: Der franco-flämische Stil[6] wird im zweiten Drittel des 15. Jahrhunderts vom niederländischen abgelöst[7], und auf den südniederländischen[8] folgt im letzten Jahrhundertdrittel der nordniederländische[9]. In der Tat verschieben sich im Laufe des 15. Jahrhunderts im Herrschaftsbereich Burgund die Gewichte der jeweiligen Produktionszentren und damit auch ihr Einfluß auf die übrige Kunst Europas.

Konkreten Beziehungen zwischen einzelnen Künstlern und Werken wollen wir im folgenden jedoch nicht nachgehen, sondern uns vielmehr fragen, ob sich denn am Oberrhein überhaupt die Vorstellung einer burgundischen Kunst zu bilden vermochte und worin diese bestanden haben könnte. In unserem Zusammenhang kann es also nicht um Burgund in einem territorial präzisierten Sinne gehen, sondern vielmehr um den Versuch, sich das Konstrukt »Burgund« gleichsam aus dem Blickwinkel der damaligen Auftraggeber und Künstler zu vergegenwärtigen. Zumindest im Hinblick auf die Kunst kann diese Vorstellung vor der Eroberung der Burgunderbeute nur eher vage gewesen sein. Zwar kennen wir durchaus sowohl eine Reihe konkreter Kontakte wie auch einzelne Objekte, jedoch läßt deren rasche Aufnahme in das Repertoir der Auftraggeber wie auch der Künstler den Schluß zu, daß man sich mit Einzelaspekten begnügte und diese in das Bisherige integrierte. Dieser Zustand ändert sich zunächst auf lokaler Ebene mit den großen Beständen, die durch die Burgunderbeute bekannt wurden[10]. Eine neue Dimension wird dann mit den vermehrt auf Wanderschaft gehenden Künstlern und der dadurch ermöglichten unmittelbaren Anschauung der Objekte erreicht. Somit erstreckt sich der Zeitraum unserer Überlegungen vom Beginn des 15. Jahrhunderts bis zu den ersten Arbeiten des jungen Schongauer.

Abzuklären gilt es noch, was unter der Bezeichnung »Oberrhein« verstanden werden soll. Kunstgeographische Anhaltspunkte hierzu liefert das monumentale Quellenwerk

---

5 Zur Kunstpolitik siehe W. BLOCKMANS, Institutionelle Rahmenbedingungen der Kunstproduktion in den burgundischen Niederlanden, in: FRANKE/WELZEL (wie Anm. 3), S. 11–27, bes. 12f.
6 Für die Malerei deckt sich diese Epoche ungefähr mit der historischen Entwicklung des Herzogtums Burgund, dazu PAATZ (wie Anm. 2), S. 12–16, umfaßt aber zugleich die Höfe in Paris, Burgund und den Niederlanden; dazu auch E. PANOFSKY, Early Netherlandish Painting. Its Origin and Character, 2 Bde., New York 1971 (1953), Bd. 1, S. 75–89.
7 PAATZ (wie Anm. 2), S. 16–21.
8 Ebd., S. 22–27.
9 Ebd., S. 27–32.
10 J. SMITH, The Practical Logistics of Art. Thoughts on the Commissioning, Displaying, and Storing of Art at the Burgundian Court, in: L. S. DIXON (Hg.), In Detail. New Studies of Northern Renaissance Art in Honor of Walter S. Gibson, Turnhout 1998, S. 27–48, bes. 33–35; F. DEUCHLER, Die Burgunderbeute, in: Die Burgunderbeute und Werke burgundischer Hofkunst. Katalog zur Ausstellung des Bernischen Historischen Museums 18. Mai bis 20. September 1969, Bern ²1969, S. 31–34; gerade wegen der raschen Verteilung der Beutestücke ist innerhalb der Eidgenossenschaft und den umliegenden Orten mit einer intensiven Vertrautheit mit den Objekten zu rechnen.

Hans Rotts[11], in dem dieser Region sowohl das linksrheinische Elsaß als auch rechtsrheinische Gebiete wie der Breisgau und die Ortenau zugezählt werden. Während in anderen Abhandlungen[12] die Nordgrenze häufig bis nach Worms oder sogar Mainz ausgedehnt wird, wodurch eine manchmal auch mittelrheinisch benannte Kunstlandschaft zu einer Variante der oberrheinischen wird, bilden bei Rott die Territorien der Heidelberger Kurfürsten und die Reichsstadt Speyer den nördlichen Abschluß. Im Süden gelten bei ihm die vorderösterreichischen Gebiete, das eidgenössisch gewordene Bern und auch Freiburg i.Ue. als oberrheinisch, wogegen er Zürich und die heutige Ostschweiz dem Bodenseeraum zuordnet. Unabhängig vom Umfang der Ausdehnung darf als Kernbereich des Oberrheins das Gebiet zwischen Straßburg, Basel und Freiburg i.Br. verstanden werden, wobei im Elsaß insbesondere noch Hagenau, Schlettstadt und Colmar als für uns wichtige Bezugspunkte zu nennen sind. Auf den regen Austausch zwischen den genannten Orten werden wir uns im Folgenden weitgehend beschränken und beispielsweise Bern, das gerade künstlerisch mannigfaltig vom Elsaß profitiert hatte[13], aus dem Spiel lassen. Für den in diesem Zusammenhang oft verwendeten Begriff »Kunstlandschaft«[14] bedeutet die Betonung des Austauschs, daß er hier vor allem durch die Kommunikationsdichte der von den genannten Orten gebildeten Regionen bestimmt wird[15]. Das damit umschriebene Gebiet ist nicht als statische Einheit zu verstehen, vielmehr führen ungleich ablaufende Veränderungen einzelner Teile dazu, daß unterschiedliche Stillagen[16] selbstverständlich nebeneinander existieren.

11 H. ROTT, Quellen und Forschungen zur südwestdeutschen und schweizerischen Kunstgeschichte im XV. und XVI. Jahrhundert, Bd. 3: Der Oberrhein. Text- und 2 Quellenbände, Stuttgart 1936/1938.
12 E. PETRASCH, Zum Thema und Programm der Ausstellung Spätgotik am Oberrhein, in: Spätgotik am Oberrhein. Meisterwerke der Plastik und des Kunsthandwerks 1450–1530. Katalog zur Ausstellung im Karlsruher Schloß 4. Juli bis 5. Oktober 1970, Karlsruhe ²1970, S. 24–45, bes. 35; U. HEINRICHS-SCHREIBER, Spätgotische Retabel am Oberrhein – Forschungsstand, offene Fragen und Ziele, in: Jahrbuch der Staatlichen Kunstsammlungen in Baden-Württemberg 31 (1994), S. 14–42, bes. 14, schließt sich der Definition des Karlsruher Katalogs an.
13 Insbesondere die Verglasung des Münsterchors in Bern weist enge Beziehungen zur elsässischen Glasmalerei auf; dazu B. KURMANN-SCHWARZ, Die Glasmalereien des 15. bis 18. Jahrhunderts im Berner Münster, hg. von der Schweizerischen Akademie für Geistes- und Sozialwissenschaften (Corpus Vitrearum Medii Aevi, Schweiz 4), Bern 1998, S. 29 und 114f.
14 W. SCHMID, Kunstlandschaft – Absatzgebiet – Zentralraum. Zur Brauchbarkeit unterschiedlicher Raumkonzepte in der kunstgeographischen Forschung vornehmlich an rheinischen Beispielen, in: U. ALBRECHT/J VAN BONSDORFF/A. HENNING (Hgg.), Figur und Raum. Mittelalterliche Holzbildwerke im historischen und kunstgeographischen Kontext. Akten des internationalen Colloquiums auf der Blomenburg bei Selent 7. bis 10. Oktober 1992, Berlin 1994, S. 21–34; zum Oberrhein als Kunstlandschaft siehe L. E. STAMM, Zur Verwendung des Begriffs Kunstlandschaft am Beispiel des Oberrheins im 14. und frühen 15. Jahrhundert, in: Zeitschrift für schweizerische Archäologie und Kunstgeschichte 41 (1984), S. 85–91.
15 DIES., Stilpluralismus einer Region. Schichtenmodell am Beispiel des Oberrheins im 14. und 15. Jahrhundert, in: H. FILITZ/M. PIPPAL (Hgg.), Akten des 25. Internationalen Kongresses für Kunstgeschichte in Wien vom 4. bis 10. September 1983, 9 Bde., Wien/Köln/Graz 1985/1986, Bd. 3: Probleme und Methoden der Klassifizierung, S. 51–58 und 115–122.
16 Dazu R. SUCKALE, Die Hofkunst Kaiser Ludwigs des Bayern, München 1993, S. 51f.

Charakteristisch für die oberrheinische »Kunstlandschaft« ist die Präsenz mehrerer Zentren und zugleich das Fehlen eines einzigen, höfischen Mittelpunktes. In den Vorlanden ist die Distanz zum Hof allzu groß, als daß er noch als herrschaftliche Zentrale[17] maßgeblich auf die Kunstproduktion Einfluß ausüben könnte. So scheinen sich die zur Habsburger Klientel gehörenden Mäzene[18] nicht an jenem weit entfernten Zentrum zu orientieren, dem sie nominell zuzuordnen wären. Im Pfälzer Hof zu Heidelberg darf zwar durchaus ein – wie man heute sagen würde – Kulturträger gesehen werden, der eine relativ eigenständige Produktion mit einer »eigenen Sprache«[19] zu entwickeln schien. Traten die Pfälzer jedoch unabhängig vom Hof als Kunden in Erscheinung, so deutet nichts darauf hin, daß sie sich nach ihrem Zentrum in Heidelberg richten würden. Ruprecht von der Pfalz beispielsweise, Bischof von Straßburg[20], unterscheidet sich in seinen Aufträgen nicht von anderen Adeligen im elsässischen Raum und läßt keinerlei Rückbezug zum Pfälzer Hof[21] erkennen. Die mit dem Begriff »Kunstlandschaft« abzudeckenden Gemeinsamkeiten in der oberrheinischen Kunstproduktion dieser Jahrzehnte können also nicht mit den politischen Loyalitäten der Auftraggeber erklärt werden. Wenn diese gleichwohl gemeinsamen Kriterien zu folgen scheinen, so sind diese – nach einer These, die es nun zu überprüfen gilt – geprägt von der Vorstellung einer idealisierten Auftraggeberschaft, die mit »burgundisch« gleichgesetzt wurde.

2. Organisatorische Parallelen zu Burgund

Es gibt Anzeichen dafür, daß sich im 15. Jahrhundert die gesamte deutsche Kunst, und in besonderen Maße eben diejenige der oberrheinischen Städte, unter Bedingungen zu entfalten begann, die strukturelle Parallelen zum Gedeihen der burgundischen Szene aufweist. Allein vom Organisatorischen der Kunstproduktion her lassen sich gewisse Übereinstimmungen erkennen. Wie in Flandern und Brabant sind am Oberrhein seit dem 14. Jahrhundert die Städte zu potenten wirtschaftlichen und politischen Zentren geworden, die ihre Macht und ihre Selbstdarstellung zunehmend mit künstlerischen Mitteln zu manifestieren suchten. Unter ihrer Verantwortung wurden Tore und Brunnen gestaltet

---

17 Dazu C. LACKNER, Die Verwaltung der Vorlande im späteren Mittelalter, in: Vorderösterreich nur die Schwanzfeder des Kaiseradlers? Die Habsburger im deutschen Südwesten, hg. vom Württembergischen Landesmuseum Stuttgart, Ulm ²1999, S. 60–71, bes. 61f.
18 Eine Reihe von möglichen Kunden Diebold Laubers dürften in diese Gruppe gehören; dazu L. E. SAURMA-JELTSCH, Spätformen mittelalterlicher Buchherstellung. Bilderhandschriften aus der Werkstatt Diebold Laubers in Hagenau, 2 Bde., Wiesbaden 2001, Bd. 1, S. 155f.
19 Dazu A. SEELIGER-ZEISS, Die Pfalzgrafschaft als Kunstlandschaft der Spätgotik, in: Der Griff nach der Krone. Die Pfalzgrafschaft bei Rhein im Mittelalter. Begleitpublikation zur Ausstellung der Staatlichen Schlösser und Gärten Baden-Württemberg und des Generallandesarchivs Karlsruhe (Schätze aus unseren Schlössern / Staatliche Schlösser und Gärten Baden-Württemberg 4), Regensburg 2000, S. 127–153, bes. 153; siehe auch K. KRIMM, Ein königsgleicher Lehnshof. Das Lehnbuch Pfalzgraf Friedrichs des Siegreichen und seine Miniaturen, in: Ebd., S. 61–73.
20 SAURMA-JELTSCH (wie Anm. 18), Bd. 1, S. 70, 158ff. und 239f.
21 Nach Rott ist von den am Heidelberger Hof aufgeführten Künstlern keiner beispielsweise durch Ruprecht nach Straßburg geholt worden; dazu ROTT (wie Anm. 11), Quellen I, S. 45f. und Text, S. 3–15. Dagegen sind die Beziehungen zu Speyer, Worms und Frankfurt am Main sehr eng.

Abb. 1 Josephs Zweifel, Tafel von St. Marx, Straßburg (?) um 1410–20 (Straßburg, Musée de l'Œuvre Notre Dame)

Abb. 2   Trauernde Marien der Kreuzannagelung, 1410–20 (Basel, Peterskirche: Zibolnische der Eberlerkapelle)

Abb. 3   Verkündigung an Maria, um 1410–20 (Basel, Peterskirche: Sintznische der Keppenbachkapelle)

Abb. 4   Martin Koch: Wappenhaltender Engel, 1474/75 (Basel, Peterskirche: Westwand der Eberlerkapelle)

Abb. 5　Wien, ÖNB: Cod. 2760, fol. 56v, Eberlerbibel, 1464: Der Prophet Baruch

Abb. 6 Meister E.S.: Der Prophet Matthäus, um 1460 (Kupferstich Lehrs 136)

Abb. 7 Votivtafel der Isabella von Portugal, Herzogin von Burgund aus der Basler Kartause, um 1446–48 (Basel, Historisches Museum)

Abb. 8 Martin Schongauer: Der hl. Antonius von Dämonen bedrängt, um 1470–73 (Kupferstich Bartsch 47/Lehrs 54)

Abb. 9   Verkündigung an Maria vom Tennenbacher Altar, Freiburg im Breisgau (?), erstes Viertel 15. Jh. (Freiburg im Breisgau, Augustinermuseum)

Abb. 10 Paradiesgärtlein, Oberrhein, um 1410 (Frankfurt am Main, Städelsches Kunstinstitut und Städtische Galerie)

Abb. 11 Martin Schongauer: Studienblatt mit Pfingstrose, um 1472 (Privatbesitz)

Abb. 12   Colmarer Kreuzigung, Oberrhein, 1400–10 (Colmar, Musée d'Unterlinden)

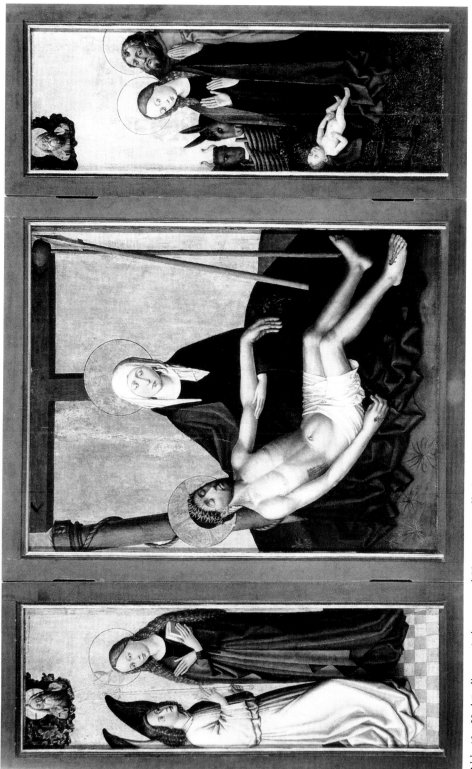

Abb. 13 Verkündigung, Anbetung und Pietà vom Stauffenberger-Altar, 1454–60 (Colmar, Musée d'Unterlinden)

Abb. 14 Martin Schongauer: Verkündigung an Maria vom Orlier-Altar, um 1470 (Colmar, Musée d'Unterlinden)

Abb. 15 Rogier van der Weyden: Verkündigung an Maria vom Columba-Altar, um 1450 (München, Alte Pinakothek)

Abb. 16 Hans Memling: Verkündigung an Maria vom Triptychon des Jan Crabbe, um 1467–70 (Brügge, Groeningemuseum)

und entstanden die Ausstattungsprogramme der Rathäuser. Freilich verhalfen nicht nur kommunale Aufgaben den Künstlern zu Arbeit, sondern in zunehmendem Maß auch private Aufträge von Bürgern, Patriziern und Adeligen. Sie traten als Stifter auf, um mit Kapellen, Tafelwerken, liturgischem Gerät, Büchern etc. das Gedenken an ihre Person oder die Fürbitte zu sichern. Meist war damit auch ein Anspruch auf Repräsentation verbunden[22]. Verschiedentlich ist schon darauf hingewiesen worden, daß mit dem zunehmenden Stiftungswesen sowohl eine Ästhetisierung als auch eine Steigerung des materiellen Anspruchs an die Werke verbunden war[23]. Der »Pakt« des Stifters mit dem Stiftungszweck sollte auf diese Weise nicht nur mit den bestmöglichen Mitteln besiegelt werden, sondern es sollte auch der soziale Status des Stifters, seine Wohlhabenheit und insbesondere seine Freigebigkeit demonstriert werden[24].

Auf Initiative von Privatleuten entstanden wahrscheinlich Tafelwerke wie der bekannte, wohl aus Tournai stammende Mérode-Altar[25] oder das oberrheinische Marienretabel aus dem Dominikanerinnenkloster von St. Marx (Abb. 1)[26]. Eine für das Stiftungswesen privater Auftraggeber noch größere Rolle spielten kostbare Teppiche oder Wandbilder, Skulpturen und Andachtsbilder, Goldschmiedearbeiten ebenso wie teure Keramik, Standesscheiben und nicht zuletzt Bücher, insbesondere solche mit Miniaturen. Hinzu kamen aus der neuen Vervielfältigungskunst immer häufiger Objekte wie Holzschnitte und Kupferstiche. Insbesondere in den Städten belegt eine größer werdende Zahl von Personen ihre Zugehörigkeit zur Oberschicht mit solchen erlesenen Gütern, wodurch sich, ganz ähnlich wie in Burgund, in der städtischen Führungsschicht die Nachfrage vervielfachte. Kunstobjekte zu besitzen und zu stiften war somit zu einem Brauch geworden, mit dem die Zugehörigkeit zu bestimmten sozialen Gruppen signalisiert wurde.

Eine weitere Parallele liegt darin, daß die Lebensweise der sich mit Kunstwerken repräsentierenden Kreise sich immer deutlicher in den Objekten selbst spiegelt. Sowohl im Mérode-Altar als auch in den oberrheinischen Tafeln von St. Marx werden Räume geschildert, die das anspruchsvolle Leben ihrer Stifter dokumentieren und damit ebenfalls Ausdruck eines wachsenden Besitzes von Kunst in immer breiter werdenden Schichten sind. Dieses neue Interesse an der Wiedergabe der »realen« Welt darf selbstverständlich nicht einfach nur vor dem Hintergrund der selbstreferentiellen Bestätigung einer Gruppe von Emporkömmlingen betrachtet werden. Vielmehr zeigt sich darin auch die zunehmende Entfaltung einer an der mimetischen Naturwiedergabe orientierten Kunst, deren Naturbegriff ebenso vom Menschen gestaltete Objekte umfaßt wie die von Gott geschaf-

---

22 H. Kamp, Stiftungen – Gedächtnis, Frömmigkeit und Repräsentation, in: Franke/Welzel (wie Anm. 3), S. 29–44.
23 H. van der Velden, The Donor's Image. Gerard Loyet and the Votive Portraits of Charles the Bold (Burgundica II), Turnhout 2000, bes. S. 5f. und S. 261ff.; Kamp (wie Anm. 22), S. 39.
24 Hierzu die Überlegungen von van der Velden (wie Anm. 23), S. 67–73, am Beispiel des besonderen Ansehens der Goldschmiede als denjenigen, welche die kostbarsten Materialien für die Mäzene verarbeiteten.
25 New York, Metropolitan Museum of Art; H. Belting/C. Kruse, Die Erfindung des Gemäldes. Das erste Jahrhundert der niederländischen Malerei, München 1994, Taf. 70f.
26 Straßburg, Musée de l'Œuvre Notre Dame, Inv. MBA 1481–1482; dazu B. Hartwieg/ D. Lüdke, Vier gotische Tafeln aus dem Leben Johannes' des Täufers, Karlsruhe 1994, S. 80–86 und Anm. 11 zur älteren Literatur sowie Abb. 67a und b.

fene Natur. In einer ganz anderen Weise als in der italienischen Kunst wendet sich die burgundisch-niederländische dem zu, was man heute als »bürgerliche« Alltagsrealität bezeichnen würde. Daher können die oberrheinischen Tafeln von St. Marx durchaus verbunden werden mit Arbeiten aus dem burgundischen Umkreis des Mérode-Altars[27]. Gemeinsam sind beiden Werken nicht nur symbolische Bezüge, die etwa in einer Lilienvase auf die Jungfräulichkeit der Gottesmutter anspielen sollen, sondern auch der in ihnen zum Ausdruck kommende Verismus, der dem Betrachter anbietet, er werde dank den in einem heiligen Kontext dargestellten Gegenständen aus seiner alltäglichen Umgebung leichter den Einstieg in das religiöse Thema finden[28].

Diese Bilder sollten der Frömmigkeit dienen, aber zugleich mit den in ihnen sichtbaren Dingen den Lebensstandard, ja bisweilen sogar den Besitzerstolz des Auftraggebers spiegeln. Von einem so einflußreichen Mäzen wie dem Duc de Berry kennen wir ja das Bestreben, die Bedeutung der eigenen Sammlung jeweils in weiteren Aufträgen optisch in Erinnerung zu rufen. Es sei hier nur an die im Besitz des Herzogs befindliche Medaille des Heraclius erinnert, die sich als Motiv wieder in den Miniaturen der *Très Riches Heures* findet[29]. Selbstverständlich ist in der Regel heute nicht mehr zu entscheiden, inwieweit eine genaue Schilderung der Ausstattung von Interieurs der neuen städtischen Mäzene einen realistischen oder einen nur angestrebten Zustand verbildlichen sollte.

Auch die Produktion der Kunstwerke wurde in den oberrheinischen Städten ähnlich wie in den burgundischen Kommunen organisiert. Zunehmend reglementierten hier wie dort die Zünfte den Betrieb. Ein Künstler mußte Mitglied einer Zunft sein, um Aufträge ausführen zu können, und die Menge der Zulassungen zur Meisterwürde sowie die Größe der Werkstätten wurden festgelegt[30]. Eine beträchtliche Zahl von Kunsthandwerkern ist

---

27 In der Mariengeburt ist allerdings der italienische Einfluß dominierend; dazu P. LORENTZ, De Sienne à Strasbourg. Postérité d'une composition d'Ambrogio Lorenzetti, la »Nativité de la Vierge« de l'hôpital Santa Maria della Scala à Sienne, in: Hommage à Michel Laclotte. Etudes sur la peinture du Moyen Age et de la Renaissance, Mailand/Paris 1994, S. 118–131.
28 J. SANDER, Die Entdeckung der Kunst. Niederländische Kunst des 15. und 16. Jahrhunderts in Frankfurt. Katalog zur Ausstellung Städelsches Kunstinstitut und Städtische Galerie Frankfurt am Main 28. Dezember 1995 bis 14. April 1996, Mainz 1995, S. 30–39.
29 M. MEISS, French Painting in the Time of Jean de Berry. The Late Fourteenth Century and the Patronage of the Duke, Text- und Tafelband (National Gallery of Art/Kress Foundation Studies in the History of European Art 2), London/New York 1967, Textband S. 295.
30 Dazu B. WELZEL, Anmerkungen zu Kunstproduktion und Kunsthandel, in: FRANKE/WELZEL (wie Anm. 3), S. 141–157, bes. 143; J.-P. SOSSON, Les métiers. Norme et réalité. L'exemple des anciens Pays-Bas méridionaux aux XIVe et XVe siècles, in: J. HAMESSE/C. MURAILLE-SAMARAN (Hgg.), Le travail au Moyen Âge. Une approche interdisciplinaire. Actes du Colloque international de Louvain-la-Neuve 21. bis 23. Mai 1987, Louvain-la-Neuve 1990, S. 339–348; zum Oberrhein P. DOLLINGER, Corporations et métiers à Strasbourg à la fin du Moyen Age, in: Annuaire de la Société des amis du vieux-Strasbourg 18 (1988), S. 71–80; J.-R. ZIMMERMANN, Les compagnons de métiers à Strasbourg du début du XIVe siècle à la veille de la Réforme (Publications de la Société Savante d'Alsace et des régions de l'est, Collection Recherches et Documents 10), Straßburg 1971; J. HATT, Les métiers strasbourgeois du XIIIe au XVIIIe siècle, in: Revue d'Alsace 101 (1962), S. 51–78; zu den Zulassungen etwa in Straßburg A. SCHRICKER, Ordnungen der Straßburger Malerzunft, in: Jahrbuch für Geschichte, Sprache und Literatur Elsaß-Lothringens 3 (1887), S. 99–105, bes. 99f.

uns denn aus den oberrheinischen Städten, hauptsächlich von Basel, Colmar und Straßburg, überliefert, die alle in Zünften organisiert waren[31].

Die Nachfrage nach Kunst durch die städtische Oberschicht ließ – ebenfalls in Parallele zu den burgundischen Städten – für einzelne künstlerische Objekte eine Vorform von Markt entstehen. Zweifellos folgten insbesondere die frühen Erzeugnisse der Vervielfältigungskunst den Verzweigungen eines bereits eingespielten Kunstmarktes. Zwar berichtete Wimpheling in seinen 1505 geschriebenen *Epitoma rerum Germanicarum*, Martin Schongauers gemalte Tafeln seien wegen ihrer außergewöhnlichen Qualität bis nach Italien, Spanien, Frankreich, Britannien und andere Gegenden der Welt gelangt[32]. Es ist indes anzunehmen, daß dieses Künstlerlob sich eher auf Schongauers Kupferstiche und weniger auf seine Gemälde bezieht[33]. Bereits in den Anfängen des Kupferstichs scheint die süddeutsche Produktion mit dem Meister der Spielkarten[34] und vor allem dem Meister E.S.[35] zu einem Exportgut geworden zu sein, das auch oberrheinische Themen und Darstellungsformen weit verbreitete. Im Jahre 1441 erließ Venedig ein Einfuhrverbot gegen die deutschen gestochenen Spielkarten, um die eigenen Erzeugnisse vor dieser Massenproduktion zu schützen[36].

Wir besitzen auch Nachrichten von anderen Exporten, wurden doch aus den oberrheinischen Städten Goldschmiedearbeiten[37], Textilien[38], Buchmalerei[39] und Glasmalerei[40] an auswärtige Orte geliefert. Dabei dürfte es sich – jedenfalls in dem von uns behandelten Zeitraum – freilich nicht um Objekte gehandelt haben, die auf einem freien Markt ver-

31 Zu den Zunftlisten siehe ROTT (wie Anm. 11), Quellen I und II bei den einzelnen Städten.
32 H. KROHM, Der Maler und Kupferstecher Martin Schongauer. Bemerkungen zu seiner kunstgeschichtlichen Bedeutung, in: H. KROHM/J. NICOAISEN (Hgg.), Martin Schongauer. Druckgraphik im Berliner Kupferstichkabinett, Berlin 1991, S. 7–21, bes. 8.
33 Ebd., S. 8.
34 F. ANZELEWSKI, Der Meister der Spielkarten, der Meister E.S. und die Anfänge des Kupferstichs, in: Der hübsche Martin. Kupferstiche und Zeichnungen von Martin Schongauer (ca. 1450–1491). Katalog zur Ausstellung im Unterlindenmuseum Colmar 13. September bis 1. Dezember 1991, Straßburg 1991, S. 113–123, bes. 115f.
35 Zum Handel mit den frühen Kupferstichen siehe P. SCHMIDT, Rhin supérieur ou Bavière? Localisation et mobilité des gravures au milieu du XVe siècle, in: Revue de l'art 120 (1998), S. 68–88, bes. 68–71.
36 Ebd., S. 68.
37 J. M. FRITZ, Goldschmiedekunst, in: Spätgotik am Oberrhein (wie Anm. 12), S. 219–229, bes. 225.
38 A. RAPP BURI/M. STUCKY-SCHÜRER, Zahm und wild. Basler und Straßburger Bildteppiche des 15. Jahrhunderts, Mainz ³1993, S. 96f.
39 Die größte Produktion illustrierter deutscher Handschriften entstand in Hagenau und wurde an den Niederrhein, den Grafen von Nassau etc. geliefert; dazu SAURMA-JELTSCH (wie Anm. 18), Bd. 1, S. 86, 158 und 235f.
40 Zum Beispiel des Peter Hemmel von Andlau vgl. R. BECKSMANN, Martin Schongauer und Peter Hemmel, in: Le beau Martin. Etudes et mises au point. Actes du colloque organisé par le musée d'Unterlinden à Colmar les 30 septembre, 1er et 2 octobre 1991, Straßburg 1994, S. 63f.; H. SCHOLZ, Die Straßburger Werkstattgemeinschaft. Ein historischer und kunsthistorischer Überblick, in: B. REINHARDT/M. ROTH (Hgg.), Bilder aus Licht und Farbe. Meisterwerke spätgotischer Glasmalerei. Straßburger Fenster in Ulm und ihr künstlerisches Umfeld. Katalog zur Ausstellung des Ulmer Museums 5. Februar bis 26. März 1995, Ulm 1995, S. 13–26, bes. 13.

kauft wurden, sondern um Gegenstände, die entweder von Vermittlern[41] oder über Beziehungen zu den mehr oder weniger entfernten Kunden gelangten. Von der Vorform einer Marktsituation kann hier insofern gesprochen werden, als in den oberrheinischen wie in den niederländischen Städten [42] neben Aufträgen, die einen unmittelbaren Kontakt mit einem Besteller voraussetzen, auch Werke für nicht namentlich bekannte potentielle Kunden in bestimmten Kreisen gefertigt werden konnten[43].

3. Die Orientierung der Auftraggeber an einem höfischen Ideal

Es sind denn vornehmlich die Gegenstände selbst, die Themen und Materialien, die den Anspruch ihrer Besitzer erkennen lassen, sich jenem höfischen Code anzupassen, der am burgundischen Hof in besonderer Konsequenz und Stilisierung gepflegt wurde[44]. Wie eng dieses Bemühen mit bestimmten Werken, Motiven oder ganz allgemein mit bestimmten Signalen verbunden war, ohne sich aber dabei auch einer gemeinsamen Sprache bedienen zu müssen, lassen uns Texte und Ausstattungstypen jener beiden großen Produktionen von Handschriften erkennen, die der sogenannten »Werkstatt von 1418« und derjenigen Diebold Laubers zugeschrieben werden[45]. Beide Gruppierungen von eng miteinander arbeitenden und gut organisierten Buchhandwerkern – die ältere wahrscheinlich in Straßburg ansässig, die jüngere in Hagenau, mit intensiven Beziehungen nach Straßburg – waren für die eben beschriebene Vorform eines Marktes tätig. Des öfteren schienen den Herstellern die künftigen Käufer namentlich nicht bekannt gewesen zu sein, aber sie waren so vertraut mit deren Lebenswelt, daß sie in ihren Werken die einschlägigen Themen anzustimmen wußten[46]. Bei beiden Produktionen nehmen die Texte aus dem Artuskreis und die Trojanerepen besonderen Raum ein. In den eingefügten Illustrationen spie-

---

41 P. M. DE WINTER, La bibliothèque de Philippe le Hardi, Duc de Bourgogne (1364–1404). Etudes sur les manuscrits à peintures d'une collection princière à l'époque du »style gothique international«, Paris 1985, S. 95f.; F. JOUBERT, Les »tapissiers« de Philippe le Hardi, in: X. BARRAL I. ALTET (Hg.), Artistes, artisans et production artistique au moyen âge. Colloque international Rennes 2–6 mai 1983, 3 Bde., Paris 1990, Bd. 3: Fabrication et consommation de l'œuvre, S. 601–607; DIES., L'Apocalypse d'Angers et les débuts de la tapisserie historiée, in: Bulletin Monumental 139 (1981), S. 125–140, bes. 125–130.
42 BLOCKMANS (wie Anm. 5), S. 23f.
43 Sicher gehören in diesen Kontext all jene Werke, die zum Bereich der neuen Möglichkeiten der Vervielfältigung zählen, d. h. Holz- und Metallschnitte sowie Kupferstiche.
44 W. PARAVICINI, The Court of the Dukes of Burgundy. A Model for Europe? in: R. G. ASCH/A. M. BIRKE (Hgg.), Princes, Patronage and the Nobility. The Court at the Beginning of the Modern Age c. 1450–1650 (Studies of the German Historical Institute London), Oxford 1991, S. 69–102, bes. 89–93; J. MORSEL, Die Erfindung des Adels. Zur Soziogenese des Adels am Ende des Mittelalters – das Beispiel Franken, in: O. G. OEXLE/W. PARAVICINI (Hgg.), Nobilitas. Funktion und Repräsentation des Adels in Alteuropa (Veröffentlichungen des Max-Planck-Instituts für Geschichte 133), Göttingen 1997, S. 312–375.
45 Dazu SAURMA-JELTSCH (wie Anm. 18), Bd. 1, S. 37ff. und 155ff.
46 Ebd., S. 107f. und 235–238.

len die Sphären des ritterlichen Kampfes und der Bewährung im höfischen Komment eine herausragende Rolle[47].

Als Käufer von Manuskripten der älteren Gruppe, aus der »Werkstatt von 1418«, die in der Handschriftengeschichte erstmals für deutschsprachige Texte so umfangreiche Bildprogramme entwickelte, kommen vor allem Straßburger Patrizier und Ministerialen des dortigen Bischofs in Frage. Indem diese sich in Themen wie den Trojanerkriegen, der Eneide und anderen Heldenepen gespiegelt sehen konnten, scheinen sie eine Legitimation ihrer Rolle als führende Schicht Straßburgs gerade zu einem Zeitpunkt angestrebt zu haben, als diese umstritten war[48]. Mit den auf volkssprachlichem Niveau gehaltenen Texten und mit den bis in die 50er Jahre in einer elsässischen Variante des sogenannten internationalen Stils ausgeführten Illustrationen entspricht diese Produktion der Flut von antiken Themen, die vor allem die Bildprogramme der burgundischen Auftraggeber prägen[49]. Wie dort die Valois und deren Entourage läßt die Straßburger Oberschicht mit solchen Handschriften nicht allein ihre noble Abkunft feiern, sondern sie behauptet damit auch die Richtigkeit ihres adeligen Lebensstils. Auf die alten Helden werden die herausragenden Eigenschaften und Zeichen dieses Milieus projiziert, zeigen die Illustrationen doch nicht allein die angemessenen Trachten und Prestigeobjekte, sondern legitimieren auch vorbildliches adeliges Verhalten in kriegerischen Konflikten, im Turnierwesen, auf der Jagd oder beim Schachspiel und verdeutlichen den ihrem Status gebührenden Umgang der Geschlechter etwa beim Tanzen.

Mit dem Vorzeigen von Kunstbesitz verbunden ist das zunehmend verbreitete Stiftungswesen[50], das für die burgundische Kunstszene charakteristisch ist. Traten als potente Gönner im ausgehenden 14. Jahrhundert vorwiegend die Valois auf – etwa Philipp der Kühne in Burgund –, so erweitert sich später der Kreis der Stifter. Nicht nur die immer größere herzogliche Entourage und Administration ist um Stiftungen besorgt, sondern ebenso die Oberschicht der Städte und die Neuadeligen.

Am Oberrhein konzentriert sich die Vergleichbarkeit mit Burgund wiederum auf den städtischen Bereich. Ein charakteristisches Beispiel für dieses Stiftungsgebaren hat sich heute noch in der Peterskirche in Basel erhalten. In dem Chorherrenstift, das inmitten der Anwesen der bedeutenden Basler Geschlechter[51] lag, konnten gerade in den letzten Jahren Wandbildzyklen abgedeckt und Kapellen restauriert werden, die von den Angehörigen der führenden Schicht gestiftet worden waren. Zu diesem Bestand gehört das bereits aus

---

47 DIES., Zum Wandel der Erzählweise am Beispiel der illustrierten deutschen *Parzival*-Handschriften, in: J. HEINZLE/L. P. JOHNSON/G. VOLLMANN-PROFE (Hgg.), Probleme der Parzival-Philologie, Marburger Kolloquium 1990 (Wolfram-Studien 12), Berlin 1992, S. 124–152.
48 DIES. (wie Anm. 18), Bd. 1, S. 37–51, bes. 49f.
49 BLOCKMANS (wie Anm. 5), S. 25; J-C. SMITH, The Artistic Patronage of Philip the Good, Duke of Burgundy (1419–1467), Diss. Columbia University 1979 (Mikrofilm Ann Arbor, Mich., 1980), S. 39–46 und 91ff.
50 KAMP (wie Anm. 22), S. 29.
51 Dazu F. MAURER, Die Kunstdenkmäler des Kantons Basel-Stadt, Bd. 5: Die Kirchen, Klöster und Kapellen, Teil 3: St. Peter bis Ulrichskirche (Die Kunstdenkmäler der Schweiz 52), Basel 1966, S. 15ff.; dazu auch R. RIGGENBACH, Die Eberlerkapelle und ihre Wandbilder, in: Festschrift, hg. von der Freiwilligen Basler Denkmalpflege zur Einweihung der Kapelle am 2. November 1940, Basel 1940, S. 13f.

dem 14. Jahrhundert stammende, ungewöhnlich qualitätsvolle Wandbild aus der Grabnische mit dem Efringerwappen[52], zu dem sich dann die Kreuzannagelung gesellt, welche von dem Stifter der Kartause Basel, von Jakob Zibol[53], für die Grabnische seines Vaters Johannes in Auftrag gegeben wurde (Abb. 2). Nur wenig jünger kann die Verkündigungsdarstellung der Sintznische (Abb. 3) sein, die wahrscheinlich von der ab dem mittleren 14. bis in die frühen 20er Jahre des 15. Jahrhunderts angesehenen Familie Sintz[54] gestiftet wurde. Matthias Eberler ließ gar für seine Grabkapelle an der Peterskirche den entsprechenden Vorgängerbau vollständig zerstören und die neue Anlage als Gesamtkunstwerk ausstatten. Eberler soll als Exempel ausführlich dargestellt werden, weil er als charakteristischer Mäzen der oberrheinischen Städte gelten darf. Nicht allein mit dem Gestus des Stiftens folgt er einem höfischen, burgundischen Ideal, sondern auch mit dem Anspruch seiner Werke.

Mathias Eberler, genannt Grünenzweig, war Sproß eines ursprünglich wohl jüdischen, nunmehr angesehenen Geschlechts[55]. Er scheint sein immenses Vermögen mit Geld- und Liegenschaftsgeschäften gemacht zu haben, war er doch größter Darlehensgeber des Basler Bischofs Johann von Venningen. Als Mäzen trat er mehrfach auf. Über zehn Jahre lang arbeitete der damals bedeutendste Architekt, Remigius Fäsch[56], für ihn, erbaute ihm einige umfangreiche Anwesen und ein repräsentatives Schlößchen zu Hiltalingen[57]. In etwas mehr als einem Jahr, von Februar 1474 bis Juni 1475, ließ Eberler in Basel eine Marienkapelle an die Peterskirche bauen und mit Skulpturen und Wandbildern ausstatten. Die als seine Grabkapelle konzipierte Anlage ist also zwischen der Kriegserklärung der Eidgenossen an Burgund und den Schlachten von Murten, Nancy und Grandson entstanden[58]. Wie erwähnt, wurde für den Bau die ehemalige Marienkapelle abgerissen und die Außenwand, vor allem aber das Gewölbe neu erbaut[59]. Die hohen und breiten Fenster sowie das elegante Gewölbe schaffen trotz der Uneinheitlichkeit des Raumes ein kostbares Ambiente für die Grabnische des Stifters. Die monumentale Grabplatte ist mit Wappen, Helm und

---

52 U. RAEBER-KEEL, Spätgotische Wandmalereien in St. Peter zu Basel. Die Grabnische mit dem Efringerwappen (Bodensee-Bibliothek 25), Sigmaringen 1979, S. 109, Abb. 1.
53 MAURER (wie Anm. 51), S. 125–130.
54 A. VOKNER BERTSCHINGER, Die Grabnische mit der Verkündigung an Maria in der Peterskirche zu Basel. Studien zu Stiftergeschichte, Repräsentation und Malerei um 1400, unveröffentlichte Lizentiatsarbeit Basel 1999, S. 19–25. Es kommen in Frage Burkhard Sintz, der bis 1421 als Achtburger im Rat saß, Großkreditor des Bischofs Immer von Ramstein war und in zweiter Ehe mit der adeligen Belina Münch von Münchenstein verheiratet war. Ebenso kommt sein Sohn Conrad Sintz in Frage, der allerdings um 1422 das Vermögen verlor. Frau lic. phil. Vokner Bertschinger sei von ganzem Herzen dafür gedankt, daß sie mir den sehr sorgfältig recherchierten historischen Teil ihrer Arbeit im Manuskript zur Verfügung stellte.
55 Historisch-Biographisches Lexikon der Schweiz, Bd. 2, Neuenburg 1924, S. 774 »Eberler«; A. BURCKHARDT, Die Eberler genannt Grünenzwig, in: Basler Zeitschrift für Geschichte und Altertumskunde 4 (1905), S. 246–276; zu Mathias Eberler ebd., S. 260–265.
56 RIGGENBACH (wie Anm. 51), S. 52f.
57 Stich von Matthäus Merian, vgl. ebd., Abb. 36.
58 Der mit der malerischen Ausstattung betraute Künstler, Martin Koch, hat ein Jahr nach Vollendung der Eberlerkapelle in Murten auf Seiten der Basler gegen die Burgunder gekämpft, ebd., S. 61.
59 Dazu MAURER (wie Anm. 51), S. 97f. und Abb. 139f.

Helmzier sowie üppigem Laubwerk geschmückt[60]. Ebenso tragen die Fensterleibungen der Kapelle die Wappen Eberlers und seiner Gattin, Barbara von Albeck[61]. Diese sind so angeordnet, daß dem Eintretenden als erstes der Eber auffällt. Überdies finden sich in den Schlußsteinen des Gewölbes mehrfach die heraldischen Zeichen des Ehepaars oder der einzelnen Gatten.

Eberler hatte mit der Bemalung der Kapelle den seit 1470 in Basel aufgeführten und 1476 zum Bürger der Stadt ernannten Martin Koch beauftragt[62]. Die leider lediglich bruchstückhaft erhaltene Malerei erlaubt es heute nur noch schwer, sich eine Vorstellung von dem ehemaligen Eindruck zu verschaffen. Die Kapelle ist mit Trompe l'œil-Effekten dramatisch inszeniert: Über einem Sockel eröffnet sich der Einblick in fingierte Räume, deren Wände mit prachtvollen blau und golden gemusterten Damaststoffen behängt sind. Diese werden von Engeln gehalten, welche in den realen Raum der Grabkapelle hineinschauen[63]. In strenger Frontalität scheint der Engel der Eingangswand über den Eintretenden und das im Teppich zu sehende Doppelwappen des Ehepaars zu wachen (Abb. 4). Wahrscheinlich darf man sich, wie Riggenbach schon vermutete[64], das Stifterpaar betend unter diesen Wappen vorstellen. An der Ostwand kulminiert das Programm dieses kostbaren, mit Teppichen behängten, fingierten heiligen Raumes in der Marienverkündigung[65].

Die malerische Ausstattung der Kapelle gemahnt an eine berühmte andere Inszenierung, nämlich diejenige in der *Chapelle des Anges*[66], der unteren herzoglichen Kapelle der Kartause Champmol in Dijon. Auch hier wurde mit großem Materialaufwand – eine Parallele stellt insbesondere der üppige Einsatz von Azurblau[67] dar – ein Fries von Engeln gemalt, welche die Wappen des Herzogs von Burgund präsentierend[68] auf den Flügelaltar mit der Verkündigung, Marienkrönung und Heimsuchung[69] ausgerichtet gewesen sein müssen. Zur Kapelle des burgundischen Herzoghauses scheinen auch kostbare, mit den Wappen des Hauses verzierte Teppiche gehört zu haben, also jene Ausstattung an Paramenten und anderen Textilien, mit denen Kapellen dekoriert wurden[70]. Freilich ist diese Gewohnheit offenbar nicht eigentlich burgundisch gewesen, sondern war in der Entourage der Valois allgemein üblich. Ein der Eberlerkapelle ähnliches Konzept findet sich im Stundenbuch des Maréchal von Boucicaut. Der gemeinsam mit seiner Gattin vor einem

---

60 RIGGENBACH (wie Anm. 51), Abb. 24.
61 MAURER (wie Anm. 51), Abb. 143f. – Der Name der Gattin wird unterschiedlich geführt: BURCKHARDT (wie Anm. 55), S. 260, nennt Barbara v. Albeck; RIGGENBACH (wie Anm. 51), S. 51, bezeichnet Barbara Hafengießer als Gattin und MAURER (wie Anm. 51), S. 98, Dorothea Kannengießer.
62 ROTT (wie Anm. 11), Quellen II, S. 38.
63 RIGGENBACH (wie Anm. 51), Abb. 26f.; MAURER (wie Anm. 51), Abb. 184f.
64 RIGGENBACH (wie Anm. 51), S. 68.
65 Ebd., Abb. 23; dazu MAURER (wie Anm. 51), Rekonstruktion der Ostwand Abb. 177.
66 TROESCHER (wie Anm. 4), Bd. 1, S. 52; C. MONGET, La chartreuse de Dijon d'après les documents des archives de Bourgogne, 3 Bde., Montreuil-sur-Mer 1898–1905, Bd. 1, S. 55, 175f. und 200f.; dazu auch RIGGENBACH (wie Anm. 51), S. 61f.
67 TROESCHER (wie Anm. 4), Bd. 1, S. 52; MONGET (wie Anm. 66), S. 175.
68 TROESCHER (wie Anm. 4), Bd. 1, S. 52; MONGET (wie Anm. 66), S. 55.
69 TROESCHER (wie Anm. 4), Bd. 1, S. 55; MONGET (wie Anm. 66), S. 200.
70 TROESCHER (wie Anm. 4), Bd. 1, S. 239.

Betpult seines Privatoratoriums kniende Maréchal wird im Gebet der Vision der Immaculata ansichtig, und über dem kostbaren Vorhang der Kapelle präsentieren Engel die Wappenschilde[71]. Gewiß soll die Ausstattung der Eberlerkapelle auf diese Sphäre höfischen Mäzenatentums verweisen, wofür allein schon die intensiv blaue Farbigkeit spricht, die zum teuersten gehörte, was zu haben war[72]. Die Kapelle konnte denn auch zu Recht von Eberler selbst in einer Supplik an Papst Innozenz VIII. als hervorragendes und üppig geschmücktes Werk genannt werden[73].

Auch in seinen übrigen Aufträgen scheint sich Eberler an einem höfischen Vorbild zu orientieren[74]. 1464 ist eine zweibändige Bibel in seinem Auftrag von *Johan Liechtensternn von München, diezit Student zu Basel*[75], abgeschrieben und ungewöhnlich reich mit historisierten Initialen und unterschiedlichstem Rankenwerk ausgestattet worden. Allein die Tatsache, daß es sich bei diesen Codices nicht, wie sonst im städtischen Milieu üblich, um Papier-, sondern um Pergamenthandschriften handelt, zeugt vom noblen Anspruch des Auftrags. Die Orientierung an höfischen Prunkhandschriften kommt ebenfalls in der Verwendung teurer Materialien, wie Gold, Silber und Azurit, und an der prunkvollen Initialseite zum Ausdruck, auf der ein Engel Eberlers Wappen präsentiert[76]. Illustrierte deutsche Bibeln sind überdies nicht, wie man meinen möchte, Standardwerke einer spätmittelalterlichen Bibliothek, sondern sie sind nur in geringer Zahl und als von jeweils besonders ambitionierten Mäzenen bestellte überliefert[77]. Wie ungewöhnlich der Auftrag gewesen sein muß, läßt sich jedoch am deutlichsten an dem motivischen Reichtum ermessen, mit dem die Handschriften ausgestattet wurden. In den beiden Bänden werden die einzelnen Textabschnitte mit subtil abgestuften Auszeichnungshierarchien gegeneinander abgegrenzt und bieten allein dadurch und mit den diversen Dekorationsmustern unterschiedlicher Provenienzen[78] ein selten reiches Bild. Die Maler verwenden hierfür einen breiten Schatz von Schmuckelementen, die sie elegant miteinander verknüpfen, und gehen

---

71 Paris, Institut de France – Musée Jacquemart-André: Ms. 2, fol. 26v; A. CHÂTELET, L'Age d'or du manuscrit à peintures en France au temps de Charles VI et les Heures du Maréchal Boucicaut, Dijon 2000, Abb. S. 254.
72 Zu den Azuritrechnungen siehe auch TROESCHER (wie Anm. 4), Bd. 1, S. 43.
73 Dazu RIGGENBACH (wie Anm. 51), S. 69.
74 Dazu gehören etwa die Ausstattung des Engelhofes, die noch im Historischen Museum erhaltenen Objekte wie eine Truhe mit Wappen, eine Standesscheibe etc.; dazu RIGGENBACH (wie Anm. 51), S. 52f.
75 Wien, ÖNB, Cod. 2769 und 2770; dazu K. ESCHER, Die »Deutsche Prachtbibel« der Wiener Nationalbibliothek und ihre Stellung in der Basler Miniaturmalerei des XV. Jahrhunderts, in: Jahrbuch der kunsthistorischen Sammlungen in Wien 36 (1923–1925), S. 47–96, bes. 49.
76 Wien, ÖNB, Cod. 2769, fol. 1; ESCHER (wie Anm. 75), Abb. 1.
77 Dazu R. KAHSNITZ, Die Handschrift und ihre Bilder, in: J. JANOTA (Hg.), Die Furtmeyr-Bibel in der Universitätsbibliothek Augsburg. Kommentar zum Faksimile, Augsburg 1990, S. 65–124, bes. 87ff.
78 Zusätzlich zu den üblichen Basler Dekorationssystemen der sogenannten Vullenhoegruppe werden noch Kenntnisse verarbeitet aus höfischem Kontext, etwa aus dem Umkreis des Montfort-Stundenbuchs (Wien, ÖNB, Cod. 1855); zu den Kenntnissen dieser Muster am Oberrhein SAURMA-JELTSCH (wie Anm. 18), Bd. 1, S. 173f.; zu den Werken der Boucicaut-Werkstatt ESCHER (wie Anm. 75), Abb. 10 im Vergleich zu den Wappenfeldern im Boucicaut-Stundenbuch, Abb. CHÂTELET (wie Anm. 71), S. 308.

damit weit über das hinaus, was in den übrigen Handschriften der sogenannten Vullenhoegruppe[79], zu der auch diese Bände zu zählen sind, vorgeführt wird.

Man gewinnt den Eindruck, Eberler habe in den beiden Bänden ein Bildkompendium anlegen wollen, in dem die jeweils neuesten Motive mit den traditionellen Ausstattungsweisen verbunden werden. Insbesondere die Zitate aus der zeitgenössischen Graphik sind so zahlreich, daß Konrad Escher sogar vermutete, der Meister E.S. selbst habe mitgearbeitet[80]. Wahrscheinlicher ist, daß die Maler zumindest im zweiten Band die Aufgabe hatten, in Landschaftskonzepte, wie sie von den übrigen Handschriften derselben Basler Werkstatt bekannt waren, etwa vom Brevier Friedrichs ze Rhyn[81] und von der Vullenhoebibel[82], neue Figurentypen einzusetzen. Mit dem Propheten Baruch (Abb. 5) werden in fast karikierender Weise alle Motive aufgegriffen, die der oberrheinische Kupferstecher Meister E.S. um 1460 mehrfach abwandelte und besonders nahe in seinem Matthäus (Abb. 6)[83] gestaltet hatte. Der alttestamentliche Prophet aus der Bibel nimmt denselben tänzerischen Schritt auf, den auch der Stecher dazu benutzte, das Schwingen des Gewandes zu rhythmisieren. Ob Eberler sich mit solchen Neuerungen profilieren oder aber, wie weiter oben vermutet, in der bestellten Buchmalerei Objekte seiner eigenen Sammlung verewigt wissen wollte, kann nur als Frage stehen bleiben.

Ist schon eine pergamentene Prachtbibel eine Extravaganz, so ist der Teppich, den Eberler mit dem Thema der Neun Helden[84] herstellen ließ, noch ungewöhnlicher. Einen solchen Neunheldenteppich hatte sich der Duc de Berry[85] zugelegt, und die Ikonographie war bis dahin höfischen und ritterlichen Kreisen vorbehalten gewesen[86]. Freilich verweisen nur das Thema und die Aufgabe des ehemals monumentalen Wandteppichs auf die höfische Sphäre, wogegen der Stil der Gestalten am ehesten jenen Arbeiten entspricht, die wir aus den 60er Jahren im Elsaß kennen, so beispielsweise in der in Hagenau entstandenen Wiener Handschrift des Eberhard Windeck[87]. Mit einer gegenüber der bisherigen

---

79 ESCHER (wie Anm. 75), S. 69ff.; H. JERCHEL, Spätmittelalterliche Buchmalereien am Oberlauf des Rheins, in: Oberrheinische Kunst 5 (1932), S. 17–82, bes. 39–42.
80 ESCHER (wie Anm. 75), S. 88f.
81 Basel, UB, AN VIII 28; K. ESCHER (Hg.), Die Miniaturen in den Basler Bibliotheken, Museen und Archiven, Basel 1917, Taf. XLVII.
82 Basel, UB, B I 3; Abb. ebd., Taf. XLVIII.
83 LEHRS 136; ESCHER (wie Anm. 75), S. 94; H. APPUHN (Hg.), Meister E.S. Alle 320 Kupferstiche (Die bibliophilen Taschenbücher 567), Dortmund 1989, Abb. 125.
84 Basel, Historisches Museum, Inv. 1870.740; Abb. RAPP BURI/STUCKY-SCHÜRER (wie Anm. 38), S. 222–227, bes. 224f.
85 New York, Metropolitan Museum of Art, The Cloisters; MEISS (wie Anm. 29), Bildband Abb. 445f.
86 So etwa in Köln im sogenannten Hansasaal; W. GEIS/U. KRINGS (Hgg.), Köln. Das gotische Rathaus und seine historische Umgebung (Stadtspuren – Denkmäler in Köln 26), Köln 2000, S. 51, Abb. 50.
87 Wien, ÖNB, Cod. 13975; dazu SAURMA-JELTSCH (wie Anm. 18), Bd. 1, S. 122, 131f. und Bd. 2, S. 116–120. Dagegen halten RAPP BURI/STUCKY-SCHÜRER (wie Anm. 38), S. 222, den Teppich für eine Arbeit aus der Zeit um 1480/90, was aufgrund der Rüstungen nur schwer nachzuvollziehen ist. Nicht allein der Stil des Teppichs gemahnt an das wahrscheinlich erste illustrierte Sigmundbuch, sondern es wird auch eine konkrete ikonographische Anleihe gemacht, entspricht doch Karl der Große im Teppich Kaiser Sigismund in der Handschrift; vgl. dazu SAURMA-JELTSCH (wie Anm. 18), Bd. 2, Abb. 172.

Datierung vorverlegten Entstehung des Teppichs in die frühen 60er Jahre erhärtet sich die besonders durch die Prachtbibel von 1464[88] gestützte Annahme, Matthias Eberler habe bereits 1461 mit der Heirat der reichen und angesehenen Barbara von Albeck eine Karriere als Junker mit allen Auszeichnungen angestrebt. Da er seit 1477 im Besitz des Engelhofs war, eines der damals wohl größten städtischen Anwesen, das unmittelbar auf seine Grabkapelle ausgerichtet ist, nennt sich Eberler nun als *zem Engel* und führt den Junkertitel *domicellus*[89]. Mit seiner Kunstförderung nimmt er folglich diesen Anspruch auf einen höheren Rang vorweg und repräsentiert ihn mit aller Deutlichkeit nach außen. Für das Aufblühen der Kunstproduktion am Oberrhein ist gerade diese Gruppe der neuen Aufsteiger, zu der Eberler ja offensichtlich gehört, von großer Bedeutung.

Halten hier wir hier kurz inne und überlegen, welche Parallelen zu Burgund wir bisher in der Kunstszene des Oberrheins feststellen konnten. Mit ihrer dichten Ansammlung von Städten verfügt die »oberrheinische Kunstlandschaft« über eine ähnliche Abnehmer- und Auftraggeberstruktur wie die niederländische. Im Gegensatz zu Burgund fehlt jedoch der Hof als dynamisches Organisationszentrum. Wir werden denn auch kaum an Höfen engagierte und mit festen Stellungen versehene Künstler antreffen, wie etwa Jan van Eyck, der als *varlet de chambre* zur engeren Entourage des Herzogs von Burgund gehörte[90]. Ebensowenig besteht die Kunst verwendende Klientel aus Angehörigen eines Hofes als kulturellem Gravitationszentrum, denn diese kommt zunehmend aus den Städten selbst oder aus der Umgebung benachbarter Landesherren. Dennoch scheinen sich diese Kunden an der Art und Weise zu orientieren, wie man in Burgund Kunst zur Markierung eines sozialen Codes einzusetzen pflegt. Kostbare Materialien, »hoffähige« Themen, aber auch – wie wir noch sehen werden – eine immer größere Kennerschaft »avantgardistischer« Motive und meisterlich verfertigter Werke ist ebenso für die neue Kundschaft kennzeichnend wie für diejenige aus der burgundischen Szene.

4. Die Beziehung der Künstler zu Burgund

In welchem Verhältnis zu Burgund oder »Burgundischem« im angedeuteten Sinn stehen nun die Kunstschaffenden selbst, welche Beziehungen, außer den indirekt, über verwandte Objekte erschlossenen, lassen sich hier feststellen? Bereits in der ersten Gruppe von Kräften, mit deren Hilfe Philipp der Kühne, der erste Valois, als Herzog von Burgund ab 1376 in Dijon ein neues, repräsentatives Zentrum mit eigener Hofwerkstatt installierte, befanden sich Kunsthandwerker, die mit dem Oberrhein verbunden waren. Unter jenen Künstlern, die mit Antritt der flandrischen Herrschaft 1384 nach Dijon geholt wurden, um die monumentale Stiftung der Kartause Champmol zu gestalten, war 1387/88 auch der

---

88 Der Verzicht auf das Allianzwappen entspricht der Anordnung in der späteren Kapelle, wo ebenfalls das Eberwappen die visuelle Übermacht besitzt. An die Initialseite seiner Bibel scheint der Auftraggeber auch mit einer Wappenpräsentation an der Stirnseite seiner Kapelle erinnern zu wollen, wird doch auch dort der Engel zum Wappenträger.
89 RAPP BURI/STUCKY-SCHÜRER (wie Anm. 38), S. 90.
90 Dazu BELTING/KRUSE (wie Anm. 25), S. 139.

*pointre Henry de Baale*⁹¹. Bei diesem könnte es sich um Hans Tiefental von Schlettstadt handeln, mit dem der Rat von Basel am 7. April 1418 einen Vertrag zur Ausmalung der Kapelle zum Elenden Kreuz am Riehentor abschloß⁹². Der Neubau war offenbar eine ehrgeizige Unternehmung, stand er doch auf dem eben von den Habsburgern an die Stadt gekommenen Gebiet Kleinbasels⁹³. Dies mag die Basler dazu verführt haben, sich am Ansehen Burgunds zu orientieren und dabei tief in die Tasche zu greifen⁹⁴.

Hans Tiefental sei, so wird in einem Prozeß von 1422 erwähnt, gemeinsam mit dem Frankfurter Maler Heinie Gutterolf⁹⁵ in Dijon gewesen, und dort sei *des herzogs von Burgöm wer(k)meister ... ir beider meister ... gesin*⁹⁶. In dem Vertrag für die Gestaltung der Gewölbemalerei der Elendkreuzkapelle wird bis in die Details festgehalten, wie diese herzustellen sei, vor allem aber solle das Gewölbe in derselben Art geschaffen werden, *als die hymeltz ze Dischun in Burgunden, in der carthuser closter gemacht ist*. Im übrigen wird von Tiefental ein Muster seines Könnens erwartet: *Item der vorgenant meister Hans sol ouch ein muster der veldung mit im haruff bringen*⁹⁷. Ein tiefblaues Gewölbe mit in Gold aufgemalten, sich kreuzenden Leisten wurde in Auftrag gegeben und goldenes Laubwerk und Sterne sollten es verzieren. Insbesondere die erhaben anzubringenden Sterne und die ebenfalls plastisch zu gestaltende Sonne im Zentrum, die im Innern das Wappen der Stadt trug, mußte den Eindruck eines über der Kapelle sich öffnenden Himmelszeltes erwecken, in dem nicht nur die Sterne, sondern auch das Stadtwappen zu schweben schienen. In Dijon hatte eine Delegation Basler Bürger offenbar das Werk bestaunen können⁹⁸ und, beeindruckt von dessen theatralischem wie auch Ansehen verheißendem Effekt, in Basel dieselbe Konzeption von jenem Maler herstellen lassen wollen, der aufgrund seiner Mitarbeit in Dijon versprach, über das nötige »Know-how« zu verfügen. Der Vertrag hält denn mit großem Sachverstand fest, wie die Felderunterteilung zu bewerkstelligen, die Farbe zu fixieren und die Leisten herzustellen seien. Vor allem aber wird sehr genau darauf geachtet, daß nichts von dem äußerst kostbaren Material – Azurit und Gold – verschwendet wird. Ein ähnliches Gewölbe wie das Dijoner hatte Jean de Beaumetz wahrscheinlich schon in Argilly in einer der ersten prestigeträchtigen Anlagen Philipps

---

91 TROESCHER (wie Anm. 4), Bd. 1, S. 46; MONGET (wie Anm. 66), S. 131 und 133; der *pointre Henry de Baale* wird von R. SUCKALE, Les peintres Hans Stocker et Hans Tiefental. L'»ars nova« en Haute Rhénanie au XVe siècle, in: Revue de l'art 120 (1998), S. 58–67, bes. 62 und Anm. 37, nicht mit Hans Tiefental gleichgesetzt.
92 ROTT (wie Anm. 11), Quellen II, S. 9f.
93 STAMM (wie Anm. 15), bes. S. 52f.
94 In Kleinbasel finanzierte Jakob Zibol, einer der reichsten Spekulanten der Stadt, den Bau der Kartause; dazu C. H. BAER, Die Kunstdenkmäler des Kantons Basel-Stadt, Bd. 3: Die Kirchen, Klöster und Kapellen. Teil 1: St. Alban bis Kartause (Die Kunstdenkmäler der Schweiz 12), Basel 1941, S. 451. Ebenfalls für die Kartause stiftete in den 20er Jahren der Diplomat Henman Offenburg ein Fenster; dazu E. J. BEER, Die Glasmalereien der Schweiz aus dem 14. und 15. Jahrhundert ohne Königsfelden und Berner Münsterchor (Corpus Vitrearum Medii Aevi, Schweiz III), Basel 1965, S. 141.
95 ROTT (wie Anm. 11), Quellen II, S. 11f.
96 Ebd., Quellen II, S. 12.
97 Ebd., Quellen II, S. 10.
98 ESCHER (wie Anm. 75), S. 77, berichtet von einer Gesandschaft von Basler Bürgern, die 1410 nach Dijon an den Hof gingen.

erproben können[99]. Die Idee eines illusionistischen Himmelsgewölbes hat wohl nicht nur die Basler begeistert, denn wir finden das Motiv sehr oft in der burgundisch-französischen Buchmalerei des frühen 15. Jahrhunderts wieder[100].

Nur ein zweiter Meister ist uns bekannt, der vom Oberrhein in die Dienste des burgundischen Hofes gelangte, nämlich Haincelin von Hagenau, der gemeinsam mit Jacques Coene, einem Maler aus Brügge, im ersten Jahrzehnt des 15. Jahrhunderts Bilderhandschriften hergestellt hat[101]. Ungewiß bleibt seine Identifizierung. Von einzelnen Autoren wird er mit dem Bedford-Meister in Zusammenhang gebracht[102], dem eines der bedeutendsten Ateliers in Paris im zweiten und dritten Jahrzehnt des 15. Jahrhunderts zugeschrieben wird[103]. Haincelin arbeitete für einen der größten Bibliophilen jener Zeit, für Philipp den Kühnen[104], und war als *enlumineur et valet de chambre* von 1409 bis 1415 bei dem jungen Dauphin Louis de Guyenne tätig[105]. In den Quellen wird Haincelin nicht allein als Buch-, sondern auch als Tafelmaler geführt und ist darüber hinaus auch mit jenen Gegenständen beschäftigt, die vor allem zum Handwerk dieser Künstler gehören, wie etwa das Bemalen von Taschen, Koffern und Rüstungen[106].

Haincelin und der Flame Jacques Coene[107] scheinen im zweiten und dritten Jahrzehnt zu den führenden Miniaturisten in Paris gehört und intensive Beziehungen zwischen Paris und Flandern geschaffen zu haben[108]. Wie Patrick de Winter zeigt, herrschte in den ersten drei Jahrzehnten des 15. Jahrhunderts zwischen der Pariser Szene und den flandrischen Städten ein reger Austausch, der vor allem über Experten vermittelt wurde, wie den eng mit dem burgundischen Hof verbundenen luccesischen Fernhändlern und Bankiers Dino und Giacomo (Jacques) Rapondi[109]. Nicht allein interessante Objekte, sondern auch Künstler, Vorbilder und Themen wurden von solchen Acquisiteurs in die Zirkel von Fürsten eingebracht, die auch im Medium der Kunst miteinander konkurrierten.

Sind schon die Nachrichten über oberrheinische Kräfte im Umkreis des burgundischen Hofes nur spärlich, so sind gar keine Meister bekannt, die umgekehrt aus dem bur-

---

99 TROESCHER (wie Anm. 4), Bd. 1, S. 47.
100 Vgl. etwa die Marienverkündigung in den »Bedford-Hours«, London, The British Library, Ms. Add. 18850, fol. 32; J. BACKHOUSE, The Bedford Hours, London 1990, Abb. 12; siehe auch TROESCHER (wie Anm. 4), Bd. 1, S. 45f.
101 DE WINTER (wie Anm. 41), S. 104f.
102 Dazu CHÂTELET (wie Anm. 71), bes. S. 104f. und 166; nur mit Einschränkung C. STERLING, La peinture médievale à Paris 1300–1500, 2 Bde., Paris 1987/1990, Bd. 1, S. 446.
103 Ebd., S. 435–450.
104 DE WINTER (wie Anm. 41), S. 104.
105 STERLING (wie Anm. 102), Bd. 1, S. 378.
106 Jean de Beaumetz bemalte in Arras und am burgundischen Hof Harnische, dazu TROESCHER (wie Anm. 4), Bd. 1, S. 37 und 39; ebenso Haincelin von Hagenau, dazu DE WINTER (wie Anm. 41), S. 104.
107 Jacques Coene wird von manchen Autoren mit dem Boucicaut-Meister identifiziert, dazu DE WINTER (wie Anm. 41), S. 102, 104f. und 111; STERLING (wie Anm. 102), Bd. 1, S. 409–412, bes. 412; in den Mailänder Urkunden wird er als *pinctor nationis Flandriae* bezeichnet; M. SMEYERS, Flämische Buchmalerei. Vom 8. bis zur Mitte des 16. Jahrhunderts. Die Welt des Mittelalters auf Pergament, Stuttgart 1999, S. 185; dagegen sieht CHÂTELET (wie Anm. 71), S. 108ff., in ihm den Meister der Marienkrönung.
108 DE WINTER (wie Anm. 41), S. 111.
109 Dazu auch CHÂTELET (wie Anm. 71), S. 103f.

gundischen Raum an den Oberrhein gewandert wären. Erst in den 60er Jahren des 15. Jahrhunderts taucht am Oberrhein mit dem Bildhauer Nicolaus von Leyden[110] ein Meister auf, dessen Werk einen individuellen und nachhaltigen Einfluß ausüben sollte. Nach Straßburg kam er wohl um 1462 bereits als reifer Künstler, der sehr stark geprägt war von den Zentren der burgundischen Produktion in Tournai, Brügge und Brüssel. Seine um 1464 begonnenen Arbeiten am Portal der Straßburger Kanzlei wurden nur wenig später von dem Colmarer Künstler Caspar Isenmann[111] in einem Studienblatt zur weiteren Verwendung festgehalten. Selbst Martin Schongauer[112], aber auch die zeitgenössischen Buchmaler[113], griffen rasch Motive aus dem Werk dieses Bildhauers auf.

Wenn uns auch keine weiteren zwischen den beiden Gebieten sich bewegenden Künstler mehr bekannt sind, die aus dem einen oder anderen Gebiet zugewandert sein dürften, so erlauben doch die Nachrichten über den regen Austausch, den die oberrheinischen Kräfte über mehrere Städte hinweg unterhielten, indirekte Schlüsse auf weitgespannte Kontakte. So arbeitete beispielsweise Hans Tiefental von Schlettstadt als Kenner der Szene von Dijon nicht nur in Basel[114], sondern auch in Schlettstadt[115], Thann[116], Straßburg[117] und Metz. Umfangreiche Aufträge wurden nicht selten durch eine mehrere Städte umfassende Kooperation bewältigt[118]. Etwa von Jost Haller[119], der gemeinsam mit Hans Hirtz[120],

110 G. TROESCHER, Kunst- und Künstlerwanderungen in Mitteleuropa 800–1800. Beiträge zur Kenntnis des deutsch-französisch-niederländischen Kunstaustauschs, 2 Bde., Baden-Baden 1953/54, Bd. 2, S. 383f.; HEINRICHS-SCHREIBER (wie Anm. 12), S. 29ff.; R. RECHT, Nicolas de Leyde et la sculpture à Strasbourg (1460–1525), Straßburg 1987, S. 115ff.
111 Basel, Öffentliche Kunstsammlung – Kupferstichkabinett: Inv. U.VIII.15; dazu SAURMA-JELTSCH (wie Anm. 18), Bd. 1, S. 180, bes. Anm. 294 mit weiterführender Literatur und Bd. 2, Abb. 236.
112 Zum Verhältnis der Kreuzigung zu dem Baden-Badener Kruzifixus von Nicolaus Gerhaert siehe KROHM (wie Anm. 32), S. 16.
113 SAURMA-JELTSCH (wie Anm. 18), Bd. 1, S. 180f.
114 Außer der Arbeit an der Elendkreuzkapelle hat er auch das Reiterbild über dem Rheintor bearbeitet, was ihm das Basler Bürgerrecht einbrachte; dazu ROTT (wie Anm. 11), Quellen II, S. 9f.
115 Er ist seit 1421 als Maler in Schlettstadt erwähnt und 1424 Bürger von Schlettstadt, dazu ROTT (wie Anm. 11), Quellen I, S. 323. 1520 wird er in einem Epitaph des Schlettstadter Humanisten Johannes Sapidus gerühmt als *inter pictores gloria prima bonos*; dazu ebd., S. 324.
116 1420 versuchte Hans Tiefental in einem Prozeß seinen Lohn bei den Pflegern von St. Theobald in Thann für eine Vergoldungsarbeit einzutreiben, die er dort ausgeführt hatte; dazu ROTT (wie Anm. 11), Quellen II, S. 10f.
117 Er ist von 1437 bis 1448 in Straßburg nachweisbar; dazu ROTT (wie Anm. 11), Quellen I, S. 199f.
118 Diebold Lauber von Hagenau hat offenbar für einen seiner größten Aufträge, die Heidelberger Bibel (Universitätsbibliothek, Cpg. 19–23) neben seinen üblichen Mitarbeitern eine ganze Reihe zusätzlicher Kräfte beschäftigt, von denen einzelne in Straßburg tätig gewesen sein müssen; dazu SAURMA-JELTSCH (wie Anm. 18), Bd. 1, S. 113–120.
119 ROTT (wie Anm. 11), Quellen I, S. 190.; C. STERLING, Jost Haller, peintre à Strasbourg et à Sarrebruck au milieu du XVe siècle, in: Bulletin de la Société Schongauer à Colmar 1979–1982, Colmar 1983, S. 53–112, bes. 67f.
120 Hirtz wird öfter mit dem Meister der Karlsruher Passion identifiziert; dazu D. LÜDKE, Der Meister der Karlsruher Passion und sein Werk, in: Die Karlsruher Passion. Ein Hauptwerk Straßburger Malerei der Gotik, Katalog zur Ausstellung der Staatlichen Kunsthalle Karlsruhe 4. April bis 30. Juni 1996, Ostfildern-Ruit 1996, S. 9–17, bes. 9.

Hans Tiefental von Schlettstadt und Hans Ott – einem wahrscheinlich als Buchmaler bei Diebold Lauber tätigen Maler[121] – in der Straßburger Goldschmiede- und Malerzunft Einsitz hatte, ist bekannt, daß er einen entsprechenden Vertrag mit Hans Tiefental schloß[122]. Beide zusammen wollten sich Gewinn und Verlust teilen bei dem von dem *strengen ritter, hern Niclaus Wolff*[123] erlassenen Auftrag, in Metz ein steinernes Kreuz zu bemalen. Dies bedeutet nun nicht allein, daß die beiden Straßburger Maler in Metz tätig waren, sondern daß sie dort auch enge Beziehungen zur Entourage des burgundischen Hofs pflegen konnten. Ritter Nicolaus Wolf war ein vermögender adeliger Auftraggeber[124], der 1433 mit einem weiteren Mäzen, Johan von Esch[125], Mitglied einer Delegation der Stadt Metz war, die in Basel während des Konzils mit Kaiser Sigismund verhandeln sollte[126]. Dieselbe Delegation hielt sich 1446 am Hofe Philipps des Guten in Brügge auf[127]. In Metz, das sich mit den Herzögen von Burgund gegen die anhaltende Bedrohung durch die Lothringer verbündet hatte, sind also die elsässischen Maler mit aristokratischen Auftraggebern in Kontakt gekommen, die im Burgunderreich über weitreichende Beziehungen verfügten. Jost Haller, dem Charles Sterling die Bergheimer Predella zuschreibt[128], ist freilich als einziger elsässischer Maler aus dem städtischen Zusammenhang ausgebrochen und wurde, nach seinem Umzug nach Saarbrücken – wohl durch Nicolaus Wolf vermittelt – in der Zeit von 1468 bis 1472 Hofmaler des Grafen Johann III. von Nassau-Saarbrücken[129].

Die Gelegenheiten zur Kommunikation mit dem Burgunderreich waren selbstverständlich vielfältig. Manche der möglichen Auftraggeber besaßen selbst verwandtschaftliche oder andere Verbindungen zum burgundischen Adel[130]. Ebenso gehörten regelmäßige Verbindungen zu den Städten Brügge und Utrecht zum Alltag des Straßburger Handels[131]. In Basel sind Kontakte zur niederländischen Malerei, die ja auch zu den Quellen der Arbeiten von Konrad Witz[132] zu zählen ist, über die Besucher des Konzils intensiviert worden. Dem Testa-

---

121 Dazu SAURMA-JELTSCH (wie Anm. 18), Bd. 1, S. 120 mit Anm. 428 und S. 132f.
122 ROTT (wie Anm. 11), Quellen I, S. 200.
123 Ebd.
124 STERLING (wie Anm. 119), S. 67; J. SCHNEIDER, Un gentilhomme de ville: Sire Nicole Louve, citain de Metz (1387–1462), in: P. CONTAMINE (Hg.), La noblesse au Moyen Age, XIVe-XVe siècles. Essais à la mémoire de Robert Boutruche, Paris 1976, S. 175–199; H. KLEIN, Der Maler Jost von Saarbrücken und sein Auftrag zur Ausmalung einer Kapelle in der Metzer Karmeliter-Kirche vom Jahre 1455. Personengeschichtliche Notizen zur spätmittelalterlichen Malerei im Westreich, in: Bericht der Staatlichen Denkmalpflege im Saarland 19 (1972), S. 41–54, bes. 45f.
125 Dazu STERLING (wie Anm. 119), S. 65ff.
126 Ebd., S. 67.
127 KLEIN (wie Anm. 124), S. 46.
128 STERLING (wie Anm. 119), S. 69–74.
129 Er ist seit 1453 im Dienst des Grafen Johannes III. von Nassau-Saarbrücken nachweisbar; dazu STERLING (wie Anm. 119), S. 65–68.
130 ESCHER (wie Anm. 75), S. 77, zählt eine Reihe solcher Verbindungen über Lehen, Ämter und verwandtschaftliche Verbindungen auf.
131 P. DOLLINGER, Corporations et métiers à Strasbourg à la fin du moyen âge, in: Annuaire de la Société des amis du vieux-Strasbourg 18 (1988), S. 71–80, bes. S. 75.
132 M. SCHAUDER, Konrad Witz und die Utrechter Buchmalerei, in: K. VAN DER HORST/J.-C. KLAMT (Hgg.), Masters and Miniatures. Proceedings of the Congress on Medieval Manuscript Illumination in the Northern Netherlands, Utrecht 10–13 December 1989 (Studies and Facsimiles of Netherlandish Illuminated Manuscripts 3), Dornspijk 1991, S. 137–147 mit älterer Literatur.

ment des 1433 in Basel verstorbenen Utrechter Bischofs Zweder van Culemborg entnehmen wir, daß er enge Beziehungen zu dem ebenfalls aus Utrecht stammenden Prior der Kartause von Basel, Albert Buer, pflegte[133]. Dieser hatte den auch aus den Niederlanden gekommenen Schreiber Henricus de Vullenhoe damit beauftragt, für die noch dünn bestückte Bibliothek des Hauses eine größere Handschriftenproduktion in Gang zu setzen[134]. Vor allem der 1435 datierte zweite Band der mehrbändigen Bibelausgabe[135] weist motivisch eine enge Verwandtschaft mit einer dem sogenannten Meister des Zweder van Culemborg zugeschriebenen Bibelhandschrift aus der Zeit um 1430 auf[136]. Die entsprechende Vorlage sollte die Werke aus dieser Werkstatt doch so sehr beeinflussen, daß in einer späten Arbeit wie der Eberlerbibel etwa die Landschaftselemente weiter verwendet worden sind[137].

5. Burgundische Werke am Oberrhein

Verwandtschaftliche oder politische Beziehungen eines Ortes müssen sich freilich nicht zwangsläufig irgendwie auf die dort entstehenden Objekte auswirken. Einige überlieferte Beispiele können jedoch bestätigen, daß burgundische Verbindungen in der Kunstproduktion eine Rolle gespielt haben. Katharina von Burgund, die Tochter Philipps des Kühnen und Gattin Leopolds IV. von Österreich, trat im Elsaß mehrfach als Mäzenin in Erscheinung. Für das Sundgauer Kloster Schönensteinbach hatte sie eine französische Handschrift gestiftet[138] und für das Steinenkloster in Basel ein Anniversar finanziert[139]. Eine spektakuläre Förderung ließ sie dem Wallfahrtsort Thann zukommen, indem sie dort den Neubau des Chors und dessen Verglasung[140] veranlaßte[141]. Dieser wichtige Auftrag wurde von einer aus verschiedenen Regionen zusammengekommenen Gruppe von Glasmalern ausgeführt[142], in der neben elsässischen Glasmalern[143] sowohl Kräfte aus

---

133 Ebd., S. 142.
134 ESCHER (wie Anm. 75), S. 69ff.; ESCHER (wie Anm. 81), Nr. 203–214, S. 144–161.
135 Basel, UB, B I 3 bis B I 1; ESCHER (wie Anm. 81), S. 152–155.
136 Wien, ÖNB, Cod. 1200; SCHAUDER (wie Anm. 132), S. 143ff. und Abb. 2.
137 Nicht um eine Arbeit aus dem Kreis des Meisters des Zweder van Culemborg scheint es sich hier zu handeln, sondern vielmehr um die Übernahme eines Modells, das in den Stil der oberrheinischen Buchmalerei umgesetzt wurde; dagegen SCHAUDER (wie Anm. 132), S. 144f.
138 Basel, Öffentliche Kunstsammlung, U IX 30; dazu ESCHER (wie Anm. 75), S. 76f. und DERS. (wie Anm. 81), Nr. 340, S. 224ff.
139 DERS. (wie Anm. 75), S. 77.
140 M. HÉROLD/F. GATOUILLAT, Les vitraux de Lorraine et d'Alsace. Inventaire général des monuments et des richesses artistiques de la France (Corpus Vitrearum France, Recensement des vitraux anciens de la France 5), Paris 1994, S. 300–306.
141 Es finden sich in den Scheiben die Wappen der Anna von Braunschweig-Göttingen und ihres Gatten Friedrich IV. von Österreich, die wohl für die Abschlußarbeiten, nicht aber für das Konzept verantwortlich sein dürften; ebd., S. 302
142 Ebd., S. 151.
143 P. KURMANN/B. KURMANN-SCHWARZ, Die Architektur und die frühe Glasmalerei des Berner Münsters in ihrem Verhältnis zu elsässischen Vorbildern, in: Bau- und Bildkunst im Spiegel internationaler Forschung. Festschrift zum 80. Geburtstag von Prof. Dr. Edgar Lehmann, Präsident des CVMA Nationalkomitees in der DDR, hg. vom Institut für Denkmalpflege der Deutschen Demokratischen Republik, zentraler Bereich Dokumentation und Publikation, Berlin 1989, S. 194–209, bes. 203–207.

Basel[144] wie aus Ulm[145] mitgewirkt haben. Die Auswirkungen dieses »höfischen« Auftrags, der zu einer Kooperation und infolgedessen auch zu einem beschleunigten Austausch zwischen den Künstlern führte, reichen bis zu den Glasfenstern von Biel[146] oder dem Berner Münsterchor[147].

Eine der bedeutendsten, heute noch erhaltenen burgundischen Stiftungen am Oberrhein ist in einer Votivtafel des Historischen Museums in Basel erhalten (Abb. 7)[148]. Eine in Marmor eingelassene Bronzetafel dient als bildliche Memorie, während der wesentlich größere, in den Marmor gehauene Schriftteil die Stiftungen, Stiftungszweck und Stifter erwähnt[149]. Im Zentrum des Bildes befindet sich unter dem Kreuz die sitzende Muttergottes mit ihrem toten Sohn auf dem Schoß. Zwei Engel flankieren das Kreuz und präsentieren Dornenkrone und Lanze. Neben der Pietà kniet auf der linken Seite Herzog Philipp der Gute an seinem Betpult und wird von dem hl. Andreas empfohlen. Hinter ihm ist sein Sohn Karl der Kühne zu sehen. Auf der rechten Seite kniet Isabella von Portugal vor dem Betpult, empfohlen von der hl. Elisabeth und begleitet von den beiden verstorbenen Söhnen Anton und Jossé. Der gesamte Bildgrund ist reich überzogen mit Damastmuster, Wappen und Devisen prangen unübersehbar an zentralen Stellen. Im unteren Teil der Tafel ist festgehalten, welche Stiftungen die Herzogin von Burgund der Basler Kartause zugute kommen ließ. An erster Stelle stehen dabei die zwei Jahrzeitstiftungen, die dazu dienen sollen, für das Seelenheil ihres Gatten, ihres einzigen überlebenden Sohnes, aber auch für die Seelen ihrer verstorbenen Söhne und ihrer Eltern in einer täglichen Messe zu gedenken. Nach dem Tode der Herzogin sei ihr Grab täglich mit Weihwasser zu besprengen und Gebete in Erinnerung an ihre Stiftung zu sprechen, damit sie bis in alle Ewigkeit begleitet würde[150]. Um dieses Geleit zu sichern, finanziert sie die Errichtung zweier Zellen, liefert den Unterhalt für deren Bewohner und eine Reihe von Liturgica, wie Kelch, Leuchter, Hostienbüchse, Messkännchen etc.

Die Stiftung wurde offenbar 1433 getätigt und dürfte im Zusammenhang mit der burgundischen Delegation stehen, die Philipp der Gute an das Basler Konzil gesandt hatte[151].

---

144 C. Wild-Block, Les vitraux du chœur de la collégiale Saint-Thiébaut à Thann, in: Congrès archéologique de France 1982 (136e session 1978: Haute-Alsace), S. 223–229, bes. 228.
145 H. Scholz, Zur Chronologie der ursprünglichen Chorverglasung des Ulmer Münsters, in: Ulm und Oberschwaben 47/48 (1991), S. 9–71, bes. 56–63.
146 Beer (wie Anm. 94), S. 164f.
147 Kurmann-Schwarz (wie Anm. 13)
148 Basel, Historisches Museum, Inv. 1870.673; dazu Baer (wie Anm. 94), S. 531–535; P. Quarré, Plaques de fondations d'Isabelle de Portugal, duchesse de Bourgogne, aux Chartreuses de Bâle et de Champmol-les-Dijon, in: Historisches Museum Basel. Jahresberichte und Rechnungen, Basel 1959, S. 29–38; Kamp (wie Anm. 22), S. 40; van de Velden (wie Anm. 23), S. 172 und Abb. 88. – Herrn Dr. Daniel Reicke sei sehr herzlich dafür gedankt, daß er mich nicht nur an die Votivtafel erinnert, sondern mir auch die ältere Literatur verschafft hat.
149 H. Kamp, Memoria und Selbstdarstellung. Die Stiftungen des burgundischen Kanzlers Rolin (Beihefte der Francia 30), Sigmaringen 1993, S. 290.
150 Baer (wie Anm. 94), S. 534.
151 Quarré (wie Anm. 148), S. 30; siehe zu diesen Verhandlungen auch W. Prevenier/W. Blockmans, The Burgundian Netherlands, Cambridge (Mass.) 1986, S. 243; Philipp der Gute verbündete sich mit Eugen IV. gegen das Konzil, um sich eine den übrigen Regenten entsprechende Anerkennung zu sichern.

Allerdings dürfte die Platte wahrscheinlich erst zwischen 1446 und 1448 entstanden sein, wird doch dann der Empfang der Liturgica bestätigt[152]. Diesem Datum entspricht auch die Erscheinung Karls des Kühnen, dessen Geburt wohl zum Anlaß der Stiftung genommen wurde, der aber hier als Knabe dargestellt ist. Pierre Quarré konnte nachweisen, daß diese Platte mindestens fünf weiteren, sogar im Wortlaut übereinstimmenden Stiftungstafeln für Kartausen in unterschiedlichen Teilen des burgundischen Reiches entspricht[153]. Alle Tafeln scheinen nach demselben Modell hergestellt worden zu sein[154], das letztlich auf diejenige für die wichtigste Stiftung, die burgundische Grabeskirche in der Kartause Champmol in Dijon, zurückgeht[155]. Wahrscheinlich bezieht sich auch die zentrale Figurengruppe, die Pietà, auf ein Kunstobjekt der Dijoner Kartause, nämlich auf die *ymaige de Notre-Dame, laquelle tient embracié Nostre-Seigneur et deux petits angeles*[156], die Philipp der Kühne für den Kapitelsaal in Champmol bestellte.

Mit dem Akt der Stiftung und insbesondere mit dem auf sie verweisenden Bild soll, wie die Inschrift belehrt, für das Seelenheil der Betreffenden gesorgt werden. Insofern steht auch hier – und dafür spricht die Bedeutung, welche die Inschrift innerhalb des ganzen einnimmt – die liturgische Memorie an erster Stelle[157]. Zugleich sind damit aber noch andere Absichten verbunden: Die Bildnisse der herzoglichen Familie entsprechen einem festen Bildtyp und garantieren, nicht zuletzt durch ihre konsequente Verbreitung[158], eine für die damalige Zeit noch unvertraute optische Präsenz des Herrscherpaars. Die Votivbilder bringen dieses Paar und die von ihm verehrten Heiligen, unter deren besonderen Schutz sie sich gestellt haben, gerade durch den Bezug auf das hoch geschätzte Andachtsbild in Dijon auch als Begründer jener glänzenden burgundischen Stiftung in Erinnerung[159]. Mit der Verherrlichung der Andacht und des Gedenkens betont die Herzogsfamilie Frömmigkeit als eine sie besonders verpflichtende Haltung. Da das augenfällig gottesfürchtige Paar auch auf zahlreichen anderen Objekten zu sehen ist, wirkt es sozusagen als »Werbeträger« einer burgundischen Kulturpolitik[160]. In diesem Sinn ist also die Basler Tafel mit dem vorgezeigten italienischen Damast, den aufgeschlagenen Büchern, den Wappen und Devisen und dem kostbaren Kachelboden ein visuelles Mittel, um den »burgundischen Stil« in die Stadt zu bringen und bis in alle Ewigkeit Zeugnis vom Ruhm, Prestige und Reichtum der Burgunder abzulegen.

152 QUARRÉ (wie Anm. 148), S. 36.
153 Ebd., S. 34f.
154 Erhalten ist noch eine Zeichnung der Tafel von Champmol, QUARRÉ (wie Anm. 148), Abb. 4, und Mont-Renaud, ebd., S. 34.
155 Zu Champmol siehe KAMP (wie Anm. 22), S. 30ff. mit weiterer Literatur.
156 Archives de la Côte d'Or, B 11671, fol. 362; zitiert nach QUARRÉ (wie Anm. 148), S. 35.
157 VAN DER VELDEN (wie Anm. 23), S. 187f.; KAMP (wie Anm. 149), S. 290.
158 M. CHEYNS-CONDÉ, Expression de la piété des duchesses de Bourgogne au XVe siècle dans la vie quotidienne et dans l'art. Essai de synthèse, in: J.-M.CAUCHIES (Hg.), La dévotion moderne dans les pays bourguignons et rhénans des origines à la fin du XVIe siècle, Rencontres de Colmar-Strasbourg 29 septembre au 2 octobre 1988 (Publication du Centre Européen d'Etudes Bourguignonnes XIVe–XVIe s. 29), Neuchâtel 1989, S. 47–69, bes. Abb. 1 und 4–7.
159 Zu ähnlichen Zitaten auf wundertätig wirkende frühere Stiftungen bei den Burgundern siehe VAN DER VELDEN (wie Anm. 23), S. 166–178.
160 CHEYNS-CONDÉ (wie Anm. 158), S. 55–63.

6. Der »burgundische Stil« als Synonym der »Neuen Kunst«

Das bisher Gesagte weist am Oberrhein auf eine überragende Präsenz des Burgundischen hin, die wohl auch gezielt gefördert wurde. Will man von einer Kunstpolitik in dieser Zeit sprechen, dann kann man mit Gewißheit sagen, daß hier im 15. Jahrhundert eher von einer burgundischen Kunstpolitik als von einer habsburgischen ausgegangen werden kann[161]. Die Ästhetisierung der Stiftungen[162] und deren enge Verbindung mit dem Bild des Stifters läßt diese in einer Weise visuell gegenwärtig erscheinen, wie dies vor den burgundischen Herzögen nie die Absicht einer Dynastie gewesen war. Ihr Vorbild wird für all jene gültig, die einen entsprechenden Rang anstrebten. Die entscheidende Frage bleibt dennoch, wie weit die Zeitgenossen diese Entwicklung mit Burgund in Verbindung brachten.

Das Beispiel des Basler Rates, der für die Elendkreuzkapelle eine Kopie der Dijoner Ausmalung in Auftrag gab, spricht dafür, daß die Oberen der Stadt sich der Bedeutung dieser burgundischen Stiftung bewußt waren. Betrachtet man freilich den Vertrag, den die Basler mit Hans Tiefental abschlossen, wird deutlich, daß sie damit zwei Ziele verfolgten. Zum einen wollten sie in der Tat dem erst seit 1403 dem Basler Rat unterstellten, im Konstanzer Bistum gelegenen Gotteshaus[163] eine angemessene Ausstattung verleihen. Dabei ging es vor allem darum, in das Zentrum des Dijoner Gewölbemodells das Wappen der Stadt prominent zu plazieren[164] und ihm damit eine ihm angemessene Bedeutung zu verleihen. Die übrigen Vorschriften zur künstlerischen Ausstattung enthalten keine weiteren expliziten Verweise, obwohl die geforderte Teppichimitation an den Wänden, wie auch die Verzierung des Fußbodens mit Tiermotiven im Burgund ebenfalls sehr beliebt waren[165]. Offenbar handelte es sich hier jedoch um längst vertraute Dekorationsmuster[166], die nun als oberrheinisch empfunden wurden.

Als zweites war den Baslern an ihrem Auftrag mindestens so wichtig, daß der Schlettstadter Maler über das technische Wissen verfügte, um seiner Aufgabe nachkommen zu können. Er hatte ein Muster der Planung vorzulegen und erhielt genaue Anweisungen, wie vorzugehen sei. Hierfür war die Orientierung an den Dijoner Erfahrungen von zentraler Bedeutung, schien doch der Einzug eines hölzernen Gewölbes, dessen Spalten mit Tuch überzogen werden mußten, den Baslern die Gewähr für eine dauerhafte Fixierung der Malerei zu bieten[167]. Es waren infolgedessen zwei Aspekte, die bei dieser Anleihe eine Rolle gespielt haben dürften: Die Ideen- und Motivkonzeption eines berühmten burgundischen Vorbildes und die technische Vorgehensweise, das »Know-how«.

---

161 STERLING (wie Anm. 119), S. 74ff., betont nachhaltig, daß auch Beziehungen zu Wien bestehen, insbesondere zum Albrechtsmeister.
162 Dazu KAMP (wie Anm. 149), S. 228–234.
163 ROTT (wie Anm. 11), Quellen II, S. 9; siehe auch BEER (wie Anm. 94), S. 334f.
164 *Er sol ouch mitten in der hymeltzen ein guldinen sunnen machen, die sich mit gold ußpreßet, und mitten in der sunnen ein viertpaße, darinne der stett Basel wappen stan soll*; zitiert nach ROTT (wie Anm. 11), Quellen II, S. 9.
165 Dazu etwa die Beispiele im Stundenbuch der Katharina von Kleve (New York, The Pierpont Morgan Library: M 945); J. PLUMMER, The Hours of Catherine of Cleves, New York 1966, Taf. 154.
166 Vgl. dazu etwa die Beispiele von imitierten Wandbehängen in der Zürcher Profanmalerei; J. E. SCHNEIDER/J. HANSER, Wandmalerei im Alten Zürich, Zürich 1986, Abb. 12 und 16f.
167 Zum Verhältnis zu Dijon siehe TROESCHER (wie Anm. 4), Bd. 1, S. 46.

Nach dem Künstlerlob, das der Schlettstadter Humanist Johannes Sapidus auf einem Epitaph für Hans Tiefental von Schlettstadt wahrscheinlich 70 Jahre nach dessen Ableben verfaßte[168], soll der Maler zu den besten seines Faches gehört haben. Der Gelehrte rühmte ihn als Vertreter der »ars nova« und präzisierte dann, was darunter zu verstehen war: Er sei in der Lage gewesen, die Natur so täuschend nachzuahmen, daß seine Bilder gar nicht mehr von der Natur unterscheidbar gewesen seien.

Sehr verwandt lautet die Panegyrik, mit der Beatus Rhenanus in seinen *Rerum Germanicarum libri tres* 1531 Martin Schongauer rühmte. Die Stadt Colmar habe außer hervorragenden Gelehrten auch über ihren Apelles verfügt, nämlich jenen Martin, der aufgrund der einzigartigen Anmut der Malkunst den Beinamen *hübsch* verdient habe[169]. Für den Humanisten verbindet sich nicht, wie in späteren Zeiten, die Bezeichnung *schön* (pulcher) mit dem Maler, sondern jenes *hübsch* (bellus), das wohl auch Wimpfeling ansprach, als er die Kunst Schongauers mit den Epitheta *elegans* und *amabilis* verherrlichte[170]. Der Vergleich des Elsässers mit dem berühmten Maler der Antike scheint dem Schlettstadter Gelehrten aus dreierlei Gründen nahegelegen zu haben[171]: Er dürfte damit auf den einem großen Malerfürsten[172] angemessenen Ruhm angespielt[173], die besonderen Qualitäten der Werke Schongauers als dem Apelles[174] vergleichbar verstanden und schließlich auch Schongauers Bildung angesprochen haben, die den Zeitgenossen als unabdingbare Voraussetzung für einen guten Maler erschien[175]. Alle vier Elemente dieser Panegyrik – Ruhm, Einzigartigkeit der Künstlerpersönlichkeit, unübertreffliche Malerei und Gelehrsamkeit – sind Teil jener Vorstellung von einem Künstler, wie sie in Humanistenkreisen im 16. Jahrhundert gepflegt und damals offenbar mit der neuen und zwar niederländischen Kunst in Verbindung gebracht wurde.

Wie bewußt die Verbindung Schongauers zu der niederländischen Kunst schon bald nach seinem Tod war, macht ein Brief deutlich, den Lambert Lombard an Giorgio Vasari

---

168 Rott (wie Anm. 11), Quellen I, S. 324.
169 Beatus Rhenanus, *Rerum Germanicarum libri tres* (Basel: Froben, 1531), S. 147, Z. 25ff.: *Habuit etiam Apellem suum Martinum illum qui ob singularem pingendi gratiam Belli cognomen meruit ...*; zur Interpretation dieser Angabe siehe E. Flechsig, Martin Schongauer, Straßburg 1951, S. 187.
170 Jakob Wimpfeling, Epitome rerum Germanicarum (Marburg: Kolb, 1562/Erstausgabe Epithoma Germanorum, Straßburg: Prues, 1505), Cap. 67, S. 71, Z. 10f.: *... nihil elegantius, nihil amabilius a quoquam depingi reddique poterit.*
171 Dazu auch R. Suckale, Kunst in Deutschland. Von Karl dem Großen bis Heute, Köln 1998, S. 214f.
172 Zur Bedeutung des Apellesvergleichs bei den Humanisten siehe O. Bätschmann/P. Griener, Holbein-Apelles. Wettbewerb und Definition des Künstlers, in: Zeitschrift für Kunstgeschichte 57 (1994), S. 626–650; J. Gage, A »Locus classicus« of Colour Theory. The Fortunes of Apelles, in: Journal of the Warburg and Courtauld Institutes 44 (1981), S. 1–26.
173 Daß sich Beatus Rhenanus auf eine bereits tradierte Wertschätzung und nicht auf das eigene Urteil beruft, ist schon längst erkannt worden; dazu Flechsig (wie Anm. 169), S. 187.
174 Bereits bei Alberti werden die Begriffe *gratia* (Anmut) und *amoenitas* (Liebreiz) mit dem Werk des Apelles verknüpft; vgl. Leon Battista Alberti, *De Statua, De Pictura, Elementa Picturae*, hg. von O. Bätschmann/C. Schäublin, Darmstadt 2000, S. 296 und 83.
175 Dazu auch ebd., *De Pictura*, Liber III, Cap. 53, S. 292–297. – Schongauer wird wohl kurz nach seinem Tod in der Eintragung seines Anniversars als *pictorum gloria* benannt; dazu A. Châtelet, Der *hübsche Martin*, in: Ausstellungskatalog Colmar (wie Anm. 34), S. 27–35, bes. 28.

schrieb. Darin bezeichnete er Schongauer als Schüler Rogier van der Weydens, der zwar in der Farbgebung nicht die Fertigkeit seines Lehrers erreiche, dessen Kunst des Kupferstichs für die damalige Zeit jedoch wundersam gewirkt haben müsse[176]. Aus Giorgio Vasaris Künstlervita zu Michelangelo[177] vermögen wir indirekt auf die Qualitäten zu schließen, die im mittleren 16. Jahrhundert den Werken Schongauers beigemessen wurden und wohl auch den Anlaß seiner engen Verknüpfung mit dem angesehensten Maler der Niederlande geboten haben. Vasari berichtet, Michelangelo habe während seiner Lehrzeit einen Kupferstich mit der Darstellung des von Teufeln bedrängten hl. Antonius (Abb. 8)[178] studiert und gezeichnet. Während Vasari in der ersten Auflage der Viten[179] den Stich Dürer zuschreibt, wird er kurz darauf als Arbeit von Martino d'Ollandia benannt, also als Werk des nun eindeutig als Schüler Rogiers ausgegebenen Martin Schongauer[180]. Michelangelo habe nach dem Stich sogar ein Gemälde hergestellt und sei, um die Teufelsgestalten noch naturalistischer zu schildern als das Vorbild, auf den Fischmarkt gegangen und habe dort die Formen und Farben der Flossen und Augen der Tiere studiert.

Der Künstlerlegende entnehmen wir, daß zumindest im 16. Jahrhundert für die italienischen Berichterstatter kein Zweifel daran bestand, daß Martin Schongauer als Niederländer zu gelten habe. Darüber hinaus erfahren wir auch, was die Gründe für die Wertschätzung des Künstlers wie auch für seine Einordnung als Schüler Rogiers gewesen sein dürften[181]: Seine Fähigkeit zur detailgetreuen, naturalistischen Schilderung, die, über die Natur hinausgehend, dem Inhalt eine angemessene Form des Bizarren zu verleihen vermochte. Das visionäre Thema des von den Dämonen in den Lüften gepeinigten Heiligen gewinnt durch die intensive, detaillierte Ausgestaltung der dämonischen Wesen an Eindringlichkeit. Dem Betrachter werden die Qualen beinahe physisch nachvollziehbar vor Augen geführt. Er vermeint die schneidend scharfen Krallen, die harten Kanten der Drachenkämme, die spitze Stoßkraft der Hörner und die schillernde Glitschigkeit der Fischschuppen spüren zu können. Insbesondere die Instabilität des in der Luft schwebenden, umhergeschleuderten Heiligen überträgt sich auf den Betrachter. Die Virtuosität des Stiches besteht einerseits in der glaubwürdigen, weil stofflich greifbaren Wiedergabe dämonischer Wesen und andererseits in der eindrucksvollen Veranschaulichung der Schwindel

---

176 1565 schrieb der flämische Humanist diesen Brief; dazu A. CHÂTELET, Biographische Dokumente, in: Ebd., S. 45.
177 Erstausgabe 1550; dazu K. MÖSENEDER, Der junge Michelangelo und Schongauer, in: J. POESCHKE (Hg.), Italienische Frührenaissance und nordeuropäisches Spätmittelalter. Kunst der frühen Neuzeit im europäischen Zusammenhang, München 1993, S. 259–278, bes. 259.
178 S. RENOUARD DE BUSSIERE (Bearb.): Martin Schongauer. Maître de la gravure rhénane vers 1450–1491. Katalog zur Ausstellung im Musée du Petit Palais Paris 14. November 1991 bis 16. Februar 1992, Paris 1991, S. 108f.; Ausstellungskatalog Colmar (wie Anm. 34), K. 10, S. 268f.
179 GIORGIO VASARI, La vita di Michelangelo nella redazioni del 1550 e del 1568, hg. von P. BAROCCHI (Documenti di Filologia 5), Mailand/Neapel 1962, Bd. 1, S. 8f.
180 In der Ausgabe der Vita Michelangelos von Ascanio Condivi von 1553 wird Vasaris Angabe korrigiert, dazu MÖSENEDER (wie Anm. 177), S. 267, Anm. 3; Vasari selbst benennt in seiner späteren Ausgabe den Hersteller als Flamen aus Antwerpen; dazu CHÂTELET (wie Anm. 176), S. 37–53, bes. 45f.
181 Zu den unterschiedlichen Interpretationen von Michelangelos künstlerischem Interesse an diesem Kupferstich siehe MÖSENEDER (wie Anm. 177), S. 263f. und die Analyse des Autors S. 266.

erregenden Befindlichkeit des Heiligen. Die ikonographische Gestaltung der Darstellung mit der Szene des in die Lüfte entführten Heiligen geht keineswegs auf eine gängige Quelle zurück, sondern ist der frühchristlichen *Vita Antonii* des Athanasius entnommen[182], was wohl dem Wunsch von Auftraggebern entsprochen haben dürfte[183]. Obwohl dieser Kupferstich gemeinhin nicht mit jenem Phänomen der »Neuen Kunst« verbunden wird, eignet er sich gerade wegen seiner Besonderheiten dafür, näher auf diesen Begriff einzugehen.

Mit dem der Musikwissenschaft entliehenen Begriff der »ars nova«, der »Neuen Kunst«[184], versucht die Kunstgeschichte – und wohl schon Panegyriker im 16. Jahrhundert wie Johannes Sapidus – jene tiefgreifenden Veränderungen zu beschreiben, welche die Kunst nördlich der Alpen gleichzeitig mit dem Beginn der Frührenaissance in Italien erfaßte. Virtuos wird nun in den Gemälden die sichtbare Natur so veristisch gestaltet, daß sie der Wirklichkeit täuschend ähnlich wird. Die Bilder versuchen, die Künstlerlegende des antiken Malers Zeuxis[185] zu übertreffen, dessen gemalte Trauben sogar die Vögel irregeführt haben sollen, wollten diese doch davon naschen. Von Jan van Eyck wird berichtet, Diebe hätten versucht, in seinem berühmten Genter Altar die gemalten Juwelen zu stehlen, so echt seien sie ihnen erschienen.

In einer vorher nie gesehenen Perfektion schildern die Meister von Tournai, Robert Campin und sein Schüler Rogier van der Weyden, sowie der als Hofmaler Philipps von Burgund tätige Jan van Eyck die Lebenswelt des Betrachters. In diesem virtuellen Raum spielen sich nun die meist heiligen Ereignisse ab. Sie sind damit eingedrungen in den eigenen Erfahrungshorizont des Rezipienten, den sie durch ihre nachprüfbare »Wahrhaftigkeit« auf Glaubenserfahrungen einstimmen. Gerade für diese zunächst paradox erscheinende Intention der »Neuen Kunst« ist Schongauers Stich ein einprägsames Beispiel. Die von dem großen heiligen Dulder Antonius ertragenen Qualen werden dem Betrachter gerade wegen ihres offensichtlichen Verismus so glaubhaft und zugleich nachvollziehbar vor Augen geführt. Nur schwer wird er sich der Überzeugung entzogen haben können, daß solch schillernde, scheinbar naturnahe Wesen nicht tatsächlich existierten. Farben, Töne, Bewegungen, Geschwindigkeit und unterschiedlichste taktile Gefühle werden mit diesem Blatt auf den Betrachter übertragen, so daß er sich schaudernd in das Leiden und die tröstliche Kraft des Heiligen versenken muß.

Noch deutlicher wird das neue Interesse an der Schilderung der umgebenden Welt an solchen Bildern, die Alltägliches in den heiligen Kontext integrieren. Als Beispiel soll die

---

182 Dazu Ausstellungskatalog Colmar (wie Anm. 34), K.10, S. 268; J. M. MASSING, Schongauer's »Tribulations of St Anthony«. Its Iconography and Influence on German Art, in: Print Quarterly 1 (1984), S. 221–236.
183 Vermutlich dürften die sehr gebildeten Antoniter von Isenheim als Auftraggeber in Frage kommen; dazu CHÂTELET (wie Anm. 175), S. 34 und K. 10, S. 268f.
184 Häufig wird der Begriff undifferenziert als Bezeichnung allgemeiner neuer Tendenzen angewandt; zu einer knappen Begriffsgeschichte siehe G. POCHAT, Geschichte der Ästhetik und Kunsttheorie. Von der Antike bis zum 19. Jahrhundert, Köln 1986, S. 216ff.
185 SUCKALE (wie Anm. 171), S. 215.

Verkündigungsszene des Tennenbacher Altars dienen (Abb. 9)[186], einem wohl in Freiburg im ersten Viertel des 15. Jahrhunderts entstandenen Tafelwerk. Der Verkündigungsengel tritt hier auf Maria zu in einem Raum, den der Betrachter aus seiner eigenen Umgebung kennen konnte. Bodenfließen, die Maserung der Decke, die besondere Beschaffenheit des Sandsteinrahmens, der die Betnische umgibt, und der andersartige Stein, aus dem die mit Blattwerk geschmückte Konsole geschaffen wurde, werden sozusagen überprüfbar. Ebenso präzise sind die Stoffe wiedergegeben, so etwa der Goldbrokat des über dem Betpult liegenden Tuches und des kostbaren Mantels, in dem der Engel Maria erscheint. Seine größte Virtuosität vermochte der Maler an den schillernden Übergängen der Pfauenflügel zu entfalten, die sich mit einer scheinbaren Lichtaureole um den Rücken des Engels legen. Ebenso liebevolle Sorgfalt hat er angewandt, um die so andere Qualität der Haare des Engels und derjenigen Mariens zu verdeutlichen, ja er bemüht sich sogar, uns die jeweils andere Leuchtkraft von dichten und in zarten Strähnen über die Schulter der Jungfrau fallenden Haarpartien glaubhaft zu machen.

Es ist eine kostbare Malerei, deren Liebe zum Detail genauso den von Menschen geschaffenen Objekten wie auch den Erscheinungen der Natur gilt. Sie gehört in den Umkreis des berühmten Frankfurter Paradiesgärtleins (Abb. 10)[187], das mit seiner märchenhaften Stimmung so überzeugend wirkt, weil es die Pflanzen, Tiere und Gegenstände in einer vorher nicht gekannten Präzision schildert. Ein inneres Leuchten scheint die Maiglöckchen im Vordergrund genau so zu durchdringen, wie es auch auf den alabasternen Gesichtern der heiligen Frauen liegt. Ähnliche Qualitäten erkennen wir auch in den mindestens zwei Generationen später entstandenen Werken Schongauers, wie beispielsweise in der 1473 datierten Madonna im Rosenhag der Colmarer Dominikanerkirche[188]. Hier sitzt Maria in einem wirklich anmutenden Rosenhag, zu dessen Pfingstrosen Schongauer ein Studienblatt angefertigt hat (Abb. 11)[189], das uns einen Eindruck davon vermittelt, wie wichtig ihm die »wahrhafte Wiedergabe der Natur« in einem so visionären Kontext war. Man meint denn auch im ausgeführten Bild die voll erblühte Rose nicht nur berühren und riechen zu können, sondern sogar zu beobachten, wie sich gerade eben

---

186 Freiburg im Breisgau, Augustinermuseum, Inv. 11536a. Der Altar wird üblicherweise als Staufener Altar bezeichnet; dazu D. ZINKE (Bearb), Augustinermuseum. Gemälde bis 1800. Auswahlkatalog, Freiburg im Breisgau 1990, S. 12–21; zur Bezeichnung Tennenbacher Altar s. D. HESS, Der sogenannte Staufener Altar und seine Nachfolge. Zur oberrheinischen Malerei um 1450, in: F. M. KAMMEL/C. B. GRIES (Hgg.), Begegnungen mit Alten Meistern. Altdeutsche Tafelmalerei auf dem Prüfstand, Beiträge zur Tagung im Germanischen Nationalmuseum Nürnberg 1997 (Wissenschaftliche Beibände zum Anzeiger des Germanischen Nationalmuseums 17), Nürnberg 2000, S. 77–87, bes. S. 77f. – Zu den unterschiedlichen Lokalisierungsvorschlägen vgl. Die Karlsruher Passion (wie Anm. 120), Nr. 9–11, S. 216f.; HARTWIEG/LÜDKE (wie Anm. 26), S. 81–86.
187 Frankfurt am Main, Städelsches Kunstinstitut und Städtische Galerie, Inv. HM 54 (Leihgabe des Historischen Museums Frankfurt am Main); dazu HARTWIEG/LÜDKE (wie Anm. 26), S. 79 mit älterer Literatur.
188 Ausstellungskatalog Paris 1991 (wie Anm. 178), S. 75, Abb. 30.
189 Privatbesitz; dazu F. A. KORENY, A Coloured Flower Study by Martin Schongauer and the Development of the Depiction of Nature from van der Weyden to Dürer, in: The Burlington Magazine 133 (1991), S. 588–597; DERS, Studienblatt Pfingstrosen, in: Ausstellungskatalog Colmar (wie Anm. 34), S. 107–112; C. HECK, Martin Schongauer et l'art du XVe siècle au nord des Alpes. Nouveaux intérêts et nouvelles recherches, in: Bulletin Monumental 150 (1992), S. 265–273, bes. 271.

eines ihrer überreifen Blütenblätter zu lösen beginnt. Wie Fritz Koreny nachweist[190], muß diese Studie auch Dürer bekannt gewesen sein. In seinem Blatt von 1503 mit der Darstellung Marias mit den vielen Tieren der Graphischen Sammlung der Albertina[191] verwendet er dieselben Motive.

Die Skizze mit der Pfingstrose, die erstmals 1988[192] einer breiteren Öffentlichkeit bekannt geworden war, läßt bereits Schongauer in einer beobachtenden Auseinandersetzung mit Natur erkennen, die man bis dahin in der nordischen Malerei erst Dürer zugestanden hatte. Schongauer habe – so Koreny[193] – »unter niederländischem Einfluß gelernt, auf der Grundlage von derartigen Detailstudien nach der Natur ... zu arbeiten«. Ein solcher empirischer Umgang mit der Natur, der bis zu der Entdeckung dieses Blattes als typische Neuerung der Renaissance angesehen wurde, konnte damit nicht nur um einige Generationen früher angesetzt werden, sondern muß auch bei den frühen Niederländern als bereits übliche Werkstattpraxis angenommen werden[194]. Im Gegensatz zu Dürers Verwendung derselben Studie ist überdies sowohl in Schongauers Blatt als auch in der Colmarer Madonna zu beobachten, daß er die Pflanze nicht in ihren feinsten Details wiedergibt, sondern im Gegenteil darum bemüht ist, dem Betrachter gleichsam einen Oberbegriff des Wesentlichen dieser Pflanze zu übermitteln[195].

Wie Schongauer doch noch nach einem anderen »Ganzen« in der Natur als Dürer[196] sucht, wird besonders an der Wiedergabe der Pflanzenwelt im Rosenhag der Madonna deutlich. Hier schließt er sich eher der Tradition an. Während zwar das Frankfurter Paradiesgärtlein oder die noch näher stehende Solothurner Madonna mit den Erdbeeren[197] ihre Pflanzenwelt weniger dem Naturstudium als vielmehr dem Wissen aus Pflanzenbüchern und Musterbüchern verdanken, wendet sich Schongauer der empirischen Naturbeobachtung zu. Die Intention der Werke jedoch bleibt verwandt: Naturphänomene wie auch vom Menschen geschaffene Objekte werden zum Beleg für die Wahrheit des gemalten Bildgegenstandes. Gerade Schongauers Bemühen, die Besonderheit der Pflanze nicht

---

190 Koreny, Studienblatt (wie Anm. 189), S. 110f.
191 Wien, Graphische Sammlung Albertina, Inv. 3066 (D 50); Abb. bei F. A. Koreny, Albrecht Dürer und die Tier- und Pflanzenstudien der Renaissance, München 1985, S. 35; Ders., Studienblatt (wie Anm. 189), Abb. 6 und 7.
192 Ders., Study (wie Anm. 189), S. 592.
193 Ders., Studienblatt (wie Anm. 189), S. 111.
194 Insbesondere in den Bildern Rogiers vermag Koreny, Study (wie Anm. 189), S. 590ff., überzeugend die Verwendung von Naturstudien nachzuweisen. – Zu den Vorstufen siehe P. Krüger, Nachahmung, Erfindung und Konstruktion der Natur im graphischen Oeuvre Albrecht Dürers, in: Dürer. Die Kunst aus der Natur zu *reyssenn*. Welt, Natur und Raum in der Druckgraphik. Holzschnitte, Kupferstiche und Radierungen aus der Sammlung Otto-Schäfer-II, Schweinfurt 1997, S. 11–20, bes. S. 13f.
195 Zu der nahezu arabesken, »gotischen« Verwendung des Musters bei Dürer ebd., S. 597; U. Middeldorf, Martin Schongauers klassischer Stil, in: Deutsche Beiträge zur geistigen Überlieferung 1947, S. 94–114.
196 Schongauer sucht, wie auch van Eyck oder der Meister des Paradiesgärtleins, das »Ganze« in dem Einzelnen darzustellen; dazu Pochat (wie Anm. 184), S. 218–222; wogegen Dürer sich als Chorograph verstehend stärker mit der Analyse der Wirkkräfte der Natur, dem Zusammenhang des Einzelnen im Ganzen befaßt; dazu Krüger (wie Anm. 194), bes. S. 14–18.
197 Solothurn, Museum der Stadt; Hartwieg/Lüdke (wie Anm. 26), Abb. 64.

in einer zufälligen Einmaligkeit festzuhalten, sondern sie wiederum als Typus zu konkretisieren, mutet in einem gewissen Sinn neonominalistisch an, womit er in der Tradition der ersten Hälfte des 15. Jahrhunderts verbleibt.

7. Aneignungsweisen des Burgundischen in der Kunst am Oberrhein

Das wachsende Interesse an einer mimetischen Wiedergabe der Natur, von der die Entwicklung der deutschen Malerei im Laufe des 15. Jahrhunderts geprägt ist, wird in der Regel durch die Auseinandersetzung mit der burgundisch-niederländischen Kunst erklärt[198]. In der Tat sind solche Beziehungen zur Genüge nachweisbar und können für Martin Schongauer sogar ziemlich konkret an Werken, vielleicht sogar mit einer entsprechenden Reise belegt werden[199]. Dies an weiteren Beispielen zu vertiefen, interessiert hier weniger als die Frage, welche Bedeutung die Beziehungen zu Burgund für die Künstler gehabt haben könnten? Welche Auswahl haben sie aus diesen Kenntnissen getroffen?

Zu Beginn des 15. Jahrhunderts überwiegt ein Konstrukt des »Burgundischen«, das als höfisch gilt. Das traditionell erste Werk, das in der oberrheinischen Kunst als westlich beeinflußt gilt, die Colmarer Kreuzigung (Abb. 12)[200], die aufgrund einer dendrochronologischen Untersuchung in die Zeit nach 1400 anzusetzen ist[201], stellt hierfür ein charakteristisches Beispiel dar. Das Tafelwerk, wahrscheinlich eine Stiftung des am Fuße des Kreuzes knienden Dominikaners, strahlt einen Anspruch größter Kostbarkeit aus. Das Profil Philipps des Kühnen[202], der sich im Bild mit dem guten Hauptmann über die Frage der Göttlichkeit des Gekreuzigten unterhält, und die Gestalten in ihren kostbaren, mit heraldischen Goldmustern überzogenen Gewändern sprechen dieselbe höfische Sprache[203].

198 Etwa R. RECHT/A. CHÂTELET, Ausklang des Mittelalters 1380–1500 (Universum der Kunst 35), München 1989, S. 233f. und 331; siehe auch HEINRICHS-SCHREIBER (wie Anm. 12), S. 31f.
199 Zu Schongauers Beziehungen mit den Niederlanden in Auswahl: R. BILLINGE, Links with Schongauer in Three Early Netherlandish Paintings in the National Gallery, in: E. HERMENS (Hg.), Looking Through Paintings. The Study of Painting Techniques and Materials in Support of Art Historical Research (Leids Kunsthistorisch Jaarboek 11), Leiden 1998, S. 81–90; A. CHÂTELET, Schongauer et les primitifs flamands, in: Cahiers alsaciens d'archéologie, d'art et d'histoire 22 (1979), S. 117–142; HECK (wie Anm. 189), S. 265–273; J. NICOLAISEN, Martin Schongauer – ein Mitarbeiter der Werkstatt Hans Memlings? Zur Wanderschaft Schongauers und dem Einfluß der niederländischen Malerei des 15. Jahrhunderts auf sein Werk, in: Pantheon 57 (1999), S. 33–56.
200 Colmar, Musée d'Unterlinden, Inv. 88.R.P.536; C. HECK/E. MOENCH-SCHERER (Bearb.), Catalogue général des peintures du Musée d'Unterlinden, Colmar 1990, Nr. 536.
201 C. HECK/G. LAMBERT/C. LAVIER, Dendrochronologie et histoire de l'art. Bilan d'une première campagne d'analyse des peintures du Musée d'Unterlinden, in: Cahiers alsaciens d'archéologie, d'art et d'histoire 35 (1992), S. 135–146, bes. 139
202 Dazu F. O. BÜTTNER, Zu Bildform, Stilmitteln und Ikonographie der Tafelmalerei um 1400, in: G. POCHAT/B. WAGNER (Hgg.), Internationale Gotik in Mitteleuropa (Kunsthistorisches Jahrbuch Graz 24), Graz 1990, S. 62–87, bes. 75 und Anm. 50.
203 Zu überlegen wäre, ob nicht auch hier die Muster am Brokatmantel des guten Hauptmanns eine heraldische Bedeutung einnehmen. Es sind zu erkennen der schwarze einschwänzige Löwe und ein heraldischer schwarzer Adler auf goldenem Grund. Eine enge Beziehung besteht zwischen dem Dominikanerkloster Schönensteinbach und dem Haager Hof, hat doch offensichtlich Margaretha von Cleve – wahrscheinlich als zweite Frau Wilhelms von Bayern – dem Kloster wohl 1411 ein Stundenbuch geschenkt; dazu J. H. MARROW, The Hours of Margaret of Cleves, Lissabon 1995, S. 10–15.

Daß der Maler dieser Tafel engen Kontakt mit dem Umkreis des Pariser Hofes gehabt haben dürfte, konnte durch Neil Stratford[204] anhand einer stilistisch wie auch technisch verblüffenden Parallele nachgewiesen werden: Die Punktpunzierung, in welcher der Engel über dem guten Schächer hergestellt ist, kommt einer der exquisitesten Pariser Goldschmiedearbeiten der Zeit um 1400 sehr nahe[205]. Verbindungen zu Werken wie dem Carrand-Diptychon in Florenz[206] und vor allem zu Brügger Arbeiten, die Robert Suckale vermuten lassen, der Maler könnte seine Ausbildung in Brügge genossen haben[207], erhellen den weiten Horizont, in dem das Bild zu sehen ist.

Freilich sollte nicht vergessen werden, daß gerade diese höfisch-burgundischen Allusionen, die hier besonders ins Auge fallen, am Oberrhein um 1410–20 wahrscheinlich sehr viel verbreiteter waren, als es heute den Anschein hat. Die Mariengruppe der Colmarer Kreuzigung dürfte in der Basler Peterskirche einen stilistischen Verwandten in dem wohl in das zweite Jahrzehnt des 15. Jahrhunderts zu datierenden Wandbild der Grabnische des bereits erwähnten Jakob Zibol besessen haben (Abb. 2)[208]. Vergleichen wir beispielsweise die Colmarer Gruppe mit den trauernden Marien der Zibolnische, so wird deutlich, daß in diesem vielleicht zeitgleichen oder sogar wenige Jahre älteren Wandgemälde dieselbe Stilsprache in einer autochthonen Version so selbstverständlich vorgetragen wird, daß sie nichts mehr von der überraschenden Neuheit der Colmarer Kreuzigung besitzt. Die Gewänder der Figuren des Tafelbildes wirken modischer und haben – insbesondere bei der Maria – jene Üppigkeit des Faltenwurfs bekommen, die eine unmittelbare Auseinandersetzung mit westlichen Werken voraussetzt. Kostbarkeit und Eleganz, die auch in den individualisierten Menschentypen oder in der detailtreuen Schilderung von Stofflichkeit zum Ausdruck kommt, sind Elemente, mit denen ein oberrheinischer Maler ein Werk gestaltete, das auch einem burgundischen Stifter durchaus zur Ehre gereicht hätte. Unverkennbar oberrheinisch in der Colmarer Kreuzigung ist auch die Johannesgestalt, die bereits im späten 14. Jahrhundert in der Breisgauer Buchmalerei vorkommt[209] und im zweiten Jahrzehnt des 15. Jahrhunderts eine rasche Verbreitung finden wird, etwa im Bergheimer Antependium[210] oder in der Buchmalerei der weiter oben erwähnten »Werkstatt von 1418«[211].

204 N. STRATFORD, De opere punctili. Beobachtungen zur Technik der Punktpunzierung um 1400, in: R. BAUMSTARK (Hg.), Das goldene Rößl. Ein Meisterwerk der Pariser Hofkunst um 1400. Katalog zur Ausstellung des Bayerischen Nationalmuseums München 3. März bis 20. April 1995, München 1995, S. 131–145, bes. 134.
205 Amsterdam, Rijksmuseum, Rückseite eines Reliquien-Triptychons; STRATFORD (wie Anm. 204), S. 139, Abb. 78.
206 Florenz, Museo Nazionale di Bargello; dazu SUCKALE, 1998 (wie Anm. 91), S. 62.
207 Ebd.
208 MAURER (wie Anm. 51), S. 128f., datiert um 1420.
209 Karlsruhe, Badische Landesbibliothek, Cod. Tennenbach 8, fol. 92, Kreuzigung; L. E. STAMM, Die Rüdiger Schopf-Handschriften. Die Meister einer Freiburger Werkstatt des späten 14. Jahrhunderts und ihre Arbeitsweise, Aarau/Frankfurt am Main/Salzburg 1981, Abb. 138; vgl. auch die Zusammenstellung der Typen ebd., Taf. II, S. 145.
210 Colmar, Musée d'Unterlinden, Inv. 88.R.P.537; Abb. bei S. LECOQ-RAMOND/P. BÉGUERIE, Das Unterlinden-Museum zu Colmar (Musées et monuments de France), Paris 1997, S. 42.
211 SAURMA-JELTSCH (wie Anm. 18), Bd. 2, Taf. 3/1 und 10/2.

Impulse ähnlicher Herkunft dürften in der wohl ebenfalls im zweiten Jahrzehnt des 15. Jahrhunderts entstandenen Wandmalerei in der Sintznische der Basler Peterskirche eine Rolle gespielt haben (Abb. 3). Der über dem Engel sein Schriftband präsentierende Prophet nimmt den Kopftypus des Longinus aus dem Colmarer Tafelbild auf, jedoch scheint der lyrische Ton dieses ungewöhnlich qualitätsvollen Verkündigungsbildes geprägt zu sein von umfassenden Kenntnissen sowohl italienischer als auch niederländischer Vorbilder[212].

Keines der oberrheinischen Werke jedoch läßt den Anspruch, höfische Kunst zu schaffen, so deutlich erkennen, wie das bereits angesprochene Frankfurter Paradiesgärtlein (Abb. 10). In dem wohl in Straßburg im zweiten Jahrzehnt entstandenen Werk sind vielfältige Verbindungen zu einer franco-flämischen Hofkunst nachweisbar. Das Bild wirkt wie ein kostbares Juwel dank seiner intensiven Farbigkeit und, wie wir sahen, durch die Perfektion, mit der die Blumen in dem paradiesischen Garten geschildert werden und mit einer scheinbar von innen kommenden Leuchtkraft strahlen. Das Wandbild der Sintznische hatte zwar als Stifterbild und Epitaph eine andere Funktion, mit seinem Anspruch jedoch zielt es auf einen ähnlichen Effekt: Die Kostbarkeit der Bilder und der darin gezeigten Gegenstände gibt im Detail durchaus mimetisch eine überirdische Wirklichkeit wieder, die dem Betrachter gerade wegen ihres Bezugs zu seiner eigenen Lebenswelt so glaubwürdig vorkommen muß.

In einer überzeugenden Bilderreihe vermochte jüngst Daniel Hess zu belegen, wie lange sich der im Umkreis des Paradiesgärtleins entwickelnde Stil an diversen Orten des Oberrheins halten konnte[213]. In einer Reihe von Arbeiten unterschiedlicher Herkunft – so etwa in der Verkündigungstafel von Winterthur[214] – wird der lyrische, wertbetonte Tenor des Paradiesgärtleins aufgegriffen, und die lieblichen Gestalten werden in jene alltäglichen Interieurs eingefügt, welche in der Tafel aus St. Marx (Abb. 1) oder im Tennenbacher Altar (Abb. 9) die »Neue Kunst« einleiten. Dies heißt freilich in unserem Kontext nichts anderes, als daß nun auch in einem solchen bürgerlichen Interieur mit dem kostbaren Leuchten der Farben und Gegenstände vor allem eine Nobilitierung beabsichtigt wird. Den Tennenbacher Altar (Abb. 9) vermochte Hess in einer Reihe mit der Kreuzigung von Ober-

---

212 Die sienesisch anmutende Verkündigung kann diese Allusion durchaus über die westlichen Einflüsse erfahren haben, am nächsten scheint eine geldrische Arbeit zu stehen; dazu M. MEISS, French Painting in the Time of Jean de Berry. The Limbourgs and Their Contemporaries. Text- und Tafelband, London 1974, Tafelband, Abb. 359; siehe auch DERS. (wie Anm. 29), Tafelband, Abb. 39 und zum Boucicaut-Atelier DERS., French Painting in the Time of Jean de Berry. The Boucicaut Master (National Gallery of Art/Kress Foundation Studies in the History of European Art 3), London 1968, Abb. 29 und 118ff.; Verwandtschaft scheint auch zu dem Pariser Kreis noch des 14. Jahrhunderts zu bestehen, sind doch dort seit dem Meister des Parament von Narbonne die Erscheinungen des Herrn in einer umfassenden Gloriole zu einem festen Muster geworden; vgl. MEISS (wie Anm. 29), Tafelband, Abb. 38. Stilistisch besteht in der mächtigen Gestalt der Trinität im Wolkenkranz wiederum eine enge Parallele zu der Rückseite des oben (Anm. 205) erwähnten Amsterdamer Triptychons.
213 HESS (wie Anm. 186), S. 79ff.
214 Winterthur, Sammlung Oskar Reinhart; Abb. bei C. und M. FREHNER, Sammlung Oskar Reinhart »Am Römerholz« Winterthur (Museen der Schweiz), Zürich/Genf 1993, S. 15.

weier[215] zu sehen. Wiederum angeregt von einem neuen niederländischen Impuls werden dieselben Elemente im Stauffenberg-Altar (Abb. 13)[216] weiter entwickelt.

In den Werken der mittleren Generation, auf die wir nicht näher eingehen, hätten wir etwa in der Karlsruher Passion – die intensiv von Utrechter[217] wie auch französischer Kunst[218] profitiert – eine zunehmende Dramatisierung beobachten können, die den Betrachter mit einer Überbetonung des Passionsrealismus erschüttern will. Auf eine distanziertere Weise versucht dies auch der Meister des zwischen 1454 und 1460 zu datierenden Stauffenberg-Retabels (Abb. 13). Der Vergleich mit dem mindestens eine Generation älteren Tennenbacher Altar (Abb. 9) läßt uns die Kontinuität der Typen durchaus erkennen. Die Innigkeit und Motivik des Themas ist bewahrt, den Gestalten ist aber eine klarere räumliche Bestimmung und ein gravitätischer Ernst verliehen worden. Insbesondere die eindrucksvolle Mitteltafel mit der Pietà, der trauernden Muttergottes, die den Körper des toten Sohnes auf dem Schoß hält, schafft eine Feierlichkeit, die im Tennenbacher Altar in dieser komprimierten Form nicht angelegt gewesen war. Die Figuren haben durch die harten Lichter und die scharf umgrenzte Gestaltung von Körpern eine diese Strenge unterstreichende Statuarik erhalten.

In dem um 1470 für Jean d'Orlier gefertigten Altar (Abb. 14)[219] fügt sich auch das Werk Martin Schongauers in den Tenor der oberrheinischen Bilderreihe ein. Besonders eng ist die Beziehung zu dem gerade genannten, immerhin eine Generation älteren Stauffenberg-Retabel (Abb. 13). Mit der strengen Statuarik seiner Gestalten folgt er dem älteren Werk und schließt sich sogar in seiner Erzählweise, die sich etwa im Verkündigungsbild streng auf die Schilderung des Heilsgeschehens konzentriert, an jene Reihe an, die wir weiter oben anhand des Tennenbacher Altars verfolgen konnten. Es ist die unter seinen Zeitgenossen unübliche Beschränkung in der Schilderung von alltäglichen Details – man denke etwa an die Verkündigung des Mérode-Altars –, die diesen Bildern ihren innigen Ernst verschafft. Im Vergleich zur bisherigen Darstellungsweise freilich hat Schongauer seinen Gestalten eine andere physische Präsenz verliehen und die Haltung Marias mit dem gesenkten Haupt und dem nach außen, zum Betrachter hin greifenden abwehrenden Handgestus dramatisiert. Anstelle des neutralen Goldhintergrundes hat er überdies ein Vorhangmotiv eingeführt, das ein wiederum anders geartetes Spiel mit Realitäten eröffnet, wird doch durch dessen hochgezogenen Saum sowohl der Blick in die überzeitliche Sphä-

---

215 Freiburg im Breisgau, Augustinermuseum, Inv. M 88/18; dazu ZINKE (wie Anm. 186), S. 21ff.
216 Colmar, Musée d'Unterlinden, Inv. 88.R.P.356; dazu LECOQ-RAMOND/BÉGUERIE (wie Anm. 210), S. 43; HESS (wie Anm. 186), S. 80ff.; STERLING (wie Anm. 119), S. 74–78, sieht in den Flügeln, insbesondere die Anbetung, den Einfluß von Jost Haller und Rogiers, während er in der Pietà einen österreichischen Einfluß vermutet.
217 Vgl. D. LÜDKE, Die überlieferten Werke des Meisters der Karlsruher Passion, in: Ausstellungskatalog Karlsruhe (wie Anm. 120), S. 27–113, bes. 38 zu den Stundenbüchern der Katharina von Kleve und Katharina von Lochorst; dazu auch S. ROLLER, Ein verlorenes Werk des Meisters der Karlsruher Passion, in: Ebd., S. 117–141, bes. 130ff.
218 Lüdke, (wie Anm. 217), S. 59f. zum Kontakt mit dem Pariser Orléans-Meister, der in die Nachfolge der Boucicaut-Werkstatt gehört.
219 Colmar, Musée d'Unterlinden, Inv. 88.R.P.452; LECOQ-RAMOND/BÉGUERIE (wie Anm. 210), S. 46ff.

re der Göttlichkeit verheißen als auch mit der Anhebung des Vorhangs ein irdisch-zeitliches Element eingebracht.

Viele dieser, wie wir gesehen haben, nahezu unauffällig in die alten Muster eingefügten neuen Ideen sind Schongauer über die burgundisch-niederländische Malerei bekannt geworden. Der physisch präsente Engel mit seiner raumgreifenden Bewegung war in Rogiers Columba-Altar (Abb. 15)[220] schon vorgegeben. In diesem um 1450 entstandenen Werk sind nicht nur motivische Verwandtschaften zu finden, sondern ebenso eine vergleichbare Auffassung der Gestalten. Der Konzeption Schongauers vielleicht noch näher stehend ist die Verkündigung an der Außenseite des Triptychons für Jan Crabbe (Abb. 16)[221]. Die nach außen greifende Handbewegung Mariens scheint den Brügger Maler wie den Colmarer gleichermaßen beschäftigt zu haben. Vor allem aber gewinnt man den Eindruck, es werde in den Figuren des Triptychons dasselbe Interesse am Spiel mit der Realität der Personen ausgelebt. Sind sie bei Memling zur Statue gefroren, so sind sie bei Schongauer wiederum zum Leben erweckt worden, ohne daß sie dabei die Lebendigkeit und Beweglichkeit der Rogierschen Gestalten aufgenommen hätten.

8. Zusammenfassung

Wenn wir nun versuchen, eine Bilanz zu ziehen, so läßt sich festhalten, daß am Oberrhein seit Beginn des 15. Jahrhunderts eine intensive Auseinandersetzung mit burgundisch-niederländischer Kunst stattgefunden hat. Als Kenner einer innovativen Technik und neuer Motive wurde Hans Tiefental von Schlettstadt nach Basel geholt, um dort in der Elendkreuzkapelle das berühmte Gewölbe des Herzogs von Burgund in Dijon nachzuschaffen. Teure Farben, verblüffende Effekte und kostbare Details zeugen auch in der Colmarer Kreuzigung davon, daß man es den angesehenen Mäzenen des burgundischen Hauses gleichtun wollte. Dieselben Intentionen konnten wir ebenso an den Aufträgen des Matthias Eberler ablesen, der mit seiner Kunstförderung das Ziel verfolgte, den sozialen Aufstieg vorzubereiten. Das Prestige, das mit diesen Zitaten zu gewinnen beabsichtigt war, bezog seine Wirkung aus der Vorstellung des Glanzes am Hofe Burgunds. Gefördert haben dürfte eine solche Verbindung nicht allein die Fama des burgundischen Hofes, sondern ebenso das mächtige Streben der oberrheinischen Städte nach ebenbürtigem Glanz und eindrucksvoller Selbstdarstellung.

Burgundische Kunst galt denn nicht nur als höfische Kunst, sondern auch als die Kunst einer Avantgarde, und jene Maler, die über einschlägige Kenntnisse und Beziehungen verfügten, wurden entsprechend geschätzt. Die rasche Verbreitung von burgundisch-niederländischen Motiven sowohl über Mustersammlungen als auch über die aufkommenden Medien der Vervielfältigung erlaubte es, diese Neuheiten so in die traditionelle Sprache zu integrieren, daß sie gar nicht mehr als burgundische Vorbilder verstanden wurden. Die aus sehr unterschiedlichen Regionen Burgunds stammenden Anregungen, Motive und tech-

---

220 München, Alte Pinakothek, Inv. 1190; Abb. bei D. DE VOS, Rogier van der Weyden. Das Gesamtwerk, München 1999, S. 278.
221 Brügge, Groeningemuseum, Inv. 0.1254–1255; dazu D. DE VOS, Hans Memling. Das Gesamtwerk, Stuttgart/Zürich 1994, S. 90–93.

nischen Neuheiten wurden rasch rezipiert und galten wohl als Beleg für avantgardistische Könnerschaft, ohne daß die Maler oder Auftraggeber sich jedoch allzu sehr darum kümmerten, woher die Anregungen gekommen waren[222] und welche Bedeutung ihnen ursprünglich anhaftete. Überdies hatte sich schon sehr bald, nämlich bereits in den dreißiger Jahren, eine oberrheinische Variante der »Neuen Kunst« fest etabliert und gehörte zu den Grundlagen, auf denen auch Schongauer aufbaute. Obwohl an seiner wahrscheinlich direkten Kenntnis von Werken Rogiers und Memlings kaum zu zweifeln ist, bot ihm gerade die eigene Tradition eine Form zur Integration des Neuen an, die sich grundsätzlich von den in anderen Kunstlandschaften üblichen Rezeptionsweisen des Burgundischen unterscheidet. Er beruft sich auf die Tradition und setzt, wie wir am Orlier-Altar verfolgen können, das Neue nicht selten in einen scheinbar traditionellen Zusammenhang. Im Gegensatz zu den Künstlern der älteren Generation ist er durch die Verwendung moderner künstlerischer Ideen, oft in Form von verschlüsselten theologischen Gehalten[223], als gelehrter Maler erkennbar, dessen Anspruch es war, niederländisch-burgundische Meisterschaft in gewohnte Bildkonvention zu übertragen und dabei neue Inhalte zu übermitteln. In Schongauer kumuliert die Kenntnis des Burgundischen und wird zugleich konterkariert. In seiner Studie der Pfingstrose sucht er, im Unterschied zu Dürer, nicht die künstlerische Einmaligkeit zu vervollkommnen, sondern er konzentriert sich darauf, in dieser einzelnen Pflanze den »Begriff« der Pflanze insgesamt zu finden. Insofern schuf Schongauer eine Malerei, die das Neue im Alten in – wie Wimpfeling schrieb – *eleganter* und *lieblicher* Form vortrug und eben damit einer oberrheinischen Tradition folgte.

222 Ein Beispiel für Schongauers eigene Kompilation unterschiedlicher Modelle scheint sogar in der Zeichnung des Pariser Louvre (Département des Arts Graphiques, Inv. 18785) vorzuliegen, die unumstritten als Kopie von Rogiers Weltgericht in Beaune gilt; dazu Ausstellungskatalog Colmar (wie Anm. 34), Z 3, S. 136–139 mit Abb. S. 137; vgl. auch NICOLAISEN (wie Anm. 199), S. 44–47, der einen Aufenthalt Schongauers in Memlings Werkstatt annimmt.
223 Zur Gelehrsamkeit Schongauers und seiner Arbeiten existieren bisher wenige Untersuchungen, erst jüngst wurde die verdienstvolle Analyse der Schriftbänder im Breisacher Wandbildzyklus vorgelegt; dazu M. VON PERGER, Die Inschriften in Martin Schongauers »Jüngstem Gericht« im Breisacher Münster, in: Zeitschrift für Kunstgeschichte 63 (2000), S. 153–168; L. SCHMITT, Bemerkungen zum aktuellen Stand der Schongauer-Forschung, in: ZGO 141 (1993), S. 387–393.

Burgund und die Eidgenossenschaft – zwei politische Aufsteiger

VON CLAUDIUS SIEBER-LEHMANN

1476 verbrachte Karl der Kühne einen großen Teil seines letzten Lebensjahres in der Westschweiz, und die Orte Grandson und Murten waren für ihn sicher zu unheilvollen Namen geworden. Warum war es ihm nicht möglich gewesen, sich mit seinen Gegnern friedlich zu einigen? Nahm er damals Kontakt mit der gegnerischen Partei auf?

Wenn wir die Edition der Briefe Karls des Kühnen auf diese Frage hin durchsehen, stellen wir zu unserer Überraschung fest, daß der burgundische Herzog während des ganzen Jahres keinen einzigen Brief an seine Feinde sandte. Dieses Fehlen jeglicher Kommunikation belegt eindrücklich die Unvereinbarkeit der Opponenten, und die Geschichtsschreibung wies seit jeher auf den unversöhnlichen Gegensatz zwischen dem hochadligen Karl und seinem drittständischen Widerpart hin.

Der Titel des vorliegenden Beitrags suggeriert eine gegenteilige Ansicht und will einen Perspektivenwechsel vorschlagen[1]. Den Kontrahenten der sogenannten Burgunderkriege wird eine Gemeinsamkeit unterstellt, nämlich die Situation des Aufsteigers oder Emporkömmlings[2]. Die Idee, die beiden Feinde unter diesem gemeinsamen Nenner zusammenzufassen, geht auf eine Leseerinnerung zurück, genauer: auf eine überraschende Stelle im »Herbst des Mittelalters« von Johan Huizinga. Trotz seiner Faszination für die burgundische Hofkultur bezeichnet Huizinga die damaligen Feste als »ungewöhnliche abgeschmackte Schaustellungen«[3], in denen die »Aufdringlichkeit handfester Darstellung«

---

[1] Die hier vorgetragene These stieß während der Breisacher Tagung auf Widerspruch. Die damals geäußerten Einwände sind im vorliegenden Text eingearbeitet, ohne daß die Vortragsform mit ihrer ein wenig provokativen Note aufgegeben wurde. Ich danke den Teilnehmerinnen und Teilnehmern der Breisacher Tagung für ihre Diskussionsbeiträge sowie insbesondere Werner Paravicini, der noch nicht publizierte Manuskripte zur Verfügung stellte und die hier vorgetragenen Ansichten kritisch begutachtete. Christian Windler, Bernhard Sterchi und Simona Slanička sahen den vorliegenden Artikel ebenfalls durch und halfen mit Hinweisen weiter. Zum Fehlen von brieflicher Kommunikation zwischen dem Burgunderherzog und den eidgenössischen Orten vgl. W. PARAVICINI (Hg.), Der Briefwechsel Karls des Kühnen. Inventar (Kieler Werkstücke, D 4), Frankfurt a. M. u. a. 1995. Der gleiche Befund zeigt sich auch im Falle von H. STEIN, Catalogues des actes de Charles le Téméraire 1467–1477 (Instrumenta Bd. 3), Sigmaringen 1999.
[2] Die Bezeichnungen »Emporkömmling« und »Aufsteiger« werden im Folgenden gleichwertig behandelt.
[3] J. HUIZINGA, Herbst des Mittelalters, hg. von K. KÖSTER, Stuttgart 1975, S. 368.

und schlichte »Geschmacklosigkeit«⁴ überwogen. An Spezialeffekten wurde in keiner Weise gespart. Mit Schaudern schildert Huizinga, wie bei der Hochzeit Karls des Kühnen mit Margaretha von York in Brügge 1468 zwischen den Gängen sogenannte *entremets* auftauchten: Berge von Pasteten wurden vorübergetragen, in denen Musikanten spielten, Schiffe und ganze Schlösser fuhren vorbei, und Affen, Walfische, Riesen und Zwerge sollten die Anwesenden amüsieren; Huizinga spricht drastisch von »barbarischem Fürstenprunk«⁵. Allerdings bemüht er sich, diese bizarren Inszenierungen, die von den Zeitgenossen als *cérémonies et mistères*⁶ bezeichnet wurden, als Teil der von ihm so eindrucksvoll und melancholisch evozierten spätmittelalterlichen Lebenswelt zu verstehen. Immer wieder aber dringt sein Unbehagen an den fürstlichen Umzügen mit ihren marktschreierischen Allegorien durch. Singende weiße Hirsche, Wildschweine, welche Trompete blasen, Ziegen, welche eine Motette singen, flötenspielende Wölfe und vier ebenfalls jubilierende Esel bei der Hochzeit Karls des Kühnen: Das ist für Huizinga eigentlich zuviel des Guten⁷.

Die oberrheinischen Chronisten empfanden in den Jahren 1469–1474 offenbar Ähnliches, wenn sie die Lustbarkeiten des damaligen Landvogts Peter von Hagenbach beschrieben. An der Breisacher Fasnacht vom Februar 1474 ließ Hagenbach eine künstliche Burg errichten, die von Adligen verteidigt wurde. Breisacher Bürger und die deutschsprachigen Söldner Hagenbachs mußten versuchen, diese Burg zu erobern, was natürlich mißlang. Offensichtlich inspirierte sich der Landvogt dabei an entsprechenden burgundischen Vergnügungen, denn als sich Kaiser Friedrich III. und Karl der Kühne im Herbst 1473 in Trier trafen, wurde im Rahmen der Festlichkeiten ebenfalls eine Burgbelagerung simuliert. Das Bauwerk stand auf einem Miststock, die »Waffen« bestanden aus Mistbrocken. Ob Hagenbach in seiner Breisacher Inszenierung ähnliche Wurfgeschosse verwenden ließ, wird nicht überliefert. Immerhin berichten die Quellen auch von anderen Späßen des Landvogts, welche explizit *pro curtisia*, also *par courtoisie*, aus höfischem Gestus, vorgeführt wurden. Zu erinnern ist an die ebenfalls 1474 stattfindende Hochzeit Hagenbachs, als er die Speisen angeblich mit den Schamhaaren seiner Angetrauten würzte und dies nach der Mahlzeit den Gästen mitteilte⁸.

---

4   HUIZINGA (wie Anm. 3), S. 370, S. 372. Der Auftritt einer pissenden Kinderstatue am Fasanenbankett 1454, womit die Spenden Philipps des Guten für den Kreuzzug versinnbildlicht werden sollte, wird von Huizinga wohlweislich nicht erwähnt. Vgl. dazu A. LAFORTUNE-MARTEL, Fête noble en Bourgogne au XVe siècle. Le banquet du Faisan 1454: Aspects politiques, sociaux et culturels (Cahiers d'études médiévales 8), Montréal/Paris 1984, S. 112f.; B. SCHNERB, L'État bourguignon 1363–1477, Paris 1999, S. 325.
5   HUIZINGA (wie Anm. 3), S. 367f.
6   Ebd., S. 371.
7   Ebd., S. 372. Die weißen Hirsche verrieten allerdings auch die Ambitionen Karls des Kühnen: »Le cerf était symbole de la royauté et, sous Charles VI et Charles VII, l'un des emblèmes personnels du roi de France«, SCHNERB (wie Anm. 4), S. 326. Zur Symbolik des weißen Hirsches vgl. jetzt zusammenfassend S. SLANIČKA, Krieg der Zeichen. Die visuelle Politik Johanns ohne Furcht und der armagnakisch-burgundische Bürgerkrieg (Veröffentlichung des Max-Planck-Instituts für Geschichte 182), Göttingen 2002.
8   Zu Hagenbachs Inszenierungen höfischer Kultur vgl. C. SIEBER-LEHMANN, Spätmittelalterlicher Nationalismus. Die Burgunderkriege am Oberrhein und in der Eidgenossenschaft (Veröffentlichungen des Max-Planck-Instituts für Geschichte 116), Göttingen 1995, S. 61–67, sowie den Beitrag von W. PARAVICINI in diesem Band.

Die ältere Forschung deutete diese exotischen Vergnügungen als Zeichen für die Verruchtheit des Landvogts und der »Welschen« überhaupt[9]. Derartige nationalistische Deutungsmuster sind glücklicherweise überholt; fremd anmutende Praktiken besitzen im Verständnis der gegenwärtigen Geschichtswissenschaft einen »Eigen-Sinn«, den es zu rekonstruieren gilt[10]. Die höfischen Inszenierungen des ehemaligen Sundgauer Kleinadligen Hagenbach, der in burgundischen Diensten Karriere machte[11], und vor allem der auftrumpfende Prunk seines Vorbildes, des burgundischen Hofes, läßt sich damit erklären, daß die Burgunderherzöge innerhalb der hochadligen Gesellschaft des Spätmittelalters Aufsteiger waren, welche alles unternahmen, um einen königlichen Status zu erreichen[12]; ihre diesbezüglichen Bemühungen wurden von der Umwelt kritisch beobachtet[13].

Von allen vier burgundischen Herzögen aus dem Hause Valois galt dies insbesondere für Karl den Kühnen, der mit seinem auf öffentliche Wirkung gerichteten Handeln von Werner Paravicini als »erster Fürst der nordischen Renaissance« charakterisiert wird. Daß es sich dabei nicht um einen Einzelfall handelte, zeigt das Beispiel der Visconti, Medici und Este, die ebenfalls im 15. Jahrhundert versuchten, sich eine Sonderstellung innerhalb der fürstlichen Gesellschaft zu erarbeiten. Von den anderen Hochadligen mißtrauisch beobachtet, waren sie gezwungen, sich unablässig in Szene zu setzen: »Je unsicherer eine Dynastie, desto größer die Notwendigkeit, in ›Magnifizenz‹, in Zeremoniell und Kunst zu

9 Hermann HEIMPEL schrieb 1942: »Auf seinem [Hagenbachs] Gesicht lag das kalte Lächeln des Romanen, das biedere deutsche Bürger zur Verzweiflung trieb.« Vgl. dazu und zu weiteren, sogar nach 1945 vorgetragenen »völkischen« Interpretationen SIEBER-LEHMANN (wie Anm. 8), S. 66f.
10 Grundlegend für diese methodische Neuorientierung A. LÜDTKE, Was ist und wer treibt Alltagsgeschichte? in: DERS. (Hg.), Alltagsgeschichte. Zur Rekonstruktion historischer Erfahrungen und Lebensweisen, Frankfurt a. M. 1989, S. 9–47; H. MEDICK, »Missionare im Ruderboot«? Ethnologische Erkenntnisweisen als Herausforderung an die Sozialgeschichte, in: ebd., S. 48–84.
11 Zu den Möglichkeiten des gesellschaftlichen Aufstiegs, welche der burgundische Hof bot, vgl. SCHNERB (wie Anm. 4), S. 281–285. Ein besonders gut erforschtes Beispiel für sozialen Aufstieg bildet Guy de Brimeu, vgl. W. PARAVICINI, Guy de Brimeu. Der burgundische Staat und seine adlige Führungsschicht (Pariser Historische Studien 12), Bonn 1975.
12 Zur Debatte, ob die burgundischen Herzöge einen eigenen Staat gründen (Henri Pirenne) oder bloß mächtige Fürsten innerhalb des französischen Königreichs bleiben wollten (Johan Huizinga) vgl. SCHNERB (wie Anm. 4), S. 9f.; Schnerb selber nimmt eine Mittelstellung ein. Das Streben nach der Königswürde ist im Falle Karls des Kühnen klar nachzuweisen, vgl. ebd., S. 419. Erst seit dem Vertrag von Péronne aus dem Jahre 1468, den König Ludwig XI. allerdings unter Druck unterzeichnete und anschließend widerrief, konnte Karl der Kühne davon ausgehen, daß die lehensrechtliche Unterordnung Burgunds unter Frankreich aufgehoben sei, ebd., S. 251; anders dagegen R. VAUGHAN, Charles the Bold, London 1973, der im Vertrag von Péronne bloß die endgültige Bestätigung des Vertrags von Arras aus dem Jahre 1435 und eine Reaktion auf den Verlust der Somme-Städte sieht.
13 Daß die Zeitgenossen in den burgundischen Fürsten Aufsteiger sahen, läßt sich an den Quellen zum Trierer Treffen vom Spätherbst 1473 beobachten. Die Chronisten am Oberrhein und in der Eidgenossenschaft berichten eingehend vom Wunsch Karls des Kühnen, zum König gekrönt zu werden, sie verzeichnen bis in alle Einzelheiten die Prachtentfaltung des Herzogs und kommentieren hämisch das Mißlingen seiner Pläne. Vgl. dazu z. B. Johannes KNEBEL, Diarium, hg. von W. VISCHER u. a., in: Basler Chroniken, Bd. 2, Leipzig 1880, S. 14, 10f.: *ille totus est filius Martis, [...] sevit in alios quoscumque et anhelat ad monarchiam orbis*. Zu weiteren Belegen aus der städtischen Chronistik vgl. SIEBER-LEHMANN (wie Anm. 8), S. 276.

investieren.«[14] Und dies geschah in jener Art und Weise, welche Johan Huizinga so peinlich berührte.

Zweifellos verspricht die Figur des Aufsteigers – die wir alle kennen und die uns gleichzeitig unangenehm berührt – für die historische Forschung einen großen Erkenntnisgewinn. In seinen Handlungsweisen zeigt der Emporkömmling einerseits die impliziten Regeln der bestehenden »guten Gesellschaft« und verrät gleichzeitig die Strategien, mit denen seiner Meinung nach die herrschenden sozialen Barrieren überwunden werden können[15]. Diese zwiespältige Situation ist konstitutiv für den Typus des Aufsteigers. Er muß sich an den bereits vorhandenen Eliten orientieren und kann gleichzeitig seine Herkunft nicht verleugnen. Niemand gibt sich deshalb mehr Mühe, die herrschenden sozialen Regeln zu kennen, als der Aufsteiger, der gleichzeitig alles unternimmt, um eine neue, von ihm selbst geschaffene Lebensform als gesellschaftliche Norm einzuführen[16]. Ein Emporkömmling wie Karl der Kühne war geradezu gezwungen, in Trier 1473 Kontakte mit Kaiser Friedrich III. zu knüpfen, welcher gemäß zeitgenössischer politischer Theorie den höchsten weltlichen Herrscher repräsentierte[17]. Während er dem Reichsoberhaupt huldigte, mußte der Burgunderherzog zugleich den Eindruck vermitteln, daß er als möglicher Schwager und künftiger König in Frage kommen könnte. Er versuchte dies, indem er

---

14 W. PARAVICINI, Die zwölf »Magnificences« Karls des Kühnen, in: G. ALTHOFF (Hg.), Formen und Funktionen öffentlicher Kommunikation im Mittelalter (Vorträge und Forschungen 51), Stuttgart 2001, S. 319–395, hier S. 377, mit weiteren Hinweisen zu den fürstlichen Aufsteigern des 15. Jahrhunderts.
15 Zu den mittelalterlichen Aufsteigern vgl. z. B. K. SCHREINER, Sozialer Wandel im Geschichtsdenken und in der Geschichtsschreibung des späten Mittelalters, in: H. PATZE (Hg.), Geschichtsschreibung und Geschichtsbewußtsein im späten Mittelalter (Vorträge und Forschungen 31), Sigmaringen 1987, S. 237–286, besonders S. 243–257; J. PETERSOHN, Die Vita des Aufsteigers. Sichtweisen gesellschaftlichen Erfolgs in der Biographik des Quattrocento, in: HZ 250 (1990), S. 1–32. Während Schreiner zeigt, daß soziale Mobilität im Mittelalter zwar häufig stattfindet, daß ihr aber grundsätzlich mit Mißtrauen begegnet wird, weist Petersohn anhand von Biographien des Quattrocento nach, daß das Renaissance-Italien den sozialen Aufstieg positiv bewertete. Vgl. dagegen aus der Perspektive der Frühen Neuzeit W. SCHULZE, Die ständische Gesellschaft des 16./17. Jahrhunderts als Problem von Statik und Dynamik, in: DERS. (Hg.), Ständische Gesellschaft und soziale Mobilität (Schriften des Historischen Kollegs/Kolloquien 12), München 1988, S. 1–17. Schulze betont, daß die ständische Gesellschaft keineswegs statisch war, daß aber das mit ihr verbundene soziale Normensystem jeder sozialen Mobilität kritisch begegnete. Zur Repräsentation sozialer Hierarchie und deren Wandel vgl. auch die Beiträge im Sammelband von W. BLOCKMANS/A. JANSE (Hgg.), Showing Status. Representation of Social Positions in the Late Middle Ages (Medieval Texts and Cultures of Northern Europe 2), Turnhout 1999, insbesondere den Beitrag von R. van UYTVEN, Showing off One's Rank in the Middle Ages, und von H.-J. RAUPP, Visual Comments of the Mutability of Social Positions and Values in Netherlandish and German Art of the Fifteenth and Sixteenth Centuries. Zur Konstituierung von heutigen Klassen mit Hilfe eines distinguierenden Habitus vgl. P. BOURDIEU, Die feinen Unterschiede. Kritik der gesellschaftlichen Urteilskraft, Frankfurt a. M. 1982. Der französische Originaltitel aus dem Jahre 1979 lautet »La distinction«.
16 Zum kreativen Umgang der Burgunderherzöge mit den bestehenden Zeichensystemen vgl. S. SLANIČKA, »Der Knotenstock ist abgehobelt«. Der Hobel als Sinnbild der »Réformation« bei Johann ohne Furcht, dem zweiten Valois-Herzog von Burgund, in: K. SCHREINER/G. SIGNORI (Hgg.), Bilder – Texte – Rituale. Wirklichkeitsbezug und Wirklichkeitskonstruktion politisch-rechtlicher Kommunikationsmedien in Stadt- und Adelsgesellschaften des späten Mittelalters (Zeitschrift für historische Forschung Beiheft 24), Berlin 2000, S. 165–198. Umfassend jetzt in SLANIČKA (wie Anm. 7).
17 Zum weithin beachteten Treffen in Trier vgl. SIEBER-LEHMANN (wie Anm. 8), passim.

seine Macht und vor allem seinen Reichtum möglichst augenfällig vorführte, was in einer ständisch orientierten Gesellschaft durchaus mit Risiko verbunden war[18].

Gleichzeitig war der Burgunderherzog als adliger Aufsteiger darauf aus, die hochadligen Konkurrenten auszuschalten und sich ihnen gegenüber auszuzeichnen[19]. Neben dem bereits erwähnten Prunk der *entremets* sowie der *entrées*[20] ist insbesondere das typische Geschick des Emporkömmlings hervorzuheben, sich aus anerkannten Traditionen eine neue Legitimität zu verfertigen[21]. So wurde Alexander der Große, Sohn eines Philipps und Welteroberers, für Karl den Kühnen als Präfiguration der eigenen Person herangezogen, wobei gerade der Makedone das Idealbild des Aufsteigers innerhalb der griechischen Welt bildete[22]. In gleicher Weise machte es auch Sinn, wenn Herkules als Ahnherr des burgundischen Herrscherhauses gefeiert wurde, denn der antike Held war ursprünglich bloß ein Halbgott und mußte sich mühselig seinen Platz im Pantheon erkämpfen[23]. Hannibal wiederum empfahl sich als Vorbild der burgundischen Fürsten, weil er mit seiner Feldherrenkunst erfolgreich Widerstand gegen die römische Vorherrschaft geleistet hatte[24]. Er teilte diese Qualität mit den edlen Rebellen Renaud von Montauban sowie Girart von Roussillon[25], welche sich mehr oder

18   Bekanntlich scheiterte der Trierer Annäherungsversuch auch in eklatanter Weise. Passend dazu die Ausführungen bei M. WEBER, Wirtschaft und Gesellschaft. Grundriß der verstehenden Soziologie. Studienausgabe, hg. von J. WINCKELMANN, Tübingen ⁵1976, S. 538: »Die ständische Ordnung bedeutet gerade umgekehrt: Gliederung nach Ehre und ständischer Lebensführung ist als solche in der Wurzel bedroht, wenn der bloße ökonomische Erwerb und die bloße, nackte, ihren außerständischen Ursprung noch an der Stirn tragende, rein ökonomische Macht als solche jedem, der sie gewonnen hat, gleiche oder – da bei sonst gleicher ständischer Ehre doch überall der Besitz noch ein wenn auch uneingestandenes Superadditum darstellt – sogar dem Erfolg nach höhere Ehre verleihen könnte, wie sie die ständischen Interessenten kraft ihrer Lebensführung für sich prätendieren. Die Interessenten jeder ständischen Gliederung reagieren daher mit spezifischer Schärfe gerade gegen die Prätentionen des rein ökonomischen Erwerbs als solchen und meist dann um so schärfer, je bedrohter sie sich fühlen [...] Die ständisch privilegierten Gruppen akzeptierten eben deshalb den Parvenü niemals persönlich wirklich vorbehaltlos – mag seine Lebensführung sich der ihrigen noch so völlig angepaßt haben –, sondern erst seine Nachfahren, welche in den Standeskonventionen ihrer Schicht erzogen sind und die ständische Ehre nie durch eigene Erwerbsarbeit befleckt haben.«
19   Im Falle Karls des Kühnen kam noch verschärfend hinzu, daß er sich auch gegenüber dem eigenen, übermächtigen Vater Johann dem Guten profilieren wollte. Vgl. dazu S. SLANIČKA, Die Hoch-Zeit der Männer. Uniformierung als männlicher Geschlechtscharakter im »Tournoi de l'arbre d'or« in Brügge 1468, in: Traverse 1998, S. 57–74.
20   Daß die »entrées princières« grundsätzlich die »ambitions politiques« Karls des Kühnen zur Schau stellten, betont SCHNERB (wie Anm. 4), S. 330.
21   Vgl. dazu auch PETERSOHN (wie Anm. 3), S. 31: Auch im Italien des Quattrocento wird sozialer Aufstieg, d. h. »das sozialgeschichtlich Neue als Wiederkehr des Alten« ausgegeben.
22   SIEBER-LEHMANN (wie Anm. 8), S. 273f.; SCHNERB (wie Anm. 4), S. 348–360.
23   SCHNERB (wie Anm. 4), S. 321–324, hier S. 362. Zur Wichtigkeit fiktiver Genealogien in italienischen Biographien der Renaissance vgl. PETERSOHN (wie Anm. 3), S. 20–26, wobei eine derartige »invention of tradition« ein Minimum an Wahrscheinlichkeit aufweisen mußte.
24   Zu Hannibal vgl. SCHNERB (wie Anm. 4), S. 362.
25   Ebd., S. 346–350; S. 360. Vgl. zu diesen Stoffen auch Y. LACAZE, Le rôle des traditions dans la genèse d'un sentiment national au XVe siècle. La Bourgogne de Philippe le Bon, in: Bibliothèque de l'école des chartes 129 (1971), S. 303–385; F. GRAUS, Lebendige Vergangenheit. Überlieferung im Mittelalter und in den Vorstellungen vom Mittelalter. Köln/Wien 1975. Allgemein zum Interesse des burgundischen Hofes an edlen Rebellen D. QUÉRUEL, »Jean d'Avesnes« ou la littérature chevaleresque à la cour des ducs de Bourgogne au milieu du XVe siècle, in: Perspectives Médiévales 14 (1988), S. 41–44.

weniger erfolgreich gegen die Ungerechtigkeiten ihres Herrn Karl Martell zur Wehr gesetzt hatten; beide genossen als historische Figuren am burgundischen Hof, der sich vom französischen König und Lehensherrn ungerecht behandelt fühlte, großes Ansehen.

Zur Konzeption einer eigenständigen Geschichte Burgunds traten die Kreuzzugspläne, welche von den burgundischen Herzögen aus familiären Gründen[26], vor allem aber auch aus Prestigegründen gefördert wurden[27]. Das Engagement des Fürstenhauses für einen Kriegszug gegen die Osmanen und in den Orient wurde immer wieder gerne herangezogen, um die Rückwärtsgewandtheit der burgundischen Hofkultur zu belegen. Dabei ist aber zu bedenken, daß bereits der erste Kreuzzug ein Unternehmen war, an dem sich nicht Könige oder gar der Kaiser beteiligten, sondern rangtiefere Fürsten, welche damit ihre Position innerhalb des adligen Sozialgefüges zu verbessern hofften. Eine *cruciata* in den Osten bot auch im 15. Jahrhundert noch die Möglichkeit, durch eigene Leistung auf die gleiche Stufe wie die Könige und Kaiser des Okzidents zu gelangen, was den burgundischen Aufstiegswünschen entgegenkam. Die seit Huizinga so beliebte historiographische Dekadenzmetapher, bezogen auf den »Herbst des Mittelalters« in Burgund, übersieht, daß der Rückgriff der Herzöge auf tradierte und vertraute Denk- und Lebensformen dazu diente, einen weiteren Schritt in die Zukunft des eigenen Erfolgs verwirklichen zu können: Ritterromantik und effiziente Bürokratie bildeten die beiden Seiten der gleichen Münze[28].

Niemand kennt andererseits die Stufenleiter der Gesellschaft so gut wie der Aufsteiger, der im Begriffe ist, sie zu erklimmen: Wer weiter unten steht, wird weggestoßen oder in die gesellschaftlichen Schranken gewiesen. Vor diesem Hintergrund überrascht es nicht, daß Karl der Kühne und sein Hof auf gesellschaftliche Rangunterschiede höchsten Wert legten[29]. Dieses Standesbewußtsein zeigte sich auch im Verhältnis des Hofes zu anderen Machtgruppen innerhalb des burgundischen Herrschaftsgebildes. Bezeichnenderweise unterstellte Karl der Kühne die Städte, welche als Exponenten drittständischer Machtansprüche auftraten, rücksichtslos seiner fürstlichen Herrschaft[30]. Exzessive Distinktion

---

26 Als Vergeltung für die Niederlage von 1396 bei Nikopolis und die anschließende Gefangennahme Johanns ohne Furcht.
27 SCHNERB (wie Anm. 4), S. 315–318, S. 434f. Zu den Kreuzzugsplänen des Vaters von Karl dem Kühnen vgl. H. MÜLLER, Kreuzzugspläne und Kreuzzugspolitik des Herzogs Philipp des Guten von Burgund (Schriftenreihe der Historischen Kommission bei der Bayer. Akademie der Wissenschaften 51), Göttingen 1993.
28 Auf das Doppelgesicht des burgundischen Staates mit seinem ritterlichen Lebensstil und seiner gleichzeitig fortschrittlichen Bürokratie wies bereits H. HEIMPEL, Karl der Kühne und der burgundische Staat, in: R. NÜRNBERGER (Hg.), Festschrift für Gerhard Ritter, Tübingen 1950, S. 140–160 hin. Zur effizienten Verwaltung der herzoglichen Ländereien vgl. jetzt auch SCHNERB (wie Anm. 4), S. 228–261. Zur Ritterromantik am burgundischen Hof vgl. LACAZE (wie Anm. 25).
29 Besonders deutlich zeigt sich dies im Verhalten gegenüber Ludwig XI., der als Dauphin an den burgundischen Hof flüchtete und dessen königliche Position peinlich respektiert wurde. Vgl. zum damaligen Empfang Ludwigs XI. und zur Wichtigkeit der Hofetikette, welche unter Berücksichtigung komplizierter »Spielregeln« immer wieder den Umständen angepaßt wurde, B. STERCHI, Regel und Ausnahme in der burgundischen Hofetikette. Die »Honneurs de la Cour« von Éléonore de Poitiers, in: K. MALETTKE/C. GRELL (Hgg.), Hofgesellschaft und Höflinge an europäischen Fürstenhöfen in der Frühen Neuzeit (Forschungen zur Geschichte. Marburger Beiträge 1), Münster 2001, S. 305–323. Zum gezielten »Tiefstapeln« Ludwigs XI. vgl. unten Anm. 34.
30 SCHNERB (wie Anm. 4), S. 364–405.

zwecks Kompensation: Damit lassen sich die Handlungsweisen des burgundischen Hofes zwangloser erklären als aufgrund angeblich irrationaler Seelenlagen des Téméraire.

Wie sehr dem Emporkömmling letzten Endes aber die Selbstsicherheit desjenigen fehlt, der seine eigene gesellschaftliche Position kennt und auf sie zu vertrauen vermag, zeigt der Vergleich zwischen dem Auftreten Karls des Kühnen und anderer zeitgenössischer Fürsten. So konnte Kaiser Friedrich III. am Regensburger Reichstag 1471 ohne weiteres an der Sonnwendfeier mittanzen[31] und Herzog Sigmund von Österreich sich anläßlich der Fasnacht 1467 unter das Basler Volk mischen[32]. Ein derart unbekümmerter, zeitweiliger Verzicht auf den eigenen gesellschaftlichen Status trotz grundsätzlicher Abgrenzung gegenüber dem dritten Stand ist mir von Karl dem Kühnen nicht bekannt. In Anlehnung an die Charakteristik Catos bei Sallust – *esse quam videri bonus malebat*[33] – läßt sich überspitzt sagen, daß die erwähnten Adligen eben anerkannte Fürsten waren, während Karl der Kühne als unumschränkter Herrscher erscheinen wollte. Am eindrücklichsten zeigt dies die klassische Gegenfigur zum burgundischen Herzog, der französische König Ludwig XI. Er präsentierte sich bloß bei Bedarf als König, vermied ansonsten nutzlose Ausgaben, kleidete sich einfach und unterließ geflissentlich eine Zurschaustellung hochadligen Lebensstils: »Ein König kann unköniglich sein, ein Fürst, der König werden will, nicht.«[34] Ein fernes Echo burgundischen Prunkes, der dem selbstbewußten und deswegen unprätentiösen Auftreten eines Monarchen offensichtlich widersprach, findet sich noch bei den Aufständen der spanischen *Comuneros* nach dem Herrschaftsantritt Karls V., des Urenkels Karls des Kühnen, im Jahre 1517. Die Beschwerdeschriften gegen den *deutschen Herrscher* und seine Berater betonten, daß im Gegensatz zu den *Reyes*

---

31 Vgl. dazu den Augenzeugenbericht des Basler Kanzlers Wunnewald Heidelbeck vom Regensburger Reichstag 1471: *Das* [= die Tanzveranstaltung zur Sonnwendfeier] *was dem keiser ein gros froeude, er tanzet ouch und warf den arm uf und was als froelich, als ob er alles unmuots* [über die schleppenden Verhandlungen des Reichstags] *hette vergessen* (G. TOBLER (Hg.), Die Berner Chronik des Diebold Schilling 1468–1484, Bd. 1, Bern 1897, S. 77).
32 A. BERNOULLI (Hg.), Erhard von Appenwiler, Chronik 1439–1471, mit ihren Fortsetzungen 1472–1474, in: Basler Chroniken, Bd. 4, Leipzig 1890, S. 221–361, hier S. 349. Am Fasanenbankett, das während der Fasnachtszeit in Lille stattfand, waren nur wenige Bürgerliche an einem Nebentisch zugelassen, vgl. LAFORTUNE-MARTEL (wie Anm. 4), S. 108: »Par son étiquette et ses normes protocolaires, par la place qu'il accorde à la personne du prince, par son caractère élitiste enfin, le banquet du Faisan contribue à faire la louange de la noblesse et à renforcer les liens de solidarité entre les membres de cette catégorie sociale.«
33 Coniuratio Catilinae, 54.
34 W. PARAVICINI, Schlichtheit und Pracht. Über König Ludwig XI. von Frankreich und Herzog Karl den Kühnen von Burgund, in: K.-H. SPIESS (Hg.), Principes. Dynastien und Höfe im späten Mittelalter (Residenzforschung 14), Stuttgart 2002, S. 63–86. Paravicini weist nach, daß der französische König in allen Lebensbereichen die Mittel königlicher Repräsentation bewußt und sparsam einsetzen konnte, weil er über jene Selbstsicherheit verfügte, die sich aus der jahrhundertlangen Tradition französischer Königsherrschaft ergab; sein Gegenspieler Karl der Kühne konnte diesem Machtanspruch nur Prachtentfaltung entgegensetzen. Angesichts dieser Erkenntnisse sollte auch das einfache Auftreten von Kaiser Friedrich III. neu interpretiert werden. Zur Person Ludwigs XI. vgl. H. KRUSE, Ludwig XI., 1461–1483, in: J. EHLERS u. a. (Hgg.), Die französischen Könige des Mittelalters. Von Odo bis Karl VIII. 888–1498, München 1996, S. 337–361.

Católicos und ihrem unkomplizierten Umgang mit den Untertanen nun ein Hofzeremoniell eingeführt worden sei, das den Herrscher seinem Volk entfremde[35].

Ein Emporkömmling benötigt Prachtentfaltung aber nicht nur dazu, um seine Unsicherheit zu kaschieren, sondern er wirbt damit auch um Bewunderer und treu ergebene Anhänger; Exklusivität und Anbiederung schließen sich nicht aus. Gerade das Auftreten Hagenbachs zeigt in lokalem Kontext, wie die burgundische Pfandherrschaft durchaus populistische Züge tragen konnte. Ähnlich wie Herzog Karl der Kühne mit der *Ligue du Bien Public* trat Hagenbach mit dem Anspruch auf, die Interessen der Ärmsten zu vertreten, indem er in Breisach und anderwärts die Macht der Zünfte beschränken wollte. Damit entsprach er den Wünschen jener Bevölkerungsgruppen, die vom städtischen Regiment ausgeschlossen waren: Gesellen, Mägde und Arme. Der burgundische Landvogt verfügte deshalb nicht nur über Gefolgsleute im Breisacher Patriziat, sondern auch bei der städtischen Unterschicht, und seine Politik richtete sich in erster Linie gegen die Mittelschicht und die zünftische Ehrbarkeit, wie sie der Verfasser der *Breisacher Reimchronik* repräsentiert[36]. Zweifellos war die Zahl der burgundischen Anhänger größer, als die reichsstädtische Historiographie am Oberrhein mit ihrer antiburgundischen Haltung zugeben wollte.

Als Aufsteiger mit einem stetig zu vermehrenden Gefolge waren die burgundischen Herzöge zum Erfolg gezwungen, und sie suchten dementsprechend ein Feld, um ihre Ambitionen in die Wirklichkeit umzusetzen. Was bot sich dafür besser an als Oberdeutschland, genauer: der Oberrhein sowie die angrenzenden Gebiete[37], wo die Schwäche des habsburgischen Herrscherhauses seit dem Toggenburger Erbschaftskrieg in den

---

35   Vgl. dazu Ch. HOFMANN, Das spanische Hofzeremoniell 1500–1700 (Erlanger historische Studien 8), Frankfurt a. M. u. a. 1985. A. D. ORTIZ, El Antiguo Régimen. Los Reyes Católicos y los Austrias (Historia de España 3), Madrid 1988. Ich verdanke diesen Hinweis Christian Windler/Freiburg i. B.
36   SIEBER-LEHMANN (wie Anm. 8), S. 77ff. Daß die burgundische Pfandherrschaft für Einzelne durchaus Vorzüge mit sich brachte und daß es bei den Konflikten 1474 letzten Endes darum ging, ob die ehemaligen Gefolgsleute Habsburgs das Sagen behielten oder ob sich ein neues Herrscherhaus mit anderen Parteigängern etablierte, sollte stärker gewichtet werden als die traditionelle Interpretation, welche von einem Konflikt zwischen dem »guten, alten Recht« der ehemaligen österreichischen Herrschaft und dem »modernen, gesetzten« Recht der burgundischen Pfandherrschaft ausgeht. Karl KROESCHELL wies schon vor einiger Zeit nach, daß im Mittelalter auch das »neue« Recht einen besonderen Wert besaß (Rechtsfindung, in: Festschrift für Hermann Heimpel (Veröffentlichungen des Max-Planck-Instituts für Geschichte 36/I–III), Göttingen 1971/72, Bd. 3, S. 498–517). Nebenbei sei bemerkt, daß die Interpretation der burgundischen Pfandherrschaft als Epoche des »modernen, gesetzten Rechts« vor allem mit dem Namen von Hermann Heimpel und seiner Schülerin Hildburg Brauer-Gramm verbunden ist. Diese These taucht aber bereits in der Dissertation von R. SINGER, Zur Kulturgeschichte der oberrheinischen Lande im 15. Jahrhundert, mit besonderer Berücksichtigung ihrer Stellung als deutsches Grenzgebiet, Diss. Phil. Leipzig 1931 auf, ohne daß diese Arbeit bei Heimpel und Brauer-Gramm erwähnt wird.
37   SCHNERB (wie Anm. 4), S. 415 hebt die »instabilité de la région« hervor. Zur heiklen Frage, ob es sich beim Oberrhein um einen abgrenzbaren historischen Raum handelt, vgl. T. SCOTT, Regional Identity and Economic Change. The Upper Rhine 1450–1600, Oxford 1997. Scott sieht im Rappenmünzbund und somit in wirtschaftlichen Verbindungen ein Substrat für ein regionales Bewußtsein, weist aber gleichzeitig auf gegenläufige Entwicklungen hin, die sich aus rechtlich-herrschaftlichen Rahmenbedingungen und Einzelereignissen ergaben und die den oberrheinischen Zusammenhalt auflösten.

1440er-Jahren immer deutlicher geworden war[38]? Daß Burgund dabei zwangsläufig einer aufsteigenden Macht des dritten Standes ins Gehege geraten mußte, wurde vom letzten Burgunderherzog und seinen Beratern allerdings übersehen.

Auffälligerweise vollzog sich parallel zu den Erfolgen der letzten burgundischen Herzöge aus dem Hause Valois auch der Aufstieg der Eidgenossenschaft, der *magna liga superioris Alamanniae*[39]. 1363 wurde Philipp der Kühne von seinem Vater, dem französischen König Johann dem Guten, mit dem Herzogtum Burgund belehnt, womit der Aufstieg des burgundischen Herrscherhauses begann. 23 Jahre später töteten die Eidgenossen 1386 in der Schlacht von Sempach Herzog Leopold III. von Habsburg, ein Ereignis, das weit herum Aufsehen erregte. Sowohl die burgundischen Herzöge wie auch die eidgenössischen Orte nützten die Unübersichtlichkeit des ausgehenden 14. Jahrhunderts, um ihre Interessen durchzusetzen[40]. Im Falle Burgunds handelte es sich um die Krise des Hundertjährigen Krieges, im Falle der Eidgenossen unter anderem um das Große Schisma, welches der habsburgischen Partei, die dem abtrünnigen Papst in Avignon huldigte, abträglich war[41]. Sowohl Burgund als auch die Eidgenossenschaft eröffneten in der Folge ein Dreiecksverhältnis. Die Herzöge aus dem Hause Valois spielten das französische gegen das englische Königtum aus, die Eidgenossen ihrerseits stützten sich auf die luxemburgischen Kaiser, um die Habsburger in Schach zu halten. Anläßlich des Konzils von Konstanz eroberten und besetzten die eidgenössischen Orte – von Kaiser Sigismund geduldet – die habsburgischen Herrschaftsgebiete im Aargau. Diese vereint erworbenen Gebiete, *Gemeine Herrschaften* genannt, etablierten gemeinsame Interessen der acht Orte. Die lose Verbindung von Städten und Talschaften besaß nun eine kollektive Beute, welche verwaltet werden mußte. Aus dieser Sachlage ergab sich so etwas wie eine eidgenössische »Agenda«, da alljährlich die Einkünfte aus den *Gemeinen Herrschaften* verteilt werden mußten. Ein zweiter Verdichtungsschub setzte mit dem bereits erwähnten Toggenburger Erbschaftskrieg ein, und mit guten Gründen wurde jüngst dargelegt, daß erst nach 1450 das eidgenössische Bündnisgeflecht jene Kompaktheit erhalten hatte, dank der es die Burgunderkriege über-

---

38 Zum Toggenburger Erbschaftskrieg – in der schweizergeschichtlichen Forschung auch als »Alter Zürichkrieg« bezeichnet – vgl. H. BERGER, Der Alte Zürichkrieg im Rahmen der europäischen Politik. Ein Beitrag zur »Außenpolitik« Zürichs in der ersten Hälfte des 15. Jahrhunderts, Zürich 1978; A. NIEDERSTÄTTER, Der Alte Zürichkrieg. Studien zum österreichisch-eidgenössischen Konflikt sowie zur Politik König Friedrichs III. in den Jahren 1440–1446 (Regesta Imperii, Beiheft 14), Wien u. a. 1995.
39 Als Überblick mit reichen Literaturangaben sowie Hinweisen zu ungeklärten Forschungsproblemen der eidgenössischen Geschichte empfiehlt sich R. SABLONIER, Schweizer Eidgenossenschaft im 15. Jahrhundert. Staatlichkeit, Politik und Selbstverständnis, in: J. WIGET (Hg.), Die Entstehung der Schweiz. Vom Bundesbrief 1291 zur nationalen Geschichtskultur des 20. Jahrhunderts, Schwyz 1999, S. 9–42.
40 Zur Krise des 14. Jahrhunderts vgl. F. GRAUS, Pest – Geißler – Judenmorde. Das 14. Jahrhundert als Krisenzeit (Veröffentlichungen des Max-Planck-Instituts für Geschichte 86), Göttingen ²1988. Neuerdings wird der Krisenbegriff verworfen, vgl. P. SCHUSTER, Die Krise des Spätmittelalters. Zur Evidenz eines sozial- und wirtschaftsgeschichtlichen Paradigmas in der Geschichtsschreibung des 20. Jahrhunderts, in: HZ 269 (1999), S. 19–55. Ob die Pestzüge mit ihren großen und wiederkehrenden Bevölkerungsverlusten zu einem »Normalzustand« führten, erscheint immerhin fraglich.
41 B. WIDMER, Die Schlacht bei Sempach in der Kirchengeschichte, in: Schweizerische Zeitschrift für Geschichte 16 (1966), S. 180–205.

stehen konnte[42]. Der Sieg der inneren Orte über die Reichsstadt Zürich führte aber auch zu einer »invention of tradition« (E. Hobsbawm) und zur Neukonzipierung der gemeineidgenössischen Geschichte: Nicht die den Reichsstädten verliehenen kaiserlichen Privilegien und Freiheiten, sondern das Selbstbewußtsein der Innerschweiz, über eine aus eigener Kraft und mit göttlichem Segen erkämpfte Freiheit zu verfügen, wurden für das eidgenössische Selbstverständnis konstitutiv; das gesetzte Recht der Städte unterlag dem Gewohnheitsrecht der Länderorte[43]. Die Eidgenossen verstanden sich fortan in alttestamentarischem Sinne als auserwähltes Volk, dem aufgrund seiner Frömmigkeit die fortwährenden Siege von Gott geschenkt wurden[44]. Dieses religiös fundierte Selbstbewußtsein erhielt eine historische Dimension, und zwar vergleichsweise spät; erst zu Beginn der 1470er Jahre tauchte die nachgerade bekannte Sage vom Meisterschützen Wilhelm Tell auf[45]. Die Quellen der Burgunderkriege zeigen aber deutlich, daß in den Augen der oberrheinischen Verbündeten die Eidgenossen bereits über eine eigene Geschichte verfügten[46].

Wenn die Jahre um 1450 eine Konsolidierung des eidgenössischen Bündnisgeflechts brachten, so galt dies in ereignisgeschichtlicher Hinsicht auch für das burgundische Herrscherhaus. 1453 beendete die Eroberung der Normandie durch den französischen König den Hundertjährigen Krieg. Herzog Philipp der Gute von Burgund konnte sich neuen Unternehmungen zuwenden, und er benützte die im gleichen Jahr stattfindende Eroberung Konstantinopels dazu, sein erfolgreiches Fürstentum in ganz Europa bekanntzumachen. Er tat dies mit dem bereits erwähnten *Banquet du faisan*[47] und seiner aufsehenerregenden Reise an den Regensburger Reichstag[48]. Herzog Philipp befand sich »au sommet de son pouvoir et de son prestige«[49].

Dynamik und Expansion kennzeichneten auch die Handlungsweisen der Eidgenossen. 1460 entrissen sie dem Hause Habsburg den Thurgau, und 1468 benützten sie die Querelen zwischen der Reichsstadt Mülhausen und dem umliegenden sundgauisch-habsburgischen Adel, um am Oberrhein zu intervenieren[50]. Dabei kam es zu einer Szene, welche

---

42 Vgl. dazu Zürich 650 Jahre eidgenössisch, Zürich 2001. Selbst in den Jahren 1474–1477 wurden aber immer wieder Absprachen zwischen den einzelnen Orten getroffen, um die Westexpansion Berns zu stoppen. Zu den damaligen Sonderbünden und der inneren Zerrissenheit der Eidgenossenschaft vgl. SIEBER-LEHMANN (wie Anm. 8), S. 231ff.
43 B. STETTLER, Reichsreform und werdende Eidgenossenschaft, in: Schweizerische Zeitschrift für Geschichte 44 (1994) S. 203–229.
44 G. P. MARCHAL, Die »Alten Eidgenossen« im Wandel der Zeiten. Das Bild der frühen Eidgenossen im Traditionsbewußtsein und in der Identitätsvorstellung der Schweizer vom 15. bis ins 20. Jahrhundert, in: Innerschweiz und frühe Eidgenossenschaft. Jubiläumsschrift 700 Jahre Eidgenossenschaft, hg. vom Historischen Verein der Fünf Orte, Bd. 2, Olten 1990, S. 309–406.
45 Zur frühesten Überlieferung des Schützen Tell vgl. H. G. WIRZ (Bearb.), Das Weiße Buch von Sarnen (Quellenwerk zur Entstehung der schweizerischen Eidgenossenschaft. III,1), Aarau 1947.
46 SIEBER-LEHMANN (wie Anm. 8), S. 215ff.
47 Vgl. ausführlich LAFORTUNE-MARTEL (wie Anm. 4).
48 Vgl. W. PARAVICINI, Philippe le Bon en Allemagne, in: Revue Belge de philologie et d'histoire 75 (1997), S. 967–1018.
49 LAFORTUNE-MARTEL (wie Anm. 4), S. 82f. Vgl. auch M.-Th. CARON/D. CLAUZEL (Hgg.), Le banquet du Faisan. L'Occident face au défi de l'Empire ottoman, Arras 1997.
50 Zur Ereignisgeschichte vgl. Handbuch der Schweizer Geschichte, Bd. 2, Zürich ²1980, S. 310–315. Der Sundgauerzug schadete dem Ansehen der Eidgenossen am Oberrhein erheblich, vgl. SIEBER-LEHMANN (wie Anm. 8), S. 208.

belegt, daß die rauhen Oberländer als robuste Aufsteiger ebenfalls über eigene Praktiken verfügten, um sich vor anderen sozialen Gruppen und natürlich vor allem gegenüber dem Adel auszuzeichnen.

Die Forschung hat in den letzten Jahren anhand von Liedtexten und chronikalischen Überlieferungen zeigen können, daß sich die Eidgenossen als Ersatz für den versagenden Adel konzipierten[51]. Die eidgenössische Argumentation war ebenso einfach wie schlüssig: Da die Edlen nicht mehr in der Lage seien, den Schutz des dritten Standes zu übernehmen, müßten die Eidgenossen an deren Stelle treten. Die schlagkräftigen *Schweizer*[52] offerierten also ihren Schutz und Schirm anstelle der Adligen. Daß es sich bei diesem Anbieten von *protection* auch um eine ungemütliche Angelegenheit handelte, macht der Doppelsinn von *protection* klar, wie kürzlich nachgewiesen wurde: Die Eidgenossen boten – in gleicher Weise wie die Adligen – eben auch den Schutz vor der eigenen Gewaltanwendung an, sie betrieben also eine Art Schutzgelderpressung[53]. Ob die Oberländer damit aber einen eigentlichen »Ersatz« des Adels beabsichtigten, muß allerdings bezweifelt werden. Mit ihrem Auftreten waren sie ja nicht in der Lage, die bestehenden Vorstellungen einer ständischen Gesellschaftsordnung über den Haufen zu werfen, denn trotz ihrer Erfolge blieben sie weiterhin Vertreter des dritten Standes. Das war ihnen auch selber bewußt, denn die eidgenössische Chronistik äußerte sich – abgesehen von Heinrich Brennwald – nicht grundsätzlich adelsfeindlich, und die Kritik an den Edlen ging im Reformationszeitalter immer mehr zurück[54].

Eine eingehende Lektüre chronikalischer Texte zeigt, daß die Eidgenossen einen raffinierteren Weg einschlugen, um ihren Anspruch in der Praxis sichtbar werden zu lassen. Es handelt sich um einen Vorgang, der gerade im sogenannten Sundgauerzug von 1468 besonderes Aufsehen erregte: Die Eidgenossen versuchten, die Adligen zum Kampf her-

---

51   Grundlegend sind dafür die Arbeiten von G. P. MARCHAL. Vgl. DERS., Die Antwort der Bauern. Elemente und Schichtungen des schweizerischen Geschichtsbewußtseins am Ausgang des Mittelalters, in: H. PATZE (wie Anm. 15), S. 757–790; zusammenfassend MARCHAL (wie Anm. 44). Zum heiklen Verhältnis zwischen Adel und Eidgenossen vgl. die Fallstudie von D. A. CHRIST, Zwischen Kooperation und Konkurrenz. Die Grafen von Thierstein, ihre Standesgenossen und die Eidgenossenschaft im Spätmittelalter, Zürich 1998.
52   Die Bezeichnung *Schweizer* oder *Suitenses* galt für die Eidgenossen bis 1499 allerdings als ehrenrührig, vgl. SIEBER-LEHMANN (wie Anm. 8), S. 204f.
53   G. ALGAZI, Herrengewalt und Gewalt der Herren im späten Mittelalter. Herrschaft, Gegenseitigkeit und Sprachgebrauch (Historische Studien 17), Frankfurt/New York 1996.
54   Dieser Vorgang wird auch von MARCHAL, Antwort der Bauern (wie Anm. 51), S. 778–787 beobachtet. Er führt ihn auf die zunehmende Oligarchisierung der eidgenössischen Führungsschicht zurück, welcher eine positive Bewertung des Rebellentums nicht behagte. Im gleichen Sinne auch H. CARL, Eidgenossen und Schwäbischer Bund – feindliche Nachbarn?, in: P. RÜCK/H. KOLLER (Hgg.), Die Eidgenossen und ihre Nachbarn im Deutschen Reich des Mittelalters, Marburg a. d. L. 1991, S. 215–266, hier S. 256–265; DERS., Der Schwäbische Bund 1488–1534. Landfrieden und Genossenschaften im Übergang vom Spätmittelalter zur Reformation (Schriften zur südwestdeutschen Landeskunde 24), Leinfelden-Echterdingen 2000. Zur Oligarchisierung, welche den Unterschied zwischen Städte- und Länderorten einebnete, vgl. auch SABLONIER (wie Anm. 39), S. 21f., mit weiterführender Literatur.

auszufordern[55]. Damals stellten sich die *Schweizer* auf dem elsäßischen Ochsenfeld auf und boten ihren Gegnern eine Schlacht an. Wie früher weigerten sich die Edlen auch jetzt, auf diese Provokation einzugehen. Nun gehörten Provokationen und Kampfansagen – das berühmte Werfen des Fehdehandschuhs – grundsätzlich zum adligen Habitus. Die Eidgenossen kopierten dies und gingen, wie eine Analyse der Positionen der beiden Gegner zeigt, in jedem Fall aus diesem Ehrkonflikt als Sieger heraus. Wären die Adligen auf die Herausforderung eingegangen, hätten sie die Eidgenossen als ebenbürtige, auch als ständisch gleichgestellte Gegner akzeptiert und ihnen damit eine gesellschaftliche Satisfaktionsfähigkeit zugesprochen. Selbst wenn sich die *nobiles* aber auf eine bewaffnete Auseinandersetzung eingelassen und gewonnen hätten, wären sie nicht in der Lage gewesen, ihr eigenes »soziales Kapital der Ehre« (P. Bourdieu) zu vergrößern, denn damit hätten sie bestenfalls den Normalzustand wiederhergestellt, d. h. den dritten Stand in seine Schranken gewiesen; der Sieg über ständisch Untergeordnete wäre in keinem Fall mit einer Steigerung ihres Ansehens und ihrer Ehre einhergegangen. Falls die Edlen aber die bewaffnete Auseinandersetzung verloren hätten, wären sie einerseits tot auf dem Schlachtfeld geblieben und hätten überdies den Spott der Nachwelt auf sich gezogen. Deshalb blieb ihnen nur die Zurückweisung der eidgenössischen Provokation übrig[56]. Einzig wenn die Adligen von sich aus die Eidgenossen zum Kampf eingeladen hätten[57],

---

55 Vgl. zum Vorgang Handbuch der Schweizer Geschichte, Bd. 1 (wie Anm. 50), S. 313f. und die Schilderung bei Schillings Berner Chronik 1468–1484 (wie Anm. 31), Bd. 1, Kapitel 19, S. 25f. Eine vergleichbare Handlungsweise ist das demonstrative Offenlassen der Stadttore, womit die eidgenössische Stärke dokumentiert werden sollte. Vgl. dazu die Belege bei L. ZEHNDER, Volkskundliches in der älteren schweizerischen Chronistik (Schriften der Schweizerischen Gesellschaft für Volkskunde 60), Basel 1976, S. 169. Zur Wichtigkeit von Herausforderungsritualen in den Kriegen der italienischen Stadtstaaten vgl. R. TREXLER, Correre la terra. Collective insults in the late Middle Ages, in: Mélanges de l'école française de Rome, Moyen Age et Temps Modernes 96 (1984), S. 845–902. Wie sehr auch der rechtliche Austrag vor Gericht als Herausforderung zu einem Kräftemessen verstanden wurde, zeigt ein Abschnitt aus Hemmerlins Dialogus de nobilitate et rusticitate (C. SIEBER-LEHMANN/Th. WILHELMI (Hgg.), In Helvetios – Wider die Kuhschweizer. Fremd- und Feindbilder von den Schweizern in antieidgenössischen Texten aus der Zeit von 1386 bis 1532 (Schweizer Texte NF 13), Bern 1998, Nr. 6, S. 61): *Laß uns angesichts dieser Täuschungen sowohl die Verschlagenheit als auch den hinterlistigen Scharfsinn der Eidgenossen genauer untersuchen. Denn du weißt, was die gängige Meinung der Leute hinsichtlich zweien ist, die sich zum Duellieren aufstellen: Derjenige nämlich, der herausgefordert wird, weiß wie der Angeklagte vor Gericht, daß er, wenn er ein ihm auf solche Weise – entsprechend den allgemein üblichen Sitten – angetragenes Duell nicht annimmt, zu erkennen gibt, daß er als Angeklagter des Todes ist. Unter diesen Umständen wird er sich sagen: ›Unter zwei Gefahren werde ich diejenige auswählen, bei der noch Hoffnung besteht, nämlich das Duell, während im anderen Fall keinerlei Schutz für mein gegenwärtiges Leben besteht.‹*
56 Eine Entsprechung für diese Situation findet sich auch innerhalb des Adelsstandes. Der burgundische Adlige Jacques de Lalaing zog als fahrender Ritter durch Europa und lud überall Standesgenossen zu einem Schaukampf ein. Der spanische König verbot aber seinen Rittern, sich auf ein derartiges Duell einzulassen. Den Monarchen mögen dazu verschiedene Gründe bewogen haben: Die Befürchtung, gute Gefolgsleute zu verlieren, die Angst vor Blamage, aber auch das Bestreben, Jacques de Lalaing die Möglichkeit von Selbstdarstellung und Profilierung zu verwehren. Vgl. dazu Jacques de Lalaing, Le livre des faits, in: Georges CHASTELLAIN, Œuvres, hg. von K. de LETTENHOVE, Bd. 8, Bruxelles 1866, S. 1–129. Ich verdanke den Hinweis auf diese Quelle Bernhard Sterchi.
57 Ein Beispiel dafür bietet H. WELLMANN, Der historische Begriff der ›Ehre‹ – sprachwissenschaftlich untersucht, in: S. BACKMANN u. a. (Hgg.), Ehrkonzepte in der Frühen Neuzeit. Identitäten und Abgrenzungen (Colloquia Augustana 8), Berlin 1998, S. 27–39, hier S. 29, wo Adlige die Bürger von

wäre es ihnen möglich gewesen, den Verlauf des Herausforderungsspiels selber zu gestalten, aber diese Möglichkeit kam offensichtlich 1468 nicht in Betracht, sei es aus ständischem Selbstbewußtsein der sundgauischen Adligen oder aus schlichter Angst vor den gewalttätigen Oberländern.

Die Eidgenossen konnten aus den entgegengesetzten Gründen in jedem Falle von ihrer provozierenden Handlungsweise profitieren. Sie interpretierten die Tatsache, daß sich die Adligen nicht auf einen Konflikt einließen, als Feigheit, sie hoben hervor, daß die *nobilitas* die von ihnen geforderten ständischen Qualitäten nicht mehr erfülle, und sie sprachen somit dem Adel die von ihm beanspruchte Ehre ab[58].

Die Situation zeigt aber auch, daß die Eidgenossen den Adel eben gerade nicht ersetzten. Sie stellten ihn in Frage, sie stellten ihn bloß, sie imitierten die Edlen und simulierten deren Herausforderungsritual, aber sie widersprachen damit nicht der Vorstellung, daß es eben einen Adel gebe und weiterhin geben werde[59]. Das Problem der Ständegrenzen wurde thematisiert, aber nicht entschieden. Auf der Ebene der Handlungsweisen läßt sich also eine gewollte Unschärfe beobachten, ein Schwebezustand hinsichtlich des gesellschaftlichen Status der Eidgenossen. Die Handlungsweise der Reisläufer eröffnete einen Interpretationsspielraum, und die Herausforderung der Adligen zur Schlacht bildete sozusagen die praktische Umsetzung des rhetorischen Oxymorons, welches die Eidgenossen anwandten, wenn sie sich als *frume edle puren*[60] bezeichneten: Die *Schweizer*

Regensburg herausfordern: *do ritten zwai hundert guoter ritter und kneht [...] für Regenspurg die stat und ruoften den bürgern, daz sie zuo in heruz choemen [...] und ain er [Ehre] an in begiengen.*
58 Dieses Spiel um Ehre ging für die Eidgenossen so lange auf, als es sich bei ihren Gegnern wirklich um ein Adelsheer handelte. Bekanntlich versuchte Maximilian I., das Heer- und Söldnerwesen zu reformieren, indem er einerseits eidgenössische Ausbilder anstellte, andererseits bei Heerschauen das ideale Einverständnis zwischen adligen Reitern und einfachen Fußsoldaten zur Schau stellte. Damit wären ihm Truppen zur Verfügung gestanden, welche den Ständeunterschied wenigstens während eines Feldzugs aufgehoben hätten. Vgl. zu diesen Versuchen, die allerdings am Widerstand des Adels gegenüber dieser ständischen Einebnung scheiterten, die Heerschau in Ensisheim im Jahre 1498, anläßlich des Reichstags in Freiburg im Breisgau (D. MERTENS, »Uß notdurften der hl. cristenheit, reichs und sonderlich deutscher nation«. Der Freiburger Reichstag in der Geschichte der Hof- und Reichstage des späten Mittelalters, in: H. SCHADEK (Hg.), Der Kaiser in seiner Stadt. Maximilian I. und der Reichstag zu Freiburg, Freiburg 1998, S. 30–55, hier S. 36–38). Während des Schwaben-/Schweizerkriegs griff auch Maximilian I. zum Ritual der Herausforderung: Am 16. Juli 1499 führte er seine ganze Armee von 2500 Reitern und rund 10 000 Fußsoldaten vor Konstanz, um den Eidgenossen eine Schlacht anzubieten. Maximilian I. wollte die Eidgenossen sogar in ihren Befestigungen angreifen, aber seine Kriegsräte überstimmten ihn. Danach zog sich das Heer wieder zurück, sehr zum Verdruß der jungen Ritter, wie der junge Götz von Berlichingen, der als Augenzeuge teilnahm, berichtet (O. FEGER, Geschichte des Bodenseeraumes, Bd. 3, Sigmaringen 1963, S. 343f.). Interessant ist an diesem Beispiel, daß für Maximilian I. die Eidgenossen offensichtlich satisfaktionsfähige Gegner geworden waren, während rund dreißig Jahre früher die Adligen auf dem Ochsenfeld 1468 die Herausforderung nicht annahmen.
59 Bei Ulrich von Hutten treten die Eidgenossen unter dem Banner des Skorpions auf, in gleicher Weise wie übrigens die Aufständischen des Bundschuhs (vgl. dazu die Bilder bei T. SCOTT, Freiburg und der Bundschuh, in: SCHADEK (wie Anm. 58), S. 332–354). Ausgangspunkt für diese Darstellung ist wohl das Jahr 1484 mit seiner Konjunktion von Saturn und Jupiter unter dem Zeichen des Skorpions. Der Skorpion zwickt zwar, aber er repräsentiert nie den König der Tiere.
60 Zu dieser berühmten Selbststilisierung der Eidgenossen in ihren Liedern vgl. V. SCHLUMPF, Die frumen edlen puren. Untersuchungen zum Stilzusammenhang zwischen den historischen Volksliedern der Alten Eidgenossenschaft und der deutschen Heldenepik, Diss. Zürich 1969. Die kritische

waren sowohl *puren* als auch *edel*, jedes für sich und gleichzeitig beides, ohne sich für das eine oder andere entscheiden zu müssen. Dieses In-der-Schwebe-Lassen, diese Undefiniertheit des Status kam auch den eidgenössischen Obrigkeiten entgegen, welche einerseits als Nichtadlige[61], andererseits als Personen von Stand – beispielsweise bei Botschaften an Höfe – auftreten konnten. Insofern verhielten sich die Eidgenossen überaus geschickt: Sie formten sich eine Rolle, welche den Aufstieg thematisierte, sie aber zugleich auch nicht die Standesschranken überschreiten ließ.

Dieser »Distinktion in Anführungszeichen« der Oberländer begegneten die Adligen – zumal am Oberrhein – mit Verachtung und Verunglimpfung, indem sie die Eidgenossen immer wieder als *Kuegehiger* bezeichneten; damit wurde auf die angeblich sodomitischen Beziehungen zwischen den Eidgenossen und ihrem Vieh angespielt[62]. Die Gefährlichkeit dieses Vorwurfs, der sich bis heute im nachbarschaftlichen Necknamen *Kuhschweizer* in harmloser Form erhalten hat, läßt sich daran ermessen, daß *Ketzerei* – ein Wort, das im spätmittelalterlichen Deutsch sowohl Irrglauben, Homosexualität als auch Sodomie bezeichnete – grundsätzlich mit dem Feuertod geahndet wurde. Die Eidgenossen reagierten auf diese Schmähung, die auf jeden Fall zurückgewiesen werden mußte, meistens mit der Sprache der Fäuste. Gleichzeitig traten die Reisläufer gerne als Kraftprotze auf und setzten sich als Haudegen in Szene, wie dies die bekannten Bilder des Söldners und Zeichners Urs Graf augenfällig vorführen[63]. Neben dieser Distinktion kraft Gewalttätigkeit versuchten die Oberländer auch, ihr Bündnisgeflecht nach außen attraktiv zu präsentieren, ohne daß sie allerdings geradezu neue Bündnispartner anwarben; dafür war die Konkurrenz zwischen den einzelnen Orten zu groß. Immerhin ging von der *magna liga superioris Alamaniae* eine große Anziehungskraft aus, so daß in Oberdeutschland das »Turning Swiss« immer wieder als politische Option ins Spiel gebracht wurde[64]. Ob mit einer »Verschweizerung« aber die Möglichkeit bestanden hätte, die Untertänigkeit eines

---

Gegenposition vertritt M. WEISHAUPT, Bauern, Hirten und »frume edle puren«: Bauern und Bauernstaatsideologie in der spätmittelalterlichen Eidgenossenschaft und der nationalen Geschichtsschreibung der Schweiz, Basel 1992, wobei die von Weishaupt vorgenommene Abwertung der historischen Ereignislieder als Quellengattung nicht überzeugt.

61 Eine neuere Studie zeigt, daß die regierenden Geschlechter innerhalb der Eidgenossenschaft zwar adlige Titel schätzten, sie aber nicht immer akzeptieren wollten oder aufgrund interner Kritik annehmen konnten. »In der heimischen Gesellschaft der Städte und Länder reichte das Prestige des nichtadligen Rittertums, mit dem man vielleicht sogar Adel vortäuschte, aus« (F. GLAUSER, Ritter und Sandritter. Tendenzen des Rittertums in der Eidgenossenschaft um 1500, in: N. FURRER u. a. (Hgg.), Gente ferocissima. Mercenariat et société en Suisse – Solddienst und Gesellschaft in der Schweiz (15. – 19. Jahrhundert). Festschrift für Alain Dubois, Zürich 1997, S. 167–191, hier S. 191). Weitere Hinweise zum betont »einfachen« Auftreten der Obrigkeiten gegenüber den eigenen Untertanen bei C. PFAFF, Staat und Gesellschaft im Spiegel der Chronikillustration des Berner und des Luzerner Schilling, in: Geschichtsfreund 135 (1982), S. 89–116, hier S. 107; E. WECHSLER, Ehre und Politik. Ein Beitrag zur Erfassung politischer Verhaltensweisen in der Eidgenossenschaft (1440–1500) unter historisch-anthropologischen Aspekten, Zürich 1991, S. 408.

62 Zur Häufigkeit dieses Vorwurfs vgl. SIEBER-LEHMANN/WILHELMI (wie Anm. 55), Einleitung.

63 Vgl. dazu die Werkausgabe von E. MAJOR/E. GRADMANN, Urs Graf, Basel 1941. Viele Belege für eidgenössische Kraftmeierei finden sich bei W. SCHAUFELBERGER, Der Alte Schweizer und sein Krieg. Studien zur Kriegführung vornehmlich im 15. Jahrhundert, Zürich ²1966.

64 Vgl. dazu das bekannte Werk von Th. A. BRADY, Turning Swiss. Cities and Empire 1450–1550, Cambridge Mass. 1985.

Fürstentums für eine »alteidgenössische Freiheit« einzutauschen, scheint als Wunschbild mehr dem liberalen Gedankengut des 19. Jahrhunderts als der spätmittelalterlichen Realität entsprungen zu sein. So anziehend die unbekümmerte Selbsthilfe der Orte wirken konnte, war es nicht zu übersehen, daß die Eidgenossen ihre Gebiete streng kontrollierten: Leibherrschaft und Untertanenverhältnisse gab es eben auch bei den »Schweizern«. Wie sehr gerade auch die Eidgenossen sich für die überlieferte Herrschaftsordnung engagieren konnten, zeigte sich beim sogenannten Rorschacher Klosterbruch, wo die sieben Orte zugunsten des Abtes von St. Gallen intervenierten und sich gegen die Aufständischen – die Appenzeller, die Gotteshausleute und die Stadt St. Gallen – stellten. Der Schwäbische Bund hielt sich zurück, erwog aber, zugunsten der Stadt zu intervenieren. Die Fronten waren also vertauscht[65]. Im Bauernkrieg von 1525 zeigte sich schließlich, daß das Ansehen der Eidgenossen als »Bauernbefreier« gesunken war[66]. Nach 1500 tauchten sogar innerhalb der Eidgenossenschaft selbstkritische Überlegungen zum neuen Status der Eidgenossen und der damit verbundenen »neureichen« Lebensweise auf[67].

Zweifellos waren die Eidgenossen zu Herren geworden, und ob die Untertanen in den *Gemeinen Herrschaften* das Regiment der Orte für milder einschätzten als dasjenige in den benachbarten fürstlichen Territorien, erscheint fraglich[68]. Hinzu kam, daß der innere Friede und die Sicherheit, für welche die Eidgenossenschaft bei auswärtigen Mächten bekannt war, nur durch strenge Kontrollen und eine konsequente Ausweisungspraxis aufrechterhalten werden konnte[69]. Im Gegensatz zu manchen adligen Herrschaften gab es offensichtlich weniger Privatfehden und sogenanntes »Raubrittertum«[70] innerhalb der damaligen *Eidgnozschaft*. Dies war allerdings nur um den Preis einer guten *policey* zu

---

65 CARL, Eidgenossen (wie Anm. 54), S. 228; DERS., Der Schwäbische Bund (wie Anm. 54).
66 CARL, Eidgenossen (wie Anm. 54), S. 260 weist auf die Auslieferung von Anführern des Bundschuhs durch die Eidgenossen hin, was ihrer Reputation geschadet habe.
67 Symptomatisch im Spiel von den alten und jungen Eidgenossen, vgl. F. CHRIST-KUTTER, Das Spiel von den alten und jungen Eidgenossen. Frühe Schweizerspiele (Altdeutsche Übungstexte 19), Bern 1963. Zur Krise des Selbstverständnisses nach 1500 ausführlich MARCHAL, Antwort der Bauern (wie Anm. 51).
68 Vgl. dazu CARL, Eidgenossen (wie Anm. 54), S. 256–265, mit weiterführender Literatur. Zu den *Gemeinen Herrschaften* vgl. SABLONIER (wie Anm. 39), S. 12; S. 18: »In den Untertanengebieten und gemeinsam verwalteten Herrschaften nahmen die verbündeten Orte, darunter Länderorte, einfach die Stelle der alten Herrschaften ein, auch wenn sie ihre Herrschaft auf andere Weise legitimierten und inszenierten.« Bezeichnend für das eidgenössische Herrschaftsbewußtsein ist das Beispiel bei H. MAURER, Vom Konzil bis zum Beginn des 16. Jahrhunderts, in: Geschichte der Stadt Konstanz, Bd. 2, Konstanz 1989, S. 253f.: Als die Eidgenossen im Jahre 1500 wieder einmal mit den Konstanzern um ihre Rechte im Thurgau stritten, gingen sie mit ihren Gegnern doch darin einig, daß man die Bauern im Thurgau *desterbaß gemeistern* müsse, zumal bei einem neuen Krieg nicht sicher sei, *wie sich die puren im Thurgoew solten halten gegen den aidgenossen oder einer stat Costentz*.
69 Daß gleichzeitig die Zölle und Geleitgelder einen wichtigen Einnahmeposten im Budget der eidgenössischen Orte bildeten, betont M. STEIBELT, Die Eidgenossen und die südwestdeutschen Territorien 1450–1488, phil. Diss. masch. Heidelberg 1946, S. 136.
70 Vgl. dazu W. RÖSENER, Zur Problematik des spätmittelalterlichen Raubrittertums, in: H. MAURER/H. PATZE (Hgg.), Festschrift für Berent Schwineköper, Sigmaringen 1982, S. 469–488.

haben, über welche die Orte im Gegensatz zu manchen fürstlichen Territorien offensichtlich verfügten[71].

Einzelne Vorfälle des Schwabenkriegs zeigen immerhin, daß sich die Eidgenossen um 1500 immer noch gerne als Verbündete der *fromm lút* einer Landschaft präsentierten und die Adligen von Übergabeverhandlungen ausschlossen[72]. Das hinderte die *Schweizer* aber nicht daran, die Felder ihrer Gegner zu verwüsten und die Dörfer zu verbrennen, so daß von einer Solidarität zwischen Reisläufern und Bauern nicht die Rede sein konnte.

Der vorliegende Beitrag versuchte, Burgund und die Eidgenossenschaft in der zweiten Hälfte des 15. Jahrhunderts unter einer gemeinsamen Perspektive zu betrachten und Parallelen herauszuarbeiten; erkenntnisleitend war die Annahme, daß eher von ähnlich strukturierten Konfliktpartnern als von gegensätzlichen Kriegsparteien auszugehen sei. Das Tertium comparationis war dabei die Hypothese, daß beide Mächte die Situation des Aufsteigers teilten. Derartige Vergleiche sollten allerdings nicht über Gebühr strapaziert werden, und auch im vorliegenden Fall bestehen natürlich grundsätzliche Unterschiede zwischen Burgund und der Eidgenossenschaft. Während Karl der Kühne als einziger Exponent des burgundischen Herzogtums einen herausragenden Platz innerhalb der westeuropäischen Fürstenherrschaften erringen wollte, stand die Eidgenossenschaft vor dem Problem, sich als keineswegs homogene Bevölkerungsgruppe behaupten zu können. In einer gewissen Weise war deshalb der eidgenössische Ausgangspunkt im Vergleich zu Karl dem Kühnen sowohl einfacher als auch schwieriger: Als Bündnisgeflecht stützte sich die *magna liga superioris Alamaniae* auf eine Vielzahl von Personen, und eine Niederlage hätte in ihrem Falle nicht unbedingt die katastrophalen Folgen gehabt, wie 1477 die Schlacht von Nancy für Karl den Kühnen. Andererseits bewegte sich der Téméraire in einem Feld gesellschaftlicher Distinktionsformen, das bereits klar definiert war: Er war ein angesehener Fürst und wollte König werden, mithin die nächste Stufe des gesellschaftlichen Aufstiegs erklimmen; Karl der Kühne war ein Aufsteiger, vielleicht auch – mit leicht negativem Unterton – ein Emporkömmling. Die Eidgenossen hingegen waren vor der Rezeption antiker republikanischer Verfassungsmodelle nicht in der Lage, auf überlieferte Vorbilder zurückzugreifen. Sie waren nichts anderes als Parvenüs, denn sie konnten bloß die bestehende ständische Dreiteilung der Gesellschaft in Frage stellen, ohne vorderhand eine gültige Antwort zu wissen.

Auf der anderen Seite lassen sich auch Übereinstimmungen zwischen dem aufsteigenden burgundischen Fürstenhaus und den eidgenössischen Emporkömmlingen feststellen:

---

71   Dies zeigt sich besonders deutlich in den Verbannungsurteilen der Obrigkeiten, in denen bereits im ausgehenden 14. Jahrhundert Personen aus der gesamten Eidgenossenschaft ausgewiesen wurden (G. P. MARCHAL, »Von der Stadt« und bis ins »Pfefferland«. Städtische Raum- und Grenzvorstellungen in Urfehden und Verbannungsurteilen oberrheinischer und schweizerischer Städte, in: DERS. (Hg.), Grenzen und Raumvorstellungen (11.–20. Jh.) – Frontières et conceptions de l'espace (11e–20e siècles) (Clio Lucernensis 3), Zürich 1996, S. 225–266.
72   Ein eindrückliches Beispiel für ständische Differenzierung findet sich bei Th. ZOTZ, Funktion und Engagement der Stadt Freiburg im Breisgau im Krieg gegen die Eidgenossen 1499, in: »an sant maria magtalena tag geschach ein grose schlacht«. Gedenkschrift 500 Jahre Schlacht bei Dornach 1499–1999 (Jahrbuch für solothurnische Geschichte 72), Solothurn 1999, S. 175–204, hier S. 192 [Übergabe von Tiengen].

Beide Mächte entwickelten eigene Formen der Selbstdarstellung, indem sie – bildlich gesprochen – verschiedene Versatzstücke der Tradition zu einer neuen Legierung verschmolzen und dieses Edelmetall möglichst spektakulär präsentierten. Dies diente nicht bloß der Legitimation und der Distinktion, sondern sollte auch Außenstehende einladen, am eigenen Aufstieg teilzunehmen. Das »Mixtum compositum« des neuen burgundischen respektive eidgenössischen Lebensstils war einerseits geprägt von übertriebener Selbstdarstellung aufgrund von Unsicherheit, andererseits durch Überanpassung an die bestehenden Gesellschaftsregeln. Zum Hyperaktivismus Karls des Kühnen und zu den eidgenössischen Kraftdemonstrationen paßt der Habitus der burgundischen Herzöge, die sich als Kreuzfahrer verstanden, sowie die plakative Frömmigkeit der eidgenössischen *allerbesten cristenmenschen*[73]. Sowohl die burgundischen Fürsten als auch die Eidgenossen gaben sich überdies immer wieder als ergebene Diener des Heiligen Stuhls zu erkennen. Beide Mächte orientierten sich in ihrem Handeln an der Kirche als jener gesellschaftlichen Macht, die Reputation auch jenen Personen verlieh, die nicht über eine traditionale Herrschaft im Sinne Max Webers verfügten[74].

Ein ehrgeiziges Geschlecht von Herzögen und ein erfolgreiches Bündnisgeflecht von Ländern sowie Städten trafen am Oberrhein in den Jahren 1474–1477 aufeinander. Die aus vielen Dramen bekannte Konstellation, daß sich verbissene Gegner oft ähneln, trifft vielleicht auch auf diese historische Situation zu, in der zwei aufsteigende Mächte sich blutig bekriegten. Daß es sich dabei um eine Tragödie handelte, bezweifelt wohl bis heute niemand.

---

73 Das Zitat nach Diebold Schillings Berner Chronik (wie Anm. 31), Bd. 1, S. 185. Zur Frömmigkeitspraxis der Eidgenossen vgl. SIEBER-LEHMANN (wie Anm. 8), S. 218f.
74 SCHREINER (wie Anm. 15), S. 253ff. hält fest, daß die Kirche zwar nur in Ausnahmefällen den Aufstieg von Niedriggestellten kennt, andererseits sich als Institution am frühesten mit dem Phänomen des Emporkömmlings befaßt und sozialen Wandel akzeptiert.

Der Orden vom Goldenen Vlies
im Lichte der burgundisch-habsburgischen Politik

VON RAPHAËL DE SMEDT

Einleitung

Im Jahre 1363 wurde Philipp der Kühne († 1404), Sohn des französischen Königs Johann II. († 1364) zum Herzog von Burgund ernannt. Am 19. Mai 1369 vermählte er sich mit Margareta von Male († 1405). Sie trat am 30. Januar 1384 die Nachfolge ihres Vaters Ludwig von Male[1] als Gräfin von Flandern, Nevers, Rethel und Artois an. Deren ältester Sohn Johann ohne Furcht († 1419), im Jahre 1404 Herzog von Burgund, wurde im darauffolgenden Jahr als Erbe seiner Mutter zugleich Graf von Flandern, Artois und Franche-Comté (Freigrafschaft Burgund). Außerdem heiratete der letztere Margareta aus dem Haus Bayern. Auf diese Weise festigte Johann ohne Furcht seine Position auf dem europäischen Schachbrett.

Am 29. Juni 1396 erblickte Philipp der Gute zu Dijon das Licht der Welt. Innerhalb einiger Jahre eignete er sich die Grafschaft Namur (1429), die Herzogtümer Brabant und Limburg (1430), die Grafschaft Hennegau, Holland und Seeland (1427/1433) an. Der mächtige burgundische Staat entstand durch Erbgang, Heirat und Diplomatie, ohne viel Kriegsgewalt. Lediglich die Erwerbung des Herzogtums Luxemburg und der Grafschaft Chiny im Jahre 1443 erforderte ein militärisches Unternehmen, um dem Anspruch des Hauses Sachsen zuvorzukommen.

Genau wie sein Großvater und wie sein Vater bemühte sich Philipp der Gute darum, seinen Gebieten einen besser funktionierenden Verwaltungsapparat zu verschaffen. Alle drei trieben dabei den Zentralismus voran. Während sich die ersten zwei noch wie französische Fürsten verhielten – mit einem großen Beitrag aus der französischen Staatskasse –, lag der Schwerpunkt bei Philipp dem Guten darin, die ganzen Niederlanden unter burgundische Kontrolle zu bringen[2].

---

1 Lodewijk van Male (1346–1384) war der Sohn von Ludwig von Nevers (1322–1346), Graf von Flandern, Nevers, Rethel und von Margareta von Artois und Franche-Comté (1361–1381).
2 A. DE CEBALLOS, El Duque Felipe el Bueno y los orígines de la Orden. La Fundación y su trasfondo político, in: DERS. (Hg.), La Insigne Orden del Toisón de Oro, Madrid ²2000, S. 59–69.

Ein burgundischer Orden

Im Europa des vierzehnten Jahrhunderts wurden zahlreiche Ritterorden an königlichen, herzoglichen und gräflichen Höfen gegründet[3]. Am Neujahrstag 1403 schenkte Philipp der Kühne († 27. April 1404) allen männlichen Mitgliedern seiner Familie sowie einigen hohen Würdenträgern und bis jetzt unbekannten Rittern, insgesamt sechzig[4], eine Halskette, deren Emblem ein goldener Baum war, flankiert von einem Adler und einem Löwen[5]. *Der Orden von Monseigneur* hatte als Devise *En loyauté*. Johann ohne Furcht behielt den goldenen Baum und fügte daran zwölf weitere, getrennt durch Hobel, die die Späne nach allen Richtungen fliegen ließen. Dieses war eine Anspielung auf die Art und Weise, wie er Zug um Zug die Macht seines Rivalen einschränken würde[6]. Ermordet im Alter von achtundvierzig Jahren, war es ihm nicht vergönnt, dem burgundischen Orden eine definitive Struktur zu geben.

Philipp der Gute ersetzte den Hobel durch ein Feuereisen und einen funkensprühenden Feuerstein. Der neue Herzog verdeutlichte damit, daß er die Politik seines Vaters mit größerer Dynamik fortzuführen wünschte. Schon am 30. August 1421, während der Schlacht zu Mons-en-Vimeu, flatterten die burgundischen Banner mit diesem Emblem, das auch auf dem Wappenrock des Herzogs prangte. Aus den Rechnungen geht hervor, daß die Staaten von Flandern dem Herzog eine Summe von *100 000 Kronen zugunsten seines Ritterordens zuerkannten*[7]. Bei obengenannter Feldschlacht war er in der Tat bereits von mindestens acht der vierundzwanzig im Jahre 1430 ernannten Vlies-Rittern umgeben, also einem Drittel. Es stellt sich die Frage, warum er so lange mit der Formgebung seines Ordens gewartet hat. Baron Albert van Zuylen van Nyevelt, Reichsarchivar, nannte einen sehr plausiblen Grund dafür: der frühe Tod von Michelle von Frankreich (8. Juli 1422) und danach der von Bonne d'Artois (17. September 1425)[8].

Anläßlich seiner Hochzeitsfeier mit Isabella von Portugal – Urenkelin Eduards III., Stifter des Hosenbandordens – ließ Philipp der Gute am 10. Januar 1430 die Gründung des Ordens vom Goldenen Vlies feierlich zu Brügge verkünden. Zu diesem Zeitpunkt besaß Frankreich keinen königlichen Orden. Der englische Hosenbandorden datierte von 1344–1348 und soll dem Herzog angeboten worden sein. Vermutlich hat ihn dies angespornt, zum richtigen Zeitpunkt – anläßlich seiner Vermählung in Gegenwart von zahlreichen Gesandten und mächtigen Herren – seinen Orden mit dem nötigen Glanz ins Leben

---

3 J. RICHARD, La Toison d'or comparée aux autres ordres chevaleresques du moyen âge, in: C. VAN DEN BERGEN-PANTENS (Hg.), L'ordre de la Toison d'or de Philippe le Bon à Philippe le Beau (1430–1505): idéal ou reflet d'une société? Brüssel 1996, S. 17–20.
4 H. DAVID, Philippe le Hardi au début du XVe siècle, in: Annales de Bourgogne 15 (1944), No. 64, S. 208 gibt die Kammerherren Georges de La Trémoïlle und Régnier Pot an. Carol Chattaway (Universität London) fand soeben ein Manuskript mit sechzig Namen.
5 Der Baum zwischen zwei sich anschauenden Tieren erinnert an das persische Muster »rhom«, den Lebensbaum.
6 C. TERLINDEN, Coup d'oeil sur l'histoire de l'ordre illustre de la Toison d'or, in: La Toison d'or. Cinq siècles d'art et d'histoire, Brügge 1962, S. 21.
7 Brügge, Rijksarchief, Comptes du Franc No. 158, f. 7, vermeldet in: A. VAN ZUYLEN VAN NYEVELT, L'Ordre de la Toison d'or à Bruges 1463–1930, Brügge [1929], S. 8.
8 Ebd.

zu rufen. So betonte er seine internationale Neutralität; er gab sie allerdings schon im Jahre 1435 mit dem Vertrag von Arras wieder auf, der ihn zugleich von seiner Vasallität gegenüber dem französischen König entband.

Statuten

Kurz vor der Bekanntgabe der ersten vierundzwanzig Ritter soll ein Entwurf des Statutentextes abgefaßt worden sein[9]. Am 27. November 1431, zwei Tage vor Beginn des ersten Kapitels zu Lille, wurden die Statuten den Mitgliedern eröffnet. Aus der endgültigen Version geht deutlich hervor, daß es ein weltlicher Ritterorden nach mittelalterlichem Vorbild ist. Im theokratischen Weltbild wird der Orden an erster Stelle zu Ehren Gottes errichtet, gleichzeitig zur Verteidigung des christlichen Glaubens, zu Ehren der Jungfrau Maria und des Heiligen Apostels Andreas, Schutzpatron des Hauses Burgund, aber auch zur Beförderung und zu Ehren des Rittertums.

Nach dem Gründungstext erwartet *Philipp von Gottes Gnaden Herzog von Burgund, Lothier* [Lotharingien], *Brabant und Limburg, Graf von Flandern, Artois und Burgund, Pfalzgraf von Hennegau, Holland, Seeland und Namur, Markgraf des Heiligen Römischen Reichs, Herr von Friesland, Salins und Mecheln* von seinem Ritterorden nicht nur *Ehre und Ausdehnung*, sondern auch *Ruhe und Förderung des Gemeinwesens*. Er dachte also nicht einzig und allein an *die Erhöhung des Glaubens und der Heiligen Kirche*.

Schon im Kapitel II ist stipuliert, daß mit Ausnahme des Kaisers, der Könige oder Herzöge, die einen eigenen Orden leiten, die Ritter jeden anderen Orden aufgeben müssen. Dem Herzog war es wichtig, daß die Ordens-Brüder und Gesellen sich nicht mit einem andern Herrn verbündeten. Im Falle von Aufruhr, Krieg und sonstigen Problemen sind die Brüder verpflichtet, sich gegenseitig zu helfen. Laut Artikel VI darf der Souverän keinen Krieg beginnen, ohne den Rat seiner Ordensbrüder eingeholt zu haben. Artikel XXX verpflichtet nachdrücklich alle Ritter und Offiziere zur Geheimhaltung von allem, was gesagt, getan, behandelt und beschlossen wird. Nach Artikel XLVI haben die Ritter einen *angesehenen Ritter* zu wählen, *gut und vorteilhaft für den Souverän und seine Nachfolger-Souveräne des genannten Ordens in ihren Ländern und herrschaftlichen Gütern*. Gemäß Artikel LVIII verspricht und schwört der Vlies-Ritter seinem Souverän Treue[10]. Zwischen den Zeilen kann man lesen, daß der Herzog eine Art neues Vasallentum zu schaffen wünschte, indem er mit einer Anzahl einflußreicher adliger Mitglieder aus seinen Landen – und anschließend auch mit fremden Fürsten – in sehr enge persönliche Beziehungen als Chef und Souverän seines Ordens trat.

Überprüfen wir nun, wer die Auserwählten sind, und ob dieser Ehrenkodex – diese mittelalterlichen Verhaltensregeln – sich in der politischen Landschaft widerspiegelt.

---

9 J. PAVIOT, Etude préliminaire, in: R. DE SMEDT (Hg.), Les Chevaliers de l'Ordre de la Toison d'or au XVe siècle. Notices bio-bibliographiques (Kieler Werkstücke D 3), Frankfurt/M. ²2000, S. XVII und DERS., Du nouveau sur la création de l'ordre de la Toison d'or, in: Journal des savants, juillet–décembre 2002, S. 279–298.
10 La Toison d'or ou Recueil des statuts et ordonnances du noble ordre de la Toison d'or, Köln 1689, S. 306.

Gründung

Die Namen der ersten vierundzwanzig Ritter wurden am 10. Januar 1430 vom Herold aufgerufen. Der Souverän, Großmeister des Ordens, ernannte sie *motu proprio*. Philipp der Gute umgab sich dabei mit Vertrauten. Sie waren die mächtigen, überregionalen Herren der Herzogtümer und Grafschaften, die die burgundischen Staaten ausmachten. Acht gehörten zu den *pays de par-delà* (das Herzogtum und die Grafschaft Burgund) östlich vom Königreich Frankreich. Für das Herzogtum waren es vorerst *Guillaume de Vienne* (Nr. 1), Kriegsherr und Gesandter Philipps des Kühnen und Johanns ohne Furcht und seit dem 15. Mai 1422 Generalkapitän von Burgund, der Befehls- und Machthaber in diesem Gebiet[11], und *Regnier Pot* (Nr. 2), ebenfalls einflußreicher Diener und Vertrauter von drei aufeinanderfolgenden burgundischen Herzögen, Überlebender von Nikopolis, Gesandter und wichtigster Rat des Herzogs in Dijon[12]. Verwoben mit der Grafschaft und mit dem Herzogtum war *Antoine de Toulongeon* (Nr. 9), am 12. August 1427 Marschall des Herzogtums Burgund[13]. In dieser Funktion drang er mit Vorsicht in das Herzogtum Bar ein, wählte taktisch und strategisch den richtigen Zeitpunkt aus, um am 2. Juli 1431 die historisch wichtige Feldschlacht von Bulgnéville zu gewinnen und René von Anjou gefangen zu nehmen[14]. Dieses war ein äußerst wichtiger Sieg auf der vom Herzog so erwünschten Route zwischen den *pays de par-deçà* und den *pays de par-delà*[15]. Als Nachkomme eines der berühmtesten burgundischen Geschlechter wurde *Pierre de Bauffremont* (Nr. 20), Graf von Charny, als junger, dreißigjähriger Mann in den Orden aufgenommen, folgte im Jahre 1432 Antoine de Toulongeon als Gouverneur von Burgund und heiratete im Jahre 1447 eine Tochter Philipps des Guten[16]. *Philippe de Ternant* (Nr. 21), Kammerherr des Herzogs, war der fünfte Ritter aus dem Kronjuwel Burgund, dem später militärische und diplomatische Aufträge anvertraut wurden[17].

Einflußreiche Personen aus der Grafschaft, *Antoine de Vergy* (Nr. 5)[18], Graf von Dammartin, *Jean de La Trémoïlle* (Nr. 11)[19], Herr von Jonvelle (Haute-Saône), und *Jean I. de Neufchâtel* (Nr. 24)[20] bekleideten die wichtigsten Ämter im Herzogtum. Die Familie Neufchâtel, mit vielen Besitzungen im Moseltal, verfolgte jahrzehntelang die Interessen der Herzöge von Burgund in Lothringen.

Nur ein Ritter, *Jean de Villiers de L'Isle-Adam* (Nr. 14)[21], vertrat den Kern des französischen Königreichs. Als Rat und Kammerherr Philipps des Guten war er sogar von 1426 bis 1429 Statthalter von Holland und als Kapitän von Paris eine Hauptfigur in der englisch-burgundischen Allianz. Darin erfüllte auch *Johann III. von Luxemburg* (Nr. 13),

---

11 M.-T. Caron, Guillaume de Vienne, in: Smedt (wie Anm. 9), S. 3–4.
12 Dies.: Regnier Pot, ebd., S. 4–6.
13 Dies., Antoine de Toulongeon, ebd., S. 21–22.
14 B. Schnerb, Bulgnéville (1431). L'Etat bourguignon prend pied en Lorraine, Paris 1993, passim.
15 Ebd., S. 17.
16 M.-T. Caron, Pierre de Bauffremont, in: Smedt (wie Anm. 9), S. 45–47.
17 Dies., Philippe de Ternant, ebd., S. 47–48.
18 Dies., Antoine de Vergy, ebd., S. 11–13.
19 Dies., Jean de La Trémoïlle, ebd., S. 24–25.
20 J. Debry, Jean Ier de Neufchâtel, ebd., S. 53–56.
21 B. Schnerb, Jean de Villiers, ebd., S. 32–33.

Herr von Beaurevoir, eine wichtige Rolle. Als Generalkapitän der Pikardie eroberte dieser unermüdliche und gefürchtete Kriegsherr zugleich die Grafschaft Guise (1423–1424), leitete Feldzüge im Argonnerwald (1428) und war einer der mächtigsten Herren im Nordosten Frankreichs[22]. Auch sein Bruder *Peter I. von Luxemburg* (Nr. 10)[23], einflußreiches Mitglied im herzoglichen Rat von Brabant und im Hennegau, zählte zur ersten Auswahl der Nominierten. Er wurde Graf von Saint-Pol, einer Enklave im Artois, Burggraf von Lille, Graf von Brienne an den Pforten von Burgund und Graf von Conversano im Königreich Neapel. Hieraus ersieht man deutlich die damalige territoriale Streuung der adligen Besitzungen.

Aufgewachsen mit Philipp dem Guten, wurde *Antoine de Croÿ* (Nr. 15) sozusagen dessen auserwählte Vertrauensperson. Zwischen 1426 und 1428 folgte er seinem Schwiegervater Jean de Roubaix als Erster Kammerherr und wurde auf Lebenszeit – 28 Jahre – in den Orden aufgenommen. Der *Große Croÿ* ging einer glänzenden diplomatischen Laufbahn entgegen. Fünfundzwanzig Jahre lang leitete der Graf von Porcien – das Gebiet zwischen der Pikardie und Rethel – die Verwaltung der gesamten Niederlande[24]. Sein etwas jüngerer Bruder *Jean de Croÿ* (Nr. 22) gehörte ebenfalls zu den ersten Ernannten. Der Graf von Chimay war Heerführer, Diplomat, weiser Ratgeber und Bibliophile[25]. Ein anderer Vertreter des Herzogs im Grenzgebiet war *Colart genannt Florimond III. de Brimeu* (Nr. 16). Ab 1429 war er Kapitän von Abbeville, dem strategisch wichtigen Platz an der Somme in der Grafschaft Ponthieu, deren Seneschall er 1431 wurde[26].

Die Territorien der sechs letztgenannten Ritter formten sozusagen eine Pufferzone gegen den französischen König. Von Ponthieu am Kanal bis Lothringen und Brienne beschützten sie von West nach Ost die burgundischen Besitzungen.

Nördlicher lagen die *pays de par-deçà* (Artois und Flandern). Artois wurde durch zwei Oheime von Florimond III. de Brimeu vertreten, beide Räte und Kammerherren Philipps des Guten. Der eine war *David de Brimeu* (Nr. 6), von 1427 bis 1435 Statthalter von Arras und danach Bailli von Hesdin[27], der andere sein Bruder *Jacques de Brimeu* (Nr. 18), Kastellan von Hesdin[28]. Aus derselben Gegend stammte *Jean V. Herr von Créquy* (Nr. 23), ein weiser Berater, ein erfahrener Militär, ein scharfsinniger Diplomat, ein großer Bibliophile und selbst ein geschätzter Novellenschreiber[29].

Zur ersten *Promotion* gehörten fünf Ritter aus Französisch-Flandern, darunter drei Lannoy-Brüder und deren Schwager *Jean de Roubaix* (Nr. 3), der zu Nikopolis neben dem Graf von Nevers kämpfte und drei aufeinanderfolgenden Herzögen diente. Philipp der Gute erhob ihn im Jahre 1419 zum Ersten Kammerherrn. Im Jahre 1421 stand er zu Mons-en-Vimeu an seiner Seite. Im Jahre 1425 reiste er nach Jerusalem, im darauffolgenden Jahr half er dem König von Zypern im Kampf und am 25. Juli 1429 heiratete er für

---

22 DERS., Jean III de Luxembourg, ebd., S. 29–31.
23 P. DE WIN, Pierre Ier de Luxembourg, ebd., S. 22–24.
24 DERS., Antoine de Croÿ, ebd., S. 34–38.
25 DERS., Jean de Croÿ, ebd., S. 48–50.
26 DERS., Colart dit Florimond de Brimeu, ebd., S. 38–39.
27 DERS., David de Brimeu, ebd., S. 13–14.
28 DERS., Jacques de Brimeu, ebd., S. 43–44.
29 B. SCHNERB, Jean V, seigneur de Créquy, ebd., S. 51–53.

Philipp *per Procura* Isabella, Infantin von Portugal. Sein treuer Dienst wurde mit dem Goldenen Vlies belohnt[30]. Militärischer Experte, Gouverneur und Bailli von Französisch-Flandern unter Johann ohne Furcht war *Hugues de Lannoy* (Nr. 7), der vor allem als Diplomat unter Philipp dem Guten tätig war. Er wurde Statthalter von Holland[31]. Sein Bruder *Gilbert de Lannoy* (Nr. 12) hatte ein besonders bewegtes Leben. Er durchkreuzte Europa, zog auf Pilgerfahrt nach Jerusalem, ging auf militärische Erkundung nach Ägypten, Türkei und Syrien, zeichnete sich auf verschiedenen europäischen Schlachtfeldern aus, war Kapitän von Sluis und Rotterdam, verhandelte mit Kaiser Sigismund und hinterließ wertvolle Schriftstücke[32]. Im Jahre 1424 folgte *Baudouin de Lannoy* (Nr. 19) seinem Bruder als Gouverneur von Französisch-Flandern. Er gehörte ebenfalls zu der Gesandtschaft, die im Jahre 1428 zu Lissabon um die Hand von Isabella anhielt. Von ihm ist auch ein Porträt von Jan van Eyck erhalten, das in Berlin aufbewahrt wird[33]. Aus dem stark vertretenen Französisch-Flandern stammte auch *Jean de La Clyte, Herr von Commines* (Nr. 8), auf der Grenze zwischen Ypern und Lille, der heldenhafte Sieger von Mons-en-Vimeu. Vom 14. Mai 1424 bis zum 2. Oktober 1435 war er Groß-Bailli von Flandern, wozu auch das Gebiet von Lille, Douai und Orchies gehörte[34]. Oft mußte er aufständische Städter militärisch oder diplomatisch bezwingen[35].

Sein Schwager *Roland von Uutkerke* (Nr. 4) vertrat, zusammen mit Robert von Massemen, die Grafschaft Flandern und besonders das Franc de Bruges. Als erfahrener Unterhändler, sowohl mit den Franzosen, Engländern als auch den flämischen Städtern, bekleidete er wichtige Ämter in Holland und Ost-Friesland in den entscheidenden Jahren der Ausdehnung der burgundischen Staaten nach Norden[36].

Oft verließen Johann ohne Furcht und sein Sohn sich auf *Robert von Massemen* (Nr. 17), der mutig im Kampf und gewandt bei den Unterhandlungen war. Er vertrat Philipp den Guten im Hennegau und zog in den Kampf sowohl in Holland als auch bei Namur[37]. Er spielte zweifellos eine wichtige Rolle bei der Vereinigung der *pays de par-deçà*.

Abschließend läßt sich feststellen, daß die ersten auserlesenen Ritter mächtige Persönlichkeiten in den Gebieten waren, in denen sie ihre Besitzungen hatten oder Herrschaft ausübten. Außerdem gehörten sie praktisch alle zeitweise zur unmittelbaren Umgebung des Fürsten. Einerseits standen sie ihm bei den Feldzügen zur Seite, anderseits bekamen sie zahlreiche diplomatische Aufträge und waren überregional und international besonders aktiv und erfolgreich. Wenn der Orden statutengemäß kein politisches Ziel hatte, dann zeigt die Übersicht, daß der Fürst genau diejenigen auswählte, die ihn politisch unterstützten, die Territorien verwalteten, seine Gesandten waren und die Verträge abschlossen.

---

30 M. SOMMÉ, Jean seigneur de Roubaix, ebd., S. 6–8.
31 H. BRAND, Hue de Lannoy, ebd., S. 14–17.
32 J. PAVIOT, Ghillebert de Lannoy, ebd., S. 26–29.
33 P. DE GHELLINCK VAERNEWYCK, Baudouin de Lannoy, ebd., S. 19–20.
34 J. VAN ROMPAEY, Het grafelijk baljuwsambt in Vlaanderen tijdens de Boergondische periode (Verhandelingen van de Koninklijke Academie voor Wetenschappen, Letteren en Schone Kunsten van België, Klasse der letteren 62), Brüssel 1967, S. 15–16.
35 J. PAVIOT, Jean de La Clyte, in: SMEDT (wie Anm. 9), S. 17–21.
36 M. BOONE, Roland d'Uutkerke, ebd., S. 9–11.
37 E. BALTHAU, Robert de Masmines, ebd., S. 39–42.

Als Philipp der Gute von Januar bis Mai 1432 nach Dijon zog, um mit René von Anjou zu unterhandeln, überließ er seiner Gemahlin die Verwaltung, unterstützt durch einen Rat mit Sitz in Gent. Es war sicher kein Zufall, daß neben Jean de Thoisy, Bischof von Tournai, der ihre Heirat zu Sluis gesegnet hatte, Jean de Roubaix, Anton von Croÿ und Roland von Uutkerke, drei Vlies-Ritter, ihre einflußreichen Räte waren[38].

Die am 10. Januar 1430 ernannten Ritter bürgten für die Aufrechterhaltung der burgundischen Staaten. Darüber hinaus gab es flämische Vlies-Ritter, die Holland für den Herzog eroberten, und wallonische Vlies-Ritter, die dort die herzogliche Autorität vertraten. Dieses war ein weiterer expansionistischer Schritt. Philipp der Gute träumte von einem Königreich in der Mitte zwischen Frankreich und Deutschland. Sein politisches Ziel war dabei die Annexion der Herzogtümer Geldern, Jülich und Kleve, der Grafschaften Mark und Moers sowie der Herzogtümer Lothringen[39] und Bar.

Kapitel I–III

Während des ersten Kapitels zu Lille (1431) wurde *Friedrich IV. Graf zu Moers und Saarwerden* (Nr. 25), Bruder von Dietrich von Moers, des Erzbischofs von Köln, Schwager des Herzogs von Kleve, vorgeschlagen und gewählt. Es war Friedrich im vorhergehenden Jahr gelungen, den andauernden Konflikt zwischen Geldern und Jülich mit einem Waffenstillstand beizulegen. Er war ein geborener Diplomat; als Reichsfürst vertrat er vermutlich die Interessen Philipps des Guten auf den Reichstagen des Heiligen Römischen Reichs[40]. Mit ihm wurde *Simon von Lalaing* (Nr. 26) auf Lebenszeit – 26 Jahre – gewählt, der erste seines Geschlechts und der erste Vertreter der Grafschaft Hennegau. Ab 1426 war er Kammerherr Philipps des Guten und zog zum Kampf gegen die Mamelucken nach Zypern[41]. Einmal mehr ist dies ein Beweis, daß Philipp der Gute seine Günstlinge gewissenhaft auswählte und seinen Ritterorden perfekt ausbalancierte.

Beim folgenden Kapitel zu Brügge (1432) fiel die Wahl auf *André de Toulongeon* (Nr. 27), den Bruder von Anton. Auch er gehörte 1428 zu der bereits erwähnten Gesandtschaft nach Portugal. Er verstarb im Heiligen Land, bevor er die Halskette in Empfang nehmen konnte[42]. Der zweite Erwählte war *Jean de Melun* (Nr. 28), Herr von Antoing, von Jugend an Vertrauter Philipps des Guten, Seneschall von Flandern, Burggraf von Gent, anwesend zu Mons-en-Vimeu, ein weiser und einflußreicher Mann.

Statutengemäß wurde die Anzahl der Ritter während des dritten Kapitels zu Dijon (1433) auf dreißig gebracht. In dieser Stadt wurde der *Graf von Charolais* (Nr. 34) am 10. November geboren und dort zwanzig Tage später als Vlies-Ritter aufgenommen[43]. Die

---

38 M. Sommé, Isabelle de Portugal, duchesse de Bourgogne. Une Femme au pouvoir au XVe siècle, Villeneuve d'Ascq 1998, S. 380–381.
39 J. Richard, La Lorraine et les liaisons internes de l'Etat bourguignon, in: Le Pays lorrain 58 (1977), Nr. 3, S. 113–122.
40 P. van Peteghem, Frédéric IV, comte de Meurs, in: Smedt (wie Anm. 9), S. 57–60.
41 P. de Win, Simon de Lalaing, ebd., S. 60–63.
42 M.-T. Caron, André de Toulongeon, ebd., S. 63–64.
43 A. Leguai, Charles de Bourgogne, ebd., S. 77–79.

verschiedenen französischen Angriffe auf Burgund in diesen Jahren[44] erklären deutlich, warum gerade zwei weitere Burgunder die Reihen ergänzten. *Jean IV. von Vergy* (Nr. 30), Neffe von Anton von Vergy, machte sich in Burgund verdient, wo er 1435 Gouverneur wurde. Anfang November 1442 assistierte er Philipp dem Guten bei der Begegnung mit Friedrich III., dem soeben gekrönten Römischen König[45]. Im Grenzgebiet Côte d'or im Norden von Burgund hatte *Guy de Pontaillier* (Nr. 31), Herr von Talmay, seine Besitzungen. Er zeichnete sich ein Vierteljahrhundert lang auf manchem Schlachtfeld in den burgundischen Staaten aus und erfüllte diplomatische Aufträge[46]. Zur Verstärkung der Grafschaft kam auch *Thiébaut VIII. von Neufchâtel* (Nr. 36). Am 25. Oktober 1411 wurde er Generalleutnant der beiden Burgund sowie der Grafschaft Charolais. Bei vielen Verträgen war er zugegen, zahlreiche Konflikte wußte er beizulegen. Er strahlte große moralische Autorität aus[47]. Die drei letztgenannten Ritter waren wichtige politische Stützen in den *pays de par-delà*.

Seit dem Anschlag auf Johann ohne Furcht (1419) bis zum Vertrag von Arras (1435) lagen die Burgunder im Krieg mit Frankreich. Zur Verstärkung der Südgrenze wurden drei bedeutende pikardische Ritter erwählt. *Jacques de Crèvecœur* (Nr. 29), allerdings bei Johann ohne Furcht in Ungnade gefallen, brachte es zum Rat und Kammerherrn Philipps des Guten, der seine Kriegstaten und diplomatische Begabungen nach Wert zu schätzen wußte[48]. *Baudouin de Noyelle-Vion* (Nr. 32), als erfahrener Militär unter anderem aktiv in Holland (1426–1428), aber auch Rat und Kammerherr Philipps des Guten, wurde als Gouverneur der pikardischen Grenzstädte Montdidier, Roye und Péronne eingesetzt[49]. Auch *Johann von Luxemburg* (Nr. 33), Bastard von Saint-Pol, war ein weithin berühmter Kriegsherr. Ab 1428 war er Kammerherr Philipps des Guten. 1430 wurde er in der Nähe von Paris gefangen genommen, aber gegen ein hohes Lösegeld wieder freigelassen. Er war Truppenführer während des Genter Kriegs, leitete die Expedition gegen die Herzöge von Geldern und wurde von Karl dem Kühnen zum Generalleutnant der burgundischen Truppen anstelle des verschmähten Antoine de Croÿ ernannt[50].

Zum zweiten Mal fiel die Wahl auf einen Deutschen. *Ruprecht IV. Graf von Virneburg* (Nr. 35) in der Eifel, Gouverneur von Limburg, war ein mächtiger Mann in dem Gebiet zwischen Maas und Rhein[51]. Auch hier wurde territorial gedacht, besonders an die Konsolidierung der Gebiete östlich der burgundischen Staaten.

Während des vierten (Dijon, 1434) und fünften (Brüssel, 1435) Kapitels fanden keine Ernennungen statt. Wohl konferierte der Herzog ab und zu mit den Vlies-Rittern und es fanden geheime Besprechungen statt, deren Inhalt aber unbekannt ist. Beim Frieden von Arras (1435) kam es zu einer Versöhnung mit dem französischen König Karl VII. Jedoch bestanden die Spannungen fort und verschiedene Klauseln blieben nur tote Buchstaben[52].

---

44 B. SCHNERB, L'Etat bourguignon 1363–1477, Paris 1999, S. 240.
45 M.-T. CARON, Jean IV de Vergy, in: SMEDT (wie Anm. 9), S. 70–71.
46 DIES., Guy de Pontailler, ebd., S. 72–73.
47 J. DEBRY, Thiébaut VIII de Neufchâtel, ebd., S. 81–85.
48 B. SCHNERB, Jacques seigneur de Crèvecœur, ebd., S. 68–69.
49 DERS., Baudot seigneur de Noyelle-Vion, ebd., S. 73–75.
50 DERS., Jean de Luxembourg, ebd., S. 75–77.
51 V. RÖDEL, Ruprecht IV, comte de Virneburg, ebd., S. 80–81.
52 B. SCHNERB (wie Anm. 44), S. 191.

In diesem Lichte müssen auch die nächstfolgenden Gewählten betrachtet werden, besonders nach der gescheiterten *Praguerie*.

Das Praguerie-Kapitel

Der Aufstand französischer Fürsten gegen Karl VII., die sogenannte *Praguerie*, begann im Jahre 1440. Während des sechsten Kapitels (Saint-Omer, 1440) wurde niemand aus den burgundischen Gegenden erwählt, wohl aber drei französische Herzöge und ein Graf. Der großartige Dichter *Charles Herzog von Orléans* (Nr. 37) kam, dank der Bemühungen Philipps des Guten, mit dessen Nichte Maria von Kleve er am 26. November 1440 die Ehe einging[53], nach fünfundzwanzig Jahren Gefangenschaft in England frei. Am 30. November wurde er einstimmig in den Orden aufgenommen[54]. Er nahm an zahlreichen Besprechungen auf hoher Ebene zu Nevers (1442) und zu Tours (1444) teil. Seine italienischen Träume wurden nicht verwirklicht[55]. Am 1. Dezember wurde der kompetente und gediegene *Johann V. Herzog von Bretagne* (Nr. 38) erwählt. Acht Tage später wurde schon ein Handelsabkommen mit Philipp dem Guten abgeschlossen und am 6. März 1442 eine Allianz mit dem Herzog von Orléans[56].

Nach einem Leben voller Einsatz und Hingabe zugunsten der Normandie (besetzt durch die Engländer) und Frankreichs, kämpfend an der Seite von Jeanne d'Arc, führte *Johann II. – der liebe Herzog – von Alençon* (Nr. 39), Graf von Perche (zwischen Paris und der Normandie), einen fehlgeschlagenen Aufstand gegen Karl VII. an. Unter Ludwig XI. wurde er beschuldigt, 1472 seine Territorien an den neuen Herzog von Burgund ausgeliefert zu haben. Er starb unter Hausarrest[57]. Im Herzogtum Aquitaine lag schließlich die Grafschaft Comminges an der Grenze mit Spanien. Der Landesherr *Matthieu de Foix* (Nr. 40) hielt seine Frau gefangen, mußte interne Schwierigkeiten überwinden und kämpfte in Guyenne. Nach seinem Tod fielen seine Besitzungen am 5. Januar 1454 an die französische Krone[58]. Das *Kapitel der Praguerie* kann als psychologische Kriegsführung gegen Karl VII. bezeichnet werden. Der burgundische Herzog umzingelte sozusagen Paris, das Herz Frankreichs, suchte sogar Unterstützung bis in die Pyrenäen und einige Jahre später noch weiter.

Kapitel VII–VIII

Während des siebten Kapitels (Gent, 1445) wurde zum ersten Mal ein König gewählt. Als die Burgunder René von Anjou 1435 abermals gefangen nahmen, konnte *Alfons V. König*

---

53 E. DE MONSTRELET, La Chronique, hg. von L. DOUËT-ARCQ, Paris 1861, Kap. CCLIII, S. 433–444.
54 [F.] DE REIFFENBERG, Histoire de l'Ordre de la Toison d'or, Brüssel 1830, S. 25.
55 P. CONTAMINE, Charles duc d'Orléans, in: SMEDT (wie Anm. 9), S. 86–87.
56 J. KERHERVÉ, Jean V duc de Bretagne, ebd., S. 88–89.
57 A. VALLEZ, Jan II duc d'Alençon, ebd., S. 90–93.
58 C. PAILHES, Matthieu de Foix, ebd., S. 93–95.

von Aragon (Nr. 41) sich auch als König von Neapel, Sizilien und Sardinien ausrufen lassen, obschon der feierliche Einzug erst 1443 stattfinden konnte. Im November 1446 überreichte Ghillebert de Lannoy dem König das Kollier, das dieser unter bestimmten Voraussetzungen annahm. Seinerseits erhielt Philipp der Gute den *Orden de la Jarra*[59]. Beide Fürsten hatten vieles gemein: Beide betrieben eine zentralisierende Politik und hegten Kreuzzugspläne. Die Vlies-Ritter Jacques de Lalaing und Jean de Croÿ, Gesandte des Herzogs, trafen mit dem König 1451 Vorbereitungen gegen die Muselmanen[60]. Mit seiner Flotte im Mittelmeer war dieser zweifellos der richtige Verbündete[61].

Als nächstes wurden zwei seeländische Adlige in den Ritterorden aufgenommen. Anläßlich seiner geheimen Heirat mit Jakoba von Bayern 1432 wurde *Frank von Borselen* (Nr. 42), Graf von Ostrevant (das kleine Land Bouchain), seines Amtes als Statthalter von Holland, Seeland und Friesland enthoben und in Haft genommen. Am 12. April 1433 war Jakoba von Bayern gezwungen, definitiv auf Holland, Seeland und Hennegau zugunsten Philipps des Guten zu verzichten. Die Wahl Frank von Borselens kann als eine Rehabilitierung angesehen werden[62]. Aus demselben Geschlecht wurde gleichzeitig der mächtige *Hendrik II. von Borselen* (Nr. 44) erwählt. Im vorhergehenden Jahr hatte dessen Sohn Wolfart VI. von Borselen Maria Stuart geheiratet, die Tochter des schottischen Königs. Dies ist vermutlich der Grund, warum der Herr von Veere, der im Jahre 1467 Graf von Grandpré (in der Champagne) wurde, die Reihen verstärken kam[63].

Im Gegensatz zu den obengenannten Borselen, beide *Kabeljauw*, gehörte *Reinhold II. von Brederode* (Nr. 43), der dritte Erwählte aus den nördlichen Gebieten, der *Hoeken*-Partei an. Philipp der Gute wünschte ein gutes Verhältnis mit diesem reichen Vertreter aus dem Rat von Holland. Er wurde 1447 Burggraf von Utrecht, wo nicht sein Bruder Gisbert von Brederode, sondern David von Burgund den Bischofssitz einnahm[64]; das führte zu vielen Schwierigkeiten und Verwicklungen[65].

Jean IV. Herr von Auxy (Nr. 45) (Pas de Calais) bekleidete viele militärische und politische Ämter im Artois und in der Pikardie. 1440 wurde er Präzeptor des fünfjährigen Grafen von Charolais. Er war ein Vertrauter am burgundischen Hof und ein Bibliophile[66]. Aus der selben Gegend stammte der gefürchtete und unermüdliche Kriegsherr *Dreux de Humières* (Nr. 46), der dem Herzog große Dienste bei Mons-en-Vimeu (1421), im Herzogtum Luxemburg (1443) und im Genter Krieg (1452–1453) erwies[67].

---

59 P. VAN PETEGHEM, Alphonse V le Grand, ebd., S. 95–99.
60 C. MARINESCO, Philippe le Bon, duc de Bourgogne et la croisade, in: Actes du VIe Congrès international d'études byzantines. Bd. 1, Paris 1950, S. 166–167.
61 H. MÜLLER, Kreuzzugspolitik des Herzogs Philipp des Guten von Burgund (Schriftenreihe der Historischen Kommission bei der Bayerischen Akademie der Wissenschaften 51), Göttingen 1993, S. 38–40.
62 P. DE WIN, Frank II de Borselen, in: SMEDT (wie Anm. 9), S. 99–102.
63 M. VAN GENT, Henri II de Borselen, ebd., S. 104–106.
64 DERS., Renaud II de Brederode, ebd., S. 102–104.
65 S B. J. ZILVERBERG, David van Bourgondië, bisschop van Terwaan en van Utrecht (1427–1496) (Bijdragen van het Instituut voor Middeleeuwse Geschiedenis van de Rijks-Universiteit te Utrecht 24), Groningen/Djakarta 1951.
66 C. PIÉRARD, Jean IV, seigneur et ber d'Auxy, in: SMEDT (wie Anm. 9), S. 106–107.
67 B. SCHNERB, Dreux II seigneur de Humières, ebd., S. 108–109.

Neben dem Durchbruch zum Mittelmeer bedeutete das Genter Kapitel von 1445 eine Verstärkung der Positionen in verschiedenen Gebieten der *pays de par-deçà*.

Am 12. Juli 1406 heiratete Maria von Burgund, Schwester Philipps des Guten, zu Arras Adolf, den ersten Herzog von Kleve und Graf von der Mark[68]. So fielen wichtige Besitzungen des Heiligen Römischen Reichs in den burgundischen Einflußbereich. Ihr Sohn *Johann I.*, seit 1449 an der Regierung, wurde als Neffe Philipps des Guten während des achten Kapitels (Mons, 1451) in den Orden aufgenommen (Nr. 47)[69]. Dies war nochmals ein markanter politischer Schachzug außerhalb des burgundischen Staates.

Wie zuvor vereinbart, wurden beim nächstfolgenden, achten Kapitel zwei Vertraute von König Alfons I. von Neapel als dessen Stellvertreter erwählt: *Don Iñigo de Guevara*, Graf von Ariano (Nr. 48)[70], und *Don Pedro de Cardona*, Graf von Golisano (Nr. 49)[71]. *Jean III. de Lannoy* (Nr. 50), Statthalter von Holland (1448–1462) und später Gouverneur von Französisch-Flandern – wo er eine Stadt erbaute –, Militär, Diplomat, Schriftsteller, wurde später die Ehre zuteil, Maximilian von Österreich und Philipp dem Schönen die Halskette vom Goldenen Vlies umzuhängen[72]. Im Juli 1447 war er mit sechzig Mann dem gerade ernannten Johann von Kleve zur Hilfe geeilt in dessen Kampf gegen Dietrich von Moers, Erzbischof von Köln[73]. Die Ernennung 1451 hat aus beiden Freunden zugleich Ordens-Brüder gemacht. Zu dieser *Promotion* gehörte auch der Hennegauer *Jacques de Lalaing, Herr von Bugnicourt* (Nr. 51), ein Jugendfreund desselben Johann von Kleve. Er war Rat und Kammerherr Philipps des Guten, führte die schon erwähnte diplomatische Sendung bei Alfons V. und dem Heiligen Stuhl zu Ende und duellierte sich überall in Europa. Unbesiegt mit Lanze und Schwert, wurde er während der Schlacht bei Poeke (3. Juli 1453) von einer Kanonenkugel getötet[74].

Seit der Aufnahme seines Vaters Thiébaut de Neufchâtel 1433 war *Jean II. von Neufchâtel* (Nr. 52) nach achtzehn Jahren wieder der erste Erwählte aus der Grafschaft, die dringend einen neuen Vertreter benötigte, denn der Vater wurde alt und Anton IV. von Vergy war krank. Auf den Schlachtfeldern war Jean II. de Neufchâtel allgegenwärtig, aber auch bei den zwei Jahre dauernden Unterhandlungen mit Albrecht VI. von Österreich und Wilhelm von Hochberg. Sie führten am 18. Mai 1447 zum Vertrag von Brügge bezüglich der Investitur des Herzogs in die Reichslehen der Grafschaft Burgund und einen Teil der Niederlande. Viele Jahre hindurch leitete er die Truppenmacht in Burgund. Am 26. Mai 1478 war er gezwungen, in seinem Schloß zu Amance (Haute-Saône) zu kapitulieren, damit fiel die Franche-Comté in die Hände der Franzosen. Er schwor Ludwig XI. die

---

68 J. DE CHESTRET DE HANEFFE, Histoire de la Maison de La Marck, Lüttich 1898, S. 43.
69 P. DE WIN, Jean Ier duc de Clèves, in: SMEDT (wie Anm. 9), S. 109–112.
70 P. VAN PETEGHEM, Iñigo de Guevara, ebd., S. 112–113.
71 DERS., Pedro de Cardona, ebd., S. 114–115.
72 R. DE SMEDT, Jean seigneur de Lannoy, ebd., S. 115–117. – Siehe auch J.-M. CAUCHIES, Deux grands commis bâtisseurs des villes dans les Pays-Bas bourguignons: Jean de Lannoy et Pierre Bladelin (vers 1450/60), in: »De Jacques Cœur à Renault«. Gestionnaires et organisations (Collection Histoire, Gestion, Organisation 3), Toulouse 1994, S. 45–59.
73 Arch. Dép. du Nord, B 1994, f. 204v; vgl. B. DE LANNOY/G. DANSAERT, Jean de Lannoy le bâtisseur, 1410–1493, Paris/Brüssel [1937], S. 21.
74 P. DE WIN, Jacques de Lalaing, in: SMEDT (wie Anm. 9), S. 117–120.

Treue und wurde zu Herzogenbusch aus dem Orden ausgeschlossen. Im Oktober 1484 verlieh Karl VIII. ihm den Michaelsorden[75].

Die Familienbande

Während des neunten Kapitels (Den Haag, 1456) wurden ausschließlich Familienmitglieder des Herzogs gewählt. Sein Vetter und zugleich sein Stiefsohn *Johann von Burgund* (Nr. 53), Graf von Étampes, südwestlich von Paris, gehörte zu seiner unmittelbaren Umgebung. Er verteidigte die Pikardie und die Städte an der Somme, kämpfte in Nevele, Rupelmonde und Gavere. Er war anwesend bei der Krönung Ludwigs XI., geriet in Konflikt mit Karl dem Kühnen und wurde aus dem Orden ausgestoßen[76]. Während der letzten Lebensjahre Philipps des Guten kam damit das perfekte Räderwerk durcheinander. Sein Bastardsohn *Anton von Burgund* (Nr. 54) wurde in der herzoglichen Sphäre erzogen, kämpfte anfangs neben dem Herzog von Kleve sowie auch im Genter Krieg (1452/3), wurde nach dem Ableben seines Halbbruders Cornelis Gouverneur des Herzogtums Luxemburg und erfüllte diplomatische Aufträge in England, Utrecht und Artois. Im Jahre 1464 unternahm er einen Kreuzzug gegen die Türken, der in Marseille strandete[77]. Im darauffolgenden Jahr leitete er die Nachhut in Monthléry. Als Erster Kammerherr Karls des Kühnen stand er ständig an dessen Seite auf dem Schlachtfeld und leitete diplomatische Gesandtschaften nach England (1475) und Italien (1477). Gefangengenommen in Nancy, versuchte Ludwig XI. ihn auf seine Seite zu ziehen. Im Jahre 1484 trat er noch als Vermittler zwischen Maximilian und den flämischen Städten auf[78].

Adolf von Kleve (Nr. 55), Herr von Ravenstein, gelegen im Herzogtum Brabant zwischen Herpen und Uden, war der jüngere Bruder des obengenanntem Herzogs Johann von Kleve und Vetter Philipps des Guten, an dessen Hof er seine Ausbildung genoß. Er zeichnete sich im Turnier und auf den Feldzügen zu Monthléry (1465) und Brustem (1467) aus. In Abwesenheit Karls des Kühnen wurde er im Jahre 1475 Generalleutnant der Niederlande und von Maria von Burgund als solcher bestätigt. Er genoß das Vertrauen der Städte und trat als Vermittler auf. Er durfte sowohl Maximilian als auch Philipp den Schönen zum Ritter schlagen[79].

Dom João de Portugal, Herzog von Coimbra (Nr. 56) war über seine Tante Isabella von Portugal, der Gemahlin Philipps des Guten, mit dem Haus Burgund verwandt. Er kämpfte in Basel (1452) und in Gavere (1453), war anwesend beim *Fasanenbankett* (17. Februar 1454) und zog ostwärts. Zwei Jahre später wurde er mit Carlota von Lusignan verheiratet

---

75 J. DEBRY, Jean II de Neufchâtel, ebd., S. 120–125. – Ludwig XI. hatte inzwischen Antoine, Bastard von Burgund (Nr. 54), Philippe Pot (Nr. 60), Jean Damas (Nr. 65), Jacques de Luxembourg (Nr. 67) und Philippe de Crèvecœur (Nr. 69) in den Michaelsorden aufgenommen. Siehe G. WYMANS, Un Témoignage inédit le quatorzième chapitre de la Toison d'or (Bois-le-Duc, mai 1481), in: Archives et bibliothèques de Belgique 39 (1963), Nr. 1–2, S. 67–78.
76 M.-T. CARON, Jean de Bourgogne, in: SMEDT (wie Anm. 9), S. 125–129.
77 J. PAVIOT, La Politique navale des ducs de Bourgogne 1384–1482, Lille 1995, S. 130–133.
78 J.-M. CAUCHIES, Antoine de Bourgogne, in: SMEDT (wie Anm. 9), S. 129–131.
79 P. DE WIN, Adolphe de Clèves, ebd., S. 131–134.

und als Regent von Zypern eingesetzt, wo er schon im Jahre 1457 starb[80]. So verlor Philipp der Gute nicht nur einen teuren Neffen, sondern auch eine außergewöhnliche Ausfallbasis für seinen Wunschtraum, die Türken zu bekämpfen.

Das letzte Kapitel des Stifters

Das zehnte Kapitel (Saint-Omer, 1461) war das letzte, das der Stifter selbst leitete. Drei Jahre nach dem Tod seines Bruders Alfons V. wurde *Don Juan II. von Aragon* (Nr. 57), König von Aragon, Navarra und Sizilien, als Vlies-Ritter erwählt, weil er mit Frankreich im Krieg lag und somit ein idealer Verbündeter war[81]. Dies galt auch für *Adolf von Egmond* (Nr. 58), der in Unfrieden mit seinem Vater Arnold von Egmond, Herzog von Geldern, lebte und gegen den die Städte in Opposition traten. Adolf bekam die Unterstützung Philipps des Guten, wurde im Jahre 1461 zum Vlies-Ritter erwählt und griff vier Jahre später nach der Macht. Der Bürgerkrieg brach aus. Nach jahrelangem Kampf fiel Geldern an Karl den Kühnen[82].

Neben diesem südländischen Fürsten und der geldrischen politischen Schachfigur wurde ein mächtiger Flame angeworben, der hervorragende Kontakte mit England unterhielt. In den fünfziger Jahren war *Ludwig von Brügge, Herr von Gruuthuse* (Nr. 61), aktiv auf flandrischen Schlachtfeldern. Im Jahre 1455 trat er dem herzoglichen Rat bei. Ab 1458 bekam er diplomatische Gesandtschaften übertragen und von 1463 bis 1477 war er Statthalter von Holland, Seeland und Friesland. 1470–1471 gewährte er Edward IV. von England Gastfreiheit, was ihm den Titel des Grafen von Winchester einbrachte. Am 26. März 1477 setzte Maria von Burgund ihn als Ersten Kammerherrn ein. Er war ihr Testamentsvollstrecker. Auch trat er als Vermittler mit den flämischen Städten auf, fiel aber in Ungnade bei Maximilian[83].

Während der letzten Lebensmonate Karls VII. wählte man noch einen Ritter aus der Pikardie, ein Gebiet, das eine besondere Gefahrenzone darstellte. *Guy, Herr von Roye* (Nr. 62) war einer der hervorragenden Kapitäne von Johann von Luxemburg († 1441), die nach dem Frieden von Arras Frankreich in der Gegend von Laon und Soissons weiter bedrängten. Danach war er im Dienst Johanns von Burgund, Graf von Étampes. Er befreite Festungen, nahm Teil an der Eroberung von Luxemburg und am Genter Krieg. Nach fünfundzwanzig Jahren treuen Dienstes wurde er Rat und Kammerherr des Herzogs, begleitete den Fürsten beim Einzug in Utrecht 1456 und war einer der Erzähler der *Cent nouvelles nouvelles*[84].

Auch in Burgund besann man sich auf zwei einflußreiche Personen. *Thiébaut IX. de Neufchâtel* (Nr. 59), Marschall von Burgund, wurde zwei Jahre nach dem Tod seines Vaters Thiébaut VIII. in den Orden aufgenommen, allerdings erst zehn Jahre nach seinem jüngeren Bruder Jean II. Er war ein tüchtiger Feldherr und aktiver Diplomat. Am

---

80 J. PAVIOT, Jean duc de Coïmbre, ebd., S. 135–136.
81 A. DE CEBALLOS, Jean II d'Aragon, ebd., S. 137–139.
82 M. VAN GENT, Adolphe d'Egmond, ebd., S. 139–141.
83 M. MARTENS, Louis de Bruges, ebd., S. 148–151.
84 B. SCHNERB, Guy seigneur de Roye, ebd., S. 151–152.

24. Februar 1454 schloß er mit Albrecht von Österreich einen Vertrag zwischen Burgund und den Vorlanden. Er spielte zugleich eine Vermittlerrolle zwischen Philipp dem Guten und dessen Sohn Karl. Er erfüllte diplomatische Gesandtschaften in England, Mailand, Bern, Zürich und Freiburg (Schweiz), belagerte Sint-Truiden und entfestigte Lüttich[85]. Als direkter Nachfolger von Thiébaut VIII. de Neufchâtel wurde *Philippe Pot, Herr von La Roche-Nolay* (Nr. 60), ein vertrauter Rat und Kammerherr Philipps des Guten, erwählt. Im September 1465 folgte er Antoine de Croÿ als Erster Kammerherr nach. Er behielt alle seine Ämter unter Karl dem Kühnen. Zu Trier wohnte er der Begegnung zwischen dem Herzog und Kaiser Friedrich III. bei. 1476 nahm er an der Friedenskonferenz zu Noyon zwischen den Gesandten Herzog Karls und Ludwigs XI. teil. Er diente kurz Maria von Burgund, nahm aber im September 1477 den Posten des Groß-Seneschalls von Burgund im Dienste Ludwigs XI. an. Im Jahre 1481 wurde er aus dem Orden gestrichen[86].

Unter Karl dem Kühnen

Während der Regierung des neuen Herzogs fanden zwei Kapitel statt. Es waren sieben Jahre vergangen und somit eine Menge Sitze neu zu vergeben. Während des elften Kapitels (Brügge, Mai 1468) kamen eindrucksvolle Namen aus der Wahlurne, darunter Charles de France, Herzog der Normandie, François, Herzog der Bretagne und Louis de Luxembourg, Herr von Saint-Pol[87]. Das weist darauf hin, daß die alte Strategie fortgesetzt wurde. Trotzdem blieben die Wahlergebnisse ohne Auswirkung, statt dessen wurden ihre Stellvertreter benannt. In Breisach wurde speziell angekündigt, daß der Markgraf von Rothelin (Rötteln) vorgeschoben würde für den Fall, daß der englische König die Ernennung nicht annehme. *Edward IV.* (Nr. 63) erklärte sich aber bereit und so entglitt dem Markgrafen von Rothelin das Goldene Vlies für immer. Im Juli heiratete Karl der Kühne Margareta von York, Edwards Schwester. Am 13. Mai 1469 erhielt auch er den Hosenbandorden. So wurde die Allianz gegen Frankreich besiegelt[88].

Jean Richard bemerkte, daß unter Karl dem Kühnen nur drei Halsketten an Burgunder verliehen wurden[89]. Der Herzog von Normandie wurde durch *Louis de Chalon, Herr von Châtel-Guyon* (Nr. 64), ersetzt, vormals Page des Grafen von Charolais, der ihn als Souverän sofort in den Orden aufnehmen ließ. Louis de Chalon war kaum zwanzig, kämpfte in Neuss, verteidigte die Franche-Comté und fiel bei Grandson[90]. Der Burgunder *Jean Damas, Herr von Digoine und Clessy* (Nr. 65), ehemaliger Rat und Kammerherr Philipps des Guten, ersetzte Ludwig von Luxemburg. Im Jahre 1467 war er Gouverneur und Bailli von Mâcon, 1475 kämpfte er in der Gegend von Tonnerre, im darauffolgenden Jahr in der Provence. Nach Karls Tod wechselte er zu Ludwig XI. über[91]. Während des Kapitels

---

85   J. DEBRY, Thiébaut IX, seigneur de Neufchâtel, ebd., S. 141–146.
86   A. LEGUAI, Philippe Pot, ebd., S. 146–148.
87   REIFFENBERG (wie Anm. 54), S. 56–57.
88   C. ALLMAND, Edouard IV, in: SMEDT (wie Anm. 9), S. 153–154.
89   J. RICHARD, Le rôle politique de l'ordre sous Philippe le Bon et Charles le Téméraire, in: BERGEN-PANTENS (wie Anm. 3), S. 69.
90   DERS., Louis de Chalon, ebd., S. 155.
91   DERS., Jean Damas, ebd., p. 155–156.

von 1481 wurde sein Tod bekanntgegeben und kein Urteil verkündet[92]. Zu derselben Gegend gehörte *Claude de Montaigu, Herr von Couches* (Nr. 70), einer der reichsten Adligen des Herzogtums, das er zu Buxy (14. März 1471) auf Kosten seines Lebens gegen die Truppen Ludwigs XI. verteidigte[93]. Die Ernennung des Herrn von Bresse, der 1496 *Philipp II. Herzog von Savoyen* (Nr. 68) wurde, war ein weiterer politischer Schachzug, diesmal südwärts. Im Jahre 1466 wechselte *Philipp ohne Land* von Ludwig XI. zu Karl dem Kühnen. Er wurde Gouverneur der beiden Burgund und schwankte sein ganzes Leben lang von einem Lager zum anderen[94].

Ein Intimus, *Jacques de Bourbon* (Nr. 66), Waffenbruder des jungen Karls des Kühnen und Bruder von dessen Frau Isabella, starb acht Tage nach seiner Wahl[95]. *Jacques de Luxembourg* (Nr. 67), Herr von Richebourg, kämpfte ununterbrochen von 1446 bis 1475 im Dienste der burgundischen Herzöge. Er wohnte prominenten Trauungen und auch der Krönung Ludwigs XI. (1461) bei, dessen Truppen ihn fünfzehn Jahre später gefangen nahmen. Er wurde sein Rat und Kammerherr, bekam den Sankt Michaelsorden und wurde deshalb im Jahre 1481 aus dem Orden ausgeschlossen. Im Jahre 1486 bekämpfte er noch die Burgunder im Artois[96]. Der Pikarde *Philippe de Crèvecœur, Herr von Esquerdes* (Nr. 69), folgte dem gleichen Parcours. Er war Bailli von Arras, Statthalter von Péronne, Roye und Montdidier und anwesend zu Grandson, Murten und Nancy. Unter Maria von Burgund verteidigte er die pikardischen Grenzstädte. Er übergab Arras an Ludwig XI., der ihm Aufträge anvertraute und den Michaelsorden verlieh. Auch er wurde im Jahre 1481 zu Herzogenbusch aus dem Orden ausgeschlossen[97].

Zwei der acht Erwählten starben sehr jung. Edward IV. und Claude de Montaigu blieben Burgund treu. Der Mann aus Savoyen war ein »Seiltänzer« und die drei übrigen wählten, durch Umstände gezwungen, das Lager des dominierenden französischen Königs. Sie hatten ihren unverzagten Führer verloren: Ihr Souverän, dem sie Treue geschworen hatten, war ihnen durch den Tod genommen. In diesen harten Zeiten wußten die mächtigen Herren ihren Kopf zu retten und ihr Ansehen zu wahren. Die *pays de par-deçà* waren im Aufstand. Burgund, Artois und die Pikardie wurden in ihren Fundamenten erschüttert und von Ludwig XI. erobert.

Im Jahre 1473 versammelten sich die Vlies-Ritter zum ersten Mal in Valenciennes. Während des zwölften Kapitels wurden sieben neue Brüder in den Orden aufgenommen, darunter zwei regierende Könige. Der mächtige *Don Fernando der Katholische* (Nr. 71), Sohn von Johann II. von Aragon, breitete im Jahre 1469 durch Heirat seine Macht über Kastilien und Leon aus. Er war ein treuer und einflußreicher Verbündeter Burgunds gegen Frankreich. Seine Tochter Johanna heiratete im Jahre 1496 Philipp den Schönen[98]. So kam der Orden in spanische Hände. Der große Diplomat Ferdinand legte die Basis für das Weltreich Karls V. Sein zukünftiger Schwager *Ferdinand I. von Aragon* (Nr. 72), König

---

92 REIFFENBERG (wie Anm. 54), S. 110.
93 J. RICHARD, Claude de Montaigu, in: SMEDT (wie Anm. 9), S. 163–164.
94 G. CASTELNUOVO, Philippe II duc de Savoie, ebd., S. 160–161.
95 A. LEGUAI, Jacques de Bourbon, ebd., S. 156–157.
96 J. PAVIOT, Jacques de Luxembourg, ebd., S. 157–159.
97 M.-T. CARON, Philippe de Crèvecœur, ebd., S. 161–163.
98 A. DE CEBALLOS, Ferdinand le Catholique, ebd., S. 164–168.

von Neapel, wurde gleichzeitig in den Orden aufgenommen. Im Jahre 1471 schlossen Aragon, Burgund und Neapel zu Saint-Omer ein Defensivbündnis[99]. Die zwei Fürsten wurden auf ausdrücklichen Wunsch des Herzogs erwählt: Die politischen Absichten wurden ausnahmsweise zu Protokoll gegeben[100].

Die zwei folgenden Ritter fielen auf dem Schlachtfeld. *Jean de Rubempré, Herr von Bever* (Nr. 73), fand den Tod bei Nancy an der Seite des Großmeisters. Er gehörte zum Croÿ-Clan, glänzte während der Feldzüge in Flandern, später in Luxemburg. Im Jahre 1454 wurde er Rat und Kammerherr Philipps des Guten. Zehn Jahre später bekleidete er wichtige Ämter im Hennegau. Er wählte das Lager Karls des Kühnen, zeichnete sich auf den Feldzügen gegen Lüttich aus, wurde im Jahre 1471 Kastellan von Hesdin und war 1475 kurz Erster Kammerherr des Herzogs. Er unterstützte Guy de Brimeu bei der Belagerung von Neuss, wurde im Januar 1476 zum Gouverneur von Lothringen ernannt und riet dem Herzog vom Angriff auf Nancy ab, der für beide tödlich enden sollte[101]. Der pikardische Ritter *Johann von Luxemburg, Graf von Marle und Soissons* (Nr. 75), blieb dem Hause Burgund treu. Nach zwanzig Jahren der Erfolge auf dem Schlachtfeld wurde Murten (1476) ihm zum Verhängnis[102]. Auch *Guy de Brimeu* (Nr. 76) nahm ein unheilvolles Ende. Er war mit Karl dem Kühnen aufgewachsen und wurde ein prominenter Höfling, beauftragt mit unzähligen militärischen, politischen und diplomatischen Aufträgen in der Pikardie, in Luxemburg und bis nach Geldern. Nach Karl dem Kühnen war er der mächtigste Mann. Er genoß die Gunst Marias von Burgund, die ihn mit diplomatischen Gesandtschaften beim französischen König beauftragte. Bei seiner Rückkehr nach Gent wurde er von den Gentern des Verrats und der Korruption beschuldigt und enthauptet[103].

Philippe de Croÿ (Nr. 74) begleitete Philipp den Guten auf seinen zahlreichen Reisen. Als die Croÿs in Ungnade fielen, fühlte auch er sich verpflichtet, den Hof zu verlassen. Nach der Rehabilitierung wurde er Rat und Kammerherr Karls des Kühnen und einer der wichtigsten Kriegsherren. Er erfüllte zugleich diplomatische Aufträge. Bei Nancy war er einer der wichtigsten Gefangenen. Nach seiner Befreiung im August 1477 ernannte ihn Maximilian zum Ersten Kammerherrn. Im Jahre 1479 wurde er Generalleutnant von Luxemburg und ab 1480 führte er den Befehl über die Truppen des Erzherzogs gegen Frankreich[104]. Den letzten Auftrag teilte er mit *Engelbert II. Graf von Nassau-Dillenburg* (Nr. 77), der schon im Jahre 1467 seine militärische Laufbahn begann. Er kämpfte vor Lüttich, in Geldern, gegen die Schweizer und wurde bei Nancy gefangengenommen. Nach drei Monaten wurde er gegen ein hohes Lösegeld freigelassen. Er war ein loyaler Diener Maximilians und dessen Sohns. Im Jahre 1479 verhinderte er eine Niederlage in Guinegatte. 1482 wurde er Erster Kammerherr. Er vertrat Maximilian von November 1485 bis Juni 1486 als Regent der Niederlande, eine Funktion, die er auch später noch bekleidete. Mit Nachdruck verteidigte er den Erzherzog gegen die aufständischen flämi-

---

99 DERS., Ferdinand I (Ferrante) d'Aragon, ebd., S. 168–170.
100 REIFFENBERG (wie Anm. 54), S. 72–74. – Siehe auch S. ROMANIN, Storia documentata di Venezia, Bd. 4, Venedig 1855, S. 365, 373.
101 P. DE WIN, Jean de Rubempré, in: SMEDT (wie Anm. 9), S. 171–173.
102 J. PAVIOT, Jean de Luxembourg, ebd., S. 176–177.
103 P. DE WIN, Guy de Brimeu, ebd., S. 177–179.
104 M. DEBAE, Philippe de Croÿ, ebd., S. 174–176.

schen Städte. Bei mancher fürstlichen Hochzeit spielte er eine führende Rolle und zeigte sich als ein gewandter Diplomat[105].

Im Gegensatz zum vorigen Kapitel entsprachen die Ernannten des zwölften Kapitels genau den Erwartungen. Alle sieben waren treuergebene Ordensbrüder, die von hohem Wert für die Politik der Herzöge waren.

Unter Maximilian von Österreich

Beim Tod des Souveräns bestimmt Artikel 65 der Statuten, daß der Gemahl der Erbtochter Souverän-Großmeister des Ordens wird[106]. Am 19. August 1477 heiratete Maria von Burgund *Maximilian I von Österreich* (Nr. 77bis), der am 30. April 1478 zu Brügge in dieser Funktion eingesetzt wurde. In fünfzehn Jahren interner Konflikte und Kriege mit Frankreich wußte er grosso modo die Einheit der burgundischen Lande zu bewahren. Der dynastische Orden vom Goldenen Vlies wechselte vom Haus Burgund zum Haus Habsburg über. Maximilian gab ihm eine noch größere internationale Dimension. Römischer König im Jahre 1486, wurde er 1493 Kaiser des Heiligen Römischen Reichs. Mit dem Kampf um Italien öffnete sich ein neuer Abschnitt europäischer Machtpolitik[107].

Maximilian leitete ebenfalls zwei Kapitel. Während des dreizehnten Kapitels (Brügge, 1478) wurden zwölf Namen als Nachfolger für zwölf Verstorbene vorgeschlagen, aber nur acht ernannt. An der Spitze standen zwei Holländer. *Willem von Egmond* (Nr. 78) war ein sehr bedeutender Adliger. Er unterstützte seinen Bruder Arnold, Herzog von Geldern, in dessen Kampf gegen Adolf von Egmond. Bei der Annexion von Geldern wurde Willem zum Statthalter ernannt. Im Jahre 1477 wurde er Kammerherr Maximilians[108]. Seine Aufnahme in den Orden bedeutete eine Konsolidierung der habsburgischen Macht in Geldern. *Wolfart VI. von Borselen* (Nr. 79), der mächtige Mann aus Seeland, heiratete im Jahre 1444 als vierzehnjähriger die Tochter des schottischen Königs. Im Jahre 1450 war er Rat und Kammerherr Philipps des Guten, von 1459 bis 1466 Karls des Kühnen, im Jahre 1477 wurde er auch Kammerherr Maximilians. Bis 1480 war er Statthalter von Holland und Seeland. Danach sank sein Stern[109]. Seine Tochter Anna heiratete im Jahre 1485 *Philipp von Burgund, Herr von Beveren-Waas* (Nr. 82), Sohn des Großen Bastards. Er wurde für sein mutiges Verhalten während der Belagerung von Saint-Omer durch die französischen Truppen gelobt, was ihm die Ernennung zum Vlies-Ritter einbrachte. Von 1478 bis 1481 war er Gouverneur der Grafschaft Namur und danach von Artois. Im Jahre 1485 folgte er seinem Schwiegervater als Admiral und Veere wurde der Sitz der Admiralität der Niederlande. Von 1495 bis 1497 war er *Administrator aller Finanzen*. Bei der Hochzeit Philipps des Schönen zu Lier im Jahre 1496 war er der Trauzeuge des Fürsten[110].

---

105 P. DE WIN, Engelbert II comte de Nassau-Dillenburg, ebd., S. 180–183.
106 La Toison d'or (wie Anm. 10), S. 48.
107 H. WIESFLECKER, Maximilien Ier de Habsbourg, in: SMEDT (wie Anm. 9), S. 185–190.
108 M. VAN GENT, Guillaume d'Egmond, ebd., S. 191–192.
109 DERS., Wolfart VI van Borselen, ebd., S. 192–194.
110 J.-M. CAUCHIES, Philippe de Bourgogne, ebd., S. 198–199.

Josse de Lalaing, Herr von Montignies (Nr. 80), dritter Vertreter eines großen Hennegauer Geschlecht, war ein pflichtbewußter Diener des Herzogs. Er kämpfte unter anderem in Dinant (1466) und Neuss (1474) und wurde bei Nancy gefangengenommen. Im Jahre 1480 folgte er Wolfart von Borselen als Statthalter von Holland, Seeland und Friesland. Am 25. Mai 1481 wurde er als Präzeptor des kleinen Philipp angestellt. Er starb am 5. August 1483 bei der Belagerung von Utrecht[111]. Zwei weitere Mitglieder stellte das Haus Luxemburg. *Jakob I. von Luxemburg, Herr von Fiennes* (Nr. 81), war Rat und Kammerherr Herzog Karls des Kühnen und Erzherzog Maximilians. Er bekleidete Ämter im Artois, in der Pikardie und in Französisch-Flandern und arbeitete an französisch-burgundischen Friedensverträgen, zuerst für Douai, Cambrai und Artois, danach für die ganzen *pays de par-deçà*[112]. *Pierre von Luxemburg, Graf von Saint-Pol* (Nr. 83), verbrachte den größten Teil seines Lebens in Enghien. Er blieb dem Haus von Burgund treu und vermählte sich mit Margareta von Savoyen[113].

Auch deren Bruder *Jakob von Savoyen, Graf von Romont* (Nr. 84), gehörte zu den Auserwählten. Die Allianz mit der Familie von Savoyen, die das Land Vaud beherrschte, war für Burgund sehr wertvoll; die Wahl des ersten Sprosses aus diesem Geschlecht war – einmal mehr – gut ausgeklügelt. Schon im Jahre 1468 zog er mit dem burgundischen Heer in Lüttich ein. Am 25. Oktober 1473 wurde er Gouverneur von Artois und zwei Jahre später Gouverneur des Herzogtums Burgund. Er, der sich unter anderem bei der Eroberung von Lothringen auszeichnete, verlor seine eigenen Gebiete, die schnell durch Karl den Kühnen zurückerobert wurden. Maximilian stütze sich auf ihn, um Territorien um Ypern und Douai zurückzugewinnen. An der Spitze der flämischen Milizen, ungeachtet seiner Erfolge, verschlechterten sich seine Beziehungen zu Maximilian; er mußte sich zurückziehen[114]. Nach Maximilian selbst war *Bertremi von Liechtenstein-Karneid* (Nr. 85) der erste Erwählte aus dem engeren Umkreis des Hauses Habsburg. Er hatte ihm seit Beginn der sechziger Jahre gedient, nachdem er für Kardinal de Cusa tätig gewesen war. Er war einer der Vertrauten von Erzbischof Sigismund und eine hochstehende Person in Tirol[115].

Während des vierzehnten Kapitels (Herzogenbusch, 1481) wurden wiederum acht neue Ritter ernannt, darunter der dreijährige *Philipp der Schöne, Erzherzog von Österreich* (Nr. 86), der rechtmäßige Fürst der Niederlande. Er optierte für die Neutralität und schloß zum Ärger seines Vaters am 2. August 1498 einen Vertrag mit Ludwig XII. Zuvor heiratete er am 20. Oktober 1496 zu Lier die Infantin Johanna von Kastilien. So entstand die österreichisch-spanische Monarchie und der Orden vom Goldenen Vlies wurde ein Weltorden[116].

Vier Ritter gehörten zu den *pays de par-deçà*. Der Hennegauer *Jean de Ligne* (Nr. 87) war sowohl auf dem Schlachtfeld als auch am Verhandlungstisch tätig: in Lüttich (1474), bei Neuss (1475) und Guinegatte (1479), wo er in Gefangenschaft geriet. Er war einer der

---

111 M. BAELDE, Josse de Lalaing, ebd., S. 194–196.
112 J.-M. CAUCHIES, Jacques Ier de Luxembourg, ebd., S. 196–197.
113 DERS., Pierre de Luxembourg, ebd., S. 200–201.
114 B. BAUCHAU, Jacques de Savoie, ebd., S. 201–202.
115 G. PFEIFER, Bartholomäus de Liechtenstein-Karneid, ebd., S. 203–204.
116 J.-M. CAUCHIES, Philippe le Beau, ebd., S. 204–206.

Ratgeber Maximilians. Dreizehn Jahre lang, bis zu seinem Tod, teilte er dessen Schicksale. Aus derselben Gegend stammte *Pierre de Hennin, Herr von Boussu* (Nr. 88). Er zeichnete sich durch seine Tapferkeit aus und gehörte häufig den Generalstaaten des Hennegau an[117]. Nach zehn Jahren unverdrossenen Kampfes in den Reihen Karls des Kühnen, von Monthléry (1465) bis Neuss (1475), brachte ihr Nachbar aus Französisch-Flandern, *Baudouin de Lannoy* (Nr. 89) es zum Rat und Kammerherrn seines Fürsten. Beauftragt mit der Verteidigung des Hennegaus, vernahm er in Beaumont dessen Tod zu Nancy. Er war bei der Taufe Philipps des Schönen (28. Juli 1478) anwesend, kämpfte zu Guinegatte (1479) und nahm an der diplomatischen Gesandtschaft an Ludwig XI. (März 1481) teil. Noch bei der Vermählung Philipps des Schönen im Jahre 1496 fungierte er als Trauzeuge[118].

Aus dem Norden stammend, war *Johann III. von Glymes, Herr von Bergen op Zoom* (Nr. 91), sein ganzes Leben lang in unmittelbarer Nähe des Fürsten. Schon als junger Mann auf dem Schlachtfeld, wurde er Rat und Kammerherr Karls des Kühnen. Philipp der Schöne ernannte ihn im Jahre 1485 zum Ersten Kammerherrn und zugleich Gouverneur-Generalkapitän und Groß-Bailli der Grafschaft Namur. 1493 wurde er Rat und Kammerherr sowie Großsiegelbewahrer. Als gewandter Höfling und Diplomat baute er in den folgenden dreißig Jahren eine glänzende Karriere auf[119].

Aus der Franche-Comté stammte *Guillaume de La Baume* (Nr. 90). Im Jahre 1470 war er Rat und Kammerherr Karls des Kühnen und Gouverneur von Bresse. 1477 verteidigte er wacker die Grafschaft Burgund gegen die französischen Angriffe. Er war der höchste Würdenträger am Hofe Margaretas von York, die sich im Jahre 1477 in Mecheln niederließ. Dort blieb er einige Jahre, bis er 1483 Rat und Kammerherr Karls VIII. wurde und sozusagen mysteriös vom burgundischen Schauplatz verschwand[120]. Rat des Herzogs, anwesend in Luxemburg und Monthléry, kämpfte auch *Claude de Toulongeon* (Nr. 93) jahrelang in Burgund. Im Jahre 1480 sah er sich gezwungen, in Flandern Zuflucht zu suchen. Er trat in den Dienst Maximilians. Im Jahre 1491 trug er im Auftrage Philipps des Schönen König Heinrich VII. die Ordenskette an[121].

Martin II. von Polheim (Nr. 92), von jung an einer der engsten Mitarbeiter Erzherzog Maximilians, war dessen treuer Kammerherr und Geldgeber. Er zeichnete sich in Guinegatte (1479) aus und nahm an Besprechungen mit Edward IV. teil. Im Jahre 1486 war er bei der Krönung des Römischen Königs zugegen. Er war einer der wichtigsten Finanzverwalter Maximilians[122].

Einerseits setzte Maximilian also die burgundische Tradition fort: Vertreter bekannter Geschlechter, im Dienste des Hauses Burgund seit verschiedenen Generationen, wurden in den Orden aufgenommen. Anderseits gab es auch den persönlichen Beitrag Maximilians: Er stellte die ersten zwei Vertrauten aus den österreichischen Erblanden vor. Dies beweist einmal mehr das geopolitische Interesse bei den Ordensernennungen.

---

117 DERS., Pierre de Hennin, ebd., S. 208–210.
118 J. DEVAUX, Baudouin de Lannoy, ebd., S. 210–213.
119 P. DE WIN, Jean III de Glymes ou de Berghes, ebd., S. 216–220.
120 C. LEMAIRE, Guillaume de La Baume, ebd., S. 213–216.
121 J. RICHARD, Claude de Toulongeon, ebd., S. 222–223.
122 P.-J. HEINIG, Martin II de Polheim, ebd., S. 220–222.

Der tragische Unfall, der Maria von Burgund am 27. März 1482 das Leben kostete, verursachte große politische Aufregung. Die flämischen Städte erkannten ihren Gemahl nicht als Regenten an. Deren Sohn, Philipp der Schöne, wurde zu Gent als Geisel festgehalten. Schon im Jahre 1484 erhoben sich innerhalb des Ordens Stimmen, das nächste Kapitel bis zum Zeitpunkt, wo der junge Prinz *die Jahre der Vernunft erreicht hat, oder sogar verheiratet ist*[123], zu verschieben. Spannungen innerhalb des Ordens erklären, warum am 2. Mai 1484 kein Kapitel stattfand[124]. Mit einem Brief aus Nürnberg vom 8. April 1491 setzte König Maximilian Jean de Lannoy als seinen Vertreter für die Leitung der Kapitelsitzung ein.

Unter Philipp dem Schönen

Protokollarisch wurde das 15. Kapitel (Mecheln, 1491) von dem fast dreizehnjährigen Philipp dem Schönen geleitet[125]. Sein Großvater, Kaiser *Friedrich III.* (Nr. 94), nahm seine Wahl an und gab sein Einverständnis zu den Statuten. So erreichte Maximilian sein Ziel: Die Erweiterung der burgundischen Allianz um das Heilige Römische Reich und England gegen Frankreich[126]. In der Tat war *Heinrich VII. König von England* (Nr. 95) der siebte König, der dem Orden beitrat. Nur er war marschbereit, um in Frankreich einzufallen. Trotzdem schloß er am 3. November 1492 den Vertrag von Etampes mit Frankreich, mit dem er friedliche Beziehungen unterhielt[127]. Ein wichtiger Gewinn für Maximilian war sein Vetter *Albert Herzog von Sachsen* (Nr. 96), der die kaiserliche Armee in den Niederlanden anführte und die aufständischen Städte systematisch zurückeroberte. Mittlerweile war er zum General-Gouverneur ernannt worden und residierte oft in Mecheln. Als Philipp der Schöne im Jahre 1493 seine Aufgabe übernahm, machte er sich während der Feldzüge gegen Geldern 1494, 1496 und 1498 und gegen das unruhige und ferne Friesland verdient[128]. Im Süden fand Maximilian Unterstützung bei einem anderen Vetter, *Christoph I. Markgraf von Baden* (Nr. 102), der ihn im Jahre 1477 zu seiner Hochzeit begleitete und an seinen Feldzügen in Frankreich teilnahm. Im Jahre 1488 wurde er zum außerordentlich bevollmächtigten Gouverneur des Herzogtums Luxemburg und der Grafschaft Chiny ernannt. Im Jahre 1496 wurde er Gouverneur von Verdun[129]. So erweist sich die fortwährende Sorge, die Besitzungen an den Landesgrenzen zu verstärken und den Einflußbereich zu vergrößern. Im Jahre 1490 wurde Maximilian Herr von Tirol und Vorderöster-

---

123 REIFFENBERG (wie Anm. 54), S. 130.
124 Ebd., S. 126–155. – Siehe auch R. DE SMEDT, Le 15ᵉ Chapitre de l'Ordre de la Toison d'or. Une Fête mémorable tenue à Malines en 1491, in: DERS (Hg.), De Orde van het Gulden Vlies te Mechelen in 1491. International symposium Mechelen 7 september 1991 (Handelingen van de Koninklijke Kring voor Oudheidkunde, Letteren en Kunst van Mechelen 95, 2), Mechelen 1992, S. 7–8.
125 Wien, Haus-, Hof- und Staatsarchiv, Archiv des Ordens vom Goldenen Vliesse, Protokolle der Ordenskapitel, Originale vom Jahre 1490–1539, Nr. 7: Registre des actes capitulaires de la fête tenue à Malines en 1491, f. LXr-LXIr.
126 P.-J. HEINIG, Frédéric III, in: SMEDT (wie Anm. 9), S. 225–227.
127 R. L. STOREY, Henri VII, ebd., S. 228–229.
128 W. BLOCKMANS, Albert II duc de Saxe, ebd., S. 230–231.
129 H. SCHWARZMAIER, Christophe Iᵉʳ margrave de Bade, ebd., S. 242–244.

reich. Er war demnach besonderes daran interessiert, sich das Wohlwollen eines anderen Nachbarn, *Eberhards V. im Bart* (Nr. 99), Graf und ab 1495 Herzog von Württemberg, eines der vornehmsten deutschen Fürsten, zu sichern[130].

Aber auch intern sollten die verschiedenen Regionen durch neue und zuverlässige Politiker im Orden vertreten sein. Meistens bewahrten dabei die bekannten Geschlechter ihre traditionelle Präsenz. Dies war der Fall bei *Claude de Neufchâtel* (Nr. 100), Sohn und Enkel von Vlies-Rittern und fünfter seines Geschlechts. Im Alter von dreißig Jahren Rat und Kammerherr des Grafen von Charolais, kämpfte er in Lothringen, Lüttich, Artois und Burgund. Im Jahre 1474 wurde er Generalleutnant an den Grenzen von Le Nivernais und trachtete danach, aus der Grafschaft Montbéliard ein burgundisches Lehnsgut zu machen. Im darauffolgenden Jahr war er stellvertretender Statthalter im Herzogtum Luxemburg. Er drang in Bar und in Lothringen ein. Nach Nancy nahm er die Überlebenden auf. Er führte erfolgreiche Unterhandlungen mit dem Herzog von Lothringen und mit den Schweizern. Ernannt zum Statthalter von Burgund, war er Heerführer bis zur Eroberung der Franche-Comté. Er war ein besonders treuer Diener des burgundischen Hauses und begleitete mehrmals Philipp den Schönen[131]. *Pierre de Lannoy* (Nr. 98) war der sechste Vertreter seines Geschlechts und Sohn von Ghillebert. Er kämpfte unter Karl dem Kühnen in der Pikardie, wurde im Jahre 1480 Groß-Bailli von Aalst und eroberte Arras im Jahre 1492. Bei der Vermählung Philipps des Schönen war er Trauzeuge und machte Karriere unter Margareta von Österreich[132]. *Jakob II. von Luxemburg*, Sohn des Diplomaten Jakob I., war der achte Vlies-Ritter aus seinem Geschlecht. Er war Rat und Kammerherr Maximilians, einflußreich unter Philipp dem Schönen und später unter dem jungen Karl V.[133]

Auch *Hugues de Melun*, Erb-Burggraf von Gent (Nr. 106), Enkel von Vlies-Ritter Jean de Melun, wurde in den erlesenen Klub aufgenommen. Zu Recht bemerkte Marc Boone, daß nicht allein seine Dienstbereitschaft am Hofe und seine militärischen Verdienste dabei eine Rolle gespielt hätten, sondern auch die Tatsache, daß seine Mutter aus dem Hause Luxemburg stammte[134].

Mit fünf Vlies-Ritter im fünfzehnten Jahrhundert haben sich die Croÿs von Anfang an ausgezeichnet. *Charles de Croÿ* (Nr. 104), Feldherr und Diplomat, Sohn des Vlies-Ritters Philippe de Croÿ, verdankte Maximilian bei Guinegatte sein Leben. Seine Hingabe für Maximilian und Philipp den Schönen war dann auch groß. Im Jahre 1486 erhob Maximilian die Grafschaft Chimay zum Fürstentum. Zwei Jahre später wurde er Generalkapitän des Hennegaus. Am 4. Juli erhielt er die Funktion des Ehrenritters für Johanna von Kastilien und am 24. Februar 1500 durfte er Erzherzog Karl über das Taufbecken halten[135]. Ein anderer Vertrauter Maximilians war *Guillaume de Croÿ, Herr von Chièvres* (Nr. 105), der sich schon in der Armee Friedrichs III. Verdienste erworben hatte. Als Herr von Heverlee erhielt er durch Erbrecht die Funktion des Kammerherrn. Noch unter Philipp dem Schö-

---

130 D. MERTENS, Eberhard V le Barbu, comte de Wurtemberg, ebd., S. 235–237.
131 J. DEBRY, Claude de Neufchâtel, ebd., S. 237–240.
132 J. DEVAUX, Pierre de Lannoy, ebd., S. 234–235.
133 J.-M. CAUCHIES, Jacques II de Luxembourg, ebd., S. 251–252.
134 M. BOONE, Hugues de Melun, ebd., S. 249–251.
135 R. WELLENS, Charles de Croÿ, ebd., S. 245–246.

nen bekleidete er wichtige Ämter[136]. Als dritter Sproß des Geschlechts wurde *Johann Graf von Egmond* (Nr. 101) benannt, ältester Sohn von Vlies-Ritter Willem von Egmond, dem er im geldrischen Krieg beistand. Er wurde im Jahre 1474 Gouverneur von Arnheim und nahm an der Belagerung von Neuss teil. Im Jahre 1477 wurde er in den Rat von Holland aufgenommen und zum Kammerherrn Maximilians ernannt. Er wurde der Anführer der *Kabeljauws*. 1483 folgte er Josse de Lalaing als Statthalter von Holland und Seeland. Er heiratete Magdalena von Werdenberg, eine Nichte Maximilians, der ihm den Grafentitel verlieh. Damit fiel ihm in Holland und Seeland die Führungsrolle zu[137]. Aus derselben Gegend stammte *Jan von Cruiningen* (Nr. 103), Kammerherr Maximilians, der sich bei Guinegatte auszeichnete. Er hatte eine Zeit lang einen Sitz im Rat von Holland. 1492/3 wurde er Intendant der West- und Ostschelde und als solcher der mächtigste Mann von Seeland[138]. Selbstverständlich hatten auch hier Maximilian und seine Ordens-Mitbrüder an die einflußreichsten Personen gedacht.

Zuletzt wurde wie zufällig *Heinrich III. von Witthem, Herr von Beersel* (Nr. 97), einer der wenigen Brabanter, erwählt. Aufgrund der Nachricht vom Tode des Herzogs von Urbino wurde Witthem, der gerade in Mecheln war, als Stellvertreter beglaubigt[139]. Dreißig Jahre lang vertrat er Brabant in den Generalstaaten. Im Jahre 1484 wurde er als Gesandter Maximilians zu den flämischen Städten gesandt. Er war dessen treuer Verbündeter gegen Philipp von Kleve und war besonders gut beim burgundisch-habsburgischen Hof eingeführt, wo er vier aufeinanderfolgenden Fürsten treu und gewissenhaft diente[140].

Schlußwort

Der illustre Orden vom Goldenen Vlies hatte statutengemäß nicht den mindesten politischen Auftrag. Doch stipuliert Artikel XLVI, daß Ausschau gehalten werden solle nach Mitgliedern, die dem Souverän, seinen Gebieten und seiner Herrschaft von Nutzen sein könnten. Die Ordensträger begleiteten ihren Großmeister auf seine Feldzüge und waren auf überregionaler und internationaler Ebene sehr aktiv. Der Souverän stütze sich auf sie bei der Verwaltung der Territorien, bei seinen Gesandtschaften und Vertragsverhandlungen. Zunehmend wurden die Wahlen durch das expansionistische Bestreben des Souveräns beeinflußt und durch die Besorgnis, seine Besitzungen zu überwachen. Die Namen der zu wählenden Mitglieder wurden zum größten Teil und jeweils mit größter Sorgfalt vom Fürsten vorgeschlagen. Gewiß wurde das Goldene Vlies gegründet, um den Türken zu Leibe zu rücken, um den christlichen Glauben zu verteidigen und das Rittertum zu verherrlichen, aber zugleich, um den Einfluß des Fürsten zu erweitern. Das ganze Jahrhundert hindurch wurden die Besitzungen verteidigt, erobert, zurückerobert, ausgedehnt, verstärkt. Wie sind die Souveräne zu Werke gegangen? Sie wählten Vertraute, in der Regel aus ihrer Umgebung, oft Blutsverwandte, kühne Krieger, brillante Diplomaten. Sie

---

136 DERS., Guillaume de Croÿ, ebd., S. 247–249.
137 M. van GENT, Jean d'Egmond, ebd., S. 241–242.
138 DERS., Jean de Cruiningen, ebd., S. 244–245.
139 REIFFENBERG (wie Anm. 54), S. 203–204.
140 P. DE WIN, Henri III de Witthem, in: SMEDT (wie Anm. 9), S. 213–233.

ernannten mächtige, einflußreiche Adlige, die sie über den Orden durch einen Eid an sich banden. Mit seinen Kapitelsitzungen, religiösen Feierlichkeiten, Zeremoniell, Prunk, Zurschaustellung, festlichen Umzügen und Volksfesten hatte der Orden eine enorme Ausstrahlung.

Maximilian von Österreich ernannte Nachkommen der großen Geschlechter im Dienste des Hauses Burgund und führte dem Orden zugleich frisches Blut zu mit der Aufnahme der ersten Österreicher, den Vertrauten der Habsburger. Bedeutende Fürsten – Sachsen, Baden, Württemberg – verstärkten die Reihen.

Der Orden war die leuchtende Krone des burgundisch-habsburgischen Staates.

HABSBURG UND WESTEUROPA

Frankreich und der Oberrhein zur Zeit König Karls VII.

VON RAINER BABEL

Die Frage nach dem Stellenwert der oberrheinischen Region für Frankreich im Zeitalter König Karls VII.[1] wie überhaupt im ganzen 15. Jahrhundert läßt sich nur vor dem großen Hintergrund beantworten, den die französisch-burgundische Rivalität darstellte. Der unmittelbare Anlaß für eine aktive Politik Frankreichs am Oberrhein und darüber hinaus auch an den daran anschließenden Abschnitten seiner Ostgrenzen war die territoriale Expansion des burgundischen Machtkomplexes. Von einer solchen aktiven Politik kann man etwa ab 1430 sprechen. In den Jahren zuvor war die Krone im Krieg gegen England, dessen König bekanntlich Anspruch auch auf den französischen Thron erhob, und gegen dessen wichtigsten Verbündeten Burgund in äußerste Bedrängnis geraten: König Karl VII. war aus den Kerngebieten seines Königreichs um die Ile-de-France ganz an die Peripherie des Landes abgedrängt worden, eine Beschränkung, die ihm schon bei den Zeitgenossen die Bezeichnung eines *roi de Bourges* eintrug.

Der Schwäche Frankreichs entsprach an seiner östlichen Flanke der Aufstieg Burgunds, das immer deutlicher nach einer Landverbindung zwischen seinen Territorien – Flandern und Artois im Norden, dem Herzogtum und der Freigrafschaft Burgund im Süden – strebte[2]. Herzog Philipp der Gute, der seit 1419 an der Spitze des burgundischen Gesamtstaates stand, hatte damit begonnen, die schon von seinem Vater Johann Ohnefurcht konsolidierten Positionen am mittleren Maaslauf durch den Kauf der Grafschaft Namur weiter zu festigen. 1427 setzte er gegen Jakoba von Bayern seine Ansprüche auf Holland, Seeland und den Hennegau durch und trat 1430 schließlich auch das Erbe seines Vetters Philipp von Brabant an, wodurch neben Brabant auch Limburg in den burgundischen Herrschaftskomplex integriert wurde. 1427 hatte zudem Elisabeth von Görlitz daran gedacht, ihre als Heiratsgut von ihrem Onkel König Wenzel erhaltenen Rechte über das Herzogtum Luxemburg an den Herzog von Burgund zu übertragen, wozu es aber erst 15 Jahre später kommen sollte. Luxemburg bedeutete freilich einen kapitalen Schritt auf dem Weg zu einer Landbrücke zwischen den nördlichen und den südlichen Landesteilen, denn nun lagen nur noch die oberrheinische und die lothringische Region trennend zwischen ihnen.

---

1 Zu Karl VII. und seiner Zeit ist immer noch grundlegend G. DU FRESNE DE BEAUCOURT, Histoire de Charles VII, 6 Bde., Paris 1885–1891.
2 Grundsätzlich dazu jetzt B. SCHNERB, L'Etat bourguignon, Paris 1999 mit weiterer Literatur.

Aber auch im engeren Oberrheingebiet schien ein burgundisches Ausgreifen zeitweilig nicht ausgeschlossen. Die Voraussetzungen hierfür hatte die Vermählung Herzog Leopolds IV. von Österreich mit Katharina von Burgund im Jahre 1393 geschaffen[3]. Nach dem Tode ihres Gemahls (1411) stand der weiterhin in Ensisheim residierenden Katharina das Recht des Nießbrauchs für die habsburgischen Herrschaften im Elsaß einschließlich der Grafschaft Pfirt unter dem Obereigentum von Leopolds Bruder, Herzog Friedrich IV. von Österreich, zu. In der Folge kam es zu mannigfachen Querelen zwischen der Burgunderin und ihrem österreichischen Schwager, in die sich auch Herzog Johann Ohnefurcht von Burgund und später Herzog Philipp der Gute[4], den seine Tante zu ihrem Universalerben eingesetzt hatte, einmischten. Mehrere Verträge, zuletzt der von Basel (14. März 1423), regelten das prekäre Verhältnis und ermöglichten nach Katharinas Tod den Rückfall ihres Besitzes an Friedrich IV. Damit waren die burgundischen Bestrebungen nach einer Expansion ins Elsaß vorerst im Sande verlaufen. Freilich waren die aus der territorialen Situation resultierenden Reibungsflächen im österreichisch-burgundischen Verhältnis noch nicht für alle Zeiten aus der Welt geschafft und sollten der französischen Politik künftig wichtige Ansatzpunkte bieten. Hinzu kam, daß infolge von Streitigkeiten über das Heiratsgut und Juwelen aus dem persönlichen Besitz Katharinas das Verhältnis zwischen Philipp dem Guten und Friedrich IV. äußerst gespannt blieb und ein Krieg 1427 nur durch die Vermittlung des Herzogs von Savoyen vermieden werden konnte[5].

Zu ersten französisch-österreichischen Kontakten, die aber noch ohne Folgen für ein konkretes Bündnis blieben, war es schon im Umfeld dieser Ereignisse gekommen. 1429 war für den hart bedrängten französischen König im Ringen gegen England und Burgund dann endlich eine Wende eingetreten, die eine aktivere Außenpolitik begünstigte. Nachdem Jeanne d'Arc mit einem Entsatzheer die Engländer am Überschreiten der Loire gehindert hatte, konnte Karl VII. im Juli in Reims gekrönt und seine Autorität in Teilen der Champagne und der Ile-de-France wieder errichtet werden. Nach dem Ende eines im August 1429 vereinbarten Waffenstillstands im April 1430 hielt man in Frankreich die Zeit für gekommen, auf eine umfassende antiburgundische Allianz hinzuarbeiten[6]. Friedrich IV. war in ihr eine der Schlüsselrollen zugedacht, die auf eine französisch-österreichische Heiratsverbindung zwischen seinem Sohn und voraussichtlichen Erben Sigmund und König Karls VII. Tochter Radegunde gegründet werden sollte. Die französischen Gesandten sollten aber zugleich mögliche Parteigänger Frankreichs im Reich aufsuchen wie Herzog Ludwig von Bayern-Ingolstadt, den Onkel Karls VII., Herzog Albrecht V. von Österreich, den Grafen von Cilli, einen Bruder Kaiser Sigmunds, und auch bei den Städten Straßburg, Basel, Bern und Zürich vorsprechen. In allen Fällen hatten sie darzulegen, welche Bedrohung für den allgemeinen Frieden Burgund seiner jüngsten Erwerbungen wegen schon darstelle und mit welchen Gefahren hier künftig noch zu rechnen sei:

---

3 L. STOUFF, Cathérine de Bourgogne. Féodalité de l'Alsace autrichienne. Un essai des ducs de Bourgogne pour constituer une seigneurie bourguignonne en Alsace, Paris 1913.
4 Vgl. hierzu und zum Folgenden auch Y. LACAZE, Philippe le Bon et l'Empire: Bilan d'un règne, in: Francia 9 (1981), S. 133–175 und Francia 10 (1982), S. 168–208.
5 DU FRESNE DE BEAUCOURT (wie Anm. 1), S. 427.
6 Ebd., S. 428ff.; W. MALECZEK, Österreich, Frankreich, Burgund. Zur Westpolitik Herzog Friedrichs IV. in der Zeit von 1430–1439, in: MIÖG 79 (1971), S. 111–155, hier: S. 122–123.

Dem Herzog von Burgund seien vom englischen König nun die Champagne und der Brie übertragen worden, Brabant und Limburg habe er vor kurzem erworben, und somit sei klar absehbar, daß die burgundischen Interessen nur dahingehen könnten, Flandern und Artois im Norden und die altburgundischen Gebiete im Süden miteinander zu verbinden und vor den Toren des Reiches ein riesiges zusammenhängendes Herrschaftsgebiet zu schaffen. Der einzige Schutz vor einer solchen Eventualität liege in einer Allianz der von der burgundischen Machtausdehnung am unmittelbarsten gefährdeten Fürsten und Städte.

Wie die Verhandlungen mit den Städten Straßburg, Zürich, Bern und Basel verliefen, ist nicht bekannt; sie blieben jedenfalls ohne konkretes Ergebnis. Auch Ludwig von Bayern-Ingolstadt, Albrecht V. und Cilli, die alle mit der Vorbereitung eines Kreuzzugs gegen die Hussiten vollauf beschäftigt waren, mochten sich den französischen Werbungen nicht öffnen[7]. Anders verhielt es sich indessen mit Friedrich IV. Im Juli 1430 trafen die französischen Gesandten in Innsbruck ein und nahmen die Verhandlungen über die ins Auge gefaßte Heirat und über eine Allianz gegen die Feinde des Königs auf. Die Aussicht auf eine ehrenvolle Heiratsverbindung und die damit verbundene Sicherung der vorderösterreichischen Besitzungen gegen Burgund verfehlte ihre Wirkung nicht, denn Friedrich zeigte sich zu einer engen Verbindung mit Frankreich auf der Grundlage der gemachten Vorschläge bereit: Vom 10. August 1430 datiert eine Offensiv- und Defensivallianz gegen den König von England und seinen Verbündeten, den Herzog von Burgund. Karl VII. ratifizierte sie am 15. September zu Sens. Friedrich IV. erhielt auch den Titel eines Vikars des Königs von Frankreich für künftige Verhandlungen mit den Fürsten und Ständen des Reichs[8].

So fest diese Allianz zunächst auch gegründet schien, im Januar des Jahres 1431 kam es doch noch zu einigen aufschlußreichen Diskussionen über sehr zentrale Punkte: Sie betrafen einmal die Höhe und Art der österreichischen Hilfe, die Karl VII. in Höhe von mindestens 6000 Mann und für eine Dauer von mindestens vier Monaten erwartete, sodann aber auch die Gebietsgewinne, auf die Friedrich hoffte. Der Österreicher hatte ursprünglich seine Einsetzung in das der Champagne benachbarte französische Lehen Chaumont-en-Bassigny verlangt, aber er traf hierbei auf die kategorische Ablehnung Karls VII. Angesichts der burgundischen Absichten auf die Champagne konnte Frankreich keinen Stützpunkt in der Region Dritten überlassen, auch mußte aus französischer Sicht die relative Nähe dieser Territorien zu den vorderösterreichischen Besitzungen wegen der Möglichkeit einer weiteren Blockbildung nicht unbedenklich erscheinen. Wesentlich vorteilhafter war es, die Energien des Herzogs auf ein erst noch zu eroberndes Gebiet zu lenken und so sagte Karl VII. seinem Verbündeten die Einsetzung in die Grafschaften Artois, St. Pol, Boulogne und Guines zu – ein Vorschlag, den Friedrich dann auch annahm[9].

Wie schon angedeutet, stand in der französischen Perspektive diese österreichische Allianz noch in einem größeren Rahmen, d. h. im Zusammenhang mit gleichzeitigen Versuchen, einen umfassenderen Bündnisblock ins Leben zu rufen. Ein wichtiges Element in

---

7 Ebd., S. 123.
8 Vgl. neben DU FRESNE DE BEAUCOURT (wie Anm. 1), Bd. 2, S. 430, auch A. D'HERBOMEZ, Le traité de 1430 entre la France et l'Autriche, in: Revue des questions historiques 31 (1882), S. 409–437, sowie die Bemerkungen bei MALECZEK (wie Anm. 6), S. 124 mit Anm. 46.
9 Ebd., S. 126f.

diesem Zusammenhang waren auch die in Personalunion regierten Herzogtümer Lothringen und Bar, Herrschaften, die gleichfalls trennend zwischen den nördlichen und südlichen Teilen des burgundischen Machtkomplexes lagen und dessen Expansion wie die oberrheinischen Stände zu fürchten hatten. Herzog Karl II. von Lothringen schlug zu Beginn des Jahres 1431 eine Heiratsverbindung zwischen einem Sohn seines Schwiegersohns und Nachfolgers René von Anjou und einer Tochter Friedrichs IV. oder auch einer Tochter Renés mit einem Habsburger vor. Ziel sollte dann sein, dem Paar das Herzogtum Luxemburg zu verschaffen[10].

Aus französischer Sicht war dies ein höchst willkommener Vorschlag, der versprach, einer burgundischen Expansion an der östlichen Flanke Frankreichs auch vom Oberelsaß bis zum mittleren Maaslauf ein wirksames Hindernis entgegenzusetzen. Der Tod Herzog Karls II. am 25. Januar 1431 setzte dem von ihm lancierten Projekt allerdings ein jähes Ende.

Am 10. April 1431 erklärte Friedrich IV. dem König von England und dem Herzog von Burgund den Krieg und gab Order, in Lothringen 2000 Kriegsknechte für den Marsch nach Frankreich auszuheben – eine Macht, die Karl VII. dort dringend erwartete, wie wir aus einer Botschaft an die Stände des Languedoc vom Juni 1431 wissen[11]. Dem Herzog von Burgund gelang es allerdings durch geschicktes Taktieren, Friedrich lange genug von der endgültigen Ausführung seiner Absicht abzuhalten, um eigene Kriegsvorbereitungen zum Abschluß bringen zu können.

Am 20. Juli 1431 erst eröffneten die Vasallen Friedrichs in der Gegend um Basel die Feindseligkeiten, aber die Einnahme Belforts durch die Burgunder und ein Sieg Philipps des Guten bei Dannemarie nahe Mömpelgard kurz darauf brachten seinen Vormarsch nur allzubald zum Stehen. Doch auch von anderer Seite erwuchsen Friedrich Schwierigkeiten: Das seit Ende Juli in Basel versammelte Konzil protestierte alsbald gegen die vor den Toren seines Sitzungsortes ausgetragenen Feindseligkeiten und wurde hierin auch von König Sigmund unterstützt[12]. Friedrich IV. berief sich zwar auf seine Verpflichtungen gegenüber dem König von Frankreich. Doch waren Karls VII. Hoffnungen auf eine erfolgreiche Unternehmung gegen Burgund in dem Maße gesunken, in dem seine größere Konzeption, in die er auch Lothringen einbezogen hatte, gescheitert war: Anfang Juli 1431 hatte Herzog René, dessen Nachfolgerecht von einem Neffen des verstorbenen Karls II., Anton von Vaudémont, bestritten wurde, in der Schlacht von Bulgnéville gegen diesen von Burgund unterstützten Rivalen eine verheerende Niederlage erlitten und war in Gefangenschaft geraten[13]. So riet der König von Frankreich Friedrich allem Anschein nach zur Nachgiebigkeit: Am 12. Oktober 1431 kam es zu einem burgundisch-österreichischen Waffenstillstand[14].

---

10 R. PARISOT, Histoire de Lorraine, Bd. 1, Paris 1925, S. 565ff.; MALECZEK (wie Anm. 6), S. 127.
11 Ebd., S. 129 mit Anm. 68.
12 Ebd., S. 132ff.
13 Zu René grundlegend M. LEQUOY DE LA MARCHE, Le roy René, sa vie, son administration, ses travaux artistiques et littéraires, Paris 1875; zu Bulgnéville und der Vorgeschichte ebd., S. 79ff.
14 J. TOUSSAINT, Les relations diplomatiques de Philippe le Bon avec le concile de Bâle (1431–1449), Löwen 1942, S. 31ff., sowie MALECZEK (wie Anm. 6), S. 136.

Frankreich reagierte auch seinerseits auf die nun einsetzenden kaiserlichen und päpstlichen Vermittlungsbemühungen und steuerte nunmehr auf einen Ausgleich mit seinen Feinden zu: Nachdem schon im September 1431 nach militärischen Erfolgen Frankreichs ein auf zwei Jahre befristeter Waffenstillstand zustande gekommen war, wurde dieses Abkommen mit Burgund im Dezember 1431 auf sechs Jahre verlängert[15]. Die militärischen Verpflichtungen Friedrichs IV. gegenüber England blieben freilich weiterhin bestehen, und in diesem Zusammenhang ist wohl die Tatsache zu sehen, daß der Schwager des Österreichers, der Herzog von Braunschweig, nun mit Friedrichs Unterstützung wenigstens einen Teil von dessen Streitmacht auf vorderösterreichischem Gebiet sammelte und im Februar nach Frankreich führte, wo sich ihre Spur in den Quellen alsbald verliert[16].

Im Mai 1432 nahm Philipp der Gute Friedrich IV. in den sechsjährigen Waffenstillstand auf, den er mit der Krone Frankreich abgeschlossen hatte. Karls VII. umfassende Pläne, die auf die militärische Hilfe des Herzogs von Österreich im Inneren Frankreichs, vor allem aber auf den Aufbau einer territorialen Allianz am Oberrhein und an der mittleren Maas unter Einschluß der wichtigsten Städte, der österreichischen Vorlande und schließlich auch Lothringens ausgerichtet gewesen waren, hatten sich nicht umsetzen lassen. Trotz des Waffenstillstands waren die Versuche des französischen Königs, eine antiburgundische Allianz zu schmieden, aber noch nicht abgeschlossen. Es kam ihm durchaus gelegen, als Anfang 1434 Kaiser Sigmund, der mit Philipp dem Guten aus vielerlei Gründen im Streit lag[17], die Möglichkeit einer Offensiv- und Defensivallianz bei ihm sondieren ließ. Hiermit hängt es wohl zusammen, daß Sigmund sich im nach wie vor virulenten lothringischen Erbfolgestreit nun auch offen für den von Frankreich unterstützten Herzog René von Anjou und nicht für den Prätendenten des Hauses Vaudémont erklärte – was übrigens nicht zum unmittelbaren Vorteil Renés ausschlug, der nun nur umso sicherer in burgundischem Gewahrsam verschwand, in dem er sich seit der Schlacht von Bulgnéville befand. Karl VII. ratifizierte das Bündnis am 8. Mai, der Kaiser am 17. Juni 1434. Es blieb allerdings ohne konkrete Folgen, denn Sigmund gelang es nicht, die Reichsstände für einen Krieg gegen Burgund hinter sich zu vereinen[18].

Karl VII. unternahm schon im Mai 1434 Versuche, Friedrich IV. in dieses sich abzeichnende deutsch-französische Bündnis einzuspannen – allerdings ohne Erfolg. Friedrich war nach dem Verlauf, den die Dinge seit dem Abschluß des französisch-österreichischen Vertrages genommen hatten, zu einem militärischen Engagement nicht mehr ohne weiteres bereit. Allerdings blieb sein Interesse an der ins Auge gefaßten Heirat seines Sohnes mit Karls VII. Tochter Radegunde wach. Auf seine Anfrage, ob die Heiratsabrede noch gültig sei, erhielt er dann auch einen positiven Bescheid vom französischen Hof.

Angesichts der Wirkungslosigkeit der Allianz mit Sigmund und der Zurückhaltung Friedrichs fand Karl VII. ein Jahr später, im September 1435, in Arras schließlich zu einem

---

15 Ebd., S. 137.
16 D'HERBOMEZ (wie Anm. 8), S. 24f.; MALECZEK (wie Anm. 6), S. 139f.
17 Die Hintergründe dieser Spannungen sind übersichtlich zusammengefaßt bei TOUSSAINT (wie Anm. 14), S. 106ff.
18 Hierzu jetzt M. KINTZINGER, Westbindungen im spätmittelalterlichen Europa: Auswärtige Politik zwischen dem Reich, Frankreich, Burgund und England in der Regierungszeit Kaiser Sigmunds, Stuttgart 2000.

Friedensschluß mit Burgund, während der Krieg mit England, das an der vorausgegangenen Konferenz teilgenommen hatte, aber Frieden nur bei Anerkennung seiner Oberlehenshoheit schließen wollte, fortgesetzt wurde.

Durch das neue Verhältnis zu Burgund waren die Beziehungen Frankreichs zu Österreich einen Moment lang gefährdet. Unter allen Zugeständnissen, die Karl VII. Philipp dem Guten machen mußte, um seine Gegner trennen und sein Königtum konsolidieren zu können, war die Zusage einer Heiratsverbindung zwischen den Häusern Valois und Burgund nicht das geringste, ergab sich für Herzog Philipp hier doch ein geradezu idealer Ansatzpunkt, um die französisch-österreichische Verbindung zu stören. Karl VII. scheint sich aber dieser Verpflichtung rasch wieder entzogen zu haben und ließ Friedrich versichern, daß die 1430 getroffene Ehevereinbarung noch nicht hinfällig sei. Philipp mußte sich letztlich mit einer jüngeren Schwester der Radegunde als Braut für seinen Sohn zufriedengeben[19]. Einer wohl aus dem Umkreis des lothringischen Herzogs ausgehenden Initiative zu einer noch engeren Verbindung der Häuser Valois und Österreich durch weitere Heiratsverbindungen zeigte der König sich im übrigen aufgeschlossen: Es handelte sich um den Gedanken, den zweiten Sohn Karls, Jakob, mit einer Tochter Herzog Alberts von Österreich aus der albertinischen Linie und Karl von Anjou, den Bruder der Königin und des Herzogs von Lothringen, mit einer Tochter Ernsts von der Steiermark zu vermählen – ein Plan der letztlich am Einspruch einer einflußreichen französischen Adelsfaktion scheiterte, die einen weiteren Machtgewinn des Hauses Anjou fürchtete[20].

Daß die Allianz von 1430 in Frankreich noch nicht ganz in Vergessenheit geraten war, zeigt eine Bitte Karls VII. aus dem Jahre 1438 an Friedrich IV. um die Gestellung von Truppen oder eine finanzielle Unterstützung in Höhe von 300 000 Gulden, um den Kampf gegen die Engländer fortzusetzen. Nachdem er den Kaiser konsultiert hatte, lehnte Friedrich das Ansinnen zunächst ab, nahm es aber nur ein Jahr später selbständig wieder auf[21].

Der Tod Friedrichs am 25. Juni 1439 setzte dieser Initiative allerdings ein vorzeitiges Ende. Sein nun unter der Vormundschaft seines Onkels Friedrich (ab 1440 Kaiser Friedrich III.) stehender Sohn und Erbe Sigmund wurde mehrfach der Gültigkeit der Ehevereinbarung halber am französischen Hof vorstellig, erhielt aber wenig mehr als hinhaltende Antworten. Radegunde starb schließlich im März 1445, ohne daß es zu der Vermählung mit Sigmund gekommen wäre[22].

Damit waren Frankreichs Versuche, durch ein Zusammengehen mit dem Herrscher der vorderösterreichischen Lande der burgundischen Expansion entgegenzuwirken, definitiv an ihr Ende gelangt. Zu einer neuen Initiative am Oberrhein und zugleich in der benachbarten lothringischen Region mit dem Ziel einer Eindämmung Burgunds kam es unter einer veränderten Machtkonstellation im Jahre 1444[23]. 1443 war in Tours ein Waf-

---

19 A. LEROUX, Nouvelles recherches critiques sur les relations politiques de la France avec l'Allemagne de 1378 à 1461, Paris 1892, S. 233.
20 Ebd., S. 233; MALECZEK (wie Anm. 6), S. 152.
21 LEROUX (wie Anm. 19), S. 235f.
22 Ebd., S. 236f.
23 Vgl. zum Folgenden DU FRESNE DE BEAUCOURT (wie Anm. 1), Bd. 4, S. 7ff. sowie C. PETIT-DUTAILLIS, Charles VII, Louis XI et les premières années de Charles VIII, Paris 1911, S. 304ff.

fenstillstand zwischen Frankreich und England zustande gekommen, der es Karl VII. erlaubte, den Blick wieder auf die östlichen Grenzgebiete des Königreichs zu richten. Der Anlaß der nun zu schildernden Entwicklung war ein doppelter: Der mittlerweile als Herzog von Lothringen anerkannte René von Anjou befand sich im Konflikt mit den drei Reichsstädten Metz, Toul und Verdun, die mit ihren Landgebieten in sein Territorium eingestreut waren, vor allem mit dem mächtigen und reichen Metz, auf das die Herzöge seit jeher Ansprüche erhoben, und hatte den König von Frankreich deswegen um Unterstützung gebeten. Ein Hilfsgesuch erreichte Karl VII. zur gleichen Zeit auch noch von anderer Seite, nämlich von Kaiser Friedrich III., der im Streit mit seinen Schweizer Untertanen lag: Zürich hatte kurz zuvor mit dem Kaiser eine Defensivvereinbarung abgeschlossen und war aus diesem Grund von den anderen Schweizer Kantonen attackiert worden. Angesichts seiner unzureichenden eigenen Kräfte suchte Kaiser Friedrich nun die Unterstützung des Königs von Frankreich.

Was für den Kaiser wie für Karl VII. auf dem Spiele stand, das zeigten die Drohungen der von diesem Krieg in Mitleidenschaft gezogenen vorderösterreichischen Vasallen, beim Ausbleiben wirksamen kaiserlichen Schutzes sich notfalls an Herzog Philipp den Guten zu wenden: Hier schien für die burgundische Macht wieder ein Ansatzpunkt aufzutauchen, von dem aus sich die eigene Festsetzung am Oberrhein weiter betreiben ließ – eine Gefahr, die schon 1430 den König von Frankreich zum Bündnis mit dem habsburgischen Landesherrn veranlaßt hatte. Wie damals verknüpfte das französische Konzept einer Sicherung dieser Region sich mit dem Konzept der Sicherung auch der lothringischen Lande, indem hier der Versuch gemacht wurde, eine Befriedungsaktion zugunsten Österreichs durchzuführen, dort die Herrschaft Herzog Renés gestützt und Frankreich als seiner Protektionsmacht eine feste Position in einem wichtigen strategischen Raum verschafft werden sollte. Doch anders als 1430 bedurfte Karl VII. keiner von außen in sein Reich geführten Truppen, diesmal erschien er selbst mit einer ansehnlichen Streitmacht an den Reichsgrenzen: Es standen noch die nach dem Vertrag von Tours unbeschäftigten Söldner zur Verfügung, die Frankreich täglich mehr zur Last fielen.

Die französischen Kräfte wurden in zwei Kontingente geteilt. Eines stand unter dem Befehl des Königs selbst, ein weiteres unter dem des Dauphin Ludwig, des späteren Ludwig XI. Diese aus etwa 15 000–20 000 Mann bestehende zweite Armee versammelte sich im Juli 1444 bei Langres, durchquerte die Freigrafschaft Burgund und besetzte die unter württembergischer Herrschaft stehende Grafschaft Mömpelgard. Am 26. August trafen die Kräfte des Dauphin bei Sankt Jakob an der Birs auf die Eidgenossen und schlugen diese vernichtend. Gegenüber einer eilig entsandten Basler Delegation forderte der Dauphin die Wiederherstellung des Gehorsams der Stadt gegenüber dem Kaiser und die Übernahme der Kriegskosten, ohne deren Zustimmung zu erhalten[24]. Wenige Tage später überbrachten zwei französische Abgesandte dem Rat der Stadt Basel eine äußerst merkwürdige Botschaft, die davon sprach, daß Basel sich seit ältester Zeit unter dem Schutze der Könige von Frankreich befinde, deren Rechte in Jahrhunderten innerer und äußerer Bedrängnis nur vergessen worden seien und dem die Bürger aus diesem Grund Gehorsam schuldig seien. Die Basler wiesen dieses Ansinnen, wie nicht anders zu erwarten,

---

24 DU FRESNE DE BEAUCOURT (wie Anm. 1), Bd. 4, S. 30; A. TUETEY, Les Ecorcheurs sous Charles VII., Bd. 4, Paris 1874, S. 30.

ab. Als kurz darauf eine vom zu Nürnberg versammelten Reichstag entsandte Delegation den Dauphin aufsuchte, um über die Disziplinlosigkeit der auf Reichsboden geführten Soldateska Klage zu führen, antwortete dieser in ganz ähnlichem Sinne, daß er neben der Erfüllung seiner Bundespflichten gekommen sei, um der Krone Frankreich wieder jene Gebiete zuzuführen, welche ihr seit jeher zugehört und sich ihrer Hoheit unrechtmäßigerweise entzogen hätten[25]. Die Delegation des Reiches war kaum abgereist, als der Dauphin mit Operationen begann, die eher auf kriegerische Absichten als die Erfüllung von Bündnispflichten schließen ließen. Starke Kräfte wurden um Schlettstadt und im Raum zwischen Straßburg und Hagenau versammelt, einige befestigte Plätze in der Umgebung Straßburgs besetzt und zu allem Überfluß 4000 englische Söldner über den Zaberner Vogesenpaß ins Elsaß geführt. An Straßburg erging die Aufforderung, den französischen Truppen die Tore zu öffnen und zu ihrem Unterhalt beizutragen – ein Ansinnen, das die Stadt entschieden ablehnte. Der Dauphin wandte sich nun gegen das unterelsässische Marckolsheim und bedrängte weitere elsässische Orte, die sich mit straßburgischer Hilfe jedoch mit Erfolg verteidigten – bei der Belagerung von Dambach wurde er schließlich selbst verwundet. Das schlecht erklärliche Engagement des Dauphins im Unterelsaß hatte jedenfalls auch zu einer Lockerung des Drucks auf die Eidgenossen und vor allem Basel geführt – Ende Oktober kam es gar zu einer Verständigung und dem gegenseitigen Versprechen einer künftigen *bonne intelligence et ferme amitié* sowie zu einem Angebot Ludwigs, im Konflikt mit dem Kaiser und mit Zürich vermittelnd tätig zu werden[26]. Das ursprünglich erklärte Anliegen seines Feldzugs war damit ganz und gar aufgegeben worden, und ein Treffen mit dem vom Kaiser bevollmächtigten Erzherzog Albrecht in Breisach Ende Oktober erschöpfte sich in gegenseitigen Vorhaltungen. Als der Dauphin Ensisheim Ende November schließlich verließ, um sich dem in Nancy weilenden königlichen Hof anzuschließen, ließ er seine Truppen in ihren ober- wie unterelsässischen Quartieren zurück, die, da Kaiser und Reich die Mittel fehlten, sie zu vertreiben, dort bis zu einer Einigung über ihren Abzug im Februar 1445 verblieben[27].

Um die geschilderten Geschehnisse besser einordnen zu können, empfiehlt sich nun ein Blick auf den etwa zeitgleich sich vollziehenden Feldzug Karls VII. in das andere Zentrum des französischen Interesses, nach Lothringen. Dort hatte eine französische Vorhut Ende August die den Bischöfen von Metz gehörende Vogesenstadt Epinal erreicht und die bedingungslose Anerkennung der königlichen Souveränität über die Stadt gefordert – mit der Begründung, daß mehrere Städte und Gebiete, die auf dieser (d. h. der linken) Seite des Rheins gelegen seien, von alters her der Krone Frankreich zugehörig seien: ein Vorgang der nicht der Ähnlichkeit mit dem Ansinnen des Dauphins an Basel entbehrt[28]. Anders als im Falle Basels wurde hier die Unterwerfung der Bürgerschaft, der ihre notorischen Differenzen mit dem Bischof von Metz einen solchen Akt wohl weniger schwer machten, erreicht: Am 10. September konnte Karl VII. in Person die Huldigung der Stadt entgegen-

---

25 Dies berichtete der Präzeptor von Isenheim am 5. September 1444 an die Stadt Straßburg, in: Deutsche Reichstagsakten, Bd. 17, Göttingen 1963, S. 432 (Nr. 210).
26 DU FRESNE DE BEAUCOURT (wie Anm. 1), Bd. 4, S. 32.
27 Ebd., S. 64ff.
28 L. DUHAMEL, Négociations de Charles VII et de Louis XI avec les évêques de Metz pour la châtellanie d'Epinal, Epinal und Paris 1867, S. 93ff.

nehmen. Auf seinem weiteren Zug nach Nancy wandte der König sich gegen die drei Reichsstädte der lothringischen Region; Toul und Verdun wurden wie zuvor schon Epinal aufgefordert, die Hoheit der Krone Frankreich anzuerkennen[29]. In die Verhandlungen mit der Delegation aus Metz und die dort zur Anwendung gebrachte Argumentation Frankreichs gibt uns die Chronik des Mathieu d'Escouchy einigen Einblick: Der Präsident des Pariser Parlaments kündigte diesem Bericht zufolge an, daß der König im Bedarfsfalle mit Hilfe von Urkunden ebenso wie mit Hilfe alter Chroniken und Berichte beweisen könne, daß die Stadt zu allen Zeiten französischer Besitz gewesen sei und sich dem Anspruch der Krone nicht entziehen könne, ohne die Majestät des Königs von Frankreich zu beleidigen[30]. Quellen anderer Herkunft stützen diese Erzählung – auch hier ergibt sich wieder eine deutliche Entsprechung zu dem, was der Dauphin gegenüber Basel geäußert hatte. Die Bürgerschaft von Metz freilich lehnte das Ansinnen ab und es kam zu einer Belagerung der Stadt durch die französischen Truppen, die allerdings ergebnislos verlief – Metz, die wichtigste der drei Reichsstädte, blieb unbezwungen, bis Karl VII. mit seinen Truppen Lothringen im Mai 1445 wieder verließ und nach Frankreich zurückkehrte.

Was Toul und Verdun betraf, so begnügte der König sich letztlich damit, diese Städte förmlich unter seinen Schutz zu nehmen, was für die Zukunft wichtige Voraussetzungen für eine fortgesetzte französische Einflußnahme dort schuf. Die Begründung dieser Schutztradition mit Toul und Verdun war dann auch das wesentliche und weiterwirkende Ergebnis des ganzen Feldzugs – mehr als ein Jahrhundert später, nämlich 1552, sollten die beiden Städte und dazu auch Metz während der Auseinandersetzungen Frankreichs mit Kaiser Karl V. unter dem fragwürdigen Rechtstitel des Schutzes unter französische Besatzung kommen. Hierdurch wurde ein Herrschaftsbildungsprozeß angestoßen, der wiederum ein Jahrhundert später mit dem Erwerb der vollen Souveränität im Westfälischen Frieden endete – und dann nicht nur über die Städte, sondern auch über die gleichnamigen Hochstifte[31].

Doch zurück zu unserem Zusammenhang: Es versteht sich, daß die Intentionen Frankreichs am Oberrhein und im lothringischen Raum, vor allem die kaum erklärliche Aufführung des Dauphins, den Zeitgenossen Anlaß zu vielen Spekulationen gaben. Man vermutete etwa, daß Frankreich es vor allem auf die Reichsstadt Straßburg abgesehen habe. Viele Beobachter gingen aber noch weiter und schrieben der französischen Unternehmung die Intention umfassender territorialer Eroberungen zu und das Stichwort, das in diesem Zusammenhang immer wieder fiel, war das der »Rheingrenze«, nach der Frankreich angeblich strebte. Auf dem Reichstag zu Nürnberg kursierten Gerüchte, der Dauphin habe den Gesandten des Reichs, daraufhin befragt, wie weit die Rechte der Krone Frankreich sich erstreckten, die Antwort erteilt, daß dies *usque ad Rhenum* der Fall sei[32], und auch Karl VII. selbst soll einem kurtrierischen Gesandten gesagt haben, *frankreich musse das land bis an den Rhine haben*[33]. Die geschilderten Vorgänge des Jahres 1444 und

---

29 DU FRESNE DE BEAUCOURT (wie Anm. 1), Bd. 4, S. 52.
30 M. D'ESCOUCHY, Chronique, nouv. éd. publ. par G. DU FRESNE DE BEAUCOURT, 3 Bde., Paris 1863/64, hier: Bd. 1, S. 30f.
31 G. ZELLER, La réunion de Metz à la France, 2 Bde., Paris und Straßburg 1926.
32 TUETEY (wie Anm. 24), Bd. 2, S. 514.
33 J. JANNSEN, Frankreichs Rheingelüste und deutschfeindliche Politik in früheren Jahrhunderten, Frankfurt 1883, S. 8.

1445 sind in der deutschen Forschung dann auch vornehmlich als Manifestation und als Ausgangspunkt einer konsequenten Rheingrenzenpolitik Frankreichs verstanden worden – ein Standpunkt, den die französische Forschung abgelehnt hat. Ihre Vertreter haben immer wieder auf mögliche andere Motivationen hingewiesen: auf die Notwendigkeit etwa, die nach dem Waffenstillstand mit England unbeschäftigten Söldner aus Frankreich herauszuführen, auf die Notwendigkeit, am Oberrhein und in Lothringen den expansiven Tendenzen Burgunds entgegenzutreten. Und so läßt sich kaum anderes feststellen, als daß dieses Problem immer noch der Klärung bedarf: Der letzte Versuch des französischen Historikers Gaston Zeller, die These von einer französischen Politik der Rheingrenze für 1444 und danach zurückzuweisen[34], hat zu Beginn der fünfziger Jahre den entschiedenen Widerspruch des Bonner Gelehrten Paul Egon Hübinger gefunden, der im Rahmen einer kritischen Sichtung der Quellen neues und Zeller noch nicht bekanntes Material verwenden konnte[35].

Die mit der umrissenen Frage verbundenen äußerst vielschichtigen Probleme können in diesem Zusammenhang nicht bis in ihre Einzelheiten verfolgt werden, aber vielleicht läßt sich doch folgendes festhalten: Nicht zu leugnen ist zunächst, daß es im Zusammenhang des Doppelfeldzugs französischerseits zu Unterwerfungsforderungen gekommen ist, die sich auf ein historisches Herrschaftsrecht der Krone gründeten – wobei in den Quellen französischer Provenienz der Rhein als eine Begrenzungslinie solcher Ansprüche ausdrücklich allerdings nur einmal, nämlich im Zusammenhang mit Epinal, erwähnt wird. Hier ist also offensichtlich die fränkische Vergangenheit für Frankreichs aktuelle Rechte reklamiert worden. Die unmittelbaren Voraussetzungen hierfür können nur mit wenigen Worten skizziert werden: Es war die Inanspruchnahme der gesamtfränkischen Tradition durch die Könige von Frankreich, so wie sie sich seit dem Hochmittelalter vollzogen hat – eine Inanspruchnahme, die mit dem Gedanken von der Überlegenheit der ersten christlichen, durch die Konversion Chlodwigs von der göttlichen Gnade sichtbar ausgezeichneten, Monarchie aufs engste verbunden war: jede andere Krone und selbst die Kaiserwürde wurden in dieser Perspektive als niederrangig gesehen. Wie wir dank der grundlegenden Forschungen der französischen Historikerin Colette Beaune über das Entstehen des französischen Nationalbewußtseins im späten Mittelalter wissen, war spätestens im 15. Jahrhundert ein Geschichtsbild geprägt, in dem der Rheinübergang der Franken in der Völkerwanderungszeit und die fränkische Landnahme auf dem Boden des alten Gallien als der sozusagen einmalige Entstehungsmoment der französischen Monarchie verortet waren, einer Monarchie, die dann bei Chlodwigs Taufe die bekannten Insignien ihrer Erwählung wie die Oriflamme und die Sainte Ampoule empfing[36]. In dieser Tradition wird ein Anspruch auf die Rheingrenze als der Begrenzungslinie des frühen fränkischen Reichs gedanklich durchaus nachvollziehbar. Hinzu kommt aber auch noch ein zweites: Zur Ausbildung der Idee von der französischen Monarchie im späteren Mittelalter gehörte ebenso die Auffassung von der Transpersonalität der Krone, die unabhängig von ihrem jeweiligen Träger existierte, der deshalb nicht das Recht hatte, Gut oder Besitz der Krone

---

34 ZELLER (wie Anm. 31), passim.
35 P. E. HÜBINGER, Die Anfänge der französischen Rheinpolitik als historisches Problem, in: HZ 171 (1951), S. 21–45.
36 C. BEAUNE, La naissance de la nation France, Paris 1985.

zu entfremden. Anders ausgedrückt: alles was der Krone einmal als Besitz zugehörte – ihre domaine, wie der am meisten benutzte Quellenausdruck heißt – war von diesem Standpunkt aus gesehen unveräußerlich und mußte im Falle seiner Entfremdung wieder an die Krone zurückkehren[37].

So läßt sich – natürlich in aller Kürze und Verkürzung – der gedankliche Zusammenhang darstellen, der durchaus dafür spricht, daß es im Frankreich Karls VII. ein historisch gestütztes Bewußtsein von einer Begrenzung Frankreichs durch den Rhein geben konnte – man denke an die gegenüber der Stadt Metz gebrauchten Worte, in denen vom Nachweis des französischen Herrschaftsrechts durch Urkunden und Chroniken ebenso die Rede war wie von dem Majestätsverbrechen, dessen die Bürger sich durch eine Ablehnung des königlichen Standpunktes schuldig machen würden[38].

Nun ist freilich trotz allem die Frage noch offen, ob all dies auch seinen Ausdruck in einer konkreten politischen Strategie, in einer »Rheinpolitik« mit dem Ziel eines konsequenten flächenmäßigen Territorialerwerbs fand. Und hier scheint doch Zurückhaltung angebracht. Was den Zug des Königs nach Lothringen angeht, so wird man wohl nicht darin fehlgehen, ihm als sein ursprüngliches und auslösendes Motiv am ehesten den Versuch der Errichtung einer vorgeschobenen Position zur Blockade burgundischer Territorialambitionen zu unterstellen. Das Herzogtum Lothringen war zu diesem Zeitpunkt im Grunde ein französisches Protektorat und die strategische Position, die es bot, konnte durch eine Verfügung über die drei in sein Territorium eingestreuten Reichsstädte, vor allem das hervorragend befestigte Metz, nur umso wertvoller werden. Wie wichtig der Besitz von Metz für die Unterbrechung der Nord-Südkommunikation auf der Rheinachse werden konnte, sollte sich ein gutes Jahrhundert später im Zuge der Auseinandersetzungen zwischen Kaiser Karl V. und Frankreich noch erweisen. Die in einem historischen Selbstverständnis gründenden Ansprüche auf das Gebiet links des Rheins waren zunächst eine bewußtseinsgeschichtliche Realität, aber nicht schon das Programm einer kohärenten Territorialpolitik. Daß diese bewußtseinsgeschichtliche Realität bei der Gelegenheit des Lothringenzuges aber ihren Ausdruck finden mußte, ist nicht verwunderlich und darf nicht dazu führen, in ihr seinen einzigen oder hauptsächlichen Anlaß zu sehen.

Was den Zug des Dauphins in die Oberrheingegend angeht, so stand hinter der Hilfszusage für Kaiser Friedrich in seinem Streit mit den Eidgenossen zunächst gewiß sehr stark die Absicht, einer eventuellen Einmischung Burgunds, das ja durchaus versucht sein konnte, die Kriegswirren zu seinem Vorteil zu nutzen, ein Hindernis in den Weg zu legen. Auch die in einen Freundschaftsvertrag mündende Verständigung des Dauphins mit den Eidgenossen, durch die der anfangs proklamierte Charakter der Unternehmung aufgegeben wurde, deutet in diese Richtung, denn hier entstanden für die Zukunft Ansatzpunkte für eine antiburgundische Regionalpolitik Frankreichs. Ob es hier am Oberrhein von Anfang an auch um den Erwerb fester Stellungen für Frankreich ging, ist aufgrund der Quellenlage nicht mit Sicherheit zu sagen: Im Verhalten des Dauphins deutet manches

---

37   A. LEMAIRE, Les lois fondamentaux de la monarchie française d'après les théoriciens de l'Ancien Régime, Paris 1907.
38   Zu diesen Problemen ausführlich demnächst R. BABEL, »Garde et protection«. Der Königsschutz in der französischen Außenpolitik vom 15. bis zum 17. Jahrhundert: Ideologischer Hintergrund, Konzeption und Tradition, Habil. München 2000.

darauf hin, jedoch lagen die Verhältnisse hier zweifellos anders als in Lothringen, nämlich für den Aufbau und den Erhalt unmittelbarer französischer Positionen sehr viel weniger günstig.

Seine Anwesenheit an den Grenzen des Reichs nutzte Karl VII. auch zu Kontakten mit den benachbarten Reichsfürsten, um eine französische Partei im Reich aufzubauen, eine Partei, der oberrheinische Stände ebenso angehören sollten wie andere Reichsglieder – und dies in der ganz präzisen Absicht, den fortschreitenden Einfluß Burgunds im Reich zu konterkarieren. Im Februar 1445 etwa konnte der König Allianzen namentlich mit dem Bischof von Straßburg und dem Pfalzgrafen bei Rhein, aber auch mit den Erzbischöfen von Trier und Köln abschließen. Im April ließ sich auch der Herzog von Jülich und Berg auf eine Offensiv- und Defensivvereinbarung mit Karl VII. ein[39]. Dieses Allianzsystem war jedoch nicht von langer Dauer: Verantwortlich hierfür war ein Konflikt des Kölner Erzbischofs mit dem von Philipp dem Guten unterstützten Herzog von Cleve, der den König gegen seinen Willen zur Partei machte und den Seitenwechsel des Jülichers zu Folge hatte. Wichtiger blieb für Karl VII. weiterhin die enge Verbindung mit dem in Innsbruck residierenden Herrscher Vorderösterreichs[40]. Kaiser Friedrich hatte sich entgegen französischer Forderungen lange geweigert, seinen Neffen Sigmund aus der Vormundschaft zu entlassen. Im April 1445 änderte er seine Haltung – für die von Sigmund selbst gewünschte Vermählung mit Radegunde kam dies freilich zu spät: Sie war kurz zuvor verstorben. Karl VII. pflegte seine Kontakte nach Innsbruck dennoch weiter und als Albrecht von Österreich 1447 einen Vertrag mit Philipp dem Guten schloß, verweigerte Sigmund zunächst seinen Beitritt und vollzog ihn auch später nur unter Einschränkungen, die sein Verhältnis zu Frankreich nicht gefährdeten. Mehrmals beanspruchte er in der Folge die wohlwollenden Dienste Karls VII. für seine Angelegenheiten: So vermittelte ihm der König von Frankreich noch 1447 etwa auf seinen Wunsch die Vermählung mit Eleonore, der Schwester des Königs von Schottland. Und als der Herzog von Savoyen 1448 mit der Stadt Freiburg in Konflikt geriet und Bern auf seine Seite zog, bemühte Sigmund erneut Karl VII.: Um nicht zugunsten Freiburgs intervenieren zu müssen und mit dem Rest der Eidgenossenschaft in einen Konflikt zu kommen, rief er die französische Vermittlung an, die dann in der Tat auch erfolgreich war[41]. Von Sigmund ging schließlich auch der Wunsch nach einer förmlichen Allianz aus, ein Ansinnen, das in Frankreich günstig aufgenommen wurde und im Juni 1449 in der Form einer gegenseitigen Beistandsverpflichtung Gestalt annahm[42].

Nach dem endgültigen Scheitern der Verhandlungen Philipps des Guten mit Kaiser Friedrich III. über eine burgundische Königskrone 1448 wandte Karl VII. seine Aufmerksamkeit freilich eine Zeitlang vom Reich ab, um den Krieg mit England wiederaufzunehmen und sich italienpolitischen Projekten zuzuwenden. Erst ab 1452 wurde er auf dem deutschen Schauplatz wieder aktiv – es kam zu einer Erneuerung der vom Dauphin 1444 mit den Eidgenossen abgeschlossenen Allianz und kurz darauf auch zu einer Erneuerung des Bündnisses mit dem Pfalzgrafen bei Rhein – eine Allianz, die den König von Frank-

---

39 LEROUX (wie Anm. 19), S. 268.
40 Ebd., S. 271ff.
41 DU FRESNE DE BEAUCOURT (wie Anm. 1), Bd. 4, S. 367.
42 LEROUX (wie Anm. 19), S. 274.

reich gegen Ende des Jahrzehnts anläßlich eines regionalen Konflikts auch wieder in die Rolle eines Vermittlers zwischen dem Pfalzgrafen und seinen deutschen Gegnern setzen sollte. Sein wesentlichstes Augenmerk richtete der König in dieser Zeit allerdings auf die mit dem Herzogtum Luxemburg verbundene Frage: 1443 hatte Philipp der Gute Luxemburg, das Reichslehen blieb, von Elisabeth von Görlitz käuflich erworben. Erbe der herzoglichen Rechte war freilich der Sohn König Albrechts, König Ladilaus Postumus von Ungarn, der 1457 mit einer Tochter Karls VII. verlobt wurde. Nur zu gerne nahm der König von Frankreich die Bitte seines künftigen Schwiegersohns auf, Luxemburg und seine Einwohner unter seinen Schutz zu nehmen, ließ sich so doch ein Kernstück aus der geplanten burgundischen Territorialbrücke zwischen den Niederlanden und dem Oberrhein herausbrechen. Auch nach dem plötzlichen Tod Ladislaus' erhielt Karl VII. seine Schutzzusage aufrecht, nun für den Herzog Wilhelm von Sachsen, den er als den legitimen Erben anerkannte[43].

Somit hatte Karl VII. die burgundische Expansion am Ende seines Lebens – er starb 1461 – nochmals wirksam blockiert. Die Furcht vor dieser Expansion und vor dem Entstehen eines zusammenhängenden burgundischen Territorialkomplexes war durchgängig die wichtigste Triebfeder seiner Politik an Frankreichs Ostgrenzen – und im weiteren Sinne seiner Reichspolitik überhaupt gewesen. Der Oberrhein und die ihm benachbarte lothringische Region waren aufgrund ihrer Barrierefunktion für das burgundische Ausgreifen nicht die einzigen, aber doch die herausragenden Operationsräume dieser Politik. Die habsburgischen Regenten der vorderösterreichischen Lande mit ihrer Schlüsselposition am Oberrhein boten von Anfang an der französischen Politik in der Region ihren hauptsächlichen Ansatzpunkt: Die Verbindung zu ihnen mochte sich den Umständen und Konstellationen des Augenblicks entsprechend enger oder lockerer gestalten: Sie riß niemals ab und stellte aus der Sicht Karls VII. immer ein wertvolles politisches Kapital dar, das bei Bedarf aktiviert werden konnte.

---

43 Ebd., S. 281ff.

Vom Oberrhein bis zu den »kalikutischen Leut« in Indien
Verschiebungen im Aktionsradius der Habsburger in der 2. Hälfte des 15. Jahrhunderts

VON WILHELM BAUM

Das Haus Habsburg war im Laufe der Jahrhunderte mehrfach in mehrere Linien gespalten. Seit König Rudolf I. wurden die männlichen Habsburger stets zur »gesamten Hand« belehnt; alle trugen die Titel *Herzog von Österreich, Steiermark, Kärnten und Krain, Graf von Tirol und Pfirt* usw., also auch die in Innsbruck, Graz oder Freiburg residierenden Habsburger. Dieses verfassungsrechtliche Einrichtung ermöglichte es, Rochaden durchzuführen und etwa kompromittierte Regenten auszutauschen. Veräußerungen und Verpfändungen des Familienbesitzes durften nur mit Zustimmung aller Habsburger vorgenommen werden – an diesem Grundsatz änderte auch die gelegentliche Mißachtung nichts. Der erstmals von Rudolf IV. verwendete Begriff *Haus Österreich*[1] wurde seit dem Eingreifen von Herzog Ernst für seinen geächteten Bruder Friedrich vor allem auch von König Albrecht II. immer wieder betont und als ideologische Verklammerung der Gesamtinteressen des Hauses verwendet, denen sich jedes einzelne Mitglied unterzuordnen hatte[2]. Die Dialektik zwischen regionalen Eigeninteressen und dem trotz aller Differenzen immer wieder neu beschworenen Glauben an das *Haus Österreich* sollte die weitere Entwicklung der Dynastie bestimmen. Dieser Zusammenhalt ging bei allen familieninternen Kämpfen nie ganz verloren. Es mag vielleicht interessant sein, den Aktionsradius der einzelnen Habsburger einmal auszuleuchten. Ein Herzog, der gleichzeitig auch deutscher König oder römischer Kaiser war, stand somit jeweils vor der Notwendigkeit, die regional-dynastische Perspektive seiner »Hausmacht« mit der größeren Reichsperspektive zu verbinden. Man wird sich hüten müssen, in einer Zeit der »offenen Verfassung« spätere staatsrechtliche Termini ins späte Mittelalter zu projizieren[3]. Königtum und Landesfürsten benutzten ähnliche Strategien zur Intensivierung ihrer Herrschaft. Durch die Straffung der Institutionen und ihre Modernisierung waren sie bestrebt, eine Herrschaftsverdichtung in ihren Gebieten zu erreichen. Es ist daher bei den Kaisern Friedrich III.

---

1 Vgl. W. BAUM, Rudolf IV. der Stifter. Seine Welt und seine Zeit, Graz/Wien/Köln 1996, S. 71; der Terminus wurde bisher in der Regel dem 15. Jahrhundert zugeschrieben.
2 DERS., Reichs- und Territorialgewalt. Königtum, Haus Österreich und Schweizer Eidgenossen im späten Mittelalter, Wien 1994, S. 277ff. und S. 296ff.
3 Vergl. dazu P. MORAW, Von offener Verfassung zu gestalteter Verdichtung. Das Reich im späten Mittelalter 1250 bis 1490, Frankfurt/Berlin 1989, bes. S. 155–194.

und Maximilian I. nicht immer möglich, die früher so bezeichnete »Hausmachtspolitik« von der »Reichspolitik« zu trennen. Bereits im späten Mittelalter läßt sich feststellen, daß einzelne Reichsfürsten durchaus eine eigenständige Politik verfolgten, die auch die Mächte außerhalb des Reiches einbezogen. In diesem Sinne betrieben sowohl der Kaiser als auch die Reichsfürsten eine »Außenpolitik«. Herzog Friedrich IV. verbündete sich z. B. mit dem König von Frankreich, um die Position der Vorlande mit französischer Unterstützung auszubauen. Der Vergleich dieser Außenbeziehungen verdeutlicht auch, wer etwa für Frankreich der interessantere Partner war. Auch die Eidgenossen hatten sich längst daran gewöhnt, mit Mächten außerhalb der Reichsgrenzen Politik zu treiben.

In den Vorlanden agierten die Habsburger, die nicht die Königswürde bekleideten wie Albrecht II., Leopold III., Friedrich IV., Albrecht VI. und Sigmund wie andere Landesfürsten auch. Nach der schweren Niederlage der Habsburger im sogenannten Zürichkrieg (1443–1446)[4] mußte die »Westpolitik« des Hauses neu aufgebaut werden; mit Zürich war der wichtigste Verbündete im Bereich der Eidgenossenschaft verlorengegangen. An der Spitze des Hauses stand König Friedrich III. (1440–1493), der im ersten Jahrzehnt seiner Regierung im Reich nicht eben erfolgreich gewesen war[5]. Da er in seiner Jugend nie für die Königsnachfolge zur Debatte stand, hatte er wie sein Bruder Albrecht keine besondere Bildung erfahren und ließ auch seinen Mündeln Ladislaus Postumus und Sigmund keine besondere Bildung zukommen; keiner dieser vier Habsburger war sonderlich gebildet und welterfahren. Keiner dieser Habsburger zeichnete sich durch Mobilität, Reiselust oder Weltläufigkeit aus; ihre Bibliotheken waren höchst bescheiden. Friedrich regierte in der Steiermark, Kärnten und Krain als Landesfürst und verließ diese Gebiete nur selten, so daß die Reichsfürsten häufig in seine bescheidene Residenz Wiener Neustadt kommen mußten. In Österreich regierte Friedrich als nicht gerade geschätzter Vormund für Ladislaus Postumus, den Sohn Albrechts II., der 1457 starb. Während des Zürichkrieges hatte Friedrich seinem tatkräftigen Bruder Albrecht VI. für drei Jahre die Verwaltung der Vorlande überlassen. Der Aktionsradius Albrechts reichte somit bis zu den Nachbarn der Vorlande. In Tirol mußte Friedrich 1446 seinem Vetter Sigmund, dem Sohn Friedrichs IV. († 1439) die Regierung übergeben, dem von seinem Vater her rechtens auch die Verwaltung der Vorlande zustand. Der Aktionsradius Sigmunds blieb daher bis 1450 auf Tirol beschränkt, danach erstreckte er sich auch auf die Vorlande. Auch seine Stiftungen beschränken sich auf diesen Raum (St. Sigmund, Radolfzell, Freiburg). Im März 1450 übergab Albrecht VI. Sigmund den von den Eidgenossen besonders bedrohten Teil der Vorlande (Thurgau, Hegau, Rheinfelden und Radolfzell), während er selbst die weniger bedrohten Gebiete im Elsaß und Schwarzwald mit Freiburg behielt. Für Sigmund bedeutete dies eine erhebliche Ausweitung seines Einflusses; er konnte zwar 1450 einen dreijährigen Frieden mit den Eidgenossen abschließen, aber die Bedrohung durch die expansionswilligen Bünde blieb auch weiterhin bestehen. Bereits Albrecht VI. hatte 1447 ein Bündnis mit Herzog Philipp von Burgund geschlossen und eine Hochzeit mit einer

---

4 A. NIEDERSTÄTTER, Der alte Zürichkrieg. Studien zum österreichisch-eidgenössischen Konflikt sowie zur Politik König Friedrichs III. in den Jahren 1440 bis 1446 (Beihefte zu J. F. Böhmer, Regesta Imperii 14), Wien/Köln/Weimar 1995.
5 Vgl. dagegen H. KOLLER, Aspekte der Politik des Hauses Österreich zur Zeit des Regierungsantritts Friedrichs III., in: Österreich in Geschichte und Literatur 29 (1985), S. 142–159.

geldrischen Prinzessin ins Auge gefaßt. Herzog Philipp hatte bereits 1442 dem König vorgeschlagen, seine Schwester Katharina mit Herzog Johann von Kleve zu vermählen, der sein Verbündeter und Mitglied des Ordens vom Goldenen Vlies war. Über Jahre hinweg versuchten die Habsburger, das neuburgundische Reich als Bündnispartner gegen die Eidgenossen zu gewinnen. Der Schlüssel zum Erfolg aber lag bei Friedrich III., der sich hartnäckig weigerte, Burgund durch die Verleihung der Königswürde an sich zu binden. Weder Albrecht noch Sigmund verfügten über die Faustpfänder; noch immer war das Königtum die zentrale Legitimationsinstanz, die von Reichs wegen die verschiedenartigen Herrschaften Philipps durch Belehnung und Rangerhöhung hätte absichern können. Der Rex Romanorum besaß daher einen erheblich größeren Aktionsradius; auch wenn Friedrich von 1444 bis 1471 nicht ins Reich kam, konnte er kraft seines Amtes jederzeit überall im Reich Einfluß nehmen, wo die bestehenden Verhältnisse in Frage gestellt wurden; dafür war die Landfriedenspolitik neben der Steuerpolitik und der Privilegienbestätigung ein wichtiges Mittel. Als Vogt der Kirche und Schirmer des Reiches stand ihm in erster Linie die Gestaltung der Außenpolitik zu. Die Reichsabstinenz Friedrichs III. führte jedoch dazu, daß – etwa beim Armagnaken-Einfall am Oberrhein – die Reichsfürsten selbst die Probleme zu lösen versuchten und eine eigenständige Außenpolitik betrieben.

Albrecht VI.[6] und Sigmund betrieben in der Phase der »Reichsabstinenz« Friedrichs III. (1444–1471) eine rein ihren landesfürstlichen Interessen dienende Hausmachtspolitik. Ihre »aristokratische« Politik orientierte sich am einem Herrschaftsverständnis der Vergangenheit; für Sigmund war die Schweiz das Land, *wo der Pofel regieret*. Es ist sicher kein Zufall, daß Felix Hemmerlin seine antieidgenössische Schmähschrift Albrecht VI. widmete, der ein Wappenbuch anlegen ließ und dessen Hof von Georg von Ehingen besungen wurde. Beide Habsburger umgaben sich mit Rittern wie Bilgeri von Heudorf[7] oder Hans von Rechberg, die zwar zu überfallsartigen Aktionen zu gebrauchen waren, andererseits aber das Risiko von weiteren kriegerischen Verwicklungen mit den Eidgenossen mit sich brachten. Derartige Übergriffe führten z. B. 1454 zum Anschluß der von Bilgeri bedrohten Stadt Schaffhausen an die Eidgenossen. Albrecht und Sigmund betrieben eher regionale Politik, während Friedrich III. immer auch das Reich und die habsburgischen Interessen in Ungarn, Böhmen und Italien im Auge behalten mußte. Auch die Politik des 1452 zum Kaiser gekrönten Friedrich III. unterstützte die Aktionen Albrechts VI. und Sigmunds durch Drohmandate, Ächtungen usw., die allerdings wenig Effekt zeigten und dem Ansehen des Reichsoberhauptes bei den Eidgenossen und auch bei den Reichsstädten schadeten[8]. Gegen Ritter und kleinere Reichsstände war man in Österreich mutig, wie etwa bei der Eroberung des Kleinwalsertales (1453) oder der »Sonnenberger Fehde« (1473), die zur Annexion der Grafschaft Sonnenberg führte. Albrecht VI. besetzte 1453 handstreichartig die an ein Konsortium der schwäbischen Reichsstädte verpfändete

---

6 W. BAUM, Albrecht VI. († 1463), Erzherzog von Österreich, in: Der Sülchgau 31 (1987), S. 23–45 und 32 (1988), S. 25–60.
7 H.-J. ERWERTH, Ritter Bilgeri von Heudorf (Hegau-Bibliothek 77), Singen 1992.
8 W. BAUM, Friedrich III. und Sigmund der Münzreiche. Der Familienstreit im Hause Habsburg vom Tode Herzog Friedrichs IV. bis zum Tode Albrechts VI. (1439–1463), in: Schlern 66 (1992), S. 300–320.

Grafschaft Hohenberg, die er seiner Gemahlin Mechthild von der Pfalz als Witwengut verschrieb. Damit erhielten die Vorlande eine weitere Residenz, Albrecht residierte häufig in Freiburg oder in Rottenburg am Neckar. 1450 hielt er sich lange in Innsbruck, Freiburg, Villingen und Rheinfelden auf, 1451 in Breisach, 1452 in Rottenburg, Waldsee und Böblingen, 1453 in Rottenburg, Riedlingen, Freiburg und Ensisheim, 1454 über Monate in Freiburg, dann in Rottenburg, Basel, Göppingen, Waldshut, Breisach und Neuenburg und 1455 in Rottenburg, Rheinfelden, Freiburg, Radolfzell, Villingen, Rottweil, Heidelberg und Füssen. Die Aufenthaltsorte des Herzogs verdeutlichen, daß er bis 1455 die Vorlande als seine zentrale Machtbasis ansah; nach dem Tod des Ladislaus Postumus wurde die österreichische Erbschaft für ihn wichtiger. Albrecht setzte seinen Schwager Markgraf Karl von Baden zum Statthalter ein, der dem Herzog klar machte, daß die Habsburger ein Abbröckeln ihrer Position in den Vorlanden zu erwarten hätten, wenn die Untertanen keinen Schutz von ihnen erhalten würden[9]. Unklar ist, warum Albrecht bereits 1455 die Vorlande verließ und nach Wien ging. Nach dem Verlust des Thurgaues und der vorübergehenden Wiederinbesitznahme der Vorlande kam er 1461 noch ein letztes Mal und hielt sich in Konstanz, Radolfzell und Ulm auf, wo er einen 15jährigen Frieden mit den Eidgenossen vermittelte; dies hielt ihm den Rücken frei, sich den östlichen Ländern der Habsburger zuzuwenden. Seit 1455 betrieb er beim Papst die Gründung der Universität Freiburg, die noch heute seinen Namen trägt und 1460 ihre Lehrtätigkeit aufnahm. Sie war wohl als Ausbildungszentrum für Beamte gedacht. Seine Raitbücher zeigen die Finanzverwaltung auf. Konsequent betrieb er die Rücklösung von verpfändetem Hausbesitz, wobei er sich vor allem mit den Truchsessen von Waldburg anlegte, die einen Teil der Vorlande als Pfand besaßen. Seine Tätigkeit diente der Konsolidierung der durch die Kriege mit den Eidgenossen angeschlagenen Position des Hauses Habsburg am Oberrhein.

Herzog Sigmund[10] pflegte zwar den Ritterkult, aber sein Feldzug gegen die Eidgenossen (1460) war weder durch Kühnheit noch durch Konsequenz geprägt. Die raschen Erfolge eidgenössischer Gruppen hatten bereits 1458 zum Verlust von Rapperswil geführt. Im Thurgauer Krieg ging der letzte große Besitz im Bereich der Eidgenossen 1460 verloren, weil der Herzog der belagerten Stadt Dießenhofen keinen Ersatz brachte. Mit Mühe und Not kam ein Waffenstillstand zustande, und Albrecht VI., der nach dem Tod des Ladislaus Postumus 1458 die Vorlande an Sigmund zurückgegeben und Oberösterreich erhalten hatte, mußte wiederum einspringen. Er verwaltete die Vorlande bis zu seinem Tod von Österreich aus, konnte aber in dieser Zeit noch den Erwerb der Grafschaft Nellenburg mit der Landgrafschaft im Hegau einfädeln, die schließlich 1465 endgültig an die Habsburger fiel[11]. In den letzten Jahren zersplitterte er seine Kräfte jedoch durch den Kampf

---

9 K. KRIMM, Baden und Habsburg um die Mitte des 15. Jahrhunderts. Fürstlicher Dienst und Reichsgewalt im Spätmittelalter (Veröffentlichungen der Kommission für geschichtliche Landeskunde in Baden-Württemberg B 89), Stuttgart 1976, S. 50f.
10 W. BAUM, Sigmund der Münzreiche. Zur Geschichte Tirols und der habsburgischen Länder im Spätmittelalter, Bozen 1987.
11 DERS., Die Habsburger und die Grafschaft Nellenburg bis zu deren Übergang an Österreich (1275–1465), in: Schriften des Vereins für Geschichte des Bodensees und seiner Umgebung 110 (1992), S. 73–94 und DERS., Die Habsburger in den Vorlanden 1386–1486. Krise und Höhepunkt der habsburgischen Machtstellung in Schwaben am Ausgang des Mittelalters, Wien/Köln/Weimar 1993, S. 432–445.

gegen seinen Bruder Friedrich, bei dem er sich mit dessen Feinden im Reich, den Herzögen von Bayern und seinem Schwager Friedrich von der Pfalz verbündete. Herzog Sigmund suchte vergeblich, die Reichsstadt Lindau zu erwerben (1458–1462). Die Städte am Bodensee versuchten sich durch ein Bündnis zwischen Habsburg und den Eidgenossen zu behaupten; nach 1470 aber mußten die meisten Reichsstädte im Bodenseeraum Schirmverhältnisse mit Herzog Sigmund eingehen.

Der sog. »Markgrafenkrieg« (1460–1463) zeigt in aller Deutlichkeit, wie sehr auch Habsburger aus ihren ureigenen Interessen hinaus gegeneinander arbeiteten. Friedrich III. unterstützte von der Ferne die kaiserliche Partei im Reich, an deren Spitze der ehrgeizige Markgraf Albrecht Achilles von Brandenburg stand und zu der vor allem Graf Ulrich V. von Württemberg und Markgraf Karl von Baden gehörten. Ihre Gegenspieler waren Kurfürst Friedrich von der Pfalz, dessen Regierungsübernahme für seinen Neffen Philipp (die sog. »Arrogation« von 1452) der Kaiser nicht anerkannte. Über Jahrzehnte hinweg boykottierte der Kaiser einen der mächtigsten Fürsten im Reich. Anfang Juli 1461 verbündete Albrecht VI. sich mit Herzog Ludwig IX. von Bayern-Landshut, dem Wortführer der bayerischen Wittelsbacher. Der Kaiser wurde dadurch in eine Art von Zweifrontenkrieg versetzt. Gekämpft wurde in Österreich, wo es jedoch durch Vermittlung des böhmischen Königs Georg Podiebrad zu einem zeitweiligen Waffenstillstand kam, und im süddeutschen Raum. Auch Herzog Sigmund schloß sich der Koalition der Gegner des Kaisers an. Friedrich III. ging sogar so weit, den Eidgenossen die Bestätigung ihrer Privilegien in Aussicht zu stellen, wenn sie die Reichsfeldherren unterstützen würden. Graf Ulrich bekam eine große Anzahl diesbezüglicher kaiserlicher Mandate, die zum Teil jedoch gar nicht expediert wurden[12]. Pfalzgraf Friedrich besiegte am 30. 6. 1462 Graf Ulrich und Markgraf Karl in der Schlacht bei Seckenheim und Herzog Ludwig besiegte seine Gegner in der Schlacht bei Giengen. Die schwere Niederlage der kaiserlichen Partei hatte für die Anhänger Friedrichs III. fatale Folgen, besonders nach dessen Belagerung durch den Bruder in der Wiener Burg. Pius II. schlug zu dieser Zeit erstmals vor, durch eine Vermählung von Friedrichs Sohn Maximilian mit Maria, der Erbtochter Karls des Kühnen, das mächtige Burgunderreich auf die Seite des Kaisers zu ziehen.

Der Tod Albrechts VI. machte 1463 den Weg frei für eine Aussöhnung zwischen dem Kaiser und seinem Vetter Sigmund, der von Albrecht zwar als Erbe eingesetzt war, nun aber 1464 auf das ihm von Albrecht vermachte Land Oberösterreich verzichtete und jetzt endgültig die Regierung der gesamten Vorlande übernehmen konnte. Sigmund erhielt vom Kaiser auch das Recht, die an die Truchsessen von Waldburg verpfändete Reichslandvogtei in Schwaben auszulösen. Der Kaiser verbot den Eidgenossen auch jede Gewaltanwendung gegen Herzog Sigmund. Dieser unternahm nun eine Huldigungsreise von Bregenz über Radolfzell bis Biberach; auch in den nächsten Jahren reiste er immer wieder ins Elsaß und nach Schwaben (1466, 1467, 1468, 1469, 1474, 1477, 1478 und 1481). Er war damit der Habsburger, der in der 2. Hälfte des 15. Jahrhunderts am häufigsten in die Vorlande kam

---

12 DERS., Kaiser Friedrich III. und die Grafen von Württemberg, in: P.-J. HEINIG (Hg.), Kaiser Friedrich III. (1440–1493) in seiner Zeit (Beihefte zu J. F. Böhmer, Regesta Imperii 12), Köln/Weimar/Wien 1993, S. 103–138, hier S. 111ff.

und in Zeiten der Abwesenheit sogar seiner Gemahlin Eleonore dort die Regentschaft übertrug; 1467 residierte sie mehrere Monate in Thann. Die Gefangennahme des Schaffhauser Bürgermeisters durch Bilgeri von Heudorf verschärfte das Verhältnis zu den Eidgenossen. Die vom habsburgischem Gebiet umgebene Reichsstadt Mühlhausen im Elsaß schloß mit Bern und Solothurn ein Bündnis ab. Die Provokationen der mit Sigmund verbündeten, z. T. aus der Eidgenossenschaft emigrierten Adeligen führten 1468 zum Waldshuter Krieg, in dem Kaiser und Papst die Politik Sigmunds unterstützten. Auch im Sundgau kam es zum Einfall der Eidgenossen auf habsburgisches Gebiet. Die Rheinfestung Waldshut wurde 1468 sieben Wochen von den Eidgenossen belagert; im Friedensvertrag mußte der Herzog ihnen versprechen, innerhalb von 10 Monaten 10 000 Gulden Kriegsentschädigung zu zahlen oder Waldshut und den Südschwarzwald an die Eidgenossen abzutreten. Der Kaiser unterstützte den Vetter insofern, als er die »Waldshuter Richtung« als ungültig betrachtete und den Eidgenossen den Vollzug bei Androhung der Ächtung verbot. Auch Papst Paul II. teilte den Eidgenossen im März 1469 mit, daß die »Waldshuter Richtung« ungültig sei. Auf dem »Speyerer Fürstentag« schlug Sigmund den süddeutschen Fürsten ein gemeinsames Vorgehen gegen die Eidgenossen vor, die jedoch kein Interesse zeigten, mit den Eidgenossen einen Krieg anzufangen, der nur Österreich nützen würde[13]. Kurz vor Ablauf der Jahresfrist erklärte der Kaiser die Waldshuter Richtung für ungültig und verbot ihren Vollzug. Am 31. 8. 1469 verkündete das kaiserliche Gericht die Ächtung der Eidgenossen. Diese wurde jedoch nicht mehr publiziert, denn Sigmund hatte sich zu einer neuen Strategie entschlossen[14]. Der Kaiser unterstützte in dieser Frage ohne Zögern den Vetter und setzte damit sein eigenes Verhältnis zu den Eidgenossen aufs Spiel.

Im Frühjahr 1469 hatte Sigmund sich zu einer Änderung seiner Politik entschieden; er wollte König Ludwig XI. von Frankreich um Hilfe gegen die Eidgenossen bitten und machte sich selbst auf den Weg nach Frankreich. Ludwig aber hatte bereits ein Bündnis mit den Eidgenossen geschlossen, denen er dies auch mitteilte[15]. Daraufhin änderte Sigmund seine Politik blitzartig und trug nun Karl dem Kühnen, dem Hauptrivalen des Königs, ein Bündnis und die Verpfändung des Elsaß an. Seine Reise an den Hof Karls nach Arras und Hesdin wurde die weiteste Reise seines Lebens überhaupt. Philippe de Commynes berichtet, daß Karl keinen Gefallen an Sigmund gefunden habe, trotzdem ging er im Vertrag von St. Omer am 9. 5. 1469 auf die Verpfändung von Elsaß und Schwarzwald um 50 000 Gulden ein[16]. Karl nahm Sigmund vor den Eidgenossen in Schutz und stellte einen allerdings vage formulierten Revers darüber aus. In den nächsten Jahren versuchte

---

13 DERS., Der Speyerer Fürstentag von 1468. Die Außenpolitik Sigmunds des Münzreichen von Österreich vom Thurgauer Krieg bis zum Bündnis mit Karl dem Kühnen von Burgund (1460–1469), in: ZGO 136 (1988), S. 153–178.
14 H. GRÜNEISEN, Herzog Sigmund von Tirol, der Kaiser und die Ächtung der Eidgenossen 1469, in: Aus Reichstagen des 15. und 16. Jahrhunderts (Schriftenreihe der Historischen Kommission bei der Bayerischen Akademie der Wissenschaften 5), Göttingen 1958, S. 154–212.
15 K. BITTMANN, Ludwig IX. und Karl der Kühne. Die Memoiren des Philipp de Commynes als historische Quelle (Veröffentlichungen des Max Planck-Instituts für Geschichte 9/II), Bd. 2/1, Göttingen 1970, S. 88.
16 W. BAUM, Die Bündnispolitik der Habsburger in Tirol und in den Vorlanden im 15. Jahrhundert, in: Österreich in Geschichte und Literatur 37 (1993), S. 76–91, hier S. 89.

Sigmund, einerseits Karl zum Angriff gegen die Eidgenossen zu veranlassen und diese andererseits mit Burgund unter Druck zu setzen. Da Sigmund sich in seinen Erwartungen auf Karl enttäuscht sah, ging er zu seinen Gegnern über, die befürchteten, der Herzog werde alle seine Besitzungen zu einem straff organisierten Staat vereinigen.

Allmählich zeichnete sich das Projekt der »Ewigen Richtung« ab, die angesichts der Expansionsbestrebungen Karls 1474 zustande kam. Der Kern der bereits 1472 fixierten Abmachung bestand in der Anerkennung der eidgenössischen Eroberungen für die Gegenleistung einer militärischen Unterstützung im Fall eines Angriffs. Herzog Sigmund hatte etwas von der Natur eines Glücksritters an sich. Da die Struktur der eidgenössischen Bünde seinem aristokratischen Herrschaftsverständnis zuwider war und ihm fremd blieb, spielte er einige Jahre noch die burgundische Karte gegen sie aus. Auch schlug er Karl gegenüber die Hochzeit zwischen Maximilian und Maria von Burgund vor, um auf diese Weise die Pfandgebiete als Mitgift Marias wieder an die Habsburger zu bringen. Im Juli 1470 traf er in Villach erstmals seit 1458 mit dem Kaiser zusammen, um die beiderseitige Politik zu koordinieren. Anschließend teilte er Karl dem Kühnen mit, daß der Kaiser bereit sei, ihn zum König zu erheben, aber nicht zum römischen König. Da nur der Kaiser über die für Karl wichtigen Faustpfänder verfügte, kam es im Oktober 1473 in Trier zu Verhandlungen zwischen Karl und dem Kaiser, die zunächst erfolgreich verliefen. Es ging dem Kaiser auch darum, die Pläne des ungarischen Königs Mathias Corvinus für eine Allianz mit Burgund und der Pfalz gegen den Kaiser zu durchkreuzen[17]. Der Kaiser belehnte Karl mit dem Herzogtum Geldern, aber drei Wochen später scheiterten die Verhandlungen. In ihnen zeigte sich wiederum, daß Friedrich III. beharrlich an seinen Rechten als Reichsoberhaupt festhielt. Er wollte Burgund, aber ohne die Bezahlung des gewünschten Preises, der Rangerhöhung des Herzogs. Zudem war es 1469 zur Erneuerung des Bündnisses zwischen Kurpfalz, Burgund und Mathias Corvinus von Ungarn gekommen. Außerdem war 1469 die sogenannte »Weißenburger Fehde« ausgebrochen, in der der Kaiser die Reichslandvogtei im Elsaß dem Pfalzgrafen entzogen und an seinen Vetter Ludwig von Veldenz übertragen hatte. Auch intervenierte Karl in der »Kölner Stiftsfehde« für den Bruder des Pfalzgrafen. Der Kaiser schloß den Pfalzgrafen weiterhin von den Reichstagen aus und konnte daher auch dessen Ressourcen nicht für das Reich nützen.

1471 ging mit der Reise des Kaisers ins Reich dessen Reichsabstinenz zu Ende; in der nun folgenden Übergangsperiode bis zum Tod Karls des Kühnen versuchte der Kaiser, die Interessen des Reiches mit denen seiner Hausmacht zu verbinden und seinem Sohn Burgund zu sichern. Friedrich III. erschien angesichts der von dem Vordringen der Türken auf dem Balkan ausgehenden Gefahr erstmals seit 1444 wieder im Reich; auf dem Reichstag zu Regensburg traf er mit seinem Vetter Sigmund zusammen[18]. Auf der Reise nach Trier verhandelte Friedrich in Basel auch mit den Vertretern der Eidgenossen, von denen er die Rückgabe der von Habsburg eroberten Gebiete verlangte. Auch dies waren überholte Positionen; was die Bewunderer Friedrichs als Festigkeit bezeichnen, kann auf der

---

17   K. NEHRING, Mathias Corvinus, Kaiser Friedrich III. und das Reich (Südosteuropäische Arbeiten 72), München ²1989, S. 68.
18   W. BAUM, Kaiser Friedrich III. und Sigmund der Münzreiche. Ihre Beziehungen vom Frieden von Wiener Neustadt bis zum Frieden von Zürich (1464–1478), in: Schlern 69 (1995), S. 209–226.

anderen Seite auch als mangelnde Flexibilität verstanden werden. Letzten Endes erreichte der Kaiser mit diesem Festhalten an überholten Positionen wenig. Sigmund – der 1472 von Friedrich für vier Jahre zum Reichshauptmann für Schwaben ernannt worden war – verhandelte mit den Eidgenossen über eine »Ewige Richtung«. Die Eidgenossen fühlten sich durch die Straffung der burgundischen Verwaltung unter dem Landvogt Peter von Hagenbach bedroht und verlangten von Sigmund, die Pfandgebiete wieder zurückzulösen. Ende März 1474 kam es zur Gründung der »Niederen Vereinigung«, einem Bündnis zwischen den Eidgenossen, den Bischöfen von Basel und Straßburg und den Reichsstädten im Elsaß, die sich wiederum mit Sigmund verbündeten. Sigmund erreichte eine Aussöhnung mit den Eidgenossen durch die Anerkennung des Status quo. Er erhielt auch das 1415 von den Eidgenossen erbeutete habsburgische Hausarchiv zurück und konnte die Pfandgebiete wieder in Besitz nehmen. Verhängnisvoll war freilich, daß König Ludwig XI. die Vollmacht erhielt, die letzten Einzelheiten festzulegen. Dieser berücksichtigte dabei nur die Interessen der mit ihm verbündeten Eidgenossen und legte fest, daß die Waldstädte am Rhein und der Schwarzwald den Eidgenossen offen stehen sollten; die Hilfsklausel blieb vage und unbestimmt. Eine Pension des französischen Königs sollte den Herzog zur Annahme der »Ewigen Richtung« bestimmen, die von den Eidgenossen als Voraussetzung für den Krieg gegen Burgund betrachtet wurde. Friedrich III. erkannte den Vertrag nicht an, da die Richtung nicht nur für Sigmund und seine leiblichen Erben gelten sollte, sondern auch für seine Rechtsnachfolger. Der Kaiser bestimmte auch den Papst dazu, die »Ewige Richtung« abzulehnen. Nach außen zeigte er sich unwissend; es war dies möglicherweise das unter den Habsburgern oft gespielte Spiel mit den verteilten Rollen. Bei gegebenem Anlaß konnte Friedrich argumentieren, er wisse nichts von der Einigung, die ohne seine Zustimmung auch keine Rechtskraft habe ...

Der Abschluß der »Ewigen Richtung« ermöglichte es Herzog Sigmund, die alte »vorländische« Politik wieder aufzunehmen. Vom Kaiser verlangte er im August 1474 die Belehnung mit dem Herzogtum Schwaben. Friedrich III. lehnte dies mehrfach ab, weil das Königtum in Schwaben selbst bestimmende Kraft bleiben wollte und in Schwaben so etwas wie eine »Ersatzhausmacht« im Reich sah, denn nirgends verfügte der Kaiser über so viele Einnahmequellen und Machtmittel wie im schwäbischen Raum[19]. Die Reichsstädte in Schwaben verhielten sich in der Regel eher »königsfern« wie z. B. Lindau, das 1474 ähnlich wie andere Städte ein Schirmverhältnis mit Herzog Sigmund schloß[20]. Seit dem Regensburger Reichstag kam es auch wieder zu Verhandlungen zwischen dem Kaiser und den Eidgenossen. 1473 wurde Schaffhausen aus der Acht entlassen; der Kaiser betonte bei den Verhandlungen mit den Eidgenossen in Basel erstmals seine Bereitschaft zu einer Aussöhnung auf der Basis der Anerkennung des Status quo. Herzog Sigmund geriet anläßlich des »Konstanzer Bistumsstreites« (1474–1480) in einem Konflikt mit dem Kaiser, in dem beide die Politik des anderen blockierten. Da zu erwarten war, daß Karl der Kühne den Abfall der Pfandgebiete nicht ungeahndet hinnehmen würde, begannen von Seiten der Eidgenossen und Sigmunds die Kriegsvorbereitungen. Der Kaiser konnte das

---

19 P.-J. HEINIG, Kaiser Friedrich III. (1440–1493). Hof, Regierung und Politik (Beihefte zu J. F Böhmer, Regesta Imperii 17), Köln/Weimar/Wien 1997, Bd. 1, S. 9f.
20 A. NIEDERSTÄTTER, Kaiser Friedrich III. und Lindau, Sigmaringen 1986, S. 98ff.

Vorgehen Karls gegen das Erzstift Köln und die Belagerung der Festung Neuß als Reichsoberhaupt nicht tolerieren. Nachdem er auf dem Reichstag zu Augsburg den Pfalzgrafen für abgesetzt erklärt hatte, erließ er Ende August 1474 ohne Reichstagsbeschluß das Reichaufgebot gegen Burgund und zog mit seinem Sohn Maximilian nach Frankfurt. Sein Ziel war offensichtlich nur, Karl zu demütigen und ihn dadurch zu zwingen, ohne Gegenleistung der Hochzeit zwischen Maximilian und Maria zuzustimmen. Am 31. 12. 1474 schloß Friedrich mit dem König von Frankreich ein Bündnis; dabei versprach er, mit 30 000 Mann nach Neuß zu ziehen[21]. Um die Allianz zu festigen, wurde auch über eine Vermählung der Kaisertochter Kunigunde mit dem Dauphin verhandelt. Daraufhin erklärte Friedrich Karl am 7. 1. 1475 den Krieg. Aus Schwaben erhielt er Unterstützung wie z. B. von der Reichsstadt Konstanz[22] oder auch von kleineren Reichsständen, bei denen sich die kaiserlichen Mandate eher durchsetzen ließen[23]. Nach der Kriegserklärung der Eidgenossen gelang es dem mit Frankreich verbündeten Kaiser im Juni 1475, im Lager vor Neuß, einen Waffenstillstand mit Karl zu schließen, in den freilich weder Frankreich noch Herzog Sigmund einbezogen waren[24]. Der französische König warnte den Kaiser vergeblich vor einem Separatfrieden. Commynes berichtet, Ludwig XI. habe Friedrich vorgeschlagen, die Reichslehen Karls an sich zu ziehen. Herzog Sigmund verhielt sich angesichts der Verhandlungen des Vetters mit Karl mißtrauisch, da er selbst für immer mit Karl gebrochen hatte. Ludwig XI. zeigte sich entrüstet über den Separatfrieden des Kaisers mit Karl, schloß dann jedoch selbst im September 1475 einen Waffenstillstand mit Burgund, das darin das Recht erhielt, die Pfandlande zurückzugewinnen.

Während Karl das Herzogtum Lothringen besetzte, verhandelte der Kaiser weiter mit ihm. Im Lager vor Nancy kam es am 17. 11. 1475 zum Abschluß des Friedensvertrages, in dem der Kaiser die Verpflichtung übernahm, den Streit um die Pfandlande beizulegen. Gelinge dies nicht, so könne Karl dies selbst besorgen. In diesen Verhandlungen zeichnete sich ein allmählicher Paradigmenwechsel ab. Während Friedrich III. bisher versucht hatte, Reichsinteressen mit der Hausmachtsperspektive zu verbinden, läßt sich nun erkennen, daß die »burgundische Hochzeit« für ihn zum wichtigsten Ziel wurde, dem sowohl die Interessen der Vorlande wie auch des Reiches geopfert wurden. Die Eidgenossen wurden in den Vertrag nicht einbezogen, Lothringen nicht einmal erwähnt! In einem geheimen Zusatzprotokoll soll Karl die Vermählung seiner Tochter zugesagt haben. Es ist nichts davon bekannt, daß der Kaiser seinen Vetter in Innsbruck über seine Verträge mit Karl den Kühnen informierte, als er Sigmund im November 1475 bei der Landshuter Fürstenhochzeit wiedersah. Bei letzten Verhandlungen zwischen Burgund und den Eidgenossen waren diese nicht bereit, ohne Einbeziehung Sigmunds Frieden zu schließen.

Im März 1476 erlitt Karl der Kühne in der Schlacht bei Grandson seine erste Niederlage gegen die Eidgenossen. Dr. Georg Heßler erschien im Auftrag Friedrichs III. in Lausanne

---

21 Regesten Kaiser Friedrichs III., Heft 10: Die Urkunden und Briefe aus den Archiven und Bibliotheken des Landes Thüringen, hg. von E. HOLTZ, Wien/Weimar/Köln 1996, S. 240, Nr. 406.
22 P. F. KRAMML, Kaiser Friedrich III. und die Reichsstadt Konstanz (1440–1493) (Konstanzer Geschichts- und Rechtsquellen 29), Sigmaringen 1985, S. 98.
23 Vgl. dazu die Untersuchung von R. BRÜNING in diesem Band.
24 H. GILLIAM, Der Neußer Krieg. Wendepunkt der europäischen Geschichte, in: J LANGE u. a., Neuß, Burgund und das Reich, Neuß 1975, S. 201–254, hier S. 249.

bei Karl. Der Friede mit dem Kaiser wurde nun öffentlich verlautbart; Herzog Sigmund erhielt eine Frist von 6 Monaten, um dem Frieden beizutreten. Nun wurde auch die »burgundische Hochzeit« öffentlich bestätigt, die dem Haus Habsburg den Weg zur Großmacht ebnete. Das Taktieren des Kaisers hatte sich bezahlt gemacht, denn die Anwartschaft auf das burgundische Erbe war der größte Erfolg in seiner über 50jährigen Amtszeit als König. Schon kurz darauf erlitt Karl seine zweite schwere Niederlage. Herzog René von Lothringen konnte einen großen Teil seines von Karl eroberten Landes zurückerobern. Im September 1476 kam Heßler nach Innsbruck, um im Auftrag von Papst und Kaiser mit Herzog Sigmund über einen Frieden mit Burgund zu verhandeln. Die Eidgenossen erklärten jedoch, sie hätten nur auf Verlangen des Kaisers den Krieg gegen Karl begonnen, der nun lediglich Zeit gewinnen wolle. Bevor es zu neuen Verhandlungen kam, fiel Karl am 5. 1. 1477 in der Schlacht bei Nancy. Ludwig XI. ließ in einer Blitzaktion das Herzogtum und die zum Reich gehörende Freigrafschaft Burgund und die Picardie besetzen. Dies rief den Kaiser auf den Plan, der die Eidgenossen davor warnte, die Franzosen könnten die Freigrafschaft der deutschen Nation entziehen. Er forderte die Reichsstände auf, den jungen Maximilian bei seinem Kampf um Burgund zu unterstützen.

Damit trat der 18jährige Maximilian I. in die Geschichte ein, der nun darum kämpfte, das burgundische Erbe zu behaupten. Seine burgundische Perspektive reichte weit über die regionale Perspektive Sigmunds hinaus und geriet zeitweise auch in Konflikt mit der Reichspolitik seines Vaters. Eine neue Phase begann, in der die regionale Hausmachtpolitik Sigmunds häufig im Widerspruch zur Reichspolitik des Kaisers und der globalen Hausmachtspolitik Maximilians stand. Herzog Sigmund nahm mit den Eidgenossen Kontakte auf und ersuchte den Kaiser um die Verleihung der Freigrafschaft und des Herzogtums Mailand. Dieser aber speiste ihn mit dem Titel eines Erzherzogs ab und ließ seine Anliegen durch den Konstanzer Bischof Otto vor den Eidgenossen vertreten. Sigmund schloß nun mit den Eidgenossen eine »Erbeinigung« (13. 10. 1477), ein Bündnis auf Lebenszeit, bei dem beide Seiten beschworen, einander nie mehr zu bekriegen. Aus den Erbfeinden von einst waren somit Verbündete geworden. 1479 schlug Sigmund dem Kaiser vor, die österreichischen und burgundischen Herrschaften des Hauses untereinander aufzuteilen; alle Habsburger sollten auch die Wappen von Burgund führen[25]. Dies lag durchaus auf der Linie der Politik der Belehnung zur gesamten Hand. Auch den französischen König ersuchte Sigmund, ihm das Herzogtum Burgund zu verleihen, aber ebenso ohne Erfolg. Allerdings gehörte Sigmund zu den wenigen, die Maximilian bei seinen niederländischen Feldzügen Unterstützung zukommen ließen, wofür der Erzherzog sich ausdrücklich bedankte[26]. Unterdessen hatte Maximilian seinen Einzug in die Niederlande gehalten und am 18. 8. 1477 in Gent Maria von Burgund geheiratet. Da Kaiser und Reich ihm keine Unterstützung brachten, sah er sich zunächst einmal gezwungen, einen Waffenstillstand auf der Basis des Status quo mit Frankreich zu schließen. Am 24. 1. 1478 schloß er einen Friedensvertrag mit den Eidgenossen, denen eine Kriegsentschädigung von

---

25 BAUM, Sigmund (wie Anm. 10), S. 397.
26 H. WIESFLECKER, Kaiser Maximilian I., Bd. 1, München 1971, S. 145 wirft Sigmund zu Unrecht mangelnde Unterstützung vor!

150 000 Gulden zugesichert wurde. Allerdings beging er den Fehler, weder den Frieden zu besiegeln noch die Summe zu bezahlen; der auch später ständig geldlose Habsburger zeigte hier bereits renaissancehafte Züge. Der Kaiser belehnte Maximilian und Maria am 19. 4. 1478 mit den Ländern Karls des Kühnen. Damit erreichten sie eine reichsrechtliche Legitimation, die Karl nie gehabt hatte. 1479 faßte Maximilian eine Vermählung des eben geborenen Sohnes Philipp mit Anna von York ins Auge; nach dem Sturz der »Weißen Rose« in England wurde der Plan fallengelassen. Der Kaiser schrieb Maximilian angesichts seiner Verhandlungen mit den Schweizern, er werde nie einer Erbeinigung mit den Eidgenossen zustimmen, bei der auf die Gebiete seiner Vorfahren verzichtet werde. Maximilian legte keine derartige Prinzipienreiterei an den Tag. Er schloß am 23. 12. 1482 mit Frankreich den Frieden von Arras, in dem vereinbart wurde, der Dauphin Karl solle Maximilians Tochter Margarete heiraten und die Freigrafschaft sowie das Artois als Mitgift erhalten. Für Maximilian und seine Pläne bedeutete dieser Friede eine schwere Niederlage, aber er gewann nun Zeit, seine Herrschaft in den Niederlanden zu konsolidieren.

Auch in den letzten Jahren seiner Regierungszeit gab Erzherzog Sigmund den Versuch nicht auf, seine Hausmacht in Schwaben auszubauen. Zu Spannungen kam es mit Graf Eberhard im Bart um die Vogtei von Zwiefalten, die Huldigung in der an Eberhards Mutter Mechthild als Witwengut verschriebenen Herrschaft Hohenberg und in den Auseinandersetzungen um die Festung Mägdeberg, die Anfang 1480 sogar zum Krieg führten. Mechthild, die Mutter Eberhards und Witwe Albrechts VI., versuchte vergeblich, ihrem Sohn die habsburgische Herrschaft Hohenberg zuzuwenden[27]. Im Konflikt um den Mägdeberg befahl auch Friedrich III. dem Grafen, den Mägdeberg an Österreich zurückzugeben. Albrecht Achill vermittelte Anfang 1481 den »Ansbacher Frieden«, nach dem der Mägdeberg gegen eine finanzielle Entschädigung an Sigmund zurückgegeben wurde.

Die größeren Reichsstände waren stets bestrebt, ihre Landeshoheit zu verdichten und auszuweiten. Herzog Sigmund griff 1480 seine Pläne einer Erneuerung des Herzogtums Schwaben wieder auf, das durch die Zusammenfassung der Schirmverträge und Dienstbindungen der Habsburger und ihre Umwandlung in ein Untertanenverhältnis gebildet werden sollte. Appellationen an den Kaiser sollten nicht mehr möglich sein. Auch Württemberg sollte dem habsburgischen Machtbereich untergeordnet werden. Wie Hans Georg Hofacker gezeigt hat, scheiterten diese Pläne nicht nur am Widerstand Württembergs, sondern auch am Kaiser, der zwar die Revindikationspolitik des Vetters unterstützte, selbst aber auf die Einflußmöglichkeiten in Schwaben nicht verzichten wollte, das von allen deutschen Gegenden die größte Reichsnähe aufwies. Er wollte es nicht zulassen, daß die schwäbischen Reichsstände nur noch über den Erzherzog mit dem Reich verbunden wären. Daher trug er sich mit dem Gedanken, die Grafen von Württemberg zu Herzögen »in« Schwaben zu erheben[28]. Auch Graf Eberhard versuchte, ein Fürstentum aufzubauen und dabei etwa das Kloster Zwiefalten zum Landstand seiner Grafschaft zu machen. Der Abt wandte sich an Herzog Sigmund, der als Vogt des Klosters eine Art Protektorat erstrebte. Der Streit zog sich über Jahre hin. Friedrich III. entband das Kloster von allen

---

27 Württemberg im Spätmittelalter, Ausstellungskatalog, Stuttgart 1985, S. 48–50, Nr. 41.
28 H.-G. HOFACKER, Die schwäbische Herzogswürde, in: ZWLG 47 (1988), S. 71–148, besonders S. 84–95.

an Württemberg geleisteten Eiden, bezeichnete sich aber selbst als Vogt und Schirmer des Stiftes. Nach der Übergabe der Vorlande an Maximilian I. (1490) ging der Streit weiter. Der junge König rechnete allerdings bei seinen Plänen für eine Reichsreform auf Eberhard, den er später zum Herzog erhob, und verzichtete zugunsten Württembergs auf die Vogtei. Der Vorfall um Zwiefalten zeigt auch, daß die Habsburger als Könige und Kaiser durchaus Reichsinteressen vor die Familieninteressen stellen konnten.

Die letzte Phase der Regierungszeit Friedrichs III. und Sigmunds ist geprägt von den Bemühungen des Kaisers, das Ausgreifen der bayerischen Wittelsbacher in Richtung auf die Vorlande zurückzudrängen. Auch hatte der Kaiser sich nach der Anerkennung des Jagiellonen Wladislaw als König von Böhmen (1477) gegen die Angriffe des ungarischen Königs Mathias Corvinus zu wehren, der Karl den Kühnen mehrfach um ein Bündnis ersucht und die Eidgenossen und Herzog Sigmund über sein Vorgehen informiert hatte. Corvinus verbündete sich 1479 mit den Eidgenossen und versuchte über sie, auch Herzog Sigmund für ein Bündnis zu gewinnen[29]. Als der ungarische König 1480 seine Truppen in Kärnten einmarschieren ließ, fand der Kaiser nur bei einigen süddeutschen Reichsstädten Hilfe. Sigmund war seinem Vetter gegenüber mißtrauisch; im Alter wurde er senil und paranoid. Er fürchtete, vom Kaiser verdrängt zu werden, und suchte Rückhalt bei Herzog Albrecht IV. von Bayern-München und bei Georg von Bayern-Landshut. Die beiden Wittelsbacher trachteten danach, Tirol, das im 14. Jahrhundert bereits einmal unter der Herrschaft der Wittelsbacher gewesen war, von dem kinderlosen Sigmund in ihre Hand zu bringen. Sie liehen dem stets geldbedürftigen Lebemann Geld und ließen sich dafür wertvolle Pfänder verschreiben: die Schlösser und Ämter Landeck und Fragenstein, Rottenburg und Hörtemberg und die Herrschaft Schwaz mit den Silberbergwerken. Albrecht hetzte den 52jährigen Erzherzog gegen den Kaiser und Maximilian auf. 1480 schloß er mit Herzog Georg einen Geheimvertrag, in dem die Erweiterung Bayerns als gemeinsames Ziel ins Auge gefaßt wurde[30]. Albrecht verbündete sich 1480 mit Sigmund auf Lebenszeit, 1482 verpflichteten sie sich, ihre Politik miteinander zu koordinieren[31]. Im gleichen Jahr verbündete Sigmund sich auch mit Kurfürst Philipp von der Pfalz. 1483 schloß der Erzherzog einen Vertrag mit Herzog Georg, der ihm Beistand versprach, falls jemand versuchen sollte, ihn von seiner Herrschaft zu verdrängen. Durch die zweite Hochzeit Sigmunds kam es 1484 zu einer neuen Situation, da es nun möglich schien, daß der Erzherzog noch eheliche Kinder bekommen würde. Die Wittelsbacher hielten sich zunächst etwas zurück, aber schon 1485 setzte ihr Intrigenspiel von neuem ein. In der Innsbrucker Regierung kam nun die Gruppe der sog. »bösen Räte« ans Ruder. Zunächst ging Sigmund auf Distanz zu den Wittelsbachern und ersuchte den Kaiser um Unterstützung bei der Annul-

---

29 NEHRING (wie Anm. 17), S. 110.
30 R. STAUBER, »unnnser lieber Ohaimb, Fürst und Rathe ...« Überlegungen zum Verhältnis Herzog Georgs des Reichen von Bayern-Landshut zu Kaiser Friedrich III. und König Maximilian, in: Verhandlungen des Historischen Vereins für Niederbayern 110/111 (1984/85), S. 239–257; DERS., Herzog Georg der Reiche von Niederbayern und Schwaben, in: Zeitschrift für bayerische Landesgeschichte 49 (1986), S. 611–670 und DERS., Herzog Georg von Bayern-Landshut und seine Reichspolitik. Möglichkeiten und Grenzen reichsfürstlicher Politik im wittelsbachisch-habsburgischen Spannungsfeld zwischen 1470 und 1505, Kallmünz 1993.
31 A. KRAUS, Sammlung der Kräfte und Aufschwung, in: Handbuch der bayerischen Geschichte, Bd. 2: Das Alte Bayern. Der Territorialstaat, München 1977, S. 268–294, hier S. 288f.

lierung seiner Verschreibungen; Maximilian bat er um Rat, *wie wir solh verschreybung mochten abstellen*[32]. Im März 1486 gelang Sigmund der langersehnte Erwerb der Reichslandvogtei in Oberschwaben – sein letzter politischer Erfolg. Die Reichslandvogtei bestand aus einer Reihe von verschiedenartigen Rechten, die auch eine Beeinflussung benachbarter kleinerer Reichsstände ermöglichten. 1487 schwenkte Sigmund unter dem Einfluß seiner Räte wieder zu den Wittelsbachern über und suchte ein Bündnis zwischen ihnen und den Eidgenossen zu vermitteln.

Friedrich III. hatte Albrecht IV. lange gefördert und ihm sogar seine Tochter Kunigunde versprochen. Nach der Annexion der Reichsstadt Regensburg durch Albrecht änderte der Kaiser seine Meinung und ging jetzt energisch gegen die Wittelsbacher vor. Als der senil gewordene Erzherzog Sigmund Herzog Georg Ende 1486 die Markgrafschaft Burgau und den beiden Herzögen im Juli 1487 um 50 000 Gulden die Vorlande verkaufte sowie Albrecht IV. eine Million Gulden auf seine Länder verschrieb, schritt der Kaiser ein. Er ächtete die »bösen Räte« ohne jedes weitere Verfahren und betrieb den Umsturz am Innsbrucker Hof. Die Reichsstände in Schwaben hatten die Expansion der Wittelsbacher ohnedies mit Argwohn verfolgt; zu einem Bündnisabschluß zwischen Mathias Corvinus und den Wittelsbachern war es nicht gekommen. Als der Kaiser ihnen befahl, sich zum »Schwäbischen Bund« zusammenzuschließen, entstand in kurzer Zeit bis Frühjahr 1488 ein mächtiger Verband von Reichsständen, mit deren Hilfe der Kaiser die Wittelsbacher in Schranken verweisen und den Status quo in Schwaben erhalten konnte. Es war dies ein großer Erfolg der kaiserlichen Politik. Der Kaiser wandte sich direkt an die Tiroler Stände und kam Anfang 1488 nach Innsbruck, wo er über die »bösen Räte« wegen Majestätsverbrechens die Acht verhängte. Sigmund mußte alle Verschreibungen an die Wittelsbacher widerrufen und dem »Schwäbischen Bund« beitreten. Georg von Bayern-Landshut verzichtete im Vertrag von Dinkelsbühl mit Maximilian I. und dem Schwäbischen Bund 1489 auf die Markgrafschaft Burgau. Herzog Sigmund dankte am 16. 3. 1490 zugunsten Maximilians I. ab. Der alte Kaiser aber stimmte nur widerstrebend zu, daß nicht er sondern sein Sohn die Regierung Tirols übernahm. Philippe de Commynes berichtet in seinen Memoiren, daß Sigmund diesen Schritt später oft bereut habe[33]. Maximilian drängte angesichts der Verwicklungen in den Niederlanden auf eine Verständigung mit den Wittelsbachern, vor allem gegenüber seinem Schwager Albrecht, während der Kaiser sich 1489 mit Herzog Georg arrangierte, der Waffenhilfe gegen Mathias Corvinus versprach. Die Wittelsbacher verhandelten mit den Eidgenossen, mit denen sie 1491 einen Neutralitätsvertrag geschlossen hatten, über eine Intervention. Herzog Albrecht IV., der die Kaisertochter Kunigunde gegen den Willen ihres Vaters geheiratet hatte, wurde Anfang 1492 geächtet. Als das Heer des Schwäbischen Bundes auf dem Lechfeld aufmarschierte und Herzog Georg die Koalition verließ, mußte Albrecht nach dieser schwersten Niederlage seines Lebens am 25. 5. 1492 in Augsburg auf alle Erwerbungen verzichten; seine Gemahlin Kunigunde mußte einen Erbverzicht unterschreiben. Alle Verschreibungen Erzherzog Sigmunds wurden für ungültig erklärt. Im Dezember 1492 konnte er den Kaiser noch ein-

---

32 Deutsche Reichstagsakten, Mittlere Reihe, Bd. 1, hg. von H. ANGERMEIER, Göttingen 1989, S. 651, Nr. 640.
33 Philippe de COMMYNES, Memoiren. Europa in der Krise zwischen Mittelalter und Neuzeit, hg. von F. ERNST, Stuttgart 1972, S. 247.

mal in Linz besuchen, der am 19. 8. 1493 starb, nach 53jähriger Regierungszeit, voll mit Mißerfolgen, aber auch mit Erfolgen. Er war es, der die burgundische Hochzeit angebahnt und die Expansion der Wittelsbacher nach Schwaben verhindert hatte. Er war es auch, der den zunächst nur aus burgundischer Perspektive denkenden Maximilian umgeschult hatte, auch die Interessen des Reiches zu wahren.

Betrachtet man die »landesfürstliche« Politik Albrechts VI. und Sigmunds (1450–1490) in den Vorlanden, so lassen sich die Erfolge leicht konstatieren. In diesen vier Jahrzehnten wurde die »Erbfeindschaft« zu den Eidgenossen zwar nicht endgültig beendet, aber sie verwandelte sich zu einem Status der Koexistenz. Die Habsburger versuchten nicht mehr, die verlorenen Gebiete zurückzuerobern und erkannten die Bünde an. Damit war eine Dauerbelastung ihrer Westflanke weitgehend weggefallen. Durch die Erwerbungen in Vorarlberg, am Bodensee und in Oberschwaben, aber auch durch die Protektoratspolitik gegenüber den Reichsstädten und die Einflußnahme in den Stiften und Bistümern konnten die Habsburger ihre dominierende Stellung in Schwaben weiter ausbauen. Allerdings gelang ihnen nicht die Wiedererrichtung des Herzogtums Schwaben und die Mediatisierung der kleineren Reichsstände. Durch den – wenn auch zaghaften – Ausbau der vorländischen Stände gelang es ihnen auch, ein Zusammengehörigkeitsbewußtsein zu schaffen, das auch Krisenzeiten wie die Phase der Aspirationen der Wittelsbacher auf die Vorlande überdauerte. Zum Aufbau einer straffen Landesverwaltung kam es jedoch nicht mehr, da die außenpolitischen Aktivitäten dazu führten, daß der innere Ausbau der Länder eher vernachlässigt wurde. Durch die Gründung der Universität Freiburg war es auch möglich geworden, Beamte im eigenen Land heranzubilden. Was in diesen Jahrzehnten erreicht wurde, konnte – abgesehen vom Verlust des Elsaß 1648 – bis in die napoleonische Ära behauptet werden. Die Verlagerung der Interessen der Dynastie auf die globale Politik hatte freilich zur Folge, daß das Gebiet der Vorlande nach 1490 nur noch geringfügig erweitert wurde.

Während Herzog Sigmund sich auf die Regierung Tirols und der Vorlande konzentrieren konnte, mußte Maximilian I. das burgundische Erbe behaupten und gleichzeitig versuchen, sich im Reich die Nachfolge seines Vaters zu sichern. Er hatte es nach dem Tod seiner Gemahlin Maria von Burgund († 1482) nicht leicht, sich in den Niederlanden zu behaupten. Der Friede von Arras mit dem Verzicht auf die Freigrafschaft war für ihn nur ein Interim. Allerdings kam es mit den niederländischen Ständen zum Streit um die Vormundschaft über seine Kinder. Die Auseinandersetzungen mit Frankreich und den Ständen banden ihn auf Jahre. Gleichzeitig verschlechterte sich die Position des Kaisers, als der ungarische König Mathias Corvinus große Teile Österreichs besetzte. 1485 fiel auch Wien. Der Hilfsaufruf des Kaisers fand wenig Echo; nur Graf Eberhard von Württemberg und Augsburg unterstützten den Kaiser, der nun als ungern gesehener Gast durch Reichsstädte und Klöster reiste. Erstmals seit 1477 traf er Ende 1485 in Aachen mit Maximilian zusammen. Friedrich III. wollte seine Tochter Kunigunde mit dem Herzog von Savoyen vermählen; Maximilian selbst sollte in zweiter Ehe die Schwester des Herzogs von Lothringen heiraten, um auf diese Weise Frankreich einzukreisen. Beide Habsburger betrieben nun die Wahl Maximilians zum römischen König, die am 16. 2. 1486 erfolgte. Erstmals seit Karl IV. erlebte es ein Kaiser, daß sein Sohn noch zu Lebzeiten zum Nachfolger gewählt wurde. Die Versöhnung Friedrichs mit Kurpfalz und die Belehnung des

Pfalzgrafen Philipp waren eine Voraussetzung dafür. Maximilian handelte jetzt in erster Linie im Sinn »burgundischer« Politik. Bereits Anfang 1486 vermittelte Sigmund zwischen den Eidgenossen und dem König; er betonte, wenn er Rückhalt bei den Eidgenossen finde, würde die Eroberung der Freigrafschaft und die Rückeroberung der an Ungarn verlorenen Erbländer erleichtert und die Vorlande geschützt. Maximilian bemühte sich seinerseits um ein Bündnis mit den Eidgenossen, denen er als Preis dafür sogar anbot, die vier Waldstädte am Rhein und Vorarlberg abzutreten[34]! Am 14. 9. 1487 kam es in Zürich zum Abschluß eines Bündnisses zwischen Maximilian und den sieben Orten Zürich, Bern, Uri, Unterwalden, Zug, Freiburg und Solothurn. Nur Schwyz und Glarus standen abseits; Maximilian war damit den Bayern zuvor gekommen. Trotz der Situation in Österreich reiste er in die Niederlande, um sie vor dem Angriff des neuen Königs Karls VIII. zu verteidigen. Nach einer Niederlage seiner Truppen kam es zum Aufstand, bei dem der junge König von Februar bis Mai 1488 in Brügge gefangengehalten wurde. Sein Sohn Philipp berief die Generalstände nach Mecheln. Friedrich III. verhängte die Reichsacht und erwirkte den päpstlichen Bann über die flandrischen Städte; er rief Maximilian zum Durchhalten auf und ersuchte das Reich und insbesondere den Schwäbischen Bund um Hilfe. Ende April rückte der alte Kaiser mit den Reichstruppen gegen die Aufständischen vor, die von Frankreich unterstützt wurden. Er weigerte sich, den von Maximilian bei der Freilassung unterzeichneten Vertrag anzuerkennen. In einem Brief dankte Maximilian Erzherzog Sigmund für seine Unterstützung und vermerkte eigenhändig unter seinem Bericht: *Frwntlicher lieber veter vnd vater, wyer kunen ewr liebde nicht genuegsam alczeit verdanken, die veterliche lieb, dy vnd ewr liebe fur meniklich bewysen haben vnd vns darmit van vnsern veinten erledigt hat*[35]. Die Solidarität der Angehörigen der Dynastie hielt in der Regel auch über die Krisenzeiten. Die Franzosen eroberten dennoch einen großen Teil der Niederlande, aber im Laufe des Jahres 1489 wendete sich das Blatt für Maximilian. Auf dem Frankfurter Reichstag kam es zum Friedensvertrag mit Frankreich. Es dauerte jedoch bis 1492, bis Gent sich endgültig unterwarf. Frankreich zog seine Unterstützung für die Aufständischen zurück, um Maximilian aus der Koalition mit Spanien und England herauszubrechen. Damit ebnete er den Weg für die Sicherung der Niederlande.

Ende 1489 hatte Friedrich III. noch einmal die Reichsstände und Herzog Sigmund zur Hilfe gegen Ungarn aufgefordert[36]. Nach dem Tod des Mathias Corvinus († 6. 4. 1490) konnten die Habsburger auch die österreichischen Erbländer zurückerobern. Maximilian nahm am 17. 9. 1490 Stuhlweißenburg ein, aber die ungarischen Stände hatten mittlerweile die Jagiellonen Wladislaw zum König gewählt. Im Preßburger Frieden von 1491 wurde die Herrschaft von König Wladislaw von Böhmen und Ungarn anerkannt und ein Erbvertrag für den Fall des Erlöschens der Linie geschlossen. Bereits Friedrich III. hatte 1486 mit dem Großfürsten Iwan III. von Moskau Kontakte aufgenommen, um ihn als Bündnispartner gegen die Jagiellonen zu gewinnen, die den Deutschen Orden 1466 im Thorner

---

34 B. BILGERI, Geschichte Vorarlbergs, Bd. 2: Bayern, Habsburg, Schweiz – Selbstbehauptung, Wien/Köln/Graz 1974, S. 253 und S. 495.
35 Wien, Haus-, Hof- und Staatsarchiv, Allg. Urkundenreihe 1488 Mai 29.
36 Regesten Kaiser Friedrichs III., Heft 4: Die Urkunden und Briefe aus dem Stadtarchiv Frankfurt, hg. von P.-J. HEINIG, Wien/Köln/Graz 1986, S. 473f., Nr. 1000.

Frieden gezwungen hatten, Polen den Lehenseid zu leisten. Auch Maximilian, der dem Hochmeister den Eid verbot, nahm bereits 1489 Kontakt mit den Russen auf, mit denen er am 17. 8. 1490 den gegen die Jagellionen gerichteten Moskauer Vertrag schloß. Er brachte sich auch für die Nachfolge in Schweden und Portugal ins Spiel. Sein großes Ziel, an der Spitze der Christenheit gegen die Türken zu ziehen, konnte er freilich nicht verwirklichen. Er bestätigte immerhin 1493 den von seinem Vater gegründeten Georgs-Ritterorden. In der Frage der Priorität eines Feldzuges gegen Ungarn oder Frankreich geriet Maximilian im Frühjahr 1491 mit dem Vater aneinander, der den Feldzug gegen Wladislaw von Böhmen und Ungarn verlangte, während der »Burgunder« Maximilian den Frankreichfeldzug vorzog. Der Kaiser hintertrieb daher die Versuche des Königs, von den Reichsständen Unterstützung zu erhalten. Angesichts der Verhältnisse im Westen sah Maximilian sich daher gezwungen, mit Sultan Bajezit II. Waffenstillstände abzuschließen; im Juli 1495 empfing er in Stams die erste türkische Gesandtschaft im Reich.

Inzwischen hatte Maximilian auch die englische Karte gegen Frankreich gespielt und sich mit Heinrich VII. von England verbündet. Ende 1490 heiratete er per procuram Anna, die Erbin der Bretagne. Als der mit Maximilians Tochter Margarete verlobte französische König Karl VIII. sich im Oktober 1491 mit Anna von der Bretagne vermählte, spitzten sich die Auseinandersetzungen mit Frankreich durch diesen »Bretonischen Brautraub« zu. Es drohte ein Zweifrontenkrieg der Habsburger mit Ungarn und Frankreich; auf dem Reichstag von Nürnberg verlangte Maximilian im März 1491 die doppelte Reichshilfe. Friedrich III. verbot Frankfurt die Abhaltung eines Reichstages, auf der seine Rechte durch eine Reichsreform beschnitten werden sollten, und kritisierte die aggressive Frankreich-Politik seines Sohnes und das Bretagne-Abenteuer, weil dies die angestrebte Einheitsfront der europäischen Herrscher und die Machtübernahme der Habsburger in Ungarn gefährdete. Commynes berichtet, daß der Kaiser in diesem Konflikt mit Frankreich vermittelt habe. In der Haltung zu den Eidgenossen kamen die Divergenzen zwischen Friedrich III. und seinem Sohn voll zum Ausbruch. Maximilian sah, wie Frankreich seine Kriege hauptsächlich mit eidgenössischen »Reisläufern« führte. Friedrich konnte es nie verwinden, »daß die Bildung eines autonomen Schweizer Staatswesens sich fast ausschließlich auf seine und seines Hauses Kosten vollzog. Gemäß seiner doktrinären Sinnesweise neigte er dazu, diese faktisch schon weit vorgeschrittene Entwicklung kurzerhand zu ignorieren«[37]. Maximilian zeigte sich hier aus seiner »burgundischen Perspektive« heraus entgegenkommender und war zu einer Anerkennung des Status quo bereit, wenn er dafür die Hilfe der Eidgenossen erhielt. Wo Friedrich III. »gotischer« in mittelalterlichen Mustern dachte, zeigte der Sohn sich bereits als flexibler Mensch der Renaissance, der je nach Situation die Fronten wechselte. Der Kaiser war besonders darüber empört, daß Maximilian angesichts der Rückschläge im Westen in Geheimverhandlungen mit den Fürsten wagte, den vom Vater dringend geforderten Ungarnfeldzug abzusagen[38]. Maximilian dachte eher aus burgundischer Position heraus, seine »Reichspolitik« wurde noch vom

---

37 E. BOCK, Die Doppelregierung Friedrichs III. und Maximilians 1486–1493, in: Aus Reichstagen des 15. und 16. Jahrhunderts (Schriftenreihe der historischen Kommission bei der Bayerischen Akademie der Wissenschaften 5), Göttingen 1958, S. 283–340, hier S. 303.
38 WIESFLECKER, Kaiser Maximilian I. (wie Anm. 26), S. 297 und HEINIG, Friedrich III. (wie Anm. 19), S. 11.

Vater behindert. Er haßte die Franzosen und zog nun mit österreichischen Kräften vom Elsaß in die Freigrafschaft Burgund und eroberte Besancon. Es gelang ihm dabei auch, die öffentliche Meinung im Reich für sich zu gewinnen, wobei auch nationale Untertöne zu hören waren. Sogar der Kaiser betonte, man müsse die französischen Anschläge auf *den Rainstram und teutsche land* energisch zurückweisen. König Karl, der längst den Einmarsch in Italien plante, erklärte sich nach seiner Niederlage bei Salins zum Frieden bereit, der am 23. 5. 1493 zu Senlis besiegelt wurde. Die Freigrafschaft Burgund und die Grafschaften Artois und Charolais fielen an die Habsburger, während Frankreich das Herzogtum Burgund und die Picardie behielt. Damit hatte Maximilian – der seine Tochter Margarete nach zehnjähriger Trennung zurückerhielt – das burgundische Erbe endgültig gesichert. Die Sicherung Burgunds war sicherlich der größte politische Erfolg seines Lebens.

Nach dem Tod seines Vaters übernahm Maximilian 1493 auch die Regierung des Reiches. Die zweite Hochzeit mit Maria Bianca, der Nichte des Mailänder Regenten Ludovico il Moro, eröffnete neue Aussichten in Italien. Gegenüber dem König von Frankreich meldete er Ansprüche auf das Herzogtum Burgund an. Bereits Friedrich III. hatte dem Prinzen von Egmont die Belehnung mit Geldern verweigert, das er als rechtmäßiges Erbe Karls des Kühnen ansah. Maximilian betrachtete das bereits von Karl dem Kühnen besetzte Geldern als notwendiges Verbindungsglied zwischen den »niederen Landen« und Burgund, um die Niederlande zu einem Gesamtstaat werden zu lassen. Allerdings standen den burgundischen Ansprüchen auf Geldern die der Herzogsfamilie von Egmond gegenüber, mit der Karl der Kühne und später die Habsburger sich auseinanderzusetzen hatten. Da die Herzöge von Kleve-Mark und Jülich-Berg seine geldrische Politik einer Ausweitung der burgundischen Macht in die Rheinlande unterstützten, sicherte Maximilian ihre Territorienverbindungen von Reichs wegen ab und stellte sie damit auf eine juristisch unangreifbare Grundlage (1485, 1486, 1496, 1509 und 1516). Geldern und die Herzogtümer Jülich-Berg und Kleve sollten Burgund, dessen Reichszugehörigkeit zumindest teilweise (Herzogtum Burgund) fraglich war, mit dem Reich verbinden. Herzog Wilhelm IV. von Jülich-Berg, der schon mit Karl dem Kühnen verbündet gewesen war und in den 1480er Jahren Maximilian unterstützt hatte, nahm auch an seiner Befreiung in Brügge teil, war im Juli 1494 in Maastricht und im Oktober in Mecheln bei Maximilian und wurde als sein und seines Sohnes Philipp Verbündeter am 28. 6. 1495 auf dem Reichstag zu Worms mit Jülich-Berg und Ravensberg belehnt[39]. Als französische Truppen 1492 in Flandern einfielen, konnte Karl von Egmond sich 1492 gegen die Habsburger als Herzog von Geldern durchsetzen. Der nun volljährig gewordene Herzog Philipp übernahm 1494 die Verwaltung der Niederlande, ohne jedoch von Maximilian belehnt zu werden, der ein Mitspracherecht behalten wollte. Aber auch später lehnte Philipp es ab, sich vom Reich belehnen zu lassen, nur für Geldern und Zutphen nahm er 1505 die Belehnung entgegen. Für Maximilian stand dagegen die Zugehörigkeit der burgundischen Länder zum Reich außer Frage[40]; für ihn trat allmählich die burgundische Tradition und Umwelt an Gewicht

---

39 Land im Mittelpunkt der Mächte. Die Herzogtümer Jülich-Kleve-Berg. Ausstellungskatalog, Kleve ²1984, S. 349, C 20 und Regesta Imperii XIV/1, hg. von H. WIESFLECKER, Wien/Köln 1990, S. 214, Nr. 1892 und S. 233, Nr. 2007.
40 H. WIESFLECKER, Maximilian I. Die Fundamente des habsburgischen Weltreiches, Wien 1991, S. 292f.

zurück; die habsburgisch-erbländische gewann wieder an Bedeutung[41]. Da Maximilian jedoch zögerte, die Erbfolge von Herzog Wilhelms einziger Tochter Maria von Reichs wegen anzuerkennen, arrangierte der Herzog sich 1499 nach französischer Vermittlung mit Karl von Egmond. Später besserte sich sein Verhältnis zu Maximilian wieder. Philipp verfolgte weder eine vorländische noch eine Reichspolitik; er betrachtete sich als Niederländer bzw. Burgunder. Maximilian wies auch die Vorschläge seines Sohnes zurück, Friesland mit den Niederlanden zu vereinigen; er wollte das Land der Reichspolitik dienstbar machen. Er war auch »seit langem der erste König gewesen, der die Reichshoheit im Norden wieder entschiedener in Erinnerung hatte bringen können«[42]. Nach Philipps Tod distanzierte sich seine Schwester Margarete als Statthalterin von der seit 1498 frankophilen Politik ihres Bruders und arbeitete auf die Rückeroberung des Herzogtums Burgund hin.

Auf dem Reichstag zu Worms erhob Maximilian 1495 Graf Eberhard im Bart – den er bereits 1492 in den Orden vom »Goldenen Vließ« aufgenommen hatte – zum Herzog von Württemberg[43]. Als dessen Erbe sich als unfähig erwies und die Stände ihn zu Hilfe riefen, setzte Maximilian den jungen Herzog Ulrich ein, der im Vertrag von Horb 1498 die unentgeltliche Rückstellung des Reichspfandes Achalm und die Bezahlung des »Gemeinen Pfennigs« gelobte; im Schweizerkrieg und im bayerisch-pfälzischen Erbfolgekrieg erwies Ulrich sich als verläßlicher Bündnispartner. Kurfürst Philipp von der Pfalz suchte Maximilian durch die Rückgabe der Landvogtei im Elsaß zu gewinnen, ohne ihn aber dauerhaft an sich binden zu können.

Angesichts der latenten Bedrohung Burgunds durch Frankreich entwickelte Maximilian nach Aufnahme seiner Spanienpolitik seinen »großen Plan« einer Einkreisung Karls VIII., der 1494 seinen Eroberungszug gegen Italien unternahm. Bereits 1487 hatte Maximilian um die Hand Isabellas, der ältesten Tochter Ferdinands von Aragon und Isabellas von Kastilien angehalten, um Frankreichs Aktivitäten von den Niederlanden abzulenken. Er plante, eine »Heilige Liga« der europäischen Mächte gegen Frankreich aufzubauen. Der wichtigste Bündnispartner war diesbezüglich Spanien, das durch die Ehe Ferdinands des Katholischen mit Isabella von Kastilien entstanden war und durch die Eroberung Granadas und die Entdeckungsfahrt des Kolumbus zu einer aufstrebenden Großmacht wurde. Bereits Karl der Kühne war mit Aragon verbündet gewesen. Maximilian verfolgte auch in dieser Frage in erster Linie die »burgundische Perspektive«. Nachdem Karl VIII. die Habsburgertochter Margarete verstoßen hatte, wurde diese nun für weitere Projekte frei. Die Heiratsverhandlungen, die bereits 1486/87 begonnen hatten, rückten nach dem Einfall Karls VIII. 1494 in Italien in ein entscheidendes Stadium.

Anfang 1495 unterzeichnete Maximilian in Antwerpen die Vorverträge. Ferdinand und Isabella wünschten eine Doppelhochzeit zwischen Juan und Margarete und Philipp und Juana. Da es noch andere Erbanwärter gab, war damals noch nicht abzusehen, daß die Habsburger Könige von Spanien werden würden. Angesichts der französischen Erfolge in Italien kam es Ende März 1495 in Venedig zum Abschluß der Heiligen Liga zwischen Venedig, Mailand, Spanien und Maximilian. Mit Hilfe der Liga wollte Maximilian die

---

41 R. BUCHNER, Maximilian I., Kaiser an der Zeitenwende, Göttingen ²1970, S. 34.
42 WIESFLECKER, Kaiser Maximilian I. (wie Anm. 26), Bd. 1, S. 382.
43 Ebenda Bd. 5, München 1986, S. 15.

Reichsrechte in Italien wieder herstellen und Frankreich vernichten – sein »großer Plan«, mit dem er das Werk Karls des Kühnen vollenden wollte. Aber es kam anders. Maximilian wurde auf dem Wormser Reichstag 1495 so lange festgehalten, daß Karl VIII. sich ungestört aus Italien zurückziehen konnte. Die auf 25 Jahre geschlossene Heilige Liga löste sich auf. Maximilian versuchte, das Herzogtum Burgund zurückzuerobern, aber sein in den Niederlanden völlig unabhängig regierender Sohn Philipp schloß am 20. 7. 1498 mit dem neuen französischen König Ludwig XII. Frieden und verzichtete auf das Herzogtum Burgund. Auch Spanien schloß mit Frankreich Frieden, ohne sich um Maximilian zu kümmern, der nun versuchte, das Herzogtum Geldern endgültig zu erobern. Während dieses Feldzuges erreichte ihn jedoch die Nachricht vom Ausbruch des »Schweizerkrieges«. 1500 wurde Maximilians Enkel Karl, der spätere Kaiser und König von Spanien, geboren. Für Philipp den Schönen trat ab 1500 die spanische Erbschaft in den Vordergrund. Maximilian dachte nun wieder an die »Heilige Dreieinigkeit« Habsburgs, Spaniens und Englands gegen Frankreich und faßte eine Hochzeit seiner Enkel Karl und Eleonore mit Heinrich (VIII.) und Maria, den Kindern Heinrichs VII. von England, ins Auge; 1501 vermählte er seine Tochter Margarete mit Herzog Philibert von Savoyen, um die Franzosen beim Übergang über die Alpen in Schach halten zu können.

Es gelang Maximilian auch, einflußreiche Intellektuelle für seine Politik zu gewinnen. Jakob Wimpfeling, Johannes Reuchlin, Willibald Pirckheimer und Sebastian Brant unterstützten seine Reformpolitik; Thomas Murner verfaßte eine Flugschrift gegen die Eidgenossen. Die Reformgesetze des Reichstages zu Worms hätten die Eidgenossen enger an das Reich binden sollen. Allerdings hatte Friedrich III. sie vergrämt, weil er sie oft zu den Reichstagen nicht eingeladen hatte. Maximilians Verhältnis zu ihnen war flexibler; die Konfliktpunkte stammten häufig aus der Vergangenheit und wurden durch die Hetzpolitik der geächteten Räte und die Tiroler Verwaltung und Vertreter des Schwäbischen Bundes geschürt. Maximilian versuchte immer wieder, die Eidgenossen zu Freunden zu gewinnen und ihr Kriegspotential auszunutzen[44]. 1495 schlossen die meisten Schweizer Orte ein Bündnis mit Karl VIII. von Frankreich, dessen Einfall in Italien sie unterstützten. Auf dem Reichstag zu Worms wurde darüber beraten, wie die Eidgenossen und Friesländer *mit füg dazu zu bringen weren, sich den andern gleichmessig zu halten*[45]. Sie lehnten jedoch den ewigen Landfrieden, die Zuständigkeit des neuen Reichskammergerichts und vor allem die Steuer des »Gemeinen Pfennigs« ab. Sie wollten auch weiterhin eine souveräne Außenpolitik betreiben und verweigerten jede Verpflichtung gegenüber dem Reich[46]. Maximilian soll sie gegenüber dem venezianischen Gesandten wie sein Schwiegervater als *wilde Tiere und Bergbauern ohne Vernunft* bezeichnet haben. Besonders die Reichsstadt

---

44 K. MOMMSEN, Eidgenossen, Kaiser und Reich (Basler Beiträge zur Geschichtswissenschaft 72), Basel/Stuttgart 1958, S. 277ff.; vgl. dazu P. MORAW, Reich, König und Eidgenossen im späten Mittelalter, in: Jahrbuch der historischen Gesellschaft Luzern 4 (1986), S. 15–33.
45 Deutsche Reichstagsakten, Mittlere Reihe, Maximilian I., Bd. 5: Reichstag zu Worms 1495, hg. von H. ANGERMEIER, Göttingen 1981, S. 1463.
46 P.-J. HEINIG, Friedrich III., Maximilian I. und die Eidgenossen, in: P. RÜCK/H. KOLLER (Hgg.), Die Eidgenossen und ihre Nachbarn im Deutschen Reich des Mittelalters, Marburg 1991, S. 267–293, hier S. 270.

Rottweil wandte sich als »zugewandter Ort« gegen die Forderungen des Reichskammergerichtes. »Gestattete man den Rottweilern ihre »Eidgenossenschaft«, so reichte die Schweiz bis in das Herz Schwabens, und der ganze bäuerliche und städtische Südwesten konnte früher oder später verloren gehen«[47]. Die kleineren Puffer zwischen den Eidgenossen und Habsburg wurden zum Teil zerrieben. Konstanz wehrte sich lange, dem »Schwäbischen Bund« beizutreten, da das Landgericht im Thurgau der Stadt gehört hatte, die es sich mit den Eidgenossen nicht verscherzen wollte. 1482 verlangten die Eidgenossen von der Bodenseestadt den Abschluß eines Bündnisses[48]. Nach massivem Druck von Seiten Maximilians beschwor der Rat 1497, beim Reich zu bleiben. Ende 1498 trat Konstanz auch dem »Schwäbischen Bund« bei[49]. Die Eidgenossen erschienen zwar auf dem Reichstag zu Freiburg 1498, lehnten aber jede Drohung mit der Reichsgewalt ab. Angesichts der bevorstehenden Bedrohung Mailands durch die Franzosen wollte das Innsbrucker Regiment Teile des Churer Kirchenlandes besetzen, um eine direkte Verbindung zwischen Mailand und Tirol herzustellen. Willibald Pirckheimer hat in seinem »Schweizerkrieg« den Verlauf des letzten Krieges zwischen Habsburg und den Eidgenossen beschrieben. In allen Schlachten setzte sich das eidgenössische Aufgebot gegen die Reichsarmee durch. Der »letzte Ritter« mußte zur Kenntnis nehmen, daß in der Schlacht an der Calven durch die Flucht der Ritter etwa 4000 Bauern niedergemetzelt wurden. Der Krieg machte vor aller Welt deutlich, daß das Reich nicht mehr stark genug war, um die Eidgenossen zu unterwerfen[50]. Auch von den Verbündeten wurde der Krieg eher als ein hauspolitisch territorialer zwischen Österreich bzw. dem Schwäbischen Bund und den Eidgenossen als ein Reichskrieg angesehen, zumal die Eidgenossen sich hüteten, Konstanz anzugreifen. Sie wehrten sich auch konsequent gegen den Vorwurf, Reichsfeinde zu sein. Angesichts der katastrophalen Entwicklung der Verhältnisse in Italien, wo die Franzosen Mailand eroberten und Ludovico il Moro gefangennahmen, entschloß sich Maximilian zum Frieden, durch den der Status quo anerkannt wurde: Die Eidgenossenschaft gehörte zwar formal noch zum Reich, war de facto aber ein unabhängiger Staat geworden. Niemand hinderte etwa Basel als Reichsstadt oder Schaffhausen daran, sich bald darauf der Eidgenossenschaft anzuschließen. 1507 erkannte Maximilian I. die eidgenössischen Privilegien an, und 1511 wurde die »Ewige Richtung« und die Erbvereinigung von 1477 unter ausdrücklicher Bestätigung des Status quo erneuert. Helmut Maurer hat in seiner Arbeit über »Schweizer und Schwaben« nachgezeichnet, wie man sich auf beiden Seiten des Rheins auseinandergelebt hatte[51].

Im Gegensatz zu seinem Vater hatte Maximilian etwas von einem renaissancehaften Condottiere an sich, der zu viele Dinge zugleich anging und nicht konsequent in eine Richtung arbeitete. Dies bemerkte auch Machiavelli, der Maximilian als Gesandter von

---

47 WIESFLECKER, Kaiser Maximilian I. (wie Anm. 26), Bd. 2, S. 324.
48 P. F. KRAMML, Die Reichsstadt Konstanz, der Bund der Bodenseestädte und die Eidgenossen, in: RÜCK/KOLLER (wie Anm. 46), S. 295–328, hier S. 315f.
49 H. MAURER, Konstanz im Mittelalter, Bd. 2: Vom Konzil bis zum Beginn des 16. Jahrhunderts, Konstanz 1989, S. 218–222.
50 O. FEGER, Geschichte des Bodenseeraumes, Bd. 3: Zwischen alten und neuen Ordnungen, Sigmaringen ²1981, S. 345.
51 H. MAURER, Schweizer und Schwaben. Ihre Begegnungen und ihr Auseinanderleben am Bodensee im Spätmittelalter, Konstanz 1991.

Florenz in Konstanz (1507) und Innsbruck (1508) besuchte und bemerkte, daß er leicht umzustimmen sei. *Die Folge davon ist, daß er das, was er an einem Tag tut, an anderen wieder zunichte macht; und daß man nie weiß, was er tun will oder was er zu tun beabsichtigt, und daß man sich auf seine Entscheidungen nicht verlassen kann*[52]. Im gleichen »Principe« stellt er Ferdinand von Aragon als Musterbeispiel eines entschlossenen und tatkräftigen Herrschers hin. Zu Beginn des neuen Jahrhunderts war das Reich nach der Niederlage im Schweizerkrieg und der Eroberung Mailands auf einem Tiefpunkt seines inneren und äußeren Ansehens und Einflusses gelangt. Der »große Plan« Maximilians war ebenso gescheitert wie der Versuch seiner Reichsreform, der das Funktionieren der königlichen Macht verbessern sollte; durch das Reichsregiment war er sogar im Reich selbst weitgehend entmachtet.

Will man in aller Kürze ein Resümee über die Westpolitik der Habsburger in der 2. Hälfte des 15. Jahrhunderts ziehen, so lassen sich etwa drei Entwicklungsstufen oder Paradigmenwechsel feststellen: Albrecht VI. und Herzog Sigmund setzten nach dem Ende des Zürichkrieges die traditionelle »regionale« Politik der Habsburger fort, ihre Hausmacht in Schwaben und am Oberrhein auszubauen. Irgendwelche übergeordneten Gesichtspunkte lassen sich in ihrer Politik nicht erkennen. Ihnen ging es darum, den Familienbesitz von Tirol bis zur Schwäbischen Alb zu einem Ganzen zusammenzufassen; sie betrieben eine süddeutsche Politik. Kaiser Friedrich III. suchte ebenfalls die dynastischen Ziele der Habsburger zu unterstützen; es kam jedoch hier immer wieder zu einer Interferenz mit den Reichsinteressen, die er in konservativer Weise verteidigte und dabei auch in Kauf nahm, wichtige potentielle Ressourcen wie etwa die Kurpfalz nicht nutzen zu können. Sein Blick umfaßte das Reich und die Chancen der Hausmacht von den Niederlanden bis nach Ungarn oder Mailand; er betrieb Reichspolitik im bereits auf die »Deutsche Nation« geschrumpften Reich. Häufig spielten die Habsburger auch ein Spiel mit verteilten Rollen, vor allem gegenüber der Eidgenossenschaft. Erst unter Friedrich III. wurden die Eidgenossen in das Lager der Opposition gegen dessen Politik gedrängt; Maximilian versuchte sie wieder mehr an das Reich zu binden und ließ sich weniger von den Konflikten der Vergangenheit bewegen als sein Vater. Es kam aber auch zu Interessenskonflikten zwischen Reichsinteressen und Hausmachtsinteressen. Die burgundische Hochzeit wurde von Friedrich ins Auge gefaßt, um mit Hilfe Burgunds die Eidgenossen in Schranken zu halten. Letztlich eröffnete sie jedoch Habsburg den Aufstieg zur Großmacht. Bei Maximilian I. spielten die Hausmachtsinteressen ab 1493 nur noch eine untergeordnete Rolle. Er verfolgte in erster Linie die burgundische Perspektive der Einkreisung Frankreichs weiter, die er mit der Reichsperspektive zu verbinden versuchte. Von den Vorlanden und den Niederlanden aus übte er stärkeren Einfluß im Rheinland aus (Geldern, Jülich, Kleve). Er wehrte sich auch gegen den Versuch der Reichsreformer um Bertold von Henneberg, die Niederlande stärker dem Reichsregiment zu unterstellen. Nach dem Tode seines Vaters gewannen die Reichsinteressen eine noch größere Bedeutung für ihn. Er verstand sich als Nachfolger Karls des Kühnen und Friedrichs III.; bei einer Abwägung der Machtmittel ergab sich, daß Burgund – vor allem im ökonomischen Bereich – bedeutender war als das Reich, hatte doch Karl der Kühne etwa das Zwanzig-

---

52 N. MACHIAVELLI, Il Principe, Stuttgart 1991, S. 185f., Nr. XXIII.

fache an Einnahmen gehabt wie der Kaiser aus den Reichssteuern. Seit der spanischen Hochzeit war seine Politik stärker von der habsburgischen globalen und dynastischen Perspektive geprägt als von den Erfordernissen des Reiches, dessen grundlegende Reform auch ihm nicht gelungen war. Er betrieb eine globale Politik, die auch die spanischen Kolonien in seine Überlegungen einbezog. Im Juli 1493 beauftragte er den Nürnberger Arzt Hieronymus Münzer, dem portugiesischen König Johann II. brieflich zu empfehlen, von Portugal aus in Richtung Westen den Seeweg nach Asien *(das sehr reiche östliche Cathay)* zu suchen. Den legendären Priester-Johannes-Brief vom angeblichen christlichen Reich im Rücken des Islam ließ er in das »Ambraser Heldenbuch« aufnehmen. In seinem Gebetbuch waren Bilder von Indianern und Orientalen, Affen und Kamelen von der Hand Dürers. Nach der Fahrt Vasco da Gamas erhielt er einen Brief von König Manuel von Portugal – den er 1516 in den Orden vom Goldenen Vließ aufnahm –, der ihm mitteilte, daß die Portugiesen die äthiopischen und indischen Völker gefunden hätten; in Äthiopien lebe ein christliches Volk unter dem seit langem gesuchten Priester Johannes und auch in Indien gebe es Christen, die von den Muslimen von der christlichen Gemeinschaft abgetrennt worden seien[53]. Als sein Gesandter Serntein sich 1502 sträubte, nach Frankreich zu gehen, sagte er ihm, er müsse sogar bereit sein, nach *Kalykut* zu gehen, das weiter sei als Jerusalem. Den Nürnberger Kartografen und Seefahrer Martin Behaim bezeichnete Maximilian als den weitest gereisten Bürger seines Reiches[54]. 1505 erteilte er den Deutschen, die nach Indien gingen, ein Empfehlungsschreiben an die Großfürsten Indiens. Daß er in seinem Triumphzug (1518) die *kalikutischen Leut* mitmarschieren ließ und hier und in der *Ehrenpforte* Ansprüche auf über 1500 Inseln vor der Ostküste Asiens erhob[55] – die sein Enkel Karl V. noch im Titel führte –, zeigt die Weite seines Horizontes. Allerdings verfügte er nicht über die Ressourcen, um eine derartige »globale« Politik führen zu können. Immerhin hatte sich der politische Horizont der Habsburger in der zweiten Hälfte des 15. Jahrhunderts vom Bodensee und vom Oberrhein über Burgund und die Niederlande bis zu den *kalikutischen Leut* und nach Südamerika geweitet. Die regionale Perspektive der Habsburger von 1450 hatte sich 1500 zur globalen vergrößert; neue Konsequenzen ergaben sich daraus. Hatten Albrecht VI. und Sigmund vor allem mit den Eidgenossen, Burgund, Kurpfalz, Bayern, Württemberg, Baden und Mailand zu tun, so waren Frankreich, der Papst, Ungarn und Moskau die Adressaten der Bündnispolitik Friedrichs III., während Maximilian auch England, Portugal, Schweden, Moskau, die Türkei und Spanien in seine politischen Pläne einbezog. Von Österreich und vom Ober-

---

53 P. KRENDL, Ein neuer Brief zur ersten Indienfahrt Vasco da Gamas, in: Mitteilungen des Österreichischen Staatsarchivs 33 (1980), S. 1–21 und Wilhelm BAUM, Die Verwandlungen des Mythos vom Reich des Priesterkönigs Johannes, Klagenfurt 1999, S. 285.
54 P. MALEKANDATHIL, The Germans, the Portuguese and India (= Periplus Parerga 6), Münster-Hamburg–London 1999, S. 28.
55 H. KLEINSCHMIDT, Der Anspruch auf »Kalikutische Leut«. Der Weltherrschaftsgedanke Maximilians I., in: Damals 32 (2000), S. 42–48. Vgl. dazu Hispania Austria. Kunst um 1492. Die katholischen Könige, Maximilian I. und die Anfänge der Casa de Austria in Spanien, Milano 1992 (Ausstellungskatalog Ambras 1992), S. 325f., Nr. 137. Hans Burgkmairs Holzschnitt der »kalikutischen leut« geht zurück auf die Holzschnitte des Meisters in der »Merfahrt« des Tirolers Balthasar Springer; vgl. dazu: A. ERHARD/E. RAMMINGER, Die Meerfahrt. Balthasar Springers Reise zur Pfefferküste, Innsbruck 1998, S. 74f.

rhein weitete sich die Perspektive zum Balkan, dem Orient und zur neuen Welt. Eine Untersuchung über die Verschiebungen im Mäzenatentum der Habsburger in der zweiten Hälfte des 15. Jahrhunderts dürfte diesen Befund untermauern. Maximilian konnte alle seine Pläne unmöglich realisieren, da das Reich ihm nicht die dazu notwendigen Ressourcen bot; auch er war wie Sigismund von Luxemburg und Friedrich III. ein »überforderter« Kaiser. Diese Schwächung der Reichsgewalt wurde auch von den anderen Mächten Europas wahrgenommen; der Kaiser war nicht mehr von vornherein der erste Feldherr der Christenheit gegen die Bedrohung durch den Islam. In das Geschehen im Orient vermochten die Kaiser des späten Mittelalters kaum noch einzugreifen; hier hatten ihnen die spanischen und italienischen Seemächte längst den Rang abgelaufen. Das Kaisertum wurde zu einer mitteleuropäischen Macht, die außerhalb von Mitteleuropa nur noch ein ganz »normaler« Bündnispartner sein konnte. Durch die burgundische und die spanische Heirat ergab sich jedoch erstmals die Aussicht auf eine globale Politik. Die deutschen Territorialfürsten hatten für derartige Fragen jedoch kein Verständnis. Auch eine Reichsreform war für sie nur insofern interessant, als ihr Einfluß auf die Reichsregierung gestärkt wurde. An der Einführung einer Reichssteuer oder dem Aufbau einer Zentralverwaltung hatten sie kein Interesse. Maximilian mußte sich trotz aller Pläne mit den Verhältnissen abfinden. Er wandte sich jeweils der Frage zu, die ihm im Augenblick am ehesten lösbar schien. Der konsequente Ausbau der habsburgischen Stellung in Schwaben war jetzt zu Ende, da andere Fragen wie der Türkenkrieg, das Hegemoniestreben Frankreichs, der Kampf um die Vorherrschaft in Italien, das böhmisch-ungarische Erbe und das Gleichgewicht in Europa wichtiger wurden. Gleichzeitig aber ging der universalistische Anspruch des mittelalterlichen Kaisertums verloren; das Reich war eine »normale« Macht im Konzert der europäischen Mächte geworden. Die Habsburger erwarben zwar auch in den nächsten Jahrhunderten noch einzelne Gebiete in Schwaben und am Oberrhein, aber letztlich war die »vorländische Perspektive« angesichts der globalen politischen Fragen zu einem Nebengleis der globalen Politik geworden.

Wie ich mich in disen dingen halten solle? Die Reaktion der Reichsstände am Bodensee auf die Belagerung von Neuss durch den Herzog von Burgund 1474/75

VON RAINER BRÜNING

Et ainsi ceste armée s'appresta de la part d'Allemaigne, qui fut merveilleusement grande, et tant qu'il est presque increable[1]
(Philippe de Commynes)

Bei einer deutschen Stadt lebte einmal ein großer Bär, der viel Unglück anrichtete. Drei wackere Gesellen, leider in Geldverlegenheiten, aßen und tranken bei ihrem Wirt noch einmal nach Herzenslust auf Kredit, denn sie hatten beschlossen, gleich am nächsten Tag den Bären zu fangen und mit seinem Fell all ihre Schulden auf einmal zu bezahlen. Gesagt, getan. Doch kaum hatten sie das gewaltige Untier erblickt, so nahmen sie sogleich Reißaus. Der eine lief zur Stadt zurück, der andere kletterte auf einen Baum, der dritte wurde vom Bären gepackt, ließ sich jedoch geistesgegenwärtig auf die Erde fallen und stellte sich tot. Denn man muß wissen, daß ein Bär einem leblosen Körper nichts zu leide tut, selbst wenn er ihm diesmal seine Schnauze dicht an das Ohr setzte. Hinterher von seinen Freunden befragt, was der Bär ihm denn zugeflüstert habe, antwortete der Geselle: Er hat mir gesagt, ich solle niemals mit einer Bärenhaut zu Markte gehen, bevor das Tier getötet sei. – So oder so ähnlich lautete die berühmte Antwort Kaiser Friedrichs III. an den französischen Gesandten, der mit großen Bündnisversprechungen zu ihm ins Feldlager vor Neuss gekommen war. Und sollte die Geschichte auch nicht ganz wahr sein, so hat sie der Berater Ludwigs XI., Philippe de Commynes, doch gut erfunden[2]. Wir wissen ja spätestens seit den leider unvollendet gebliebenen Untersuchungen von Karl Bittmann aus den 1960er Jahren, daß wir dem Verfasser der sogenannten *Memoiren* – ein wahrhaft schillernder Begriff – nicht alles glauben dürfen[3]. Tatsächlich müssen wir uns aber zugleich vor einem falschen Maßstab hüten, wenn wir ein literarisches Werk nur mit den

---

1 Ph. de COMMYNES, Mémoires, hg. von J. CALMETTE, Bd. 2, Paris 1965, S. 12–13; in deutscher Übersetzung: DERS., Memoiren, hg. v. F. ERNST, Stuttgart 1972.
2 Vgl. COMMYNES, Mémoires (wie Anm. 1), Bd. 2, S. 21.
3 Vgl. K. BITTMANN, Ludwig XI. und Karl der Kühne. Die Memoiren des Philippe de Commynes als historische Quelle (Veröffentlichungen des Max-Planck-Instituts für Geschichte 9), 3 Bde., Göttingen 1964–70.

groben Instrumenten des Historikers sezieren wollen. Frédérique Chabaud konnte in ihrem Beitrag in der *Francia* 1992 überzeugend darlegen, daß die Memoiren nicht so sehr den Regeln einer Chronik, sondern vielmehr denen eines Fürstenspiegels gehorchen[4].

Die Belagerung von Neuss markierte eine Wende. Viel hatten seine Bürger dabei ertragen müssen. Mochten auch die burgundischen Hofhistoriographen, nach dem Tode des bewunderten Georges Chastellain im Februar bzw. März 1475 vor allem Jean Molinet, die Siege und den Ruhm ihres Herren in den Himmel heben, das übersteigerte ritterliche Gebaren Karls des Kühnen sollte schließlich seinen eigenen Untergang herbeiführen. Selbst Molinet mag die unheilvolle Wendung des Glücksrades am Ende zu denken gegeben haben, mußte er doch bald den Ruhm seines neuen Herren, des Erzherzogs Maximilian besingen[5]. Einen fernen Abglanz des Prunks und der Pracht, die der große Herzog des Abendlandes vor Neuss im Angesicht seiner zahllosen Feinde entfaltete, vermitteln noch heute die in Bern aufbewahrten Reste der Beute von Grandson. Die burgundische Belagerungsarmee mochte wohl an die 20 000 Mann umfassen. Das ihr gegenüberliegende, tatenlos verharrende Reichsheer kam zum Staunen der Welt auf gut dreimal soviel. Karls entscheidender Fehler war vom scharfsichtigen Commynes bald erkannt worden, denn der eitle Starrsinn des Herzogs ermöglichte es Ludwig XI. – der großen Spinne – auf der Brücke von Picquigny den englischen König, der sich von seinem Verbündeten im Stich gelassen fühlte, mit guten Worten und goldenen Geschenken zur Rückkehr auf seine Insel zu bewegen. Karl hatte seine Kräfte überspannt, als er sich zugunsten des abgesetzten Erzbischofs Ruprecht, eines Bruders des Pfalzgrafen Friedrich des Siegreichen, zu stark in der Kölner Stiftsfehde engagierte. Mag sein, daß er nun mit Gewalt seinen Anspruch auf die Königskrone vortragen wollte, die im Jahr zuvor zum Greifen nahe gewesen war, bis Friedrich III. mit seiner überstürzten Abreise aus Trier am 25. November 1473 alles wieder zunichte machte. Diesem schon von seinen Zeitgenossen gemeinhin als tatenarm verspotteten Kaiser gelang es indessen, seine Ziele durchzusetzen und seinen Sohn Maximilian schließlich mit der einzigen Tochter Karls, Maria von Burgund, zu verheiraten. Welchen Sinn hätte es gehabt, vor Neuss den Vater der künftigen Schwiegertochter zu erschlagen, die die glänzendste Partie in der ganzen Christenheit war. Erfolg war ebenfalls der habsburgischen Propaganda beschieden: Sie führte zum ersten Mal den Kampfbegriff der *Deutschen Nation* ein, die es ausgerechnet vor einem Städtchen am Niederrhein gegen die *Welschen* zu verteidigen gelte. Ob damit wirklich das Erwachen eines wie auch immer gearteten deutschen Nationalgefühls verbunden war, kann hier dahingestellt bleiben[6].

4   Vgl. F. CHABAUD, Les »Mémoires« de Philippe de Commynes: un »miroir aux princes«?, in: Francia 19/1 (1992), S. 95–114; J. BLANCHARD, Commynes l'européen. L'invention du politique, Genf 1996.
5   Vgl. M. ZINGEL, Frankreich, das Reich und Burgund im Urteil der burgundischen Historiographie des 15. Jahrhunderts (Vorträge und Forschungen, Sonderband 40), Sigmaringen 1995; J.-M. CAUCHIES, Louis XI et Charles le Hardi. De Péronne à Nancy (1468–1477): Le conflit, Brüssel 1996, S. 83–102.
6   Vgl. C. SIEBER-LEHMANN, Spätmittelalterlicher Nationalismus. Die Burgunderkriege am Oberrhein und in der Eidgenossenschaft (Veröffentlichungen des Max-Planck-Instituts für Geschichte 116), Göttingen 1995; G. HIMMELSBACH, Die Renaissance des Krieges. Kriegsmonographien und das Bild des Krieges in der spätmittelalterlichen Chronistik am Beispiel der Burgunderkriege, Zürich 1999; H. MÜLLER, »Von welschem Zwang und welschen Ketten des Reiches Westmark zu erretten«. Burgund und der Neusser Krieg 1474/75 im Spiegel der deutschen Geschichtsschreibung von der Weimarer Zeit bis in die der frühen Bundesrepublik, in: B. DIETZ u. a. (Hgg.), Griff nach dem Westen. Die »Westforschung« der völkisch-nationalen Wissenschaften zum nordwesteuropäischen Raum (1919–1960) (Studien zur Geschichte und Kultur Nordwesteuropas 6), Münster 2003, S. 137–184.

Im folgenden wird die sattsam bekannte Geschichte der berühmten Belagerung von Neuss nicht noch einmal nacherzählt werden[7]. Auch interessiert nicht so sehr die europäische und nationale Wetterlage oder das Gebaren der bedeutenden Persönlichkeiten auf der Bühne der Haupt- und Staatsaktionen[8]. Vielmehr soll im kleinen Maßstabe versucht werden, auf Spurensuche zu gehen: Welche Wellen bringt ein spätmittelalterliches Großereignis am Niederrhein im fernen Bodensee zum Kräuseln? Was läßt sich über das Verhalten der eher schwachen und unbedeutenden Reichsstände herausfinden? Wie vermochten sie sich im Umfeld der habsburgischen Expansion zu behaupten und was bedeutete die Jagd auf den großen Bären für ihre Untertanen, den vielberufenen Gemeinen Mann? Im Mittelpunkt der Untersuchung stehen das Kloster Salem und die Stadt Überlingen als Vorort des Städtebundes am Bodensee.

Die Quellenlage ist schwierig, aber nicht hoffnungslos. Wir müssen uns auf ein Exemplum beschränken, wobei uns zwei Glücksfälle im Generallandesarchiv Karlsruhe zu Hilfe kommen: Das Missivenbuch des Abtes Johannes I. Stantenat von Salem im Umfang von 70 Blatt aus den Jahren 1473–1484[9] und fünf Überlinger Brief- und Protokollbücher des Städtebundes am Bodensee der Jahre 1471–1475 mit einem Gesamtumfang von 332 Blatt[10]. Sie ermöglichen besser als die ebenso herangezogenen verstreuten Urkun-

---

7 Vgl. W. JANSSEN, Die niederrheinischen Territorien im Spätmittelalter, in: Rheinische Vierteljahrsblätter 64 (2000), S. 45–167; B. M. WÜBBEKE, Die Stadt Köln und der Neusser Krieg 1474/75, in: Geschichte in Köln 23 (1988), S. 35–64; J. LANGE u. a., Neuss, Burgund und das Reich (Schriftenreihe des Stadtarchivs Neuss 6), Neuss 1975; H. DIEMAR, Die Entstehung des deutschen Reichskrieges gegen Herzog Karl den Kühnen von Burgund, Marburg 1896; E. Wülcker (Hg.), Urkunden und Acten betreffend die Belagerung der Stadt Neuss am Rhein (1474–1475) (Mitteilungen aus dem Frankfurter Stadtarchive. Neujahrsblatt des Vereins für Geschichte und Altertumskunde zu Frankfurt am Main), Frankfurt/M. 1877; A. ULRICH (Hg.), Regesten zur Geschichte der Belagerung von Neuss 1474–1475, in: Mitteilungen aus dem Stadtarchiv von Köln 8 (1885), S. 1–36; DERS. (Hg.), Acten zum Neusser Kriege 1474–1475, in: Annalen des Historischen Vereins für den Niederrhein 49 (1889), S. 1–191. Vgl. aus der Masse der Schweizer Chroniken z. B. die des Hans Knebel, Kaplan am Münster zu Basel, in: Basler Chroniken, hg. von der Historischen und Antiquarischen Gesellschaft in Basel, Bd. 2, Leipzig 1880.
8 Vgl. B. SCHNERB, L'état bourguignon 1363–1477, Paris 1999; D. RÉGNIER-BOHLER (Hg.), Splendeurs de la cour de Bourgogne. Récits et chroniques, Paris 1995; Vorderösterreich – nur die Schwanzfeder des Kaiseradlers? Die Habsburger im deutschen Südwesten, hg. vom Württembergischen Landesmuseum Stuttgart, Stuttgart 1999; F. QUARTHAL/G. FAIX (Hg.), Die Habsburger im deutschen Südwesten. Neue Forschungen zur Geschichte Vorderösterreichs, Stuttgart 2000; M. SCHAAB u. a. (Hgg.), Handbuch der baden-württembergischen Geschichte, Bd. 1, Teil 2, Stuttgart 2000; P.-J. HEINIG, Kaiser Friedrich III. (1440–1493). Hof, Regierung und Politik (Beihefte zu J. F. Böhmer, Regesta Imperii 17), 3 Bde., Köln 1997. Vgl zur Militärgeschichte Ph. CONTAMINE, La guerre au Moyen Age (Nouvelle Clio 24), Paris 1980; G. ORTENBURG, Waffe und Waffengebrauch im Zeitalter der Landsknechte, Koblenz 1984 (Heerwesen der Neuzeit 1,1); S. FIEDLER, Kriegswesen und Kriegführung im Zeitalter der Landsknechte (Heerwesen der Neuzeit 1,2), Koblenz 1985; V. SCHMIDTCHEN, Kriegswesen im späten Mittelalter. Technik, Taktik, Theorie, Weinheim 1990. Vgl. als beispielhafte Quelle für die Organisation eines Krieges GLA 67/873, dazu F. VON WEECH, Das Reißbuch anno 1504. Die Vorbereitungen der Kurpfalz zum bairischen Erbfolgekriege, in: ZGO 26 (1874), S. 137–264.
9 GLA 98/4117.
10 GLA 67/1396–1400. Vgl. H. ROTH VON SCHRECKENSTEIN, Der Bund der Städte Überlingen, Lindau, Ravensburg, Wangen und Buchhorn 1470–1475, in: ZGO 22 (1869), S. 225–256; P. F. KRAMML, Kaiser Friedrich III. und die Reichsstadt Konstanz (1440–1493). Die Bodenseemetropole am Ausgang des Mittelalters (Konstanzer Geschichts- und Rechtsquellen 29), Sigmaringen 1985, S. 495–496.

den und vereinzelten Einträge in den Chroniken die Rekonstruktion, ja eine dichte Beschreibung der tatsächlich ablaufenden Geschehnisse, der Verhandlungen und Entscheidungsprozesse. Bleibt daran zu erinnern, daß besondere Vorsicht bei der Angabe von Kalenderdaten, Namen und Zahlen walten muß, was ja nicht nur fürs Spätmittelalter gilt[11].

Am 22. November 1470 hatten die fünf Städte Überlingen, Ravensburg, Lindau, Wangen und Buchhorn ein gegenseitiges Schutzbündnis auf zunächst zwei Jahre geschlossen, um sicher bei Kaiser und Reich zu verbleiben[12]. Dieser kleine Städtebund, der ohne das alle überragende Konstanz auskommen mußte und sich nicht mit seinen bedeutenderen Vorgängern im Bodenseeraum vergleichen konnte, hatte sich zum Ende des Jahres 1475 schon wieder aufgelöst. Die Stadt Buchhorn spielte bereits im Jahr zuvor keine Rolle mehr.

Die Lage am Bodensee war unruhig[13]. Das Ableben des Konstanzer Bischofs Hermann von Breitenlandenberg im September 1474 stürzte die ganze Region in Verwirrung. Der Streit um die Nachfolge zwischen Otto von Sonnenberg und Ludwig von Freiberg sollte sich noch über sechs Jahre bis zum Tod des letzteren hinziehen. Bereits Ende März 1474 hatten sich in Konstanz die Schweizer Eidgenossen, Herzog Sigismund von Österreich, die elsässischen Städte Straßburg, Schlettstadt und Colmar sowie die Stadt Basel zur *Ewigen Richtung* zusammengeschlossen. Ihr Ziel war die gewaltsame Revision des Vertrags von St. Omer, in dem das gegenüber den Schweizern verschuldete Österreich fünf Jahre zuvor seine oberrheinischen Besitzungen an Burgund verpfändet hatte, um einen Verbündeten gegen die Eidgenossen zu finden. In einer erneuten bündnispolitischen Kehrtwende wurden von Sigismund nun die letzten habsburgischen Rechte am Südufer des Bodensees abgeschrieben.

Nach der Gefangennahme und Hinrichtung des burgundischen Landvogts Peter von Hagenbach am 9. Mai 1474 in Breisach steuerte die Lage am Oberrhein offen auf einen Krieg zu[14]. Hierbei spielte nicht zuletzt die Stadt Straßburg, die in der Folgezeit engen Kontakt zu Köln hielt, eine treibende Rolle. Bereits am 5. Juli hatte Kaiser Friedrich III. in

---

11 Als Quellen dienten vornehmlich im Generallandesarchiv für Salem 4/320, 1139 und 98/897, 1236, 4117, für den Bodenseestädtebund bzw. Überlingen 2/1565, 67/1396–1400 und 225/101, 1259. Im Stadtarchiv Überlingen waren neben der Stadtchronik von Lienhard Wintersulger bzw. Jacob Reutlinger hauptsächlich die Urkunde Nr. 1862 sowie die Reichsstädtischen Akten Nr. 1/11–13, 33/665a, 64/1765, 1766 und 81/2227 einschlägig.
12 StA Überlingen, U-Nr. 1862.
13 Vgl. O. FEGER, Geschichte des Bodenseeraumes, Bd. 3, Konstanz 1963; P. RÜCK (Hg.), Die Eidgenossen und ihre Nachbarn im Deutschen Reich des Mittelalters, Marburg/Lahn 1991; R. SCHLÖGL u. a. (Hgg.), Fremde Nachbarn. Schweizer und Schwaben im westlichen Bodenseeraum 1400–1800, CD-ROM, Konstanz 2000.
14 Vgl. den Beitrag von W. PARAVICINI in diesem Band; H. BRAUER-GRAMM, Der Landvogt Peter von Hagenbach. Die burgundische Herrschaft am Oberrhein 1469–1474 (Göttinger Bausteine zur Geschichtswissenschaft 27), Göttingen 1956; vgl. auch die Beiträge von H. WITTE, Zur Geschichte der burgundischen Herrschaft am Oberrhein, in: ZGO 40 (1886), S. 129–169; DERS.: Der Zusammenbruch der burgundischen Herrschaft am Oberrhein, in: ZGO 41 (1887), S. 1–58 und 201–235; DERS.: Zur Geschichte der Burgunderkriege, in: ZGO 45 (1891), S. 1–81 und 361–414, 46 (1892), S. 414–477, 47 (1893), S. 197–255, 49 (1895), S. 78–112 und 202–266. G. SIGNORI, Ritual und Ereignis. Die Straßburger Bittgänge zur Zeit der Burgunderkriege (1474–1477), in: HZ 264 (1997), S. 281–326.

Augsburg um des Heiligen Reiches und deutscher Nation willen auch an die Stadt Überlingen ein Mandat zum Schutz der elsässischen Metropole gegen nicht näher genannte ausländische Feinde erlassen[15]. Doch jeder wußte, wer gemeint war. Ein entsprechendes Hilfegesuch Straßburgs traf in Überlingen im Monat August ein. Schon wucherten am Bodensee Gerüchte über einen burgundischen Angriff, so daß sich Überlingen Rat suchend an Basel wandte. Bald darauf wurde der Einfall der Burgunder in die Grafschaft Pfirt beklagt. Nach der Rückkehr des Überlinger Vertreters Jost Wannger vom Städtetag zu Speyer – er wurde von Lienhard Wintersulger, dem Chronisten seiner Stadt, abgelöst – und einer Besprechung der Ratsboten des Bodenseestädtebundes in Ravensburg fiel die Reaktion jedoch eher zögerlich aus: Sie hofften, es werde durch die Gnade Gottes erst gar nicht so weit kommen, ansonsten werde man dem Kaiser natürlich Gehorsam leisten. Alles änderte sich, als am 30. September 1474 Graf Haug von Montfort persönlich vor dem Rat zu Überlingen erschien, um ihm, wie dem Rat der Stadt Konstanz drei Tage zuvor, den kaiserlichen Willen mitzuteilen, das Reichsheer gegen den in das Stift Köln eingefallenen Herzog von Burgund aufzubieten. Der Rat versuchte einer konkreten Antwort auszuweichen und alarmierte noch am gleichen Tag die Verbündeten. Nach einer Beratung erklärte sich der Städtebund schließlich am 10. Oktober bereit, mit Reitern und Fußknechten am Kriegszug nach Neuss teilzunehmen. Wenige Tage später hieß es dann präziser, die Truppen würden gen Basel ziehen. Auf dem Städtetag zu Speyer wurde nochmals versucht, zwischen der Pfalz und dem Kaiser zu vermitteln. Schon war Erbmarschall Heinrich von Pappenheim unterwegs, um mit den Städten am Bodensee über die Stadtsteuern zu verhandeln, die sie ihrem kaiserlichen Herren noch schuldeten[16]. In den folgenden Wochen setzte in den Städten Überlingen, Ravensburg, Lindau und Wangen hektische Betriebsamkeit ein, Hauptleute waren zu bestellen, die Höhe des Solds war zu klären. Alle Kriegsknechte hatten einen roten Rock zu bekommen, ein besonderes Kennzeichen an einem Ärmel müßte die jeweilige Zugehörigkeit zu einer Stadt erkennen lassen. Schwierigkeiten machte die gemeinsame Fahne: Es sollte ein einfaches Rennfähnlein werden, ohne Reichsadler und Wappenschild. Die Truppen sammelten sich zu Überlingen und zogen den Rhein hinab nach Basel, um sich dort mit den Eidgenossen und dem Herzog von Österreich zu vereinigen. Am 13. November 1474 nahmen sie an der Schlacht von Héricourt teil[17].

Anscheinend war der Städtebund der Meinung, damit seine Pflicht erfüllt zu haben. Eine Ansicht, die Kaiser Friedrich III. keineswegs teilte. Eine scharfe Mahnung zum Kriegszug nach Neuss erreichte Ravensburg Anfang Januar des folgenden Jahres[18]. Der Kaiser äußerte in seinem Mandat aus Frankfurt vom 5. Dezember 1474 sein großes Mißfallen, daß trotz wiederholter Aufrufe noch immer keine Truppen bei ihm eingetroffen seien. Bei Verlust all ihrer Rechte und Freiheiten befiehlt er zum letzten Male, sofort in der vereinbarten Stärke zum Schutz des Heiligen Reiches Deutscher Nation gegen den Herzog von Burgund ins Feld zu rücken. Allen weiteren Ungehorsam werde er zu strafen

---

15 Vgl. StA Überlingen, 1/11; vgl. zum folgenden GLA 67/1397, S. 142–183, 67/1398, Bl. 1r–20v, 67/1399, Bl. 31v–48v, 67/1400, Bl. 19r–19v.
16 Vgl. StA Überlingen 1/12.
17 Vgl. SIEBER-LEHMANN (wie Anm. 6), S. 140.
18 Vgl. zum folgenden GLA 67/1397, S. 184–196, 67/1400, Bl. 3r–31r.

wissen. Sogleich wandten sich die aufgeschreckten Städte an den Grafen von Montfort, sie könnten die Vorwürfe nicht verstehen, hätten sie doch schon vor Héricourt Leib und Leben gewagt. Sollten sie nicht versuchen, sich über einen Vertrauensmann beim Kaiser wieder ins rechte Licht zu setzen? Montfort jedenfalls wiederholte die Befehle und ermahnte sie, dem Kaiser nun endlich zu Roß und zu Fuß, mit Wagen und Büchsen gegen den täglich stärker werdenden Burgunderherzog, der die ganze deutsche Nation bedrohe, zu Hilfe zu kommen. Da Montfort aber nach Innsbruck weiterreisen mußte, hatten die Städte erst einmal Zeit gewonnen. Sie schrieben an Zürich und Konstanz, um nähere Informationen einzuholen, suchten dann um Vermittlung bei Herzog Sigismund von Österreich und dem Landvogt in Schwaben, Johann Truchseß von Waldburg, nach: Sie wollten nicht nach Neuss ziehen, sondern zusammen mit ihnen im Oberland gegen Burgund streiten. Der Städtebund war bestrebt, eine endgültige Entscheidung so weit wie möglich hinauszuschieben. Die Würfel fielen für ihn am 20. Februar 1475. Montfort erklärte auf ihre Bitte hin unmißverständlich, er könne leider nichts für sie tun und auch nichts mehr ändern, denn der Kaiser ziehe persönlich gegen den Herzog von Burgund ins Feld und alle Reichsstände müßten ohne Verzug folgen, selbst die, die bisher im Oberland gekämpft hätten. Inzwischen hatten die Verhandlungen mit dem aus Konstanz stammenden kaiserlichen Beauftragten, Dr. Marquard Brisacher, über die Zahlung der Stadtsteuern begonnen[19].

Also blieb den Städten nichts anderes übrig, als nunmehr mit Gottes Hilfe ernsthaft über die Aufstellung neuer Truppen zu beraten: Der Weg an den Niederrhein schien ihnen gar zu weit. Wieder mußten die Anstellung der Haupt- und Spielleute, die Farbe der Kleidung und vor allem das Aussehen der Fahne erörtert werden. Nachdem die Städte beim letzten Male Schimpf und Schande hätten erdulden müssen, wollten sie jetzt gemeinsam unter dem Reichsadler ausrücken. Als Termin wurde der 13. März bestimmt. Doch vorher gab es wieder Schwierigkeiten. So war Überlingen zu der Ansicht gelangt, es wolle nicht mehr wie angekündigt 130, sondern nur 60 bzw. 100 Bewaffnete stellen. Regelmäßig trafen Nachrichten vom fernen Kriegsschauplatz, dem Verhalten der Schweizer Eidgenossen und den gewaltigen Rüstungen der Fürsten und Herren ein. Zum 12. März hatte der Landvogt Johann Truchseß von Waldburg alle Prälaten und Städte nach Ravensburg geladen, um definitive Zusagen für den Feldzug einzufordern. Der Abmarsch verzögerte sich. Der beste Transportweg führe vermutlich über den Rhein abwärts, schon habe Konstanz 200 Knechte abgeschickt.

Tatsächlich hatte der Rat der Stadt Konstanz aufgrund der energischen Vorstellungen des Grafen von Montfort mit schwerem Herzen seinen Hauptmann Ludwig Stainstraß und ein Aufgebot von fünf Reitern, 31 Fußsoldaten, vier Knechten und zwei Wagen bereits vor Héricourt mitkämpfen lassen[20]. Damals mußten die Klöster Kreuzlingen, Petershausen, Münsterlingen und Feldbach hauptsächlich Zugpferde, aber auch Wagen stellen. An mehreren Orten, so in Sipplingen, waren Konflikte mit den Untertanen um die

---

19 Vgl. GLA D/928 und 2/1565.
20 Vgl. StA Konstanz C I,2 und PU 6178; GLA 5/8963; KRAMML (wie Anm. 10), S. 95–97, H. MAURER, Konstanz im Mittelalter, Bd. 2: Vom Konzil bis zum Beginn des 16. Jahrhunderts, Konstanz 1989, S. 199–200. Zur Ausrüstung um zum Verlauf des Kriegszuges in die Niederlande 1488 vgl. GLA 209/76.

zu erbringenden finanziellen Sonderleistungen aufgebrochen. Andere Herrschaftsträger, wie z. B. die Stadt Zürich, hatten in Weinfelden Ansprüche angemeldet. Auf scharfen Befehl des Kaisers vom 28. Januar 1475 mußte Konstanz jetzt jeden vierten Mann aufbieten und nahm daher am 2. März 197 Soldknechte unter Vertrag, die bald vor Neuss eintreffen sollten. Viele von ihnen waren im Thurgau angeworben worden. Auch das vom Kaiser getadelte Ravensburg mochte nicht mehr länger auf seine Verbündeten warten und ließ am 21. März mehr als 70 Mann unter Jacob Schellang losmarschieren[21]. Überlingen, Wangen und Lindau meinten allerdings, noch eine Woche zur Vorbereitung zu benötigen. Schon traf Trutpert von Staufen ein, um den Säumigen im Namen des Kaisers Beine zu machen[22]. Dies aber war für sie nur eine weitere Gelegenheit, sich nicht sofort in Bewegung zu setzen, sondern erst einmal in Ruhe Staufens Botschaft abzuwarten, der sie zum 28. März nach Konstanz geladen hatte. Schließlich brachen sie am 31. März 1475 von Überlingen aus auf. Auf der südlichen Seite des Bodensees machten sich die Truppen ebenfalls zum Abmarsch bereit. Hatte der Abt Ulrich Rösch von St. Gallen im Oktober des vorangegangenen Jahres den Eidgenossen 203 Kriegsknechte zugesandt, so schickte er nun im April 64 Mann dem Reichsheer vor Neuss zu Hilfe[23]. Ohne die mahnenden Worte des kaiserlichen Gesandten war es auch hier nicht getan.

Als Feldhauptmann der Überlinger war Wilhelm Ächtpig bestellt, Caspar Müller trug die Fahne, die übrigen wurden unter den Zünften der etwa 3500–4000 Einwohner zählenden Stadt ausgewählt[24]: Im Gegensatz zu anderen scheint Überlingen nur relativ wenig fremde Söldner angeworben zu haben. Die Geschlechter, die sogenannten *Löwen*, stellten 11 Mann, die Rebleute 21, die Bäcker 14, die Schuhmacher 9, die Küfer 19, die Schneider 5, die Metzger 9 und die Gerber 4 Mann. Hinzu kamen vier Knechte aus Hagnau und drei aus Sernatingen, außerdem sind zwei Köche, zwei Musikanten und einige Diener erwähnt. Die anderen Untertanen auf dem Land zu Ittendorf und Ramsberg brauchten keine eigenen Kriegsknechte aufzubieten, sondern mußten Reisgeld zahlen. Vier wohlgerüstete Wagen mit je einem Kutscher und einem Knecht wurden bereitgestellt, die für den Transport und zum späteren Bau einer Wagenburg unverzichtbar waren. Die verschiedenen Zahlenangaben schwanken zwischen 100 und 130 Personen. Alle ihre Namen

---

21 Vgl. A. NIEDERSTÄTTER, Kaiser Friedrich III. und Lindau. Untersuchungen zum Beziehungsgeflecht zwischen Reichsstadt und Herrscher in der zweiten Hälfte des 15. Jahrhunderts, Sigmaringen 1986, S. 41; H. VOGELMANN, Friedrich III. (1440–1493) und die Reichsstadt Ravensburg. Aspekte von Leistung und Gegenleistung in der zweiten Hälfte des 15. Jahrhunderts, in: Schriften des Vereins für Geschichte des Bodensees und seiner Umgebung 120 (2002), S. 131–159, bes. S. 152–155.
22 Vgl. StA Überlingen, 1/13.
23 Vgl. A. NIEDERSTÄTTER, Stift und Stadt St. Gallen zwischen Österreich, der Eidgenossenschaft und dem Reich. Aspekte der politischen Integration in der spätmittelalterlichen Schweiz (140. Neujahrsblatt, hg. vom Historischen Verein des Kantons St. Gallen), St. Gallen 2000, S. 39–40.
24 Vgl. StA Überlingen, Jacob Reutlinger, Historische Collectaneen von Überlingen, Bd. 13, bes. S. 63–72 und 185; Druck: Ph. RUPRECHT, Konstanzer Beiträge zur badischen Geschichte. Altes und Neues, Konstanz 1888, S. 96 und 114–125. Vgl. auch J. WEISS, Ein Brief aus dem Feldlager vor Neuss, in: ZGO 48 (1894), S. 718–721; F. J. MONE, Über das Kriegswesen vom 13. bis 16. Jahrhundert, in: ZGO 18 (1865), S. 34–35. Vgl. zur Demographie W. ENDERLE, Konfessionsbildung und Ratsregiment in der katholischen Reichsstadt Überlingen (1500–1618) im Kontext der Reformationsgeschichte der oberschwäbischen Reichsstädte (Veröffentlichungen der Kommission für Geschichtliche Landeskunde in Baden-Württemberg B 118) Stuttgart 1990, S. 76–78.

sind mehr oder minder variationsreich in der Stadtchronik des Bürgermeisters Lienhard Wintersulger verzeichnet. Insgesamt ist etwa von 100 Bewaffneten auszugehen, darunter 17 oder 18 Reiter. Sie hatten einen roten Rock an und als Erkennungszeichen an einem Ärmel braune und grüne Streifen. Ihr Sold mochte wohl wie beim Zug in die Niederlande im Jahre 1488 jeweils vier Gulden im Monat betragen. Mit ihnen zogen die von Wangen und Lindau, erstere hatten weniger als 30, letztere unter der Führung des Heinrich Hans von Landenberg über 40 Mann mit dem Fähnrich Hans Richsner und zwei Wagen geschickt[25]. Der Anteil der im Verzeichnis des Reichsheeres vor Neuss erwähnten Stadt Buchhorn bleibt unklar: Sie war erst zu Jahresbeginn vom Kaiser aus der seit April 1474 währenden Acht wegen ihres Streits um Eriskirch entlassen worden[26].

Indessen wuchs die allgemeine Unruhe unter den Städten und erzwang eine Versammlung in Ulm[27]: Einige Fürsten, wie etwa Graf Eberhart von Württemberg, die Sachsen und Brandenburger, hätten bereits Teile ihrer Truppen wieder heimgeschickt, während statt dessen alle Lasten den Städten aufgebürdet würden, so klagten sie Mitte April. Was würde geschehen, wenn die Fürsten den Kaiser und sie im Stich ließen? Überhaupt gestaltete sich die ganze Affäre vor Neuss geradezu verdächtig langwierig. Zugleich trafen die ersten Berichte vom Überlinger Feldhauptmann ein, der den Weg über Pfullendorf, Reutlingen, Weil der Stadt und Pforzheim eingeschlagen hatte[28]: Er erzählte vom Sammeln und Vormarsch der zahlreichen verschiedenen Kontingente, aber auch von ernsten Streitigkeiten über die Kriegsführung in der Umgebung des Kaisers. Zudem gab es Ärger mit dem Abt des Klosters Petershausen, der sich selbst hinter den Anforderungen der Stadt Konstanz versteckte, um die Überlinger an der Besteuerung seiner Untertanen in Herdwangen zu hindern[29]. Das Kloster Löwental rief gegen die Erhebung von Reisgeldern gleich den Landvogt um Hilfe an[30].

Ein reger Briefwechsel entspann sich zwischen dem Überlinger Rat und seinem Feldhauptmann zum einen über die Probleme bei Ausrüstung, Verpflegung und Besoldung, zum anderen über den Kriegsverlauf und die Zusammenarbeit mit den anderen Städten[31]. Jacob Rüd aus der Küferzunft wurde schon auf dem Weg krank und mußte heimgeschickt werden, andere liefen ohne Erlaubnis von der Fahne und nahmen eine drohende Haltung ein, wenn sie ermahnt wurden. Bereits auf dem Hinmarsch scheint es zu Spannungen um die Soldzahlungen zwischen den einfachen Kriegsknechten und den Hauptleuten gekommen zu sein, so daß jene mit Umkehr drohten. Zur ernsten Belastung für die Disziplin der

---

25 Vgl. NIEDERSTÄTTER (wie Anm. 21), S. 40–41; K. WOLFART (Hg.): Geschichte der Stadt Lindau im Bodensee, Bd. 1, Lindau 1909, S. 166–167; vgl. dazu eine Mannschaftsliste im StA Lindau, Reichsstädtische Akten Nr. 35,6 und zwei Chronikerwähnungen, ebd. Lit. 20 und 21.
26 Vgl. LANGE (wie Anm. 7), S. 178–180; F. A. RIEF, Urkunden und Regesten zu der Geschichte der Stadt Buchhorn, in: Schriften des Vereins für Geschichte des Bodensees und seiner Umgebung 18 (1889), Anhang S. 27; F. MAIER, Friedrichshafen. Heimatbuch, Bd. 1, Friedrichshafen 1983, S. 108–109.
27 Vgl. GLA 67/1400, Bl. 17v–21r; vgl. auch Th. FRITZ, Ulrich der Vielgeliebte (1441–1480). Ein Württemberger im Herbst des Mittelalters (Schriften zur südwestdeutschen Landesgeschichte 25), Leinfelden-Echterdingen 1999, S. 373–396; vgl. zu den Markgrafen von Baden GLA 46/1022.
28 Vgl. StA Überlingen 33/665a; GLA 67/1400, Bl. 21v–22r.
29 Vgl. StA Überlingen 64/1766.
30 Vgl. GLA 225/101.
31 Vgl. zum folgenden StA Überlingen 33/665a; GLA 225/1259.

Abb. 17　Textseite zum Sonntag Trinitatis aus dem Abtsbrevier des Johannes Stantenat
(UB Heidelberg, Cod. Sal. IX d, Bl. 152r)

Truppe wurde jedoch vor allem ein Einwohner aus Hagnau mit Namen Nottg: Er wollte nicht wie andere auf die Begleitung seiner Dirne verzichten, stritt wegen ihr mit seinen Stubengenossen, provozierte fast einen Aufruhr mit den Lindauern, weigerte sich, seinen Brustpanzer zu tragen und beschimpfte seinen Feldhauptmann derart, daß dieser ihm Urlaub geben mußte und ihn nur auf Fürsprache der Verbündeten wieder aufnahm. Später wies er trotzig die Belohnung von einem Gulden für einen geleisteten Kundschaftsdienst zurück. Schließlich sollte er mit anderen Überlingern in eine gewaltsame Auseinandersetzung mit Kölner Söldnern verwickelt werden, die aus einem Streit beim Glücksspiel entstanden war. – Kurz gesagt, er hätte als Gefährte von Sir John Falstaff, von Bardolph, Pistol und Nym diesen alle Ehre gemacht.

Trotzdem konnte Hauptmann Ächtpig zum maßlosen Stolz der Überlinger berichten, daß seine Truppen bei ihrem Einmarsch in Köln auf den am Fenster stehenden Kaiser einen besonders guten Eindruck gemacht und sie Lob und Dank von ihm erfahren hätten. Das hörte der Rat mit hohem Gefallen und von Herzen gern. Ächtpig möge doch bei günstiger Gelegenheit dem hohen Herren die Interessen Überlingens nahebringen und daran denken, nur ihm allein, dem Rat der Stadt, Informationen über mögliche Schäden und Verluste zukommen zu lassen. Eine ähnliche Auszeichnung aus dem Munde des Kurfürsten von Brandenburg wird für das Lindauer Kontingent überliefert[32]. Ebenso ist eine kaiserliche Danksagung an den Ravensburger Hauptmann belegt[33]. Gute Worte kosteten nichts. In der Tat wetteiferten die versammelten Städte und Fürsten miteinander, ihre Krieger möglichst prächtig herauszuputzen, und ist der zeitgenössischen Lobgesänge auf alle Teilnehmer des gewaltigen Heeres kein Ende. Die Truppen der Bodenseestädte zogen zum Lager *auf den Steinen*, den Burgundern direkt gegenüber, und warteten wie alle anderen ab[34]. In den folgenden Scharmützeln vor Neuss war noch nach Abschluß des Waffenstillstandes vom 29. Mai 1475 ein Überlinger mit Namen Jung Stoffel Hanteler am 16. Juni ums Leben gekommen. Er wurde von den Burgundern erschlagen, als er ohne Erlaubnis aus der Wagenburg lief. Auch Lindau hatte bei dieser Aktion einen Wagenknecht namens Eglin Haitinger verloren. Dies blieben die einzigen Verluste. Ein erbeuteter Harnisch wurde zum Gedächtnis dem Altar bzw. der Figurengruppe *Unserer Lieben Frau zu der Usfürung* im St. Nikolaus-Münster zu Überlingen gestiftet[35]. Nach Friedensschluß durften die Fußknechte und Wagen auf dem Wasserweg heimziehen. Die Reiter wollte der Kaiser bei sich behalten. Möglich, daß er beabsichtigte, bei dieser günstigen Gelegenheit mit seinem alten Feind, dem geächteten Pfalzgrafen Friedrich abzurechnen. Also mußte Hauptmann Ächtpig mit sechs Pferden in Köln ausharren und wurde ohne Vorwarnung am 9. Juli in seiner Herberge beim Nachtmahle von rebellierenden Neusser und Kölner Söldnern überfallen: Er und sein Knecht Conrat Wältin wurden kurzfristig gefangengenommen, Albrecht Bessrer, Lienhard Engelschman und Stoffel Marstal aber verwundet. Bereits seit Monaten war es immer wieder zu blutigen Händeln vor allem zwischen den rheinischen und oberdeutschen Söldnern gekommen. Der Rat versuchte nach

---

32 Vgl. WOLFART (wie Anm. 25), S. 167.
33 Vgl. T. HAFNER, Geschichte der Stadt Ravensburg, Ravensburg 1887, S. 398.
34 Vgl. GLA 116/753.
35 StA Überlingen 33/665a. Vgl. auch J. HECHT, Das St. Nikolaus-Münster in Überlingen. Der Bau und seine Ausstattung, Überlingen 1938, S. 55–58.

dieser Schmach über Vertraute des Kaisers nun endlich die Erlaubnis für Ächtpigs Heimkehr zu erwirken, die spätestens im August bzw. September erfolgt sein dürfte. Die anderen Überlinger waren schon zwischen dem 22. und 25. Juli 1475 in ihre Heimatstadt zurückgekehrt. – Von den hundert, die ausgezogen waren, war einer umgekommen. Vielleicht nahm die Tradition des bekannten, noch heute in der Stadt Überlingen aufgeführten Schwertertanzes hier ihren Anfang[36]? An den weiteren Kämpfen der Eidgenossen gegen Burgund nahmen die Bodenseestädte nicht mehr teil.

Wie aber war es dem Kloster Salem ergangen? Betrachten wir zunächst unsere Hauptperson: Abt Johannes I. Stantenat stammte aus Uffholtz im Elsaß und war von 1466 bis 1471 Abt des Mutterklosters Lützel gewesen, bevor er als Prior an den Bodensee kam und dort am 19. Mai 1471 durch Kompromiß zwischen dem Generalkapitel des Zisterzienserordens und dem mehr als 70 Mönche zählenden Konvent zum 18. Abt des Klosters Salem gewählt wurde. In der Chronik des letzten Salemer Archivars, Gabriel Feyerabend, aus den Jahren 1827–33 wird seine Tatkraft gerühmt, mit der er das Kloster durch schwierige Zeiten zu neuer Blüte führte[37]. Ein Lob, das er sich, wie wir noch sehen werden, nicht zu Unrecht erwarb. So bestand er zahlreiche Streitigkeiten mit der hochadligen Nachbarschaft, wie z. B. den Grafen von Werdenberg-Heiligenberg, von Sonnenberg, Sulz und Württemberg, deren Gier nach Klostergütern er in Verträgen zähmte. Die 1468 entstandenen Unruhen unter den Gotteshausleuten vermochte er dank der Vermittlung der Stadt Überlingen zu beruhigen und die Bedingungen für die Erblehen und die Leibeigenschaft 1473 auf Dauer zu regeln. Zudem gelang es ihm, sich gut mit Kaiser Friedrich III. zu stellen, der nach seinem Besuch am 20. August 1485 in Salem dem bereits 1354 reichsunmittelbar gewordenen Kloster weitere wichtige Wirtschafts- und Steuerrechte verlieh. Der ökonomische Erfolg des energischen Abtes spiegelte sich nicht zuletzt in seiner regen Bautätigkeit im Kloster selbst und in dessen verstreuten Wirtschaftshöfen wider. Daß der im Dezember 1494 verstorbene auch den weltlichen Genüssen nicht ganz abgeneigt war, mag die berühmte Miniatur aus seinem Abtsbrevier belegen, die ihn bei einer lustigen Bootsfahrt zusammen mit einem Mönch, Dienern und Musikanten sowie seinem Schoßhündchen zeigt[38].

Abt Johannes Stantenat von Salem war über das Weltgeschehen durchaus gut informiert. Hatte er doch z. B. unmittelbar nach dem Kampf bei Héricourt durch den in Konstanz eintreffenden reitenden Boten des Herzogs von Österreich eine ausführliche Schlachtbeschreibung erhalten, in der von schweren burgundischen Verlusten, großer

---

36 Vgl. E. WECKERLE, Der Schwertletanz zu Überlingen, seine Geschichte und sein Ursprung, in: Badische Heimat 23 (1936), S. 226–236.
37 Vgl. Gabriel Feyerabend, Chronik des ehemaligen Reichsstiftes und Münsters Salmannsweiler in Schwaben von seiner Entstehung bis zu seiner Auflösung, Handschrift 1827–33 (UB Heidelberg); F. von WEECH (Hg.), Codex Diplomaticus Salemitanus, Bd. 3, Karlsruhe 1895; R. SCHNEIDER (Hg.), Salem. 850 Jahre Reichsabtei und Schloß, Konstanz 1984; A. SIWEK (Hg.), Die Zisterzienserabtei Salem. Der Orden, das Kloster, seine Äbte, Sigmaringen 1984; Kloster und Staat. Besitz und Einfluß der Reichsabtei Salem, hg. von den Markgräflich Badischen Museen, Tettnang 1984. Vgl. zur Bautätigkeit auch GLA 65/466.
38 UB Heidelberg, Cod. Sal. IX d, Bl. 152r, s. Abb. 17, nach S. 184; P. VÄTH, Die spätmittelalterlichen liturgischen Handschriften aus dem Kloster Salem, Frankfurt/M. 1993, S. 30f.

Beute und drei eroberten Fahnen die Rede ist[39]. Sie gab er direkt an den Rat von Überlingen weiter, der sie seinerseits sofort am 19. November 1474 an die verbündeten kriegsführenden Städte übermittelte. Auch waren dem Abt am 21. Dezember von Heinrich von Rechberg aus Ulm die neuesten Nachrichten vom Neusser Kriegsschauplatz, den vergeblichen Sturmangriffen der Burgunder und der Entschlossenheit des Kaisers berichtet worden[40]. Gegen Ende des Jahres 1474 kam es zu den obligatorischen Streitigkeiten mit dem Grafen von Werdenberg-Heiligenberg, als dieser seine im Salemer Zwing und Bann wohnenden Eigenleute zur Zahlung der Reissteuer heranziehen wollte – das war nichts Neues[41]. Die Stimmung des Herrn über Salem dürfte sich im übrigen nicht gerade verbessert haben, als er Anfang Dezember erfuhr, daß Werner von Zimmern, Vogt zu Bregenz, ihn öffentlich in Bermatingen als betrunkenen Abt, der jede Nacht voll Wein sei, als Verderber des Klosters und Schelm beschimpft und seine eigenen Untertanen gegen ihn aufgehetzt hatte[42].

Abt Johannes hatte den Ernst der Lage insgesamt wohl etwas unterschätzt. Und so kam es, daß er gerade zur Visitation im Filialkloster Königsbronn weilte, dessen Rechnungen er dem oben genannten bayerischen Pfleger in Heidenheim, Heinrich von Rechberg, vorlegen mußte, als ein Brief des Grafen Haug von Montfort in Salem eintraf, der ihn auf den 19. Januar 1475 nach Konstanz bestellte[43]. Hier verkündete Montfort den versammelten Ständevertretern den Inhalt des kaiserlichen Befehls zum Zug nach Neuss. In Abwesenheit ihres Herren hüteten sich die Abgesandten Salems jedoch, irgendeine Antwort auf die kaiserlichen Forderungen zu geben. Kaum war aber der Abt zurückgekehrt, so versuchte er schleunigst Informationen von seinen Nachbarn einzuziehen und schrieb am 21. Januar an das Kloster Weingarten, man möge ihm im Geheimen mitteilen, was die Stände zu Ravensburg in dieser Sache beratschlagt und dem Kaiser zur Antwort gegeben hätten. Am geschicktesten schien es ihm, sich erst einmal wegzuducken und auf die schon bestehenden hohen Belastungen des Klosters zu verweisen, die weitergehende Hilfsleistungen beim besten Willen unmöglich machten[44].

Die allgemeine Verzögerungstaktik ließ sich nur bis zum 19. Februar – es war der Sonntag Reminiscere – durchhalten[45]. Gleich in drei Briefen an den österreichischen Erbhofmeister Jacob Trapp, den Landvogt Johann Truchseß von Waldburg und Herzog Sigismund von Österreich mußte der in Konstanz logierende Abt um guten Rat bitten, *wie ich mich in disen dingen halten solle*[46], um die drohende kaiserliche Ungnade abzuwenden. Ja es sei wahr, daß er genauso wie die anderen Prälaten, Herren und Städte sich bisher zum Kriegszug nach Neuss nicht habe verstehen können. Er habe nicht einmal bemerken können, daß sich überhaupt irgend jemand zum Zug bereit stelle. Auch sei ihm ein konkreter Zeitplan gänzlich unbekannt gewesen. Angesichts der Schärfe der kaiserlichen Befehle,

---

39 Vgl. GLA 67/1398, Bl. 13v–15r.
40 Vgl. GLA 98/897.
41 Vgl. GLA 98/4117, Bl. 17v–18r.
42 Vgl. GLA 98/3072.
43 Vgl. GLA 98/4117, Bl. 18r–19r, 20r.
44 Vgl. GLA 98/4117, Bl. 36v–37r.
45 Vgl. GLA 98/4117, Bl. 22r–23v [!].
46 GLA 98/4117, Bl. 23r.

bitte er nun darum, sich den österreichischen Verbänden anschließen zu dürfen. Salem blieb nichts anderes übrig, als die bald darauf am Sonntag Judica, dem 12. März zu Ravensburg beschlossenen Rüstungen zu akzeptieren[47]. Immerhin konnte Abt Johannes nunmehr getrost der Ankunft des kaiserlichen Sondergesandten Trutpert von Staufen Ende März in Konstanz harren, welcher dem Kaiser berichten möge, daß das Kloster Salem gehorsamst zu Roß, zu Fuß und mit Wagen ins Feld ziehe[48].

Einen Krieg zu führen, kostet viel Geld. Kaum hatten sich die Reichsstände am Bodensee zu diesem entschlossen, brach schon unter ihnen der Streit um die Besteuerung ihrer Untertanen aus. Bereits im Jahre 1469 hatte Salem mit der Stadt Überlingen vor dem Gericht zu Pfullendorf einen Vergleich prinzipiellen Inhalts geschlossen, wonach die Leibeigenen des einen im Kriegsfall dem anderen Dienst und Steuern leisten müßten, in dessen Gericht, Zwing und Bann sie wohnen[49]. Diese sich am Territorium orientierende Rechtsposition versuchte Salem auch in Zukunft beizubehalten, doch zeigte sich Abt Johannes flexibel und wußte sehr wohl zu unterscheiden, mit wem er wie zu verhandeln hatte. Den Grafen Jörg von Werdenberg-Heiligenberg und Ulrich von Montfort drohte er offen, sie beim Kaiser bzw. dem Herzog von Österreich zu verklagen, wenn sie die armen Leute zu Bermatingen besteuerten[50]. Besonders erzürnt hatte den Abt die Äußerung des Werdenbergers, daß jeder, der Salem einen Pfennig gebe, ihm zehn Gulden zahlen müsse. Hier war die Existenz des Klosters selbst bedroht. Etwas anderes war es bei den Städten, in denen Salem selbst für sich ökonomisch hochwichtige Pfleghöfe unterhielt und auf deren guten Willen das Kloster angewiesen war. Gegenüber der Stadt Biberach war Johannes bereit, über die Besteuerung der Salemer Leute zu Äpfingen und Schemmerberg zu verhandeln, als diese der Stadt einen Wagen mit vier Pferden und zwei Knechten stellen sollten[51]. Bei der Stadt Ulm schließlich nützten weder Proteste noch Verhandlungsangebote etwas[52]: Obwohl Salem zu nichts verpflichtet sei und selbst am Kriegszug teilnehmen müsse, gestand es den Ulmern zu, die Seinigen zu Elchingen in der Höhe von zwei Pfennigen je ein Pfund Eigengut zu besteuern. Alles nur, um das gute Verhältnis zur mächtigen Reichsstadt nicht zu gefährden, wie Abt Johannes selbst eingestehen mußte. Es verstand sich daher von selbst, daß er bei Divergenzen mit dem nahen Konstanz um die Reissteuern in Sipplingen noch vorsichtiger agierte[53]: Die dortigen Einwohner ließen es sogar auf einen Prozeß gegen die Reichsstadt bzw. das Heilig-Geist-Spital vor dem kaiserlichen Kammergericht ankommen.

Als ob der Abt nicht genug Schwierigkeiten mit seinen geldgierigen Nachbarn gehabt hätte, so fingen auch noch die eigenen Untertanen an zu rebellieren. Am 14. März 1475 mußte Johannes den Vogt zu Nellenburg, Hans Jacob von Bodman, um Vermittlung anrufen, weil ihm wegen des Zugs nach Neuss *von unsern armen luten ain merklich widerwertigkeit begegnet*[54] sei. Schon habe er sich in Ravensburg an den Herzog von Österreich

---

47 Vgl. GLA 98/4117, Bl. 31r.
48 Vgl. GLA 98/4117, Bl. 34v.
49 Vgl. StA Überlingen 81/2227.
50 Vgl. GLA 98/4117, Bl. 26r–27r, 36r.
51 Vgl. GLA 98/4117, Bl. 20v, 25v, 44r.
52 Vgl. GLA 98/4117, Bl. 29r, 32v, 34r.
53 Vgl. GLA 98/4117, Bl. 43v; KRAMML (wie Anm. 10), S. 190–191.
54 GLA 98/4117, Bl. 28v.

und seine Räte um Hilfe wenden müssen. Tatsächlich blieb im folgenden ein Schlichtungsversuch des Grafen Johann von Eberstein erfolglos und ein Ende der Querelen war bis September nicht in Sicht[55]. Zwar hatten inzwischen die meisten der Ungehorsamen nachgegeben, doch zeigten sich nicht wenige trotz ihrer Eide, des kaiserlichen Befehls und der Androhung hoher Geldstrafen weiter halsstarrig. Zumindest konnten sich die Parteien auf den Grafen von Werdenberg-Heiligenberg und den Rat der Stadt Überlingen bzw. Pfullendorf als neue Vermittler einigen. Ob der erstere nicht als ewiger Widerpart des Klosters längst seine Hand im Spiele gehabt hat, muß offen bleiben. Am 13. Oktober 1475 war ihnen ein Erfolg beschieden[56]: Graf Jörg von Werdenberg-Heiligenberg konnte beurkunden, daß dank der Hilfe des neuen und alten Bürgermeisters zu Pfullendorf, Jacob von Nuwbrünen und Jacob Suters, sowie des Ratsschreibers, Meister Peter Spät, sich Salem mit seinen Eigenleuten Michel Burst von Nußdorf, Hans Socker von Wyler, Hans Fries von Mimmenhausen, Hans Nusslin von Neufrach, Hans Müller von Uhldingen, Ulrich Corher von Weildorf, Hans Brantz von Grasbeuren, Bentz Scharpffer von Tüfingen und ihren Anhängern verglichen habe. Von diesen verpflichtete sich jeder, aus seinem Besitz vier Monate lang von jedem Pfund Pfennige je einen Pfennig Reissteuer zu geben, mindestens aber 18 Pfennige pro Monat, zahlbar in zwei Raten zu Mariae Lichtmeß und St. Jörgentag.

Wie viele Söldner das Kloster Salem ausrüstete, ist nicht bekannt. In den auf uns überkommenen Mannschaftslisten des Reichsheeres vor Neuss sind sie nicht gesondert aufgeführt, da sie vermutlich zum Kontingent des Herzogs von Österreich gezählt wurden. Während der Hussitenkriege war Salem mit vier bzw. fünf Panzerreitern und Gefolge veranschlagt gewesen. Zum Kriegszug in die Niederlande des Jahres 1488 findet sich bloß eine Notiz über die Entlohnung von elf Knechten[57]. Im Schwabenkrieg 1499 sollen es 100 Mann gewesen sein[58] – von einer ganz so hohen Zahl ist 1475 wohl nicht auszugehen. Die Reichsmatrikel von 1521 schließlich legte vier Reiter und 67 Fußsoldaten zugrunde[59]. Das Truppenaufgebot der reichen Abtei mit ihren 6000–7000 Untertanen war somit dem einer mittleren Reichsstadt vergleichbar[60]. Bereits am 25. Februar 1475 sah sich Abt Johannes genötigt, an die Stadt Konstanz zu schreiben, denn der Rat hatte drei Eigenmänner und Hintersassen des Klosters zu Uhldingen mit Namen Hans Zapf, Peter Thun und Werner Renner zum Kriegsdienst bestellt[61]. Doch der Kaiser habe Salem versprochen, es dürfe seine armen Leute für sich selbst rekrutieren, weshalb die Stadt die drei aus ihrem Dienst wieder entlassen möge. Wie ein Soldvertrag des Klosters Salem aussah, belegt eine Urkunde vom 12. April 1475[62], in der sich 15 Männer, vornehmlich aus dem Thurgau, mit Namen Henßlin Bodmen, Hainrich Retzhass, Hans Kräger, Hans Boli, Ülin Wirt von Sir-

---

55 Vgl. GLA 98/4117, Bl. 41v.
56 Vgl. GLA 4/1139.
57 Vgl. GLA 98/1236.
58 Vgl. FEGER (wie Anm. 13), S. 336.
59 Vgl. SCHNEIDER (wie Anm. 37), S. 40.
60 Vgl. H. BAIER, Des Klosters Salem Bevölkerungsentwicklung, Finanz-, Steuerwesen und Volkswirtschaft seit dem 15. Jahrhundert, in: Freiburger Diözesan Archiv 62 (1934), S. 57–130.
61 Vgl. GLA 98/4117, Bl. 22v.
62 Vgl. GLA 4/320.

nach, Cunrat Strub, Haini Müller, Üli Ber, Hans Huber, Ulrich Holtzman, Caspar Fingus von Kilchberg, Hans Kung der Jung von Rickembach, Cunrat Keller von Lütisperg, Rüdi Ritter von Helfertwyll und Ülin Strasser von Liechtenstaig als gemeine Fußknechte für den Zug nach Neuss verpflichteten. Neben einem neuen Rock und einer neuen Kappe erhielten sie vom Abt zehn Kreuzer Sold täglich. Welche Schwierigkeiten bedacht werden mußten, zeigen die sich anschließenden Regelungen: Der Abt konnte ihren Dienst nur mit einer Frist von vierzehn Tagen aufkündigen. Das Risiko einer Gefangennahme, Verwundung oder des Verlusts ihres Eigentums trugen die Söldner selbst. Sie hatten bereits unter sich einen eigenen Hauptmann erwählt, der dem Salemer Feldhauptmann Gehorsam leisten sollte. Auch versprachen sie, sich nicht unangekündigt von der Truppe zu entfernen und, um jeden Anlaß zum Streit zu vermeiden, auf das Glücksspiel zu verzichten. Bei Konflikten zwischen ihnen und ihrem Auftraggeber war der Stadtrat von Konstanz oder Überlingen als Schlichter vorgesehen. All dies zum Nutzen und zur Ehre des Klosters Salem wurde von ihnen mit einem leiblichen Eid zu Gott und den Heiligen mit aufgehobenen Fingern beschworen und vom Ritter Caspar von Loubemberg (Laubenberg) zu Wayegk, beurkundet. Im übrigen wollte man sich in allen anderen Angelegenheiten an der Bestallung der Konstanzer Söldner orientieren, die bis in die einzelnen sprachlichen Formulierungen hinein als Vorbild gedient hatte[63].

Es würde den Herrn über Salem vielleicht etwas getröstet haben, wenn er gewußt hätte, wie selbst der Rat der mächtigen Reichsstadt Frankfurt sich wegen Neuss alle Tage mit haargenau den gleichen Problemen wie er herumschlagen mußte[64]. Die große Mühe des Kaisers läßt sich noch heute leicht in den bereits erschienenen *Regesta Imperii* nachvollziehen[65]. Daß jedoch selbst die Leidensfähigkeit bzw. Zahlungswilligkeit des Abts Johannes ihre Grenzen hatte, zeigte sich im November 1475, als das Kloster abermals vom Herzog von Österreich aufgefordert wurde, Söldner gegen Karl den Kühnen zu stellen[66]. In einem Schreiben an den Landvogt Johann Truchseß von Waldburg läßt es der Abt nicht mehr an Deutlichkeit mangeln, wenn er nicht nur über die schweren Belastungen, die die Neusser Affäre für das Kloster gebracht hat, klagt und sich auf die alten Freiheiten Salems beruft, sondern den Adressaten auch ganz unverhohlen daran erinnert, daß er als Landvogt bisher stets Schirmgeld, Wein und andere Gaben von Salem erhalten habe. Es sei daher nur recht und billig, wenn er sich dafür nun endlich einmal beim Herzog für die Interessen des Klosters einsetzen würde. Daß Abt Johannes die Entwicklung der Burgunderkriege weiterhin fest im Auge behielt, belegt sein Schreiben an Bilgeri von Reischach, den er am 29. Juni 1476 um genauere Informationen über die Schlacht bei Murten bat[67].

Unsere Quellen verweigern sich der Poesie der Propaganda, wie sie sich in den Chroniken der Sieger findet. Die Briefe des Abts von Salem und der Städte am Bodensee sind Prosa: Sie erzählen von dem gescheiterten Versuch, sich einem fremden Krieg in fernen Landen zu entziehen, berichten von den Erpressungen des allergnädigsten Kaisers und dem kom-

---

63 Vgl. StA Konstanz PU 6178.
64 Vgl. WÜLCKER (wie Anm. 7).
65 Vgl. H. KOLLER (Hg.), Regesten Kaiser Friedrichs III. (1440–1493), Bd. 1ff., Wien 1982ff.
66 Vgl. GLA 98/4117, Bl. 42r.
67 Vgl. GLA 98/897.

promißlosen Vorgehen seiner Gesandten. Die kunstvolle Taktik des Verzögerns ging nicht auf. Schweren Herzens mußten die kleinen Reichsstände mitmarschieren. Wie unübersichtlich die politischen Verhältnisse, wie mühsam die Verwaltung und wie knapp die ökonomischen Ressourcen waren, zeigen die unter den verschiedenen Herrschaftsträgern sofort ausbrechenden Konflikte um die Besteuerung ihrer Untertanen, die sich ihrerseits renitent den Zahlungen zu verweigern suchten. Für einige der ins Feld rückenden Stadtbürger und Söldner mag der Zug nach Neuss ein gut bezahltes Abenteuer gewesen sein. Die Masse konnte indessen froh sein, ohne eine große Schlacht wieder heil und gesund nach Hause zurückkehren zu dürfen.

Sowohl das Kloster Salem als auch der Bund der Bodenseestädte hatten in den Jahren 1474/75 keine realistische Möglichkeit gehabt, sich den Ansprüchen ihres übermächtigen kaiserlichen Schutzherren zu entziehen, wollten sie nicht Gefahr laufen, der aggressiven Politik Herzog Sigismunds zum Opfer zu fallen[68]. Dieser erweiterte zielstrebig die österreichische Position am NorduThe: Bereits 1465 hatte er von den Grafen von Tengen die Landgrafschaft Nellenburg erworben. 1486 übernahm er endgültig die bis dahin an die Truchsessen von Waldburg verpfändete Landvogtei Schwaben. Der Herzog bedrängte den Adel wie die Klöster und bewog die Städte, mit ihm Schutz- und Schirmverträge abzuschließen. Noch boten die Divergenzen zwischen Friedrich III. und Sigismund, zwischen habsburgisch-kaiserlicher und habsburgisch-landesherrlicher Politik, den betroffenen Reichsständen eine gewisse Chance, ihre ohnehin bescheidenen Handlungsspielräume zu nutzen. Das blieb nicht lange so. Nach der Entmachtung Sigismunds, der seine Besitzungen ausgerechnet an die Herzöge von Bayern hatte verkaufen wollen, fanden sie sich alle im Jahre 1488 mehr oder minder freiwillig im Schwäbischen Bund vereint wieder und nahmen am Zug des Reichsheeres in die Niederlande zur Befreiung König Maximilians teil. Sein Herrschaftsantritt in den Vorlanden 1490 und die Konfrontation mit den Eidgenossen im Schwabenkrieg 1499 ließen für sie letztlich bloß die Rolle als kaiserliche Klientel übrig. Hieran sollte sich in den nächsten 300 Jahren nicht mehr viel ändern.

Die Affäre von Neuss war ein Anfang im immer größer werdenden europäischen Machtspiel des Hauses Habsburg gewesen. Den mindermächtigen Reichsständen hatte sie nur Mühen und Kosten eingebracht. Immerhin wurde durch das dynastische Taktieren des Kaisers wenn nicht ihr Geld, so doch diesmal ihr Blut gespart. Wie sagt Commynes: *Car, à la fin du compte, qui en aura le prouffit en aura l'honneur*[69] – denn am Ende hat der die Ehre, der den Nutzen hat. Sie aber hatten weder das eine noch das andere.

---

[68] Vgl. A. KULENKAMPFF, Die kaiserliche Politik in Schwaben 1464–1488. Ein Beitrag zur Persönlichkeit und politischen Bedeutung Kaiser Friedrichs III., in: Mitteilungen des Instituts für österreichische Geschichtsforschung 106 (1998), S. 51–68; A. NIEDERSTÄTTER, Habsburg und die Eidgenossenschaft im Spätmittelalter. Zum Forschungsstand über eine »Erbfeindschaft«, in: Schriften des Vereins für Geschichte des Bodensees und seiner Umgebung 116 (1998), S. 1–22.
[69] COMMYNES (wie Anm. 1) Bd. 1, Paris 1965, S. 220.

Teutsch und *Welsch*
Vorderösterreichischer Adel, Regiment und Universität in ihren Beziehungen zu Frankreich und Burgund

VON DIETER SPECK

Eine Passage aus einem Vertrag Herzog Friedrichs IV. aus dem Jahr 1411, *daz die egenante unser swester auf dhain ir vesten und sloss kainen vogt, pfleger, noch sust kainen ambtmann, setzen sol, denn ainen Deütschen, der mit lehenschaft in die graffschaft ze Pfirt oder in Elsass gehört*[1], problematisiert die Thematik von *Teutsch* und *Welsch*. Ruft man sich in Erinnerung, daß es sich bei Friedrichs Vertragspartnerin um die Witwe seines Vorgängerregenten, um Katharina von Burgund, Tochter Herzog Philipps, handelte, so kann man aus dem Begriffspaar *Teutsch* und *Welsch* ermessen, was für die habsburgischen Territorien am Oberrhein in den Beziehungen nach Burgund, Lothringen und Frankreich von vierfacher Bedeutung war.

Zum Einen wurde der Begriff *Teutsch* im Gegensatz zu *Welsch* gebraucht, ein Gegensatz, der im Sinne einer territorialen Abgrenzung gebraucht wurde. Zum Anderen sollte der Einfluß einer anderen Dynastie auf die habsburgischen Oberrheinlande ausgeschlossen werden. Drittens sollten daher die Amt- und Lehenleute in den vorderösterreichischen Landen ausschließlich aus dem Territorium selbst stammen und daran gebunden sein. Viertens: *Teutsch* und *Welsch* als sprachlich-differenzierender Aspekt für die romanisch-germanische Sprachgrenze, die durch das habsburgische Territorium verlief, spielte in diesem Zusammenhang keine politisch relevante Rolle. Daß die Burgunderin Katharina gerade im romanisch dominierten Landesteil, in Thann und Beffort/Belfort ihren Witwensitz einrichtete, wird nicht thematisiert, waren diese Städte doch ebenso Bestandteil der vorderösterreichischen Lande wie Freiburg oder Breisach.

Einige Jahrzehnte später, als die vorderösterreichischen Lande teilweise an Burgund verpfändet waren, schließlich zurück an Habsburg fielen und die Burgunderkriege folgten, war die Problematik *Teutsch-Welsch* zumindest in der politischen Propaganda und in den literarischen Diskursen weit verbreitet. Burgund wurde als Türke im Westen mit kreuzzugartigen Kriegen bekämpft, den *welschen Türken* standen Gegner gegenüber, die scheinbar die Sprache, das *Teutsche* miteinander verband. Ein Thema, das kürzlich von

---

1 L. STOUFF, Catherine de Bourgogne et la Féodalité de l'Alsace autrichienne ou un essai des Ducs de Bourgogne pour constituer une seigneurie bourguignonne en Alsace (1411–1426), in: Revue Bourguignonne 23 (1913), 2 Teile, bes. Teil 2, S. 92f.; Tiroler Landesarchiv Innsbruck (TLAI) Urk. I, Nr. 8047 (1411 August 7).

Claudius Sieber-Lehmann aufgearbeitet wurde[2]. Aber was wurde aus der Thematik von *Teutsch-Welsch* in der Zeit Maximilians und seiner Nachfolger? Mit dem Tod des Burgunderherzogs Karl endete ja nicht zwangsläufig die *Teutsch-Welsch*-Problematik. Schließlich ist von seinem Ausgang her unter dem Begriff *Welsch* im Grund nur der Angehörige zu einer anderen sprachlichen Gruppe insbesondere Franzosen, Italiener, Romanen oder schlicht auch Ausländer gemeint. Im vorderösterreichischen Zusammenhang wurden unter *Walch* und *Welsch* insbesondere Lothringer, Burgunder und Franzosen verstanden[3].

Wo begegnet *Teutsch* und *Welsch* im praktischen Handeln, als die Propaganda nach dem Tod des Burgunderherzogs nicht mehr gebraucht wurde und Habsburg selbst die Nachfolge in Burgund antrat? Bei wem, wann und wo begegnen die Begriffe *Teutsch* und *Welsch* jenseits der Literatur? Welcher Natur und Qualität waren die Kontakte und Beziehungen der vorderösterreichischen Regierung, des Adels und der Universität zum *Welschen*? Der Beitrag geht in vier Schritten vor und thematisiert zunächst das Territorium, um dann auf die *Teutsch-Welsch* Thematik aus der Sicht von Regierung, Adel und Universität einzugehen.

1. Das vorderösterreichische Territorium, Verkehrswege und Sprache

Der Begriff der vorderösterreichischen Lande wurde im 15. und 16. Jahrhundert üblich als Bezeichnung für die Gebiete am Oberrhein, die der Regierung in Ensisheim unterstanden. Dazu gehörten die vier Lande Elsaß, Sundgau, Breisgau und Schwarzwald, die vier Waldstädte sowie Villingen und Bräunlingen. Geographisch reichten die habsburgischen Gebiete vom Kamm der Vogesen, dem First, im Westen bis knapp über den Schwarzwald im Osten, bis Villingen und Bräunlingen, von der Linie Schlettstatt und dem nördlichen Kaiserstuhlrand bis im Süden an die burgundische Pforte und den Hochrhein, ein Gebiet, das zufälligerweise weitgehend durch natürliche Grenzen markiert ist. Schon seit dem frühen Mittelalter war der Vogesenkamm, der First, zwischen burgundischer Pforte und der Zaberner Steige, nördlich der vorderösterreichischen Lande, eine Grenzscheide für die beiderseits liegenden Interessengebiete, die auch die Territorialstaaten des Spätmittelalters fast immer einhielten. Nur relativ selten wurden diese Naturgrenzen durch Besitzverhältnisse überschritten, wobei meist nur die Versorgung der westlich davon liegenden Abteien mit Wein aus der Rheinebene als Motive gelten[4].

2 C. SIEBER-LEHMANN, Spätmittelalterlicher Nationalismus. Die Burgunderkriege am Oberrhein und in der Eidgenossenschaft (Veröffentlichungen des Max-Planck-Instituts für Geschichte 116), Göttingen 1995; DERS., »Teutsche Nation« und Eidgenossenschaft. Der Zusammenhang zwischen Türken- und Burgunderkriegen, in: HZ 253 (1991), S. 561–602.
3 C. BAUFELD, Kleines frühneuhochdeutsches Wörterbuch, Tübingen 1996, insbes. S. 245; H. FISCHER, Schwäbisches Wörterbuch, Tübingen 1924, Bd. 6, Sp. 389–392; Schweizerisches Idiotikon. Wörterbuch der schweizerdeutschen Sprache, Bd. 15, Frauenfeld 1999, Sp. 1583–1607; Deutsches Wörterbuch von J. und W. GRIMM, Bd. 13, Leipzig 1922, Sp. 1327–1353. Vgl. auch O. STOLZ, Welsch und Deutsch im elsässischen Grenzland des 14. bis 16. Jahrhunderts, in: Elsass-Lothringisches Jahrbuch 18 (1939), S. 319–322.
4 H.-W. HERRMANN, Territoriale Verbindungen und Verflechtungen zwischen dem oberrheinischen und lothringischen Raum im Spätmittelalter, in: Jahrbuch für westdeutsche Landesgeschichte 1 (1975), S. 129–176, insbes. S. 133ff.

Nur die Verkehrswege eröffnen in gewisser Weise den Zugang zu Burgund, Lothringen und Frankreich. Im Norden der vorderösterreichischen Lande befand sich die Verbindungsstraße von Metz über Nancy kommend nach St. Dié, Markirch/St.Marie-aux-Mines über das Lebertal in die Rheinebene. Eine andere wichtige Route verlief ebenfalls von Nancy kommend über Remiremont und das St. Amarinstal nach Thann, die jedoch als beschwerlich galt. Beide Straßen waren im Spätmittelalter bis zu den Territorialgrenzen der Habsburger fest in lothringischer Hand. Weitere kleinere Vogesenpässe waren verkehrspolitisch ohne Bedeutung[5]. Als große Öffnung in Richtung südwestlicher Reichsgrenze und Freigrafschaft Burgund muß die sogenannte Burgundische Pforte genannt werden, die die Verkehrswege über Pfirt/Ferette und Dattenried/Delle nach Beffort/Belfort und das württembergische Mömpelgard/Montbeliard von Basel herkommend aufnimmt. Hier verliefen wichtige Wegstrecken auf habsburgischem Territorium.

In dieser südwestlichen Ecke des vorderösterreichischen Territoriums, südlich des Vogesenhauptkammes verlief auch die Sprachgrenze zwischen *Teutsch* und *Welsch*, während die Territorialgrenze weit in das romanischsprechende Gebiet ausgriff[6]. Eine ganze Reihe von Orten im Sundgau trugen neben deutschen auch französische Namen und weist somit auf die Veränderungen und Schwankungen in der Verwendung der Sprache. Beispiele sind Dattenried/Delle, Rotenberg/Rougemont, Mörsberg/Morimont, Blumenberg/Florimont u. a.[7]. Friedrich Metz berichtet, daß eine französische Karte aus dem Jahr 1648 die übliche Sprache in Beffort/Belfort als *deutsch und korrupt französisch* bezeichnet, was wohl bedeuten sollte, daß Französisch nur in geringer Quantität und Qualität verbreitet war. Aber gerade die Doppelnamigkeit von Orts- und Adelsnamen entlang der Sprachgrenze mag ein Hinweis auf sich ausbalancierende Kräfte sein.

Aus den Rechtfertigungsschriften der vorderösterreichischen Städte, die im Bauernkrieg auf die Seite der Aufständischen gewechselt waren, ist ersichtlich, daß der Magistrat von Belfort offenbar als Amtssprache ebenso wie Dattenried/Delle das *Deutsche* gebrauchte. Aus der Dattenrieder Rechtfertigungsschrift geht hervor, daß es unter den aufständischen Bauern einen deutschen und einen *welschen* Haufen gab, wobei der *welsche* Haufen die Stadt in französischer Sprache zur Aufgabe aufforderte. Während die Stadtmagistrate also das *Deutsche* als obrigkeitliche Sprache verwendeten, verteilte sich zumindest unter der sonstigen Bevölkerung der Sprachanteil auf *Teutsche* und *Welsche*, ohne daß auf deren Verteilung bezüglich der Bevölkerungsschichten etwas gesagt werden kann[8].

Die Sprache der habsburgischen Herrschaft hingegen war das *Deutsche*, Auseinandersetzungen wegen der Sprache waren keinesfalls üblich und die habsburgische Herrschaft änderte auch nichts am Gebrauch der Volkssprache in Kirche, Schule und Gerichtswesen.

---

5 Ebd., S. 136–141.
6 C. THIS, Die Deutsch-franzoesische Sprachgrenze im Elsass, Straßburg 1888; DERS., Die deutsch-franzoesische Sprachgrenze in Lothringen, Straßburg 1887.
7 Weitere Beispiele sind Rosenfels – Rosemont, Offendorf – Offemont, Beffort – Belfort, Luffendorf – Levoncourt, Sept – Seppols, Münsterol – Montreux, Schwärzen – Suarce, Waltensberg – Vauthiermont, Pfeffingen – Pfaffans.
8 M. KREBS, Die Rechtfertigungsschreiben der vorderösterreichischen Städte vom Jahre 1526. Dokumente zur Geschichte des Bauernkrieges am Oberrhein, in: ZGO 93 (1941), S. 9–77, insbes. S. 35ff.

Das galt auch für die Bergbaugebiete, die während der Abbauzeiten durch den Zustrom von Bergleuten aus Tirol und Sachsen stark von deutschsprachiger Bevölkerung beeinflußt wurden, während die vorderösterreichischen Vogteien Belfort, Delle und Rougemont fast durchweg französischsprachig geprägt waren. So stellte das Berggericht in Schiromengin/Giromagny fest, daß der Priester der *deutschen und welschen Sprache kundig sein* sollte. Im Lebertal, in dem von den Herren von Rappoltstein im Verbund mit dem habsburgischen Landesherrn, aber auch dem lothringischen Herzog Silberabbau betrieben wurde, wurde zwischen *teutschen und welschen Erzknappen* unterschieden und es sollten auch von der lothringischen Bergordnung deutsche Übersetzungen angefertigt werden[9]. Gerade im Lebertal vermengte sich gegen Ende des 16. Jahrhunderts die Sprach- und Konfessionsproblematik, da sich eine große Anzahl Hugenotten niederließ und im Bergbau tätig wurde. So gab es hier in der zweiten Hälfte des 16. Jahrhunderts auch eine Kirche mit deutschsprachigem und eine mit französischsprachigem Kultus, für die ein deutsch-lutherischer und ein französisch-reformierter Geistlicher tätig waren[10].

In kirchlicher Hinsicht sind für den Sundgau als Teil des Bistums Basel und des Erzbistums Besançon die sprachlichen Überschneidungen offenkundig[11]. Im Oberelsaß war Deutsch als hauptsächliche Umgangssprache der Normalfall, während Französisch nur in geringem Maße vorkam. Ferdinand II. ergriff mehrfach gegen *Welsche* Partei und reklamierte in Rom, daß Klöster und andere kirchliche Einrichtungen im Elsaß keine Französischsprachigen, sondern nur *Teutsche* in Prälaturen, Prioraten usw. einsetzten. Besonders die Cluniancenser versetzten ihre Konventualen oft ohne Rücksicht auf Herkunft und Sprache. Daher sollten diese darauf achten, daß die Klöster, Pfarreien und Pfründen nur mit *teutschen Religiosen* besetzt würden, da die Franzosen oft *der Teutschen Sprach nit kundig* seien[12]. Schließlich wurde diesem Wunsch in Rom Gehör geschenkt und die Ensisheimer Regierung erstellte Listen derjenigen Klöster, die mit deutschen Konventualen zu besetzen seien[13]. Gründe scheinen die Zurückdämmung von cluniazensischen, *welschen* Einflüssen auf die Besetzung von kirchlichen Pfründen gewesen zu sein. Diese Interessen eines landesherrlichen Kirchenregiments vermischen sich mit der Sorge um die seelsorgerischen Bedürfnisse (im nachtridentinischen Sinne), die nur in der Landessprache sinnvoll sind. Die Sprachgrenze spielte im Alltag der vorderösterreichischen Lande aber im Allge-

---

9 STOLZ (wie Anm. 3), insbes. S. 322.
10 O. STOLZ, Zur Geschichte des Bergbaus im Elsaß im 15. und 16. Jahrhundert, in: Elsass-Lothringisches Jahrbuch 18 (1939), S. 116–171; L. SÜSS, Geschichte der Reformation in der Herrschaft Rappoltstein (Bausteine zur elsass-lothringischen Geschichts- und Landeskunde 14), Zabern 1914, insbes. S. 25ff; A. WESTERMANN, Entwicklungsprobleme der vorderösterreichischen Montanwirtschaft im 16. Jahrhundert, Idstein 1993, insbes. S. 24ff; D. SPECK, Die vorderösterreichischen Landstände. Entstehung, Entwicklung und Ausbildung bis 1595/1602 (Veröffentlichungen aus dem Archiv der Stadt Freiburg 29), Freiburg 1994, insbes. S. 466–469, 494ff.; B. JORDAN, Entre la gloire et la vertu. Les Sires de Ribeaupierre (1451–1585) (Publications de la Société savante d'Alsace et des Régions de l'Est 44), Strasbourg 1991.
11 F. METZ, Vorderösterreich. Eine geschichtliche Landeskunde, Freiburg ⁴2000, insbes. S. 29.
12 STOLZ (wie Anm. 3), S. 319–322; TLAI Kop.j.R., An die fht. Dht. (1580), fol. 35.
13 Archives Départementales du Haut-Rhin Colmar (ADHRC) 1C 948/2, Nr. 42 (1580) (alte Signatur). Vgl. dazu beispielsweise auch St. Valentin in Rufach mit seinen Beziehungen zum francophonen Raum: P. P. FAUST, Aus der Geschichte des Priorates und der Epileptiker-Wallfahrt St. Valentin in Rufach, in: R. KRUSE (Hg.): Epilepsie 84, Kehl 1985, S. 198–209, insbes. S. 199f.

meinen nur eine untergeordnete Rolle, von Seiten der territorialen Grenzen blieb sie
ohnehin unberücksichtigt[14].

2. Die vorderösterreichische Regierung

Über das eigene Territorium hinaus hatten weder die regionale Regierung in Ensisheim
noch die vorderösterreichischen Landstände nennenswerte Kontakte noch trieben sie eine
»Außenpolitik«. Dennoch gab es natürlich auch auf territorialer Ebene Beziehungen zu
Nachbarn wie zu Burgund und Frankreich. Mit Burgund waren die vorderösterreichischen Lande das gesamte 15. Jahrhundert konfrontiert, erinnert wird nur an die schon
erwähnte Katharina von Burgund, die burgundische Pfandschaft und die Burgunderkriege. Die Einflüsse des burgundischen Verwaltungssystems auf die habsburgischen und
besonders vorderösterreichischen Lande, die früher als besonders tiefgehend und
umfangreich angesehen wurden, schätzt die jüngere Forschung weitaus geringer ein[15].

Um 1500 gab es zaghafte Ansätze, in denen auch die Landstände zu einer Kontaktaufnahme mit Burgund unmittelbar herangezogen wurden. Als durch die Heirat Maximilians
die Freigrafschaft Burgund vom Haus Habsburg erworben wurde, wurde eine engere
Verbindung zwischen den vorderösterreichischen Landen und Burgund angestrebt,
zumal gerade Burgund mit seiner Nähe zu Frankreich im europäischen Hegemonialkampf zwischen dem französischen König und Maximilian auf das Äußerste gefährdet
war. Burgund galt als *ein schilt unnd vorhoff*[16]. Insofern war das Anstreben einer Verbindung zwischen Burgund und den vorderösterreichischen Landen konsequent. Zuvor hatten die vorderösterreichischen Landstände bereits im Schwabenkrieg 1499 die Gesandten
Konrad von Ampringen und Hans vom Haus nach Burgund geschickt, um von dort
Zuzug zu erbitten, doch sind weder eine Reaktion noch der weitere Verlauf der Gesandtschaft bekannt[17]. 1507 stand ein ähnliches Projekt an[18]. Da ein gegenseitiger Zuzug nur

---

14 Beispielhaft für Lothringen hier: E. KARPF, Zu administrativen und kulturellen Aspekten der
Sprachgrenze im spätmittelalterlichen Herzogtum Lothringen, in: Rheinische Vierteljahresblätter 51
(1987), S. 167–187.
15 F. HARTUNG, Der französischburgundische Einfluß auf die Entwicklung der deutschen Behördenorganisation, in: DERS., Staatsbildende Kräfte der Neuzeit, Gesammelte Aufsätze, Berlin 1961,
S. 78ff.; C. LINK, Die habsburgischen Erblande, die böhmischen Länder und Salzburg, in: K. G. A.
JESERICH/H. POHL/G.-C. VON UNRUH (Hgg.): Deutsche Verwaltungsgeschichte, Bd. 1 – Vom Spätmittelalter bis zum Ende des Reiches, Stuttgart 1983, S. 468ff., bes. S. 476. Vgl. auch K. J. SEIDEL, Das
Oberelsaß vor dem Übergang an Frankreich. Landesherrschaft, Landstände und fürstliche Verwaltung in Alt-Vorderösterreich (1602–1638) (Bonner historische Forschungen 45), Bonn 1980, S. 137.
16 X. MOSSMANN (Hg.), Cartulaire de Mulhouse, 6 Bde., Colmar 1883–1890 (CM), insbes. Bd. IV,
Nr. 1919 (1498 September 6). Zum folgenden vgl. auch SPECK (wie Anm. 10), S. 425–429, 538–544.
17 TLA I Max.I/41, fol. 97rff.
18 *Mit dem burgundischen etc. es seÿ sein köng. maÿ. gnädige meinung, zu stund zu handlen und
ein ordinantz undt rustigung aufzurichten mit einem merckhlichen zeüg, damit dieselben landte, die
jezo seiner köng. maÿ. als vormünder seiner mays. ein allein zu verwalten zuesten, dise seiner konig.
maÿ. vordern landen auch zu hilf zu kommen undt dermassen verstandtnuss zwischen inen aufrichten undt zu machen, damit sy niemander hilf, trost undt beÿstandt tuen mügen.* Generallandesarchiv
Karlsruhe (GLA) 79/2006 = 79/1647 = Stadtarchiv Freiburg (SAF) C 1 Landstände 1 = Stadtarchiv
Villingen W 2, unfoliierter Teil.

mit Hilfe der Landstände möglich war, aber Vereinbarungen und Verhandlungen darüber nicht bekannt sind, ist davon auszugehen, daß ein solches Vorhaben nicht realisiert wurde.

Die Haltung der vorderösterreichischen Landstände zu Burgund tritt bei einem Hilfegesuch des Landvogtes Gabriel von Ortenburg 1531 zu Tage. Der Landvogt, der sich am Oberrhein nur geringer Beliebtheit – nicht zuletzt wegen seiner »nicht-vorderösterreichischen« Herkunft – erfreute, bat als Inhaber der Herrschaft Héricourt die vorderösterreichischen Landstände um Hilfe und Beistand bei Gefahren aus Frankreich[19]. Die Landstände wiesen das Gesuch mit der Begründung zurück, daß Héricourt nicht zu den vorderösterreichischen Landständen gehöre, nicht mit ihnen steuere, nicht das militärische Aufgebot mittrage und daher ohne Leistung auch keinen Nutzen davon haben könne[20]. Die Grenzlage zwischen Burgund und den vorderösterreichischen Landen – Héricourt gehörte zum württembergisch-habsburgischen Mömpelgard – spielte insofern eine Rolle, als dadurch indirekt ausgesagt wurde, Ortenburg solle sich mit seinem Hilfegesuch dahin wenden, wohin die Herrschaft territorial gehöre. Damit wurde nicht nur im speziellen Fall Héricourt, sondern allgemein eine deutliche Abgrenzung nach außen, zu den nicht vorderösterreichischen Gebieten im Westen und vor allem Burgund vollzogen.

1529 ist angesichts der Gefahr eines Übergreifens des Protestantismus auf die vorderösterreichischen Lande nochmals der Plan eines Abkommens mit Burgund nachzuweisen, um die oberrheinischen Lande zu sichern: *unnd wa sich gleich wol die obgemelten undertanen, wie vorbegriffen, nit zu der newen verfuerischen sect bewegen lassen unnd aber die sach zu thatlichem furnemen und dem krieg komen, so sey doch zu besorgen, das sich berurte undertanen wider die, so des newen glaubens und der sect seyen, zu der gegenwer nit vermogen lassen*[21]. Gegen die Gefahr einer Verbrüderung der vorderösterreichischen Protestanten mit protestantischen Reichsständen und den Eidgenossen versuchte Ferdinand die Landvogtei Hagenau, die katholische Markgrafschaft Baden und Burgund, *so noch des alten glaubens sein*, in ein Bündnis einzubeziehen. Dazu hatte er mit *den stenden in Burgundi gehanndelt, das sy auf die berurte irer Mt. lannd und leut in solhen ein getrewes aufsehen haben*[22]. Eine gegenseitige Zuzugsordnung zwischen Burgund und den vorderösterreichischen Landen wurde jedoch erst 1536 konkret verhandelt. Der aktuelle Anlaß für die Initiative Ferdinands war der Krieg zwischen Karl V. und dem französischen König, der die vorderösterreichischen Gebiete wegen ihrer Nähe zu Frankreich besonderen Gefahren aussetzte. Für den Fall eines Zuzuges waren die vorderösterreichischen

---

19 TLAI Kopb.j.R., Von der kgl. Mt. (1527–1529), fol. 212vf., vgl. auch O. STOLZ, Geschichtliche Beschreibung der ober- und vorderösterreichischen Lande (Quellen und Forschungen zur Siedlungs- und Volkstumsgeschichte der Oberrheinlande 4), Karlsruhe 1943, S. 123f.
20 *dieweil sy* [i.e.Héricourt] *ann den grentzen diser lanndt gelegen* und es in Konflikte verwickelt sei, *deren sich dise lannd diser zeit nit gernn annemen, sonder von iren nachpuren lutterischen secten unnd eidtgnossenschaften teglicher spenn unnd uberzugs gnugsam zubesorgen haben. Wo sich aber gedachte herschafft Erickurt zu disenn lannden als lanndtsessen thun inn allen annschlegen unnd lanndreyßen glich annderen helffen tragen, heben und legen wolltenn, würden sich die stennd weiter bedennken.* SAF C 1 Landstände 2.
21 TLAI Kopb.j.R., Von der kgl. Mt. (1527–1529), fol. 326vf.
22 TLAI Kopb.j.R., Von der kgl. Mt. (1527–1529), fol. 327vf.

Landstände jedoch keinesfalls gewillt, Soldtruppen zu unterstützen, sondern allenfalls das landständische Aufgebot zu mobilisieren und zum Entsatz zu schicken[23].

Im Juni wurde der vorderösterreichische Feldhauptmann Melchior von Reinach zu Marschall, Präsidenten und Parlament nach Dôle geschickt, um mit ihnen über die gegenseitige Hilfe zu verhandeln. Da die Landstände das geplante Aufgebot und die Kriegsräte bestimmten, kann man das Einverständnis der Landstände bei den Verhandlungen zu einem burgundisch-vorderösterreichischen Militärabkommen voraussetzen[24]. Dennoch war die Mission erfolglos, so daß damit der letzte Versuch, eine engere Verbindung zwischen Burgund und den vorderösterreichischen Landen herbeizuführen, gescheitert war. Die Gründe für den Mißerfolg sind nicht bekannt. In einer undatierten späteren, wahrscheinlich aus der Zeit um 1560 stammenden Resolution der Landstände wird ausdrücklich darauf verwiesen, daß mit Burgund nie ein *Verständnis aufgerichtet* worden sei. Bei einem Angriff auf die kaiserlichen Territorien wollten sie aber in jedem Fall ihren schuldigen Anteil leisten[25]. Die Hilfe basierte hier allein auf der Zugehörigkeit zur selben Dynastie, keinesfalls aber auf Bindungen zwischen beiden Territorien.

Im Hintergrund dieser Bestrebungen dürfte der Geheimvertrag zwischen Karl V. und Ferdinand stehen, daß das Oberelsaß, der Sundgau und die Reichslandvogtei Hagenau zwar 1522 Ferdinand übertragen wurden, aber nach seinem Tode ursprünglich wieder an die spanische Linie Karls zurückfallen sollten[26]. Der Versuch einer Verbindung von Elsaß und Burgund auf dynastischer Ebene ist allzu deutlich. Vorderösterreichische Regierung, Stände und Territorium hatten kaum ein Interesse daran, weshalb auch eine territoriale oder institutionelle Verbindung nicht gelang.

Dennoch darf man der vorderösterreichischen Regierung in Ensisheim einen gesunden Pragmatismus im Umgang mit Burgund, Lothringen und Frankreich oder mit den *Welschen* im eigenen Territorium unterstellen. Die sprachliche Komponente, Sprachkenntnisse im Burgundischen, Französischen oder Lothringischen waren selbstverständlich. Bei der Besetzung von hochrangigen Positionen, wie dem Amt des Landvogts und den adeligen Regimentsratspositionen wurde im allgemeinen auf Rang, Ruf, auf Erfahrungen in Militär oder Diplomatie sowie auf Akzeptanz bei den vorderösterreichischen Landständen geachtet. Wenn besondere Qualifikationen darüber hinaus erwähnenswert erschienen, so spielten selbstverständlich auch Bildung und Sprachkenntnisse eine Rolle. Als Beispiele hierfür mögen die Ensisheimer Regenten Hans Melchior Heggezer von Wasserstelz (1538–1560) und Hans Melchior von Schönau (1566–1571) dienen. Heggezer war für seinen *verstand in den sprachen* bekannt und diente daher häufig auch in diplomatischen Diensten auf eidgenössischen Tagsatzungen, in Avignon und bei Verhandlungen mit dem

---

23 SAF C 1 Landstände 2 und SPECK (wie Anm. 10), insbes. Materialsammlung, 1536 März 15.
24 ADHRC 158 J 16/16; GLA 79/1661.
25 *nichtsdestoweniger so das furstenthumb Wurttenberg oder der grafschafft Burgundi angriffen oder beschadiget werden solt, unns noch gelegenheit und gestaltsame der sachen unser truw uffsehen zu inen als denen so auch der kay. mt. also regierenden herren unnd landsfursten zu Osterreich zustendig.* SAF C 1 Landstände 9.
26 SEIDEL (wie Anm. 15), S. 27

französischen König[27]. Schönau hatte Jura in Dôle und auch an anderen französischen Orten studiert[28].

Unter den vorderösterreichischen Kanzlern finden wir mit Claudius Cantiuncula (1540–1549), sogar einen geborenen Lothringer romanischer Muttersprache, der allerdings aufgrund seiner engen Kontakte zu den oberrheinischen Humanisten eher unter seinem latinisierten Namen als seinem angestammten Namen Claude Chansonette bekannt ist. Die Innsbrucker Regierung berichtete an den königlichen Hof, daß sie ihn *für ain gelerten man, der raten, schreiben und reden kan im rechten und im latein* hielten, daß er auch *ain gueter catolicus seye. Daneben hören wir, das er der burgundischen sprach, dieweil er von Metz geboren ist, bericht seye, welhes dann ain regierung in Oberellsass etlich mal begert hat, das sy ain doctorem bey inen habe, so der burgundischen sprach wol bericht were*[29]. Von seinem Vorgänger Niclaus Babst (1523–1539) ist nichts über mögliche Sprachkenntnis bekannt, nur daß er sich der Bedeutung der Sprachen bewußt gewesen sein muß, wenn er seinen Sohn zum Jurastudium nach Dôle in der Franche Comté schickte[30]. Auch vom späteren Kanzler Dr. Andreas Harsch, aus Wangen im Allgäu, der in Freiburg etwa 1568–1572 studierte und in Dôle 1579 promovierte[31], 1584–1594 zuerst Kammerprokurator, 1594–1598 Kammerrat und Kammerkanzleiverwalter, 1598–1604 schließlich vorderösterreichischen Kanzler war, sind ausdrücklich seine Französischkenntnisse bekannt[32].

Bei bürgerlichen Räten wurde natürlich immer auf Studium und juristische Kenntnisse bei Bewerbungen geachtet und seit Ferdinand II. galt auch das katholische Bekenntnis als Auswahlkriterium. Sehr häufig finden sich bei Regimentsräten und Ratssekretären als gegenüber dem Hof besonders bemerkenswerte Qualifikationsmerkmale die Fremdsprachkenntnisse. So wurden bei der Besetzung von Regimentsräten 1584 im Falle von Michael Mayer aus Freiburg sein Französisch besonders hervorgehoben[33]. Zwei Jahre später wurden bei den Bewerbungen von Anton Streit, Sohn des Hagenauer Zinsmeisters Georg Streit, bei N. Wernher, dem Schwiegersohn des ehemaligen Kammerprokurators und damaligen drittständischen Syndicus Dr. Michael Textor, und Dr. Mecker als Qualifikationen neben ihrer profunden Rechtsbildung auch die Französischkenntnisse betont[34]. Als sich Ferdinand Georg von Froberg-Tullier 1608 im Alter von 22 Jahren um einen Regentenplatz bewarb, führte er für sich als Argumente an, daß er *zimlicher maßen*

---

27 B. Braun, Die Eidgenossen, das Reich und das politische System Karls V., Berlin 1997, insbes. S. 563–566; H. Pantaleon, Teutscher Nation warhafften Helden, Basel 1578, 3.Teil, S. 492.
28 Auf ihn wird unten noch ausführlicher eingegangen.
29 TLAI Kopb.j.R., An die kgl. Mt. 1536–1538, fol. 176r.; W. Hartl/K. Schrauf, Die Wiener Universität und ihre Gelehrten 1520–1565 (Geschichte der Wiener Universität. Nachträge zu Band 3), Bd. 1.1, Wien 1898, S. 156–260, insbes. S. 228–229; G. Kisch, Claudius Cantiuncula, ein Baseler Jurist und Humanist des 16. Jahrhunderts (Studien zur Geschichte der Wissenschaften in Basel 19), Basel 1970.
30 H. Winterberg, Die Schüler von Ulrich Zasius (Veröffentlichungen der Kommission für geschichtliche Landeskunde in Baden-Württemberg B 18), Stuttgart 1961, S. 15.
31 H. Mayer (Hg.), Die Matrikel der Universität Freiburg von 1460–1656, 2 Bde., Freiburg 1907, insbes. Bd. I.2, S. 506.
32 ADHRC 1 C 84/43, Nr. 5 (1598 Febr. 10) (alte Signatur).
33 TLAI Kopb.j.R., An fht. Dht. (1584), fol. 14r (1584 Jan. 11).
34 TLAI Kopb.j.R., An fht. Dht. (1586), fol. 78r (1586 April 16).

deutsch, französisch, lateinisch und italienisch beherrsche und glaube, daß man ihn in Alltagsdiensten ebenso wie in politischen und ritterlichen Geschäften einsetzen könne[35]. In allen geschilderten Fällen können generell die nicht-deutsche Sprache, unbekannte Lebensumstände, andere Sitten und überhaupt Fremdartiges undifferenziert als *welsch* bezeichnet werden, unangesehen davon, daß darunter höchst verschiedenartige Aspekte verstanden werden konnten.

Auch bei Subalternen wie den Ratssekretären, die zu Regimentsräten aufsteigen konnten, fanden die sprachlichen Qualifikationen Beachtung. Im Falle von Johann Heckler, der es bis zum Kammerrat und Kammerkanzleiverwalter brachte, wurde sein Lothringisch, im Falle von Philipp Bebel, der vom einfachen Kanzleischreiber über den Ratssekretärsposten zum ritterständischen Syndicus aufstieg, dessen Französisch als besonders wertvoll eingestuft[36]. Selbst beim einfachen reitenden Boten Stefan Hainz werden schon 1527 die französischen Sprachkenntnisse erwähnt, die das Regiment zu schätzen wußte[37]. Hinzu kommt, daß schon früh zumindest ein Beamter der vorderösterreichischen Regierung als *Translator* oder *Transferist*, d. h. als Übersetzer in die offizielle Amtssprache *Deutsch*, tätig war[38]. In sein Geschäftsfeld gehört wohl auch die Übertragung von Untertanenbeschwerden[39] oder von Einzeldokumenten bei Streitfällen, wobei die Prozeßbeilagen durchaus in französisch und deutsch zu den Akten kommen konnten[40].

Daraus ist zu ersehen, daß die Ensisheimer Regierung zum einen sehr wohl um die Bedeutung der *welschen* Sprachkenntnisse wußte und großen Wert darauf legte, da ohne diese Möglichkeiten der Kommunikation die Kontakte innerhalb und außerhalb der vorderösterreichischen Lande extrem erschwert waren. Auch wird zwischen Französisch, Lothringisch und Burgundisch unterschieden, wobei zwischen diesen keine Reihenfolge bezüglich der Bedeutung festzustellen ist. Besonderen Wert auf die Sprachkenntnisse legte man natürlich bei den Regimentsräten, doch setzt sich dies im Grunde fort bis hinunter zu den Boten, die natürlich in einem französischsprachigen Landstrich ohne entsprechende Sprachkenntnisse ihrer Tätigkeit nur sehr schwer nachkommen konnten. Die Beamten der vorderösterreichischen Regierung dürften in den meisten Fällen zumindest rudimentär oder passiv bilingual gewesen sein, womit sie den meisten heutigen Regierungsbeamten der selben Region, sowohl links- als rechtsrheinisch, möglicherweise überlegen waren.

---

35 Zitiert nach SEIDEL (wie Anm. 15), S. 151. Auch in anderen Belangen bediente sich die vorderösterreichische Regierung gerne Personen, die entsprechende Sprachkenntnisse aufwiesen. Ein Beispiel dafür ist Franz Beer, der in Freiburg, Paris und Heidelberg studierte und später Schaffner in Thann und Titularrat war. H. G. WACKERNAGEL (Hg.), Die Matrikel der Universität Basel, Bd. 1, Basel 1951 (1460–1529), S. 361, Nr. 8 und Matrikel Freiburg I.1, S. 277, Nr. 16.
36 ADHRC 1 C 77/2, Nr. 9 (alte Signatur).
37 Hauptstaatsarchiv Stuttgart (HStAS) B 17 Bd. 1*, fol. 103v (1527), jetzt GLA 79 P 12/1.
38 ADHRC 1 C 79/1, Nr. 24 (alte Signatur).
39 Die Bezeichnung dazu lautet: *gemeine welschen underthanen der Herrschaft Froburg*, HStAS B 17 Bd. 6*, fol. 217rf. (1587 Jan. 15), jetzt GLA 79 P 12/1.
40 In einem Streitfall um Gerechtigkeiten in Roppach, Vogtei Belfort, gibt es mehrere Translationen von Kauf- und Lehensbriefen, die die Kanzlei in Ensisheim zumindest seit 1521 angefertigt hat. Der Urteilspruch stammt schließlich von 1584. GLA 79/1638. Vgl. auch SPECK (wie Anm. 10), S. 26.

3. Oberrheinischer Adel

Daß Burgund im 15. Jahrhundert für den Adel und manchen Fürsten eine sehr große Anziehungskraft besaß, ist allgemein bekannt. Aber der Ruhm und das burgundische Flair erlosch auch nach dem Tod Karls des Kühnen auf dem Schlachtfeld bei Nancy 1477 noch nicht. Daran änderte auch die von der Publizistik auf Burgund übertragene Türkenkriegspropaganda wenig. Hans Erhard von Reinach, Hubmeister und Vogt der Herrschaft Thann zwischen 1477 und 1488 beschrieb die Zeit der Verpfändung von Elsaß und Sundgau an Burgund als Notlage seines Herren[41]. Damals seien die habsburgischen Lande *dem hertzogen von Burgun, so der zitt geachttett ward der allermechtigest furst der kristenheit*, verpfändet worden, der auch allen Edlen und Unedlen ihre Freiheiten und das alte Herkommen garantiert habe. Aber das Wort sei durch Peter von Hagenbach gebrochen worden, so daß dieser für Reinach zur Inkarnation des Bösen und zum Tyrannen wurde[42]. Burgund und der Herzog selbst blieben weitgehend außerhalb konkreter Schuldzuweisungen, wie es auch von vielen anderen Zeugnissen bekannt ist. Nur in verallgemeinernder Form wird in Reinachs Aufzeichnungen darauf hingewiesen, daß sich jeder Fürst vor bösen und gottlosen Räten zu hüten und Gott zu achten hätte. *Den wo haggenbach sich der billichkeitt un erberkeitt gehalten hett, wer nit wunder, sunder gar mueglich gewesen, dass dem hertzogen duscze nacion in sin gehorsamii mitt willen zugevallen wer und in sin gewalt kommen*[43]. Für Reinach ist der Verstoß gegen die göttliche Ordnung durch einen Emporkömmling aus dem eigenen Land das Übel. Hagenbach stammte schließlich aus dem Sundgau, galt als vorderösterreichischer Adeliger, als *deutsch*, stand aber in burgundischen Diensten. Im 16. Jahrhundert waren übrigens – ungeachtet der Episode mit Peter von Hagenbach – mehrere Mitglieder der Familie Hagenbach in habsburgischen Diensten, auch als Regenten in der Ensisheimer Regierung.

Es war aber für Reinach und seine Standesgenossen sicher ein Problem, daß die elsässischen Landvögte normalerweise gräflichem Adel oder ähnlicher Stellung entstammten und einen weitaus höheren sozialen Rang besaßen als der burgundische Landvogt Peter von Hagenbach. Die Stilisierung Hagenbachs zum *welschen Tyrannen*[44] hat als Mittel der Publizistik zu gelten. Ein nationales Problem, ein *deutsch-welsches* Problem im Ansehen des Burgunderherzogs existierte für Reinach offensichtlich nicht.

---

41 A. CARL (Hg.), Rappoltsteinisches Urkundenbuch, 5 Bde., Colmar 1891–1898, insbes. Bd. V, S. 97f., 103, 113, 562, 157, 238, 263, 367 u. v. a.
42 *her Peter von Hagenbach, der da von siner boesen taetten und geschichte halb in siner jugend diese land miden must, bepholen ward, dise land ze regieren alß ein lantvogt der nun sin vorbegangen handell mitt grossen sinem ubermuott, gittikeit, untrew, unkusch unn ungerechtigkeitt mitt schwerem ungewaltt und verachtung guoter geborner lutt befestigett, regiertt nach sinem gevallen wider gutt sitten, vorab in verachtung der gotlichen gebott wider christlichen glouben, dass ouch durch die gerechten hand des allmechtigen gottes mitt grossen wunderzeichen gestraft ward und der allmechtig got nit gestaten wolt.* ADHRC 108 J 13/3. Vgl. auch C. SIEBER-LEHMANN, Eine bislang unbekannte Beschreibung des Prozesses gegen Peter von Hagenbach, in: Basler Zeitschrift für Geschichte und Altertumskunde 92 (1992), S. 141–154.
43 ADHRC 108 J 13/3
44 SIEBER-LEHMANN, Nationalismus (wie Anm. 2), S. 279.

Für den vorderösterreichischen Adel war es alles andere als ungewöhnlich, in burgundischen Diensten zu stehen oder sich als Grenzgänger zwischen romanischen und deutschsprachigen Gebieten im Dienste verschiedener Herrschaften zu verdingen. Beispiele sind nicht nur der Sundgauer Peter von Hagenbach oder sein Bruder Stephan, die beide als bilingual gelten können[45], sondern es gab auch früher und später Verbindungen in den burgundischen Raum, wie z. B. durch die Mörsberg, Hachberger und andere. Hinzu kommen bei einzelnen wenigen Familien auch Heiratsverbindungen wie bei Diebold von Masmünster mit Jeanne Plancher u. a.[46] oder die Habsburger bedienten sich der Dienste von Sundgauern in diplomatischen Missionen[47]. Erinnert sei auch an die verunglückten Versuche des sundgauisch-elsässischen Adels, mit Hilfe der Armagnaken und des Dauphin 1444/45 die Eidgenossen zurückzudrängen.

Doch auch nach der Episode der burgundischen Pfandschaft pflegte der vorderösterreichische Adel vielfältige Kontakte weit über das vorderösterreichische Territorium hinaus. So nahmen Simon von Pfirt und der Graf von Lupfen 1506 die Huldigung Burgunds gegenüber Maximilian entgegen. Melchior von Masmünster war 1497 oberster Jägermeister von Flandern, er war zusammen mit Maximilian als Edelknabe in Wiener Neustadt erzogen worden[48]. Mit diesen Beispielen ist die Kategorie der Dienstverhältnisse des vorderösterreichischen Adels angesprochen, die für ihn lebensnotwendig waren. Ihnen ist gemeinsam, daß es sich häufig um habsburgische Dienstverhältnisse, beispielsweise in den burgundischen Landen Maximilians, handelte.

Für den vorderösterreichischen Adel Segen und Fluch zugleich war die Herrschaftsferne, seit mit Albrecht VI. und seiner relativ kurzen Regentschaft zum letzten Mal ein Habsburger am Oberrhein residierte. Einerseits bot die Herrschaftsferne die Gelegenheit, die ständischen, insbesonders ritterständischen Freiräume zu einer kaum zu überbietenden Machtentfaltung des Adels innerhalb des Territoriums zu nutzen. Andererseits entfielen für den Adel auch die Möglichkeiten, am Hof des Herrschers zu Prestige und Diensten zu gelangen, da allein schon die räumliche und seit Karl V. bzw. Ferdinand I. auch die kulturelle Distanz zwischen vorderösterreichisch-provinzialem Adel und burgundisch-spanisch geprägten habsburgischen Herrschern sich vergrößerte. So blieb dem vorderösterreichischen Adel nur der Weg, sich dafür Ersatz zu schaffen. Diese fand er in geringem Umfang in anderen Hofdiensten, in der Mehrzahl aber in militärischen Diensten.

Besonders spektakulär ist der Fall des Georg von Rappoltstein, der 1513 in Diensten des französischen Königs stand. Man darf annehmen, daß es sich um militärische Dienste

---

45 SIEBER-LEHMANN, Nationalismus (wie Anm. 2), S. 61 und 283.
46 H. BRAUER-GRAMM, Der Landvogt Peter von Hagenbach. Die burgundische Herrschaft am Oberrhein 1469–1474 (Göttinger Bausteine zur Geschichtswissenschaft 27), Göttingen 1957, insbes. S. 46f.
47 W. MALECZEK, Die diplomatischen Beziehungen zwischen Österreich und Frankreich in der Zeit von 1430 bis 1474, Diss. Innsbruck 1968, insbes. S. 82ff; DERS., Österreich – Frankreich – Burgund. Zur Westpolitik Herzog Friedrichs IV. in der Zeit von 1430 bis 1439, in: Mitteilungen des Instituts für Österreichische Geschichtsforschung 79 (1971), S. 110–155.
48 H. NOFLATSCHER, Räte und Herrscher. Politische Eliten an den Habsburgerhöfen der österreichischen Länder 1480–1530 (Veröffentlichungen des Instituts für Europäische Geschichte Mainz 161), Mainz 1999 S. 55, 229; J. CHMEL, Urkunden, Briefe und Actenstücke zur Geschichte Maximilians I. und seiner Zeit (Fontes rerum austriacarum II.2), Stuttgart 1845, insbes. I, Nr. CXXIV.

handelte, ohne daß dies ausdrücklich genannt wurde. Brisant daran war nicht allein, daß es ein Verbot gegen fremde Kriegsdienste gab, das jahrzehntelang regelmäßig wiederholt wurde, sondern auch, daß der Vater Georgs, Wilhelm II. von Rappoltstein, Landvogt des Oberelsaß (1510–1527) und zeitweise auch Hofmeister Maximilians war. Die spannungsreiche Situation durch die Auseinandersetzungen des französischen Königs mit dem Kaiser und vorderösterreichischen Landesfürsten Maximilian führte dazu, das sich die vorderösterreichischen Landstände auf einem Landtag damit beschäftigten.

Zu diesem Zeitpunkt waren offensichtlich noch eine ganze Reihe andere Vorderösterreicher in französischen Diensten, die gegen das Verbot fremder Kriegsdienste verstießen[49]. Die Stände warfen den Regierungsräten im Januar 1514 vor, bei der Überwachung des Mandats absichtlich lässig gewesen und sie *durch dye vinger gesähen* hätten. Der Landvogt selbst sah sich genötigt, sich vor den Ständen durch seinen Statthalter Imer von Gilgenberg zu entschuldigen, da er bereits auf Reisen sei, um *synen Sun mit allem ernst vom kunig von Frannckhreichschen dienst abvordern* zu wollen, und er auch keinerlei Zweifel habe, daß sein Sohn diesem Wunsch nachkommen werde[50].

Die Reihe der Verbote fremder Kriegsdienste läßt sich fast ebenso beliebig fortsetzen, wie die Verstöße gegen die Mandate und die Urteile des Ensisheimer Hofgerichts und anderer Instanzen gegen die Mandatsbrecher[51]. Die Zahl der sich als Söldner verdingenden vorderösterreichischen Ritterstandsglieder auf den diversen Kriegsschauplätzen des 16. Jahrhunderts ist fast endlos. Neben Georg von Rappoltstein sind beispielsweise Bastian von Blumeneck, Hans Ludwig von Landenberg, Josef Truchsess von Rheinfelden, Konrad Graf von Tübingen, Balthasar Sigelmann, Wolf Sigmund von Rotberg, Jakob Wetzel von Marsilien, ein von Staufen, Heinrich von Ramstein und andere zu nennen[52]. Die Auftraggeber sind dabei ebenso unterschiedlich wie die Kriegsschauplätze, die Territorien oder die Konfessionen.

An dieser Stelle soll nur ein besonders schillernder Fall, der des Berufssöldnerführers Claus von Hattstatt, erwähnt werden. Hattstatt war Mitglied des engsten Ausschußgremiums der vorderösterreichischen Ritterschaft und besaß Wohnsitze in Basel, Straßburg und in den vorderösterreichischen Landen. Schon 1529 war er als Söldner in Diensten Karls V. in Italien, um 1536 in französischen Diensten ebenfalls in Italien zu kämpfen. 1537 war er in württembergischen Diensten, 1539/40 im Dienst des schmalkaldischen Kurfürsten Friedrichs von Sachsen. Seit 1539 erhielt Hattstatt eine Besoldung vom König von Schweden, für den er diplomatisch tätig war. 1541 diente er als Kaiserlicher gegen Frankreich, 1546 diente er der Stadt Straßburg. 1552 kämpfte er erneut gegen die französische Krone und nahm an der Belagerung der Stadt Metz teil. Anschließend wechselte er in kürzester Zeit wiederum mehrfach die Auftraggeber, unterstütze auch die Hugenotten. 1566 nahm er eine Verpflichtung von Philipp II. an und kämpfte zusammen mit Lazarus

---

49 Dazu zählten offenbar auch Claus und Balthasar von Blumeneck, die jedoch schon vor der Veröffentlichung des Mandates in fremden Kriegsdiensten waren. TLAI Max. XIV Schuber 51 (1513), fol. 12rff.
50 ADHRC 1 C 7, fol. 90ff (alte Signatur).
51 Mandate gegen fremde Kriegsdienste sind bekannt von 1512, 1520, 1530, 1532, 1534, 1536, 1541, 1545, 1546, 1548, 1551, 1555, 1558, 1567, 1582 usw. in: GLA 79/70, SAF C 1 Militaria 139–143 usw.
52 TLAI Kopialbücher j.R. Causa Domini 1532ff, SAF C 1 Militaria usw.

von Schwendi auf spanisch-niederländischer Seite gegen Frankreich. Zehn Jahre später war er mit Schwendi in Ungarn gegen die Türken im Einsatz und 1568 wollte er an der Seite Wilhelm von Oraniens als Befehlshaber von 6000 Mann am Befreiungskampf teilnehmen. Da er dadurch unter erheblichen habsburgischen Druck geriet, mußte er seinen Dienst quittieren und betrieb mit Unterstützung der vorderösterreichischen Ritterschaft seine Begnadigung[53].

Für Hattstatt waren Auftraggeber und Motive der Konflikte ebenso nebensächlich wie die Regionen. Daß er sich neben Italien am häufigsten im Raum der Niederlande und Lothringen verdingte, hatte sicherlich seinen Grund nur darin, daß es sich dabei um die Konfliktregionen zwischen französischer Krone und Habsburgern handelte. *Teutsch* und *Welsch* als sprachlich oder national charakterisierende Größen spielten keine Rolle. Nach den Friedensschlüssen mit den Eidgenossen 1499 waren die Konfliktzonen von Habsburgern und französischer Krone offensichtlich zum natürlichen Arbeitsmarkt geworden. Die Verbote und Mandate gegen den fremden Kriegsdienst verengten zwar die Soldmöglichkeiten und reduzierten sie schließlich auf ein bipolares »Für oder Wider Habsburg«. Dennoch ließ sich der vorderösterreichische Adel lange nicht festlegen. Hattstatt als Beispiel erreichte mehrfach die Begnadigung. Lediglich bei seiner Parteinahme gegen die spanischen Habsburger gelang ihm keine vollständige Begnadigung mehr. Zwar erreichte er noch die Legitimierung seines illegitimen Sohnes, aber die väterlichen Lehen wurden nach dem Tod des Claus von Hattstatt und vor der Legitimierung seines Sohnes noch eingezogen[54].

Als Indiz für die weitaus stärkere Anziehungskraft des französischen Hofes gegenüber einer möglichen Aversion mag die Durchreise einer französischen Prinzessin 1575 dienen. Die vorderösterreichische Ritterschaft übernahm selbstverständlich die repräsentativen Aufgaben beim Empfang der Fürstin, wobei die Delegation des Adels die Prinzessin in Nancy abholen und bis Regensburg begleiten sollte. Parallel dazu fand in Besançon ein hugenottischer Überfall statt. Die vorländische Ritterstandsdelegation für die französische Prinzessin sollte aus etwa 15 Personen bestehen, wobei mindestens von mehreren Adeligen (Rappoltstein, Pollweiler, Tullier, Freundstein, Andlau) eine Zweisprachigkeit bzw. Kenntnisse des Französischen anzunehmen ist. Die Aufgaben sind als selbstverständlich und ohne Widerspruch aktenkundig geworden. Eine Ablehnung der höfischen, ehrenden Aufgaben ist ebensowenig zu bemerken wie grundsätzliche Unterschiede beim Empfang habsburgischer Familienmitglieder. Die Seltenheit derartiger Ereignisse und der selten zu genießende Glanz höfischer Ereignisse dürfte alles andere in den Schatten gestellt haben[55].

53 GLA 79/1621, 1622, 1623.
54 A. SCHERLEN, Claus, der letzte Ritter von Hattstatt im Lichte der Geschichte, Anhang von E. WAGNER, Der letzte Ritter von Hattstatt, Gebweiler 1928; DERS., Die Herren von Hattstatt und ihre Besitzungen. Ein Beitrag zur mittelalterlichen Geschichte Süddeutschlands mit 6 Stammbäumen und 2 Wappentafeln, Colmar 1908; SPECK (wie Anm. 10), S. 446–448 mit den Einzelnachweisen und weiterführender Literatur.
55 SPECK (wie Anm. 10), S. 550; insbesondere TLAI Kopb.j.R., An fht. Dht. (1575), fol. 465vff., GLA 79/1627, SAF B 5 XI Missiven 50. Der Delegation sollten angehören: Wilhelm Böcklin von Böcklinsau, Egenolf von Rappoltstein, Georg Leo von Staufen, Johann von Pollweiler, Lazarus von Schwendi, sowie jeweils ein Tullier, von Landeck, von Reinach, von Sickingen, Reich von Reichenstein, Reischach zu Weiler, von Rust, Truchsess von Wolhausen, Waldner von Freundstein, von Andlau.

4. Die Freiburger Universität und Kavalierstouren

Da den oberrheinischen Universitäten und der Fluktuation zwischen den Bildungseinrichtungen sich der Beitrag von Dieter Mertens widmet, soll hier fast ausschließlich nur auf das Phänomen der Kavalierstouren, ausgehend von Freiburg in die *welschen Lande*, eingegangen werden. Die Freiburger Universität sollte bei ihrer Gründung ursprünglich einen Herrschaftsmittelpunkt zieren und diesem auch bildungspolitisches Gewicht verleihen. Später entwickelte sich Freiburg zu einer Art »Landesuniversität«, da die umliegenden Universitäten Basel, Tübingen und Heidelberg sich vom Katholizismus abwandten und den habsburgischen Landesbewohnern als nächstliegende Universität nicht mehr zur Verfügung standen. Später boten sich die Universitäten Dillingen und Ingolstadt als katholische Alternativen außerhalb des habsburgischen Territoriums an.

Als Schnittpunkt von Adel, Universität und Regierungstätigkeit präsentieren sich häufig Burgund- und Frankreichreisen und Universitätsbesuche auch des vorderösterreichischen Adels als ein Phänomen, das offensichtlich trotz der politisch-dynastischen französisch-habsburgischen Gegensätze schon zu Beginn des 16. Jahrhunderts entstand und für das Verhalten des oberrheinischen Adels typisch scheint. Auffallend dabei ist, daß sich gerade Burgund und Frankreich als Reiseziele herauskristallisierten, als die französischen Juristenschulen den Zenit ihrer Bedeutung schon überschritten hatten. Mindestens ein Dutzend Beispiele sind hier zu nennen[56]. Dazu zählen beispielsweise auch die Herren von Rappoltstein, eine Familie, die den vorderösterreichischen Ritterstand dominierte und vielfach den Präsidenten stellte, ebenso wie Mitglieder der Ensisheimer Regierung.

Hans Melchior von Schönau scheint dafür ein gutes Beispiel zu sein. Von ihm wird berichtet, daß sein Vater ihn nach guter Grundausbildung in Basel nach Burgund und Frankreich geschickt habe: *warde er von seinem Vatter in dem 16 jar seines alter gehn toll [Dôle] in Burgund abgefertiget / damit er in Rechten studieret / und die Frantzosische spraach erlernet auch in fürnemsten Universiteten zu Pareys / Orliens / Burgis / Angiers / und Potiers in den sprachen und freyen künsten nit ein kleine erfarnuß erlanget. Mittlerzeit hat er auch deß Koenig von Franckreich hoff besichtiget / und der menschen geberden / empter / und würdigkeit fleißig erkundiget*, schreibt Pantaleon in seinem *Dritten Teil Teutscher Nacion warhafften Helden*[57]. Man darf geradezu eine Reiseroute von den

---

56 Johannes von Mörsberg immatrikulierte sich 1503, Johannes Thüring, Johann Hieronymus und Johann Augustin Reich von Reichenstein sowie Johann Jakob von Mörsberg im April 1533, Claudius Böcklin von Böcklinsau, Pankratius von Rust, Johannes und Ludwig von Bollweiler 1546 in Orléans. Damit ist die Reihe noch lange nicht abgeschlossen ist, sondern kann mit weiteren Vertretern fortgesetzt werden. D. ILLMER, Die Rechtsschule von Orléans und ihre deutschen Studenten im späten Mittelalter. Zugleich eine Studie zum »ius scolasticum« und zur Entstehung des französischen Bildungsprimates seit dem 12. Jahrhundert, in: J. FRIED (Hg.), Schulen und Studium im sozialen Wandel des hohen und späten Mittelalters (Vorträge und Forschungen 30), Sigmaringen 1986, S. 407–438.

57 *Es hat sich Melchior in seiner jugent mit der eltern rath auff studieren gewendet / und die fundament in spraachen und freyen künsten zu Rheinfelden und zu Brug in der Eydgenossenschafft zimlich wol begriffen. Nach diesem hat er zu Basel bey Simone Grineo gewonet / und waarde durch in und dessen Vetteren Thoman Grineum weiter underrichtet. Als er ein zeit daselben verharret / warde er von seinem Vatter in dem 16 jar seines alter gehn toll in Burgund abgefertiget / damit er in Rech-*

Vorlanden über die Burgundische Pforte nach Dôle, die französischen Hohen Schulen bis zum Hof für wenige finanziell und sozial privilegierte des voderösterreichischen Adels annehmen. Eine exakte Untersuchung steht aus und wird aufgrund der fragmentarischen Quellenlage der Universitätsmatrikeln auch kaum möglich sein. Zudem sind aus den Matrikeln bestenfalls Herkunftsorte, aber nicht die vorherigen Studienorte zu entnehmen. Offensichtlich sind Auslandserfahrungen gerade im französischsprachigen Ausland aber für die Verwaltungen von großem Wert. Wenn man zusätzlich in Rechnung stellt, daß Hans Melchior von Schönau seinen Frankreichaufenthalt nur wegen der kriegerischen Ereignisse zwischen François I und Karl V. unterbrach und danach sofort wieder nach Frankreich, ja sogar an den königlichen Hof gegangen sein soll, scheinen Berührungsängste mit Frankreich, mit dem *welschen* Land, kaum vorhanden gewesen zu sein.

Die gegenseitige Ergänzung von Hof und Universität wurde vom Adel schon früh erkannt und für sich genutzt. Bildung und Sprachkenntnisse verweben sich miteinander, das Studium wird zum notwendigen Vehikel in der Behauptung der Rolle des Adeligen gegenüber seinen bürgerlichen Konkurrenten. Dies mag gerade angesichts des relativ kleinräumigen Einzugsgebietes der Universitäten ein Privileg der Reichen und des Adels gewesen sein, sich nicht nur die teuren Auslandsaufenthalte in Italien oder Frankreich leisten, sondern dabei auch karrierefördernde Qualifikationen erwerben zu können. Diese Formen der entstehenden Kavalierstour wirkten ihrerseits wiederum auf die Universitäten ein. Es paßt ganz in das von Werner Paravicini skizzierte Bild[58], wenn es Ansätze zu einer »Aristokratisierung der Universität« mit Adelsrektoren und der Einführung von höfischen Notwendigkeiten wie Fechten und Tanzen auch in Freiburg gibt.

Aus dem 15. Jahrhundert gibt es zu Freiburg nur normative Quellen zum Fechtverbot. In den Disziplinarakten des Universitätsarchivs Freiburg gibt es jedoch eine Fülle von Verstößen gegen das Fechtverbot. Darüber hinaus ist aus dem Jahr 1563 das Bestehen einer Fechtschule ebenso belegt wie die Tatsache, daß dort Studenten Unterricht nahmen[59]. Die

---

ten studieret / und die Frantzosische spraach erlernet: wie er zwey jar da beliben / gienge im 1544 jar zwischen dem Kaiser und Francisco dem Koenig zu Franckreich ein schwerer krieg an. Damalen tathe Melchior seinen ersten kriegßzug / und lage under Herr Johanns von Sickingen so fünff feindlein Landßknecht under jm gehabt / bey welchen er auch vor S. Desider gelegen als man diese statt durch den sturm eroberet. Wie aber auf friden bald haernach angangen ist er wider in Franckreich zu den studiis gezogen / auch in fürnemsten Universiteten zu Pareys / Orliens / Burgis / Angiers / und Potiers in den sprachen und freyen künsten nit ein kleine erfarnuß erlanget. Mittlerzeit hat er auch deß Koenig von Franckreich hoff besichtiget / und der menschen geberden / empter / und würdigkeit fleißig erkundiget. Als aber der Schmalkaldische krieg angangen / warde er durch den Vatter wider heim beruffen / da er dann / was er an der frembd geleernet / bey ihm selbs wider repetierer und eraefferet. PANTALEON (wie Anm. 27), S. 422. Ähnliches ist auch von der Familie Waldner von Freundstein bekannt und läßt sich anhand des Familienarchives nachweisen. Für diesen Hinweis danke ich Frau Anne Eichenlaub, Archive Départementales du Haut-Rhin in Colmar.
58 W. PARAVICINI, Von der Heidenfahrt zur Kavalierstour. Über Motive und Formen adeligen Reisens im späten Mittelalter, in: H. BRUNNER/ N. R. WOLF (Hgg.), Wissensliteratur im Mittelalter und in der frühen Neuzeit (Wissensliteratur im Mittelalter 13), Wiesbaden 1993, S. 91–130.
59 Simon Truchsess von Wetzhausen machte eine entsprechende Aussage vor dem Disziplinargericht der Universität, Universitätsarchiv Freiburg (UAF) A 12/2, fol. 560, 561 (Liber Inquisitionum). 1565 wird nochmals die Witwe des Fechtmeisters erwähnt, UAF A 13/1, fol. 207. Simon Truchsess ist seit 1558 in Freiburg immatrikuliert, Matrikel der Universität Freiburg (wie Anm. 31), insbes. I.1, S. 430, Nr. 75.

aus dem 17. und 18. Jahrhundert belegten Fechtmeister stammten meist aus der französischsprechenden Schweiz oder Avignon. Sie waren freiberuflich und standen erst ab 1716 auch in einem Dienstverhältnis zur Universität. Da Tanz- und Fechtmeister als Profession zusammengehörten, ist dies auch für Freiburg anzunehmen. Diese Tatsache bekommt zusätzlich Gewicht, da Bianca Maria das *Teutsch* und *Welsch*-Tanzen zur Zeit Maximilians an den Oberrhein und nach Tirol brachte[60] und somit ein weiterer Aristokratisierungseffekt auf die Freiburger Universität aus dem franco-burgundischen Raum einwirkte. Auch die Adelsrektoren als weitere Indizien sind in Freiburg seit 1466 üblich.

Conrad Graf zu Castell war 1533 in Freiburg immatrikuliert und auch sofort zum Adelsrektor ernannt worden. In Freiburg wohnte er bei dem hochangesehenen Professor Joachim Münsinger, der 1573 die Universität Helmstedt ins Leben rief. Castell hatte in Freiburg freundschaftlichen Kontakt mit Egenolf von Rappoltstein geknüpft, ebenso mit Egon von Fürstenberg. Zu diesem Kreis gehörten auch Philipp und Valentin Schenk von Erbach und andere. Später gingen aus diesen Bekanntschaften untereinander verschiedene Eheschließungen hervor. Von Freiburg aus zog Castell an die Universität nach Dôle (1538), danach nach Orléans, bis er 1541 die Heimreise antreten mußte. Auf dieser Reise lernte der Adelige auch *Welsch*-Tanzen, Musikinstrumente spielen, Ballspiele und ähnliches. 1543 heiratete er Elisabeth von Baden-Durlach, die Witwe von Gabriel Salamanca, Graf von Ortenburg, der als Günstling Ferdinands I. elsässischer Landvogt war und der oben schon im Zusammmenhang mit seiner Herrschaft Héricourt genannt wurde. Man darf annehmen, daß die Bekanntschaft bzw. die ersten Kontakte schon während Castells Aufenthalten in Freiburg und Rappoltsweiler geknüpft worden waren[61]. Auch dies ist ein Beispiel der adeligen Kavalierstour von Freiburg ausgehend nach Dôle und Orléans, wie sie von Hans Melchior von Schönau und den anderen vorderösterreichischen Adeligen bekannt sind.

In anderen Fällen scheinen die Aufenthalte im *welschen* Land durchaus zu Eheverbindungen geführt haben. Dabei sind aber auch Vorbehalte gegen die unverständliche Sitten der aus fremden Ländern Stammenden neben der Sprache Gründe für Distanz zu *Welschen*, während umgekehrt gerade das Exotische Anreiz und Anziehungskraft sein konnte. Ein Beispiel hierfür mag das Schreiben der Baslerin Margarete Rechberg an ihren Bruder Bonifatius Amerbach sein, von dem sie befürchtete, daß er von seinem Frankreichaufenthalt ein *welsche* Frau mitbringen könnte. So schreibt sie an Ihren Bruder: *Ich mein, ir wellen den schimpf zum ernst machen. Ir sprochen alwegen, ir weltten ein hůpsche wellin mit úch bringen. Ich fercht numen, es wel wor werden. Ich bit úch frúntlich, keren das hertz wider zuo vns vsser; wir wend úch hie ein hůpsche geben. Wir verstend die wel-*

---

60 Freundliche Mitteilung von Walter Salmen. Vergleiche dazu auch W. SALMEN, »Alla tedesca« oder »welsch« tanzen, in: H. ZEMAN (Hg.), Österreich-Italien auf der Suche nach der gemeinsamen Vergangenheit, bzw. DERS. »Alla tedesca« oder »welsch« tanzen, in: P. CHIARINI/H. ZEMAN (Hgg.), Italia-Austria, Alla ricera del passato somune, Roma 1995, S. 207–218; W. SALMEN, Die Universitätstanzmeister in Freiburg, in: Freiburger Universitätsblätter 115 (1992), S. 79–89.
61 S. SAUTHOFF, Adliges Studentenleben und Universitätsstudium zu Beginn des 16. Jahrhunderts. Darstellung anhand des Ausgabenbüchleins von Conrad Graf zu Castell (Europäische Hochschulschriften Reihe III, Bd. 367), Frankfurt/M. 1988, insbes.S. 14, 17, 89ff., 101.

*schen nit*⁶². Das Nicht-Verstehen bezieht sich in dem Zitat in besonderer Weise und gleichsam auf die fremde Sprache und die andersartige Lebensweise, die in Basel nur auf Unverständnis stoßen würde und offenbar auch Folgen auf die gesamte Familie haben könnte.

Doch dies war kein Hinderungsgrund dafür, daß zur gleichen Zeit der Universitätsprofessor Theobald Babst, Bruder des Ensisheimer Kanzler Niclaus Babst, bei Schwierigkeiten, die ihm fast ein Disziplinarverfahren an der Universität in Freiburg einbrachten, in die Fremde, das anderssprachige Ausland, an die Universität in Dôle auswich, wo er sich um die Erziehung seines Neffen kümmerte. Er ist aber kein Einzelfall. Als bürgerliche, die vielfach in habsburgischen Beamtenverhältnissen zu finden waren, sind beispielsweise die Familien Prombach, Holzapfel, Streit, Fabri, Weidenkeller, Schmidlin zu nennen, während für die Adelsfamilien noch die Waldner von Freundstein, Rotberg, Stadion, Jestetten, Ratsamhausen Helfenstein, Eptingen, Rinck von Baldenstein und andere stehen. Eine exakte Auswertung ist bei der äußerst bruchstückhaften Überlieferung der Matrikel in Dôle kaum möglich⁶³. Für das Studium franco-burgundischer Studenten in Freiburg gibt es ebenfalls deutliche Anzeichen, wenn man die Herkunftsorte der Diözesen, wie z. B. Besançon betrachtet, doch steht auch hier eine Auswertung noch aus. Es dürfte sich bei dem Austausch über eine größere Distanz und über die Sprachgrenzen hinweg sicherlich nur um eine relativ kleine Anzahl Begüterter und Privilegierter gehandelt haben, da Auslandsaufenthalte immer mit enormem finanziellem Aufwand verbunden waren. Ein Beispiel dafür ist der Burgunder Stefan de Lalosch, der zusammen mit drei weiteren Francophonen als Hofmeister des Grafen von Ligni in dessen Gefolge in Freiburg in einen Schlaghändel mit städtischen Scharwächtern verwickelt war und als Nicht-Immatrikulierter zu einer hohen Geldstrafe verurteilt wurde⁶⁴.

So gesehen bestanden zwischen der Freiburger Universität und *Welschen* keine Berührungsängste. Dennoch protestierte die Universität sehr heftig gegen Olzinganus als *welschen* Professor, weil »*Es sey nit für die Universität, einen Italum oder einer frömden Sprach zuo profeßoren anzuonemen, dann man nit allein lesen und profitieren, sunder auch schreiben, reiten, reden, regieren, consistoria besitzen etc. muoße, das dan kein Italus kan*«⁶⁵. Daß dies nur vorgeschobene Gründe waren und man eigentlich gegen die Intervention des Innsbrucker Hofes protestierte, weil dieser Olzinganus der Universität aufoktroyiert hatte, dürfte angesichts der Wissenschaftssprache *Latein*, in der nahezu alle relevanten Universitätsveranstaltungen abgehalten wurden, nachvollziehbar sein. Ein weiteres Argument für diese Interpretation dürfte der Lothringer Jakob Bilonius sein, der

---

62 A. HARTMANN (Hg.), Die Amerbachkorrespondenz, Band 2, Basel 1943, S. 453 (26. 12. 1523). Diesen Hinweis verdanke ich freundlicherweise Herrn Dr. Franz Egger, Historisches Museum der Stadt Basel.
63 Die Matrikel der Universität Dôle befindet sich heute als MS 982 in der Bibliothèque Municipale in Besançon. Ein Mikrofilm der Matrikel ist im Universitätsarchiv Freiburg einsehbar. Zu Dôle vgl. auch J. THEUROT, Dôle, genése d´une capitale provinciale (Cahiers dolois 15) 1998.
64 SAF C 1 Schulsachen-Universität 3, Nr. 56; UAF A 62/48; Matrikel der Universität Freiburg (wie Anm. 31), insbes. I.1, S. 460 u. a.
65 Zitiert nach H. KNAUPP, Jodocus Lorichius (1540–1612) und die Reformversuche der Universität Freiburg, in: J. VINCKE (Hg.), Zur Geschichte der Universität Freiburg i. Br. (Beiträge zur Freiburger Wissenschafts- und Universitätsgeschichte 33), Freiburg 1966, S. 53–111, insbes. S. 64f.

schon vor und auch nach Olzinganus in Freiburg lehrte. Bei ihm gab es wegen seines *Welsch*-seins keine Proteste oder Probleme[66]. Auch bei anderen wie Gabriel Chabot aus Chambery oder Angelus de Besutio[67] hatte es keine Schwierigkeiten gegeben.

5. Fazit

Die territoriale Abgrenzung der vorderösterreichischen Lande gegenüber allen anderen Territorien waren offensichtlich sehr stark. Dies konnte zum einen bezüglich Burgund, Frankreich oder Lothringen schon mit dem Begriff *Welsch* zum Ausdruck kommen[68] oder fand in Beschimpfungen wie im Falle der teilweise verachteten, teilweise gefürchteten Eidgenossen und verhöhnten *Kuhschweizer* andererseits seinen Ausdruck[69]. Grundsätzlich gab es bei der territorialen Abschottung aber keine Unterscheidung zwischen *teutsch*, *welsch*, habsburgisch oder nicht-habsburgisch. Die Abgrenzung bezog sich gleichermaßen gegen alle außerhalb des vorderösterreichischen Territoriums Stehende.

Eine Anekdote jenseits der Terminologie von *Teutsch* und *Welsch* mag diesen Sachverhalt pointieren. Die fiktive Anekdote ist anläßlich des Verkaufes der vorderösterreichischen Lande an Herzog Georg von Bayern 1487, der platzte und in dessen Folge Herzog Sigmund entmündigt wurde, überliefert: Zur Landesübernahme sei ein bayerischer Adeliger als Huldigungskommissar in das Schloß Pfirt im Sundgau gekommen und habe merkwürdigerweise die Gattin des Vogtes vor der Burg unter den Schweinen sitzend angetroffen. Auf seine Frage, was sie hier denn mache, antwortete die Schloßherrin, daß sie schon gehört habe, daß sie nun Bayerisch würden. Daher wolle sie nun versuchen, von den Schweinen die entsprechende bayerische Mundart zu erlernen. Erläuternd fügt der Anekdotenerzähler noch hinzu, daß der Volksmund die Bayern als Schweine bezeichnete[70].

Die sozialen Kontakte von Vorderösterreich nach Burgund und Frankreich blieben aber meist Einzel-, Privat- und Sonderfälle. Im Grunde änderte sich für das Elsaß und den Sundgau erst um 1800 etwas an diesem Beziehungsgeflecht bzw. fehlenden Beziehungsge-

---

66 H. SCHREIBER, Geschichte der Albert-Ludwigs-Universität zu Freiburg im Breisgau, 3 Teile, Freiburg 1857–1860, insbes. II, S. 366–367.
67 SCHREIBER (wie Anm. 65), insbes. I, 180, 182 u. a.
68 B. VOGLER, Das Elsaß, eine französische Region, in: P. C. HARTMANN (Hg.), Regionen in der Frühen Neuzeit (Zeitschrift für Historische Forschung, Beiheft 17), Berlin 1998, S. 223–228, insbes. S. 223.
69 C. SIEBER-LEHMANN/T. WILHELMI, In Helvetios – Wider die Kuhschweizer. Fremd- und Feindbilder von den Schweizern in antieidgenössischen Texten aus der Zeit von 1386 bis 1532, Bern/Stuttgart/Wien 1998.
70 J. CHMEL, Der österreichische Geschichtsforscher I, Wien 1838, S. 108: *Cum Sigismundus archidux Austrie Elsatiam Brisacogeam quam Brisgaudium vocant prefecturam item Suevie duci Georgio Bavaro vendidisset nec incole huic venditioni consentire vellent, quidam eques auratus Bavarus huius negotii conficiendi legatus cum castrum Phirt pertransiret uxoremque prefecti illius castri extra castrum cum suibus sedere offendisset illa salutata quid faceret interrogavit. Ad quod festive domina, audio (inquit) nos futuros esse Bavaros, iam nunc idioma eorum discere attento ex suibus. Bavaros enim sues vulgus appellat ob maximum eorum in Bavaria proventum.* Ebenso bei A. JÄGER, Geschichte der landständischen Verfassung Tirols, 2 Bde, Innsbruck 1885, Nachdruck Aalen 1970, insbes. II.2, S. 314 Anm. 3.

flecht zum franco-burgundischen Raum[71]. Umgekehrt, in Richtung Osten, an den Rhein war bis 1800 auch von Seiten Innerfrankreichs das Elsaß immer als Allemagne, als »Nicht-Frankreich« betrachtet worden, dessen Einwohner Deutsche seien. Im Elsaß wurde selbstverständlich Deutsch gesprochen und auch Schulen, Handwerker und Läden von den Einwohnern als deutsch bezeichnet, um sich von den eingewanderten Franzosen zu unterscheiden[72].

Für die Vorderösterreicher war der Pragmatismus im Umgang mit *dem Welschen* und *den Welschen* Alltag, der Normalfall. Probleme gab es im 15. und 16. Jahrhundert vor allem dann, wenn sich Dynasten mit unterschiedlichen territorialen Interessen gegenüberstanden. Nationalistische Gegensätze dürften auf den geschilderten Ebenen aber eher konstruiert sein. Die natürlichen Grenzen begrenzten die vorderösterreichische Blickrichtung nach Westen, die Ostorientierung der Dynastie auf Innsbruck und Wien verstärkte diese Sicht wie die zunehmende Wendung der Franche Comté nach Spanien und Lothringens nach Paris. Beispiele von romanischsprachigen Anschreiben an die Ensisheimer Regierung und deren deutschsprachigen Antworten waren selbstverständlich und zeigen den gesunden Sinn für die Realität ebenso wie die Kooperation von *Teutschen* und *Welschen* im Minengebiet des Lebertals, in dem aus habsburgischer Sicht *häretische* Hugenotten aus Frankreich als Bergarbeiter neben den katholischen Deutschen aus Tirol und den vorderösterreichischen Landen auf der Jagd nach Silber nebeneinander arbeiteten.

Das Verhältnis von *Teutsch* und *Welsch* mag zwar manchmal durch negative Untertöne und sehr unterschiedliche Motive in Konflikten mitbestimmt gewesen sein, aber für die habsburgische Verwaltung, den vorderösterreichischen Adel und die Universität war das Neben- und Miteinander Alltag, Notwendigkeit und Selbstverständlichkeit. Niemals war das Nebeneinander von *Teutsch* und *Welsch* etwas Außergewöhnliches oder etwas, das unüberwindliche Schwierigkeiten bereitet hätte. Man darf es vielleicht als gesunden vorderösterreichischen Pragmatismus verstehen, der auch heute mehr als nachahmenswert sein dürfte.

---

71 VOGLER (wie Anm. 67), S. 226.
72 Ebd., S. 228.

HANDELSWEGE

Das Elsaß als wirtschaftliche Brückenlandschaft im 15. und 16. Jahrhundert

VON TOM SCOTT

I

»Brückenlandschaft« ist ein sprachlich wie auch ideologisch vorbelasteter Begriff. Im Zeichen der europäischen Einigung mag der Brückenlandschaft eine verbindende, vermittelnde oder gar versöhnende Rolle zukommen, in der Geschichtsschreibung der letzten hundert Jahre wurde sie dagegen nicht selten in die Nähe des Brückenkopfes gerückt, d. h. einer Landschaft, die Kulturspezifisches in einen fremden Raum hineinprojiziert oder, anders gewendet, die die Einheitlichkeit des historisch Entfremdeten und Entzweiten den politischen Gegebenheiten zum Trotze wiederherzustellen trachtete. Am Oberrhein braucht man auf die Problematik des Begriffes kaum hinzuweisen. Es mag wohl nicht von ungefähr kommen, daß der Ausdruck Brückenlandschaft auf französisch keine Entsprechung findet: man hat den Oberrhein als »carrefour« bezeichnet, die linksrheinische Landschaft etwa als eine der »pays d'Entre-Deux«, beides relativ neutrale Redewendungen. Auch im Englischen wirkt der Ausdruck »bridging landscape« ein wenig fremdartig.

In der heutigen Regionalplanung wird der Oberrhein gewöhnlich in seiner Gesamtheit als Brückenlandschaft verstanden – man denke an die vielen rheinübergreifenden Planungsgremien, die sich bewußt auf eine regionale Identität berufen. Eine Teillandschaft wie das Elsaß aus diesem Gefüge herausschälen und als eigenständige Landschaft bestehen lassen zu wollen, scheint diesem Verständnis zu widersprechen. Vor dem Hintergrund der wirtschaftlichen Entwicklung des Elsaß als einer Kulturlandschaft im Spätmittelalter mag es indessen durchaus berechtigt sein. Zu einer sachgerechten Beurteilung bedarf es jedoch zunächst einer Analyse der nationalen Historiographie Deutschlands und Frankreichs im 20. Jahrhundert, die sich dem Elsaß mit recht unterschiedlichen Perspektiven und Motiven genähert hat.

Die deutsch-nationale Geschichtsschreibung am Oberrhein, in erster Linie mit den Namen von Friedrich Metz[1] und Hektor Ammann[2] verbunden, hat das Elsaß (und auch Lothringen) aus offenkundigen Gründen als Bestandteil des Germanentums aufgefaßt,

---

1 F. METZ, Land und Leute. Gesammelte Beiträge zur deutschen Landes- und Volkskunde, Stuttgart 1961.
2 E. MEYNEN, Hektor Ammann, in: Berichte zur deutschen Landeskunde 43 (1969), S. 41–72.

ein Anspruch, der noch zu ihren Lebzeiten in unheilvoller Weile eingelöst wurde. Doch reicht der Streit um die deutsche Identität des linksrheinischen Ufers bekanntlich in die Zeit der Humanisten zurück, am augenfälligsten in der Auseinandersetzung zwischen Jakob Wimpfeling und Thomas Murner zu beobachten[3]: Der Gegenstand war aber seit der Reichsgründung selber umstritten, nämlich in der Unterscheidung zwischen *Gallia* und *Germania*[4]. Ich betone diese sattsam bekannte Tradition abermals, um zu verdeutlichen, daß auf deutscher Seite die Zugehörigkeit des Elsaß zu Deutschland (oder dem Reich) stets auf einer Kultur- und Sprachgemeinschaft beruhte – vor sechzig Jahren hätte man die Volksgemeinschaft dazugezählt; erst an zweiter Stelle wurde die naturräumliche Gliederung in Betracht gezogen. Dieses Moment wurde dafür in der Zwischenkriegszeit von Vertretern der geschichtlichen Landeskunde stärker herausgearbeitet. An erster Stelle ist an das Institut für geschichtliche Landeskunde an der Universität Bonn zu denken, das seit seiner Gründung im Jahre 1920 unter der Leitung von Hermann Aubin in verschiedenen Veröffentlichungen eine kulturelle Morphologie der Rheinlande anstrebte, die Volk, Siedlung und Raum zusammenfassen sollte[5]. Dabei stand der seit dem ausgehenden 19. Jahrhundert aufblühende Wissenschaftszweig der Geopolitik Pate, wonach die physische und topographische Umwelt das kulturelle Verhalten der Menschen wesentlich geprägt haben soll. In Frankreich wurde der daraus abgeleitete Begriff der historischen Landschaft von Geographen wie Paul Vidal de la Blache in der Forschung erkenntnisstiftend umgesetzt[6], in Deutschland dagegen fatalerweise von Friedrich Ratzel weiterentwickelt, dem wir ja auch den Terminus »Lebensraum« verdanken[7]. Am Oberrhein war der namhafteste Vertreter dieser Richtung Friedrich Metz, der im Laufe mehrerer Tagungen der Westdeutschen Forschungsgemeinschaft die geschichtliche Landeskunde im Dienste eines völkischen Gebietsanspruches links des Rheins einsetzte[8].

Daß die französische Geschichtsschreibung einer ebenso parteiischen Sicht des Oberrheins als Siedlungs- und Kulturlandschaft verpflichtet war – freilich mit abkapselnder

---

3 Vgl. zuletzt F. RAPP, Autour de l'identité régionale alsacienne au Moyen Age, in: R. BABEL/J.-M. MOEGLIN (Hgg.), Identité régionale et conscience nationale en France et en Allemagne du Moyen Age à l'époque moderne (Francia, Beiheft 39), Sigmaringen 1997, S. 289–291; D. MERTENS, »Landesbewußtsein« am Oberrhein zur Zeit des Humanismus, in: F. QUARTHAL/G. FAIX (Hgg.), Die Habsburger im deutschen Südwesten. Neue Forschungen zur Geschichte Vorderösterreichs, Stuttgart 2000, S. 206f., 210–214.
4 R. SCHNELL, Deutsche Literatur und deutsches Nationalbewußtsein in Spätmittelalter und Früher Neuzeit, in: J. EHLERS (Hg.), Ansätze und Diskontinuität deutscher Nationsbildung im Mittelalter (Nationes 8), Sigmaringen 1989, S. 247–319.
5 F. IRSIGLER, Raumkonzepte in der historischen Forschung, in: A. HEIT u. a. (Hgg.), Zwischen Gallia und Germania. Frankreich und Deutschland. Konstanz und Wandel raumbestimmender Kräfte (Trierer Historische Forschungen 12), Trier 1987, S. 17f. Kritisch zu dieser Forschungsrichtung P. SCHÖTTLER, The Rhine as an object of historical controversy in the inter-war years. Towards a history of frontier mentalities, in: History Workshop Journal 39 (1995), S. 5f.
6 P. VIDAL DE LA BLACHE, Régions françaises, in: Revue de Paris, 15. Dez. 1910, S. 821–849.
7 W. D. SMITH, Friedrich Ratzel and the origins of Lebensraum, in: German Studies Review 3 (1980), S. 51–68; K. G. FABER, Zur Vorgeschichte der Geopolitik. Staat, Nation und Lebensraum im Denken deutscher Geographen vor 1914, in: H. DOLLINGER/H. GRÜNDER/A. HANSCHMIDT (Hgg.), Weltpolitik, Europagedanke, Regionalismus. Festschrift für Heinz Gollwitzer zum 65. Geburtstag, Münster 1982, S. 389–406.
8 SCHÖTTLER (wie Anm. 5), S. 8.

anstatt expansionistischer Tendenz –, ist in der Forschung dank ihrer geringeren Resonanz bzw. Ingebrauchnahme nicht in demselben Ausmaße rezipiert worden. Es wirken aber unter anerkannten Geographen bis heute Vorstellungen nach, deren ideologischer Färbung sie sich offenbar nicht voll bewußt sind. So enthält das jüngste Handbuch zur historischen Geographie Frankreichs aus der Feder von Xavier de Planhol (hervorgetreten durch seine Arbeiten zu Anatolien) die Behauptung, die Merowinger hätten ihr elsässisches Herzogtum um die ertragreichen Hänge zwischen Illstrom und Vogesenausläufern organisieren müssen, weil sie durch siedlungsleeres Gebirge im Westen und schwer durchquerbare Auwälder und -sümpfe im Osten abgeschnitten waren[9]. Dabei schwingen Töne freilich mit, die Tourneur-Aumont 1919 aus dem Geist des Versailler Vertrages heraus zu dem lapidaren Spruch verdichtete: »Les Vosges favorisent le retour dans la plaine. Il y a entre la montagne et la plaine une intimité. Le Rhin n'y participe pas. La plaine est plus vosgienne que rhénane«[10].

Der Titel von Tourneur-Aumonts Aufsatz lautete zwar »L'Alsace et l'Alemanie. Origine et place de la tradition germanique dans la civilisation alsacienne«, aus dem Inhalt geht aber deutlich hervor, daß der Verfasser der »tradition germanique« in der elsässischen Zivilisation einen recht bescheidenen Platz zugedacht hat. Noch bedenklicher wirkt es, wenn wir daran erinnern, daß selbst Lucien Febvre, der spätere Mitbegründer der Zeitschrift »Annales« und seit 1919 Leiter des »Institut d'histoire moderne« an der neugegründeten französischen Universität Straßburg, in seiner Übersichtsdarstellung zur historischen Geographie, »La terre et l'évolution humaine«, diesen Passus zustimmend zitiert hat[11]. In seinem 1931 erschienenen Werk »Le Rhin« hat Febvre seine Haltung allerdings modifiziert, die menschliche Komponente bei der Gestaltung einer historischen Landschaft wurde nunmehr einer statischen geographischen Analyse vorgezogen. Daher sei der Rhein erst ab dem 16. Jahrhundert zur Grenze geworden; im Mittelalter sei der Oberrheinraum eine durch ihre Städtedichte und bürgerliche Kultur zusammengehörige und zusammengewachsene historische Landschaft geblieben[12].

In der Nachkriegszeit hat sich die elsässische Landeskunde von den alten Ressentiments weitgehend befreit – ich brauche nur die Namen von Francis Rapp, François-Joseph Fuchs und Odile Kammerer zu nennen –, zugleich aber einen neuen Weg eingeschlagen, der die Verbindung des linksrheinischen Ufers über die Vogesen hinweg zum französischen Binnenland herausstreicht. Auch hier greift sie – wohl unbewußt – auf Tourneur-Aumont zurück. Denn dieser hat bei all der von ihm gepriesenen Intimität zwischen Gebirge und Tiefebene nicht leugnen wollen, daß die Vogesen als Bindeglied und nicht als Sperre anzusehen waren: »Les Vosges se sont constamment associées à l'histoire

---

9 X. De Planhol (mit P. Claval), An historical geography of France (Cambridge Studies in Historical Geography 21), Cambridge/Paris 1994, S. 173.
10 J. M. Tourneur-Aumont, L'Alsace et l'Alemanie. Origine et place de la tradition germanique dans la civilisation alsacienne (Etudes de géographie historique), in: Annales de l'Est 33 (1919), S. 75–76.
11 L. Febvre, La terre et l'évolution humaine. Introduction géographique à l'histoire, Paris ²1938, S. 367.
12 A. Demangeon und L. Febvre, Le Rhin, Straßburg 1931 (2. Aufl. unter dem Titel: Le Rhin. Problèmes d'histoire et d'économie, Paris 1935); dazu Schöttler (wie Anm. 5), S. 11f.

d'Alsace non comme un monde étranger, comme une barrière, répulsive, mais comme une partie vivante«[13].

In wirtschaftlicher Hinsicht haben die Forschungen von Rapp und Kammerer diese Ansicht für das ausgehende Mittelalter vollauf bestätigt. Rapp weist auf den lebhaften Verkehr über die Vogesenpässe hin, der dem Austausch zwischen dem Oberrhein und Lothringen diente; selbst der ausgebaute Gotthardpaß vermochte diese Handelsbeziehungen kaum zu schmälern[14]. Dieser Gedanke ist von Frau Kammerer, die durch eine Studie über die Kaufleute von St-Nicolas-de-Port bei Nancy hervorgetreten ist, so fortgeschrieben worden: »Ces montagnes à vaches, surtout le versant lorrain, loin d'être une frontière, représentaient avant le XVIe siècle une véritable colonne vertébrale pour la région mosello-rhénane«[15].

Der Gefahr einer nationalistischen Gratwanderung im Sinne Tourneur-Aumonts entgeht sie durch den Hinweis, daß Städte und Kaufleute an beiden Ufern des Rheins an diesem Austausch teilhatten, und zwar nicht nur als Partner sondern förmlich als »des complices économiques«, wirtschaftliche Parteigänger, der lothringischen Handelsstädte. Es ist ebenfalls das Verdienst von Frau Kammerer – der älteren französischen historischen Geographie den Rücken kehrend –, auf die Überbrückungsmöglichkeiten am Oberrhein hingewiesen zu haben, die zum Teil seit römischer Zeit fortbestanden haben mögen[16]. Der Rhein war, in ihrer Diktion, zur Grenze untauglich[17].

Es wäre reizvoll, zur Ergänzung dieses Überblicks die schweizerische Historiographie über den Oberrhein als Brückenlandschaft zu hinterfragen (Hektor Ammann, obgleich gebürtiger Schweizer, wird zu den deutsch-nationalen Historikern gerechnet). Der Gegenstand ist jedoch, so weit ich sehe, für den Oberrhein, abgesehen von einigen eher beiläufigen Bemerkungen bei Hans Conrad Peyer[18], kaum thematisiert worden. Für den Hochrhein sieht es dagegen ganz anders aus, wie wir aus dem geistreichen Aufsatz von Helmut Maurer über Schwaben und Schweizer im Mittelalter ersehen können[19]. Daß die

---

13 TOURNEUR-AUMONT (wie Anm. 10), S. 153.
14 F. RAPP, Routes et voies de communication à travers les Vosges du XIIe au début du XVIe siècle, in: Les Pays de l'Entre-Deux au Moyen Age. Questions d'histoire des territoires d'Empire entre Meuse, Rhône et Rhin (Actes du 113e Congrès National des Sociétés Savantes, Strasbourg 1988, Section d'histoire médiévale et de philologie), Paris 1990, S. 195–207.
15 O. KAMMERER, Le carrefour alsacien-lorrain dans le grand commerce des XVe et XVIe siècles, in: J.-M. CAUCHIES (Hg.), Aspects de la vie économique des pays bourguignons (1384–1559): dépression ou prosperité? (Publications du Centre Européen d'Etudes Bourguignonnes (XIVe–XVIe s.) 27, Rencontres de Douai, 25 au 28 septembre 1986), Basel 1987, S. 84.
16 O. KAMMERER, Echanges et marchands à la fin du Moyen Age dans l'Oberrhein, in: Le marchand au Moyen Age (Société des Historiens Médiévistes de l'Enseignement Public, 19. Congrès Reims 1988), Nantes 1992, S. 137–153.
17 O. KAMMERER, Der Oberrhein im Mittelalter. Zur Grenze nicht tauglich, in: Alemannisches Jahrbuch 1993/94, S. 125–132; vgl. DIES., Le Haut-Rhin entre Bâle et Strasbourg. A-t-il été une frontière médiévale?, in: Les Pays de l'Entre-Deux (wie Anm. 14), S. 171–193.
18 H. C. PEYER, Gewässer und Grenzen in der Schweizer Geschichte, in: DERS., Gewässer, Grenzen und Märkte in der Schweizer Geschichte (Mitteilungen der Antiquarischen Gesellschaft in Zürich 48/3 [= 143. Neujahrsblatt]), Zürich 1979, S. 5–17.
19 H. MAURER, Schweizer und Schwaben. Ihre Begegnung und ihr Auseinanderleben am Bodensee im Spätmittelalter (Konstanzer Universitätsreden 136), Konstanz ²1991.

Nordwestschweiz in wirtschaftspolitischer Hinsicht zur oberrheinischen Region zuzurechnen ist, steht außer Frage. Später wird im Zusammenhang mit dem Rappenmünzbund darauf zurückzukommen sein.

II

Einem wissenschaftlichen Zugang zum Elsaß als Brückenlandschaft stehen ebenfalls Hindernisse im Wege. Zentralörtliche Theorien erweisen sich als nur begrenzt fähig, die Spezifik dieses Raumes zu erfassen. Die radiale (d. h. speichenförmige) Zentralität, die den Arbeiten von Walter Christaller zugrundeliegt, gehorcht dem Marktprinzip[20]. Danach entwickelte sich eine Hierarchie von Zentren unterschiedlichen Bedeutungsgrades aufgrund der Intensität des wirtschaftlichen Austausches zwischen zentralem Ort und kreisförmigem Hinterland. Mag auf der Ebene der Großstädte dieses Verteilungsmuster zutreffen – der Raum Basel verhielt sich im 15. und 16. Jahrhundert in Christallers Kategorien proportional zum Großraum Straßburg –, so ruft es doch bei Mittel- und Kleinstädten Überlappungen und Konfliktzonen hervor, die theoretisch nicht einzufangen sind[21]. Die Städtedichte des Elsaß entspricht vielmehr einer axialen (achsenförmigen) Zentralität, die Durchgangslandschaften und Verkehrsadern kennzeichnet, worin sich der Bedeutungsgrad der zentralen Orte nicht aus ihrer Marktfunktion ergibt, sondern aus ihrer Verteilerfunktion innerhalb eines linearen Verkehrsnetzes. Dadurch gestalten sich die Hinterlande nicht kreis-, sondern rautenförmig[22]. Dieses Verkehrsprinzip mag für das Elsaß sofort einleuchten, denkt man doch an die Verteilung der Städte entlang der Ill in regelmäßigen Abständen, die als Umschlagplätze für den Export von Agrarerzeugnissen (vor allem Wein) fungierten. Das Prinzip reicht jedoch nicht aus, um dem Elsaß als einer Brückenlandschaft beizukommen, da es bekanntlich von der Gunst der Transportmöglichkeiten abhängt. Für den Oberrhein heißt das konkret die Wasser- und Schiffahrt auf Rhein und Ill. Es tritt also unweigerlich der Fluß- vor dem Landweg und die Ost-West-Verbindung hinter die Nord-Süd-Achse zurück. Spricht man vom Elsaß als von einer Exportlandschaft, so meint man vornehmlich den Fernhandel rheinabwärts über Frankfurt und Köln nach Norddeutschland und Skandinavien. Doch eine Brückenlandschaft wird wirtschaftlich nicht durch den Fernhandel, sondern durch den Nahhandel bestimmt. Dieser – nach Schwaben und in die Schweiz – hat in der Forschung bisher wenig Beobachtung gefunden, sieht man einmal von den Untersuchungen Hektor Ammanns ab, die aber theoretisch nicht reflektiert werden.

---

20 W. CHRISTALLER, Die zentralen Orte in Süddeutschland. Eine ökonomisch-geographische Untersuchung über die Gesetzmäßigkeit der Verteilung und Entwicklung der Siedlungen mit städtischen Funktionen, Jena 1933 (Nachdruck: Darmstadt 1968).
21 T. SCOTT, Regional identity and economic change. The Upper Rhine 1450–1600, Oxford 1997, S. 97f.
22 W. CHRISTALLER (wie Anm. 20), S. 57–58; DERS., Das Grundgerüst der räumlichen Ordnung in Europa. Die Systeme der europäischen Zentralen Orte (Frankfurter Geographische Hefte 24/1), Frankfurt/M. 1950, S. 8–12; vgl. P. M. HOHENBERG/L. H. LEES, The making of urban Europe 1000–1950, Cambridge, MA/London 1985, S. 62f.

Die zentralörtlichen Theorien sind die Ausarbeitung eines adäquaten methodologischen Zugangs zum Nahhandel über das unmittelbare Markthinterland hinaus schuldig geblieben. Sie bieten entweder ein innerregionales Modell (das Marktprinzip) oder ein überregionales (das Verkehrsprinzip) an. Auf eine weitere Kritik kann ich hier unter Verweis auf die Arbeiten von Franz Irsigler verzichten[23]. Auffallend ist immerhin, daß der Terminus Brückenlandschaft in keiner umfassenden Raumtypologie vorkommt; er steht dem üblichen Kern-Rand-Gefälle sogar diametral entgegen. Es bedarf nunmehr eines interregionalen Modells, das die Beziehungen zwischen benachbarten Zonen erfaßt. Ein solches ist m.E. im Prinzip der Komplementarität zu suchen. Neulich ist dieses Prinzip in einer mustergültigen Analyse der wirtschaftlichen Beziehungen zwischen Schwaben und der Nordschweiz herausgearbeitet worden. In seiner Untersuchung des Getreidemarktes am Bodensee nach dem Dreißigjährigen Krieg hat Frank Göttmann die zunehmende Spezialisierung komplementärer Wirtschaftszonen freigelegt, wonach sich die schwäbischen Getreideproduzenten der Nachfrage der nordschweizerischen Orte anpaßten, die sich ihrerseits neben Viehwirtschaft dem Landhandel und der Heimindustrie zunehmend zuwandten[24]. Damit wurde Schwaben keineswegs zu einer Region der Monokultur, seine Wirtschaftsgeltung wurde jedoch vom interregionalen Austausch komplementärer Bedarfsgüter maßgeblich bestimmt. Aus dieser Symbiose entstand nach Göttmann eine raumwirtschaftliche Eigendynamik[25].

Wer nach einer ähnlichen Entwicklung am Oberrhein im 15. oder 16. Jahrhundert Ausschau hält, der wird enttäuscht. Bis 1500 beschränkte sich eine mutmaßliche wirtschaftliche Komplementarität auf bilaterale Beziehungen zwischen einzelnen Städten und deren Kaufleuten, die keinesfalls raumbestimmend wirkten. Dennoch waren die Vorbedingungen für eine Intensivierung der interregionalen Wirtschaft durchaus vorhanden. Hier lautet das bekannte Stichwort: Das Elsaß als Brotkorb und Weinfaß der Schweiz. Es erübrigt sich, den Umfang und die Gestaltung der Handelsbeziehungen des Elsaß in allen Einzelheiten nachzuzeichnen, hat sie doch Hektor Ammann mit größter Akribie aufgespürt[26]. Es gilt vielmehr, die Haupttendenzen herauszustreichen.

Die Beziehungen zur Schweiz nehmen für das Elsaß den ersten Platz ein. Die Nordschweiz wies einen ständigen Mangel an Getreide auf, der zum Teil durch Einfuhr aus der Waadt, vornehmlich aber durch Rekurs auf den Sundgau kompensiert wurde. Ferner wurde der elsässische Wein in die Schweiz nach Zürich, Bern, Solothurn und Luzern aus-

---

23 IRSIGLER (wie Anm. 5), S. 22f.
24 F. GÖTTMANN, Getreidemarkt am Bodensee. Raum – Wirtschaft – Politik – Gesellschaft (1650–1810) (Beiträge zur südwestdeutschen Wirtschafts- und Sozialgeschichte 13), St. Katharinen 1991.
25 Ebd. S. 57. In der Hungerkrise der frühen 1570er Jahre ersuchten die rechtsrheinischen Dörfer der Ortenau den Magistrat der Stadt Straßburg um Kornlieferungen aus seinem Getreidespeicher. Diesen Gesuchen kam der Rat meistens auch nach. Daraus eine Komplementarität im Sinne Göttmanns ableiten zu wollen, wäre allerdings verfehlt. Zu diesen Beziehungen siehe F.-J. FUCHS, L'espace économique rhénan et les relations commerciales de Strasbourg avec le sud-ouest de l'Allemagne au XVIe siècle, in: A. SCHÄFER (Hg.), Festschrift für Günter Haselier aus Anlaß seines 60. Geburtstages am 19. April 1974 (Oberrheinische Studien 3), Bretten 1975, S. 310–317.
26 H. AMMANN, Von der Wirtschaftsgeltung des Elsaß im Mittelalter, in: Alemannisches Jahrbuch 1955, S. 95–202; DERS., Elsässisch-schweizerische Wirtschaftsbeziehungen im Mittelalter, in: Elsaß-Lothringisches Jahrbuch 7 (1928), S. 36–61.

geführt. Dafür kamen für das Elsaß Vieh, Käse und Häute als Importgüter in Frage. Diese Erzeugnisse waren aber im Elsaß selber vorrätig, so daß es in Geld umgerechnet wohl zu einem Ausfuhrüberschuß an Agrarerzeugnissen gekommen ist. Bei Handwerksgütern mag eher ein Gleichgewicht zu verzeichnen sein, da das Elsaß Wolltücher aus Freiburg im Üchtland, Schürlitz aus Basel und Leinwand aus St. Gallen bezog, während die Tuchstädte des Unterelsaß unter Straßburgs Führung ihre Wolltücher in vielen schweizerischen Städten absetzten, über Zwischenhändler etwa aus Freiburg im Üchtland sogar auf den Genfer Messen[27]. Es handelte sich aber durchweg um billige Tuche, ungefärbte Grautuche und Futterstoffe. Die unterelsässische Tuchindustrie gelangte über den Nahhandelsbereich kaum hinaus.

Das Elsaß hatte dagegen einen ausgesprochenen Einfuhrbedarf nach Salz. Obgleich das Gros des Imports von Fernhändlern als Rückfracht für Wein aus Tirol (Reichenhall, Hallein, später Hall in Tirol) ins Land gebracht wurde, lieferte das benachbarte Lothringen aus den Salinen zu Château-Salins Salz ins Elsaß[28]. Dafür wurde der Elsässer Wein in die Vogesenklöster und an die herzoglichen Höfe zu Bar-le-Duc und Lunéville geliefert[29]. Die wichtigste Verbindung zwischen Elsaß und Lothringen bis zum Ende des 16. Jahrhunderts bildete zweifelsohne der Bergbau, der nach 1500 sogar einen neuen Aufschwung erlebte. Das Leber- und Weilertal oberhalb Schlettstadts war ohnehin zum Teil romanisch besiedelt, aus der Zuwanderung deutscher Bergleute erwuchs sodann ein kulturelles Mischgebiet. Im Lebertal war das Bergregal unter den Herzögen von Lothringen, den Habsburgern und den Herren von Rappoltstein aufgeteilt; der Anteil Lothringens ergänzte jedoch die weiteren Berggerechtsame, die den Herzögen auf eigenem Hoheitsgebiet westlich des Vogesenkammes, etwa zu La-Croix-aux-Mines, bereits zustanden[30]. In dieser Hinsicht kam dem Vogesenfirst in der Tat die Funktion einer Klammer zu.

Nach Westen hin punktuell, nach Südosten hin auf breiter Front hat also das Elsaß die Rolle einer Brückenlandschaft erfüllt. Wie sah es dagegen nach Südwesten in die burgundischen Lande aus? Hierin besteht ein bemerkenswerter Konsens zwischen den Historiographien Deutschlands und Frankreichs. Für die Weinausfuhr hat sogar Hektor Ammann konstatiert: »Der Elsässer vermochte hier zur Versorgung der Klöster, wie Lure und Luxeuil, dann aber auch in den Städten wie Dattenried, Belfort, Mömpelgard, nur eine kurze Strecke in die weinarme Landschaft vorzudringen, dann begann das Reich des Burgunders«[31].

Auf französischer Seite fiel das Urteil noch nüchterner aus. In seiner 1930 erschienenen Studie »La Porte de Bourgogne et d'Alsace« hat André Gibert behauptet, daß Frankreich wohl auf elsässischen Wein und Stoffe verzichten konnte – und auch umgekehrt[32]. (Der

---

27 DERS., Wirtschaftsgeltung (wie Anm. 26), S. 169.
28 Ebd., S. 115; M. DROUOT, Le commerce du sel lorrain en Haute-Alsace, Sundgau et Brisgau, in: Trois provinces de l'Est. Lorraine, Alsace, Franche-Comté (Publications de la Société Savante d'Alsace et des Régions de l'Est, grandes publications 6), Straßburg/Paris 1967, S. 119–127.
29 AMMANN, Wirtschaftsgeltung (wie Anm. 26), S. 118.
30 O. STOLZ, Zur Geschichte des Bergbaus im Elsaß im 15. und 16. Jahrhundert, in: Elsaß-Lothringisches Jahrbuch 18 (1939), S. 132f.
31 AMMANN, Wirtschaftsgeltung (wie Anm. 26), S. 118.
32 A. GIBERT, La Porte de Bourgogne et d'Alsace (Trouée de Belfort). Etude géographique, Paris 1930, S. 292.

internationale Handel Straßburger Kaufleute auf den Messen zu Lyon – oder Genf – steht auf einem anderen Blatt). Eine einzige Ausnahme ließ Gibert gelten: der regionale Ochsenhandel vom Herzogtum Burgund und von der Freigrafschaft über die Burgundische Pforte nach Südwestdeutschland[33]. Zugleich aber war Gibert bestrebt, die Rolle dieser Verkehrsader herunterzuspielen, indem er auf die Ausweichstrecke über die Saône nach Gray und sodann nach Lothringen hinüber aufmerksam machte, die Viehhändler aus Frankfurt und Köln benutzten[34]. Auf den Ochsenhandel wird später ausführlicher eingegangen.

In den welschen Confinen des Elsaß – um einen Ausdruck aus dem Südtirol zu verwenden – an den südlichen Ausläufern der Vogesen entwickelte sich vom Ende des 15. Jahrhunderts ein zweites Bergrevier im Rosenfelser Tal um Giromagny, dessen Silber vornehmlich an Basler Kaufleute geliefert wurde[35]. Die neben Silber- noch auftretenden Kupfer- und Bleierze wurden aber sämtlich am Oberrhein vermarktet, es fand keine Ausfuhr nach Burgund statt, auch nicht nach Lothringen, das am Oberlauf der Mosel um Bussang und Le Tillot jenseits des Firsts über weitere in eigener Regie geführte Reviere verfügte[36].

Bei den bisher geschilderten wirtschaftlichen Kontakten zwischen dem Elsaß und seinen Nachbarn muß zwischen einem ständigen Bedarf an Gütern und einer vom Markt abhängigen Nachfrage unterschieden werden. Der Austausch zwischen Gebieten des Getreideanbaus und der Viehzucht unterlag keinem säkularen Wandel; bei der Nachfrage nach Wein und Tuch sind Haussen und Baissen zu verzeichnen. Trotz des europäischen Siegeszuges des elsässischen Weins im Spätmittelalter wurde er zunehmender Konkurrenz im Nahhandelsbereich ausgesetzt, lange bevor er im 16. Jahrhundert auf den norddeutschen Märkten durch die in Mode gekommenen mittelrheinischen und fränkischen Weine und vor allem durch den gesteigerten Bierkonsum zurückgedrängt wurde[37]. Es war der Absatzerfolg des Elsässers selber, der eine Gegenreaktion hervorrief.

Nach 1400 war zunächst Zürich bestrebt, der marktbeherrschenden Stellung des Elsässers durch Förderung des eigenen Weinbaus und danach durch regelrechte Einfuhrverbote entgegenzuwirken. Seinem Beispiel folgte sodann im 16. Jahrhundert Bern, zumal nach der Eroberung der Waadt 1536, die dem Stadtstaat umfangreiche Weinberge am Genfer See einbrachte[38]. Dieser Protektionismus wurde durch konfessionelle Gegensätze womöglich noch verschärft, denn der elsässische Wein stammte vorwiegend aus katholisch gebliebenen Herrschaften[39].

---

33 Ebd., S. 293.
34 Ebd., S. 292.
35 STOLZ (wie Anm. 30), S. 158; R. METZ, Bergbau und Hüttenwesen in den Vorlanden, in: F. METZ (Hg.), Vorderösterreich. Eine geschichtliche Landeskunde, Freiburg im Breisgau ²1967, S. 167f.; A. BISSEGGER, Die Silberversorgung der Basler Münzstätte bis zum Ausgang des 18. Jahrhunderts, Basel 1917, S. 38.
36 G. ROOS, Die geschichtliche Entwicklung des Bergbaus, insbesondere des Bergrechts im Elsaß und in Lothringen, Diss. ing. Technische Universität Clausthal 1974, S. 8.
37 K. MILITZER, Handel und Vertrieb rheinischer und elsässischer Weine über Köln im Spätmittelalter, in: A. GERLACH (Hg.), Weinbau, Weinhandel und Weinkultur. Sechstes Alzeyer Kolloquium (Geschichtliche Landeskunde 40), Stuttgart 1993, S. 165–185.
38 AMMANN, Wirtschaftsgeltung (wie Anm. 26), S. 112; DERS., Elsässisch-schweizerische Wirtschaftsbeziehungen (wie Anm. 26), S. 51–52.
39 KAMMERER (wie Anm. 16), S. 140.

Auch der Absatz des unterelsässischen Tuches auf Schweizer Märkten scheint im 15. Jahrhundert zurückgegangen zu sein. Den Notariatsregistern von Freiburg im Üchtland zufolge, von Hektor Ammann ediert und von Philippe Dollinger ausgewertet, konnten Straßburger Kaufleute, die übrigens als Zwischenhändler englisches Tuch und baltische Heringe in die Schweiz brachten, für ihre Tuche nach der Jahrhundertmitte kaum noch Abnehmer finden, obgleich ihre Käufe von Schaffellen konstant blieben[40].

Daraus läßt sich als Zwischenbilanz das Fazit ziehen, daß die wirtschaftliche Ausstrahlung des Elsaß über bilaterale Handelsbeziehungen, d. h. Absprachen und Verträge unter städtischen Kaufleuten, selbstverständlich Schwankungen und Rückschlägen ausgesetzt war. Sobald man aber die Frage nicht bilateral, sondern regional angeht, lassen sich um 1500 die Konturen eines Wirtschaftsverbandes am südlichen Oberrhein ausmachen, dessen Schaltstelle im Elsaß zu verorten ist. Dieser Wirtschaftsverband basierte auf dem bereits erwähnten Münzverein der Rappenpfennige.

III

Es mag zunächst befremden, einem Münzverein die Wahrnehmung von wirtschaftlichen und kommerziellen Belangen zuzuschreiben, lag doch seine Hauptaufgabe in der Regelung von Münzrelationen unter den Inhabern von Regalrechten. Die Münzvereine sind von ihrem Ursprung her im Spätmittelalter als Instrumente der hohen Politik und der Herrschaftsübung anzusehen; sie stellen den spezifischen Ersatz für das Ausbleiben einer wirksamen Reichsmünzordnung dar. Wirtschaftspolitische Funktionen kamen ihnen als solche nicht zu. Für den südlichen Oberrhein läßt sich diese Feststellung anhand des ersten Münzabkommens der Rappenpräger 1377 in Schaffhausen leicht überprüfen. Es unterzeichneten nämlich die Habsburger wegen ihrer Münzstätten in der Schweiz sowie im Breisgau und im Elsaß, sodann weitere Herrschaften – die Grafen von Kyburg, die Gräfin von Neuenburg und die Freiherren von Krenkingen – und schließlich die vier Städte Basel, Zürich, Bern und Solothurn[41]. Nur am Rande lag diesem Abkommen ein geographisch vorgegebenes Zusammengehörigkeitsgefühl zugrunde; ausschlaggebend war das politische Bedürfnis, daß sich die Machtbestrebungen der Habsburger und die Interessen der Städte in der Waage halten sollten. Längerfristig aber, als sich der Rappenmünzbund verdichtete – sprich: sich auf einen engeren Raum reduzierte –, traten polizeiliche Motive stärker hervor, die durch das bereits bestehende Geflecht zwischenstädtischer Beziehungen angeregt wurden. Odile Kammerer hat unlängst dieses Geflecht in die Zeitspanne zwischen 1250 und 1350 zurückverfolgt, wo die Landfriedensbewegung zuerst »des réseaux taisibles et conservateurs« schuf, welche aber nach 1300 »des réseaux créatifs« und »des ligues politiques« wichen, was anhand des elsässischen Zehnstädtebun-

---

40 P. DOLLINGER, Commerce et marchands strasbourgeois à Fribourg en Suisse au Moyen Age, in: DERS., Pages d'histoire. France et Allemagne médiévales, Alsace (Collection de l'Institut des Hautes Etudes Alsaciennes 25), Paris 1977, S. 105.
41 J. CAHN, Der Rappenmünzbund. Eine Studie zur Münz- und Geld-Geschichte des oberen Rheinthales, Heidelberg 1901, S. 25.

des, der Dekapole, von 1354 exemplarisch aufzuzeigen ist[42]. Doch setzte die wirtschaftspolitische Zusammenarbeit der oberrheinischen Städte und Herrschaften innerhalb des Gefüges eines Münzvereins mit erheblicher zeitlicher Verschiebung ein; sie ist erst in das 16. Jahrhundert zu datieren, nachdem der Rahmen seiner Zuständigkeit endgültig abgesteckt worden war. Dieser war gegenüber 1377 recht bescheiden bemessen; er erstreckte sich lediglich linksrheinisch vom Landgraben in den Elsgau und rechtsrheinisch vom Breisgau in den Sisgau[43]. Doch dieser Raum entsprach zugleich weitgehend der naturräumlichen Gliederung; er deckte sich überdies mit dem Bereich, den die Städtebünde des 14. Jahrhunderts bereits umfaßt hatten[44]. Dennoch darf das nicht zu der Auffassung verleiten, der Kompetenzausweitung des Rappenmünzbundes habe eine eigenständige Dynamik, eine Teleologie, innegewohnt. Sie erwuchs vielmehr aus den polizeilichen Belangen eines Zeitalters, das zunehmendem Bevölkerungsdruck, Preisinflation und öfters auftretenden Hungerkrisen ausgesetzt war. Dabei gaben also funktionale Bedürfnisse und nicht etwa naturräumliche Strukturmerkmale des Währungsgebietes den Ausschlag. Daß die naturräumliche Gliederung dennoch einen überschaubaren Handlungsrahmen schuf, soll allerdings nicht in Abrede gestellt werden.

Die Kooperationsbereitschaft in polizeilichen Angelegenheiten beschränkte sich weitgehend auf die existentielle Frage der Lebensmittelversorgung; in den Bereich etwa von Gesellen- oder Handwerksordnungen erstreckten sich die Beratungen nicht. Die Intensität der Zusammenarbeit schwankte zudem danach, ob die Rappenmitglieder mit Export- oder mit Importgütern zu tun hatten. Erst als die Nachfrage nach Getreide durch die Hungersnöte um die Jahrhundertmitte und insbesondere zwischen 1570 und 1574 enorm gestiegen war, wurde eine gemeinsame Versorgungspolitik dringend notwendig. Bis dahin hatte der gewöhnliche Überschuß an Getreide außer in Krisenzeiten die unbeschränkte Ausfuhr aus dem Elsaß in die Schweiz ermöglicht, die keinem regional verbindlichen Tarif oder Mengenhöchstmaß unterlag. Die 1511 zwischen der Eidgenossenschaft und dem Hause Habsburg beschlossene Erbeinigung hatte ja den freien Handel und die Zollfreiheit garantiert[45], doch zum Schutz der eigenen Untertanen sah sich die vorderösterreichische Regierung 1570 endlich gezwungen, ein Lieferverbot für den Basler Markt – den Umschlagplatz für die Versorgung der nordschweizerischen Orte – zu verhängen, dessen Konsequenzen der regionalen Versorgung mit Getreide innerhalb des Rappenmünzbundes zuwiderlaufen mußten[46]. Dabei spielte der konfessionelle Gegensatz sicherlich auch eine Rolle; eine verstärkte Kooperation zwischen den reformierten Orten und ihren protestantischen Partnern unter den elsässischen Städten ist zumindest für die Folgezeit zu verzeichnen[47]. Kur-

---

42 O. KAMMERER, Réseaux de villes et conscience urbaine dans l'Oberrhein (milieu XIIIe siècle – milieu XIVe siècle), in: Francia 25/1 (1998), S. 123–176; vgl. DIES., Entre Vosges et Fôret-Noire: Pouvoirs, Terroirs et Villes de l'Oberrhein 1250–1350 (Publications de la Sorbonne: Histoire Ancienne et Médiévale 64), Paris 2001.
43 CAHN (wie Anm. 41), S. 68; SCOTT (wie Anm. 21), S. 179f.
44 Vgl. K. RUSER (Hg.), Die Urkunden und Akten der oberdeutschen Städtebünde vom 13. Jahrhundert bis 1549, 2 Bde., Göttingen 1979–88.
45 A. P. SEGESSER (Hg.), Amtliche Sammlung der älteren Eidgenössischen Abschiede, Bd. 3/2, Luzern 1869, S. 1344.
46 SCOTT (wie Anm. 21), S. 257.
47 Ebd., S. 261f.

zum: Der ständige Bedarf an Getreide in der Nordschweiz ließ die komplementären Wirtschaftsbeziehungen zum Elsaß allenfalls auf die Stufe der Bilateralität zurückfallen. Handelssperren vermochten an diesem Austausch längerfristig nichts zu ändern.

Bei dem Bedarf nach Fleisch, den die Rappenmitglieder aus eigener Viehzucht nicht decken konnten, gestalteten sich die Handelsbeziehungen durch regelmäßige Treffen und Absprachen grundsätzlich enger. Die Bereitschaft, herrschaftsübergreifende Fleischordnungen auf regionaler Basis zu vereinbaren, war ursprünglich bei den Städten stärker ausgeprägt als bei der vorderösterreichischen Regierung in Ensisheim. Gleich zu Beginn des 16. Jahrhunderts hatten elsässische Reichs- und Territorialstädte gegenseitige Übereinkommen über einen gemeinsamen Fleischtarif getroffen – im Jahre 1515 waren es Mülhausen (soeben als zugewandter Ort der Eidgenossenschaft beigetreten), Gebweiler, Rufach und Ensisheim, ein Jahr später sodann Kaysersberg, Reichenweier, Kienzheim und Ammerschweier[48]. Dem gleichzeitigen Gesuch Freiburgs dagegen, österreichische Verordnungen gegen den Fleischfürkauf auf breitester Front innerhalb des Rappenmünzbundes zu verkünden, begegnete das Ensisheimer Regiment mit kühler Reserve. Es wollte allenfalls mit benachbarten Fürsten und Herren verhandeln, die Städte als größte Konsumenten wurden gänzlich ausgeklammert[49]. Erst mit der Hungerkrise im Jahre 1527 hat sich das Regiment eines besseren besonnen und willigte in regionale Fleischtage unter dem Münzverein als Dachverband ein; zu den Tagen wurde endlich auch Basel herangezogen. Im Laufe des Jahrhunderts wurden auf Betreiben der oberelsässischen Städtemitglieder des Münzvereins sogar Außenstehende wie die unterhalb des Landgrabens gelegene Reichsstadt Schlettstadt als Mitglied des Straßburger Währungsgebietes zu den Beratungen zugelassen[50]. Für die oberelsässischen Städte war die Sogwirkung Straßburgs mit der Zeit unwiderstehlich, da die Metropole nicht nur den Bedarf sondern auch die Kaufkraft aufwies, um die Fleischpreise in die Höhe zu treiben und den Markt für ihre weniger mächtigen Nachbarn leer zu fegen. Der zunehmende Druck auf die regionalen Märkte ergab sich nicht zuletzt aus dem nach 1470 aufkommenden internationalen Ochsenhandel aus Dänemark, Polen und Ungarn[51].

Bei normalem Bedarf mußte Straßburg auf eigenes Konto Ochsen aus Schwaben und dem Donauraum importieren, die größeren Rinder aber, die den europäischen Markt allmählich beherrschten, waren nur aus weiteren Entfernungen wie etwa dem ungarischen Steppenland zu beziehen. So lange diese Zufuhr nicht versiegte, bot Straßburg – quasi als westliche Endstation dieser internationalen Handelsroute – für die Versorgung der Rappenmitglieder aus dem Nahhandel mit dem Südwesten keine ernsthafte Gefahr. Mit dem plötzlichen Einbruch polnischer und ungarischer Ochsenlieferungen um 1575 wurden die Handelsbeziehungen am südlichen Oberrhein jedoch auf den Kopf gestellt. Bis dahin hatten die Rappenmitglieder ihr Vieh aus Burgund, der Freigrafschaft und den Freien Bergen im Schweizer Jura bezogen, wobei dem berühmten Markt auf dem Ochsenfeld bei Sennheim auf vorderösterreichischem Gebiet im Sundgau die Schlüsselrolle als Umschlagplatz

---

48   Ebd., S. 204.
49   Ebd., S. 204–205; Generallandesarchiv Karlsruhe 79/1644, 7. Juli 1515.
50   SCOTT (wie Anm. 21), S. 220–221.
51   I. BLANCHARD, The continental European cattle trades 1400–1600, in: Economic History Review 2. Serie 39 (1986), S. 427–460.

für benachbarte Regionen zukam. Doch so lange es vornehmlich dem Nahhandel diente, blieb Sennheim ein Markt zweiten Ranges. Für die Rappenmitglieder brachte dies immerhin den Vorteil, daß sie die Fleischpreise trotz inflationärer Schübe verhältnismäßig stabil halten und marktverzerrende Praktiken wie den Fürkauf unterbinden konnten, auch wenn der Erfolg dieser Maßnahmen immer stärker in Zweifel gezogen wurde.

Die Krise der 1570er Jahre machte dieser regionalen Politik den Garaus. Der Sennheimer Markt wurde zunehmend zum Objekt der allgemeinen Begierde. Aus einem interregionalen wurde ein überregionaler, ja internationaler Umschlagplatz. Kaufleute aus Straßburg und anderen südwestdeutschen Städten fielen über den Sennheimer Markt mit großer Frequenz her, wo sie mit Viehzüchtern aus Savoyen und Lothringen Ochsenlieferungen aushandelten[52]. An den Bestimmungen des Rappenmünzbundes – Preistarifen, Marktzwang, Ausfuhrverboten – gingen sie glatt vorbei. Damit gelangten schließlich die latenten Widersprüche an die Oberfläche, die die Politik des Rappenmünzbundes seit jeher begleitet hatten. Eine Versorgungspolitik, die den Rappenmitgliedern allein zugute kommen sollte, war in einer Durchgangszone, eben in einer Brückenlandschaft, wie sie das südliche Elsaß darstellte, längerfristig nicht aufrechtzuerhalten. Der Markt zu Sennheim hatte nämlich stets Nachbarn außerhalb des Münzvereins nicht nur als Lieferanten sondern auch als Abnehmer dulden müssen – etwa Kaufleute aus der Grafschaft Mömpelgart. In den 1530er und 1540er Jahren war die Ensisheimer Regierung sogar darauf bedacht, die Fleischordnungen auf das Gebiet westlich des Rappenmünzbundes bis an die Saône auszudehnen[53]. Der Versuch scheiterte: die Regierung mußte den Mömpelgarter Kaufleuten für ihr zu Sennheim erworbenes Vieh freie Durchfahrt durch vorderösterreichisches Gebiet ohne Paßporte gewähren. Das Versorgungsprinzip mag eine protektionistische Grundhaltung nahegelegt haben; diese trug indes kaum zum Gedeihen des Sennheimer Marktes bei, der ja auf die Zufuhr aus benachbarten Herrschaften angewiesen war. Erst wenn der Markt unter Aufhebung sämtlicher Handelsbeschränkungen freigegeben worden wäre, hätte er sich als florierender überregionaler Umschlagplatz entwickeln können. Ein solches neoklassisches nationalökonomisches Denken war den Behörden des 16. Jahrhunderts freilich völlig fremd. Gegen 1600 geriet die Politik des inzwischen aufgehobenen, dennoch als polizeilicher Zweckverband weiterhin firmierenden Rappenmünzbundes vollends ins Wanken. Das Aufkommen konkurrierender Märkte und das Ausweichen der Kaufleute auf Alternativrouten riefen Blockaden und Handelssperren nach sich, die eine verfahrene Situation nur noch verschlimmern konnten. Nach 1600 wurden die Beratungen zur Ausarbeitung einer gemeinsamen Fleischpolitik schließlich eingestellt[54].

Das Scheitern des Rappenmünzbundes in seiner polizeilichen Funktion darf indes den Blick dafür nicht versperren, daß seine Schwierigkeiten nicht in erster Linie aus einem Defizit an regionaler Solidarität – den unleugbaren Perspektivunterschieden zwischen den Handelsstädten und der vorderösterreichischen Regierung – erwuchsen, sondern aus dem Strukturkonflikt zweier regionaler Prinzipien, mit denen die Rappenmitglieder nie

---

52 Ebd., S. 443; J. VOGT, Grandeur et décadence du marché de bétail de Cernay (Deuxième moitié du XVIe et début du XVIIe siècle), in: Annuaire de la Société d'Histoire des Régions de Thann-Guebwiller 1970–72, S. 133.
53 SCOTT (wie Anm. 21), S. 218–226.
54 Ebd., S. 237–243; VOGT (wie Anm. 52), S. 134–136.

fertig wurden: interregionale Zusammenarbeit oder Beteiligung am überregionalen Handel. Denn im Rahmen der Fleischpolitik waren das Oberelsaß und seine südwestlichen Nachbarn einerseits durch die Klammer der Komplementarität miteinander verbunden, so daß die Regierung in Ensisheim diese nicht einfach ignorieren konnte – daher die unbeholfenen Versuche der 1530er und 1540er Jahre, der Grafschaft Mömpelgart und den burgundischen Territorien die Bestimmungen der Rappenmünzfleischverordnungen aufzuzwingen, ohne ihnen dafür die Vorrechte in Aussicht zu stellen, die den Rappenmitgliedern zustanden; andererseits aber waren das Oberelsaß und die Burgundische Pforte Partner entlang einer Fernhandelsroute, auch wenn diese sich weitgehend auf den Fleischhandel beschränkte.

Kurz bevor der Rappenmünzbund 1584 aufgelöst wurde, fand jedoch eine bemerkenswerte Demarche statt, die die wirtschaftliche Ausstrahlung des Bundes nach Südwesten in die Burgundische Pforte und damit die Schlüsselrolle des Elsaß als Bindeglied in ein neues Licht rückt. Es handelte sich um den im Jahre 1577 im Namen des noch minderjährigen Grafen Friedrich vorgelegten Antrag der württembergischen Räte zu Mömpelgart, dem Rappenmünzbund beizutreten[55]. Auf die Vorgeschichte dieses diplomatischen Schrittes kann hier nicht eingegangen werden. Es waren indes politisch-rechtliche Überlegungen, die den vordergründigen Anlaß boten, trug sich doch das württembergische Regiment seit längerem mit dem Gedanken, eine gemeinsame Währung für die linksrheinischen Territorien – Mömpelgart, Horburg und Reichenweier – einzuführen, die dem Rappenpfennig zu Pari stehen sollte[56]. Umso überraschender mutet der Vorschlag deswegen an, weil die Mömpelgarter Räte sämtliche Versuche der vorderösterreichischen Regierung, die württembergische Grafschaft am Doubs in die Beschlüsse der Rappentage einzubeziehen, in den Wind geschlagen hatten. Warum sich die Räte bemühten, dem Rappenmünzbund anstatt dem Währungsbezirk des Besançoner Pfundes (*livre estevenante*) beizutreten, geht aus den Verhandlungen hervor, als Graf Friedrich die wahren Gründe des Antrags unumwunden zugestand: *Les fréquentations sont plus du ressor d'Allemaigne que de Bourgogne pour vin, bassine, et les tisserandz vendans en Allemaigne*[57].

Zwischen der Grafschaft Mömpelgart und dem südlichen Oberrhein wurden also nicht nur Agrarerzeugnisse, sondern auch Handwerksgüter – Pfannen, Tuche – gehandelt. Es ist offenkundig, daß Württembergs Demarche im Zusammenhang mit seiner exponierten Lage am Westrand des Reichs im Zeitalter einer wachsenden militärischen Bedrohung von Seiten Frankreichs – und ebenfalls vor der Gefahr einer Münzverschlechterung durch den Umlauf minderwertiger lothringischer Münzen – gesehen werden muß. Dennoch ist an einem lebhaften wirtschaftlichen Austausch nicht zu zweifeln, was die Einschätzung des südlichen Elsaß als einer Brückenlandschaft vollauf berechtigt.

Will man aus der wechselhaften Geschichte des Elsaß im 15. und 16. Jahrhundert ein Fazit ziehen, so hat sich deutlich herausgestellt, daß die Ansätze einer wirtschaftlichen Komplementarität zur Schweiz, zur Burgundischen Pforte und zu Lothringen durchaus

---

55   CAHN (wie Anm. 41), S. 203–204; SCOTT (wie Anm. 21), S. 196.
56   J.-M. DEBARD, Les monnaies de la principauté de Montbéliard du XVIe au XVIIIe siècle. Essai de numismatique et d'histoire économique (Annales Littéraires de l'Université de Besançon 220: Cahiers d'Etudes Comtoises 26), Paris 1980, S. 32f.
57   Ebd., S. 36.

vorhanden waren. Ob sich diese Komplementarität voll entfalten konnte, hing jedoch nur zum Teil von der naturräumlichen Gliederung ab; vielmehr gaben nicht strukturelle, sondern funktionale Bedingungen den Ausschlag, und diese waren hinwiederum von allgemeinen politischen Erwägungen und nicht nur vom wirtschaftlichen Kalkül beeinflußt. Gegen Ende des 16. Jahrhunderts war, wie bekannt, im Westen des Reiches eine politische Schlechtwetterfront heraufgezogen. Die Kooperationsbereitschaft konkurrierender Herrschaften am Oberrhein ließ nach, die Beziehungen zu Frankreich und zu Lothringen fielen ebenfalls einer kleinen politischen Eiszeit zum Opfer[58]. Mit dem Elsaß als einer wirtschaftlichen Brückenlandschaft war es dagegen nicht vorbei; die interregionalen Wirtschaftsbeziehungen, die auf komplementären Bedürfnissen basierten, wurden nicht zerstört, auch wenn der Dreißigjährige Krieg dem politischen Zusammenhalt des Oberrheinraumes ein Ende bereitet hat[59].

---

58 SCOTT (wie Anm. 21), S. 277–281.
59 Vgl. das Urteil Debards: »Le XVIe siècle est une sorte d'apothéose bâloise à Montbéliard, glacis de l'impérialisme helvétique. Bâle avait toutes sortes d'intérêts politiques et économiques dans la Porte de Bourgogne: dans les affaires minières du massif sud-vosgien, dans le contrôle plus au moins avoué du passage vers la Franche-Comté, à Héricourt et jusqu'à l'Isle-sur-le-Doubs.« DEBARD (wie Anm. 56), S. 195; vgl. M. BILLEREY, Le Pays Montbéliard, carrefour historique entre l'Alsace, la Franche-Comté et la Suisse, in: Trois provinces de l'Est (wie Anm. 28), S. 315.

Jahrmärkte und Messen im oberrheinischen Raum vom 14. bis 16. Jahrhundert*

VON FRANZ IRSIGLER

I

Wichtige Anstöße zur Erforschung von Messen und Jahrmärkten gaben das mit einer Ausstellung verbundene Frankfurter Messejubiläum 1990[1] – die älteste urkundliche Erwähnung der Frankfurter Herbstmesse fällt in das Jahr 1240 – und der Beschluß der Commission Internationale pour l'Histoire des Villes, für das Jahrfünft von 1991–1995 den Zusammenhang von Messen, Jahrmärkten und Stadtentwicklung zum Rahmenthema von vier Kolloquien und einem Abschlußbericht zu machen[2]. Dazu kam 1991 die Frühjahrstagung des Münsteraner Instituts für vergleichende Städtegeschichte über »Europäische Messen und Märktesysteme in Mittelalter und Neuzeit«; in den 1996 erschienenen Tagungsband[3] wurden auch einige Beiträge des Meißener Kolloquiums der Internationalen Städtekommission aufgenommen[4]. 1997 stand die 500-Jahr-Feier des großen Leipziger Messeprivilegs an – wieder verbunden mit einer Ausstellung und bemerkenswerten Publikationen[5], und im Mai 2000 folgte schließlich die große internationale Tagung des Datini-Instituts in Prato; die Akten der 32. Settimana sind inzwischen erschienen[6]. Neben zahlreichen Aufsätzen[7] sind für das Reichsgebiet auch einige Mono-

---

* Aufgrund der Ähnlichkeit der mir von den Veranstaltern der Tagung »Zwischen Habsburg und Burgund« und den Herausgebern des Aufsatzbandes zur Ausstellung »Spätmittelalter am Oberrhein. Alltag, Handwerk und Handel 1350–1525«, Stuttgart 2001, gestellten Aufgaben sind Überschneidungen mit meinem dort veröffentlichten Aufsatz »Zur Hierarchie der Jahrmärkte« (S. 89–99) unvermeidbar.
1   H. POHL (Hg.), Frankfurt im Messenetz Europas – Erträge der Forschung (Brücke zwischen den Völkern – Zur Geschichte der Frankfurter Messe I), Frankfurt a. M. 1991.
2   Vgl. in Kürze: F. IRSIGLER/M. PAULY (Hgg.), Messen, Jahrmärkte und Stadtentwicklung in Europa, Trier 2002.
3   Hg. von P. JOHANEK und H. STOOB, Köln/Weimar/Wien 1996.
4   Die Beiträge von M. PAULY, N. BRÜBACH und V. HENN.
5   H. ZWAHR u. a. (Hgg.), Leipziger Messen 1497–1997. Gestaltwandel – Umbrüche – Neubeginn, Teilbd. 1: 1497–1914, Köln/Weimar/Wien 1999; V. RODEKAMP (Hg.), Leipzig. Stadt der wa(h)ren Wunder. 500 Jahre Reichsmesseprivileg (Ausstellungskatalog), Leipzig 1997.
6   S. CAVACIOCCHI (Hg.), Fiere e mercati nella integrazione delle economie europee secc. XIII–XVIII, Florenz 2001.
7   Vgl. die unten in Anm. 17, 21 und 22 genannten Arbeiten.

graphien zu nennen: die in der Kritik umstrittene[8] Arbeit von Nils Brübach über die Reichsmessen von Frankfurt, Leipzig und Braunschweig in der Neuzeit[9] und die hervorragende Dissertation von Michael Rothmann über die Frankfurter Messen[10].

Gegenüber der ersten Bestandsaufnahme zur europäischen Messegeschichte, dem 1953 von der Société Jean Bodin herausgegebenen Band »La foire«, in dem Hektor Ammann schon einen zusammenfassenden Bericht über die deutschen und die schweizerischen Messen des Mittelalters vorgelegt hatte[11], dürfte sich der Wissensstand in vieler Hinsicht vervielfältigt haben – nicht zuletzt dank der unermüdlichen Arbeit von Ammann, dessen Karten und Analysen, soweit sie die Einzugsbereiche der Messen Mittel- und Westeuropas betreffen[12], bis heute nicht überholt sind.

Hektor Ammann konzentrierte sich auf die überregional bis international bedeutsamen Messen; er begriff sie als die wichtigsten Ordnungselemente für die Steuerung der Handelsströme im hohen und späten Mittelalter, die er vor allem in den Einzugsbereichen der Messen fassen zu können glaubte. Aus der Reichweite der Messebeziehungen ergaben sich für ihn auch die zentralen Elemente für die Festlegung einer Art von Messen-Hierarchie[13]. Die neueren Forschungen betonen stärker den räumlichen Systemcharakter von Messen, d. h. die Möglichkeit, über eine Serie gut abgestimmter, relativ langer Messen in einer überschaubaren Wirtschaftsregion oder einem bestimmten Herrschaftsbereich aus periodischen Marktgelegenheiten im Jahresablauf einen fast permanenten Fernhandelsmarkt zu machen. Das zuerst in der Champagne[14] zwischen 1150 und 1190 perfektionierte System von sechs Messen mit bis zu sechs Wochen Dauer im 13. Jahrhundert scheint die Ausformung ähnlicher Systeme angeregt zu haben, etwa in Westflandern[15] und Südostengland[16] oder am Niederrhein zur Zeit Barbarossas und im Mittelrhein-Main-Gebiet unter Einschluß der Wetterau in spätstaufischer Zeit[17]. Ansätze zum Aufbau solcher Systeme hat es auch in Oberitalien[18] und im süditalienischen Herrschaftsbereich

---

8 Vgl. vor allem M. STRAUBE, in: Vierteljahrschrift für Sozial- und Wirtschaftsgeschichte 83 (1996), S. 432f.
9 N. BRÜBACH, Die Reichsmessen von Frankfurt am Main, Leipzig und Braunschweig, Stuttgart 1994.
10 M. ROTHMANN, Die Frankfurter Messen des Mittelalters, Stuttgart 1998.
11 H. AMMANN, Die deutschen und schweizerischen Messen des Mittelalters, in: La foire, Brüssel 1953, S. 149–173.
12 Vgl. H.-K. JUNK, Hektor Ammanns Messekarten. Einführende Bemerkungen zur Konzeption, in: JOHANEK/STOOB (wie Anm. 3), S. 305–317.
13 Vgl. die von H. AMMANN erarbeitete Karte »Wirtschaft und Verkehr im Spätmittelalter um 1500«, Beilage zu: H. AUBIN/W. ZORN (Hgg.), Handbuch der deutschen Wirtschafts- und Sozialgeschichte, Bd. 1, Stuttgart 1971.
14 H. THOMAS, Die Champagnemessen, in: POHL (wie Anm. 1), S. 13–36; vgl. in Kürze F. IRSIGLER/W. REICHERT, Les foires de Champagne, in: IRSIGLER/PAULY (wie Anm. 2).
15 J. A. VAN HOUTTE, Les foires dans la Belgique ancienne, in: La foire (wie Anm. 11), S. 175–205; M. YAMADA, Le mouvement des foires en Flandre avant 1200, in: J.-M. DUVOSQUEL/A. DIERKENS (Hgg.), Villes et campagnes au Moyen Age. Mélanges Georges Despy, Lüttich 1991, S. 773–789.
16 E. WEDEMEYER MOORE, The Fairs of Medieval England. An Introductory Study, Toronto 1985.
17 F. IRSIGLER, Jahrmärkte und Messesysteme im westlichen Reichsgebiet bis ca. 1250, in: JOHANEK/STOOB (wie Anm. 3), S. 1–33, hier S. 12–19.
18 Vgl. G. RÖSCH, Die italienischen Messen im 13. Jahrhundert, in: JOHANEK/STOOB (wie Anm. 3), S. 35–56, hier S. 50f.

Friedrichs II.[19] gegeben. Ob man sie als Ausdruck herrscherlicher Wirtschaftspolitik[20] begreifen muß, wozu ich persönlich neige, sei dahingestellt. Die »Erfinder« der Systeme sind sicher Kaufleute gewesen und daß Barbarossa 1166 bei der Privilegierung der Aachener Jahrmärkte ausdrücklich auf deren Rat verwies[21], zeigt, daß die wirtschaftliche Förderung des Reichsortes Aachen keine Nebensache der Reichspolitik am Niederrhein war. Auch in späteren Messeprivilegien ist gelegentlich von der intendierten Förderung der *communis utilitas*, des gemeinen Wohls, die Rede[22].

Die Vorreiterrolle und Sonderstellung der Champagne-Messen wird in der neueren Forschung nicht in Frage gestellt, aber sie werden stärker als früher gesehen als Teil einer Netzstruktur, die zunächst bezogen werden kann auf eine im vom 12. bis zum Beginn des 14. Jahrhunderts für Europa dominante Handelsachse, die nicht nur regionale Messesysteme und Fernhandelsplätze, sondern auch frühe Gewerbelandschaften miteinander verband[23]. Ich habe versucht, diese Achsenstruktur in einem leicht nach links geneigten »S« von Südostengland bis nach Genua und Florenz kartographisch darzustellen (Karte 1). Die Achse verbindet die Messesysteme Südostenglands mit denen Flanderns (Brügge, Thourout, Ypern, Messines, Lille) und der Champagne, ergänzt durch die Messeorte St. Denis, Paris, Chalon-sur-Saône und Genf bzw. auf der Wasserwegstrecke St. Gilles.

Aber diese hochmittelalterliche Struktur war bekanntlich nicht von Dauer. Die Messen der Champagne verfielen; nur Troyes behielt als Regionalmarkt einige Bedeutung. Zu den Erben der Champagne-Messen zählten, ohne die Nord-Süd-Achse stabilisieren zu können, im Süden Genf[24] und Chalon[25], in der Mitte Paris und St. Denis[26], an der Kanalküste

---

19 E. MASCHKE, Die Wirtschaftspolitik Kaiser Friedrichs II. im Königreich Sizilien (1966), wieder in: DERS., Städte und Menschen. Beiträge zur Geschichte der Stadt, der Wirtschaft und Gesellschaft 1959–1977, Wiesbaden 1980, S. 1–40, hier S. 24 mit Anm. 137.
20 Vgl. zur Forschungsdiskussion H. STOOB, Formen und Wandel staufischen Verhaltens zum Städtewesen (1965), wieder in: DERS., Forschungen zum Städtewesen in Europa, Bd. 1, Köln/Wien 1970, S. 51–72; J. FRIED, Die Wirtschaftspolitik Friedrich Barbarossas in Deutschland, in: Blätter für Deutsche Landesgeschichte 120 (1984), S. 195–239; F. OPLL, Stadt und Reich im 12. Jahrhundert (1125–1190), Wien/Köln/Graz 1986, bes. S. 522ff.; U. DIRLMEIER, Friedrich Barbarossa – auch ein Wirtschaftspolitiker?, in: A. HAVERKAMP (Hg.), Friedrich Barbarossa. Handlungsspielräume und Wirkungsweisen des staufischen Kaisers, Sigmaringen 1992, S. 501–518; IRSIGLER, Jahrmärkte (wie Anm. 17), S. 23–25.
21 E. MEUTHEN, Aachener Urkunden 1101–1250, Bonn 1972, Nr. 3, S. 123–127; MGH DD Friedrich I., Nr. 503: *ex consilio mercatorum*. Zur Interpretation vgl. IRSIGLER (wie Anm. 17), S. 15–17; DERS., Markt- und Messeprivilegien auf Reichsgebiet im Mittelalter, in: B. DÖLEMEYER/H. MOHNHAUPT (Hgg.), Das Privileg im europäischen Vergleich, Bd. 2, Frankfurt a. M. 1999, S. 189–214, hier S. 201–204.
22 Vgl. V. HENN, Mißglückte Messegründungen des 14. und 15. Jahrhunderts, in: Europäische Messen (wie Anm. 3), S. 205–222, hier S. 205.
23 Vgl. F. IRSIGLER, Wirtschaft, Wirtschaftsräume, Kontaktzonen, in: J. EHLERS (Hg.), Deutschland und der Westen, Stuttgart 2002, S. 379–405, bes. S. 385–391.
24 Vgl. AMMANN (wie Anm. 11), S. 153–157; J.-F. BERGIER, Les foires de Genève et l'économie internationale de la Renaissance, Paris 1963.
25 P. TOUSSAINT, Les foires de Chalon-sur-Saône des origines au XVIe siècle, Dijon 1910; H. DUBOIS, Les foires de Chalon et le commerce dans la vallée de la Saône à la fin du Moyen Age, vers 1280 – vers 1430, Paris 1976.
26 H. KRUSE, Die Messen des Pariser Raumes im Hoch- und Spätmittelalter, in: CAVACIOCCHI (wie Anm. 6), S. 609–624.

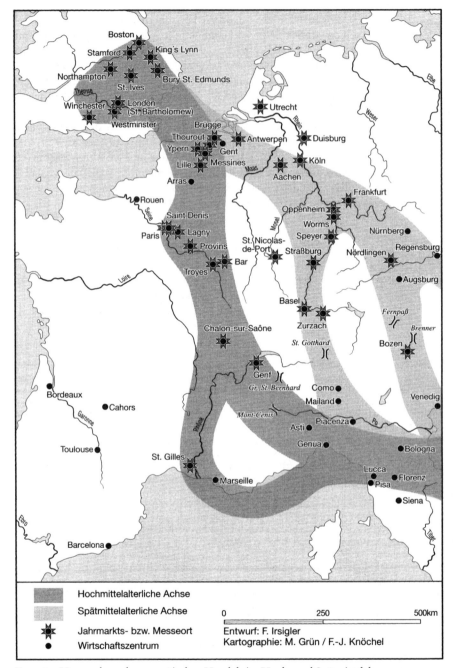

Karte 1   Hauptachsen des europäischen Handels im Hoch- und Spätmittelalter

JAHRMÄRKTE UND MESSEN IM OBERRHEINISCHEN RAUM 233

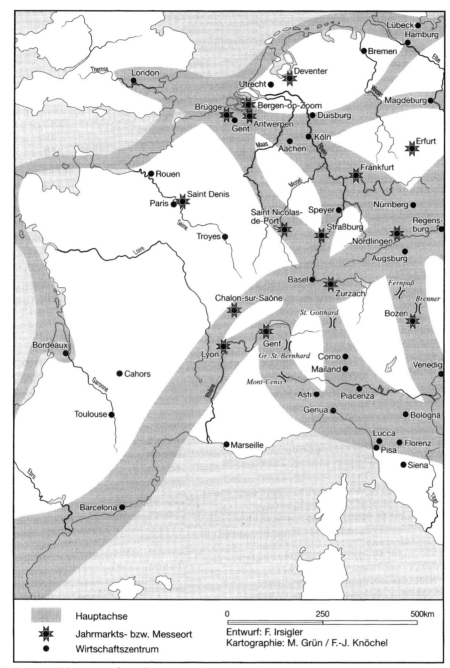

Karte 2   Die Hauptachsen des europäischen Handels im Spätmittelalter

Brügge und ab dem späteren 14. Jahrhundert schon Antwerpen mit dem nahe gelegenen Bergen op Zoom[27]. Die Funktionen Genfs übernahm im 16. Jahrhundert Lyon[28]. Der Aufstieg Londons zum überragenden permanenten Markt ließ die älteren englischen Messeplätze zur Bedeutungslosigkeit herabsinken; in ähnlicher Weise zog Köln durch den Ausbau des Stapelrechts und den Verzicht auf die noch im 12. Jahrhundert weithin berühmten eigenen Messen fast alle niederrheinischen Handelsströme an sich[29]. Im Raum Mittelrhein-Main-Wetterau blieb von den unter Friedrich II. privilegierten Jahrmärkten nur Frankfurt übrig, das 1330 durch Ludwig den Bayern eine zweite Messe erhielt und wenige Jahrzehnte zusammen mit Friedberg[30] ein Wetterausystem mit vier Messeterminen anbieten konnte; Friedberg verlor seine Bedeutung nach einem verheerenden Stadtbrand 1395.

Unter den Gründen, die zur Verlagerung der Hauptachse des europäischen Nord-Süd-Handels im 14. Jahrhundert an den Rhein bzw. in den fränkisch-bayerischen Raum führten, darf man den Aufstieg von Nürnberg[31] und Augsburg[32] ebenso herausstellen wie den Ausbau der Gotthard-Paß-Strecke[33], von der Oberrheingebiet und Ostschweiz in beson-

---

27 Aus einer Vielzahl von Arbeiten: J. A. VAN HOUTTE, Les foires dans la Belgique ancienne, in: La foire (wie Anm. 11), S. 175–207, bes. S. 189ff.; E. ENNEN, Die niederländischen Messen unter besonderer Berücksichtigung der Brabanter Messen und ihrer Bedeutung für die Messestadt Frankfurt, in: POHL (wie Anm. 1), S. 133–153; W. BLOCKMANS, Das westeuropäische Messenetz im 14. und 15. Jahrhundert, in: ebenda, S. 37–50, bes. S. 45–47; E. ENNEN, Mittel- und Osteuropa im Antwerpener Messesystem, in: JOHANEK/STOOB (wie Anm. 3), S. 87–104; G. HIRSCHFELDER, Die Kölner Handelsbeziehungen im Spätmittelalter, Köln 1994, S. 293–322; Y. KORTLEVER, The Easter and Cold Fairs of Bergen op Zoom (14th–16th centuries), in: CAVACIOCCHI (wie Anm. 6), S. 625–643.
28 M. BRÉSARD, Les foires de Lyon aux XIVe et XVe siècles, Paris 1914; R. GASCON, Grand commerce et vie urbaine au XVIe siècle. Lyon et ses marchands, 2 Bde, Paris 1971; J. SCHNEIDER/N. BRÜBACH, Frankreichs Messeplätze und das europäische Messesystem in der frühen Neuzeit, in: POHL (wie Anm. 1), S. 171–190.
29 E. ENNEN, Kölner Wirtschaft im Früh- und Hochmittelalter, in: H. KELLENBENZ/K. VAN EYLL (Hgg.), Zwei Jahrtausende Kölner Wirtschaft, Bd. 1, Köln 1975, S. 87–193.
30 Privileg: J. F. BÖHMER/F. LAU (Hg./Bearb.), Codex Diplomaticus Moenofrancofurtanus. Urkundenbuch der Reichsstadt Frankfurt, Bd. 2, Frankfurt 1905/ND Glashütten/Taunus 1970, Nr. 386, S. 291. Zum Wetterau-Messesystem vgl. H. AMMANN, Der hessische Raum in der mittelalterlichen Wirtschaft, in: Hessisches Jahrbuch für Landesgeschichte 8 (1958), S. 37–70 (mit zahlreichen Karten); B. SCHNEIDMÜLLER, Die Frankfurter Messen des Mittelalters – Wirtschaftliche Entwicklung, herrschaftliche Privilegierung, regionale Konkurrenz, in: POHL (wie Anm. 1), S. 67–84.
31 Grundlegend: H. AMMANN, Die wirtschaftliche Stellung der Reichsstadt Nürnberg im Spätmittelalter, Nürnberg 1970; Beiträge zur Wirtschaftsgeschichte Nürnbergs, hg. vom Stadtarchiv Nürnberg, 2 Bde., Nürnberg 1967.
32 Vgl. W. ZORN, Augsburg. Geschichte einer europäischen Stadt von den Anfängen bis zur Gegenwart, Augsburg ⁴2001; M. HÄBERLEIN, Weber und Kaufleute im 16. Jahrhundert. Zur Problematik des Verlagswesens in der Reichsstadt Augsburg, in: Zeitschrift des Historischen Vereins für Schwaben 91 (1998), S. 43–56; R. KIESSLING, Der Wandel ökonomischer und politischer Beziehungen zwischen Dörfern und Städten vom Spätmittelalter bis zur Frühen Neuzeit, in: C. ZIMMERMANN (Hg.), Dorf und Stadt. Ihre Beziehungen vom Mittelalter bis zur Gegenwart, Frankfurt a. M. 2001, S. 67–84.
33 J.-F. BERGIER, Le trafic à travers les Alpes et les liaisons transalpines du haut moyen âge au XVIIIe siècle, in: Le Alpi e l'Europa. Economia e transiti, Bd. 3, Bari 1975, S. 1–72; H. HASSINGER, Die Alpenübergänge vom Mont Cenis bis zum Simplon im Spätmittelalter, in: J. SCHNEIDER (Hg.), Wirtschaftskräfte und Wirtschaftswege. Festschrift Hermann Kellenbenz, Bd. 1, Stuttgart 1978, S. 313–372; DERS., Zur Verkehrsgeschichte der Alpenpässe in der vorindustriellen Zeit, in: Vierteljahrschrift für Sozial- und Wirtschaftsgeschichte 66 (1979), S. 441–465.

derer Weise profitierten (Karte 2). Die Aufspaltung der neuen mitteleuropäischen Achse südlich von Mainz/Frankfurt hatte natürlich auch geographische Gründe, aber es ist doch bezeichnend, daß sich auf beiden Achsenteilen nach bescheidenen hochmittelalterlichen Anfängen bedeutende Messen und Jahrmärkte ausbildeten, deren Blütezeit im 14. bis 16. Jahrhundert lag: an der östlichen Strecke Nördlingen[34] und Bozen[35], an der Oberrheinstrecke Straßburg[36], Basel[37] und Zurzach[38]. Man könnte ergänzend eine weitere, wohl nachgeordnete Achse mit mehreren Straßenzügen von den Südlichen Niederlanden zum Oberrhein anführen, zum einen die sogen. Lampartische Straße von Brüssel über Luxemburg – mit der von Johann dem Blinden 1340 begründeten Schobermesse[39] – nach Hagenau bzw. Straßburg, zum anderen die Route über Metz, die Messestadt St. Nicolas-de-Port[40] und Epinal nach Basel, die im 16. Jahrhundert für den Landverkehr zwischen Oberitalien und den Niederlanden wahrscheinlich wichtiger war als die nördliche Strecke[41]. Diese Landstraßen boten – von schweren Massengütern wie Wein und Holz

---

34 H. AMMANN, Die Nördlinger Messe im Mittelalter, in: Festschrift zum 70. Geburtstag von Theodor Mayer, Bd. 2: Geschichtliche Landesforschung, Wirtschaftswissenschaften, Hilfswissenschaften, Lindau/Konstanz 1955, S. 317–328; R. KIESSLING, Die Stadt und ihr Land. Umlandpolitik, Bürgerbesitz und Wirtschaftsgefüge in Ostschwaben vom 14. bis ins 16. Jahrhundert, Köln/Wien 1989, S. 158–265; DERS., Die Nördlinger Pfingstmesse im 15./16. Jahrhundert. Aufstieg und Strukturwandel eines süddeutschen Wirtschaftszentrums, in: Historischer Verein für Nördlingen und das Ries 29 (1999), S. 69–95.
35 Knappe Hinweise bietet F.-H. HYE, Art. Bozen, in: Lexikon des Mittelalters, Bd. 2, München/Zürich 1983, Sp. 526–528; vgl. jetzt E. DEMO, Le fiere di Bolzano tra Basso Medioevo ed età moderna, in: CAVACIOCCHI (wie Anm. 6), S. 707–722.
36 HENN, Mißglückte Messegründungen (wie Anm. 22), S. 216–218; J.-P. KINTZ, La société strasbourgeoise du milieu du XVIe siècle à la fin de la guerre de Trente Ans, 1560–1650, Paris 1984, S. 380–386.
37 T. GEERING, Handel und Industrie der Stadt Basel. Zunftwesen und Wirtschaftsgeschichte bis zum Ende des XVII. Jahrhunderts, Basel 1886, bes. S. 336ff.; F. EHRENSPERGER, Basels Stellung im Handelsverkehr des Spätmittelalters, Zürich 1972, S. 333–337; M. SCHEFFER, Fernhandel, in: S. LORENZ/Th. ZOTZ (Hgg.), Spätmittelalter am Oberrhein. Alltag, Handwerk und Handel 1350–1525, Aufsatzband, Stuttgart 2001, S. 81–88.
38 H. AMMANN, Die Zurzacher Messen im Mittelalter, in: Taschenbuch der historischen Gesellschaft des Kantons Aargau 1923, S. 1–145; DERS., Neue Beiträge zur Geschichte der Zurzacher Messen, in: Taschenbuch der historischen Gesellschaft des Kantons Aargau 1929, S. 1–208; DERS., Nachträge zur Geschichte der Zurzacher Messen im Mittelalter, in: Argovia 48 (1936), S. 101–124; H.-R. SENNHAUSER, Der Flecken Zurzach, in: Stadtluft, Hirsebrei und Bettelmönch. Die Stadt um 1300, Ausstellungskatalog Stuttgart 1992, S. 207–221.
39 Vgl. M. PAULY (Hg.), Schueberfouer 1340–1990. Untersuchungen zu Markt, Gewerbe und Stadt in Mittelalter und Neuzeit (Publications du CLUDEM 1), Luxemburg 1990.
40 O. KAMMERER-SCHWEYER, La vie économique à Saint Nicolas de Port au XVIe siècle, Thèse Strasbourg 1977; M. PAULY, Foires luxembourgeoises et lorraines avant 1600, in: JOHANEK/STOOB (wie Anm. 3), S. 105–141, bes. S. 128–132.
41 Vgl. W. BRULEZ, L'exportation des Pays-Bas vers l'Italie par voie de terre au milieu du XVIe siècle, in: Annales E.S.C. 14 (1959), S. 461–491. Zuletzt intensiv beschrieben von H.-W. HERRMANN, Die flandrisch-lampartische Straße zwischen Straßburg und Sierck. Geschichte einer mittelalterlichen Neuanlage, in: F. BURGARD/A. HAVERKAMP (Hgg.), Auf den Römerstraßen ins Mittelalter. Beiträge zur Verkehrsgeschichte zwischen Maas und Rhein von der Spätantike bis ins 19. Jahrhundert, Mainz 1997, S. 447–469 (mit Faltkarte im Anhang).

abgesehen – fast immer eine Alternative zu der mit Zöllen überlasteten Mittel- und Niederrheinstrecke nördlich von Mainz[42].

Damit ist ein erster Rahmen abgesteckt für die Durchführung einer Regionalstudie, in deren Mittelpunkt die im oberrheinischen Raum gelegenen bzw. für diesen Raum bedeutsamen Messen und Jahrmärkte stehen sollen. Wie immer man das Oberrheingebiet definiert, es ist eine nach Norden, Süden und Südosten offene Raumeinheit, ein Durchgangsland, das seinen engen Beziehungen zu benachbarten historischen Landschaften und Territorien sehr viel verdankt[43]. So verbieten sich scharfe Abgrenzungen, die ohnehin nur in Anlehnung an naturräumliche Gliederungen erfolgen könnten, etwa die Kammlinien von Vogesen, Schweizer Jura und Schwarzwald.

Die Konzentration auf überschaubare Räume hat sich in der neueren Forschung über periodische Märkte als ein sehr ertragreiches Konzept erwiesen. Ich verweise nur auf die schöne Studie von Michel Pauly über Messen und Jahrmärkte in Lothringen und Luxemburg[44], den wichtigen Aufsatz von Rolf Kießling über kleinräumige Jahrmarktzyklen in Schwaben[45] und die ertragreichen Arbeiten von Anne Radeff über kleine, gerade auch dörfliche Jahrmärkte des 18. und 19. Jahrhunderts in der Westschweiz[46]. Einen für die Messeforschung der letzten Jahre besonders wichtigen, weil methodisch absolut überzeugenden Beitrag lieferte der Berner Wirtschaftshistoriker Martin Körner mit dem Aufsatz »Das System der Jahrmärkte und Messen in der Schweiz im periodischen und permanenten Markt 1500–1800«[47], der für fast den ganzen oberrheinischen Raum grundlegende Ergebnisse bietet. Als Schlüsselquellen für das 16. Jahrhundert nutzte er zusammen mit einer studentischen Arbeitsgruppe unter anderem die bis 1574 reichende Autobiographie des Baseler Kaufmanns Andreas Ryff und dessen Reisebüchlein[48]; Ryff lebte von 1550 bis 1603.

---

42 F. Pfeiffer, Rheinische Transitzölle im Mittelalter, Berlin 1997; Ders., Transitzölle 1000–1500 (Geschichtlicher Atlas der Rheinlande, hg. von F. Irsigler, 7. Lfg., Karte und Beiheft VII. 10), Köln 2000.
43 Vgl. Th. Zotz, Der Oberrhein: Raumbegriff und Aspekte der territorialen und politischen Geschichte im Spätmittelalter, in: Lorenz/Zotz (wie Anm. 37), S. 13–23; T. Scott, Regional Identity and Economic Change: The Upper Rhine, 1450–1600, Oxford 1997; O. Kammerer, Entre Vosges et Forêt-Noire: Pouvoir, terroirs et villes de l'Oberrhein 1250–1350, Paris 2001.
44 Pauly (wie Anm. 40).
45 R. Kiessling, Kleinräumige Jahrmarktzyklen in Schwaben. Zur wirtschaftlichen Erschließung des Landes im Spätmittelalter und in der beginnenden Frühen Neuzeit, in: H. P. Becht/J. Schadt (Hgg.), Wirtschaft – Gesellschaft – Städte. Festschrift für Bernhard Kirchgässner zum 75. Geburtstag, Ubstadt-Weiher 1998, S. 139–156.
46 A. Radeff, Des Vaudois trop audacieux pour Leurs Excellences de Berne? Foires et marchés au XVIIIe siècle, in: P.-L. Pelet/J.-F. Poudret (Hgg.), La monnaie de sa pièce. Hommages à Colin Martin, Lausanne 1992, S. 275–290; Dies., Découpages régionaux et changements d'échelle: foires de France, d'Angleterre et de Suisse au 18e siècle, in: Ch. Döbeli u. a. (Hgg.), Landesgeschichte und Informatik/Histoire régionale et méthodes informatiques, Basel 1996, S. 34–45.
47 In: Jahrbuch für Regionalgeschichte und Landeskunde 19 (1993/1994), S. 13–34; vgl. auch C. Peyer, Die Märkte der Schweiz in Mittelalter und Neuzeit (1979), wieder in: Ders., Könige, Stadt und Kapital. Aufsätze zur Wirtschafts- und Sozialgeschichte des Mittelalters, hg. von Ludwig Schmugge u. a., Zürich 1982, S. 243–261, 314–317.
48 Andreas Ryff, Selbstbiographie, hg. von W. Vischer, Basel 1870; Andreas Ryff (1550–1603), Reisebüchlein, hg. von F. Meyer, in: Basler Zeitschrift für Geschichte und Altertumskunde 72 (1972), S. 5–135.

II

Wie in allen wirtschaftlich sehr aktiven Regionen bestimmten Handelsmessen und Jahrmärkte auch im oberrheinischen Raum seit dem hohen und späten Mittelalter den Rhythmus des Wirtschaftslebens. Das gilt nicht nur für die vom Handel nachgefragten Produkte des städtischen und ländlichen Gewerbes, sondern in erheblichem Maße auch für die landwirtschaftliche Produktion, die Überschüsse aus Getreide-, Wein- und Obstbau, dem Anbau von Gespinst- und Färbepflanzen und vor allem aus der Viehzucht (Schlachtvieh, Wolle, Leder und Felle), die man an den vielen großen und kleinen Jahrmärkten vom Herbst bis zum Frühjahr anbieten konnte. Die zeitliche Nähe von Herbstmärkten und Abgaben-, Zins- oder Steuerterminen und die Fixierung von Kreditlaufzeiten auf bekannte Jahrmärkte unterstreichen die Bedeutung dieser Marktgelegenheiten für die Stabilität öffentlicher und privater Finanzen.

Es ist sicher unbestreitbar, daß für Bestand und Wachstum von städtischen Siedlungen permanente Markteinrichtungen, d. h. täglicher oder Wochenmarkt an einem oder mehreren Markttagen, bedeutsamer waren als Jahrmärkte, und die wirtschaftlichen Zentralfunktionen in der festen Bindung des Umlandes an den permanenten städtischen Markt deutlicher hervortreten als bei den Jahrmärkten. Doch die seit dem hohen Mittelalter rasch wachsende Zahl der periodischen Marktgelegenheiten unterstreicht, wie sehr man die Einrichtung des Jahrmarktes schätzte. Man brauchte ihn nicht nur im Rahmen überlokaler Handels- und Verkehrsbeziehungen, sondern vor allem auch für die Befriedigung der Bedürfnisse nach Information, Kommunikation und Zerstreuung. Der Festcharakter des Jahrmarktes, begründet in der Verbindung mit einem Kirchweih- oder Heiligenfest, darf auch in seiner profanen Attraktion nicht unterschätzt werden.

Eine erste Bestandsaufnahme der periodischen Marktgelegenheiten, die wegen der Quellenarmut des Mittelalters notwendigerweise auch Nachrichten aus dem 16. Jahrhundert miteinbeziehen muß und keineswegs den Anspruch auf Vollständigkeit erhebt, ergibt für den oberrheinischen Raum ein insgesamt sehr dichtes und gleichzeitig differenziertes Bild, das seit dem 14. Jahrhundert allmählich auch klare räumliche Muster innerhalb des Untersuchungsgebietes erkennen läßt (Karte 3). Zum besseren Verständnis sind als Bezugsorte auf jeden Fall die großen Handelsmessen benachbarter Regionen einzubeziehen, vor allem das im ganzen deutschen Sprachraum seit dem 14. Jahrhundert dominante Frankfurt.

Im Vergleich zum Mittelrhein-Main-Gebiet, dem Maas-Mosel-Raum und vor allem dem Niederrhein unter Einschluß der Hellweg-Zone erscheint die Ausstattung des Oberrheingebiets mit Jahrmärkten bis zur Mitte des 13. Jahrhunderts recht bescheiden[49]. Die Nachweise reichen mit Allensbach am Bodensee, wo 1075 drei Jahrmärkte mit jeweils zwei Wochen Dauer erwähnt sind[50], zwar ins 11. Jahrhundert zurück, aber von der staufi-

---

[49] IRSIGLER (wie Anm. 17), bes. die Karten S. 26/27.
[50] B. DIESTELKAMP u. a. (Hgg.), Elenchus fontium historiae urbanae, Bd. I, Leiden 1967, Nr. 45; IRSIGLER (wie Anm. 17), S. 11: Abt Ekkehard legte bei der Neuordnung des Marktes den Wochenmarkt auf den Donnerstag und bestimmte, daß zu drei Terminen im Jahr Wein und andere Waren erst dann verkauft werden durften, wenn das Warenangebot des Abtes Käufer gefunden hatte: Jahrmärkte in statu nascendi. Langen Bestand dürften die Märkte wegen der restriktiven Bestimmungen des Abtes nicht gehabt haben.

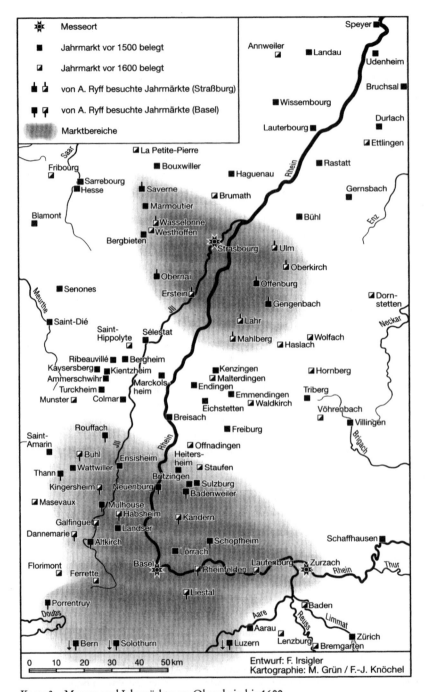

Karte 3   Messen und Jahrmärkte am Oberrhein bis 1600

schen und spätstaufischen Wirtschaftspolitik, die gerade in der Verleihung von längeren Jahrmärkten ihre Form fand, hat im Einzugsgebiet des Oberrheins allenfalls Bern profitiert[51]. Zusammen mit dem schon vor 1145 erwähnten 14tägigen Markt von Schaffhausen[52] – die Verzögerung der Rheinschiffahrt durch das Umladen am Rheinfall scheint die Marktentwicklung begünstigt zu haben – und dem vielleicht auch schon bis ins 12. Jahrhundert zurückreichenden, mit der Wallfahrt zum Grab der Heiligen verbundenen Verenamarkt in Zurzach[53] zeichnet sich möglicherweise ein aufeinander bezogenes regionales Märktesystem ab, das aber nicht lange bestanden haben kann. Überregionale Bedeutung erlangte von diesen frühen Jahrmarktorten nur Zurzach. Im Elsaß findet man als ältesten Jahrmarkt 1229 den von Straßburg erwähnt[54]; seine Wurzeln dürften aber mindestens in das 12. Jahrhundert zurückreichen.

In einer innerräumlich oberrheinischen Rangordnung der Jahrmarktorte ist Straßburg, Zurzach und Basel die höchste Rangstufe zuzuweisen, wenngleich sie im Vergleich mit der Messestadt Frankfurt als nachgeordnete Plätze erscheinen. Für die bis ins 16. Jahrhundert wohl auf über 20 000 Einwohner gewachsene Großstadt Straßburg waren neben den auf Frankfurt und Köln einerseits, Basel, Augsburg und Nürnberg andererseits zielenden Handelsbeziehungen vor allem auch die nach Westen und Nordwesten gerichteten Kontakte wichtig. Schon der eben genannte sichere Erstbeleg für einen periodischen Markt in Straßburg, ein Vertrag mit dem lothringischen Saarburg von 1229 über die Modalitäten der gegenseitigen Marktbesuche, verweist auf Lothringen als wichtigen Teil des Einzugsbereiches des Straßburger Jahrmarktes; über Saarburg hat man wohl vor allem Salz aus den Salinen des Seilleraumes bezogen. Dieser erste Markt scheint ein Martinimarkt gewesen zu sein.

Ludwig der Bayer, der Frankfurt 1330 privilegierte, verlieh wenig später, am 22. Mai 1336, auch Straßburg einen großen *jarmarkt und ein messe*, jeweils zwei Wochen vor und nach Martini[55], also einen Spätherbstmarkt, der weder die Frankfurter Herbstmesse (5. 8.– 8. 9.) noch die Friedberger Michaeli-Messe (ab 29. 9. zwei Wochen) behinderte. Der Martini-Termin kam wahrscheinlich auch den Interessen der Weinaufkäufer entgegen. 1379 bestätigte König Wenzel das Privileg Ludwigs. Obwohl die Martinimesse durchaus erfolgreich war, wurde sie ab 1390 nicht mehr abgehalten. Als Begründung findet man in der Chronik des Jakob Twinger von Königshofen, Ammeister, Rat und Schöffen seien übereingekommen, trotz der hohen Kosten beim Erwerb – Herrscherprivilegien waren immer teuer, vor allem bei Ludwig dem Bayern – die Messe abzustellen, weil sich Krämer und Kaufleute beklagt hätten, *daß die Messe ihnen und der Stadt mehr Schaden als Nutzen bringe, zumal die fremden Kaufleute vom Zoll befreit seien, während sie selbst zur Zoll-*

---

51 Verleihung von zwei 15tägigen Jahrmärkten 1218 (Berner Handfeste); F. KEUTGEN, Urkunden zur städtischen Verfassungsgeschichte, Berlin 1901, Nr. 134.
52 Quellen zur Schweizer Geschichte, hg. von der Allgemeinen geschichtsforschenden Gesellschaft der Schweiz, Bd. 3, Basel 1883, S. 126 u. 137.
53 Wie Anm. 38.
54 Urkundenbuch der Stadt Straßburg, Bd. I, bearb. von W. WIEGAND, Straßburg 1879, Nr. 216; vgl. IRSIGLER (wie Anm. 17), S. 25 mit weiterer Literatur.
55 Urkundenbuch der Stadt Straßburg, Bd. V/1, bearb. von H. WITTE/G. WOLFRAM, Straßburg 1896, Nr. 60; Erneuerung des Privilegs durch König Wenzel 1379, ebd., Nr. 1364.

zahlung verpflichtet wären[56]. Obwohl in der Forschung[57] auch andere Gründe für die Abschaffung der Messe angeführt werden – die Pest von 1381, zahlreiche Fehden Straßburgs mit dem Adel des Umlandes, die allgemeine Unsicherheit des Handels um 1400 –, hat Twinger ein auch in Basel und anderen mit Jahrmärkten ausgestatteten Städten zentrales Problem angesprochen: den schwierigen Spagat zwischen der prinzipiellen Freihandelsforderung des Messebetriebs und den Aktivhandelsinteressen der lokalen Kaufmannschaft, die dem direkten, allenfalls durch Makler (Unterkäufer) vermittelten Handel von Gast zu Gast entgegenstanden.

Nichtsdestoweniger beeindruckte der Erfolg der Frankfurter Messen, wo Straßburg neben Köln und Nürnberg immer eine der größten Besuchergruppen stellte[58], die Kaufleute so sehr, daß sie sich 1413 wieder auf die eigene Jahrmarkttradition besannen und durch König Sigismund die Wenzelurkunde bestätigen ließen. Als die Messe nicht sofort angenommen wurde, ließ man 1414 den Hauptttermin auf den Johannistag (24. 6.) verlegen[59]. Der Erfolg blieb weiterhin aus, und so stellte man 1425 den Messebetrieb erneut ein. Möglicherweise hatten die Auseinandersetzungen zwischen Bischof Wilhelm von Diest und der Stadt das Aufblühen der Messe verhindert[60]. Die zu Beginn des 17. Jahrhunderts abgefaßte Staedel-Chronik berichtet allerdings: *Anno 1425 da erkannten die Schöffel die Mess wieder ab und meinten dass sie der Stadt gar schädlich were, in allen Gefällen die die Stadt hätte.*[61]

Erst der dritte Versuch ab 1436 mit einer auf 14 Tage reduzierten Marktzeit (23. 6.–8. 7.) stabilisierte den Johannismarkt auf Dauer. Wenn man der späten Nachricht des nicht immer zuverlässigen Straßburger Chronisten Daniel Specklin[62] trauen darf – er datiert die Wiedererrichtung der Messe auf 1432! –, erfolgte dieser Schritt der Straßburger Obrigkeit vor allem auf Wunsch der Franzosen und Schweizer, was die schon angedeutete West- und Südwestorientierung des Straßburger Marktes unterstreichen könnte.

Im 16. Jahrhundert wurde das Element des periodischen Marktes in Straßburg weiter ausgebaut, wobei sich auch die Erweiterung des seit dem 14. Jahrhundert bezeugten Kaufhauses positiv auswirkte. Neben den Johannismarkt trat spätestens um 1570 ein großer Weihnachtsmarkt (Christkindmarkt) vom 26. Dezember bis zum 8. Januar; als dessen Vorgänger erscheint ein Nikolausmarkt, der aber nach der Einführung der Reformation abgeschafft bzw. verlegt worden ist[63]. Daneben gab es Spezialmärkte für die Bevölkerung

---

56 Die Chroniken der oberrheinischen Städte: Straßburg Bd. 2 (Die Chroniken der deutschen Städte vom 14. bis ins 16. Jahrhundert 9), Leipzig 1871/ND Göttingen 1961, S. 744f.; Zitat: HENN (wie Anm. 22), S. 217.
57 HENN (wie Anm. 22), S. 217 unter Verweis auf F.-J. FUCHS, Les foires et le rayonnement économique de la ville en Europe (XVIe siècle), in: G. LIVET/F. RAPP (Hgg.), Histoire de Strasbourg des origines à nos jours, Bd. 2, Strasbourg 1981, S. 259–361, bes. S. 265ff.; vgl. Ph. DOLLINGER, La ville libre à la fin du Moyen Âge (1350–1482), ebd., S. 97–175, bes. S. 150–152.
58 Vgl. die vorsichtige Analyse von ROTHMANN, Frankfurter Messen (wie Anm. 10), S. 489–499.
59 Regesta Imperii XI, Nr. 656 u. 974.
60 HENN (wie Anm. 22), S. 218.
61 FUCHS (wie Anm. 57), S. 267; HENN (wie Anm. 22), S. 218.
62 Daniel SPECKLIN, Collectanea in usum chronici Argentinensis, hg. von R. REUSS, Straßburg 1887–1889, Nr. 2038 (weitere Nachrichten zu den Straßburger Jahrmärkten: Nr. 1604, 1657, 1906, 1991); vgl. HENN (wie Anm. 22), S. 218. Die Collectanea entstanden gegen Ende des 16. Jahrhunderts.
63 Nach KINTZ (wie Anm. 36), auch zum Folgenden.

der Region: einen Viehmarkt im März, einen Töpferwarenmarkt am Mittwoch vor Ostern, den *krammitwochmarkt*, und einen kleinen Jahrmarkt für Tuch, Leder und andere regionale Produkte am Tag des hl. Adelphus (29. 8.).

Die Attraktivität der großen Messen im Sommer und Winter für den überregionalen und internationalen Fernhandel ist für das 16. Jahrhundert klar erwiesen. Die Stadtrechnungen belegen eindrucksvolle Besucherzahlen: In den Jahren 1568–1583 besuchten zwischen 900 (Christkindmarkt 1583) und 2059 (Johannismarkt 1571) Gäste die Straßburger Messen; im Sommer lagen die Besucherzahlen fast immer über 2000. Die meisten kamen aus Köln, Frankfurt, Nürnberg, Augsburg, Memmingen, Zürich, Zurzach und Basel. Aber hoch war immer auch der Anteil der ›Welschen‹: 1580 z. B. zählte man bei einer Gesamtgästezahl von 2759 nicht weniger als 846 Gäste aus dem französischen Sprachraum. Nach Westen und Südwesten reichte der Einzugsbereich bis nach Troyes, Lyon und Genf; dicht repräsentiert war aber nur Lothringen[64].

Mit den Zurzacher Messen hat sich Hektor Ammann seit 1923 sehr intensiv befaßt[65]. Der ältere Verenamarkt (um den 1. 9.) war offenbar zunächst ein typischer Wallfahrtsmarkt, gefördert durch eine sehr gute verkehrsgeographische Lage. Sicher bezeugt sind der Verenamarkt und ein wohl deutlich jüngerer Pfingstmarkt erstmalig 1363[66]. König Ruprecht verlängerte 1408 die Marktdauer auf jeweils drei Tage – das war das erste und einzige königliche Privileg. Es hat den erstaunlichen Aufstieg der Jahrmärkte zu großen Regionalmessen sicher begünstigt[67], denn 1422 sah sich die bedeutende Mittelstadt Zürich gehalten, den 1390 eingerichteten Pfingstmarkt um einige Tage zu verschieben und ihn erst im Anschluß an den Zurzacher Markt abzuhalten[68]. Durch den Pfingsttermin konkurrierte Zurzach natürlich auch mit Nördlingen, dessen Marktinteressen, wie aus der Einladungsliste von 1486 hervorgeht, im Westen durchaus bis an den Bodensee bzw. bis nach St. Gallen reichten[69].

Trotz der starken Entwicklungsschübe im 15. Jahrhundert lag die Blütezeit Zurzachs eindeutig im 16. Jahrhundert. Für den west-ost-gerichteten Handel könnte Zurzach durchaus Funktionen der ab 1550 wegen der aggressiven Konkurrenz von seiten Lyons in die Bedeutungslosigkeit abgesunkenen Genfer Messen übernommen haben. Und auch der kürzlich von Rolf Kießling sehr einleuchtend beschriebene Strukturwandel der Nördlinger Pfingstmesse zu einem im 16. Jahrhundert vor allem dem lokalen und regionalen Gewerbe dienenden großen Absatzmarkt[70] könnte Zurzachs Aufstieg zu einer internationalen Handelsmesse beschleunigt haben.

Zu bedenken ist dabei, daß Zurzach in seiner Blütezeit noch nicht einmal Stadtrecht besaß. Ein Gesuch des Chorherrenstiftes, dem der Marktflecken gehörte, auf Anhebung des Status der Siedlung zur Stadt wurde 1510 von den eidgenössischen Obrigkeiten

---

64 Vgl. KINTZ (wie Anm. 36), Karte S. 384.
65 Wie Anm. 38.
66 AMMANN, Die Zurzacher Messen (wie Anm. 38), S. 26f. u. 77, Nr. 1.
67 Ebd., S. 77, Nr. 3.
68 AMMANN, Nachträge (wie Anm. 38), S. 104 u. 107ff.
69 Vgl. die Karte »Einladungen zur Nördlinger Messe 1486« in AMMANN (wie Anm. 34), S. 312; wieder abgedr. bei KIESSLING, Die Nördlinger Pfingstmesse (wie Anm. 34), S. 77.
70 KIESSLING, Die Nördlinger Pfingstmesse (wie Anm. 34).

abschlägig beschieden. Immerhin hatte Zurzach bereits »erhebliche Freiheiten, eigene Behörden und eine städtische Befestigung, war also faktisch schon eine Stadt«[71]. Auch wenn Zurzacher Kaufleute im 16. Jahrhundert gelegentlich auf auswärtigen Messen (Frankfurt, Straßburg) zu finden waren, also auch selbst Handel trieben – die meisten Bewohner Zurzachs hatten keine Probleme mit dem für Straßburg skizzierten, schwierigen Spagat zwischen freiem Messehandel und eigenen kaufmännischen Aktivitäten. Sie bemühten sich um den Ausbau der Infrastruktur – mit der Beherbergung von Messegästen und der Vermietung von Gewölben und Lagerräumen war viel Geld zu verdienen – und die Sicherung reibungsloser Handelstransaktionen. Seit dem 16. Jahrhundert gewann Zurzach auch Bedeutung als Kreditmarkt.

Als Hauptwaren unter den Messegütern sind Tuche und Leder herauszustellen, Rohstoffe des Textilgewerbes (Leinengarn, Seide, Baumwolle) und Fertigprodukte aller Art, daneben die breite Palette der Gewürze, Drogen, Färbemittel und nicht zuletzt – wie in Straßburg auch – Papier. Einen guten Ruf hatte Zurzach schließlich als Pferdemarkt[72]. Gegen Ende des 16. Jahrhunderts schrieb der Basler Messekaufmann Andreas Ryff über den Zurzacher Verenamarkt, er sei *ein herlicher und in der Eidgenossenschaft der größte Jarmarkt, da gar mächtig viel Volks hinkommt und ein stattliche Summe Waren aus Engeland, Niederland, Frankreich, Lothringen, Burgund, Italien und ganz Deutschland hingeführt und verhandelt werden*[73]. Zur Zeit der Marktbesuche Ryffs dauerten Verena- und Pfingstmarkt jeweils acht Tage.

Obwohl Basel durch den Bau der Rheinbrücke 1225, die Belebung des Italienhandels über den Gotthard-Paß und die Verleihung von Geleitsrechten 1372 durch Karl IV. schon früh gute Voraussetzungen für die Bindung von Fernhandelsaktivitäten in Nord-Süd- und Ost-West-Richtung aufwies, bemühte sich die Stadt erst relativ spät und mit – zumindest im 15. Jahrhundert – zunächst sehr bescheidenem Erfolg um die Einrichtung von Handelsmessen[74]. 1471 gewährte Kaiser Friedrich III. auf dem Regensburger Reichstag zwei Jahrmärkte, einen Pfingst- und einen Martinimarkt. Ersteren kann man wohl als gegen Zurzach gerichtet ansehen; an einen Wettbewerb mit Nördlingen dachte man sicher nicht. Das Privileg muß teuer gewesen sein. Man bezog sich auf das Vorbild Frankfurt, was Marktdauer, Zollvergünstigungen und Sicherheitsgarantien für die Marktbesucher betraf, und auf das Vorbild Nördlingen bei dem Versuch, die neuen Jahrmärkte durch Pferderennen und Glücksspiel (Lotterie) attraktiv zu machen. In Nördlingen gab es schon seit der ersten Hälfte des 15. Jahrhunderts auf der Keyrwiese das sogenannte Scharlachrennen, ein Pferderennen, an dem Bürger und Messegäste teilnehmen konnten; der Siegerpreis war ein wertvolles, scharlachrotes Tuch[75]. Einladungsschreiben richtete der Basler Rat vor allem an Innerschweizer Städte, die wohl auch Zurzach frequentierten, etwa Zürich, Luzern, Solothurn, Bern, Biel, Freiburg i. Ue. und Genf[76].

71 So treffend PEYER (wie Anm. 47), S. 249. Man könnte als gegebene Elemente für Stadtqualität auch die dichte, gegliederte Bebauung, die beruflich und sozial differenzierte Bevölkerung und mehrere Zentralfunktionen für das Umland benennen; vgl. SENNHAUSER (wie Anm. 38).
72 SENNHAUSER (wie Anm. 38), S. 214f.
73 Zitiert nach SENNHAUSER (wie Anm. 38), S. 214.
74 Wie Anm. 37.
75 KIESSLING, Die Nördlinger Pfingstmesse (wie Anm. 34), S. 69.
76 EHRENSPERGER (wie Anm. 37), S. 334.

Daß Basel die Pfingstmesse schon 1494 wieder aufgegeben hat, ist wahrscheinlich nicht nur auf die negativen Folgen der vollen Handelsfreiheit zur Messezeit, d. h. sinkende Zolleinnahmen und Konkurrenz der Gäste im Detailhandel, zurückzuführen[77] – denn der Martinimarkt blieb ja bestehen –, sondern wohl auch auf die starke Position Zurzachs, die um diese Zeit kaum beeinträchtigt werden konnte.

Großen Erfolg hatte der Martinimarkt jedenfalls im 16. Jahrhundert. Zum Einzugsgebiet zählten neben der Eidgenossenschaft auch das Elsaß und Teile Südwestdeutschlands. Für die vierzehn Tage vor Martini beginnende Messe (28. 10.–11. 11.) mußte die Basler Firma von Andreas Ryff jeweils Hilfskräfte einstellen[78]. Entscheidend für den Erfolg Basels wie Zurzachs erscheint letztlich die optimale Lage im Schnittpunkt der Hauptachsen des spätmittelalterlich-frühneuzeitlichen Fernhandels.

Obwohl die Basler Martinimesse den Rang der Messen von Straßburg und Zurzach als Einkaufs- und Absatzplätze für den internationalen Warenverkehr nicht erreichte, wird man sie – in Verbindung mit der permanenten Marktfunktion Basels – als wirtschaftsräumliches Ordnungselement, d. h. als Zentrum eines kleinregionalen Märktenetzes doch sehr hoch einschätzen müssen. Das Verdienst, diese Netzstruktur für das 16. Jahrhundert in bisher nicht erreichter Klarheit herausgearbeitet zu haben, gebührt Martin Körner. Die Rekonstruktion der Lebenswirklichkeit eines fast permanent ›auf Achse‹ befindlichen Messekaufmanns mit einem von den Terminen der großen Messen – Frankfurt, Straßburg, Zurzach – wie der regionalen bis lokalen Jahrmärkte dominierten Jahresablauf ist beeindruckend. Neben der Auswertung der auf Andreas Ryff bezogenen Quellen ist auf eine von Körner mit einer Studentengruppe erarbeitete inzwischen etwa 900 Termine von Wochenmärkten, Jahrmärkten und Messen umfassende Datenbank für die Zeit von 1500–1800 zu verweisen, die ebenfalls überraschende Informationen bietet und von Körner statistisch und kartographisch ausgewertet worden ist[79].

Schon Hektor Ammann[80] war aufgefallen, daß sich um den Messeplatz Zurzach ein beachtlicher Kranz von kleinen, meist eintägigen Jahrmärkten legte, die terminlich vor allem an der Verenamesse (27. 8.–3. 9.), z. T. auch an der Pfingstmesse orientiert waren. Körner spricht in diesem Zusammenhang von regionaler Marktdominanz, die er aber nicht nur bei Zurzach beobachtet[81] und kartiert hat, sondern auch für Basel und Straßburg herausstellt. Vor allem westlich und südlich von Zurzach, eingeschlossen von Badenweiler, Schaffhausen, Luzern und Solothurn, findet man nicht weniger als 15 auf die Verena-, z. T. auch auf die Pfingstmesse terminierte Jahrmärkte (Karte 3). Dabei ging es nicht um Marktkonkurrenz wie bei den Pfingstmärkten von Zürich und Basel, sondern um Teilhabe am Markterfolg Zurzachs. Man konnte damit rechnen, daß einige der nach Zurzach rei-

---

77 So vor allem EHRENSPERGER (wie Anm. 37).
78 KÖRNER (wie Anm. 47), S. 24: »Für die Basler Martinimesse, an der er im eigenen Laden Tuch anbot und auf zwei Geschossen im Kaufhaus in der Mücke noch je einen Verkaufsstand belegte, stellte Ryff jedesmal zwei Schneider aus der Stadt und zwei weitere von der Basler Landschaft temporär ein.«
79 KÖRNER (wie Anm. 47); vgl. vor allem die Karte 1, S. 20, und den Anhang 1: Messetermine Andreas Ryff 1570–1572, S. 32f.
80 AMMANN, Nachträge (wie Anm. 38), S. 107ff.
81 KÖRNER (wie Anm. 47), S. 29.

senden oder von dort zurückkehrenden Kaufleute auch die kleinen Jahrmärkte der Umgebung aufsuchten, was den lokalen Kaufleuten, Krämern, Handwerkern und wohl auch Bauern die Gelegenheit gab, ihre Waren und Erzeugnisse mit Zeitvorsprung vor fremden Krämern oder Hausierern zu vermarkten.

Einige der kleinen Jahrmärkte wiesen ein beachtliches Alter auf, allen voran Schaffhausen als Rastort von Kaufleuten und Rompilgern[82]. In Schopfheim, wo um 1375/80 vermutlich die älteste Papiermühle auf Reichsgebiet in Betrieb war und u. a. die städtische Kanzlei Basels belieferte[83], gab es wohl schon seit dem 13. Jahrhundert drei Jahrmärkte, einen Pfingstmarkt, einen Michaelismarkt (29. 9.) als typischen Herbstmarkt und einen Lucienmarkt am 13. Dezember[84]. In das Reiseprogramm des Andreas Ryff paßten offenbar nur der Pfingst- und der Michaelismarkt. Auch Rheinfelden konnte jeweils um Pfingsten – zwei Tage nach dem Schopfheimer Markttag – aufgesucht werden[85]; dazu kam ein weiterer Markttermin im Spätherbst, einige Tage nach Martini, am 13. oder 15. November. Für Rheinfelden wie auch für Laufenburg dürften die durch Ryffs Kaufmannsfahrten belegten Markttermine die ältesten Nachweise sein[86].

Wie um Zurzach legte sich auch um das große Markt- und Jahrmarktzentrum Basel im »Respektabstand« von wenigstens zwei deutschen Meilen (ca. 15 km) ein Kranz von kleineren Jahrmarktorten links und rechts des Rheins, den die Firma des Andreas Ryff von Basel aus bedienen konnte[87]. Die Überschneidungen mit dem Kreis der auf Zurzach terminierten Jahrmärkte sind gering (Schopfheim, Rheinfelden, Liestal); einige der Jahrmärkte waren klar auf den Basler Martinimarkt ausgerichtet, was für Ryff die Terminplanung schwierig machte. Von den erstaunlich vielen, z. T. nur sehr kleinen Marktorten im Oberelsaß und im Sundgau konnte er sicher nicht jeden gleichmäßig berücksichtigen; ausdrücklich erwähnt werden im Reisebüchlein der Dorfmarkt von Buhl bei Gebweiler/Guebwiller, der Markt in Gallenberg/Galfingue bei Didenheim und der Adelphus-Markt in Kingersheim (nördlich von Mülhausen/Mulhouse)[88].

Besondere Aufmerksamkeit verdient unter den von Basel aus besuchten Marktorten das am Jura-Rand gelegene, noch zur Schweizer Eidgenossenschaft zählende Pruntrut/Porrentruy, eine wichtige Station auf der Ost-Westverbindung von Basel über Mömpelgard/Montbéliard nach Besançon und Chalon-sur-Saône. Das Städtchen hatte zu Andreas Ryffs Zeiten nicht weniger als vier Jahrmärkte, drei eintägige[89] und einen mehrtägigen

---

82 Vgl. oben Anm. 52.
83 H. Kälin, Papier in Basel bis 1500, Basel 1974, S. 83ff.; vgl. F. Irsigler, Überregionale Verflechtungen der Papierer. Migration und Technologietransfer vom 14. bis zum 17. Jahrhundert, in: K. Schulz (Hg.), Handwerk in Europa vom Spätmittelalter bis zur Frühen Neuzeit, München 1999, S. 255–275, hier S. 258.
84 E. Keyser (Hg.), Badisches Städtebuch (Deutsches Städtebuch IV/2), Stuttgart 1959, S. 367.
85 Körner (wie Anm. 47), S. 32f. (Anhang 1).
86 Vgl. Badisches Städtebuch (wie Anm. 84); weder für Rheinfelden (S. 356) noch für Laufenburg (S. 292) werden Jahrmärkte erwähnt.
87 Körner (wie Anm. 47), S. 23f. (mit Grafik 2).
88 Ryff, Reisebüchlein (wie Anm. 48), S. 36 u. 110, Anm. 31; vgl. Scott (wie Anm. 43), S. 125. – Zu Kingersheim vgl. auch P. Stintzi, Die Habsburger im Elsaß, in: F. Metz (Hg.), Vorderösterreich. Eine geschichtliche Landeskunde, Freiburg ²1967, S. 505–564, hier S. 552.
89 St. Veit (Vitus) (15. 6.), Kreuzerhöhung (14. 9.), St. Andreas (30. 11.).

Jahrmarkt in den Quatembertagen nach Invocavit (Quatembermittwoch bis Sonntag Reminiscere). Dort hatte Ryff von seinem 15. Lebensjahr an eine Art Kaufmannslehre bei dem damaligen Bürgermeister Hans Schmid gemacht, einem erfolgreichen Kaufmann, der in drei Läden »Wolltuch, Seide, Eisen-, Spezerei- und Nürnbergerwaren« anbot, die er auf den Messen von Zurzach und Straßburg, aber auch den Jahrmärkten von Basel und Mömpelgard einkaufte. Auf Verkaufsfahrten zu kleinen auswärtigen Märkten konnte er verzichten[90].

Über solche Fahrten ist aus den von Andreas Ryff gemachten Aufzeichnungen auch der engere Marktbereich Straßburgs zu erschließen, den Ryff 1566–69 als Kaufmannsgeselle der Straßburger Tuchkaufleute Sebastian Schimpf und Adolf Kirchhofer beim Detailverkauf von hochwertigen Wolltuchen und Barchent (Baumwoll-Leinen-Mischgewebe) intensiv bereist hat[91]. Der Absatzraum reichte linksrheinisch von Zabern/Saverne über Wasselnheim/Wasselonne und Oberehnheim/Obernai bis Erstein, rechtsrheinisch – über die bequeme Straßburger Rheinbrücke gut erreichbar – vom Dorf Ulm (bei Renchen) über Oberkirch, Offenburg, Gengenbach und Lahr bis zum Marktflecken Mahlberg (Karte 3).

Zweifellos reichte die Ausstrahlung des großen Messeplatzes Straßburg über den von Ryff bereisten Raum weit hinaus. Im Elsaß waren die Jahrmarktgelegenheiten zwischen Pfälzer Wald und der Eidgenossenschaft doch relativ dicht und gleichmäßig verteilt. Von den 72 Städten und Städtchen, die François J. Himly und seine Mitarbeiter im »Atlas des villes médiévales d'Alsace«[92] erfaßt haben, besaßen 28 vor 1500[93] und weitere sieben bis 1600[94] einen oder mehrere Jahrmärkte. Daneben scheint es einige dörfliche Jahrmärkte gegeben zu haben (Buhl, Wasselnheim). Daß die große Mittelstadt Colmar mit ca. 8000 Einwohnern am Ende des 15. Jahrhunderts aufgrund ihrer guten Verkehrslage und als wichtigstes Weinhandelszentrum nach Straßburg auch als Mittelpunkt eines kleinregionalen Marktbereichs eine besondere Rolle gespielt hat, ist anzunehmen. Colmars Stellung dürfte der von Freiburg im Breisgau vergleichbar gewesen sein. Wie in Freiburg gab es dort die für Städte mit einem regen periodischen Marktleben typischen Lauben[95]. Von

---

90 KÖRNER (wie Anm. 47), S. 19.
91 Ebd.
92 (Publications de la Fédération des Sociétés d'Histoire et d'Archéologie d'Alsace; t. VI), Nancy 1970.
93 Tableau alphabétique, S. 12–22: Altkirch (1410–37, 1490), Ammerschwihr (1435), Belfort (1351, 1384), Bergbieten (1443), Bergheim (1443), Bouxwiller (1478), Colmar (1305), Ensisheim (1466), Ferrette (vor 1442), Hagenau (1310), Kaysersberg (vor 1434), Kientzheim (vor 1434), Landser (1303), Lauterburg (1252), Marckolsheim (1353), Marmoutier (1170), Mulhouse (12. Jh. ?), Obernai (1440), Ribeauvillé (1504), Rouffach (1418), Saint-Amarin (1480), Saverne (1449), Schlettstadt (1310, 1530), Straßburg (vor 1229), Thann (1442, 1486, 1503), Turckheim (vor 1498), Wattwiller (1464), Weißenburg (1471).
94 Brumath (1600), Florimont (1511), La Petite-Pierre (1600), Masevaux (1505), Munster (1507), Saint-Hippolyte (1581), Westhoffen (1562).
95 J. SYDOW, Der spätmittelalterliche Markt im deutschen Südwesten, in: J. TREFFEISEN/K. ANDERMANN (Hgg.), Landesherrliche Städte in Südwestdeutschland (Oberrheinische Studien 12), Sigmaringen 1994, S. 27–43, hier S. 38, versteht darunter »eine Reihe von Marktbuden, die zu einem längeren Gebäude zusammengezogen wurden und auf den breiten Straßenmärkten ihren Platz fanden«. Er bringt Nachweise auch für Rottweil, Villingen, Offenburg, Breisach und Oberehnheim (Obernai).

Straßburg abgesehen bedürfen die elsässischen Jahrmärkte noch detaillierterer Untersuchungen.

Daß im Elsaß auch sehr kleine Städte bedeutende Jahrmärkte abhalten konnten, notfalls vor den Toren der Stadt, belegt das für seine großen Viehmärkte bekannte Altkirch, wo seit 1490 die Märkte vor der Prioratskirche Saint-Morand stattfanden[96]. Relativ früh faßbar ist der Einzugsbereich des auf Tuchabsatz spezialisierten Jahrmarktes in Zabern, wo 1483/84 bzw. 1509 auch Kaufleute aus Luxemburg, Trier, Saarbrücken und Bacharach, ja sogar aus Augsburg nachzuweisen sind. Die Masse der Besucher stammte aber aus dem Unterelsaß und Lothringen[97] in einem Umkreis von ca. 60 km (Karte 4).

Ob für das Unterelsaß der 1245 eingerichtete Jahrmarkt von Speyer, der 1330 durch Ludwig den Bayern bestätigt, verlängert und von Oktober/November in den September (8.–29. 9.) vorverlegt wurde[98], im Spätmittelalter noch eine Rolle spielte, sei dahingestellt. Die Einflüsse reichten eher in den mittelrheinischen und den Neckarraum. Bedeutsam war Speyer im 14. und z. T. auch noch im 15. Jahrhundert als Kreditmarkt mit einer weiten Ausstrahlung nach Osten (Rothenburg o. d. Tauber) und Süden (Basel)[99]. Das imposante Kaufhaus fungierte wie in Worms nicht zuletzt als Stapelplatz für nach Frankfurt bestimmtes Messegut[100].

Auf der rechten Rheinseite ist mit den Jahrmärkten, die dem Einzugsbereich von Zurzach, Basel und Straßburg zugewiesen wurden, nur ein Teil der periodischen Marktgelegenheiten erfaßt. Eine zentrale Position kann man zweifellos Freiburg im Breisgau zuweisen, dessen Jahrmärkte allerdings erst im ausgehenden 15. Jahrhundert deutlicher aus den Quellen hervortreten[101]. Der erste sichere Beleg für sehr viel ältere Einrichtungen scheint ein Zunftbeschluß von 1473 zu sein, demzufolge fremde Krämer vom Wochenmarkt ausgeschlossen und nur noch zu den freien Jahrmärkten zugelassen waren, die am Dienstag vor Invocavit (1. Fastensonntag) und am Dienstag vor Martini begannen[102]; es muß sich also um fünf bis sechs Tage dauernde Jahrmärkte gehandelt haben. Ob der Ausschluß fremder Kaufleute vom Wochenmarkt immer durchgehalten werden konnte, ist fraglich,

---

96 HIMLY (wie Anm. 92), S. 47; vgl. auch STINTZI (wie Anm. 88), S. 515: Zu den früh bezeugten Fasten- und Jakobimärkten kam später noch ein Katharinenmarkt. – Außerhalb der Mauern wurde auch in Saint-Amarin der Markt abgehalten, nämlich vor der Abtei Saint-Prix und Saint-Amarin; HIMLY, S. 107.
97 HIMLY, Atlas (wie Anm. 92), S. 39, Karte: L'origine des marchands-drapiers à la foire de Saverne 1483–1509.
98 A. HILGARD (Hg.), Urkunden zur Geschichte der Stadt Speyer, Straßburg 1885, Nr. 69 und 388; vgl. HENN (wie Anm. 22), S. 214.
99 E. MASCHKE, Die Stellung der Reichsstadt Speyer in der mittelalterlichen Wirtschaft Deutschlands (1967), in: DERS., Städte und Menschen (wie Anm. 19), S. 100–120, bes. S. 109ff., zum Kreditraum S. 115–119.
100 Ebd., S. 100f.
101 Der Artikel ›Freiburg‹ im Badischen Städtebuch (wie Anm. 84), S. 225f., ist bezüglich der Anfänge der Jahrmärkte nicht eben mitteilsam.
102 B. SCHWINEKÖPER, Beobachtungen zum Lebensraum südwestdeutscher Städte im Mittelalter, insbesondere zum engeren und weiteren Einzugsbereich der Freiburger Jahrmärkte in der zweiten Hälfte des 16. Jahrhunderts, in: E. MASCHKE/J. SYDOW (Hgg.), Stadt und Umland, Stuttgart 1974, S. 29–53, hier S. 43.

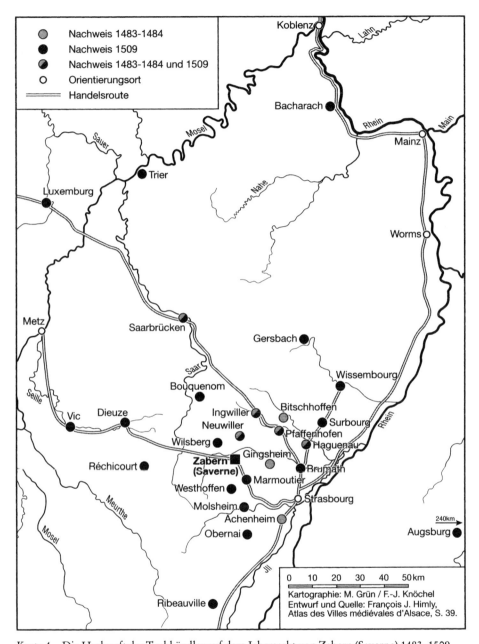

Karte 4 Die Herkunft der Tuchhändler auf dem Jahrmarkt von Zabern (Saverne) 1483–1509

doch geht zumindest aus den Aufzeichnungen des Baslers Ryff hervor, daß er sich mit Vorrang an die Jahrmarkttermine hielt und nur ausnahmsweise Wochenmärkte besuchte.

Über den Einzugsbereich der Freiburger Jahrmärkte im 15. Jahrhundert ist kaum etwas bekannt. Verläßliche Informationen liefern erst die 1547 einsetzenden Angaben in städtischen Rechnungen über die Erhebung des Standgeldes auf den Jahrmärkten; die Serie reicht bis 1658. Für die Anfangsphase der Aufzeichnungen erfährt man aus den Rechnungen neben der Herkunft der Standmieter auch manches über die gehandelten Waren. Ausgewertet wurden bisher die Jahre 1547–1562 statistisch und kartographisch von Berent Schwineköper[103]. Aus den reichen Ergebnissen seien nur einige hervorgehoben: Die Zahl der auf den Märkten aktiven Händler – Einheimische und Fremde – schwankte zwischen 53 und 135; gut besucht waren vor allem die Martinimärkte. Im Nahbereich dominierten unter den auswärtigen mit großem Abstand die Straßburger; in 14 Jahren – für 1548 und 1550 gibt es keine Daten – kamen nicht weniger als 117 Marktbesucher nach Freiburg, aber nur sechs reisten aus Basel an. Erstaunlich ist der weite, von Arras bis Regensburg, den Niederlanden bis nach Oberitalien (Mailand, Cremona) reichende Einzugsbereich. In beachtlicher Zahl vertreten waren neben Kölner und Genfer Kaufleuten auch Krämer aus Savoyen und dem Aostatal. 1547–62 haben mindestens 165 Savoyarden und 66 Besucher aus dem Aostatal die Freiburger Jahrmärkte aufgesucht. Schwineköper betont, »daß es sich um hausierende Wanderhändler handelte, die meist nur mit Traggestellen auf dem Markt erschienen.«[104] Trotz der bescheidenen Umsätze, die sie auf den Märkten gemacht haben dürften, sind sie seit dem 16. Jahrhundert als belebendes Element bis hinab zu den dörflichen Jahrmärkten in vielen mittel- und westeuropäischen Regionen anzutreffen, nicht zuletzt als Buchhändler und Kolporteure[105].

Im Warenangebot auf den Märkten dominierten offenbar von einheimischen und fremden Tuchmachern hergestellte Woll- und Leinentuche; die Freiburger Tuchmacher mieteten gewöhnlich 15–20 Stände. Genannt werden auch Barchent, Seidenstoffe, Decken und Schleier, feine Lederwaren und der breite Bereich der typischen Kramwaren: Gürtel, Taschen, Hüte, Barette, Seile, Schirme, Irdenware, Seife, Gewürze, Papier, Messer, Löffel, Nadeln usw. Auch Hieb- und Stichwaffen hatten ihren Markt[106].

Es ist anzunehmen, daß die aktiven Freiburger Kaufleute und Krämer des 15. und 16. Jahrhunderts, die selbst regelmäßig Messefahrten nach Straßburg und Frankfurt, manchmal auch nach Zurzach unternahmen[107], die in einem Umkreis von 40–50 km liegenden Jahr- und Wochenmärkte in ähnlicher Weise bedienten wie dies Basler oder Straßburger Kaufleute in ihrem Umland taten. Schlaglichtartig wird dies deutlich am Beispiel des aus dem Gewerbe der Scherer (Barbierer) zum Krämer und Messekaufmann aufgestiegenen Marx Hoff, dessen Rechenbücher für die Jahre 1487 und 1488 glücklicherweise erhalten

---

103 Ebd. S. 41ff., bes. die Karten S. 49 (Marktbesucher aus dem Oberrheinraum) und 50 (Fernbereich).
104 Ebd. S. 50f., Zitat S. 51.
105 Vgl. z. B. L. FONTAINE, Histoire du colportage en Europe (XVe–XIXe siècle), Paris 1993.
106 SCHWINEKÖPER (wie Anm. 102), S. 43f.
107 S. W. ROWAN, Die Jahresrechnungen eines Freiburger Kaufmanns 1487/88. Ein Beitrag zur Handelsgeschichte des Oberrheins, in: Stadt und Umland (wie Anm. 102), S. 227–277, zu den Messereisen S. 231f.

geblieben sind[108]. Hoff handelte mit Weinstein, den er in den Weinbaudörfern um Freiburg und auf den kleinen Märkten des Breisgaus aufkaufte und über Straßburg zu den Frankfurter Messen brachte, wo er für den Absatz in Freiburg und Umgebung Tuch erwarb. Der Handel mit Pferden, möglicherweise auch mit Elsässer Wein und bayerischem Salz[109], führte ihn nach Zurzach und weiter nach Augsburg und München[110]. Der Absatzbereich für die Tuche reichte, wenn man die Orte miteinbezieht, in denen Hoff Schuldforderungen geltend machen konnte, deutlich über den engeren Kreis der Weinsteinanbieter hinaus, im Norden bis Malterdingen, im Westen bis Markolsheim und Grussenheim im Elsaß, im Süden bis Staufen und im Osten bis Suggental und St. Peter im Schwarzwald[111]. Die Verbindung von weitgespanntem Messehandel und Jahrmarkt- bis Hausierhandel in einem gut überschaubaren Bereich mit einem Radius von 20–25 km scheint eine gängige Form der Verbindung unterschiedlicher Marktebenen gewesen zu sein.

Obwohl mit der raschen Zunahme von Marktgelegenheiten im Breisgau zwischen dem 13. und 15. Jahrhundert der unmittelbare Marktbereich Freiburgs eingeschränkt worden ist und beim Besuch des täglichen wie des Wochenmarktes Einbußen zu verzeichnen waren, dürfte den Freiburger Jahrmärkten im rechtsrheinischen Teil des Oberrheinraumes keine ernsthafte Konkurrenz erwachsen sein. Die meist nur eintägigen Jahrmärkte im Norden und Süden Freiburgs waren klar nachgeordnet; sie konkurrierten stärker untereinander – etwa die badischen mit den habsburgischen im Markgräfler Land und im südlichen Breisgau[112] – als mit Freiburg. Der weite Einzugsbereich macht die Freiburger Jahrmärkte, auch wenn die Gesamtbesucherzahlen vielleicht niedriger lagen, durchaus vergleichbar mit dem Basler Martinimarkt. Als regionaler Marktschwerpunkt mit Service-Funktionen für ein relativ dichtes Märktenetz im Umland ergeben sich jedenfalls Annäherungen an die Position von Zurzach, vielleicht sogar von Straßburg.

Um das Bild abzurunden, sei noch kurz auf die übrigen Jahrmärkte im Rechtsrheinischen verwiesen, soweit sie nicht im Zusammenhang mit der Ausstrahlung von Zurzach, Basel und Straßburg bereits Erwähnung gefunden haben. Unter Berücksichtigung der Siedlungsdichte und der naturräumlichen Voraussetzungen erscheint der rechtsrheinische Raum ähnlich gut mit periodischen Marktgelegenheiten ausgestattet wie das Elsaß. Die Gaulandschaften treten natürlich überall als Verdichtungszonen hervor.

---

108 Ebd. Zur Auswertung vgl. auch SYDOW (wie Anm. 95), S. 29 und 32f.
109 So die Vermutung von SCHWINEKÖPER, Nachwort (wie Anm. 107), S. 275.
110 In München konnte er eine bestimmte Sorte von Sensen nicht finden, daher brachte er aus Augsburg Messer mit; ROWAN (wie Anm. 107), S. 236.
111 Ebd., S. 237, Karte B.
112 Ausführlich dargestellt von T. SCOTT, Freiburg and the Breisgau. Town – Country Relations in the Age of Reformation and Peasants' War, Oxford 1986, S. 116ff. (mit Karte S. 117). Als Konkurrenzmärkte, z. T. mit Jahrmarktprivilegien, meist aber Wochenmärkten, nennt er für das 13. Jahrhundert Kenzingen, Breisach, Staufen, Sulzburg und Neuenburg, für das 14. Jahrhundert Endingen, Elzach, Waldkirch und Todtnau, für das 15. Jahrhundert Malterdingen, Emmendingen, Eichstetten, Biengen, Offnadingen, Ehrenstetten, Heitersheim und Badenweiler. Zur Konkurrenz zwischen Baden und Habsburg vgl. SCOTT (wie Anm. 43), S. 125–149, mit Karte 11 (Market competition in the Breisgau, 1400–1600), S. 136.

Unter den auf den Wirtschafts- und Finanzplatz Speyer bezogenen kleinstädtischen Jahrmarktorten verdient neben dem linksrheinischen Landau[113] und dem ebenfalls linksrheinischen Lauterburg[114] vor allem Bruchsal Erwähnung. 1366 hat Kaiser Karl IV. auf Wunsch des Bischofs von Speyer den Jahrmarkt von Unteröwisheim in die Stadt Bruchsal verlegt, wo vorübergehend auch speyrische Münzen geprägt wurden. In der Frühneuzeit verfügte Bruchsal zeitweise über fünf kurze Jahrmärkte neben einem Wochenmarkt[115]. Unbedeutend blieb wegen der Nähe zu Speyer der Jahrmarkt zu Udenheim[116].

Die wahrscheinlich älteren Jahrmärkte von Bretten am 1. Fastensonntag, an St. Georg (23. 4.), St. Laurentius (10. 8.) und St. Lukas (18. 10) wurden 1492 durch Kurfürst Philipp von der Pfalz bestätigt[117]. Durlach erhielt schon 1418 zwei öffentliche Jahrmärkte an St. Jakob (25. 7.) und St. Gallus (16. 10.)[118]. Für Ettlingen sind erst im ausgehenden 16. Jahrhundert Jahrmärkte erwähnt[119]. Auch in Rastatt, dem König Ruprecht 1404 Marktrechte verliehen hatte, bestanden am Ende des 16. Jahrhunderts drei Jahrmärkte[120]. Das große Flößereizentrum Gernsbach besaß seit dem 15. Jahrhundert nicht nur ein städtisches Kaufhaus (1471), sondern auch sechs Jahrmärkte, von denen im 17. Jahrhundert noch vier Bestand hatten[121].

Der Bühler Jahrmarkt am Pfingstmontag wird 1442 erstmals erwähnt[122]. Den von Andreas Ryff von Straßburg aus besuchten Jahrmarkt im Dorf Ulm könnte das ebenfalls stark agrarisch orientierte, als Obstmarkt schon im Mittelalter bedeutende Renchen übernommen haben[123]. Oberkirch im Renchtal hatte in der Neuzeit drei Jahrmärkte[124]; einen davon mag Ryff um 1566 besucht haben. Sehr viel älter war der anscheinend sehr bedeu-

---

113 Landau hatte im Spätmittelalter vier Fronfastenmärkte, dann zwei Jahrmärkte und zwei Wochenmärkte; K. ANDERMANN, Die Städte der Bischöfe von Speyer um die Wende vom Mittelalter zur Neuzeit, in: TREFFEISEN/ANDERMANN (wie Anm. 95), S. 67–88, hier S. 83.
114 Lauterburg wurde 1252 durch Wilhelm von Holland ein 14tägiger Jahrmarkt ab Montag nach Ostern verliehen. Großen Erfolg kann das Privileg nicht gehabt haben; am Ausgang des Mittelalters bestanden neben einem Wochenmarkt zwei kleine Jahrmärkte. MGH DD Wilhelm von Holland, Nr. 195, S. 248f.; vgl. ANDERMANN (wie Anm. 113), S. 73–83.
115 Badisches Städtebuch (wie Anm. 84), S. 52; SYDOW (wie Anm. 95), S. 33; ANDERMANN (wie Anm. 113), S. 83. – Im nördlich von Bruchsal gelegenen Marktort Wiesloch ist schon vor 1165 ein Jahrmarkt erwähnt; vgl. IRSIGLER (wie Anm. 17), S. 20, Anm. 70; das Badische Städtebuch, S. 175, erwähnt Jahrmärkte erst für das 19. Jahrhundert.
116 ANDERMANN (wie Anm. 113), S. 83.
117 A. SCHÄFER (Bearb.), Urkunden, Rechtsquellen und Chronik zur Geschichte der Stadt Bretten, Bretten 1967, S. 151f., Nr. 220; SYDOW (wie Anm. 95), S. 27.
118 Badisches Städtebuch (wie Anm. 84), S. 96f.
119 Badisches Städtebuch (wie Anm. 84), S. 64: 1579 ein Jahrmarkt an St. Laurentius (10. 8.), 1597 Jahrmärkte in der ersten Fastenwoche, Montag vor Laurentii, Montag vor Martini.
120 Badisches Städtebuch (wie Anm. 84), S. 350: 11. 5., 22. 6., und 24. 12.; bedeutend war der Umschlag von Elsässer Wein. – Im benachbarten Kuppenheim bestand 1580 ein Jahrmarkt an St. Sebastian (20. 1.) und ein Roßmarkt an St. Laurentius (10. 8.).
121 Badisches Städtebuch (wie Anm. 84), S. 249: Jahrmärkte zu Weihnachten, Ostern, Pfingsten und an St. Bartholomäus (24. 8).
122 Badisches Städtebuch (wie Anm. 84), S. 202.
123 Nach 1640 sind zwei Jahrmärkte (Montag nach Lichtmeß, Montag nach St. Gallus) bezeugt; Badisches Städtebuch (wie Anm. 84), S. 354.
124 Termine: 20. 4., 6. 8., 3. 12.; vgl. Badisches Städtebuch (wie Anm. 84), S. 331.

tende Herbstmarkt in Offenburg, der in der Woche nach Kreuzerhöhung (14. 9.–21. 9.) abgehalten wurde; für Ryff und andere Kaufleute aus dem nahen Straßburg könnten aber auch die Wochenmärkte am Dienstag und Samstag attraktiv gewesen sein[125]. Die Gengenbacher Jahrmärkte, ein Georgs- und ein Martinimarkt (23. 4., 11. 11.), dürften in das 14./15. Jahrhundert zurückreichen[126]. Das 1377 gefreite Lahr hatte im 18. Jahrhundert vier Jahrmärkte[127]; mindestens einer muß schon vor 1566 bestanden haben. Für Mahlberg bieten Ryffs Aufzeichnungen den ältesten Jahrmarktbeleg[128]. Das Alter der Haslacher Jahrmärkte ist nicht exakt zu bestimmen; das Marktprivileg des Ortes wurde 1505 erweitert[129]. Auch in Wolfach dürften die um 1600 genannten Jahrmärkte (St. Laurentius, 10. 8.; St. Gallus, 16. 10.) in ältere Zeiten zurückreichen[130].

Im Einflußbereich der Freiburger Jahrmärkte und Kaufmannsinteressen fassen wir als frühe Jahrmarktorte Kenzingen und Endingen am Kaiserstuhl. Das Kenzinger Marktleben wurde schon in dem nach Freiburger Vorbild gestalteten Stadtrecht von 1249 abgesichert. Bis 1495 fanden die Jahrmärkte an St. Georg (23. 4.) und an St. Lorenz (10. 8.) statt. Letzterer sollte mit Erlaubnis König Maximilians auf St. Nikolaus (6. 12.) verlegt werden, wurde aber neben dem neuen Markt doch beibehalten, so daß Kenzingen am Ende des Mittelalters über drei Jahrmärkte verfügte[131]. Ein eigener Kornmarkt zur Erntezeit wurde nach Ausweis des Tennenbacher Güterbuches in Endingen schon im 14. Jahrhundert auf einem eigenen Marktplatz abgehalten. Maximilian gewährte der Stadt 1499 einen zweiten Jahrmarkt am Montag und Dienstag vor Esto mihi (7. Sonntag vor Ostern); wenig später wurde an St. Bartholomäus (24. 8.) ein dritter Jahrmarkt eingerichtet, der 1530 erstmals bezeugt ist[132].

Das kleine Triberg im Schwarzwald erhielt 1481 einen »ewigen« Wochenmarkt und 1493 die Bestätigung für vier Jahrmärkte[133]. Noch bescheidener dürften die Marktverhältnisse in Hornberg (Gutachtal) gewesen sein; erst das 16. Jahrhundert brachte eine spürbare Belebung, als neben den älteren Märkten an Peter und Paul (29. 6.) und an Kreuzerhöhung (14. 9.) 1556 ein Markus-Markt (25. 4.) und 1601 als Haupttermin ein Martinimarkt (11. 11.) eingerichtet wurden[134]. Über die einzigen bedeutenden Jahrmärkte am Ostrand des Schwarzwaldes verfügte vermutlich schon vor der Erneuerung des Stadtrechts 1371 die Zähringergründung Villingen: Die *Walpurgenmeß* um den 1. Mai und die

---

125 Badisches Städtebuch (wie Anm. 84), S. 334.
126 Ebd., S. 244.
127 Ebd., S. 288.
128 Das allgemeine Marktrecht Mahlbergs ist zwar seit 1221 bezeugt, doch dürfte die Konkurrenz mit dem benachbarten Ettenheim (Marktort der Bischöfe von Straßburg) die Entwicklung gehemmt haben. Vgl. Badisches Städtebuch (wie Anm. 84), S. 303.
129 Ebd., S. 251.
130 Ebd., S. 416.
131 J. Treffeisen, Die Breisgaukleinstädte Neuenburg, Kenzingen und Endingen in ihren Beziehungen zu Klöstern, Orden und kirchlichen Institutionen während des Mittelalters, Freiburg/München 1991, S. 31–33.
132 Treffeisen (wie Anm. 131), S. 47.
133 St. Ulrich (4. 7.), St. Bartholomäus (24. 8.), St. Michael (29. 9.) und St. Gallus (16. 10.); Badisches Städtebuch (wie Anm. 84), S. 391.
134 Badisches Städtebuch (wie Anm. 84), S. 262.

Matthäusmesse um den 21. September dauerten jeweils acht Tage; im 16. Jahrhundert kam noch ein Thomasmarkt (21. 12.) hinzu[135].

Die von Markgraf Bernhard I. von Baden um 1418 in Eichstetten und Emmendingen eingerichteten Wochen- und Jahrmärkte deutet Tom Scott als Konkurrenzgründungen gegen Freiburg; in diesen Zusammenhang gehört vielleicht auch die 1510 erfolgte Verleihung eines Jahrmarktes in Malterdingen[136]. Der Emmendinger Markttag war der Martinstag (11. 11.), Eichstetten hatte einen Jakobusmarkt (25. 7.) und einen an St. Matthäus (21. 9.), in Malterdingen gab es einen Katharinenmarkt (25. 11.)[137]. Als ernsthafte Konkurrenz ist ab dem späten 15. Jahrhundert eher Breisach anzusehen, dem 1493 zwei Jahrmärkte bestätigt worden sind; im 16. Jahrhundert verfügte es sogar über fünf Jahrmärkte[138].

Mit Staufen erreichen wir wieder den durch Andreas Ryff von Basel aus bereisten Raum; es besteht aber kein Zweifel, daß auch Freiburger Interessen weit nach Süden reichten. Daß es um 1570 in Staufen vier Jahrmärkte gab (Fasten-, Maien-, Jakobi- und Martinimarkt), ist sicher, welchen davon Andreas Ryff besuchte, nicht[139]. Die Jahrmärkte im nahe gelegenen Heitersheim[140] hat Ryff nicht berücksichtigt. Der in Badenweiler 1418 durch Graf Konrad von Freiburg eingerichtete Jahrmarkt wurde 1498 durch die Markgrafen von Baden nach Britzingen verlegt[141]. Ein weiterer wichtiger Jahrmarktort im Markgräfler Land war die Bergbaustadt Sulzburg, die im Laufe des 16. Jahrhunderts einen deutlichen Niedergang erlebte und um den Bestand der 1442 durch Friedrich III. privilegierten beiden Jahrmärkte fürchten mußte[142]. In einer 1573 durch den Sulzburger Amtmann Mattheus Wertz erstellten Liste der Konkurrenzmärkte zu den badischen Märkten im südlichen Breisgau findet man unter den Wochenmärkten Breisach, Staufen, Freiburg und Neuenburg, unter den Jahrmärkten – abgesehen von dem badischen Jahrmarkt zu Ballrechten – Kandern (1 Jahrmarkt), Schopfheim (3), Freiburg (6 unter Einschluß der vier Quatembermärkte), Breisach (5), Staufen (4), Neuenburg (2), Heitersheim (1) und Offnadingen (1)[143].

Gut erforscht ist das mittelalterliche Marktleben in Neuenburg. Der Wochenmarkt war seit 1292 (bestätigt 1495) durch die Bannmeile geschützt. Wie in Endingen gab es einen eigenen Kornjahrmarkt um den Martinstag. 1417 wurden zwei Jahrmärkte privilegiert: am Samstag nach Martini und am Samstag nach Christi Himmelfahrt; 1523 kam ein

---

135 Badisches Städtebuch (wie Anm. 84), S. 339f. – Im Schatten Villingens standen vermutlich auch zwei 1509 verliehene Jahrmärkte in Vöhrenbach, ebd., S. 404.
136 SCOTT (wie Anm. 43), S. 125f. u. 129.
137 Ebd. S. 130. – Ob von den drei Jahrmärkten in dem seit dem 13. Jahrhundert ummauerten Marktort Waldkirch einer in das 15./16. Jahrhundert zurückreicht, war nicht zu klären; vgl. Badisches Städtebuch (wie Anm. 84), S. 406f.
138 Badisches Städtebuch (wie Anm. 84), S. 199; SCOTT (wie Anm. 43), S. 141.
139 SCOTT (wie Anm. 43), S. 141; Badisches Städtebuch (wie Anm. 84), S. 372; der von KÖRNER (wie Anm. 47), S. 32f., genannte Markttag 25. 10. paßt zu keinem der vier Termine.
140 Badisches Städtebuch (wie Anm. 84), S. 257: Die Jahrmärkte am Bartholomäustag (24. 8.) und an St. Nikolaus (6. 12.) wurden 1446 bzw. 1481 privilegiert.
141 SCOTT (wie Anm. 43), S. 129 (Anm. 26) u. 142.
142 Ebd., S. 125, 127 u. 129, Anm. 26.
143 Ebd., S. 140f.

dritter Jahrmarkt am Georgstag hinzu[144]. Andreas Ryff nahm 1570/72 jeweils den Martinitermin wahr und besuchte auch den Markt nach Christi Himmelfahrt. Der Katharinenmarkt in Kandern wird durch Ryff und das Memorandum von Wertz auf jeden Fall für das spätere 16. Jahrhundert gesichert[145]. Es fällt auf, daß in der Liste des Sulzburger Amtmanns der schon 1403 durch König Ruprecht bewilligte und durch Kaiser Friedrich III. 1452 bestätigte Jahrmarkt in Lörrach[146], terminiert auf Mittwoch vor St. Michael, nicht erwähnt wird. Möglicherweise hat er sich im Schatten der mächtigen Stadt Basel nicht entfalten können oder Wertz sah in dem noch nicht mit Stadtrecht ausgestatteten Lörrach keine Konkurrenz[147]. Auf Schopfheim, Rheinfelden und Laufenburg wurde im Zusammenhang mit der Ausstrahlung Basels und der Zurzacher Messen schon hingewiesen[148].

III

Fazit: Vom 14. bis zum 16. Jahrhundert sind im oberrheinischen Raum vier analytisch trennbare, in der Realität aber eng miteinander verbundene oder vernetzte Ebenen des periodischen und permanenten Marktes faßbar:

1. Der internationale Fernhandel, konzentriert auf die führenden europäischen Messeplätze und die großen Exportgewerbe- und Handelsstädte, von denen nur einige im Untersuchungsraum selbst verankert waren; die meisten dieser Zentren wirkten gewissermaßen von außen hinein: Frankfurt, weniger intensiv Nördlingen, Genf und Antwerpen unter den Messeplätzen, Köln, Nürnberg, Augsburg und Ulm bei den Exportgewerbe- und Fernhandelszentren. Diese internationale Komponente wurde am Oberrhein aber auf jeden Fall durch Straßburg und Zurzach repräsentiert – mit etwas Abstand auch durch Basel und sogar durch Freiburg im Breisgau.
2. Straßburg, Basel und Freiburg – weniger Zurzach – fungierten als großregional bedeutsame Zentren des permanenten wie periodischen Marktes. Dank ihrer überregionalen und internationalen Verbindungen wirkten sie in überschaubaren Marktbereichen mit einem Radius von 40–50 km als Distributionszentren für Fernhandelsgüter und gleichzeitig als Sammelzentren für regionale Produkte.
3. Distribution und Ankauf erfolgten überregional auf der Ebene der meist sehr kurzen Jahrmärkte in den kleineren Städten und gefreiten Orten, teils auch über Wochenmärkte, die sich jeweils einem führenden Jahrmarktzentrum zuordnen lassen. Über Reiserouten von Kaufleuten, terminliche Anlehnung der Jahrmärkte an Messetermine (»Trittbrettfahrereffekt«) oder Verdichtungen bei den Einzugsbereichen der großen Jahrmärkte ergeben sich relativ klare Raumstrukturen, die Zurzach, Basel, Straßburg (möglicherweise auch Colmar), Freiburg und wohl auch Speyer als zentrale Märkte auf der gleichen funktionalen Ebene erscheinen lassen.

---

144 TREFFEISEN (wie Anm. 131), S. 19–22; Badisches Städtebuch (wie Anm. 84), S. 326.
145 Im Badischen Städtebuch (wie Anm. 84), S. 268, ist er nicht genauer datiert.
146 Badisches Städtebuch (wie Anm. 84), S. 299.
147 Vgl. SCOTT (wie Anm. 43), S. 142, Anm. 78.
148 Vgl. oben bei Anm. 83–86.

4. Unter den lokal verfestigten Ebenen fassen wir als raumübergreifende und alle Siedlungstypen von der Großstadt bis zum Weiler und Einzelhof in das Marktgeschehen einbindende Struktur den Hausierhandel, der um und nach 1500 offenbar deutlich zunahm und für die rasch steigende Zahl der kleinen städtischen und dörflichen Krammärkte in der frühen Neuzeit ein außerordentlich tragfähiges Element darstellen sollte.

Diese vier Ebenen des Marktes werden im regionalen Rahmen systematisch verknüpft durch Kaufleute, jahrmarktorientierte Handwerker und wirtschaftlich potente Nachfrager, vor allem aus adeligen, geistlichen und bürgerlichen Großhaushalten. Bei den Kaufleuten lassen sich – in etwa den vier Ebenen entsprechend – bestimmte Typen fassen; eine scharfe Abgrenzung verbietet sich aber, weil jeder Messekaufmann auf mindestens zwei Ebenen präsent sein mußte – das gilt auch für die Faktoren der großen oberdeutschen Handelshäuser, die neben den internationalen zumindest auch die großen Regionalmessen berücksichtigen mußten. Martin Körner hat die Lehrherrn des Andreas Ryff und ihn selbst auf dem Höhepunkt seiner Kaufmannskarriere vornehmlich der zweiten Ebene zugewiesen – mit starker Präsenz auch auf der dritten und natürlich auf dem heimischen permanenten Markt.

Hans Schmid in Pruntrut besuchte die Messen von Zurzach und Straßburg (Ebene 2), kaufte aber auch in Basel und Mömpelgard. Dem Verkauf dienten die Pruntruter Jahrmärkte und der Wochenmarkt, an denen die drei Läden Schmids immer viele Kunden anzogen. Die Straßburger Sebastian Schimpf und Adolf Kirchhofer kauften in Frankfurt ein und nutzten neben ihrer Heimatstadt die nahegelegenen kleinen Jahrmärkte zum Verkauf (Ebene 3). Andreas Ryff versuchte zunächst, über den obligatorischen Besuch der Frankfurter, Straßburger, Zurzacher und Baseler Messen hinaus möglichst viele größere Jahrmarktorte der Schweiz zu berücksichtigen (Bern, Solothurn und Luzern), daneben die vielen kleinen Jahrmärkte im Baseler Umland. Er war fast permanent unterwegs. Erst als arrivierter Kaufmann beschränkte er die Reisetätigkeit auf Frankfurt, Straßburg, Zurzach, Bern, Solothurn und Luzern. Für seinen Vater Diebold Ryff, von Beruf Garnfärber mit starkem Hang zum Tuchhandel, war das weiteste Reiseziel Zurzach (ca. 93 km von Basel) gewesen; die Verkaufstour beschränkte sich auf einen maximal 40 km von Basel entfernten Bezirk. Er ist also vornehmlich der dritten Ebene zuzuordnen.

ENTGRENZUNG DER GEISTIGEN WELT

Die Konzilien im 15. Jahrhundert als Drehscheibe internationaler Beziehungen

VON JÜRGEN MIETHKE

Wenn wir von »Kirche« und »Staat« im Mittelalter sprechen[1], so kommt es leicht zu einer anachronistischen Verzerrung des Bildes, weil damit moderne Vorstellungen allzu unbedenklich auf Verhältnisse übertragen werden, die nicht recht zu diesen Begriffen passen wollen. Für den Gebrauch des Wortes »Staat« für mittelalterliche Herrschaftsverhältnisse ist uns das geläufig. Wir glauben alle zu wissen, daß es den Staat im modernen Sinne einer einheitlichen Gebietssouveränität und eines geschlossenen Systems politischer Entscheidungsfindung damals nicht, noch nicht gegeben hat, zumal auch die Unterscheidung von »öffentlichem« und »privatem« Recht erst eine Entwicklung der Frühen Neuzeit war[2], als man mit der Rezeption des Römischen Rechts diese Differenzierung traf. Wir können uns auch zunehmend im Verlauf des Mittelalters mit der von Heinrich Mitteis glücklich vorgeschlagenen Hilfskonstruktion eines »funktionell öffentlichen Rechts«[3] behelfen und somit ohne allzu große Bedenken von einem mittelalterlichen »Staat«, gewissermaßen von einem Staat *in statu nascendi* sprechen – und das burgundische Herrschaftssystem ist ein avanciertes Beispiel dafür –, der mehr und mehr aus den Herrschaftsverhältnissen herauswächst und für uns erkennbare Formen staatlicher Institutionen annimmt. Doch müssen wir uns der Unterschiede zur Moderne stets bewußt bleiben und werden an sie von der Rechtsgeschichte und von den Verfassungshistorikern auch immer wieder erinnert.

Weniger bewußt ist es uns, daß auch die Kirche in ihrer gesellschaftlichen Stellung keineswegs als eine für sich stehende fest umrissene soziale Institution, daß sie nicht als »Religionsgemeinschaft« im modernen Sinne zu begreifen ist, die sich innerhalb der staat-

---

1 Ich drucke hier das Ms. des Vortrags so ab, wie er am 14. Oktober 2000 in Breisach gehalten wurde. Nur die nötigsten Belege sind angefügt, eine vollständige Dokumentation der Forschungslage ist nirgends angestrebt.
2 Dazu etwa M. STOLLEIS, Geschichte des Öffentlichen Rechts in Deutschland, Bd. 1, München 1988, bes. S. 73ff.
3 So H. MITTEIS, Lehnrecht und Staatsgewalt. Untersuchungen zur mittelalterlichen Verfassungsgeschichte, Weimar 1933/ND Darmstadt 1958, S. 8f., energisch erneut aufgegriffen in MITTEIS, Land und Herrschaft, Bemerkungen zu dem gleichnamigen Buch Otto Brunners, in: HZ 163 (1941) S. 255–281, 471–489, bes. S. 278), geringfügig gekürzt abgedruckt in: MITTEIS, Die Rechtsidee in der Geschichte. Abhandlungen und Vorträge, Weimar 1956, S. S. 343–381, hier S. 363; sowie danach in: H. KÄMPF (Hg.), Herrschaft und Staat im Mittelalter (Wege der Forschung 2), Darmstadt 1956, S. 20–65, hier S. 44.

lichen Ordnung der staatlichen Ordnung hätte entgegenstellen können. Im Blick auf die Herrschaftsordnung verstand sich die Kirche gewiß auch damals als von dieser wohl unterschieden und unterscheidbar, empfand sich aber doch ihr eher beigeordnet in einem größeren Ganzen als gegenübergestellt, begriff sich neben und mit dem Herrscher gewissermaßen als Doppelinstanz. *Zwei [Instanzen] sind es, erhabener Kaiser, durch welche diese Welt regiert wird, die geheiligte Autorität der Bischöfe und die königliche Gewalt, und unter ihnen wiegt das Gewicht der Priester um so schwerer, als diese auch für die Könige der Menschen vor dem göttlichen Gericht selber Rechenschaft legen müssen. Du weißt ja, geliebtester Sohn, daß du, wenngleich du an Würde dem ganzen Menschengeschlecht vorgesetzt bist, dennoch deinen Nacken den Vorstehern göttlicher Dinge fromm neigst und von ihnen die Begründung dieses Heils erheischst, indem du von ihnen die himmlischen Sakramente empfängst und ihnen, wie es sich gehört, darin untergeben zu sein anerkennst...* So hatte Papst Gelasius I. am Ende des 5. Jhs. (494) den oströmischen Kaiser Anastasius I. in einem später immer wieder zitierten Schreiben angesprochen[4]. In der Einheit des römischen Reiches hatte der Papst die *geheiligte Autorität der Bischöfe* (die *auctoritas sacrata pontificum*) und die *königliche Gewalt* (die *regalis potestas*) des Adressaten eher einander zugeordnet gesehen als alternativ einander gegenübergestellt. Zwar beanspruchte der Papst für die Priester ein hohes Gewicht wegen ihrer Verantwortung vor dem Jüngsten Gericht, ausdrücklich aber erkannte er die höchste *Würde* des Kaisers auf Erden an. Hier wollen wir nicht auf die verwickelte Geschichte des sich wandelnden Verständnisses dieser berühmten »Gelasianischen Formel« eingehen[5], das Mittelalter hat sich noch lange in diesen Sätzen wiedererkannt, weil sie so schwebend ungewiß, dabei rhetorisch so effektvoll scheinbar ausgeglichen waren und bei der Verteilung der Gewichte in der Wirklichkeit mehr als kräftige Akzentunterschiede noch abdecken konnten. Zu Beginn zwangen die lockeren Sätze die kirchlichen Amtsträger noch keineswegs in eine damals aussichtslose prinzipielle Gegnerschaft zum Herrscher, sondern hielt beide Seiten zur Kooperation an, ja stilisierte gewissermaßen den Priester allererst zu einem kooperationsfähigen Partner, der in der politischen Herrschaftsverfassung dem König als eigenständige Kraft gegenüber trat und bereits in seiner priesterlichen Würde andeutungsweise und zunächst nur *sub specie aeternitatis* den höheren Rang beanspruchen durfte, ohne daraus vorerst weitere Konsequenzen ziehen zu müssen.

Der Kaiser war keineswegs ausschließlich als Kaiser in dieser Formel angesprochen, denn auch er übte, wie der Papst schrieb, *königliche Gewalt* (*regalis potestas*), so hatte es das Alte Testament vorgegeben. Später ließ sich der priesterliche Anspruch auf Mitverant-

---

4 Ed. E. SCHWARTZ, in: Abhandlungen der Bayer. Akademie der Wiss., Philos.-Histor. Klasse N.S. 10 (1934) S. 20; vgl. auch H. DENZINGER, Enchiridion symbolorum, definitionum et declarationum de rebus fidei et morum, ed. A. SCHÖNMETZER, S.J. (Editio XXXII[a] u. ff.), Barcelona/Freiburg i. B./ Rom 1963, S. 120 Nr. 347 [unter derselben Nr. auch – zusammen mit einer deutschen Übersetzung – in der Editio XXXVII[a], hg. von P. HÜNERMANN, Freiburg i. Br. 1991]; bzw. bei C. MIRBT, Quellen zur Geschichte des Papsttums, Tübingen [6]1967, S. 222f.
5 Eine monographische Untersuchung zur Geschichte des Verständnisses der Gelasianischen Formel im Mittelalter existiert m. W. nicht, die Literatur ist gleichwohl sehr weitgespannt, zu Gelasius I. selbst vgl. etwa B. MORETON, in: TRE 12 (1983) S. 273–276, oder W. ULLMANN, Gelasius I. (492– 496). Das Papsttum an der Wende der Spätantike zum Mittelalter (Päpste und Papsttum, 18), Stuttgart 1981, gerafft (und etwas einseitig) dort »Rückblick und Ausblick«, S. 264ff.

wortung daher ohne Schwierigkeiten auch an alle nichtkaiserlichen Inhaber herrscherlicher Kompetenz richten. Damit blieb der Text für die Zukunft offen, ließ sich später auch als Autorität in höchst verschiedener, ja widersprüchlicher Weise gebrauchen. Kirchliche Sphäre und Herrschaftsordnung traten sich hier nicht als festumrissene, jeweils eigene Organisationen und als Systeme eigenen Rechts gegenüber, vielmehr standen da Personen als Träger verschiedener Ämter nebeneinander in einem größeren Ganzen, dem christlichen Volk Gottes.

Das Verhältnis von Staat und Kirche in der Karolingerzeit ist von einem so hervorragenden Kenner wie Theodor Schieder mit guten Gründen als »massives Staatskirchentum« bezeichnet worden[6]. Aber auch wenn die Herrscher eine unbestrittene Kirchenhoheit in Anspruch nahmen, wenn sie wie selbstverständlich über alle kirchlichen Herrschaftsmittel der Bistümer, Stifte und Klöster in unmittelbarem Zugriff verfügten, hielt doch nicht der »Staat« die »Kirche« in der Hand, vielmehr gebot der Herrscher den Amtsträgern der Kirche, die sozialgeschichtlich zudem den gleichen gesellschaftlichen Schichten entstammten wie die weltliche Herrschaftselite, nämlich dem Reichsadel.

Das Ineinander-, Nebeneinander-, In-Entsprechung-Stehen von staatlichen und kirchlichen Amtsträgern zeigte sich auch in dem In- und Nebeneinader ihrer inneren Organisationsformen. Die karolingischen *missi dominici*, die *Königsboten*, die seit 802 als doppelt Beauftragte, parallel für weltliche und geistliche Fragen, in einem gemeinsamen Sprengel im herrscherlichen Dienst wirkten, hatten als »Verbindungsglieder zwischen den geistlichen und weltlichen Großen zu fungieren, die sie gegebenenfalls auch zu beaufsichtigen hatten«, wie Josef Fleckenstein definiert hat[7]. Sie wirken damit auf beide Bereiche, den geistlichen wie den weltlichen, wie ja auch die Kapitularien als normative Texte weltliche und kirchliche Fragen, wohl unterschieden, doch in einem einheitlichen Verfahren regelten. Daß dann auch auf den Hoftagen noch der hoch- und spätmittelalterlichen europäischen Herrscher sich neben den adligen Helfern und Konkurrenten des Königs auch stets die Bischöfe einfanden, daß sie an der Wahl und Einsetzung der Könige teilnahmen, nicht nur in Deutschland, wo sie das formell bis 1806 taten, das ist uns allen bewußt.

Umgekehrt, und damit kommen wir zu den im Thema angekündigten Kirchenversammlungen, haben auch die zentralen Organe der Kirche im Mittelalter nicht grundsätzlich isoliert von den weltlichen Großen verhandelt. Zwar war etwa die bischöfliche Synode eine Versammlung von Klerikern und Mönchen der jeweiligen Diözese, die Wahl eines Bischofs aber erfolgte durch »Klerus und Volk«, wie die Formel seit alters und heute noch lautet[8]; konkret gab das dem König bis zum Investiturstreit entscheidende, nach dem Wormser Konkordat[9] durch die *praesencia regis* immer noch wichtige Entscheidungs- und Mitwirkungsrechte, die dann freilich unterschiedlich energisch wahrgenom-

---

6 Th. SCHIEDER, in: DERS. (Hg.), Handbuch der Europäischen Geschichte, Bd. 1, Stuttgart 1976, S. 569.
7 J. FLECKENSTEIN, in: Lexikon des Mittelalters 6 (1993), Sp. 679f.
8 Vgl. nur P. HINSCHIUS, System des katholischen Kirchenrechts mit besonderer Rücksicht auf Deutschland, Bd. 2, Berlin 1878/ND Graz 1959, bes. S. 512ff.
9 Vgl. dazu nur P. CLASSEN, Das Wormser Konkordat in der deutschen Verfassungsgeschichte, in: J. FLECKENSTEIN (Hg.), Investiturstreit und Reichsverfassung (Vorträge und Forschungen 17), Sigmaringen 1973, S. 411–460; neuerdings auch B. SCHILLING, Guido von Vienne – Papst Calixt II. (MGH Schriften, 45) Hannover 1998, bes. S. 509ff.

men werden konnten[10]. Konzilien und Synoden[11] hatten sich als Organe überörtlicher Willensbildung der Kirchenregierung seit dem 2. Jahrhundert in der Alten Kirche herausgebildet und hatten seit der Konstantinischen Wende des 4. Jahrhunderts als Reichssynoden unter dem beherrschenden Einfluß und der ausdrücklichen Leitungsgewalt des Kaisers mit der vom Kaiser garantierten Bindewirkung ihrer Beschlüsse im gesamten Imperium stattgefunden. Allgemeine Konzilien hat es dagegen im Früh- und Hochmittelalter zunächst nicht gegeben. Relativ selten und nicht überall fanden sie in Reichssynoden, die niemals organisatorisch über den Rahmen der einzelnen Königreiche hinausgriffen, eine gewisse Fortsetzung, wenngleich solche Synoden, wie die Frankfurter Synode von 794 zum oströmischen Bilderverbot oder die von 809 zum Streit um das *filioque*, traditionsgemäß auf allgemeine Anerkennung und Rezeption ihrer Beschlüsse angelegt waren und diesen Anspruch auch eisern festgehalten haben.

Allgemeine Synoden der Gesamtkirche kamen im Frühmittelalter nicht zustande. Erst mit dem Investiturstreit wird ein neuer Ansatz sichtbar, weil die Päpste seit Leo IX. die römische Fastensynode unter päpstlicher Leitung als Instrument und Forum überregionaler Kirchenreformbemühungen nutzten[12]. Da die Forderungen der Kirchenrefomer schließlich zahlreichen harten Konflikten zum Trotz im gesamten Abendland durchgesetzt werden konnten, wuchs die Papalsynode der römischen Kirche zu einer Kirchenversammlung von universaler Bedeutung heran, nach dem Schisma von 1057 jedenfalls die gesamte lateinisch sprechende Christenheit universal betreffend. Das 12. und 13. Jahrhundert konnte daran anknüpfen[13], insbesondere Innozenz III., der die Entwicklungen zusammenfassend zum IV. Laterankonzil (1215) schon im Berufungsschreiben seine

---

10 Zu Bischofswahlen und zu königlicher Besetzungspolitik ist der Wald der Literatur naturgemäß dicht. Hier seien exemplarisch nur zwei (recht unterschiedliche) Studien zum 12. und 14. Jh. genannt: R. L. BENSON, The Bishop Elect, Princeton, NJ 1968; G. LOSHER, Königtum und Kirche zur Zeit Karls IV. Ein Beitrag zur Kirchenpolitik im Spätmittelalter (Veröff. des Collegium Carolinum 58), München 1985. (Die Liste ließe sich natürlich ohne Mühe gewaltig verlängern.)
11 Zur Typologie der Konzilsgeschichte grundlegend A. HAUCK, Die Reception und Umbildung der allgemeinen Synode im Mittelalter, in: Historische Vierteljahresschrift 10 (1907). Vgl. auch H. FUHRMANN, Das ökumenische Konzil und seine historischen Grundlagen, in: GWU 12 (1961) S. 672–695, jetzt abgedruckt in DERS., Einladung ins Mittelalter, München ²1987, S. 169–191.
12 Zusammenfassend etwa G. TELLENBACH, Die westliche Kirche vom 10. Bis zum frühen 12. Jh. (Die Kirche in ihrer Geschichte F 1), Göttingen 1988, bes. S. F 125, und passim; vgl. auch den ausführlichen aktuellen Forschungsbericht bei H. JAKOBS, Kirchenreform und Hochmittelalter, 1046–1215 (Oldenbourg Grundriß der Geschichte 7), München ⁴1999, passim.
13 Zu den Konzilsvorstellungen zur Zeit des Schismas nach der Wahl Alexanders III. (1157ff.) am Beispiel des Gerhoch von Reichersberg vor allem P. CLASSEN, Gerhoch von Reichersberg. Eine Biographie, Wiesbaden 1960, S. 196–199: Bei Gerhoch finden sich bereits Vorstellungen der Repräsentativität eines Konzils, das für die gesamte Kirche sprechen kann und soll, er kann sogar steigern und von einem *concilium generalius* reden (De investigatione Antichristi, I.56, ed. E. SACKUR in: MGH Libelli de lite, Bd. 3, Hannover 1897, S. 366,23f.), welches bisherigen (Teil-)Kirchenversammlungen überbieten soll. Teilnehmer am Konzil sind für ihn Kleriker und Laienfürsten. Vgl. auch die Einberufung der Synode von Pavia durch Friedrich Barbarossa, DFI. Nr. 285, ed. H. APPELT (MGH, Diplomata, X.2), Hannover 1979, S. 96–98; auch ed. L. WEILAND, in: MGH Const., Bd. 1, Hannover 1893, Nr. 184 S. 255f., sowie auch Barbarossas Eröffnungsrede auf der Synode in Pavia nach dem Bericht des Rahewin, in: Chronica, IV.79, ed. F.-J. SCHMALE (Ausgewählte Quellen zur deutschen Geschichte des Mittelalters, Freiherr vom Stein-Gedächtnis-Ausgabe A 17), 1965, S. 682.

Absichten deutlich machte[14]: ausdrücklich knüpfte er an *die Gewohnheit der heiligen Väter* an und siedelte die synodale Versammlung, zu der er einlud, auf der gleichen Ebene an wie sie die *Prinzipalsynoden* der alten Kirche erreicht hatten. Freilich wollte der Papst – und das war die folgenreichste Neuerung, die in seinem Schreiben zu finden ist –, nicht nur Vertreter der Amtshierarchie zum Kommen einladen – also neben den Prälaten der Kurie (dem Papst, den Kardinälen und anderen Amtsträgern) die Erzbischöfe, Bischöfe und Äbte der abendländischen Kirche –, sondern daneben auch Vertreter der kirchlichen Personengruppen wie der Domstifte, Kollegiatskirchen oder *universitates*, d. h. vor allem den großen Orden der Christenheit, und außerdem auch noch Abgesandte der weltlichen Fürsten.

Insofern ist die Repräsentation der Gesamtkirche, die sich bei den Teilnehmern auf dem Konzil einstellte, nicht nur faktisch erreicht worden, sondern vom Papst selbst angezielt und gewollt gewesen[15]. Der Leipziger Kirchenhistoriker Albert Hauck hat bereits vor nunmehr fast 100 Jahren (im Jahre 1907) in der Geschichte der Allgemeinen Konzilien typologisch drei Phasen unterschieden[16]: die Bischofsversammlungen unter kaiserlicher Leitung in der Alten Kirche, die reine Hierarchiesynode der katholischen Kirche in der Neuzeit (die auch in der neuesten Kirchenversammlung des I. und des II. Vaticanums exklusiv das Verfassungsmodell abgab) und – davon deutlich unterschieden – das mittelalterliche Generalkonzil unter päpstlichem oder päpstlich bestimmtem Vorsitz, das alle Stände der Christenheit repräsentativ an den Verhandlungen beteiligte.

Hier brauchen wir die Genese und allmähliche (immer deutlichere) Ausprägung dieses Konzilsmodells nicht zu verfolgen, die spätmittelalterlichen konziliaren Versammlungen gehören allesamt, bei allen Differenzen ihrer inneren Verfassung und Geschäftsordnung, zu diesem Typus. Um es in den Worten den englischen Franziskaners Wilhelm von Ockham zu sagen: *illa igitur congregatio esset concilium generale reputanda, in qua diversae personae gerentes auctoritatem et vicem universarum partium totius christianitatis ad tractandum de communi bono rite conveniunt*, d. h. *also jene Versammlung wäre als allgemeines Konzil einzuschätzen, in der verschiedene Personen, die alle Teile der gesamten Christenheit rechtswirksam repräsentieren, zum Zwecke von Verhandlungen über das gemeine*

---

14 Dazu bereits G. TANGL, Die Teilnehmer an den allgemeinen Konzilien des Mittelalters, Weimar 1932/ND 1969, S. 219f. Vgl. etwa auch J. MIETHKE, Raumerfassung und Raumbewußtsein auf den Allgemeinen Konzilien des Spätmittelalters, Die Repräsentanz der Regionen in der Entwicklung der Geschäftsordnung vom 13. zum 15. Jahrhundert, demnächst in: P. MORAW (Hg.), Raumerfassung und Raumbewußtsein im späteren Mittelalter (Vorträge und Forschungen 49), S. 127–154.
15 Innozenz IV. wird auf dem I. Konzil von Lyon ausdrücklich erklären, von dem auf diesem Konzil gefällten Absetzungsurteil könne Taddeus von Suessa nicht an ein künftiges Generalkonzil appellieren, da das Konzil in Lyon bereits ein allgemeines Konzil sei, denn zu ihm seien weltliche und geistliche Fürsten geladen gewesen: vgl. die bekannte »Brevis nota«, § 8, ed. L. WEILAND, in: MGH Const. Bd. 2, Hannover 1896, S. 513–516, hier S. 516,16–20: ... *iudex Thadeus ... appellabat ad futurum pontificem et concilium generale. Ad que papa respondit humiliter et benigne, quod illud erat concilium generale, quia tam principes seculares quam ecclesiastici ad illud fuerant invitati* ... H. J. BECKER, Die Appellation vom Papst an ein allgemeines Konzil. Historische Entwicklung und kanonistische Diskussion im späten Mittelalter und in der frühen Neuzeit (Forschungen zur kirchlichen Rechtsgeschichte und zum Kirchenrecht 17), Köln/Wien 1988, S. 44ff., 280f., verfolgt einen anderen Gedanken und geht auf unsere Frage nicht ein.
16 A. HAUCK (wie Anm. 11), S. 465–482.

Wohl ordnungsgemäß zusammenkommen[17]. Ockham hat diese Begriffsbestimmung vorgenommen zu einer Zeit, da mit dem Zusammentreten eines Konzils nicht unbedingt zu rechnen war, so dringend Ockham und seine Freunde in München auch danach verlangten, um ihrer Kritik an dem »Ketzerpapst« Johannes XXII. ein Publikum zu geben[18]. In der Zeit des Großen Abendländischen Schisma aber wird diese seine Konzilsdefinition offenbar als angemessen und treffend betrachtet. Bereits Konrad von Gelnhausen hat sie 1380 in seine *Epistola concordiae*[19], Heinrich von Langenstein in seine *Epistola pacis*[20] fast wörtlich übernommen, nachdem sie in Paris bereits in den sechziger und frühen siebziger

---

17 I Dialogus VI, cap. 85, gedruckt bei Jean TRECHSEL, Lyon 1494/ND in: Guilelmi de Ockham Opera plurima, Bd. 1, London 1962, fol. 97^{rb-va}; oder bei Melchior H. GOLDAST, Monarchia S. Romani imperii, Bd. 2, Frankfurt/Main 1618/ND Graz 1960, p. 603: *illa igitur congregatio esset concilium generale reputanda, in qua diverse persone gerentes auctoritatem et vicem universarum partium totius christianitatis ad tractandum de communi bono rite conveniunt.* Vgl. auch etwa I Dalogus VI, cap. 13 (fol. 56va; p. 518): *concilium autem generale tenet vicem ecclesie universalis*; I Dialogus VI, cap. 70 (fol. 87vb, p. 584): *Quod omnes tangit ab omnibus debet approbari, ita causa, que omnes tangit, ab omnibus tractari debet. Sed causa pape heretici omnes tangit Christianos, ergo per omnes Christianos vel congregationem, que gerit vicem omnium Christianorum, cuiusmodi est concilium generale, tractari debet.* Zu Ockhams konziliarer Theorie vgl. G. de LAGARDE, La naissance de l'esprit laique au déclin du moyen âge, Nouvelle édition réfondue, Bd. 5: Guillaume d'Ockham, Critique des structures ecclésiales, Bruxelles 1963, S. 53–86, und insbesondere H. J. SIEBEN, Die Konzilsidee des lateinischen Mittelalters, 847–1378 (Konziliengeschichte, Reihe B: Untersuchungen), Paderborn u. a. 1984, S. 410–469.
18 Zu dem plausiblen Vorschlag, den I. Teil des Dialogus als Konzilsvorbereitungsschrift zu verstehen, vgl. bereits J. MIETHKE, Ockhams Weg zur Sozialphilosophie, Berlin 1969, S. 85–87. In I Dialogus VII, cap. 53 (fol. 150rb; p. 711f.) definiert Ockham es geradezu als Pflicht christlicher Fürsten, die Ketzereianklage gegen einen Papst u. a. auch auf einem Generalkonzil zu prüfen.
19 Vgl. Konrad von Gelnhausen, Epistola concordiae, ed. F. P. BLIEMETZRIEDER, Literarische Polemik zu Beginn des großen abendländischen Schismas, Wien/Leipzig 1909/ND New York 1968, S. 131f.: *Concilium generale est multarum vel plurium personarum rite convocatarum repraesentantium vel gerentium vicem diversorum statuum, ordinum et sexuum et personarum totius christianitatis venire aut mittere valentium aut potentium ad tractandum de bono communi universalis ecclesiae in unum locum communem et idoneum conventio seu congregatio.* Vgl. zur Rezeption Ockhams bereits in geraffter Übersicht LAGARDE (wie Anm. 17), Bd. 5, S. 291–337; sehr viel genauer (wenn auch für einen kleineren Zeitraum) H. S. OFFLER, The ›Influence‹ of Ockham's Political Thinking: The First Century, in: W. VOSSENKUHL/R. SCHÖNBERGER (Hgg.), Die Gegenwart Ockhams, Weinheim 1990, S. 338–365, ND in: OFFLER, Church and Crown in the Fourteenth Century, ed. A. I. Doyle (Collected Studies Series 692), Aldershot u. a. 2000, Nr. X. Vgl. auch H. J. SIEBEN, Traktate und Theorien zum Konzil vom Beginn des Großen Schismas bis zum Vorabend der Reformation, 1378–1521 (Frankfurter Theologische Studien 30), Frankfurt a. Main 1983, bes. S. 119ff.
20 Epistola pacis, pars 88: *illa congregatio utique esset generale concilium reputanda, in qua diversae personae gerentes auctoritatem et vicem diversarum partium totius christianitatis ad tractasndum de communi bono rite convenirent.* Vgl. SIEBEN, Traktate (wie Anm. 19), S. 16f. Dazu G. KREUZER, Studien zur Biographie und zu den Schismatraktaten unter besonderer Berücksichtigung der »Epistola pacis« und der »Epistola concilii pacis« (Quellen und Forschungen aus dem Gebiet der Geschichte NF 6), Paderborn u. a. 1987, S. 178f. (auch Ockham freilich hat für seine Konzilsüberlegungen vielfach kanonistische Autoritäten herangezogen, das ist kein Gegenbeweis gegen seine Wirkung!).

Jahren des 14. Jahrhunderts (von Pierre d'Ailly[21] oder von Johannes Beviscoxa[22]) aufgegriffen worden war.

Deutlich wird in dieser Definition die Repräsentativität der Versammlung und als das Ziel der Verhandlungen das Gemeine Wohl der Christenheit unterstrichen. Das ordnungsgemäße Zusammentreten, auf das Juristen Wert legen mußten, tritt demgegenüber in den Hintergrund. Ockham hat freilich genauere Vorstellungen darüber entwickelt, wie solche Repräsentativität erreicht werden kann. Er stellt sich ein gestuftes System von Delegationswahlen vor: zunächst entsenden die einzelnen Pfarrgemeinden ihre Vertreter in eine übergeordnete Versammlung der Diözese, und die Kette setzt sich dann in das *parlamentum regis ac principis*, d. h. die königliche oder kaiserliche Ständeversammlung fort, die ihrerseits das allgemeine Konzil beschicken solle. Interessant ist hier allein bereits, daß weltliche und geistliche Vertretungskörperschaften und Organisationsrahmen völlig unterschiedslos ineinander übergehen, Pfarrgemeinde (*parochia*), Diözesansynode (*concilium episcopale*), *parlamentum regis* (wie der Engländer Ockham die ständische Repräsentanz der *communitas terrae* zunächst benennt, um sie sogleich unmißverständlich auf die anderen Verhältnisse im Reich und anderwärts zu verallgemeinern). Es kommt ihm offensichtlich vor allem auf die Repräsentativität, nicht auf die konkrete »letzte« oder »erste« Entscheidungsgruppe an, die allein dadurch bestimmt wird, daß sie nur so klein sein darf, *daß sie sich leicht an einem Ort versammeln kann*[23].

Wir wollen nicht den verschiedenen Definitionsversuchen des 15. Jahrhunderts folgen, die sich allesamt, wenn auch nicht immer in gleicher Klarheit, diesen Ausführungen Ockhams annähern. Sie alle betrachten die Repräsentation der Gesamtkirche, die Vielzahl von

---

21 Zu nennen ist hier die von Ailly im Collège de Navarre hergestellte Abbrevfiation von Ockhams »Dialogus«, ed. I. MURDOCH, Critical Edition of Pierre d'Ailly's »Abbreviatio Dyalogi Okam«, PhD-Thesis Monash University Melbourne, Australien 1981 [masch.], hier S. 52 (wo zwar die Definition Ockhams nicht wörtlich erscheint, wo aber festgehalten ist: ... *tria conceduntur, primum quod generale concilium absque auctoritate pape in casu possit et debeat congregari, secundum quod reges, principes et alii laici ad generale concilium debeant convenire, tertium est quod mulieres possint et debeant generali concilio interesse ...*). Ailly's spätere eigene Konzilsdefinition verrät weiterhin Ockhams Einfluß, wenn Ailly die Berufung und Teilnahme des Papstes nur *regulariter* fordert, *potest enim in duplici casu ut videtur concilium fieri sine auctoritate papae: primus sede vacante si occurreret urgens necessitas vel evidens utilitas, secundus si vivente papa ipse recusaret concilium facere rationabiliter requisitus* (...). Vgl. dazu SIEBEN (wie Anm. 19), S. 123 mit Anm. 51.
22 Darauf machten nach de LAGARDE (wie Anm. 17) vor allem aufmerksam H. J. SIEBEN, Die »Quaestio de infallibilitate concilii generalis« (Ockhamexzerpte) des Pariser Theologen Jean Courtecuisse († 1423), in: Annuarium historiae conciliorum 8 (1976), S. 176–199, hier S. 185f.; F. OAKLEY, The »Tractatus de fide et ecclesia, Romano pontifice et concilio generali« of Johannes Breviscoxe, in: Annuarium historiae conciliorum 10 (1978), S. 99–130.
23 I Dialogus VI, cap. 84 (fol. 97rb, p. 603): *rationabile esset de qualibet parochia vel aliqua communitate, que posset faciliter in unum convenire, mitti aliquem vel aliquos ad concilium episcopale vel ad parlamentum regis ac principis aut alterius publice potestatis, que eligerit vel eligerent aliquos mittendos ad concilium generale, qui taliter electi a conciliis episcopalibus vel parlamentis secularium potestatum in unum locum convenientes possunt generale concilium appellari.* Im einzelnen vgl. bereits J. MIETHKE, Repräsentation und Delegation in den politischen Schriften Wilhelms von Ockham, in: A. ZIMMERMANN (Hg.), Der Begriff der *repraesentatio* im Mittelalter. Stellvertretung – Symbol – Zeichen – Bild (Miscellanea mediaevalia 8), Berlin/New York 1971, S. 163–185, vor allem S. 171–177.

Personen, die *diversae personae* (was die bloße absorptive Amtsrepräsentation der Gesamtkirche durch den Papst als das Haupt der Korporation allein ausschließen soll) als wichtiges Begriffsmerkmal, das ein Konzil zum Konzil macht. Auch die tatsächlichen Kirchenversammlungen, die schließlich in der Not der Kirchenspaltung zusammentraten, haben sich an dieses Zielbild gehalten. Auf den Konzilien von Pisa, Konstanz, Pavia/Siena und Basel nahmen in der Tat sehr unterschiedliche Personen teil, die nicht allesamt durch ihren hierarchischen Rang bzw. dem hierarchischen Rang der von ihnen Vertretenen definiert waren[24].

Von hier her verwundert es nicht, daß auch die Verhandlungsgegenstände, um es vorsichtig zu sagen, durchaus gemischt waren. Allein die *causa unionis*, die Frage der Kircheneinheit, die Überwindung der Differenz der Oboedienzen, ob das nun zwei oder (wie nach dem Pisanum) drei nebeneinander stehende Kirchenorganisationen waren mit ihren je eigenen Hierarchien und weltlichen Verbündeten, ließ sich ja nicht durch bloße Begriffsdefinitionen beseitigen – dafür bedurfte es, was die Pisaner Konzilsväter zum Schaden ihres Erfolges allzu wenig in ihre Rechnung gestellt hatten, auch weltlicher Geschäfte, Vereinbarungen und Absprachen. Und auch die anderen beiden großen Aufgaben, die *causa reformationis* und die *causa fidei* verlangten ganz weltliche Verhandlungen. Die Reformen des kirchlichen Lebens, die man dann unter den veränderten Bedingungen des Basler Konzils unter Dach und Fach zu bringen versuchte, konnten schließlich nur in der Form der großen »Konkordate«, der Konkordate mit den »Nationen« in Konstanz, der Fürstenkonkordate Eugens IV. in Konkurrenz zu Basel geregelt werden[25]. Das hat auch noch das Wiener Konkordat (von 1456) bewiesen, das Kaiser Friedrich III. mit dem Papst geschlossen hat[26]: es sollte für die deutsche Kirche bis zur Reformation des 16. Jahrhunderts Geltung behalten und weit darüber hinaus noch tiefgreifende Folgen haben.

---

24 Teilnehmerlisten zum Konstanzer Konzil in handschriftlicher Kompilation bei J. RIEGEL, Die Teilnehmerlisten des Konstanzer Konzils. Ein Beitrag zur mittelalterlichen Statistik, Phil. Diss. Freiburg/Br. 1916 [Kopie im Historischen Seminar Heidelberg]; zur Auffindung des prosopographischen Anhangs Th. M. BUCK, Die Riegelschen Teilnehmerlisten. Ein wissenschaftsgeschichtliches Detail der Konstanzer Konzilsforschung, in: Freiburger Diözesan-Archiv 118 (1998), S. 347–356. Zu den Teilnehmern in Basel vor allem M. LEHMANN, Die Mitglieder des Basler Konzils von seinem Anfang bis August 1442, Phil. Diss. [masch.] Wien 1948; D. L. BILDERBACK, The Membership of the Council of Basle, PhD-Thesis University of Wisconsin, Madison 1966 [Ann Arbor #66–7868].
25 Vgl. nur etwa die Texte in: J. MIETHKE/L. WEINRICH (Hgg.), Quellen zur Kirchenreform im Zeitalter der großen Konzilien des 15. Jahrhunderts, Bd. 1: Die Konzilien von Pisa (1409) und Konstanz (1414–1418); Bd. 2: Die Konzilien von Pavia-Siena (1423/1424), Basel (1431/1449) und Ferrara-Florenz (1438/1445) (Freiherr vom Stein-Gedächtnisausgabe, A: Ausgewählte Quellen zur deutschen Geschichte des Mittelalters 38a und 38b), Darmstadt 1995 und 2002.
26 Text [mit deutscher Übersetzung] zuletzt in: L. WEINRICH (Hg.), Quellen zur Verfassungsgeschichte des Römisch-deutschen Reiches im Spätmittelalter, 1250–1500 (Freiherr vom Stein-Gedächtnisausgabe A: Ausgewählte Quellen zur deutschen Geschichte des Mittelalters 33), Darmstadt 1983, S. 498–506, Nr. 127. Dazu zusammenfassend A. MEYER, Das Wiener Konkordat von 1448 – Eine erfolgreiche Reform des Spätmittelalters, in: Quellen und Forschungen aus italienischen Archiven und Bibliotheken 66 (1986), S. 108–152. Vgl auch etwa J. W. STIEBER, Pope Eugenius IV, the Council of Basel, and the Secular and Ecclesiastical Authorities in the Empire. The Conflict over Supreme Authority and Power in the Church (Studies in the History of Christian Thought 13), Leiden 1978, S. 304–322.

Selbst die *causa fidei*, die Entscheidung über Glaubensfragen, die doch, so sollte man denken, am ehesten als Regelung des Innenbereichs kirchlichen Lebens gelten darf, erwies sich auf den Konzilien als ungemein kompliziert und insbesondere, was uns hier angeht, als tangiert von zahlreichen politischen und also eigentlich »weltlichen« Problemen. Um beim Konstanzer Konzil zu bleiben: das Verfahren gegen Jan Hus[27] hätte bereits wegen des Geleitsversprechens Siegmunds ohne aktive Beteiligung des weltlichen Arms nicht durchgeführt werden können, und der Prozeß erwies sich bald nach der Verbrennung des Prager Magisters auf dem Scheiterhaufen vor den Toren der Stadt, noch während der Tagung des Konzils selbst als Zunder, der ganz Böhmen in Brand steckte.

Auch die anderen Glaubensentscheidungen (oder der konziliare Verzicht auf eine solche Glaubensentscheidung) hatten solche tangentiale politische Dimensionen. Der Prozeß gegen die Tyrannenmordthesen des (1411 verstorbenen) Pariser Theologiemagisters Jean Petit[28] kann das belegen. Petit hatte 1407 bereits wenige Wochen, nachdem Herzog Johann Ohnefurcht von Burgund seinen Vetter und Konkurrenten am französischen Königshof, den Bruder des französischen Königs Herzog Ludwig von Orléans auf offener Straße hatte ermorden lassen, diese ruchlose Tat öffentlich und feierlich als »Tyrannenmord« gerechtfertigt. Eine ausführliche Schrift von Petit war von der burgundischen Partei zur eigenen Entlastung weitgestreut verbreitet worden. Freilich hatte eine Pariser Synode 1413/1414 auf Betreiben des Theologen und Kanzlers der Universität Paris, Jean Gerson, die Thesen dieser Schrift dann feierlich verurteilt. Nun sollte auch das Allgemeine Konzil Stellung nehmen. Jedoch selbst die Autorität Gersons, der auf dem Konzil und in der französischen Nation großen Einfluß genoß, reichte nicht aus, gegen den Widerstand der Burgunder – Johann Ohnefurcht lebte ja noch, er wurde erst 1419, nach dem Ende des Konzils, selber Opfer eines Mordanschlags auf der Brücke von Montereau – eine entschiedene Verurteilung der petitschen Thesen zu erreichen. Ein einziger Satz (von neun ursprünglich aufgelisteten Irrtümern) wurde verworfen: *Jeder Tyrann kann und soll erlaubterweise und (vor Gott) verdienstlich durch jedweden seiner Vasallen oder Untertanen getötet werden, auch durch Arglist, Täuschung und Schmeichelei, unangesehen eines zuvor geleisteten Treueides oder (eidlicher) Verbindung mit ihm, ohne daß ein Urteil oder Auftrag irgendeines Inhabers von Gerichtsgewalt angewendet werden muß.* Dieser Satz wurde in derselben Generalsession, die auch Jan Hus verurteilt hat, als *irrig in Glauben und Sittenlehre, häretisch anstößig, aufrührerisch und Betrug, Täuschung, Lügen, Verrat*

---

27 Zum Husprozeß vgl. die vorwiegend auf die erzählenden Quellen gestützte Darstellung von W. BRANDMÜLLER, Das Konzil von Konstanz, 1414–1418, Bd. I: Bis zur Abreise Sigismunds nach Narbonne (Konziliengeschichte, Reihe A: Darstellungen), Paderborn u. a. 1991, S. 323–359; neuerlich vgl. F. GRAUS, Der Ketzerprozeß gegen Magister Johannes Hus (1415), in: A. DEMANDT (Hg.), Macht und Recht. Große Prozesse in der Geschichte, München 1991 [³1993] S. 103–118, 299f; F. SEIBT, Nicht überführt und nicht geständig. Der Hus-Prozeß in Konstanz (1415), in: U. SCHULTZ (Hg.), Große Prozesse, Recht und Gerechtigkeit in der Geschichte, München 1996, S. 89–102. Zur Wertung auch J. MIETHKE, Die Prozesse in Konstanz gegen Jan Hus und Hieronymus von Prag. Ein Konflikt unter Reformern? In: F. Šmahel (Hg.), Vorzeitige Reformation und Haeresie (Schriften des Historischen Kollegs/Kolloquien 39), München 1998, S. 147–167.
28 Zu dem Prozeß gegen die Thesen des Jean Petit vgl. nur den Forschungsbericht von A. FRENKEN, Die Erforschung des Konstanzer Konzils (1414–1418) in den letzten 100 Jahren (Annuarium historiae conciliorum 25 (1993) [Phil. Diss. Köln 1994], S. 181–205.

und Meineid freigebend verurteilt[29], während alle anderen Sätze, die Gerson empört aus Petits Schrift hatte exzerpieren und verurteilen lassen, dem Konzil nach lebhaften Streitschriftenwechsel offensichtlich als fälschlich verurteilt erschienen, jedenfalls nicht erneut verurteilt wurden.

Wir brauchen hier nicht in eine nähere Betrachtung des Petit-Prozesses abzubiegen. Klar ist, daß dabei Grundfragen der politischen Herrschaftsordnung und die Prinzipien der im Raume der Politik geltenden sittlichen Obligation ebenso zur Debatte standen wie ganz konkrete politische Interessen. Das Konzil begnügte sich damit, in diesem Fall auf relativ abstrakter Ebene sich zu ersteren zu äußern, während die Interessen der betroffenen Parteien in den zahlreichen Memoranden, Vorschlägen, Avisamenten und Gutachten zur Geltung kamen, die uns von der lebhaften Debatte erhalten geblieben sind.

Auch in einem weiteren Fall mit, modern gesprochen, »internationalen« politischen Implikationen, in dem Fall des Dominikanertheologen Johannes Falkenberg[30], um den auf dem Konzil lebhaft gestritten wurde, läßt sich dieses Ineinander von abstraktester theologischer Erwägung und sehr konkretem politischem Interesse ausmachen. Hartmut Boockmann hat die Debatten des Konstanzer Konzils schon vor 25 Jahren zuletzt ausführlich in seiner Göttinger Habilitationsschrift analysiert. Der Falkenberger nämlich hatte behauptet, die Taufe des Litauerfürsten und seit 1386 polnischen Königs Wladyslaw II./Jagiello, des Begründers der Jagiellonen-Dynastie, die in Polen bis 1572 regieren sollte, sei ungültig, seine Bekehrung zum katholischen Glauben nur fingiert, in Wahrheit sei der polnische König ein Götzendiener und selbst ein Götze: *Rex Polonorum, cum sit malus presidens, est ydolum et omnes Poloni sunt ydolatre et serviunt ydolo suo Jaghel.* So lautet der erste Satz der aus der *Satira* des Dominikaners alsbald herausgezogenen Irrtumsliste, die dann mit der Behauptung fortfährt, der König der Polen und alle Polen seien gottverhaßte Ketzer, deshalb verdiene jeder, der sich aus christlicher Liebe zum Krieg (und Kreuzzug) gegen sie rüste, das ewige Leben. Die Polen zu töten sei verdienstlicher als andere Heiden zu töten, usw. usf.[31]

---

29 Conciliorum oecumenicorum decreta, edd. Istituto per le scienze religiose, Bologna ³1973 [künftig zitiert als: COD³], S. 432. [Seitengleich mit hinzugefügter deutscher Übersetzung jetzt wiederholt in: J. WOHLMUTH (Hg.), Dekrete der ökumenischen Konzilien, Bd. 2, Konzilien des Mittelalters, Paderborn 2000].

30 Dazu insbesondere H. BOOCKMANN, Johannes Falkenberg (O.P.), der Deutsche Orden und die polnische Politik. Untersuchungen zur politischen Theorie des späteren Mittelalters (Veröffentlichungen des Max Planck Instituts für Geschichte 45), Göttingen 1975; (vorwiegend danach) FRENKEN (wie Anm. 28), S. 207–238; vgl. auch J. MIETHKE, Gelehrte Ketzerei und kirchliche Disziplinierung. Die Verfahren gegen theologische Irrlehren im Zeitalter der scholastischen Wissenschaft, in: H. BOOCKMANN u. a. (Hgg.), Recht und Verfassung im Übergang vom Mittelalter zur Neuzeit, II. Teil: Bericht über Kolloquien der Kommission zur Erforschung der Kultur des Spätmittelalters, 1996 bis 1997 (Abhandlungen der Akademie der Wissenschaften zu Göttingen, Phil.-hist. Klasse, III. Folge, Bd. 239), Göttingen 2001, S. 9–45.

31 Acta concilii Constantiensis, Bd. 4, hg. von H. FINKE, Münster 1928, S. 410–413 (Nr. 450), Das Zitat hier S. 411 (§1). Vgl. auch § 2: *Poloni et eorum rex sunt Deo odibiles heretici et impudici canes reversi ad vomitum sue infidelitatis. Et ergo securissime omnes non solum principes seculi, verum etiam inferiores qui ad Polonorum et eorum regis exterminium se ex caritate accinxerint, vitam merentur eternam;* § 3: *indubie Polonos et eorum regem propter periculum, quod ab eis timetur ecclesie futurum, etiam antequam dissidium faciant, ceteris paribus magis meritorium est occidere quam paganos* (etc.).

Die Debatte um diese Aussagen war lebhaft, sie zeigt nicht allein Polen und die Gelehrten der damals noch relativ jungen (1368 gegründeten und dann 1400 erneut und endgültig gegründeten) Universität Krakau[32] bereits in der vollen Rüstung der abendländischen kanonistischen Wissenschaft im (Verteidigungs-)Angriff auf einen grobschlächtigen Gegner, die Diskussion kann sich hinsichtlich des wissenschaftlichen Niveaus, auf dem man sich stritt, durchaus sehen lassen: hier verschränkten sich auch auf der anderen Seite, der Seite des Deutschen Ordens und bei den von diesem angeworbenen Gutachtern und Memorandenschreibern, die umstrittenen Thesen der Falkenbergsache mit der Tyrannenmordfrage des Petit-Verfahrens. Die Argumentationen ließen sich nur allzu leicht verknüpfen und wurden in wechselnden Mustern auf allen Seiten auch immer wieder verknüpft.

Aber am Ende war wohl viel Tinte geflossen, auch manche Gelder zur Bezahlung entsprechender Gutachten von beiden Seiten ausgegeben, eine Verurteilung erfolgte jedoch (wie im Petit-Prozeß) nur sehr allgemein und jedenfalls nicht in der von den Anklägern gewünschten Klarheit. Johannes Falkenberg mußte nicht wie Jan Hus den Ketzertod erleiden, zunächst nicht einmal seine irritierenden Aufrufe zum Völkermord an den Polen und Litauern eindeutig widerrufen. Man fand gleichwohl Mittel, den brandstifterischen Dominikaner von der Bühne öffentlicher Wirksamkeit zunächst einmal zu entfernen. Martin V., der neu gewählte Papst des Konzils, nahm ihn zunächst in seine Bewachung und führte ihn offenbar auf seinem langsamen Weg von Konstanz nach Rom mit sich. Erst 1424, sechs Jahre nach Abschluß des Konzils, wurde Falkenberg in Rom aus langjähriger Haft in der Engelsburg entlassen, nachdem langwierige und komplizierte Verhandlungen der Kurie mit dem polnischen Hof und dem Deutschen Orden vorangegangen waren. Jetzt erst leistete der Dominikaner einen – höchst verklausulierten – Widerruf, der in der Sache eigentlich nichts zurücknahm. Danach verlieren sich allmählich alle Nachrichten über ihn[33].

In unserem Zusammenhang kommt es allein darauf an, daß selbst die *causes célèbres*, und auch die berühmten und hier eigens herausgegriffenen Streitfälle innerhalb der *causa fidei* auf dem Konstanzer Konzil nicht fern von ihrer politisch-weltlichen Dimension behandelt und abgeschlossen werden konnten. Im umgekehrten Fall versteht es sich fast von selbst, daß sich an die konziliaren Treffen eine Fülle von rein weltlichen Verhandlungen anschloß, bis hin, um hier nur ein pittoreskes Beispiel anzuführen, bis hin zu den offengebliebenen Schulden, die König Siegmund bei seiner Abreise der verdutzten Stadt Konstanz ganz gegen deren Erwartungen hinterließ[34]. Unmöglich können wir hier dieses gesamte Geflecht von Geschäften, Beratungen und Entscheidungen in Augenschein nehmen, das die Kirchenversammlungen des 15. Jahrhunderts insgesamt (und nicht nur das Konstanzer Konzil, an dem wir das hier exemplifiziert haben) begleitete und prägte. Die Anwesenheit hoher Herren, von Papst und/oder Kardinälen einerseits, von römischem König oder wichtigen Reichsfürsten oder doch von ihren Abgesandten in Gestalt einflußreicher Räte andererseits sorgte wie von selbst dafür, daß sich an das Treffen eine Fülle

---

32 Zu Krakaus Anfängen zuletzt P. MORAW, Die Hohe Schule in Krakau und das europäische Universitätssystem um 1400, in: J. HELMRATH u. a. (Hgg.), Studien zum 15. Jahrhundert, Festschrift für Erich Meuthen, München 1994, Bd. 1, S. 521–539.
33 BOOCKMANN, Falkenberg (wie Anm. 30), S. 282ff.
34 M. R. BUCK (Hg.), Ulrichs von Richental Chronik des Constanzer Concils, 1414 bis 1418, ND Hildesheim 1962, S. 147, vgl. ähnliche Erfahrungen Ulms, S. 152.

von anderweitigen Aktivitäten gewissermaßen ankristallisierte. Die deutschen Reichstagsakten haben solche Geschäfte in ihrer »Älteren Reihe« als »Reichstage« sowohl für Konstanz als auch für Basel identifiziert und durch die Publikation von entsprechenden Akten auch als solche verewigt. Die Einleitungen, welche die gelehrten Herausgeber dort einsetzten, zeigen die Schwierigkeiten der Definition freilich allzu deutlich[35]. Für uns genügt es festzuhalten, daß die Konzilien zu einer nicht nur kirchengeschichtlich wichtigen Drehscheibe der Probleme geworden sind.

Die Gelegenheit, daß sich so viele Menschen aus sehr unterschiedlichen Regionen Europas an einem konkreten und überschaubaren Ort für eine längere Zeit versammelten, wurde durchaus als Chance gesehen und ergriffen, auch wenn die Anwesenheit der hohen Herren keineswegs ohne Unterbrechung blieb. So reiste etwa König Siegmund, während die Konstanzer Konzilsväter mühselig ihre Tagesordnung abzuarbeiten versuchten, selber monatelang in Süd- und Westeuropa umher. Das geschah zu diplomatischen Verhandlungen mit den spanischen Königen, zu Gesprächen mit dem französischen und englischen Königshof und damit jeweils gewiß auch im Interesse der Konzilsziele, da es galt, die Kirchenversammlung einerseits für alle Oboedienzen der Schismazeit repräsentativ und verbindlich zu machen, und andererseits, die Konflikte und Kriege zwischen Konzilsteilnehmern weitestmöglich zu beheben[36]: Der sogenannte Hundertjährige Krieg hatte mit der Schlacht von Azincourt (1415) gerade die französische Seite schwer getroffen. Diese Konflikte sollten nun verständlicherweise die Verhandlungen um die Kircheneinheit und Kirchenreform nicht allzu stark stören. Es gelang dem deutschen Herrscher und Römischen König in der Tat, die Konzilsverhandlungen gewissermaßen von der europäischen Bühne zu entkoppeln und die anderwärts nicht zum Stillstand zu bringenden Konflikte wenigstens in ihrer Wirkung auf den Fortgang der Konzilsentscheidungen zu beschränken. Solche Entkoppelung gelang auch später: Die englische und die französische Nation arbeiteten dem Hundertjährigen Krieg zum Trotz weiterhin in Konstanz und in Basel mit. Und in Konstanz wie in Basel waren Anhänger der verschiedenen Parteiungen Frankreichs in einer Konzilsnation zu einer Zusammenarbeit fähig[37]. Die Bedeutung der in sich keineswegs homogenen französischen Nation im jeweiligen Konzilsverlauf beweist auch, daß diese nationsinterne Zusammenarbeit weit über einen rein förmlichen und nur vorübergehenden Waffenstillstand hinausging. Die Abwesenheit Siegmunds von Konstanz für mehr als ein volles Jahr hat aber die dortigen Verhandlungen nicht unwesentlich beeinträchtigt. Die wichtigen Entscheidungen des Bodenseekonzils fielen erst, als der Herrscher wieder zurückgekehrt war.

Man wird dieses Urteil verallgemeinern dürfen: Diese doppelte und für sich auch doppelgesichtige Bedingung der konziliaren Treffen in der ersten Hälfte des 15. Jahrhunderts

---

35 Eine forschungsleitende Begriffsbestimmung eines Reichs- bzw. Hoftages im späteren Mittelalter legte dagegen vor P. MORAW, Versuch über die Entstehung des Reichstags, [1980], jetzt in: DERS., Über König und Reich. Aufsätze zur deutschen Verfassungsgeschichte des späten Mittelalters, hg. von R. Ch. SCHWINGES, Sigmaringen 1995, S. 207–242.
36 W. BRANDMÜLLER, Konzil von Konstanz (wie Anm. 27).
37 Besonders vgl. die prosopographischen Studien von H. MÜLLER, Die Franzosen, Frankreich und das Basler Konzil (1431–1449), Bd. 1–2 (Konziliengeschichte, Reihe B: Untersuchungen), Paderborn u. a. 1990 (mit reicher weiterer Literatur).

müssen wir im Auge behalten, wenn wir die historische Bedeutung der Konzilien erwägen, vor allem wenn wir ihre Wirkung auf die Zeitgenossen in den Blick nehmen wollen. Die Tatsache, daß die Kirchenversammlungen in der Gemengelage ihrer Gegenstände und ihrer vielfältigen Verhandlungen sich nicht säuberlich auf religiöse Fragen beschränken ließen, da auch noch die scheinbar reinen Glaubensprobleme ihre politische Dimension keineswegs abstreifen konnten, ist nur die eine Seite der Medaille. In Konstanz wie in Basel nutzten die Vertreter der deutschen Fürsten die Chance ihres Zusammenseins zu sehr weltlichen Entscheidungen. So veranlaßte König Siegmund in Konstanz die Belehnung seines wichtigen Helfers und Gefolgsmannes, des Nürnberger Burggrafen Friedrich von Nürnberg aus der Familie der Hohenzollern mit der Mark Brandenburg, die sein Vater Karl IV. so mühsam kostenträchtig den Wittelsbachern abgehandelt hatte. Jetzt wurde dieses mit einer Kurwürde verbundene Land in vorsichtig aufeinander aufbauenden Schritten seit 1409 immer deutlicher an die Hohenzollern übertragen, die es sich dann freilich teilweise erst mit Waffengewalt sichern mußten[38]. Niemand konnte naturgemäß damals wissen, welch nachhaltigen Folgen aus diesem Akt einer Belehnung eines wichtigen Anhängers des Königs noch erwachsen würden, welcher bereits den relativ reibungslosen Übergang der Herrschaft von Ruprecht von der Pfalz auf Siegmund im Jahre 1410 mitbesorgt und mitgesichert hatte. Daß die Bühne des Konzils am 18. April des Jahres 1417 für die definitive feierliche Belehnung gewählt wurde, ist aber bezeichnend genug, und der Konstanzer Chronist Ulrich von Richenthal hat auch ausführlich darüber berichtet[39] – wenngleich der letzte Geschichtsschreiber des Konzils, Walter Brandmüller, diese Aktion des römischen Königs keiner eigenen Behandlung im Rahmen seiner Konzilsgeschichte würdigt[40]. Vielleicht war dieses weltliche Geschäft allzu weltlich und paßte jedenfalls nicht zu dem Konzilsbegriff des Kirchenhistorikers.

Friedrich von Zollern jedenfalls hat seinem königlichen Herrn auch sonst sichtbar auf dem Konzil gedient, so auch u. a. als einer der offiziellen Konklave-Wächter bei der Wahl Martins V.[41], ja Friedrich hat später nach zwischenzeitlicher (aber vorübergehender) Eintrübung des gegenseitigen Verhältnisses 1431 noch vor dem offiziellen Beginn des Basler Konzils als Führer des (erfolglosen) Reichsheeres gegen die Hussiten Siegmund erneut zur Verfügung gestanden. Er hat dann bei den Verhandlungen des Konzils mit den Hussiten über die sogenannten Basler Kompaktaten (1434–1436) weiterhin in Siegmunds Auftrag, und diesmal erfolgreicher, im Umfeld des Konzils gewirkt, das dann freilich dieses Ergebnis der vielfachen diplomatischen Bemühungen bekanntlich niemals offiziell ratifiziert hat[42].

---

38 J. SCHULTZE, Die Mark Brandenburg, Bd. 2, Berlin 1961, S. 223–236, Bd. 3, Berlin 1963, bes. S. 12–35. Zusammenfassend W. RIBBE in: Lexikon des Mittelalters 4 (1989), Sp. 947f.
39 Vgl. nur BUCK (wie Anm. 34), S. 103–106 (Thomas Martin BUCK wird seine Freiburger Habilitationsschrift von 2001 zur Überlieferung und historiographischen Technik Richentals wohl bald publizieren).
40 Vgl. BRANDMÜLLER (wie Anm. 27). Bd. 2, Konstanz 1997.
41 Zum Konklave vgl. etwa BRANDMÜLLER (wie Anm. 27), Bd. 2, S. 358–370 (zu Friedrich von Zollern S. 362).
42 Zu den in die sog. Kompaktaten von Prag (1433) und Iglau (1436) mündenden Verhandlungen mit den Hussiten bereits A. HAUCK, Kirchengeschichte Deutschlands, Bd. V.2, Leipzig 1920/ND Berlin ⁹1958, S. 1116–1136 (zu Friedrich S. 1105ff., 1116, 1123).

Damit zeigt sich, undeutlich zwar, aber doch hinreichend erkennbar, zugleich die andere Seite der Medaille, die relative Distanz der Konzilien zu den weltlichen Konflikten der Umgebung, die sich nur dann bemerkbar machten, wenn sie in die endlosen Beratungen der Deputationen und Nationen gewissermaßen direkt einfielen. Die relative Entkopplung der Konzilsberatungen von dem politischen Tagesablauf freilich ermöglichte es den dort für kurze oder längere Zeit Anwesenden, das Konzil auch als weitere Chance zu Meinungsaustausch und gegenseitiger Information zu nutzen. Wir kennen diese Seite der konziliaren Versammlungen vor allem durch die dauerhaften Überbleibsel einer intensiven Kommunikation, wie sie uns in den über ganz Europa verstreuten Handschriftenschätzen der Bibliotheken und Archive entgegentreten[43]. Hier soll nicht erneut ein ausführlicher Blick auf diese Bestände versucht werden, die uns die Konzilien als Foren eines wahrhaft grenzüberschreitenden Austausches immer wieder zeigen. Das Hochgefühl der auf den Konzilien anwesenden Intellektuellen, endlich aus dem Vollen schöpfen zu können und häufig Texte und Traditionen in greifbarer Nähe zu haben, nach denen man zuvor mühsam und oft vergeblich hatte fahnden müssen, dieses fast rauschhafte Bewußtsein wird immer wieder sichtbar. Der Büchermarkt der Konzilien erklärt allein für sich genommen gewiß nicht die allgemein zu beobachtenden Zahlenrelationen von Handschriften des 15. Jahrhunderts zu den Handschriften, die früher im Mittelalter geschrieben wurden[44], er erklärt aber zumindest einen Großteil des Hochgefühls, das die für diese Fragen sensiblen Konzilsteilnehmer empfunden und auch ausgedrückt haben.

Nicht freilich nur Texte der patristischen und anderer antiken heidnischen Überlieferung, auch nicht nur Dantes *Divina comedia*, die ein Giovanni Bertoldi da Serravalle auf den Konstanzer Konzil ins Lateinische übersetzt – gewiß zum ersten Male nördlich der Alpen vorgetragen, zum Mitschreiben diktiert und in öffentlicher Vorlesung kommentiert hat[45] und die hier als ein Beispiel der nur etwa hundert Jahre zurückliegenden Literatur genannt sei, partizipierten an dem Bücher- und Abschreibeboom, den die Konzilien durch ihr bloßes Dasein eröffneten. Natürlich führten die Konzilsdebatten auch zu einem eigenen ganz selbstverständlichen großen Bedarf an Texten und Überlegungen, die zu den unmittelbaren Gegenständen der Beratungen Argumente anliefern und festhalten konnten. Nicht unplausibel hat man auch die verschiedenen Aussprachetraditionen in Europa dafür verantwortlich gemacht, daß häufig, kaum hatte ein Konzilsmitglied in einer Nation oder gar in einer Generalsession eine längere Rede gehalten, sogleich die Konzilsnotare notariell beglaubigte Kopien des Redemanuskripts auszufertigen hatten; denn nur so sei

---

43 J. MIETHKE, Die Konzilien als Forum der öffentlichen Meinung im 15. Jahrhundert, in: DA 37 (1981) S. 736–773. J. HELMRATH, Kommunikation auf den spätmittelalterlichen Konzilien, in: H. POHL (Hg.), Die Bedeutung der Kommunikation für Wirtschaft und Gesellschaft, Stuttgart 1989, S. 116–172.
44 Vgl. etwa zuletzt U. NEDDERMEYER, Von der Handschrift zum gedruckten Buch. Schriftlichkeit und Leseinteresse in Mittelalter und in der frühen Neuzeit, Quantitative und qualitative Aspekte (Buchwissenschaftliche Beiträge aus dem deutschen Bucharchiv München 61), Wiesbaden 1998 [Habil.-Schrift Köln 1993].
45 Dazu zusammenfassend G. FERRAÙ, in: Encyclopedia Dantesca 1 (1970), S. 608^b–609^b.

wenigstens durch Nachlesen der Inhalt verständlich geworden, den man beim Hören nicht habe erfassen können[46].

Kirchenreform, Kirchenstruktur, politische Theorie, mit einem Wort, Texte der Selbstverständigung und theoretischen Horizontvergewisserung waren damals jedenfalls weithin gefragt und wurden begierig vervielfältigt. Die großen Traktate von den Konzilien selbst, ich nenne hier nur so unterschiedliche Texte wie die *Concordantia catholica* des Nicolaus von Cues[47] oder das *Gubernaculum* des Andreas von Escobar[48], den Konzilstraktat des Pierre d'Ailly in Konstanz[49] oder den entsprechenden Text des Johannes de Maurosiis in Basel[50], stehen hier neben bedachtsam wiederaufgegriffenen Texten früherer Jahrhunderte[51]: Ob nun Juan de Torquemada die *Summa Theologiae* des Thomas von Aquin in ekklesiologischen Auszügen verarbeitete, um für seine papalistische Auffassung zu werben[52], oder ob französische Konzilsteilnehmer in Konstanz anscheinend die Reformschrift des jüngeren Wilhelm Duranti vom mehr als einhundert Jahre zurücklie-

---

46 Von dem umfänglichen Gutachten der Universität Krakau (1441) berichtet bereits am 26. Januar 1442 ein polnischer Berichterstatter aus Basel nach Krakau: *Nemo est in tota curia, qui illius copiam apud se non teneat*. Codex epistolaris saeculi decimi quinti, Bd. 1, ed. A. SOKOLOWSKI (Monumenta medii aevi historica res gestas Poloniae illustrantia 2.1), Krakau 1876, S. 130f., Nr. 118. Man konnte sich freilich auch durch die massenhafte Forderung nach Notarsnachschriften der soeben gehörten Avisamente einen taktischen Vorteil verschaffen und dadurch eine weitere Beratung der Angelegenheit aufhalten, so z. B. berichtet es z. B. Johannes de Segovia, Historia gestorum generalis synodi Basiliensis, hier in: Monumenta conciliorum generalium saeculi decimiquinti. Concilium Basiliense. Scriptores, hier Bd. 2, ed. E. BIRK. Wien 1873, S. 524f.
47 G. KALLEN, Die handschriftliche Überlieferung der »Concordantia catholica« des Nikolaus von Kues (Cusanus-Studien VIII; SB der Heidelberger Akademie der Wissenschaften, Philos.-Hist. Klasse 1963, 2), Heidelberg 1963.
48 Eine eigene Untersuchung fehlt, vgl. aber hier, wie sonst zu allen Fragen des Basler Konzils die brillante Übersicht von J. HELMRATH, Das Basler Konzil, 1431–1449, Forschungsstand und Probleme (Kölner Historische Abhandlungen 32), Köln/Wien 1987, hier S. 444.
49 Vgl. zu den auf dem Konzil durch pronunciatio vervielfältigten Texten MIETHKE (wie Anm. 43), S. 753ff., vgl. auch z. B. G. H. M. P. MEYJES, Jean Gerson – Apostle of Unity. His Church Politics and Ecclesiology (Studies in the History of Christian Thought 94), Leiden u. a. 1999, S. 285f.
50 Zu der wichtigen Figur des Patriarchen von Antiochia Jean Mauroux vgl. neben HELMRATH, Basel (wie Anm. 48), bes. S. 445, jetzt vor allem MÜLLER (wie Anm. 37), Register S. 963.
51 Eine (Teil-)Übersicht aus Basler Mss.-Bestand bei M. STEINMANN, Ältere theologische Literatur am Basler Konzil, in: R. CREYTENS/P. KÜNZLE (Hgg.), Xenia medii aevi historiam illustrantia oblata Thomae Kaeppeli O.P., Bd. 2 (Storia e letteratura 142), Rom 1978, S. 471–505.
52 Juan de Torquemada, *Septuagintatres questiones circa potestatem pape extracte de libris sancti Thome de Aquino doctoris*, auch *Flores sententiarum beati Thome de Aquino* genannt (von 1437), zur Überlieferung und zu Drucken vgl. etwa J. MIETHKE, Die handschriftliche Überlieferung der Schriften des Juan Gonzáles, Bischof von Cádiz († 1440). Zur Bedeutung der Bibliothek des Domenico Capranica für die Verbreitung ekklesiologischer Traktate des 15. Jhs. (mit einem Anhang: Inhaltsübersicht über die Miszellanhandschrift Vat. lat. 4039), in: Quellen und Forschungen aus italienischen Archiven und Bibliotheken 60 (1980), S. 275–324, hier S. 318 §33. Zu Torquemadas Beziehung zu Thomas von Aquin K. BINDER, Wesen und Eigenschaften der Kirche bei Kardinal Juan de Torquemada OP, Innsbruck 1955; zu ihm allgemein – die hier genannte Schrift ist dort nicht behandelt – Th. IZBICKI, Protector of the Faith, Cardinal Johannes de Turrecremata and the Defense of the Institutional Church, Washington, D.C. 1981 [PhD-Thesis Cornell Univ., Ithaca, N.Y., 1973].

genden Konzil von Vienne erneut in die Debatte einbrachten[53], ob man die Schrift des Johannes Quidort *De potestate regia et papali* eifrig kopierte[54] oder ob der *Dialogus* Wilhelms von Ockham[55] bzw. der *Defensor pacis* des Marsilius von Padua[56] Stichworte für die Auseinandersetzungen des Tages gaben, der Konzilsmarkt sog gewissermaßen alle diese Texte an und auf und gab ihnen eine zuvor so nicht vorhandene, ja nicht einmal erträumte Verbreitungschance.

Natürlich hatte das im Zeitalter der handschriftlichen Vervielfältigung von Texten auch mit der Dauer der Konzilien zu tun, die im 15. Jahrhundert bekanntlich weit über die Zeit hinaus tagten, die ihnen im 13. oder noch am Anfang des 14. Jahrhunderts eingeräumt worden war. Die Folgen für die Zugänglichkeit und Erreichbarkeit von Texten, wie sie von den verschiedenen Konzilsvätern aus ihrer Heimat mitgebracht oder nachgeholt worden waren, die Wirkungen von spezifischen Argumentationsmustern und gelehrten Traditionen, wie sie jetzt auf einmal öffentlich werden mochten, sind jedoch evident: Nicht die mehr oder minder begrenzten örtlichen Textbestände allein (die auch an den damaligen Universitäten einen relativ beschränkten Radius hatten) beflügelten die Debatten. Die Erörterung der kirchenpolitischen und ekklesiologischen Fragen entgrenzte sich, da aus allen Himmelsrichtungen verschiedene und verschieden alte Texte ungehindert und wie neu ans Licht traten.

Es war, wie es sich von selbst versteht, kein rein »wissenschaftliches« Interesse, daß sich hier einer zuvor nicht in derselben Weise zugänglichen Tradition bemächtigte[57], dafür war auch die Wahrnehmung der Konzilien allzu selektiv. Nicht grundsätzlich alle Texte erhielten naturgemäß die Chance einer neuen Wirkung. Bei aller Gebundenheit an benennbare Interessen (die freilich je für sich durchaus nicht alle einsinnig ausgerichtet waren und daher auch durchaus unterschiedliche, ja widersprüchliche Traditionen auf den Tisch legen konnten) – bei aller Interessegebundenheit der Akteure ist es doch unverkennbar, daß das Konzil als Ort des Austauschs und der Debatte eine neue, beglückende Erfahrung für die Konzilsteilnehmer war. Die Universitäten (die sehr viele Konzilsteil-

---

53 C. FASOLT, The Manuscripts and Editions of William The Younger's »Tractatus de modo generalis concilii celebrandi«, in: Annuarium historiae conciliorum 10 (1978) S. 290–309; dazu aber J. MIETHKE, in: Quellen und Forschungen aus italienischen Archiven und Bibliotheken 61 (1981) S. 450–452. Jetzt auch FASOLT, Die Rezeption der Traktate des Wilhelm Durant d. J. im späteren Mittelalter und in der frühen Neuzeit, in: J. MIETHKE (Hg.), Das Publikum politischer Theorie im späteren Mittelalter (Schriften des Historischen Kollegs/Kolloquien 21), München 1992, S. 1–23. Zum Traktat selbst vgl. bes. FASOLT, Council and Hierarchy. The Political Thought of William Durant the Younger (Cambridge Studies in Medieval Life and Thought IV, 16), Cambridge u. a. 1991 (von F. ist eine kritische Ausgabe des Traktats zu erwarten).
54 Letzte Übersicht über die Mss. bei J. MIETHKE, De potestate papae. Die päpstliche Amtskompetenz im Widerstreit der politischen Theorie von Thomas von Aquin bis Wilhelm von Ockham (Spätmittelalter und Reformation, NR 16), Tübingen 2000, S. 315f.; dort S. 116–126 auch zum Traktat.
55 Vgl. die Aufstellung bei MIETHKE (wie Anm. 54), S. 312f.
56 ebda. S. 316.
57 Auch das begegnet bisweilen, vgl. insbesondere die Jagd des Fillastre nach einer Hs. der *Cosmogaphia* des Claudius Ptolemaeus, MIETHKE (wie Anm. 43) S. 764. Vgl. auch etwa Ph. W. G. GORDAN, Two Renaissance Book Hunters. The Letters of Poggius Bracciolini to Nicolaus de Niccolis, New York/London 1974.

nehmer nachweislich besucht hatten[58]), die sich durch ihre gewaltige quantitative Vermehrung im 14. Jahrhundert bereits auch deutlich provinzialisiert hatten[59], sahen sich darin klar überboten. Einige abschließende Bemerkungen sollen darauf Bezug nehmen.

Wenngleich ein »Konzil« im Falle von Pisa, Konstanz, Siena und Basel Teilnehmer letztlich aus der gesamten abendländischen Christenheit zusammenführte, so läßt sich doch ein einheitlicher »Konziliarismus« keineswegs ausmachen, der als einheitliche Strömung die Konzilien mit nahezu gleichen Augen angesehen und in gleichem Lichte gesehen hätte[60]. Als zumindestens im Wesentlichen geschlossene Strömung und einheitliche Bewegung, bei der man durch eine gewissermaßen physikalische Messung Geschwindigkeit, Dichte und Richtung des Verlaufs nachträglich an unterschiedlichen Punkten messen könnte, hat es einen »Konziliarismus« damals nicht gegeben. Diese Vorstellung wäre, so meine ich, ein irreführendes Bild davon, was sich damals abspielte. Das Konzil als mögliche Institution in der Kirche hatte eine uralte Tradition, wenn diese auch in der Zeit des avignonesischen Papsttums verschüttet war. Als Ausweg aus der Krise des Schisma kam ein Konzil praktisch erst ganz spät auf die europäische Tagesordnung, obwohl einige Universitätsleute und einige italienische Kardinäle schon bald nach dem offen ausgebrochenen Schisma ein Konzil gefordert hatten. Zu ungewohnt war dieses Instrument gewesen. Seit Vienne hatten die avignonesischen Päpste auf Konzilien verzichten zu können geglaubt; nur noch kanonistische Spezialisten und Theologen wußten überhaupt noch konkret, was eine solche Kirchenversammlung war und wie man sie ins Werk setzen sollte. Die Schwierigkeit, daß kein Papst vorhanden war, der von allen als dazu berechtigter Leiter und Vorsitzender anerkannt worden wäre, trat zu dieser Schwierigkeit noch erschwerend hinzu. Dem Basler Konzil war zu Beginn die Erfahrung der handstreichartigen Auflösung der Sieneser Versammlung durch die päpstlich ernannten Präsidenten eine traumatische Belastung[61].

Das Konzil kam nach dem Schisma zustande nur als letzte Möglichkeit, als Endpunkt einer langen Reihe, ja geradezu zahllosen versuchten und verschiedentlich von Experten und Theologen gefragt oder ungefragt vorgeschlagenen *viae*, von erdachten und angeratenen Auswegen aus der Krise, in welche der krankhaft übersteigerte Papalismus Papst Urbans VI. die Kirche gestürzt hatte. Die undeutliche Chance einer synodalen Lösung wurde zwar früh ins Gespräch gebracht[62], formte sich dann aber nur Schritt für Schritt aus. An die Stelle des Konzils, in Pisa noch von den Kardinälen der beiden Oboedienzen einberufen und präsidiert, trat in Konstanz zunächst ein Konzil einer (wenn auch der größten und wichtigsten) Oboedienzen, das sich aber für die anderen Oboedienzen offen

---

58 Zu Universitätsbesuchern unter den Konzilsvätern etwa MIETHKE (wie Anm. 43), S. 751–753; vor allem J. HELMRATH (wie Anm. 48) S. 132–157.
59 Dieser Effekt der explosiven Vermehrung von Universitäten wird nicht allzu häufig wahrgenommen.
60 J. MIETHKE, Konziliarismus – die neue Doktrin einer neuen Kirchenverfassung, in: I. HLAVÁČEK/A. PATSCHOVSKY (Hgg.), »Reform von Kirche und Reich« zur Zeit der Konzilien von Konstanz (1414–1418) und Basel (1431–1449), Konstanz 1996, S. 29–61.
61 J. MIETHKE, Kirchenreform auf den Konzilien des 15. Jahrhunderts, Motive – Methoden – Wirkungen, in: HELMRATH (wie Anm. 32), Bd. 1, S. 13–42, hier S. 27f.
62 Vgl. z. B. G. ALBERIGO, Chiesa conciliare, Identità e significato del conciliarismo (Testi e ricerche di Scienze religiose 19), Brescia 1981, S. 28–57.

halten wollte und mußte und das dann nach der Flucht Johannes' XXIII. (in dem Dekret *Haec sancta*[63]) seine unmittelbar von Christus herleitbare Kompetenz erklärte. Das machte das Konzil zwar nicht von der Politik der christlichen Herrscher unabhängig, entließ auch Siegmund nicht aus der von ihm übernommenen Verantwortung, faszinierte aber die Zeitgenossen. Es faszinierte sie so sehr, daß das Konzil, als es mit seiner Arbeit an der Reform der Kirche nicht fertig werden konnte, mit dem Dekret *Frequens*[64] eine Verstetigung seiner bislang eigenen schwebenden Existenz versucht hat.

Das Konzil als Contrepart zum Papst, ja als Ersatzpapst, das dann in Basel im Konflikt mit Eugen IV. alle Funktionen der päpstlichen Kurie, von der Rota[65] bis hin zum *Studium curiae*[66], für sich arrogieren sollte, diese Überdehnung der Möglichkeiten, die auch mit einer zeitlichen Überdehnung der Dauer der eigenen Tagung einherging, endete schließlich im Scheitern, doch gibt es wenig Triumphgeschrei angesichts dieses offenbaren Scheiterns – die Vorstellung eines Ortes freien Austausches der Meinungen und freier Wahrheits- und Entscheidungsfindung blieb attraktiv, nahm sie doch praktisch unter besonderen Bedingungen (die wir hier nicht im einzelnen verfolgen, nur andeuten konnten) Kommunikationsformen vorweg, die bei allem technischen Fortschritt in der Mobilität und der Dichte des Informationsaustausches auch heute noch schwer zu verwirklichen bleiben.

---

63 COD³ (wie Anm. 28) S. 409f.
64 COD³, S. 438f.
65 E. Meuthen, Rota und Rotamanuale des Basler Konzils, in: E. Gatz (Hg.), Römischer Kurie, kirchliche Finanzen, Vatikanisches Archiv. Studien zu Ehren von Hermann Hoberg, Teil 2 (Miscellanea Historiae Pontificiae 46), Rom 1979, S. 473–518; jetzt vor allem die Edition von H.-J. Gilomen: Die Rotamanualien des Basler Konzils, Tübingen 1998.
66 Zusammenfassend Helmrath (wie Anm. 48), S. 157–161.

Die oberrheinischen Universitäten zwischen Habsburg und Burgund

VON DIETER MERTENS

I.

Zu Anfang des Jahres 1529 war Erasmus endlich willens, wegen der radikalen Durchführung der Reformation durch Oekolampad Basel zu verlassen. Burgund oder der Breisgau, Besançon oder Freiburg standen zur näheren Wahl, von fernergelegenen Orten, in die er eingeladen wurde – Speyer, Augsburg, Trient, Wien, Lyon und Mecheln – zu schweigen. Erasmus kannte Besançon und Freiburg von früheren Besuchen.

Er hatte in Besançon sondiert bei Léonard de Gruyères, Offizial des Erzbischofs von Besançon, bei Ferry de Carondelet, dem Archidiakon, und bei François Bonvalot, dem Thesaurar[1]. Léonard de Gruyères[2] gehörte dem Neuchâteler Zweig der bekannten Adelsfamilie des Fribourger Gebietes an. Er hat, 1508 in Freiburg im Breisgau immatrikuliert, bei Zasius studiert und in Besançon eine kirchliche Karriere gemacht. 1524 lernte er dort Erasmus kennen und schickte ihm seither Briefe zu und Burgunder Wein. Ferry de Carondelet[3] entstammte einer hochrangigen Familie aus Dole[4], die den Burgunderherzögen aus dem Haus Valois gedient hatte und danach den Habsburgern; Ferrys Vater Jean hatte 1469 jener Fünferkommission angehört, die den Übergang der vorderösterreichischen Pfandlande an Karl den Kühnen durchführte, Maximilian hatte ihn 1480 zu seinem Kanzler gemacht. Ferry hat in Dole und Bologna studiert. Er wurde in Besançon Domdechant und wirkte als Diplomat Maximilians an der päpstlichen Kurie – Raffael und Sebastiano del Piombo haben ihn portraitiert – und als Rat von Maximilians Tochter Margarete in Mecheln. Ferry hat Erasmus in Rom und Besançon getroffen. Auch er schickte ihm gelegentlich Burgunderwein. François Bonvalot[5] war aus einer im erzbischöflichen Dienst zu

---

1 Erasmus an Ludwig Ber, Basel 2. März 1529, in: P. S. ALLEN (Hg.), Opus epistolarum Desmi Roterodami, tom. 1–12, Oxford 1906–1958, ep. 2112 (künftig ALLEN ep. mit Briefnummer).
2 ALLEN ep. 1534, 1610, 2139, 2397; H. WINTERBERG, Die Schüler von Ulrich Zasius (Veröffentlichungen der Kommission für geschichtliche Landeskunde in Baden-Württemberg B 18), Stuttgart 1961, S. 83; P. G. BIETENHOLZ (Hg.), Contemporaries of Erasmus, vol. 1–3, Toronto 1985–1987, hier 2, S. 141.
3 Gest. 27. Juni 1528; ALLEN ep. 1523, 2010, 2012, 2115; BIETENHOLZ (wie Anm. 2) 1, S. 271f.
4 Im folgenden wird die heutige Schreibweise des Stadtnamens, d. h. ohne accent circonflexe, verwendet.
5 ALLEN ep. 1534, 2141, 2142, 2348, 3102, 3103, 3115, 3122; BIETENHOLZ (wie Anm. 2) 1, S. 170f.

Wohlstand und Macht gelangten Besançoner Familie gebürtig, er wurde in Dole zum *doctor iuris civilis* promoviert und erhielt in seiner Heimatstadt in der Nachfolge eines Verwandten ein Domkanonikat, er wurde Thesaurar. Später hat ihn das Kapitel vergebens gegen einen päpstlichen Kandidaten zum Erzbischof nominiert. Bonvalot hat es sich noch weniger als Gruyère und Carondelet nehmen lassen, Erasmus bis zuletzt den erbetenen Burgunderwein zuzusenden – *optimum quod habet*[6]. Diese Gewährsmänner rieten Erasmus indes ab, nach Besançon überzusiedeln. Wegen der Konflikte zwischen dem Domkapitel und dem Rat war die Reichsstadt an der Doubsschleife ein ähnlich unruhiger Ort wie die Stadt am Rheinknie wegen Ökolampads Reformation[7].

Nun hatte sich auch Freiburg interessiert gezeigt, Erasmus aufzunehmen. Von König Ferdinand aufgefordert, lud der Rat Erasmus ein und offerierte ihm das Haus zum Walfisch, das freilich unfertig war. *Mir machen fertige Gebäude Freude, nicht die, welche man erst noch fertigstellen muß*, bemerkte Erasmus dazu[8]. Nachdem er im Frühjahr 1529 tatsächlich von Basel nach Freiburg übergesiedelt war, glaubte er, diesen Ortswechsel seinen Korrespondenzpartnern in aller Welt erläutern zu müssen. Ökolampads Basel wird dabei immer schwärzer gezeichnet, Stadt und Universität Freiburg hingegen und selbst das unfertige Haus zum Walfisch immer freundlicher. Daß Freiburg im Herrschaftbereich Ferdinands liege, war ein oft wiederholtes Argument[9]. Habsburgisch aber waren sowohl Besançon als auch Freiburg. Besançon unterstand Karl V. als dem *Caesar*, dem König und künftigen Kaiser, und über die Franche Comté herrschte er als Herzog von Burgund. Herr über den Breisgau war Ferdinand als Erzherzog von Österreich und Statthalter Karls. Freiburg wie Besançon lägen in den Grenzen kaiserlicher Herrschaft, die er, um Ruhe zu haben, nicht verlassen wolle: *non est consilium egredi Caesareae ditionis pomeria*[10]. Hätte Erasmus mittelalterliches Latein geschrieben, dürfte man die *Caesareae ditionis pomeria* poetischer verstehen als die »Baumgärten der kaiserlichen Herrschaft«, denn im Mittelalter heißen die *pomaria* auch *pomeria*; im antiken und demgemäß auch im humanistischen Latein werden die von Gebäuden freigehaltenen Anger entlang den städtischen Grenzmauern als *pomeria* bezeichnet.

Trotz der gleichen politischen Zugehörigkeit zu Habsburg blieb dem Erasmus ein Unterschied zwischen dem Breisgau und Burgund wichtig. Nach zwei Jahren in Freiburg schrieb er an den Rat der Stadt Besançon, deren offener Konflikt mit Erzbischof und Domkapitel entschärft schien, schon wieder leise sondierend über die Vorzüge ihres Landes: *Dieser alte und kränkelnde Leib braucht mehr als alle Hilfsmittel sonst den burgundischen Wein, weil seinem Magen die deutschen Weine nicht bekommen*[11]. Er müsse sich den Wein von Burgund für teuer Geld kommen lassen. Dann aber würden ihm entweder

---

6 ALLEN ep. 3102.
7 ALLEN ep. 2514.
8 H. SCHADEK, Wurde das Haus »zum Walfisch« als Stadtresidenz und Alterssitz Kaiser Maximilians gebaut?, in: Schau-ins-Land 98 (1979), S. 129–134.
9 ALLEN ep. 2145, 2159, 2193, 2283, 2290, 2410, 2470, 2514.
10 ALLEN ep. 2514.
11 ALLEN ep. 2514: ... *et hoc corpusculum senile iam et afflictae valetudinis quum aliis plurimis subsidiis eget tum maxime vino Burgundiaco, quod huic stomacho cum Germanicis pessime convenit*; vgl. auch ep. 2329, 2397.

andere als die bestellten Weine geliefert oder die bestellten wären von den Weinkutschern unsachgemäß transportiert oder gar verfälscht worden[12].

»Zwischen Habsburg und Burgund«? Für Erasmus lag der Oberrhein zwischen Habsburg und Habsburg, das Oberrheingebiet lag in den einen *Caesareae ditionis pomeria* – in den Händen zweier Brüder, an deren Erziehung er selber Anteil gehabt hatte. Darum konnte der Unterschied zur Konstellation eine Generation zuvor, als bis 1477 die beiden Burgund – die zum Reich gehörende Freigrafschaft und das von der französischen Krone lehnbare Herzogtum – in den Händen der Burgunder-Herzöge aus dem Haus Valois lagen, und inbesondere der Unterschied zum Szenarium der kriegerischen 1470er Jahre, als die Oberrheinlande sich durch den Burgunderherzog Karl den Kühnen unmittelbar bedroht und übermächtigt sahen, gar nicht größer sein. Unter den Bekannten des Erasmus und den Schülern des Zasius, in den ersten Jahrzehnten des 16. Jahrhunderts also, begegnen etliche Gelehrte, die von Burgund in den Breisgau gezogen sind oder ihre Studien an den Universitäten in Dole wie auch in Freiburg betrieben haben[13]. Deshalb liegt die Frage nahe, ob sich in den oberrheinisch-burgundischen *Caesareae ditionis pomeria* auch eine zusammenhängende, dank der Latinität der Wissenschaft und der humanistischen Literatur, durch akademische Mobilität und berufliche Karrieren vernetzte Wissenschaftslandschaft bilden konnte. Wie es damit im 15. und im frühen 16. Jahrhundert aussah, soll hier, soweit die Quellen es erlauben, untersucht werden.

II

Zunächst sollen die bekannten Daten und Stationen der oberrheinischen Universitätsgeschichte in Erinnerung gerufen werden und zwar mittels einer Quelle wiederum aus der ersten Hälfte des 16. Jahrhunderts. Sie erlaubt es, eine etwas verfremdete und zugleich zeitgemäße Perspektive einzunehmen. Sebastian Brant hat als Straßburger Stadtschreiber, der er von 1503 bis zu seinem Tod 1521 gewesen ist, zum Nutzen des Botenwesens, der Politiker und der Kaufleute Straßburgs eine von hier ausgehende Beschreibung Deutschlands nach Wasserwegen und Landstraßen *mit anzeygung der meilen und straßen von statt zu statt* angefertigt, die wichtigsten Handelsplätze der Nachbarländer und den Sitz der päpstlichen Kurie eingeschlossen. Es handelt sich also um ein Routenhandbuch. Kaspar Hedio, der erste protestantische Münsterprediger in Straßburg und Kompilator einer deutschsprachigen Weltchronik, hat Brants Beschreibung 1539 als Anhang dieser Chronik gedruckt. Obwohl das Routenhandbuch zu wirtschaftlichen und politischen Hauptplätzen führen soll, werden auch die *Uniuersiteten oder hohe schulen Teüscher landt* zusammenfassend aufgeführt, freilich ohne Routen und Entfernungen. Diese muß man den Routenbeschreibungen entnehmen. Die Aufzählung der Universitäten folgt keinem durchgehenden Prinzip, sondern bildet in lockerer Folge geographische Gruppen:

---

12 ALLEN ep. 3103, 3115.
13 Theobald Bapst, Gilbert Cousin (Cognatus), Étienne Fredolet, Léonard de Gruyère, Jean Matal, Joachim Mynsinger von Frundeck, vgl. WINTERBERG (wie Anm. 2), S. 15, 23f., 33, 53f., 83, zum Ruf des Bonifacius Amerbach nach Dole, den Amerbach jedoch nicht annahm, ebd. S. 12, 33.

Leipzig, Erfurt, Wittenberg; Mainz, Köln, Löwen, Trier; Heidelberg; Tübingen, Ingolstadt; Freiburg, Basel, Wien; Greifswald, Frankfurt, Rostock[14].

Aus drei Gründen ist diese Aufzählung interessant. Sie zählt erstens selbstverständlich Trier und Mainz auf, ganz unterschiedlich erfolgreiche Universitätsgründungen des späteren 15. Jahrhunderts – Kaspar Hedio war Mainzer *doctor theologiae* –, die wegen des Verlustes der Matrikeln in prosopographischen Forschungen darum stets zu wenig und in statistischen Untersuchungen zwangsläufig gar keine Berücksichtigung finden. Brants Liste zählt außerdem ganz selbstverständlich Löwen zu den Universitäten *Teüscher landt*. Auch Löwen bleibt bei prosopographischen Forschungen oft unberücksichtigt, obwohl die Matrikeledition seit etwa hundert Jahren vorliegt. Löwen liegt vielfach außerhalb des Erwartungshorizont prosopographische Forscher. Ein Beispiel: Im Lexikon des gesamten Buchwesens vermerkt der Artikel über den Gutenberg-Schüler und bedeutenden Straßburger Frühdrucker Heinrich Eggestein eigens, daß dieser an einer »bis heute unbekannten Universität« studiert und den Magistergrad erworben habe[15]. Man hat wohl intensiv gesucht – außer in Löwen. Die Löwener Matrikel verzeichnet Eggesteins Immatrikulation und Magisterpromotion ganz unzweideutig: *Heinrich Eggesteen de Argentina*, immatrikuliert 1435, *promotus in facultate artis 1438*[16].

Brants Aufzählung läßt zweitens ebenso selbstverständlich, wie sie Löwen nennt, die Universität Dole fort. Beide Universitäten sind etwa gleichzeitig (1423, 1426) gegründet worden, beidemale spielte der einflußreiche Nicolas Rolin, seit 1423 burgundischer Kanzler, eine wichtige Rolle, und seit 1430 standen beide Universitäten unter derselben Herrschaft – zuerst des Burgunderherzogs Philipps des Guten, zu Brants Zeit schließlich unter der Herrschaft des Habsburgers Karl. Doch Dole zählte, obwohl im Reich gelegen, nicht zum *Teüschen landt*. Auch diese Perspektive ist zur Erklärung des nachher vorzustellenden Befundes nützlich. Drittens läßt Brants Routenhandbuch die damalige verkehrsgeographische Lage der Universitäten deutlich werden. Versucht man nämlich, auf den von

---

14 Ein Außerleßne Chronick von anfang der welt bis auff das iar ... MDXXXIX ... durch Caspar Hedio Doctor auß dem Latein ins Teutsch gebracht, zusammen tragen vnd beschriben. Straßburg 1539, S. dcxxxij –dcclxxviij, S. dcclvij –dcclix; die Lokalisierungen von Leipzig, Löwen und Greifswald lauten: *Leiptzig ist eyn hauptstatt vnnd hoheschul in Meißen an der Saal; Löuen in Probant eyn hoheschul an der Maß; Grißwaldt an der Sueno* [Swine] *im Herzogthum Stettin eyn hoheschul*. Es wäre sicher unzutreffend, die Lokalisierungen als »falsch« anzusehen und die Flußnamen durch Weiße Elster, Dyle und Ryck ersetzen zu wollen; Brants Nennung der größeren Flüsse bzw. Wasserwege soll dem Straßburger Leser vielmehr eine zutreffende, wenn auch grobe Orientierung und Zuordnung ermöglichen und nicht den untauglichen Versuch unternehmen, die erste Unbekannte durch eine zweite Unbekannte erläutern zu wollen. – Zu diesem Routenhandbuch vgl. H. Krüger, Die Straßburger Itinerarsammlung Sebastian Brants aus dem ersten Viertel des 16. Jahrhunderts, in: Archiv für deutsche Postgeschichte 1966, Heft 2, S. 2–31 mit Kartierung der Routen; H. Gachot, Histoire de la Poste aux lettres à Strasbourg (Collection de l'Institut des Hautes Études Alsaciennes 21), Paris 1964, S. 30f.; G. Livet/F. Rapp (edd.), Histoire de Strasbourg des origines à nos jours, tome II: Strasbourg des grandes invasions au XVIe siècle, Strasbourg 1981, S. 260–262 (F.-J. Fuchs), verkleinerte Wiedergabe der Karte Krügers S. [257].
15 S. Corsten (Hg.), Lexikon des gesamten Buchwesens, 2 (²1989), S. 420f.
16 E. Reusens (Hg.), Matricule de l'Université de Louvain, Bd. 1: 1426 [origine] – 30 août 1453, Bruxelles 1903 (Collection de chroniques Belges inédites et de documents inédits relatifs à l'histoire de la Belgique 33), S. 74 (= 63,25).

Brant beschriebenen Routen zu den Universitätsstädten zu gelangen, stellt sich schnell heraus, daß die oberrheinischen Universitäten abseits der Fernrouten liegen, Basel ausgenommen. Mainz, Heidelberg, Tübingen und Freiburg bleiben von Brants Itinerar unberührt. Doch Dole, Trier, Löwen und selbstverständlich Köln und Wien kommen in den Routenbeschreibungen vor, übrigens auch Bologna, Florenz und Rom. Von Straßburg bis Bologna sind es 119 Meilen, wie ein Leser des Erstdrucks als eine Zwischensumme der Romroute addiert und notiert[17]. Köln ist 104 Meilen von Straßburg entfernt, Löwen weniger als die Hälfte: 41 Meilen (genau so weit wie Nürnberg), Dole – auf der Route nach Lyon – 38 Meilen; Trier 25 Meilen, doch mit der Abkürzung Saarbrücken – Nunkirchen[18] – Trier zwei weniger; Basel 14 Meilen.

Die oberrheinischen Universitäten »zwischen Habsburg und Burgund« können nicht ohne die burgundischen Universitäten und damit nicht ohne die Berücksichtigung von Dole betrachtet werden. Umgekehrt muß für die deutschen Universitäten an ihre späten Gründungsdaten erinnert werden, ein Umstand, der den Zeitraum »zwischen Habsburg und Burgund« stark einengt. 1459/1460 haben Freiburg und Basel mit dem Lehrbetrieb begonnen, 1477 eröffneten taggleich Tübingen und Mainz den Unterricht. Von den oberrheinischen Hochschulen ist nur Heidelberg älter als die burgundischen Universitäten.

III

Weder das Herzogtum Burgund noch die Freigrafschaft besaßen beim Herrschaftsantritt Philipps des Guten 1419 eine Universität[19]. Es gab die Klerikerschulen der Kathedralkapitel von Dijon und Besançon. Sie waren gut ausgebaut, allein in Dijon gab es sechs »Lehrstühle«, die aber nicht das Recht hatten, akademische Grade zu verleihen; das unterschied sie von Universitäten. Herzog Philipp dem Guten kam es indes nicht allein auf ausgebildete Kanonisten, sondern ebenso auf Legisten an[20]. Zudem wünschte er Dole als Ort einer Universität für beide Burgund, die unabhängig von den zwei genannten Kathedralschulen und unabhängig auch von der Reichsstadt Besançon zu sein hätte. Wegen des Status als Reichsstadt hatte Besançon schon nicht der Sitz des Parlement der Franche Comté werden können; es wurde in Dole installiert, dessen Hauptstadtfunktionen seit dem späten

---

17 In dem Exemplar des Wilhelmstifts Tübingen, Sign. f 617, S. dcclxiiij.
18 Im Druck *Minkich;* der leichtere, aber längere Weg führt entlang der Saar über Fraulautern (Saarlouis).
19 Zum folgenden J. THEUROT, L'Université de Dole au XVe siècle, in: Mémoires de la Société d'Émulation du Jura, Traveaux 1981–1982, Dijon 1984, S. 493–518; DERS., Dole. Genèse d'une capitale provinciale. Des origines à la fin du XVe siècle (Cahiers Dolois 15 et 15bis), Dole 1998, S. 479–514. – Die Studie von R. Chr. SCHWINGES, Französische Studenten im spätmittelalterlichen Reich, in: M. PARISSE (Hg.), Les échanges universitaires franco-allemands du Moyen Age au XXe siècle. Actes du Colloque de Göttingen, Mission Historique Française en Allemagne 3–5 novembre 1988. Paris 1991, S. 37–54, faßt unter »französische Studenten« nicht die französischsprachigen Bewohner der Reichsromania, also auch nicht die aus der Diözese Besançon; auf diese aber kommt es in der vorliegenden Untersuchung an.
20 J. BARTIER, Légistes et gens de finance au XVe siècle: les conseiller des ducs de Bourgogne Philippe le Bon et Charles le Téméraire, Bruxelles 1955.

14. Jahrhundert zunahmen[21]. Die Bulle Papst Martins V. vom 15. Oktober 1422, die die Genehmigung zur Universitätsgründung erteilte, enthielt sich zwar mit Rücksicht auf Gray, das im späten 13. Jahrhundert ein Universitätsprivileg erhalten hatte, der Festlegung auf einen bestimmten Ort, doch der Wille des Herzogs blieb ausschlaggebend. Die Universität wurde in Fragen der Finanzen und der Auswahl des Lehrpersonals eng an die burgundische Herrschaft gebunden. Das Hauptinteresse des Fürsten galt von vornherein den Juristen. Im Zuge der Gründung wurden Eltern aufgefordert, wenn sie für das Studium geeignete Kinder hätten, diese nicht nach außerhalb zu schicken oder Kaufleute oder sonst etwas werden zu lassen. In kurzer Zeit werde es vielmehr an Juristen fehlen zum großen Schaden der burgundischen *bien publique*[22].

Im November 1423 begann in Dole der Lehr- und Prüfungsbetrieb in den beiden Rechten, in der Medizin und in den Freien Künsten, nachdem dies in den benachbarten Landschaften – auch am Oberrhein – angekündigt worden war: in Fribourg, Bern, Lausanne, Konstanz, Basel, Heidelberg, Straßburg, Metz, Nancy und Toul, sicherlich auch im gesamten Herrschaftsbereich des Burgunderherzogs. Auch Theologie wurde anscheinend von Anfang an gelehrt – zuerst, 1423–1425, wohl von dem *baccalaureus theologie* Andreas Bernardi[23] –, doch noch ohne Promotionsrecht. Denn die vollen Fakultätsrechte verlieh erst Eugen IV. 1437, angeblich weil die Wirren des Hundertjährigen Krieges die Wege zu den auswärtigen Universitäten zu unsicher machten[24], doch mit Sicherheit nicht zufällig gewährte der Condulmer-Papst das Privileg zur selben Zeit, als er seinen Neffen Franciscus Condulmer auf den erzbischöflichen Stuhl von Besançon hieven wollte[25]. Die Erstausstattung der Universität umfaßte nun zwei Theologen, zwei Kanonisten und zwei Zivilisten, zwei Mediziner und eine größere Zahl Artistenmagister. Wie der Vergleich deutlich macht, war dies keine geringe Ausstattung. Freiburg hat 1460 mit jeweils nur einem Professor in den höheren Fakultäten begonnen und erst nach 10 Jahren einen zweiten Theologen und einen zweiten Juristen, nach 15 Jahren einen zweiten Mediziner und nach 26 Jahren einen dritten Juristen erhalten. In Tübingen gab es 1481, vier Jahre nach der Eröffnung, drei Theologen, drei Kanonisten, zwei Legisten, zwei Mediziner, vier Artisten und einen Rhetoriklehrer. Bei der Gründung Doles war die Universitätslandschaft noch nicht so dicht besetzt wie bei der Gründung Freiburgs und Basels und erst recht Tübingens. Dementsprechend wurde der Kreis der angesprochenen Herrschaften, Diözesen und Städte größer gezogen als z. B. im Fall Freiburgs; dessen Gründung sollte in den Diözesen Konstanz, Chur, Speyer und Worms verkündet werden, wie das Ausschreiben des Bischofs von Konstanz mitteilt. Basel, Straßburg und Besançon bleiben darin ungenannt[26].

---

21 Theurot, Dole (wie Anm. 19), S. 441ff.
22 J. Gauthier, L'Université de Dole au comté de Bourgogne, in: Annales franc-comtoises 13 (1870), S. 453–465, hier S. 455; Theurot, L'Université de Dole (wie Anm. 19), S. 491.
23 Vgl. H. Hours (Hg.), Fasti ecclesiae Gallicanae: Répertoire prosopographique des évêques, dignitaires et chanoines de France de 1200 à 1500, tome IV: Diocèse de Besançon, Turnhout 1999, S. 85.
24 Urkunde vom 29. September 1437, abgedruckt bei M. Fournier, Les statuts et privilèges des universités françaises, tome 3, Paris 1892 (Reprint Aalen 1970), nr. 1623 S. 125–127.
25 Fasti ecclesiae Gallicanae (wie Anm. 23), S. 68f.
26 Urkunde vom 17. April 1457, abgedruckt bei H. Gerber, Der Wandel der Rechtsgestalt der Albert-Ludwigs-Universität zu Freiburg im Breisgau seit dem Ende der vorderösterreichischen Zeit, Bd. 2, Freiburg 1957, S. 15–17.

Die Universität Dole konnte sich unter der Herrschaft Philipps des Guten (gest. 1467) ohne Beeinträchtigung entwickeln. Doch Karl der Kühne vernachlässigte ihre Finanzierung. Nach seinem Tod 1477 gerieten Stadt und Universität in die kriegerischen Turbulenzen des Kampfes Ludwigs XI. und Maximilians um das Burgundererbe. Als König Ludwig XI. 1479 Dole eroberte und zerstörte, kam der Universitätsbetrieb völlig zum Erliegen. Der König übertrug das Studium zuerst nach Besançon, dann nach Poligny, doch sein Nachfolger Karl VIII. entschied 1483 für Dole, so daß der Lehrbetrieb dort wieder aufgebaut werden konnte. Als die Franche-Comté im Frieden von Senlis 1493 habsburgisch wurde, wurde die Universität Dole mit neuen Collegien ausgestattet und gewann beträchtliches Ansehen. Auch in der Epoche der konfessionsbestimmten Kanalisierung der studentischen Wanderungen seit der Mitte des 16. Jahrhunderts blieb Dole oft eine Zwischenstation auf der *peregrinatio academica* nach Italien[27].

IV

Für die Periode der Universitas Dolana unter den Valois-Burgund (1423 bis 1479) stehen keine Matrikeln zur Verfügung. Aus der habsburgischen Zeit sind die Matrikeln der Jahre 1498–1525, 1540–1557 und 1559–1601 im Original erhalten, jedoch mit zum Teil beträchtlichen Lücken, zudem unediert, selten herangezogen und nicht systematisch ausgewertet[28]. Unsere aktuellen Kenntnisse über die Studierenden und auch über die Lehrenden verdanken wir Mitteilungen anderer Quellen. Aus der Periode der Valois-Burgund sind auf diese Weise lediglich knapp 60 Namen bekannt geworden[29]. Die damit bezeichneten Studenten und Lehrer kamen hauptsächlich aus dem Herzogtum und der Freigrafschaft Burgund, den *pays de par delà*, und angrenzenden Gebieten, einige aus den *pays de par deçà*, den nördlichen burgundischen Landen Flandern und Artois. Aus dem deutschsprachigen Südwesten, die Eidgenossenschaft inbegriffen, ist niemand darunter. Weil die

---

27 H. DE RIDDER-SYMOENS, Mobilität, in: W. RÜEGG (Hg.), Geschichte der Universität in Europa, Bd. 1, München 1993, S. 271; Bd. 2, München 1996, S. 337. Einige oberrheinische Beispiele bei Chr. WIELAND, Status und Studium. Breisgauischer Adel und Universität im 16. Jahrhundert. Wissenschaftliche Arbeit für die Zulassung zur wissenschaftlichen Prüfung für das Lehramt an Gymnasien, Freiburg 1995, S. 183 und 186: Claudius Böcklin von Böcklinsau: Freiburg 1540 – Dole 1542 – Orléans 1546; Melchior von Schönau: Dole 1542 – Orléans 1546 – Paris, Bourges, Angers, Poitiers 1547ff.; Konrad von Rechberg Dillingen 1577 – Dole (Rektor) 1586; Wolfgang Konrad von Rechberg Dillingen 1578 – Dole (Rektor) 1581; Karl Ferdinand von Rechberg: Dillingen 1578 – Dole 1582 – Padua 1587. – In der gleichbetitelten, aber gekürzten Aufsatzfassung dieser Arbeit in der ZGO 148 (2000), S. 97–150 sind diese Einzelangaben nicht enthalten.
28 Bibliothèque Municipale de Besançon Ms 982–984.
29 THEUROT, L'Université de Dole (wie Anm. 19), S. 506; S. 507 listet THEUROT 40 Namen auf, allerdings ohne Fundstellen. Weitere Namen – nur einer ist auch in der Liste THEUROTs enthalten – sind dem prosopographischen Verzeichnis der Stiftskapitel der Diözese Besançon zu entnehmen: Fasti ecclesiae Gallicanae (wie Anm. 23), S. 73, 85, 88f., 92f., 94, 112, 141, 149, 151, 162, 166, 204, 223, 227; es handelt sich um 17 Personen, von denen 13 vor und 4 nach 1479 belegt sind; einer von den letzteren ist als Student nachgewiesen, die drei übrigen wurden in den Rechten promoviert, darunter der Rektor des Jahres 1488; diese waren wohl bereits länger in Dole und könnten damit ebenfalls der Valois-Burgund-Periode zugerechnet werden.

Namen und ihre Zuweisung zu Dole vorwiegend aus regionalen Quellen der Franche Comté geschöpft zu sein scheinen, entsteht zwangsläufig ein enges regionales Profil des Einzugsgebietes der Universitas Dolana. Dennoch dürfte die Vermutung nicht abwegig sein, Dole im Kern als eine burgundische – auf beide Burgund bezogene – Universität anzusehen, analog zu den meisten gleichzeitigen Universitätsgründungen, die der jüngeren regionalen Phase der Universitätsgründungen zugehören. So kamen die Basler Studenten des 15. Jahrhunderts größten Teils aus Vorderösterreich, dem Elsaß und der Eidgenossenschaft, die Freiburger Studenten aus den Diözesen Konstanz einschließlich der eidgenössischen Orte, aus Straßburg, Basel, Speyer und Augsburg mit einem großen Kontingent Schwaben; Tübingens Studenten stammten überwiegend aus Württemberg und den schwäbischen Reichsstädten. Die Größe der Löwener Universität konnte Dole nie und nimmer erreichen, denn das nähere und weitere Einzugsgebiet Löwens war eine der bevölkerungsreichsten Regionen, so daß die Löwener Universität im 15. Jahrhundert im Durchschnitt deutlich vor der Kölner und immer sehr weit vor der Heidelberger Universität rangierte[30]. Wie die Ausstattung mit Lehrstühlen erkennen läßt, wird man Dole der Größenordnung von Tübingen, Freiburg und Basel zuweisen müssen. Für das Zivilrecht, nach der Intention Philipps des Guten gleichsam das Herz der Universität, wurden Italiener angeworben, wie das auch noch in Basel, Freiburg und Tübingen geschah. In Dole holte man aber auch den *poeta*, den Humanisten, der nach dem Vorbild italienischer Universitäten für die Ausbildung insbesondere der Juristen als künftigen Räten und Diplomaten als unentbehrlich galt, aus Italien. Es handelt sich um Petrus Antonius de Clapis, einen Schüler Mario Filelfos. Als Antonius 1464 nach Basel wechselte, möglicherweise von Graf Ulrich von Württemberg, der sich in Burgund auskannte, dorthin empfohlen, wurde er als der *poet zu Dole* bezeichnet[31]. Ein Jahr später gelang dem Antonius de Clapis der Sprung an Hof und Universität zu Heidelberg. In Basel zum *doctor legum* promoviert, ging er als Jurist und Poet nach Heidelberg. Mit seiner Person lassen sich die humanistischen Ambitionen der Universität Dole belegen, ohne daß wir freilich wüßten, ob er der erste *poeta* war oder bereits Vorgänger hatte, womöglich ebenfalls italienische. Seine Person bietet zudem ein für Doles Valois-Burgund-Zeit ganz rares Beispiel eines burgundisch-oberrheinischen akademischen Lebenslaufes. Die Berufung von Italienern ist selbstverständlich kein Gegenbeweis gegen die Regionalisierung der Universitätslandschaft, eher im Gegenteil: Wenn die Legisten und Humanisten von Italien nach Norden kamen, konnten die Studenten eher im Lande bleiben.

Die regionale Funktion der Universität ist die hauptsächliche, dank ihrer wurden die regionalen Studierchancen erhöht und wurde der spätmittelalterliche Prozeß der Bildungsverbreitung vorangetrieben. Das am Ende des 15. Jahrhunderts sehr dicht gewor-

---

30 Vgl. die Zahlen bei R. Chr. Schwinges, Deutsche Universitätsbesucher im 14. und 15. Jahrhundert. Studien zur Sozialgeschichte des alten Reiches, Stuttgart 1986, S. 545; in der voranstehenden Tabelle S. 544 ist die Summe der Löwener Immatrikulationen von 1451 bis 1505 versehentlich mit 12 190 anstatt richtig 21 190 angegeben. Köln erreicht in diesem Zeitraum 17 969 Immatrikulationen, Heidelberg 6697, Basel 4161, Freiburg 3337.
31 G. Kisch, Die Anfänge der juristischen Fakultät der Universität Basel 1459–1529, Basel 1962, S. 179f.; V. Probst, Petrus Antonius de Clapis (ca. 1440–1512). Ein italienischer Humanist im Dienste Friedrich des Siegreichen von der Pfalz (Veröffentlichungen des Historischen Instituts der Universität Mannheim 10), Paderborn 1989, S. 13f.

dene Netz der Universitäten des deutschen Südwestens hat mit den vier kleinen Universitäten in Heidelberg, Tübingen, Freiburg und Basel rein rechnerisch ebenso viele Studenten aufzuweisen wie eine große Universität[32]. Die Einzugsgebiete dieser Universitäten überschnitten sich. Doch im Hinblick auf die Franche-Comté bzw. die Diözese Besançon läßt sich dies nur mit sehr deutlichen Einschränkungen sagen. Denn im 15. Jahrhundert scheinen Burgunder in Heidelberg und Freiburg nur ganz vereinzelt auf; selbst in Tübingen, wo wegen des herrschaftlichen Zusammenhangs Württembergs mit der Grafschaft Mömpelgard und ihren zugehörigen Lehen in der Franche-Comté ein merklicher Zuzug erwartet werden könnte, sind gerade drei Mömpelgarder zu finden. Immerhin wurde einer aus Mömpelgard in Tübingen Rechtslehrer und Rektor[33]. Bezeichnenderweise war er zuvor in Basel. Die Basler Universität wurde deutlich häufiger aus der Diözese Besançon aufgesucht als die übrigen drei genannten Universitäten, und zwar nicht allein aus den Basel näher liegenden Orten Porrentruy/Pruntrut, Delle/Tattenried, Belfort und Montbéliard/Mömpelgard, sondern auch aus der Stadt Besançon und aus Salins.

In der habsburgischen Zeit Doles wurden die Verbindungen des Oberrheinraums zur Franche-Comté enger. In Basel nahm die Zahl der Immatrikulierten aus der Diözese Besançon leicht zu, in Freiburg erscheinen sie nennenswert seit 1522[34]. Umgekehrt könnte man dank der Doler Matrikel, wäre sie ediert, jetzt die regionale und die überregionale Funktion beschreiben und gewichten. Eine Stichprobe zu den Jahren 1498 bis 1515 zeigt einerseits die große quantitative Bedeutung der regionalen Basisfunktion, die nun aber die Pointe hat, daß Dole trotz der politischen Trennung der beiden Burgund auf die rivalisierenden Dynastien der Habsburger in der Freigrafschaft und der Valois-Orléans im Herzogtum eine Universität der gesamten Region – beider Burgund samt ihrer Nachbarregionen – geblieben ist. Denn die häufigeren Herkunftsdiözesen sind, nach Besançon natürlich, Toul, Langres, Autun, Chalon sur Saône und Lyon, auch noch Macon. Geographisch weiter entfernte Diözesen wie Cambrai und Tournay lagen politisch nah. Sehr selten erscheinen hingegen die doch unmittelbar benachbarten Diözesen Lausanne und Basel. Die gründlichen Editoren der Basler Matrikel geben in dem Zeitraum von 1498 bis 1528 nur drei in Basel Immatrikulierte an, die auch in Dole studiert haben: zu 1498, 1500 und 1508[35]. Häufiger als Studierende aus den Diözesen Basel und Lausanne begegnen in Dole solche aus der Diözese Konstanz. Unter ihnen sind mehrere, die auch in den Matrikeln von Freiburg und Tübingen aufscheinen – mehrfach künftige Stiftskanoniker –, ihre Eintragung in die Doler Matrikel verlängert die Reihe der bekannten akademischen Stationen wie dies z. B. bei dem jugendlichen Stuttgarter Stiftspropst Dietrich Speth d. J. der

---

32 SCHWINGES (wie Anm. 30), S. 544f.
33 Petrus Burckhart (Buchbart, Bupard); vgl. K. K. FINKE, Die Tübinger Juristenfakultät 1477–1534 (Contubernium 2), Tübingen 1972, S. 156f.; H.-G. WACKERNAGEL, Die Matrikel der Universität Basel, Bd. 1, Basel 1951, S. 97 (1471).
34 H. MAYER, Die Matrikel der Universität Freiburg i. Br. von 1460–1656, 2 Bde., Freiburg i. Br. 1907–1910, hier die Tabelle II Heimatsangabe in Bd. 2, S. 30ff.
35 WACKERNAGEL, Matrikel (wie Anm. 33) I, S. 238, 259, 292. Die Editoren nehmen allerdings auf die Doler Matrikel nicht Bezug. Die in den Personenkommentaren mitgeteilten weiteren Studienorte wie eben Dole sind nicht im Register erfaßt.

Fall ist[36]. Die bekannten Zasius-Schüler studierten zumeist in den 1520er Jahren in Dole[37]. Sie hörten vermutlich auch dort das Kaiserliche Recht. Das Jurastudium der künftigen Stiftsherrn wird dem Kirchenrecht oder dem *ius utrumque* gegolten haben.

Die regionale Funktion der Universitäten des 15. Jahrhunderts ist aber nicht ihre einzige. Es gibt vielmehr über der großen »regionalen« Gruppe der Studenten, die aus dem engeren Einzugsbereich stammt, die kleinere »überregionale« Gruppe derer, die aus deutlich weiter entfernten Gebieten kommen, und die teilweise identisch ist mit der kleinen Spitzenschicht weiträumig wandernder Universitätswechsler, wie man sie gesammelt etwa in der Matrikel der deutschen Nation von Bologna oder den *Livres des procurateurs* der deutschen Nation in Orléans verzeichnet findet[38]. Das weitere Einzugsgebiet der Universität Heidelberg, die mehr als sieben Jahrzehnte lang einzige Universität im Südwesten gewesen war, erstreckte sich in das burgundische Brabant und nach Lothringen. Rund 3% der Heidelberger Immatrikulierten, das sind etwa 450 Personen, kamen im 15. Jahrhundert aus diesen Räumen, aus den französischsprachigen Gebieten sind es indes nur rund 75 Personen in 100 Jahren, also nicht einmal einer pro Jahr. Einer pro Jahr ist der Durchschnitt in Freiburg im 15. Jahrhundert (1460–1500). Die meisten dieser wenigen Frankophonen kamen aus Lothringen, nicht aus der Freigrafschaft. Basels frankophones Einzugsgebiet ist eher nachbarschaftlich und damit auch zahlenstärker. Basel – Freiburg – Heidelberg – Tübingen lautet die absteigende Reihe bezüglich des Anteils von Immatrikulierten von jenseits der Sprachgrenze.

Aufs ganze gesehen, kann man jedoch nicht von einer europäisierten Hochschulregion am Oberrhein und in Burgund sprechen. Der Regionalismus ist das statistische Hauptmerkmal. Dies hat soziale, ökonomische und bildungsgeschichtliche Gründe. Die Bildungsverbreitung durch die Vermehrung der Schulen führte eine wachsende Zahl Studierwilliger an die Universitäten, die es nun ihrerseits in zunehmender Zahl und damit in erschwinglicher Erreichbarkeit gab. Die Mehrzahl der Studierwilligen war sehr jung und suchte nicht mehr als eine Art wissenschaftlicher Grundausbildung in den Artes-Fakultäten. Mochte die Sprache des Hörsaals und auch der Bursen Latein sein, für die Alltagsbewältigung spielte die Muttersprache gleichwohl eine entscheidende Rolle. Deshalb kam der Sprachgrenze durchaus eine statistisch ausschlaggebende Bedeutung zu.

Europäisch sind seit dem 13. und 14. Jahrhundert die Universitäten Paris, Orléans, Pavia, Bologna, Padua, Ferrara. Sie sind es immer noch im 15. Jahrhundert und werden

---

36 Zu Speth s. O. AUGE, Stiftsbiographien. Die Kleriker des Stuttgarter Heilig-Kreuz-Stifts (1250–1552) (Schriften zur südwestdeutschen Landeskunde 38), Leinfelden-Echterdingen 2002, S. 338–340; zu ergänzen wäre hier also die Immatrikulation in Dole BM Besançon Ms 982, fol. 110v.
37 Vgl. oben Anm. 13.
38 H. DE RIDDER-SYMOENS/D. ILLMER (Hgg.), Les Livres des procurateurs de la nation germanique de l'ancienne Université d'Orléans, 1444–1602 (publ. par le Comité International pour l'Histoire de la Nation Germanique de l'Université d'Orléans), hier bes. Bd. 1 Premier livre des procurateurs, 1444–1546; Bd. 1,2 ,1–2 Biographies des étudiants. Leiden 1971–1980; E. FRIEDLAENDER (Hg.), Acta nationis Germanicae Universitatis Bononiensis, Berlin 1887; dazu G. KNOD, Deutsche Studenten in Bologna (1289–1562). Biographischer Index zu den Acta nationis Germanicae, Berlin 1899; J. SCHMUTZ, Juristen für das Reich. Die deutschen Rechtsstudenten an der Universität Bologna 1265–1425 (Veröffentlichungen der Gesellschaft für Universitäts- und Wissenschaftsgeschichte 2), Basel 2002.

auch vom Oberrhein und von Burgund aus von der kleinen Spitzengruppe der weiträumig wandernden und die Universitäten wechselnden Studenten aufgesucht. Sie binden sich auf diese Weise unmittelbar in das europäische Netzwerk der Wissenschaften und der Gelehrten ein. Anders als die große Masse der »regionalen« Gruppe, die überwiegend ihr Studium den von der Armut diktierten Bedingungen unterordnen muß[39], ist diese Spitzengruppe zu weiträumiger Studienaktivität ökonomisch in der Lage etwa dank ihrem Vermögen, dank ihrem sozialen Rang, der ihnen den Zugang zu einträglichen Kanonikaten ermöglicht, oder dank fürstlicher Förderung. Der Burgunder Jean Joffroy aus Luxeuil kam aus vermögender Kaufmannsfamilie, studierte zunächst in Dole, wechselte nach Köln und ging von dort nach Italien[40]. Der ökonomisch gut gestellte Badener Johannes Heynlin von Stein bei Pforzheim ging von Leipzig nach Löwen und von dort nach Paris, wo er den theologischen Doktorgrad als erster Badener, wie er selbst betont, erwarb[41]. Matthaeus Hummel, der Gründungsrektor der Universität Freiburg, verdankte seine italienischen Doktorpromotionen kurfürstlich-pfälzischer Förderung[42] und Johannes Reuchlin aus Pforzheim, der das Studium in Freiburg und Basel begann, konnte dank markgräflich-badischer Förderung in Orléans, Paris und Poitier studieren[43].

Doch es gibt noch einen weiteren Typus. Geiler von Kaysersberg, der Straßburger Münsterprediger über mehr als drei Jahrzehnte, der zugunsten des Predigtstuhls einen theologischen Lehrstuhl in Freiburg aufgegeben hat, hat ausschließlich in Freiburg und Basel studiert; die Möglichkeiten des Halbwaisen waren beschränkt. In Basel hat er den theologischen Doktorgrad erworben, den zwar nicht einträglichsten, aber angesehensten akademischen Grad. Geiler gehört damit, anders als Reuchlin, zwar zu der »regionalen« Gruppe. Doch Geiler hat die Dichte der oberrheinischen Universitätslandschaft zum Wechseln in der Nähe genutzt. Die wie Geiler durch solche binnenregionale Migration die Dichte der oberrheinische Universitätslandschaft nutzten, um den Nachteil der Kleinheit der Universitäten durch den Vorteil der Nähe zu kompensieren, lassen sich als eine eigene Gruppe bestimmen.

Um große Zahlen handelt es sich freilich auch hier nicht, was angesichts der Tatsache, daß überhaupt nur ein Fünftel der Immatrikulierten den untersten akademischen Grad eines *baccalaureus artium* erlangt hat, nicht verwundert. Doch im Vergleich zur Spitzengruppe der überregionalen Wechsler dürften die Zahlen nicht ganz gering sein. Anhand

---

39 Mit Beispielen aus dem südwestdeutschen Raum D. MERTENS, Alltag an Schulen und Universitäten am Oberrhein um 1500, in: S. LORENZ/Th. ZOTZ (Hgg.), Spätmittelalter am Oberrhein. Alltag, Handwerk und Handel 1350–1525 (Große Landesausstellung Baden-Württemberg, Aufsatzband), Stuttgart 2001, S. 473–480.
40 Cl. MÄRTL, Kardinal Jean Jouffroy († 1473) Leben und Werk (Beiträge zur Geschichte und Quellenkunde des Mittelalters 18), Sigmaringen 1996, S. 19ff.
41 M. HOSSFELD, Johannes Heynlin aus Stein, in: Basler Zeitschrift für Geschichte und Altertumskunde 6 (1907) S. 309–356, hier S. 327ff., 7 (1908), S. 79–431, hier S. 117ff., 391ff.
42 F. REXROTH, Karriere bei Hof oder Karriere an der Universität? Der Freiburger Gründungsrektor Matthäus Hummel zwischen Selbst- und Fremdbestimmung, in: ZGO 141 (1993). S. 155–183, hier S. 159f.
43 St. RHEIN, Reuchliniana I. Neue Bausteine zur Biographie Johannes Reuchlins, in: Johannes Reuchln (1455–1522). Nachdruck der 1955 von Manfred Krebs herausgegebenen Festgabe. Neu herausgegeben und erweitert von H. KLING und St. RHEIN (Pforzheimer Reuchlinschriften 4), Sigmaringen 1994, S. 279.

des Ausschnitts der Jahre 1480 bis 1500 – als auch Tübingen eröffnet war – sei die Wechselbilanz vorgestellt. Dieser Zeitausschnitt scheint zudem deshalb geeignet, weil er die Normalität ohne besondere Vorkommnisse auf der Ebene der Rahmenbedingungen repräsentiert; so wurde inzwischen an den Artistenfakultäten aller vier Universitäten sowohl nach der *via moderna* als auch nach der *via antiqua* gelehrt. Basel gab an Freiburg 30 Immatrikulierte und erhielt 23; Basel gab an Tübingen 20 und erhielt 15; Tübingen gab an Freiburg 56 und erhielt 34; Heidelberg gab an Tübingen 39 und erhielt 22[44]. Würde man in entsprechender Weise die nächsten drei Jahrzehnte untersuchen, so müßte man Dole einbeziehen.

Die Tatsache, daß die Franche-Comté 1493 habsburgisch wurde, hat es zweifellos erleichtert, daß die angedeuteten Verbindungen zwischen Burgund und dem oberrheinischen Freiburg faßbar werden. Spielte hierfür zunächst Zasius als Rechtslehrer, den die »welschen Schüler« aufsuchten, die bedeutendste Rolle, so dürfte später angesichts der konfessionellen Differenzierung der Region die Gleichheit der Konfession die weiteren Verbindungen getragen haben. Die Zahl der aus der Diözese Besançon stammenden Freiburger Studenten wuchs seit 1522 weiter, am Ende des 16. Jahrhunderts kamen etwa 8% der in Freiburg Immatrikulierten von dort[45]. Freilich gehörten seit dem Brüsseler Vertrag zwischen Karl V. und seinem Bruder Ferdinand Burgund und die habsburgischen Oberrheinlande zu zwei sich verselbständigenden Linien der Habsburger, die Karrierechancen an unterschiedlichen – wenn auch aufeinander bezogenen – Höfen eröffneten. Karl V. schied als Landesherr aus dem Reich deutscher Nation aus. Das Reich deutscher Zunge und die Reichsromania rückten auseinander. Und am Oberrhein löste sich das Netz der Universitäten auf, die unterschiedlichen konfessionellen Ausrichtungen schufen neue Zusammenhänge. Dadurch wurden das lutherische Tübingen und das energisch auf das Konkordienbuch verpflichtete Mömpelgard enger zusammengeführt als je zuvor[46], wogegen Basel eine maximale Steigerung seiner Internationalität erfuhr, weil es Anhängern nahezu aller Richtungen der Reformation Zuflucht bot[47].

Die Frage, ob sich in der Periode vor dieser konfessionsbestimmten Neuordnung in den oberrheinisch-burgundischen *Caesareae ditionis pomeria* auch eine zusammenhängende, dank der Latinität der Wissenschaft und der humanistischen Literatur, durch akademische Mobilität und berufliche Karrieren vernetzte Wissenschaftslandschaft bilden konnte, ist also nach sozialer Gruppenzugehörigkeit und Zeitstellung unterschiedlich zu beantworten. Die Schicht, die durch ihre Mobilität eine solche Vernetzung schaffen kann,

---

44 Ich verdanke diese Zahlen einer vorzüglichen Hausarbeit, die M. WILLOCK im Sommersemester 1998 im Rahmen eines Hauptseminars über Kommunikation im späten Mittelalter angefertigt hat: »Studentische Mobilität unter besonderer Berücksichtigung des Hochschulwechsels im Südwesten des Reichs 1480–1500.« – Vgl. D. MERTENS, Austausch und Abgrenzung. Die oberrheinischen Universitäten an der Wende zum 16. Jahrhundert, in: Basler Zeitschrift für Geschichte und Altertum (im Druck).
45 MAYER, Die Matrikel der Universität Freiburg i. Br. (wie Anm. 34), Bd. 2, S. 39f.
46 J.-P. DORMOIS, Die Mömpelgarder Stipendiaten im Stift in Tübingen (1560–1793), in: S. LORENZ/P. RÜCKERT (Hgg.), Württemberg und Mömpelgard. 600 Jahre Begegnung (Schriften zur südwestdeutschen Landeskunde 26), Leinfelden-Echterdingen 1999, S. 313–332.
47 E. BONJOUR, Die Universität Basel von den Anfängen bis zur Gegenwart, 1460–1960, Basel 1960, S. 217 ff., 221 ff.

ist eine Elite, die eher durch ihre Wirksamkeit bedeutend ist, nicht durch ihren prozentualen Anteil an der Gesamtzahl der Universitätsbesucher. Als die von Karl dem Kühnen verursachte Konfrontation Burgunds und des Oberrheinraumes beendet war und die Franche-Comté unter Maximilian und seiner Tochter Margarete als Statthalterin habsburgisch wurde, nahm die Zahl der Verbindungslinien mit dem Oberrheinraum zu. Erasmus' Dictum setzt diesen Sachverhalt voraus. Die damit gegebenen Möglichkeiten und deren Grenzen lassen sich exemplarisch an den Lebensläufen der eingangs angeführten burgundischen Gewährsmanner des Erasmus resümierend ablesen. Léonard de Gruyères, 1508 einer der ersten von Zasius' »welschen Schülern« in Freiburg, später Diplomat Karls V., der zusammen mit Jakob Stürzel und Joachim Zasius aus der Söhnegeneration der Mitarbeiter Maximilians, politische Missionen ausführte, praktizierte in Ausbildung und Karriere das burgundisch-oberrheinische Zusammenspiel. Anders Ferry de Carondelet aus Dole. Er gehörte als Bologneser Student und *doctor legum* zur Spitzengruppe, doch den Oberrheinraum nutzte er nicht. Er war nach Ausbildung und Karriere im Dienst Maximilians in Rom und Margaretes in Mecheln »Groß-« oder »Gesamt-Burgunder«. Wieder anders François Bonvalot. Er hat Ausbildung und Ämter – beides auf hohem Niveau – ausschließlich in der Franche-Comté erworben. Trotz diplomatischer Missionen für Karl V. in Rom und Paris ist er der franc-comtois unter Erasmus' Gewährsmännern, für den der Oberrheinraum ebenfalls keine erkennbare Bedeutung besaß.

Register

Aachen 166, 231
Aalst 133
Aargau 103
Abbeville 48, 117
Accolans, de, Henri 21
– Marguerite 21, 34
Achalm 170
Ächtpig, Wilhelm 183, 185f
Adolf von Egmond 125, 129
Adolf, Herzog von Kleve 123f
Ägypten 118
Ailly, Pierre d' 263, 271
Albeck, Barbara von 71, 74
Albert, Herzog von Sachsen 132, 135
Alberti, Leon Battista 83
Albrecht II., dt. König 140f, 144, 151, 153f
Albrecht IV., Herzog von Bayern 164f
Albrecht II., Herzog von Österreich 154
Albrecht VI., Herzog von Österreich 123, 126, 150, 154–157, 163, 166, 173f, 203
Albrecht Achilles, Kurfürst von Brandenburg 46, 157, 163, 184f
Albrechtsmeister 82
Alexander der Große 99
Alexander III., Papst 260
Alfons V., König von Aragon 121, 123, 125
Allensbach 237
Altkirch 21, 245f
Amadeus VIII., Herzog von Savoyen 60
Amance 123
Amberg 49
Ambras 174
Amerbach, Bonifatius 208, 277
Ammann, Hektor 215, 218–221, 223, 230, 241, 243,
Ammerschweier 225, 245
Ampringen, Konrad von 197
Anastasius I., Kaiser 258
Andlau, von 205
– Peter 19
Andreas von Escobar 272
Anna von Braunschweig 79
Anna, Herzogin der Bretagne 168
Anna von York 163
Anna, Gräfin von Tengen 34

Ansbach 163
Anton von Burgund 80
Anton, Bastard von Burgund 124
Antwerpen 84, 170, 234, 253
Apelles 83
Äpfingen 188
Appenzell 109
Aquitaine 121
Aragon 128, 170
Argilly 75
Armagnaken 155, 203
Arnheim 134
Arnold von Egmond, Herzog von Geldern 125, 129
Arras 76, 97, 115, 117, 120, 123, 125, 127, 133, 143, 158, 163, 166, 248
Artois 32, 117, 122, 124, 127, 129f, 133, 139, 141, 163, 169, 281
  s. auch Bonne, Margarete
Asien 100, 174f
Athanasius 85
Äthiopien 174
Aubin, Hermann 216
Augsburg 161, 165f, 181, 234, 239, 241, 246, 249, 253, 275, 282
Autun 283
Auxy, Jean IV. d' 122
Avignon 103, 199, 208
Azincourt 268

Baale, Henry de 75
Babst, Niclaus 200, 209
– Theobald 209, 277
Baccarat 48
Bacharach 246
Baden, Markgrafen von 126, 135, 174, 198, 203, 252
  s. auch Bernhard, Christoph, Elisabeth, Karl, Katharina, Rudolf, Wilhelm
Baden-Baden 77
Badenweiler 243, 249, 252
Bajezit II., Sultan 168
Baldegg, Marquard von 22, 34
Balkan 159, 174
Bar 116, 119, 133, 142

Bar-le-Duc 221
Barbara, Gräfin von Tengen 15, 19, 33, 42, 48
Bartholomäus, Abt von Murbach 16
Basel 8f, 15f, 29, 38, 42f, 46f, 58f, 63, 67, 69–72, 75–82, 89f, 92, 101, 124, 140–142, 145–147, 156, 159f, 172, 180f, 195f, 204, 206, 209, 219, 221, 223–225, 228, 235, 239–246, 248f, 253f, 264, 268f, 271, 273f, 275f, 278–280, 282–286
Basel, Bischof von 160
  s. auch Immer, Johann
Basin, Thomas 58
Baume, Guillaume de la 131
Bayern 22, 157, 164–167, 174, 191
  s. auch Albrecht, Georg, Jakoba, Ludwig, Margarete, Wilhelm
Beatus Rhenanus 83
Beauffremont, Pierre de 116
Beaumetz, Jean de 75f
Beaumont 131
Beaune 93
Beaurepart, Abtei 26
Bebel, Philipp 201
Bedford-Meister 76
Beer, Franz 201
Behaim, Martin 174
Belfort 16, 142, 193, 195f, 221, 245, 283
Ber, Ludwig 275
Ber, Üli 190
Berchta, Gräfin von Kirchberg 33
Bergbieten 245
Bergen op Zoom 234
Bergheim 78, 89, 245
Berlichingen, Götz von 107
Bermatingen 187f
Bern 28, 37, 56, 58, 63, 80, 104, 106, 126, 140f, 150, 158, 167, 178, 220, 222f, 239, 242, 254, 280
Bernardi, Andreas 280
Bernhard I., Markgraf von Baden 252
Berry, Herzog von 66, 73
Besançon 169, 196, 205, 209, 244, 275f, 279–281, 283, 286
Bessrer, Albrecht 185
Besutio, Angelus de 210
Beviscoxa, Johannes 263
Bianca Maria Sforza 169, 208
Biberach 157, 188
Biel 80, 242
Biengen 249
Bilonius, Jakob 209
Bische, Guillaume (de) 32
Blumenberg 195, 245
Blumeneck, von, Balthasar 204
  – Bastian 204
  – Claus 204

Böblingen 156
Böcklin von Böcklinsau, Claudius 206, 281
  – Wilhelm 205
Bodensee 63, 157, 166, 174, 179–181, 183, 186, 188, 190f, 220, 241
Bodman, Hans Jacob von 188
Bodmen, Henßlin 189
Böhmen 155, 265
Boli, Hans 189
Bollweiler, von, Johannes 206
  – Ludwig 206
Bologna 275, 279, 284, 287
Bomgarter, Dietrich 19
  – Walther 19
Bonne d'Artois 114
Bonvalot, François 275f, 287
Borselen, von, Anna 129
  – Frank 122
  – Hendrik II. 122
  – Wolfart VI. 122, 129, 130
Boucicaut, Maréchal von 71f
Boucicaut-Meister 76, 90f
Bouillon, Burg 26
Boulogne 141
Bourbon, Jacques de 127
Bourges 206f
Bozen 235
Brabant 39, 41, 52, 62, 64, 117, 134, 139, 141, 284
  s. auch Philipp
Brandenburg s. Albrecht Achilles
Brandmüller, Walter 269
Brant, Sebastian 171, 277–279
Brantz, Hans 189
Bräunlingen 194
Braunschweig s. Anna, Heinrich
Brederode, von, Gisbert 122
  – Reinhold II. 122
Bregenz 157
Breisach 8f, 14, 16–20, 27–29, 33–39, 41–43, 45–50, 54, 57–59, 96, 102, 126, 146, 156, 180, 193, 245, 249, 252
Breisgau 26, 51, 63, 89, 194, 223f, 249, 276f
Brennwald, Heinrich 105
Bresse 131
Bretagne s. Anna, Francois, Johann
Bretten 250
Brie 141
Brienne 117
Brimeu, de, David 117
  Florimond III. 117
  – Guy 26, 97, 128
  – Jacques 117
Brisacher, Marquard 182
Britzingen 252

Bruchsal 250
Brügge 24, 32, 77f, 89, 96, 114, 119, 123, 126, 129, 167, 169, 231, 234
 s. auch Ludwig
Brüssel 7, 24, 77, 120, 235, 286
Brumath 245
Brustem 35, 124
Buchhorn 180, 184
Buchsweiler 245
Buer, Albert 79
Bühl 250
Buhl 244f
Bulgnéville 116, 142f
Burckhart, Petrus 283
Burgau 165
Burgkmair, Hans 174
Burgund 7–9, 26, 33–35, 37–41, 44f, 48–53, 55f, 58–62, 64–71, 74–82, 88, 92f, 95–104, 110f, 113–135, 139–145, 148–151, 155, 159–162, 166–171, 173f, 180–182, 185–187, 193–195, 197–199, 202f, 206, 210, 222, 225, 227, 242, 275–277, 279–287
 s. auch Anton, Cornelis, David, Johann, Jossé, Karl, Katharina, Maria, Philipp
Burst, Michel 189
Bussang 222
Buxy 127

Cambrai 130, 283
Campin, Robert 85
Cantiuncula, Claudius (Chansonette, Claude) 200
Cardona, Pedro de 123
Carlota von Lusignan 124
Carondelet, de, Ferry 275f, 287
 – Jean 275
Castell s. Konrad
Cato, M. Porcius 101
Chabot, Gabriel 210
Chalon, Louis de 126
Chalon-Argueil 31
Chalon-sur-Saône 231, 244, 283
Champagne 140f, 230f
Champmol, Kartause 71, 74, 81f
Charles de France, Herzog der Normandie 126
Charles, Herzog von Orléans 121
Charolais 169
Chastellain, Georges 178
Château-Salins 221
Chaumont-en-Bassigny 141
Chimay 133
Chiny 132
Chlodwig 148
Christoph I., Markgraf von Baden 8, 132, 135

Chur 172, 280
Cilli, Grafen von 140f
Clapis, Petrus Antonius de 282
Clugny, de, Ferry 22
 – Guillaume 32
Clyte, Jean de la 118
Coene, Jacques 76
Colmar 16, 63, 67, 83, 86, 180, 245, 253
Comminges 121
Commynes, Philippe de 7, 57, 158, 161, 165, 168, 177f, 191
Condivi, Ascanio 84
Condulmer, Franciscus 280
Corher, Ulrich 189
Cornelis von Burgund 124
Côte d'or 120
Cousin (Cognatus), Gilbert 277
Coustain, Jean 24
Crabbe, Jan 92
Cremona 248
Crequi, Jean V. de 117
Crèvecœur, de, Jacques 120
 – Philippe 124, 127
Croÿ, de, Antoine 117, 119, 120, 126
 – Charles 133
 – Guillaume 133
 – Jean 117, 122
 – Philippe 128, 133
Cruiningen, Jan von 134
Cues, Nicolaus von 130, 271

Damas, Jean 124, 126
Dambach 146
Dänemark 225
Dannemarie 142
Dante Alighieri 270
Dattenried 195f, 221, 283
David von Burgund, Bischof von Utrecht 122
Den Haag 124
Deutscher Orden 167, 267
Deutschland 51, 119, 174, 215f, 242, 259, 277
Dießenhofen 156
Dietrich von Moers, Erzbischof von Köln 119, 123
Dijon 32, 74f, 77, 82, 92, 113, 116, 119f, 279
Dillingen 206
Dinant 26, 57, 130
Dinkelsbühl 165
Dole 199f, 206–209, 275–286
Douai 118, 130
Durant, Wilhelm d. J. 271
Dürer, Albrecht 84, 87, 93, 174
Durlach 250

Eberhard II., Graf von Württemberg 22, 58–60
Eberhard V. im Bart, Herzog von Württemberg 133, 135, 163f, 166, 170, 184
Eberler, Mathias, gen. Grünenzweig 70–74, 92
Eduard III., König von England 114
Edward IV., König von England 125–127, 131
Eggestein, Heinrich 278
Egmond, Grafen von 169
   s. auch Adolf, Arnold, Johann, Karl, Wilhelm
Ehingen, Georg von 59f, 155
Ehrenstetten 249
Eichstetten 249, 252
Eidgenossen 7, 57, 62, 70, 95, 97, 103–111, 145f, 149f, 154–168, 171–174, 180, 182f, 186, 191, 198, 203, 205, 210, 224f, 244f, 281f
Ekkehard, Abt von Reichenau 237
Elchingen 188
Eleonore von Kastilien 171
Eleonore von Schottland 150, 158
Elisabeth von Baden 208
Elisabeth von Görlitz 139, 151
Elsaß 21, 26, 38, 51, 54, 56, 59, 63, 73, 79, 106, 140, 142, 146, 154, 157–160, 166, 169f, 193f, 196, 199, 202, 210f, 215f, 218–228, 239, 243, 245f, 249, 282
Elsgau 224
Elzach 249
Emmendingen 249, 252
Endingen 249, 251f
Engelbert II., Graf von Nassau 128
Engelschman, Lienhard 185
England 67, 103, 121, 124–126, 132, 139–145, 148, 150, 167, 171, 174, 178, 230f, 242
Ensisheim 107, 140, 146, 156, 194, 196f, 199, 201f, 204, 206, 211, 225–227, 245
Epinal 146–148, 235
Eptingen, von 209
Erasmus von Rotterdam 275–277, 287
Erfurt 278
Eriskirch 184
Ernst, Herzog von Österreich 144, 153
Erstein 245
Escaghe, Jean de l' 23
Esch, Johan von 78
Escluse (L') 24
Escouchy, Mathieu d' 147
Espach, Johannes von 23
Este 97
Etampes 132
Ettenheim 251
Ettlingen 250
Eugen IV., Papst 80, 264, 274, 280
Eyb, Ludwig von, d. J. 22
Eyck, Jan van 74, 85, 118

Fabri 209
Falkenberg, Johannes 266f
Fäsch, Remigius 70
Febvre, Lucien 217
Feldbach, Kloster 182
Ferdinand I., Kaiser 198f, 203, 208, 276, 286
Ferdinand II., dt. König 196, 200
Ferdinand I. von Aragon, König von Neapel 127
Ferdinand II. der Katholische, König von Spanien 127, 170, 173
Ferrara 284
Feyerabend, Gabriel 186
Filelfos, Mario 282
Fillastre, Guillaume d. J. 44, 272
Fingus, Caspar 190
Flandern 8, 32f, 41, 52, 62, 64, 76, 114, 117–119, 128, 131, 139, 141, 169, 203, 230f, 281
   s. auch Ludwig, Margarete
Florenz 89, 173, 231, 279
Foix, Matthieu de 121
Fragenstein 164
France s. Charles, Michelle, Radegunde
Franche-Comté 21, 48, 51, 123, 126, 133, 211, 228, 276, 279, 281–283, 286f
François, Herzog der Bretagne 126
Frankfurt a. M. 42, 64, 86f, 90, 161, 167f, 181, 190, 219, 222, 229, 234f, 237, 239–243, 246, 248f, 253f, 260, 278
Frankreich 7, 51–54, 56, 67, 97, 104, 114, 116f, 119–121, 125–129, 132, 139–151, 154, 161–163, 166–175, 193–201, 203–207, 210f, 227f, 242, 268
Franz I., König von Frankreich 207
Fraulautern 279
Fredolet, Étienne 277
Freiberg, Ludwig von 180
Freiburg i. Br. 8, 28, 51, 63, 86, 107, 150, 153f, 156, 166, 172, 193, 200f, 206–210, 225, 245f, 248f, 251–253, 275–280, 282–287
Freiburg i. Ü. 37, 63, 126, 167, 221, 223, 242, 275, 280
Friedberg 234, 239
Friedrich I. Barbarossa, Kaiser 230f, 260
Friedrich II., Kaiser 231, 234
Friedrich III., Kaiser 7, 23, 41f, 96, 98, 101, 120, 126, 132f, 144f, 149f, 153–155, 157–169, 171, 173–175, 177f, 180–191, 242, 252f, 264
Friedrich IV., Herzog von Österreich 79, 140–144, 153f, 193
Friedrich I., Pfalzgraf 7f, 22, 59, 157, 178, 185
Friedrich IV., Kurfürst von Sachsen 204
Friedrich IV., Graf zu Moers und Saarwerden 119

Friedrich von Zollern, Burggraf von Nürnberg 269
Fries, Hans 189
Friesland 118, 122, 125, 130, 132, 170f
Frischlin, Nikodemus 59f
Froberg-Tullier, Ferdinand Georg von 200
Fürstenberg, Egon von 208
Füssen 156

Galeazzo Maria Sforza, Herzog von Mailand 45
Gallenberg 244
Gallien 148
Gavere 124
Gebweiler 43, 225
Geiler von Kaysersberg, Johannes 285
Gelasius I., Papst 258
Geldern 119f, 128, 132, 159, 169, 171, 173
 s. auch Arnold, Karl
Genf 221f, 231, 234, 241f, 248, 253
Gengenbach 245, 251
Gent 24, 35, 57, 60, 85, 119–125, 128, 132f, 162, 167
Genua 231
Georg Podiebrad, König von Böhmen 157
Georg, Herzog von Bayern 164f, 210
Gerhaert, Nicolaus 77
Gerhoch von Reichersberg 260
Gernsbach 250
Gerson, Jean 265f
Gerung, Nicolas 18
Giengen 157
Gilgenberg, Imer von 204
Girart von Roussillon 99
Glarus 167
Glymes, Johann III. von 131
Göppingen 156
Graf, Urs 108
Granada 170
Grandson 28, 70, 95, 126f, 161, 178
Gray 222, 280
Graz 153
Greifswald 278
Grineus, Simon 206
 – Thomas 206
Gros, Jean 32
Grussenheim 249
Gruyères, Léonard de 275–277, 287
Guevara, Iñigo de 123
Guillaume de Vienne 116
Guinegatte 128, 130f, 133f
Guines 141
Guise 117
Gutterolf, Heinie 75

Gutzweiler, Ludwig 19
Guy, Herr von Roye 125
Guyenne 121

Haag 27, 88
Hachberg, Markgrafen von s. Baden
Hafengießer, Barbara 71
Hagenau 63, 67f, 73, 146, 198f, 235, 245
Hagenbach 21
Hagenbach, von 21, 202
 – Diebold (Thiébaut) 21
 – Peter 8, 13–60, 96f, 102, 160, 180, 202f
 – Stephan 28, 203
Hagnau 183
Haincelin von Hagenau 76
Hainz, Stefan 201
Haitinger, Eglin 185
Hall 221
Hallein 221
Haller, Jost 77f, 91
Hallwil, Thüring von 22
Hanau s. Philipp
Hannibal 99
Hans, Graf von Lupfen 16
Hanteler, Jung Stoffel 185
Harsch, Andreas 200
Haslach 251
Hattstatt, Claus von 204f
Haug, Graf von Montfort 181f, 187
Haus, Hans vom 197
Haynin, Jean de 32
Heckler, Johann 201
Hedio, Kaspar 277f
Hegau 154, 156
Heggezer von Wasserstelz, Hans Melchior 199
Heidelbeck, Wunnewald 101
Heidelberg 8, 22, 64, 156, 201, 206, 278–280, 282–284, 286
Heiliges Land 119
Heimpel, Hermann 8, 28, 38, 42, 45, 50–55
Heinrich VII., König von England 131f, 168, 171
Heinrich VIII., König von England 171
Heinrich III., Herzog von Braunschweig 143
Heinrich, Graf von Württemberg 22, 58f
Heinrich II., Graf von Zweibrücken 33
Heinrich von Langenstein 262
Heitersheim 249, 252
Helfenstein, Grafen von 209
Helfertwyll, Rüdi von 190
Helmstedt 208
Hemmel, Peter 67
Hemmerlin, Felix 106, 155
Henneberg, Bertold von 173

Hennegau 62, 117–119, 122, 128, 131, 133, 139
Hennin, Pierre de 131
Heraclius 66
Herdwangen 184
Héricourt 28, 181f, 186, 198, 208, 228
Hermann von Breitenlandenberg, Bischof von Konstanz 180
Herzogenbusch 124, 127, 130
Hesdin 117, 128, 158
Heßler, Georg 161f
Heudorf, Bilgeri von 155, 158
Heynlin von Stein, Johannes 285
Hiltalingen, Schloß 70
Hirtz, Hans 77
Hoff, Marx 248f
Hohenberg 156, 163
Holland 32, 62, 116, 118–120, 122f, 125, 129f, 134, 139
  s. auch Wilhelm
Holtzman, Ulrich 190
Holzapfel 209
Horb 170
Horburg 227
Hornberg 251
Hörtemberg 164
Huber, Hans 190
Hugonet, Guillaume 32f
Huizinga, Jan 45, 52, 95f, 98, 100
Humières, Drieux de 25, 122
Hummel, Matthaeus 285
Hurder, Caspar 35f
Hus, Jan 265, 267
Hutten, Ulrich von 107

Iglau 269
Ile-de-France 139f
Immer von Ramstein, Bischof von Basel 70
Indien 174
Ingolstadt 206, 278
Innozenz III., Papst 260f
Innozenz IV., Papst 261
Innozenz VIII., Papst 72
Innsbruck 16, 141, 150, 153, 156, 161f, 164f, 172f, 182, 200, 209, 211
Irmi, Johannes 43
Isabella von Aragon 170
Isabella von Bourbon 127
Isabella von Kastilien 170
Isabella von Portugal 80, 114, 118, 124
Isenheim 85, 146
Isenmann, Caspar 77
Isle-sur-le-Doubs (L') 228
Italien 67, 85, 90, 97, 124, 129, 155, 169–172, 175, 204f, 207, 230, 235, 242, 282, 285

Ittendorf 183
Iwan III., Großfürst von Moskau 167

Jagellionen 167f, 266
Jakob von Frankreich 144
Jakob II., Graf von Horn 60
Jakob, Graf von Lichtenberg 46
Jakob I. von Luxemburg 130, 133
Jakob II. von Luxemburg 133
Jakob von Savoyen 130
Jakoba von Bayern 122, 139
Jean de Thoisy, Bischof von Tournai 119
Jeanne d'Arc 121, 140
Jerusalem 117, 118, 174
Jestetten, von 209
João de Portugal, Herzog von Coimbra 124
Joffroy, Jean 285
Johann II., König von Aragon 125, 127
Johann II., König von Frankreich 99, 103, 113
Johann II., König von Portugal 174
Johann II., Herzog von Alençon 121
Johann V., Herzog von Bretagne 121
Johann ohne Furcht, Herzog von Burgund 100, 113f, 116, 118, 120, 139f, 265
Johann von Burgund 124f
Johann I., Herzog von Kleve 123f, 155
Johann, Graf von Eberstein 189
Johann, Graf von Egmond 134
Johann der Blinde von Luxemburg 235
Johann III. von Luxemburg 116
Johann von Luxemburg 120, 125, 128
Johann III., Graf von Nassau 78
Johann, Graf von Tengen und Nellenburg 33f
Johann von Venningen, Bischof von Basel 15f, 70
Johanna, Königin von Kastilien und Aragon 127, 130, 133, 170
Johannes XXII., Papst 262
Johannes XXIII., Papst 274
Johannes de Maurosiis (Jean Mauroux), Patriarch von Antiochia 271
Johannes I. Stantenat, Abt von Salem 179, 186–190
Johannes, Priesterkönig 174
Johannes von Durlach 29, 43
Jörg, Graf von Werdenberg 188f
Jossé von Burgund 80
Juan von Aragon 170
Judensint, Hans 29
Jülich 119, 150, 169, 173
  s. auch Maria, Wilhelm

Kandern 252f
Kannengießer, Dorothea 71

Karl der Große, Kaiser 73
Karl IV., Kaiser 166, 242, 250, 269
Karl V., Kaiser 101, 127, 133, 147, 149, 171, 174, 198f, 203f, 207, 276, 278, 286f
Karl Martell 100
Karl VII., König von Frankreich 120f, 125, 139–151
Karl VIII., König von Frankreich 124, 131, 167–171, 281
Karl von Anjou 144
Karl I., Markgraf von Baden 156f
Karl der Kühne, Herzog von Burgund 7f, 16, 18, 20, 22, 24–29, 31–33, 35f, 38f, 42, 45, 47, 51f, 56–59, 80f, 95–102, 110f, 119f, 122, 124–131, 133, 157–164, 169–171, 173, 178, 190, 194, 202, 275, 277, 281, 287
Karl von Egmond, Herzog von Geldern 169f
Karl II., Herzog von Lothringen 142
Kärnten 154, 164
Kastilien 127
Katharina von Baden 8
Katharina von Burgund 79, 140, 155, 193, 197
Katharina von Kleve 82, 91
Katharina von Lochorst 91
Kaysersberg 225, 245
Keller, Cunrat 190
Kenzingen 249, 251
Kienzheim 225, 245
Kingersheim 244
Kirchberg s. Berchta
Kirchhofer, Adolf 245, 254
Kleinwalsertal 155
Kleve 22f, 32, 44, 119, 124, 150, 169, 173
  s. auch Adolf, Johann I., Katharina, Margarethe, Maria, Philipp
Knebel, Johannes 14, 17–19, 29, 37, 43
Koch, Martin 70f, Abb. 4
Köln 37, 41, 57, 73, 159, 161, 178, 180f, 185, 219, 222, 234, 239–241, 248, 253, 278f, 282, 285
Köln, Erzbischof von 150
  s. auch Dietrich, Ruprecht
Kolumbus, Christoph 170
Königsbronn, Kloster 187
Königshoven 45
Konrad, Graf zu Castell 208
Konrad, Graf von Freiburg 252
Konrad, Graf von Tübingen 204
Konrad von Gelnhausen 262
Konstantinopel 104
Konstanz 8, 15, 82, 107, 109, 156, 160f, 172f, 180–184, 186–190, 264f, 266–271, 273, 280, 282f
Konstanz, Bischöfe von 15, 280
  s. auch Hermann, Otto
Kräger, Hans 189

Krain 154
Krakau 267, 271
Krenkingen, von 223
Kreuzlingen, Kloster 182
Kung, Hans, der Jung 190
Kunigunde von Österreich 161, 165f
Kuppenheim 250
Kyburg, Grafen von 223

La-Croix-aux-Mines 221
Ladislaus Postumus, König von Ungarn 151, 154, 156
Lahr 245, 251
Lalaing, de, Jacques 106, 122, 123
  – Josse 130, 134
  – Simon 119
Lalosch, Stefan de 209
Lanchals, Pieter 56
Landau 250
Landeck 164
Landeck, von 205
Landenberg, von, Hans Ludwig 204
  – Heinrich Hans 184
Landser 245
Landshut 49, 161
Langres 145, 283
Languedoc 142
Lannoy, de, Baudouin 118, 131
  – Ghillebert 118, 122, 133
  – Hugues 118
  – Jean 132
  – Jean III. 123
  – Pierre 133
Laon 125
Laubenberg, Caspar von 190
Lauber, Diebold 64, 68, 77f
Laufenburg 244, 253
Lausanne 161, 280, 283
Lauterburg 245, 250
Leipzig 229, 278, 285
Leo IX., Papst 260
Leon 127
Leopold III., Herzog von Österreich 103, 154
Leopold IV., Herzog von Österreich 79, 140
Liechtenstein-Karneid, Bartholomäus von 130
Liechtenstern, Johann 72
Lier 129f
Liestal 244
Ligne, Jean de 130
Ligni, Grafen von 209
Lille 23, 101, 115, 118f, 231
Limburg 26, 120, 139, 141
Lindau 157, 160, 180f, 183–185
Linz 166

Lissabon 118
Litauen 267
Lombard, Lambert 83
London 234
Longueville, Jean de 48
Lörrach 253
Lothringen 21, 33, 78, 117, 119, 128, 130, 133, 142–150, 161, 166, 193–197, 199, 205, 210f, 215, 218, 221f, 226–228, 236, 239, 241f, 246, 284
s. auch Karl, René
Löwen 278f, 282, 285
Löwental, Kloster 184
Ludovico il Moro, Herzog von Mailand 169, 172
Ludwig IV., der Bayer, Kaiser 234, 239, 246
Ludwig XI., König von Frankreich 33, 58, 76, 97, 100f, 121, 123f, 126f, 131, 145–147, 149f, 158, 160–162, 177f, 281
Ludwig XII., König von Frankreich 130, 171
Ludwig IX., Herzog von Bayern-Landshut 157
Ludwig, Herzog von Bayern-Ingolstadt 140f
Ludwig, Herzog von Orléans 21, 265
Ludwig von Brügge 125
Ludwig von Luxemburg 126
Ludwig von Male, Graf von Flandern 113
Ludwig von Nevers, Graf von Flandern 113
Ludwig von Veldenz 159
Luffendorf 195
Lunéville 48, 221
Lupfen, Grafen von 203
s. auch Hans
Lure, Kloster 48, 221
Lusignan s. Carlota
Lüttich 26, 29, 35, 57, 126, 128, 130, 133
Lützel, Kloster 186
Lützelstein 245
Luxemburg 22, 31, 47, 122, 124f, 128, 130–133, 139, 142, 151, 235f, 238, 246
s. auch Jakob, Johann, Ludwig, Peter, Pierre
Luxemburg, Jacques de 124, 127
Luxeuil, Kloster 221
Luzern 220, 242f, 254
Lyon 222, 234, 241, 261, 275, 279, 283

Maastricht 169
Macchiavelli, Niccolò 172f
Mâcon 27, 126, 283
Magdalena von Werdenberg 134
Mägdeberg 163
Mahlberg 245, 251
Mailand 76, 126, 162, 170, 172–174, 248
Mainz 63, 235f, 278f
Male s. Ludwig, Margarete

Malterdingen 249, 252
Manuel, König von Portugal 174
Marckolsheim 146, 245, 249
Margarete von Artois 113
Margarete von Bayern 113
Margarete von Kleve 88
Margarete von Male, Gräfin von Flandern 113
Margarete von Österreich 133, 163, 168–171, 275, 287
Margarete von Savoyen, Gräfin von Saint-Pol 130
Margarete von Savoyen, Gräfin von Württemberg 60
Margarete von York 96, 126, 131
Maria von Burgund 7, 123–129, 132, 157, 159, 161–163, 166, 178
Maria von England 171
Maria von Jülich 170
Maria von Kleve 121
Maria von Schottland 122
Mark, Grafschaft 119
Markgräfler Land 249, 252
Markirch 195
Marseille 124
Marsilius von Padua 272
Marstal, Stoffel 185
Martin V., Papst 267, 269, 280
Masmünster 245
Masmünster, von, Diebold 203
– Melchior 203
Massemen, Robert von 118
Matal, Jean 277
Mathias Corvinus, König von Ungarn 159, 164–167
Mauersmünster 245
Maximilian I., Kaiser 7f, 38, 41, 52, 56, 107, 123–125, 128–135, 154, 157, 159, 161–175, 178, 191, 194, 197, 203f, 208, 251, 275, 281, 287
Mayer, Michael 200
Mechen 131f, 134, 167, 169, 275, 287
Mechthild von der Pfalz 156, 163
Mecker, Doktor 200
Medici 97
Megkynch, Gerhard 15
Mehmed II., Sultan 29
Meinecke, Friedrich 54
Meister der Karlsruher Passion 77, 91
Meister der Marienkrönung 76
Meister der Spielkarten 67
Meister des Paradiesgärtleins 87
Meister des Parament 90
Meister E.S. 67, 73, Abb. 6
Melun, de, Hugues 133
– Jean 119, 133

Memling, Hans 92f, Abb. 16
Memmingen 241
Merian, Matthias 70
Messey, Guie de 32
Messines 231
Metz 21, 77, 78, 145–147, 149, 195, 235, 280
Metz, Bischof von 41, 146
Metz, Friedrich 215f
Michelangelo 84
Michelle von Frankreich 114
Moers 119
 s. auch Dietrich, Friedrich
Molinet, Jean 178
Mömpelgard 133, 142, 145, 195, 198, 221, 226–228, 244f, 254, 283, 286
Mone, Franz-Josef 45, 50
Mons 25, 123
Mons-en-Vimeu 114, 117, 118, 119, 122
Montaigu, Claude de 127
Montdidier 120, 127
Montereau 265
Montfort, Grafen von 19
 s. auch Haug, Ulrich
Monthléry 124, 131
Montjustin, Jean (de) 23
Montmartin, Jacques de 23
Mörsberg 195
Mörsberg, von 203
 – Johann Jakob 206
 – Johannes 206
 – Peter 27
Moskau 168, 174
Moyenmoutier 48
Mülhausen 13f, 16, 18, 25, 31, 35, 57, 104, 158, 225, 245
Müller, Caspar 183
Müller, Haini 190
Müller, Hans 189
Münch von Münchenstein, Belina 70
München 249, 262
Münsinger, Joachim 208
Münsterlingen, Kloster 182
Münzer, Hieronymus 174
Münster i.T. 245
Murbach, Abtei 16
Murner, Thomas 171, 216
Murten 28, 70, 95, 127, 128, 190
Mynsinger von Frundeck, Joachim 277

Namur 118, 129, 131, 139
Nancy 28, 51, 70, 110, 124, 127f, 130f, 133, 146f, 161f, 195, 202, 205, 280
Nassau, Grafen von 67
 s. auch Engelbert, Johann

Neapel 128
Nellenburg 34, 156, 191
Neuenburg 156, 249, 252
Neufchâtel, Grafen von 31, 223
 – Claude 31, 47, 133
 – Jean I. 116
 – Jean II. 27, 123, 125
 – Thiébaut IX. 125
 – Thiébaut VIII. 120, 123, 125f
Neuss 126, 128, 130f, 134, 161, 177–179, 181–185, 187–191
Nevele 124
Nevers 121
Niederlande 8, 22, 41, 47, 52, 62, 74, 79, 84, 87f, 90, 113, 117, 123f, 128–130, 132, 151, 162f, 165–167, 169–171, 173f, 182, 184, 189, 191, 205, 235, 242, 248
Niederrhein 178f, 182, 230f, 237
Nikopolis 100, 116, 117
Nivernais 133
Nördlingen 235, 241f, 253
Normandie 104, 121
 s. auch Charles
Nottg aus Hagnau 185
Noyelle-Vion, Baudouin de 120
Noyon 126
Nunkirchen 279
Nürnberg 46, 51, 132, 146f, 168, 174, 234, 239–241, 253, 279
Nürtingen 59
Nusslin, Hans 189
Nuwbrünen, Jacob von 189

Oberehnheim 245
Oberkirch 245, 250
Oberweier 90
Offenburg 40f, 245, 251
Offenburg, Henman 75
Offendorf 195
Offnadingen 249, 252
Ökolampadius, Johannes 275f
Olzinganus 209
Orchies 118
Orden vom Goldenen Vlies 8, 31, 38f, 113–135, 155, 170, 174
Orléans 206–208, 284f
Orléans-Meister 91
Orlier, Jean d' 91, 93
Ortenau 63, 220
Ortenberg 16, 57
Österreich 7, 9, 36, 64, 75, 102–104, 129, 135, 142–145, 153–175, 180f, 186, 188–191, 193f, 199, 221, 223f, 275, 283, 286

s. auch Albrecht, Ernst, Friedrich, Kunigunde, Leopold, Margarete, Rudolf, Sigmund
Ott, Hans 78
Ottenheim, Bärbel von 46
Otto von Sonnenberg, Bischof von Konstanz 162, 180

Padua 284
Pantaleon, H. 206
Päpste 123, 156, 160, 162, 174, 196
Pappenheim, Heinrich von, Erbmarschall 181
Paris 62, 76, 89f, 116, 120f, 147, 201, 206f, 211, 231, 262, 265, 284f, 287
Paul II., Papst 158
Pavia 260, 264, 284
Péronne 25, 97, 120, 127
Peter I. von Luxemburg 117
Petershausen, Kloster 182, 184
Petit, Jean 265–267
Pfalzgrafen bei Rhein 24, 40, 63f, 150f, 159, 161, 173f, 181
s. auch Friedrich, Philipp, Mechthild
Pfeffingen 195
Pfettisheim, Konrad 29
Pfirt 27, 140, 181, 193, 195, 210, 245
Pfirt, Simon von 203
Pforzheim 184
Pfullendorf 184, 188f
Philibert II., Herzog von Savoyen 171
Philipp von Makedonien 99
Philipp der Schöne, König von Kastilien 123f, 127, 129–133, 163, 167, 169–171
Philipp II., König von Spanien 204
Philipp von Brabant 139
Philipp von Burgund 129
Philipp der Gute, Herzog von Burgund 22–25, 39, 44f, 59, 62, 78, 80, 85, 96, 104, 113–126, 128, 139f, 142–145, 150f, 154f, 278f, 281f
Philipp der Kühne, Herzog von Burgund 62, 69, 74–76, 79, 81, 88, 103, 113f, 116, 193
Philipp von Kleve 134
Philipp II., Herzog von Savoyen 127
Philipp, Kurfürst von der Pfalz 8, 157, 164, 166f, 170, 250
Philipp d. J., Graf von Hanau 46
Philippine von Württemberg 60
Picquigny 178
Pierre von Luxemburg, Graf von Saint-Pol 130
Pikardie 32, 117, 122, 124f, 127f, 130, 133, 162, 169
Piombo, Sebastiano del 275
Pirckheimer, Willibald 171f
Pisa 264, 273

Pius II., Papst 39, 157
Plancher, Jeanne 203
Poeke 123
Poitier 206f, 285
Polen 168, 225, 266f
Polheim, Martin II. von 131
Poligny 281
Pollweiler, Johann von 205
Pontaillier, Guy de 120
Ponthieu 117
Portugal 119, 168, 174
Pot, Philippe 124, 126
– Régnier 114, 116
Potots, Liénard des 23
Prag 269
Preßburg 167
Prombach, Familie 209
Provence 126
Pruntrut 244, 254, 283
Ptolemäus, Claudius 272
Puller von Hohenburg, Richard 36

Quidort, Johannes 272

Radegunde von Frankreich 140, 143f, 150
Radolfzell 154, 156f
Raffael 275
Rahewin 260
Ramsberg 183
Ramstein, Heinrich von 204
Ramstein-Gilgenberg, Berhard von 23
Rapondi, Dino 76
– Giacomo 76
Rapperswil 156
Rappoltstein, Herren von 196, 205f, 221
– Egenolf 205, 208
– Georg 203f
– Wilhelm II. 204
Rappoltsweiler 208, 245
Rastatt 250
Ratsamhausen, von 209
Ratzel, Friedrich 216
Ravensberg 169
Ravensburg 180–183, 185, 187f
Ray, Antoine de 48
Rebreuviette, Jean de 23
Rechberg, von, Hans 155
– Heinrich 187
– Karl Ferdinand 281
– Konrad 281
– Margarete 208
– Wolfgang Konrad 281
Regensburg 101, 104, 107, 159f, 165, 205, 242, 248

Reich von Reichenstein 205
– Johann Augustin 206
– Johann Hieronymus 206
Reichenhall 221
Reichenweier 225, 227
Reims 140
Reinach, von 205
– Hans Erhard 22, 202
– Melchior 199
Reischach, Bilgeri von 190
Reischach zu Weiler 205
Remiremont 47, 195
Renaud von Montauban 99
Renchen 250
René von Anjou, Herzog von Lothringen 116, 119, 121, 142f, 145, 162
Renner, Werner 189
Rethel 117
Retzhass, Hainrich 189
Reuchlin, Johannes 171, 285
Reutlingen 184
Reutlinger, Jacob 180
Rheinfelden 154, 156, 206, 244, 253
Rhyn, Friedrich ze 73
Richenthal, Ulrich von 269
Richsner, Hans 184
Riedlingen 156
Rinck von Baldenstein 209
Ritter, Gerhard 54
Rötteln s. Rudolf, Wilhelm
Rogier van der Weyden 84f, 87, 91–93, Abb. 15
Rolin, Nicolas 278
Roppach 201
Rom 267, 275, 279, 287
Rorbach, Bernhard 42
Rorschach 109
Rosenfels 195
Rostock 278
Rotberg, von 209
– Wolf Sigmund 204
Rotenberg 195f
Rothenburg o. d. Tauber 246
Rottenburg a. Neckar 156, 164
Rotterdam 118
Rottweil 156, 172, 245
Roubaix, Jean de 117, 119
Rougemont 21
Roussillion s. Girart
Roye 120, 127
Rubempré, Jean de 128
Rüd, Jacob 184
Rudolf I., König 153
Rudolf IV., Herzog von Österreich 153

Rudolf, Markgraf von Baden, Herr zu Rötteln 27
Rufach 196, 225, 245
Rupelmonde 124
Ruprecht, dt. König 241, 250, 253, 269
Ruprecht, Erzbischof von Köln 178
Ruprecht, Bischof von Straßburg 45, 64
Ruprecht IV., Graf von Virneburg 120
Rüsch, Niklaus 29
Rust, von 205
– Pankratius 206
Ryff, Andreas 236, 242–245, 248, 250–254
– Diebold 254

Saarbrücken 78, 246, 276
Saarburg 239
Sachsen 113, 184, 196
s. auch Albert, Friedrich, Wilhelm
Salamanca, Gabriel 198, 208
Salem, Kloster 179f, 186–191
Salins 169, 283
Sallust 101
Salzburg, Erzbischof von s. Sigismund
Sapidus, Johannes 77, 83, 85
Sasse, Heinrich (von Kannewerf) 23
Saulx, Guillaume de 23
Savoyen 127, 140, 150, 166, 226, 248
s. auch Amadeus, Jakob, Margarete, Philibert, Philipp
Schaffhausen 155, 158, 160, 172, 223, 239, 243f
Scharpffer, Bentz 189
Schaumburg, Wilwolt von 22
Schellang, Jacob 183
Schemmerberg 188
Schenk von Erbach, Phillip 208
– Valentin 208
Schilling, Diebold 29, 106
Schimpf, Sebastian 245, 254
Schiromengin 196, 222
Schlettstadt 63, 77, 146, 180, 194, 221, 225, 245
Schmid, Hans 245, 254
Schmidlin 209
Schönau, von, Hans Melchior 199f, 206–208
– Melchior 281
Schönensteinbach, Kloster 79, 88
Schongauer, Martin 9, 62, 67, 77, 83f, 86–88, 91–93, Abb. 8, 11, 14
Schopfheim 244, 252f
Schott, Peter 38
Schwaben 157, 160f, 163, 165f, 172f, 175, 182, 189, 191, 219f, 225, 236, 282
Schwarzwald 26, 154, 158, 160, 194, 236, 251
Schwaz 164
Schweden 168, 174, 204

Schweiz 50f, 56, 58, 63, 104–107, 128, 133, 145, 155, 171–173, 180, 208, 219f, 223f, 227, 236
Schwendi, Lazarus von 204f
Schwyz 167
Seckenheim 157
Seeland 62, 122, 125, 129f, 134, 139
Segovia, Johannes de 270
Sempach 103
Senlis 169, 281
Sennheim 225f
Sens 141
Sept 195
Sernatingen 183
Serntein, Cyprian von 174
Serravalle, Giovanni Bertoldi da 270
Sforza s. Bianca, Galeazzo, Ludovico
Sickingen, von 205
Siena 264, 273
Sigelmann, Balthasar 204
Sigelmann zu Lohr, Ludwig 17
Sigismund, Kaiser 73, 78, 103, 118, 140, 142–144, 150, 175, 240, 265, 267–269, 274
Sigismund, Erzbischof von Salzburg 130
Sigmund, Herzog von Österreich 16, 23, 26f, 34, 45, 59, 101, 140, 150, 154–167, 173f, 180, 182, 187, 191, 210
Sint-Truiden 126
Sintz, Burkhard 70
– Conrad 70
Sipplingen 182, 188
Sisgau 224
Skandinavien 219
Sluis 118f
Socker, Hans 189
Soignies 47
Soisson 125
Solothurn 158, 167, 220, 223, 242f, 254
Sonnenberg, Grafen von 155, 186
Spanien 67, 106, 121, 167, 170f, 174f, 211
Spät, Peter 189
Specklin, Daniel 240
Speth d. J., Dietrich 283
Speyer 63f, 181, 246, 250, 253, 275, 280, 282
Speyer, Bischof von 250
Springer, Balthasar 174
St. Amarin 245f
St. Denis 231
St. Desidier 207
St. Dié 195
St. Gallen 109, 221, 241
St. Gilles 231
St. Hyppolyte 245
St. Jakob an der Birs 145
St. Marx 65f, 90

St. Nicolas-de-Port 218, 235
St. Omer 24, 26, 121, 125, 128f, 158, 180
St. Peter 249
St. Pol 141
s. auch Margarete, Pierre
St. Sigmund 154
St. Truiden 25
Stadion, von 209
Stams 168
Staufen, von 204
– Georg Leo 205
– Trutpert 183, 188
Staufen i. Br. 86, 249, 252
Stauffenberg, von 91
Stehelin, Berthold 29
Steiermark 154
Steinstraß, Ludwig 182
Straßburg 19, 30f, 38, 42f, 51–54, 58, 63, 66–69, 77f, 90, 140f, 146f, 180f, 204, 219–221, 225f, 235, 239–243, 245–251, 253f, 277, 280, 282
Straßburg, Bischof von 15, 150, 160
s. auch Ruprecht, Wilhlem
Strasser, Ülin 190
Streit, Familie 209
– Anton 200
– Georg 200
Strub, Cunrat 190
Stuhlweißenburg 167
Stürzel, Jakob 287
Südamerika 174
Suggental 249
Sulz, Grafen von 186
Sulzburg 249, 252
Sundgau 21, 57, 105, 158, 194–196, 199, 202, 210, 220, 225, 244
Surienne, François de 25
Suters, Jacob 189
Syrien 118

Taddeus von Suessa 261
Tengen, Grafen von 34, 191
s. auch Anna, Barbara, Johann
Tennenbach 86, 90f, 251
Ternant, Philippe de 116
Textor, Michael 200
Thann 13–17, 22, 27, 33f, 38, 57, 77, 79, 158, 193, 195, 201f, 245
Thillot (Le) 222
Thomas von Aquin 271
Thorn 167
Thourout 231
Thun, Peter 189
Thurgau 104, 109, 154, 156, 172, 183
Thüring, Johannes 206

Tiefental, Hans 75, 77f, 82f, 92
Tiengen 110
Tirol 53, 130, 132, 154, 164–166, 171–173, 196, 208, 211, 221
Todtnau 249
Toggenburg 102f
Tolentis, Lucas de 31
Tonerre 126
Tongern 26
Torquemada, Juan de 271
Toul 145, 147, 280, 283
Toulongeon, de, André 119
 – Antoine 116, 119
 – Claude 131
Tournai 65, 77, 283
Tournai, Bischof von s. Jean
Tourneur-Aumont, J. M. 217f
Tours 121, 144f
Trapp, Jacob 187
Tremoïlle, de la, George 114
 – Jean 116
Triberg 251
Trient 275
Trier 23, 42, 96–99, 126, 159, 178, 246, 278f
Trier, Erzbischof von 41, 150
Trotin, Barthélemy 27
Troyes 231, 241
Troylo da (Monte-)Rossano 47
Truchseß von Rheinfelden, Josef 204
Truchseß von Waldburg 156f, 191
 – Johann 182, 187, 190f
Truchseß von Wetzhausen, Simon 207
Truchseß von Wolhausen 205
Tübingen 206, 278–280, 282–284, 286
Tullier, von 205
Turckheim 245
Türkei 100, 118, 124f, 134, 159, 168, 174f, 205
Tüsch, Hans Erhart 29
Twinger von Königshofen, Jakob 19, 30, 239f

Überlingen 179–190
Udenheim 250
Uffholtz 186
Ulm 31, 80, 156, 184, 188, 253
Ulm, Baden 245, 250
Ulrich, Herzog von Württemberg 170
Ulrich, Graf von Cilli 140f
Ulrich, Graf von Montfort 187
Ulrich, Graf zu Öttingen 33
Ulrich Rösch, Abt von St. Gallen 183
Ulrich V., Graf von Württemberg 58–60, 157, 282
Ungarn 155, 167f, 173f, 205, 225
Unteröwisheim 250

Unterwalden 167
Urban VI., Papst 273
Urbino, Herzog von 134
Uri 167
Utrecht 24, 58, 78, 91, 122, 124f, 130
Utrecht, Bischof von s. David, Zweder
Uutkerke, Roland von 118f

Valenciennes 60, 127
Valois, Haus 69, 97, 103, 144, 275, 277, 283
Vasari, Giorgio 83f
Vasco da Gama 174
Vaud 130
Vaudémont, von 143
 Anton 142
Vaudray, Marguerite de 47f
Venedig 67, 170
Verdun 132, 145, 147
Vergy, de, Antoine 116, 120
 – Antoine IV. 123
 – Jean IV. 120
Vernan, Hans 29
Vesoul 27
Vidal de la Blache, Paul 216
Vienne 272f
Villach 159
Villiers de L'Isle-Adam, Jean de 116
Villingen 156, 194, 245, 251f
Vinstingen, von 41
Virneburg s. Ruprecht
Visconti 97
Vogesen 194, 217, 222, 236
Vöhrenbach 252
Vorarlberg 166f
Vorderösterreich 16, 63f, 126, 132, 141, 143–145, 150f, 154, 156f, 160, 164–167, 170, 173, 175, 191, 193–199, 201, 203f, 210f, 227, 275, 282
Vullenhoe, Henricus de 79

Waadt 220, 222
Waldkirch 249, 252
Waldner von Freundstein 205, 207, 209
Waldsee 156
Waldshut 156, 158
Waldstädte 160, 167
Waltensberg 195
Wältin, Conrat 185
Wangen 180f, 183f
Wannger, Jost 181
Wasselnheim 245
Wattwiller 245
Weber, Max 111
Weidenkeller 209

Weil der Stadt 184
Weinfelden 183
Weingarten, Kloster 187
Weißenburg 245
Weißkirch, Margarethe 46
Wenzel, dt. König, König von Böhmen 139, 239
Werdenberg, Grafen von 186f
 s. auch Jörg, Magdalena
Werner, Graf von Zimmern 187
Wernher, N. 200
Wertz, Mattheus 252f
Westhoffen 245
Wetterau 230
Wetzel von Marsilien, Jakob 204
Wien 82, 132, 154, 156f, 166, 203, 211, 264, 275, 278f
Wiesloch 250
Wilhelm, Markgraf von Baden 123
Wilhelm, Herzog von Bayern 88
Wilhelm IV., Herzog von Jülich 169f
Wilhelm von Oranien 205
Wilhelm, Herzog von Sachsen 151
Wilhelm von Diest, Bischof von Straßburg 240
Wilhelm von Egmond 129, 134
Wilhelm von Holland 250
Wilhelm von Ockham 261–263, 272
Wimpfeling, Jakob 29, 55, 67, 83, 93, 171, 216
Windeck, Eberhard 73
Wintersulger, Lienhard 180f, 184
Wirt, Ülin 189

Wittenberg 278
Witthem, Heinrich III. von 134
Witz, Konrad 78
Wladislaw, König von Böhmen und Ungarn 164, 167f
Wladislaw II. Jagiello, König von Polen 266
Wolf, Nicolaus 78
Wolfach 251
Worms 63f, 169–171, 246, 259, 280
Württemberg 163, 164, 174, 186, 199
 s. auch Eberhard, Heinrich, Margarete, Philippine, Ulrich

York s. Anna, Margarete
Ypern 130, 231

Zabern 146, 194, 245f
Zapf, Hans 189
Zasius, Joachim 287
 – Ulrich 275, 277, 284, 286f
Zeuxis 85
Zibol, Jakob 70, 89
 – Johannes 70
Zug 167
Zürich 63, 82, 104, 126, 140f, 145f, 154, 167, 173, 182f, 220, 222f, 241–243
Zurzach 235, 239, 241–246, 248f, 253f
Zutphen 169
Zweder van Culemborg, Bischof von Utrecht 79
Zwiefalten 163f
Zypern 117, 119, 125

Abbildungsnachweis

Basel, Historisches Museum: Abb. 7
Basler Denkmalpflege, Daniel Reicke: Abb. 2, 4
Frankfurt am Main, Ursula Edelmann: Abb. 10
Freiburg im Breisgau, Augustinermuseum: Abb. 9

Heidelberg, Renate J. Deckers-Matzko: Abb. 1, 3, 5, 6, 8, 11, 13, 14, 15, 16
Heidelberg, Universitätsbibliothek: Abb. 17
Paris, Documentation photographique de la Réunion des musées nationaux: Abb. 12

Mitarbeiterverzeichnis

Babel, Dr. Rainer, Paris
Baum, Dr. Wilhelm, Klagenfurt
Brüning, Dr. Rainer, Karlsruhe
Irsigler, Prof. Dr. Franz, Trier
Krimm, Prof. Dr. Konrad, Karlsruhe
Mertens, Prof. Dr. Dieter, Freiburg
Miethke, Prof. Dr. Jürgen, Heidelberg
Paravicini, Prof. Dr. Werner, Paris
Saurma-Jeltsch, Prof. Dr. Lieselotte, Heidelberg
Scott, Dr. Tom, Liverpool
Sieber-Lehmann, Dr. Claudius, Basel
Smedt, Dr. Raphaël de, Brüssel
Speck, Dr. Dieter, Freiburg